Das gespaltene Indien

Ashoka Mody ist Gastprofessor für internationale Wirtschaftspolitik an der Princeton University. Er war als stellvertretender Direktor in den Abteilungen Forschung und Europa des Internationalen Währungsfonds und für die Weltbank tätig. 2018 erschien sein Buch *EuroTragedy: A Drama in Nine Acts*.

Ashoka Mody

DAS GESPALTENE INDIEN

Ein betrogenes Volk zwischen Wirtschaftspotenzial und Weltmachthype

Aus dem Englischen
von Stephan Gebauer

Campus Verlag
Frankfurt/New York

Die englische Originalausgabe erschien 2023 bei Stanford University Press,
unter dem Titel *India is Broken. A People Betrayed, Independence to Today.*

Für Krishnan und Lakshman

*Meinen Söhnen, meinen besten Freunden,
in Dankbarkeit für ihre bereitwillige Unterstützung
bei Fragen der Technik*

MIX
Papier | Fördert gute Waldnutzung
FSC® C089473
FSC www.fsc.org

ISBN 978-3-593-51963-0 Print
ISBN 978-3-593-45930-1 E-Book (PDF)
ISBN 978-3-593-45929-5 E-Book (EPUB)

Umschlaggestaltung: Hißmann/Heilmann, Hamburg
Umschlagmotiv: © Shutterstock
Redaktion: Matthias Michel
Satz: Publikations Atelier, Weiterstadt
Gesetzt aus der Minion und der Myriad
Druck und Bindung: Beltz Grafische Betriebe GmbH, Bad Langensalza
Beltz Grafische Betriebe ist ein Unternehmen mit finanziellem Klimabeitrag
(ID 15985-2104-1001).
Printed in Germany

www.campus.de

Inhalt

Vorwort ... 7
1 Damals und heute, eine Einführung ... 11

TEIL I
UNECHTER SOZIALISMUS, 1947–1964

2 Ein ungewisser Anfang ... 34
3 Der Weg, der nicht beschritten wurde ... 44
4 Nehrus gewagtes Spiel ... 61
5 Nehru verdoppelt den Einsatz ... 80
6 Tagores Lied verhallt ungehört ... 89
7 Nehrus Tragödie, der erste Betrug der Demokratie ... 102

TEIL II
GEWALT, 1964–1984

8 Shastri und eine mutige Transition ... 118
9 Eine Retterin für die kochende Volksseele ... 129
10 Indien hat eine Kaiserin ... 147
11 Wut trifft auf Repression ... 163
12 Ein autokratisches Experiment scheitert ... 177
13 Die Demokratie betrügt das Volk erneut, die Deindustrialisierung beginnt ... 192
14 Die Gewalt kehrt heim ... 212

TEIL III
DAS VERSPRECHEN, 1985–2004

15 Ein Pilot fliegt im politischen Gegenwind 220
16 Rajiv Gandhi gießt Öl ins Feuer des Hindutva 237
17 Ein allzu kurzer Augenblick der Vernunft 252
18 Die dunkle Seite des Versprechens 271
19 Nein, Indien glänzt nicht 285

TEIL IV
SELBSTÜBERSCHÄTZUNG, 2005 BIS ZUR GEGENWART

20 Die beiden Indien driften auseinander, die Demokratie zerbricht 312
21 Modi stößt die Wirtschaft von der Klippe 337
22 Modi zerschlägt die geschwächte Demokratie 362
23 Corona offenbart den moralischen Niedergang 385
24 Nach dem Hype der Realitätsschock 402

Nachwort: Ein realistischer Idealismus 416

Danksagung 420
Glossar 423
Anmerkungen 424

Vorwort

In den Jahrzehnten seit der Unabhängigkeit von Großbritannien wurde wiederholt der Aufstieg Indiens zur Supermacht angekündigt. Diese Prognose fand viele neue Befürworter, als sich im Januar 2024 die Reichen und Mächtigen in Davos versammelten. Thomas Friedman, Kolumnist der *New York Times* und bekennender »Freund Indiens«, pries den Ausbau der physischen und digitalen Infrastruktur unter Premierminister Narendra Modi. Der amerikanische Außenminister Antony Blinken stimmte in die Lobeshymnen ein und erklärte, die Welt sehe »eine außergewöhnliche Erfolgsgeschichte« unter Modis Regierung und viele Menschen profitierten von den »bemerkenswerten Fortschritten« des Landes.

Tatsächlich hat Indien eine Reihe von Erfolgen vorzuweisen. Seit 1951 wählen Hunderte Millionen Menschen regelmäßig ihre Repräsentanten im nationalen Parlament und in den Volksvertretungen der Bundesstaaten. Indische Studenten tun sich an einigen der besten Universitäten der Welt hervor. Indische Informationstechnologiefirmen genießen Weltruf, und Menschen in aller Welt sind daran gewöhnt, mit Kundenbetreuern in indischen Call-Centern zu sprechen.

Obwohl sich die demokratische indische »Schildkröte« wirtschaftlich nur langsam voranbewegt, wird sie, so die mittlerweile vertraute Prognose, schließlich den autoritären chinesischen »Hasen« hinter sich lassen. Die Vorstellung, die größte Demokratie der Welt könne sich in eine wirtschaftliche Weltmacht verwandeln, ist verlockend, und zwar nicht nur für die Bürger Indiens, sondern für die freie Welt, die sich über ein starkes Gegengewicht zum wirtschaftlichen und geopolitischen Riesen China freuen würde.

Aber beruhen die zuversichtlichen Vorhersagen auf einer objektiven Analyse? Oder sind sie bloßes Wunschdenken?

In diesem Buch arbeite ich die historischen Entwicklungen auf, die den heutigen Zustand Indiens erklären. Unsere Geschichte beginnt in dem hoffnungsfrohen Augenblick im Jahr 1947, in dem Indien seine Unabhängigkeit von Großbritannien erlangte. Nach der blutigen Teilung Britisch-Indiens in die Staaten Indien und Pakistan sehnte sich die indische Bevölkerung, die in tiefer Armut lebte und zum Großteil weder lesen noch schreiben konnte, nach einem neuen Leben. Die Sterblichkeit sank, weil Indien lernte, schnell und wirkungsvoll auf Hungersnöte zu reagieren, und weil Medikamente zugänglich wurden, die sich in Europa im Kampf gegen Epidemien bewährt hatten. Aufgrund der sinkenden Sterblichkeit stieg die Zahl junger Arbeitsuchender deutlich. Nun stand die indische Politik vor der Aufgabe, Arbeitsplätze für Millionen Menschen zu schaffen. Die Auseinandersetzung mit der politischen Reaktion auf diese Herausforderung zieht sich wie ein roter Faden durch dieses Buch.

Die Zahl der Arbeitsplätze stieg von Anfang an nur langsam. In der zweiten Hälfte der sechziger Jahre löste die Enttäuschung über die nach wie vor schlechten Lebensbedingungen im ganzen Land heftige Proteste aus. Unfähig, das wütende Land zu befrieden, schlug Premierministerin Indira Gandhi am Ende des Jahrzehnts den Weg zum Autoritarismus ein. Im Jahr 1975 verhängte sie den Ausnahmezustand. Obwohl die Demokratie im Jahr 1977 formal wiederhergestellt wurde, hatten das soziale Vertrauen und der demokratische Geist gelitten. Die Korruption fraß sich auf höchster Ebene in die Strukturen von Regierung und Staatsverwaltung, die staatliche Zwangsmacht wurde immer öfter missbräuchlich eingesetzt, und es wurde üblich, Gewalt anzuwenden, um Gruppeninteressen zu verfolgen und sich in Streitigkeiten durchzusetzen. Die kurzsichtige Fixierung auf medienwirksame Maßnahmen führte dazu, dass öffentliche Güter wie Bildung, Gesundheit, städtische Infrastrukturen, Justizwesen und Umwelt vernachlässigt oder sogar zerstört wurden.

Und während Indien unter einem anhaltenden Mangel an Arbeitsplätzen und hoher Inflation litt, wurden einige ostasiatische Volkswirtschaften dank Investitionen in Humankapital und Stadtentwicklung international wettbewerbsfähig und näherten sich der Vollbeschäftigung.

Ab Mitte der achtziger Jahre häuften einige wenige Inder fabelhaften Reichtum an. Gleichzeitig befreiten sich viele Menschen aus tiefster Armut. Aber Hunderte Millionen Inder führten weiter ein unsicheres Leben knapp über dem Subsistenzniveau. Die verbreitete Frustration begünstigte das Wachstum des organisierten Verbrechens und schürte die Gewaltbereitschaft des »wütenden Hindu«.

Der Hindu-Nationalismus, der gewalttätige Mobs zu unablässiger Aktivität antrieb, riss weitere Löcher in das soziale Gewebe.

Ein Dreivierteljahrhundert nach der Unabhängigkeit liegen Indiens Demokratie und seine Wirtschaft in Trümmern. Die schwedische Denkfabrik V-Dem stuft Indien mittlerweile als »elektorale Autokratie« ein, als ein Land, in dem Wahlen stattfinden, aber weder die Rechtsstaatlichkeit noch die Meinungsfreiheit gewährleistet sind. In der Coronapandemie ist offenkundig geworden, wie fragil die indische Wirtschaft ist. Die erste Coronawelle brachte die Wirtschaft zum Erliegen, und von den 100 Millionen vernichteten Arbeitsplätzen sind 25 Millionen möglicherweise für immer verloren. In der zweiten Welle wurden weitere Arbeitsplätze zerstört. Diese Einbußen haben einen ohnehin großen Mangel an Arbeitsplätzen verschärft, und in absehbarer Zukunft werden weiter Millionen junge Menschen auf den Arbeitsmarkt drängen. Die indische Beschäftigungskrise ist eine Dauerkrise.

Auf den folgenden Seiten zeichne ich die Geschichte der indischen Regierungen seit der Unabhängigkeit nach, aber im Grunde handelt dieses Buch von der fortschreitenden Erosion der sozialen Normen und vom Verlust der politischen Rechenschaftspflicht. Die demokratischen Spielregeln und Institutionen haben sich in Werkzeuge der Privilegierten und Mächtigen verwandelt. Die Justiz ist nicht länger blind, und die gesellschaftlichen Akteure arbeiten nicht zusammen, um allen Menschen Bildung, Gesundheit und städtische Infrastrukturen anzubieten. Die rasch voranschreitende Umweltzerstörung vergrößert die von der Klimakrise verursachten Schäden. Und da es eine Wiederherstellung von Normen und Rechenschaftspflicht nur geben kann, wenn die Verantwortlichen gezwungen sind, Rechenschaft abzulegen, ist Indien in einer ausweglosen Lage gefangen.

Es ist naheliegend, aber falsch, die Schwierigkeiten Indiens auf die verabscheuungswürdige Kastenordnung zurückzuführen. Die indische Gesellschaft steckt in einer Sackgasse, weil sie moralisch versagt hat: Sie leidet unter allgegenwärtiger Korruption, unter der Verflechtung von Kriminalität und Politik und unter sozialer Gewalt. Diese Übel infizierten in historischen Schlüsselmomenten Politik und Gesellschaft, und von da an war es leicht, jedes Mal, wenn sich eine Chance zu Veränderungen bot, den falschen Weg einzuschlagen.[1]

Die indische Gesellschaft kann sich aus dieser Falle nur dann befreien, wenn sie begreift, dass die Wirtschaft ein moralisches Gebäude ist, dessen Stabilität davon abhängt, dass seine Bewohner den Instinkt zur Befriedigung ihres Eigennutzes unterdrücken. Nur so können Korruption, Kriminalität und Gewalt zurückgedrängt werden und kann soziales Vertrauen wachsen. Der verbreitete Glaube, wohlmeinende Planer könnten die Wirtschaft jederzeit in die richtige Richtung lenken, beruht auf der falschen Vorstellung, das Wirtschaftssystem sei eine riesige Maschine, in der die Menschen nichts anderes als kleine Rädchen sind. Ohne eine verbindende Ethik von Vertrauen und Kooperation werden geschickte politische Manöver und technologische Allheilmittel nur für immer neue Enttäuschungen sorgen.

In diesem Buch erzähle ich die Geschichte des unabhängigen Indien chronologisch und achte darauf, die Entscheidungen der politisch Verantwortlichen nicht rückblickend, also in Kenntnis der folgenden Entwicklungen, zu kritisieren. In der chronologischen Darstellung erkennen wir Schlüsselmomente, in denen Entscheidungen fielen, die später kaum rückgängig gemacht werden konnten. Die Persönlichkeiten und Worte der politischen Führer haben großes Gewicht, aber ich ziehe an vielen Stellen Darstellungen aus kreativen ethnographischen Arbeiten heran, um zu veranschaulichen, wie das indische Volk und insbesondere die jungen Menschen leben. Außerdem nehme ich immer wieder auf den indischen Film Bezug, der wertvolle Aufschlüsse über das gesellschaftliche und kulturelle Leben des Landes liefert. Statistiken entlarven falsche Narrative und stellen die Analyse auf eine solide Grundlage; als langjähriger Mitarbeiter internationaler Organisationen habe ich gelernt, mich auf Fakten zu stützen.

Ich hoffe, dass dieses Buch nützlich für Leserinnen und Leser ist, die sich für die Geschichte des modernen Indien oder die Geschichte der wirtschaftlichen Entwicklung im Allgemeinen interessieren. Beim Schreiben frage ich mich stets, welche Fragen mir meine Leserinnen und Leser stellen könnten. Ich hoffe, dass diejenigen, die sich mit den hier behandelten Themen beschäftigen, einige Antworten auf ihre Fragen finden und neue Anregungen erhalten werden. Ich habe versucht, die Beiträge anderer Forscher angemessen zu würdigen, und schlage mögliche neue Wege für die weitere Forschung vor.

Ich wuchs in Indien auf, lebe und arbeite jedoch seit mittlerweile fast 40 Jahren in den Vereinigten Staaten. Vor einigen Jahren habe ich die indische Staatsbürgerschaft abgelegt und die amerikanische angenommen. Als ich meinen Vater anrief, um ihm zu erklären, dass ich emotional mit meinem Geburtsland gebrochen hatte, sagte er: »Im Herzen wirst du immer Inder sein.« Auf den folgenden Seiten hören Sie die Stimme eines Autors, der im Herzen Inder ist.

KAPITEL 1

Damals und heute, eine Einführung

Scharen verstörter Dorfbewohner, die ihre ausgedörrten Felder zurückgelassen haben, taumeln in Richtung Kalkutta. »Woh raha Kulkutta!« Das Gesicht eines ausgezehrten jungen Bauern hellt sich auf, und er zeigt auf die Silhouette der Stadt am Horizont: »Dort ist Kalkutta!« Doch seine Hoffnung verwandelt sich rasch in Furcht vor dem, was ihn in der Stadt erwarten mag.

Kalkutta (heute Kolkata), die historische Hauptstadt des ostindischen Bengalen, zerstört die Hoffnungen der Dorfbewohner. Die schmutzigen Bürgersteige werden ihr neues Zuhause. Das Gespenst des Todes weicht nicht von ihrer Seite. Es gibt keine Arbeit. Gleichzeitig stellen die Reichen ihren materiellen Besitz zur Schau. Wie in den Dörfern beuten auch in der Stadt die Mächtigen in der Gewissheit ihrer Vorrechte zynisch hilflose Frauen aus. Als die Hungersnot nachlässt, kehren viele Überlebende des Kalkutta-Trecks in ihre Dörfer zurück. Für die Schwächsten gibt es in Indien kein Heim, keine einträgliche Arbeit, keine Würde. Die Rückkehr aufs Land ist Ausdruck ihrer Verzweiflung.

Dies sind Szenen aus dem Film *Dharti ke lal* (Kinder der Erde) aus dem Jahr 1946, der die Hungersnot in Bengalen im Jahr 1943 schildert. Der 27-jährige Satyajit Ray, ein kommendes Filmgenie, schreibt: »Das Leben ist das Rohmaterial des Kinos.«[1]

Der Film berührt die tiefsten Wunden Indiens behutsam. Es gibt getrennte Armenküchen für Hindus und Muslime. Die Teilung von Britisch-Indien in Indien und Pakistan steht kurz bevor. Die Realität ist beängstigend. Im August 1946, fast zeitgleich mit der Erstaufführung von *Dharti ke lal*, fallen Hindus und Muslime übereinander her; zwischen 5 000 und 10 000 Menschen sterben im »Großen Massaker von Kalkutta«. Als sich ein Jahr später die Teilung des Landes anbahnt, überqueren Millionen die Grenze zwischen Indien und Pakistan, die Bengalen teilt: Hindus flüchten nach Indien, Muslime nach Pakistan. Mohandas Karamchand Gandhi – der Mahatma, »die große Seele« –

verhindert weiteres Blutvergießen. Er versammelt die Führer von Hindus und Muslimen in Kalkutta. Sie beten gemeinsam und zeigen sich gemeinsam auf der Straße, um Solidarität zu demonstrieren. Doch entlang der Westgrenze, die durch Punjab verläuft, nimmt die Gewalt zwischen den Volksgruppen epische Ausmaße an.[2]

Doch inmitten all der schändlichen Vorgänge bewegt sich die Politik. Am 15. August 1947 kurz vor Mitternacht wendet sich Premierminister Jawaharlal Nehru im Parlament an die Konstituierende Versammlung und erklärt den 360 Millionen Indern, die für ihren Lebensunterhalt überwiegend von einer launenhaften Landwirtschaft abhängen, die indische Demokratie werde das Versprechen des Mahatma einlösen und »alle Tränen aus allen Augen wischen«.[3]

Die politische Führung des Landes brauchte nicht lange, um eine Nation zu schaffen, die auf hehren Prinzipien beruhte. Die neue indische Verfassung gestand allen Erwachsenen das Wahlrecht zu und rief die grundlegenden Institutionen einer modernen Demokratie ins Leben. Mehr als 500 Fürstentümer wurden in der Indischen Union miteinander verschmolzen. Es sollte religiöse Toleranz herrschen. Das Streben nach nationaler Einheit und einer säkularen Demokratie wurde Teil des nationalen Selbstverständnisses und prägte in den folgenden Generationen Weltbild und Wertvorstellungen vieler Inder.

Die Unabhängigkeit brachte auch materielle Fortschritte. Nachdem die Durchschnittseinkommen im letzten halben Jahrhundert vor dem Abzug der Briten stagniert hatten, begannen sie nach der Unabhängigkeit zu steigen, und ab Mitte der achtziger Jahre beschleunigte sich das Einkommenswachstum.

Aber obwohl die Armut zurückgedrängt wurde und das Bruttoinlandsprodukt rasch stieg, war das Ausmaß der Fortschritte unklar. Wie sollte definiert werden, *wer* arm war? Die Experten legten den von der Weltbank entwickelten Maßstab an: Eine Person war arm, wenn sie weniger als 1,90 Dollar am Tag für den Konsum zur Verfügung hatte. Nach dieser Definition lebten im Jahr 2011 22 Prozent der Inder in Armut. Aber zu diesem Zeitpunkt war Indien kein einkommensschwaches Land mehr. Das Einkommenswachstum und die zunehmende Komplexität des Lebens hatten dazu geführt, dass die Maßstäbe für die Mindesterfordernisse gestiegen waren: Ein Einkommen von 1,90 Dollar am Tag genügte nicht länger, um den Mindestbedarf zu decken. Laut Weltbank brauchten Einwohner von Ländern mit niedrigem bis mittlerem Einkommen im Jahr 2017 mindestens 3,20 Dollar am Tag, um ihre Grundbedürfnisse zu befriedigen. Das bedeutet, dass 60 Prozent der Inder unter der Armutsgrenze lebten.[4] Jene 38 Prozent der indischen Bevölkerung, deren Einkommen sich zwischen den beiden Schwellenwerten – den alten 1,90 Dollar und den neuen 3,20 Dollar pro Tag – bewegte, bezeichne ich als Armutsgefährdete. Diese Menschen waren nur eine Krankheit oder einen Arbeitsplatzverlust vom Sturz in tiefes Elend entfernt, das bei einem Einkommen von unter 1,90 Dollar beginnt. In der armutsgefährdeten Zone lebten Hunderte Millionen Bauern, Bauarbeiter und Geringqualifizierte in den Dienstleistungen. Und die Lage dieser Menschen verschlimmerte sich. Eine amtliche Erhebung von 2017/18 zeigte, dass sogar der Anteil derer, die von weniger als 1,90 Dollar am Tag leben mussten, gestiegen war. Die Regierung versuchte, den Bericht zu unterdrücken.

Die Illusion der wirtschaftlichen Dynamik endete im August 2018, als die Finanz- und Immobilienblase platzte. Und im Jahr darauf setzten sich Geld, Gewalt und der Hindu-Nationalismus bei der Parlamentswahl durch. Von diesem schweren Schlag wird sich die indische Demokratie möglicherweise nicht mehr erholen.

Im Januar 2020 erreichte die Coronapandemie Indien. Am 24. März kündigte Premierminister Narendra Modi einen dreiwöchigen Lockdown an. Er erklärte, die Bewegungsfreiheit der Menschen müsse erheblich eingeschränkt werden, um die Ausbreitung des tödlichen Coronavirus zu verhindern. Am 14. April verlängerte Modi die Kontaktsperre. Es wurden Erinnerungen an Bengalen in der Hungersnot der vierziger Jahre wach.[5]

Wie seinerzeit Kalkutta waren die Städte auch in der Pandemie unwirtliche Orte für Zuwanderer vom Land, nur dass der Lockdown die Notlage der Migranten tatsächlich unerträglich machte. Sogar in Delhi, einer der reichsten Städte Indiens, kämpften Zuwanderer aus den ländlichen Gebieten am Rand der Gesellschaft ums Überleben und hielten sich mit allen erdenklichen Gelegenheitsarbeiten über Wasser. An Tagen, an denen sie Arbeit fanden, verdienten sie Geld. Als der Lockdown begann, fanden sie keine Arbeit mehr. In Ermangelung eines sozialen Sicherheitsnetzes versuchten sie, in ihre Heimatdörfer zurückzukehren. Aber der Lockdown machte Reisen unmöglich. So sammelten sich am Stadtrand von Delhi an den »mit Abfällen und Exkrementen befrachteten Ufern« des Yamuna gestrandete Männer, denen die Heimreise versperrt war.[6]

Die in Delhi gefangenen Migranten waren nur ein kleiner Teil der 100 Millionen »zeitweiligen« Migranten, die rund 20 Prozent der indischen Arbeitskräfte stellten. Diese Entwurzelten waren überwiegend Männer, die mit der Hoffnung auf ein besseres Leben vom Land in die Städte gewandert waren. Oft teilten sie sich zu siebt ein Zimmer zum Schlafen. Wann immer sie konnten, insbesondere in der Erntezeit, kehrten sie in ihre Dörfer zu ihren Familien zurück. Die Glücklicheren, die mit ihren Familien ein neues Heim an Orten wie im legendären Slum Dharavi in Mumbai gefunden hatten, lebten und arbeiteten in Gruppen von fünf bis zehn Personen in einem einzigen Raum. Sie standen Schlange vor öffentlichen Toiletten, die sich entlang offener Abwasserkanäle erstreckten. Nun lösten sich Arbeit und Einkommen in Luft auf, und rund 150 000 der 1 Million Einwohner Dharavis schlossen sich den anschwellenden Flüchtlingstrecks an, die aus den feindseligen Städten in weit entfernte Dörfer zogen.[7]

Als sich die Berichte über verzweifelte Wanderarbeiter häuften, beschuldigte die Regierung ihre Kritiker in den Medien, »Falschmeldungen« zu verbreiten. Premierminister Modi bestellte Zeitungseigentümer und Herausgeber zum Rapport und forderte sie auf, »positiv« über sein Krisenmanagement zu berichten. Der Oberste Gerichtshof schloss sich der Deutung der Regierung an, die von den Medien verbreiteten »Fake News« seien eine »Bedrohung«. Die meisten Journalisten gehorchten der Anweisung des Gerichts, die düstere Realität von nun an mit zuversichtlichen offiziellen Darstellungen zu übertünchen.[8]

Am 10. April 2020 erhoben die Behörden von Uttar Pradesh Anklage wegen Falschmeldungen gegen Siddharth Varadarajan, den Herausgeber des Nachrichtenportals *The Wire*. Dieses hatte Yogi Adityanath, dem Chief Minister (Regierungschef) des Bundesstaats, irrtümlich eine Aussage zugeschrieben. Obwohl der Fehler rasch korrigiert wurde, wurde ein Strafverfahren gegen Varadarajan eingeleitet. Das Theater um das falsche Zitat lenkte die Aufmerksamkeit von Adityanaths Verstößen gegen die Covid-Beschränkungen ab. Zwei Wochen früher hatte er zweimal bei hinduistischen religiösen Praktiken gegen die Kontaktsperre verstoßen.[9]

Der alte Konflikt zwischen Hindus und Muslimen brach wieder auf. Während der Yogi (wie Adityanath allgemein genannt wurde) seine Religiosität zur Schau stellte, griffen fanatische Hindus mit staatlicher Rückendeckung die islamische Organisation Tablighi Jamaat an, deren Mitglieder sich im Februar und März in verschiedenen Landesteilen versammelt hatten. Am 23. März, dem Tag vor der Verhängung des Lockdowns, hatte in Delhi ein Seminar stattgefunden, und in den folgenden Tagen starben mehrere Jaamat-Mitglieder an Covid-19. Die Polizei beschuldigte Jamaat, zur Verbreitung der Krankheit beigetragen zu haben, und verhaftete einige Mitglieder der Gruppe. Nun breitete sich auch das Virus des Hasses aus. In vielen Landesteilen im Norden, aber auch im südlichen Bundesstaat Karnataka, häuften sich Angriffe auf Muslime. Im ostindischen Jharkhand wurde eine schwangere Muslimin, die eine Blutung erlitten hatte, in einem Krankenhaus misshandelt und abgewiesen. Sie verlor ihr Kind. In Ahmedabad, der größten Stadt im Bundesstaat Gujarat, wurden die Covid-Patienten in einem öffentlichen Krankenhaus nach Religionszugehörigkeit getrennt.[10]

Die wirtschaftliche Ungleichheit war sehr viel größer geworden. Am 22. April, vier Wochen nach Beginn des Lockdowns, lud *Vogue India* seine Leser in das 27-stöckige Domizil von Mukesh Ambani in Mumbai ein. Ambani, der führende Unternehmensmagnat Indiens, ist einer der reichsten Männer der Welt. Die Räume in seinem elf Kilometer vom überfüllten Elendsviertel Dharavi entfernten Haus sind so hoch, dass das Gebäude die Höhe eines normalen Hochhauses mit 60 Stockwerken hat. Zur Ausstattung zählen drei Hubschrauberlandeplätze, ein Theater und ein Spa. In den »sonnendurchfluteten Wohnräumen« hat man einen »atemberaubenden Blick auf das Meer«.[11]

Im Indien des Jahres 2020 weckten der Graben zwischen Hindus und Muslimen und die ungeheuerliche Ungleichheit Erinnerungen an Bengalen in den vierziger Jahren. Und trotz des wirtschaftlichen Fortschritts hörte man auch in der Verzweiflung der Menschen, die scharenweise aus den Städten in die Dörfer flüchteten, das Echo jener Hungersnot: Die Menschen waren weiterhin von plötzlichem Einkommensverlust, gesundheitlichen Katastrophen und dem Verlust selbst der erbärmlichsten Unterkunft bedroht: Für Hunderte Millionen Menschen war Indien ein kaputtes Land.[12]

Indien verliert das Rennen der Roten Königin

In Lewis Carrolls *Alice hinter den Spiegeln* sagt die Rote Königin: »Hierzulande musst du so schnell rennen, wie du kannst, wenn du am gleichen Fleck bleiben willst. Wenn du woanders hinwillst, musst du zweimal so schnell rennen!«[13] Während die Bevölkerung Indiens wuchs, konnte die Wirtschaft die wertvollen jungen Arbeitskräfte nicht integrieren und die Nachfrage nach Arbeitsplätzen nicht befriedigen.

Indem ich den Mangel an Arbeitsplätzen in den Mittelpunkt meiner Untersuchung rücke, entferne ich mich von der üblichen Praxis, den Erfolg einer Volkswirtschaft am Bruttoinlandsprodukt (BIP), das heißt an der Summe der produzierten Güter und Dienstleistungen zu messen. Das BIP ist ein irreführender Maßstab, denn es gibt keine Antwort auf die entscheidende Frage, *wer* vom Wachstum profitiert, und lässt die Kosten außer Acht, die den kommenden Generationen durch die rücksichtslose Ausbeutung der natürlichen Ressourcen aufgebürdet werden. Daher konzentriere ich mich auf das Wohlergehen der Menschen, das heißt auf die Verfügbarkeit von Arbeit und allgemein auf den Stand der menschlichen Entwicklung, die Lebensqualität in den Städten, die Umweltzerstörung und die Qualität des Rechtswesens. So gelange ich zu einer ganz anderen Interpretation der Geschichte des modernen Indien. Die jüngsten Phasen kräftigen Wirtschaftswachstums haben Optimismus geweckt, aber die Daten zum Wohlergehen der Menschen erzählen eine traurige und entmutigende Geschichte.

Wenn wir die Entwicklung des Arbeitsmarkts betrachten, müssen wir uns vor Augen halten, dass es für die meisten Inder unmöglich ist, »arbeitslos« im herkömmlichen Sinn zu sein. Stattdessen sind sie »unterbeschäftigt«: Sie arbeiten weniger, als sie gerne würden. Millionen Familienhöfe, Kleinbetriebe und Gelegenheitsarbeiter leiden unter Unterbeschäftigung. Auf Bauernhöfen und in Familienbetrieben wird Arbeit erfunden, damit alle Haushaltsmitglieder etwas zu tun haben. Viele dieser Arbeitskräfte produzieren wenig oder nichts von Wert. Es hätte praktisch keine Auswirkungen auf die nationale Wirtschaftsleistung, würden sie aufhören zu arbeiten. Die Gelegenheitsarbeiter sind an den Tagen beschäftigt, an denen ihnen jemand Arbeit gibt, und tun an anderen Tagen nichts.

Von jener Art von Arbeitslosigkeit, die in hochentwickelten Ländern als »sichtbare« Arbeitslosigkeit bezeichnet wird, sind in Indien vor allem Hochschulabsolventen betroffen. Eine wachsende Zahl minderwertiger Hochschulen verteilt Diplome, ohne jedoch Kenntnisse zu vermitteln, mit denen man ein Einkommen verdienen kann. Die wenigen, die solche Kenntnisse besitzen, können sich Phasen der Arbeitslosigkeit leisten.

Gestützt auf die Methoden des Arbeitsökonomen Ajit Kumar Ghose schätze ich, dass im Jahr 1955 in Indien 25 Millionen zusätzliche Arbeitsplätze benötigt wurden, um den unterbeschäftigen Arbeitskräften genug Arbeit zu geben. Zudem fehlten rund 1,5 Millionen Jobs für offen beschäftigungslose Hochschulabsolventen (Kapitel 3). Wir können mit einiger Sicherheit sagen, dass zu jener Zeit in Indien zwischen 20 und 25 Millionen Arbeitsplätze fehlten. Damals hatte Indien rund 360 Millionen Einwohner. In den folgenden Jahren stieg mit dem Bevölkerungswachstum auch der Bedarf an zusätzlichen Arbeitsplätzen.

In den Jahren des kräftigen Wirtschaftswachstums, das heißt von der Mitte der achtziger Jahre bis 2011, wurden mehr Arbeitsplätze geschaffen. Eine winzige Gruppe von aufwärtsmobilen Indern im IT- und Finanzsektor war verblüffend erfolgreich. Doch im Allgemeinen war die Qualität der neuen Arbeitsplätze gering. Die meisten entstanden im Baugewerbe sowie im wenig produktiven Einzelhandel und im Verkehr: Diese Tätigkeiten waren schlecht bezahlt und gaben keine soziale Sicherheit. Schließlich begann die Blase, die das Wirtschaftswachstum ermöglicht hatte, zu schrumpfen. Die unbefriedigte Nachfrage nach Arbeitsplätzen wuchs, und zwischen 2011 und 2019 sank sogar die Beschäftigtenzahl.

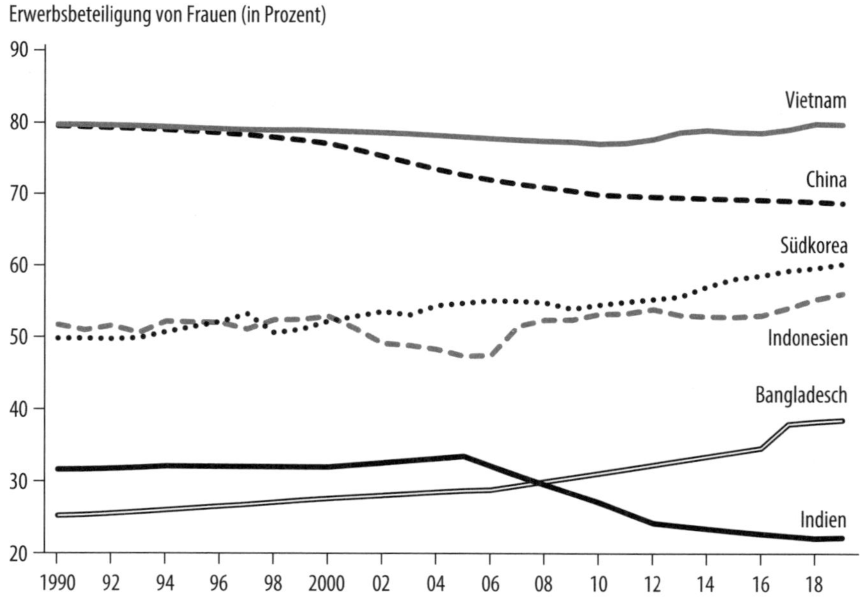

1.1: Eine wachsende Zahl indischer Frauen gibt die Arbeitssuche auf. (Frauen in der Erwerbsbevölkerung in Prozent der weiblichen Bevölkerung zwischen 15 und 64 Jahren)
Quelle: Weltbank, World Development Indicators, Schätzungen der Internationalen Arbeitsorganisation (ILO), https://data.worldbank.org/indicator/SL.TLF.CACT.FE.ZS.

So stieg die Zahl der fehlenden Arbeitsplätze von rund 25 Millionen im Jahr 1955 auf mindestens 80 Millionen im Jahr 2009. Im Jahr 2019 dürfte die Lücke noch sehr viel größer gewesen sein. Im Lauf der Jahre gaben Millionen Frauen im ländlichen Raum die Arbeitssuche auf. Sie zählten weder zu den Arbeitslosen noch zu den Unterbeschäftigten, da sie nicht länger der Erwerbsbevölkerung angehörten. Im Jahr 1955 zählten 39 Prozent der Inderinnen zur Erwerbsbevölkerung, das heißt, sie gingen irgendeiner Arbeit nach oder waren auf Arbeitssuche.[14] Im Jahr 1990 war dieser Anteil auf 32 Prozent gesunken (Abbildung 1.1). Ab 2005 fiel die Erwerbsbeteiligung von Frauen so rasant, dass sogar die Gesamtzahl der erwerbstätigen Frauen sank. In den ostasiatischen Ländern hingegen war die Erwerbsbeteiligung der Frauen hoch oder stieg. In Bangladesch lockte das rasante Wachstum der Textilindustrie Frauen zurück auf den Arbeitsmarkt.

Einige Forscher glauben, die Inderinnen hätten sich aus der Erwerbsbevölkerung zurückgezogen, weil ihre Bildungschancen gestiegen seien und ihre Ehemänner besser verdienten. Doch die Mehrheit der Inderinnen, die die Arbeitssuche einstellten, war älter als 25 Jahre. Sie stammten zumeist aus einkommensschwachen Familien und hatten zuvor als »unbezahlte Arbeitskräfte« in Familienbetrieben gearbeitet. Durch die Mechanisierung der Landwirtschaft verdrängt, blieben ihnen kaum Beschäftigungsmöglichkeiten, nachdem ihre Ehemänner in die Städte abgewandert waren, um sich dort als Bauarbeiter, Tellerwäscher oder Straßenverkäufer durchzuschlagen. Wären ihnen Arbeitsplätze wie jene in den Textilfabriken Bangladeschs angeboten worden, so hätten 50 Millionen untätige Inderinnen diese Arbeit angenommen, um das magere und instabile Einkommen ihrer Familie aufzupäppeln. Auch die zunehmende Gewalt gegen Frauen hielt diese davon ab, Arbeit außerhalb der eigenen vier Wände zu suchen.[15] Wenn wir die aus der Erwerbsbevölkerung ausgeschiedenen Frauen hinzurechnen, fehlten in Indien im Jahr 2019 wahrscheinlich 130 Millionen Arbeitsplätze. Trotzdem werde ich die geringere Zahl von 80 Millionen fehlenden Arbeitsplätzen verwenden.

Ghose schätzt, dass in Indien aufgrund des Bevölkerungswachstums jedes Jahr mindestens 7 Millionen zusätzliche Arbeitsplätze gebraucht werden, und diese Zahl könnte auf 9 Millionen steigen, sollte die gegenwärtig erschreckend niedrige Erwerbsbeteiligung (der Anteil der Arbeitssuchenden) steigen. Selbst wenn Indien im Jahr 2019 nur 80 Millionen neue Arbeitsplätze gebraucht hätte, stünde es also vor der angesichts der Stagnation in den letzten Jahren kaum zu bewältigenden Aufgabe, im kommenden Jahrzehnt zwischen 150 und 170 Millionen neue Jobs zu schaffen.[16]

In der Coronazeit verdüsterten sich die Aussichten weiter. Rund 25 Millionen in der Pandemie verlorene Arbeitsplätze werden möglicherweise nie zurückkehren, und in diesen zwei Jahren wuchs das Heer der Arbeitssuchenden um weitere 15 Millionen Menschen. Damit brauchte Indien Ende 2021 zwischen 190 und 210 Millionen zusätzliche Arbeitsplätze, um seine gesamte Bevölkerung im folgenden Jahrzehnt zu beschäftigen. Und diese Schätzung ist eher niedrig angesetzt.

Nach der Unabhängigkeit schlug Indien den falschen Weg ein und baute die Schwerindustrie auf, die nicht genug produktive Arbeitsplätze für die rasch wachsende Bevölkerung schaffen konnte. Seitdem hat die Zusammensetzung der Produktion selbst in Zeiten des kräftigen Wirtschaftswachstums die Nachfrage nach Arbeitskräften gedämpft. Obwohl sich viele Chancen eröffnet haben, ist es Indien nicht gelungen, die in Ostasien praktizierte Arbeitsplatzschaffung durch arbeitsintensive Exportindustrien nachzuahmen.

Aufgrund seiner Unfähigkeit, Arbeitsplätze in der exportorientierten Produktion zu schaffen, kann Indien den Rote-Königin-Test nicht bestehen (Abbildung 1.2). Heute scheint das unglaublich, aber Anfang der fünfziger Jahre hatte Indien bei Fertigerzeugnissen einen höheren Anteil am Welthandel als Japan. Die japanische Industrie war sehr viel leistungsfähiger, aber das Land musste die Zerstörungen des Zweiten Weltkriegs überwinden. Obwohl es den japanischen Produzenten schwerfiel, die internationalen Qualitätsstandards zu erfüllen, fanden sie rasch den Anschluss im wachsenden Welthandel und exportierten relativ arbeitsintensive Produkte wie Textilien, Fahrräder und Spielzeug. Zu jener Zeit ließ Indien eine erste Chance ungenutzt.

In den sechziger Jahren machten Südkorea und Taiwan beeindruckende Fortschritte im Export arbeitsintensiver Produkte. Aber die entscheidende Niederlage auf den Weltmärkten erlitt Indien im Wettlauf mit China. Die dortigen Produzenten begannen auch rasch, auf den indischen Markt vorzudringen, und verdrängten viele heimische Unternehmen vom Markt. Im letzten Jahrzehnt hat China Terrain eingebüßt, während Vietnam, ein Land mit weniger als 100 Millionen Einwohnern, auf dem Vormarsch ist. Und Bangladesch bietet zwar nicht so vielfältige Produkte an wie die ostasiatischen Länder, exportiert jedoch seit 2006 mehr Textilien als das sehr viel größere Indien.

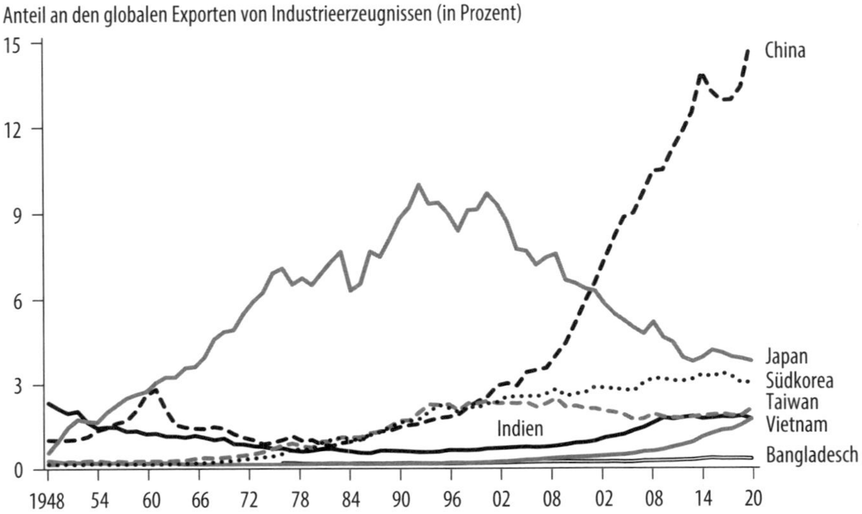

1.2: Indien hat im internationalen Wettbewerb wiederholt das Nachsehen gehabt. (Anteil an den globalen Exporten, in Prozent)

Quelle: Welthandelsorganisation, WTO Data, https://data.wto.org/, die Daten entsprechen den UNCTAD-Statistiken, https://unctadstat.unctad.org/wds/TableViewer/tableView.aspx?ReportId=101.

Eine verbreitete Interpretation der modernen Geschichte Indiens lautet, die sozialistische Politik Nehrus und seiner Tochter Indira Ghandi habe das Wirtschaftswachstum unterdrückt. Demnach hemmt eine sozialistische Grundhaltung auch weiterhin die wirtschaftliche Entwicklung des Landes. Diese vereinfachende Deutung beruht auf einem falschen Verständnis des Wesens des Sozialismus und hindert Indien daran, eine inklusive, sozialdemokratische Entwicklungsstrategie zu verfolgen.

Sozialismus bedeutet gleiche Chancen für alle. So betrachtet, verfolgte Indien nie eine sozialistische Politik. Ein häufiger Irrtum besteht darin, die Planwirtschaft oder die staatliche Lenkung als Sozialismus zu betrachten, aber dies sind einfach wirtschaftspolitische Instrumente. Selbst wenn man diese Instrumente analysiert, stellt man fest, dass Indien nie ein vergleichbares Maß an zentraler Planung betrieb und nie einen so großen Staatsapparat hatte wie die kapitalistischen westlichen Länder, geschweige denn wie die Sowjetunion.[17] Große wie kleine Staatsapparate können eine dezidiert antisozialistische Politik betreiben, wenn sie den Mächtigen und der Elite dienen, was sowohl unter Nehru als auch unter Gandhi der Fall war. Die staatliche Politik förderte weder in den sogenannten sozialistischen Jahren noch danach das Wohlergehen der breiten Bevölkerung. Kennzeichnend für Indien ist seit jeher seine sehr ungleich verteilte Entwicklung.

Die marktfreundlichen »Liberalisierer« in Indien beschwören das Schreckgespenst der vermeintlich sozialistischen Hinterlassenschaft herauf, um eine Wirtschaftspolitik zu rechtfertigen, die wachsende Ungleichheit erzeugt und dem Land die für den gemeinsamen Fortschritt benötigten öffentlichen Güter vorenthält. Die führenden Köpfe des Landes legen seit jeher ungeachtet ihrer ideologischen Bekundungen lediglich Lippenbekenntnisse zu diesen öffentlichen Gütern ab. Ihr beängstigendes Ziel ist eine mythische »Entwicklung«, die der Umwelt irreparablen Schaden zufügen kann.

Öffentliche Güter: Das Fundament eines fairen Wachstums

Ökonomen bezeichnen Bildung, Gesundheit, Infrastrukturen, Trinkwasser, saubere Luft und ein funktionierendes Rechtswesen als »öffentliche Güter«. Diese Güter machen das menschliche Leben lebenswert. Sie erhöhen die Produktivität der Volkswirtschaft und schaffen die Grundlage für ein Wachstum, das allen zugute kommt. Gerecht verteiltes Wachstum ist der Klebstoff, der Gesellschaften zusammenhält.

Die öffentlichen Güter ergänzen einander. In gut funktionierenden Städten lernen die Arbeitskräfte in Industrie- und Geschäftsbezirken voneinander, und die Mitglieder des Gemeinwesens bereichern gegenseitig ihr Leben. In stabilen städtischen Gemeinden gibt es gute Schulen. Die Kinder lernen besser, wenn sauberes Trinkwasser und gute Luft die Ausbreitung von Krankheiten verhindern. Gut geplante urbane Räume und öffentliche Parks verbessern die Luftqualität. All das sind »positive Externalitäten«. Hingegen haben wir es mit einer negativen Externalität zu tun, wenn aufgrund eines Mangels an sauberem Trinkwasser die Grundwasservorkommen übermäßig ausgebeutet werden.

Da kein einzelner Mensch, ja keine Gruppe von Menschen in ausreichendem Umfang öffentliche Güter bereitstellen kann, um positive Externalitäten zu gewährleisten, und da sich nur wenige Menschen um die von ihnen erzeugten negativen Externalitäten kümmern können, stellt der Staat diese Güter entweder selbst bereit oder regelt ihre Bereitstellung, um ihre Qualität zu gewährleisten.

In diesem Kapitel ordne ich die Entwicklung und den Zustand des indischen Bildungswesens und seiner Städte in den internationalen Kontext ein. Mit den anderen öffentlichen Gütern beschäftige ich mich in späteren Kapiteln.

Die frühe Einführung der Grundschulbildung für Mädchen war eine bemerkenswerte Leistung Ostasiens. Zahlreiche Studien haben gezeigt, dass die Bildung von Frauen nicht nur nötig ist, um der Industrie kompetente Arbeitskräfte zur Verfügung zu stellen, sondern auch die Fruchtbarkeitsrate senkt und die Gesundheit von Kindern verbessert. Wie der Historiker Robin Jeffrey festgestellt hat, hat ein gebildeter Mann normalerweise einen gebildeten Sohn, aber eine gebildete Frau hat eine gebildete Familie, was die Weitergabe der Lernfähigkeit über die Generationen hinweg gewährleistet.[18]

In Japan war die flächendeckende Grundschulbildung für Mädchen in den zwanziger Jahren gewährleistet (Abbildung 1.3). Taiwan erreichte dieses Ziel Mitte der fünfziger Jahre, Südkorea etwa ein Jahrzehnt später, und auch China, das bis Mitte der vierziger Jahre ähnlich wie Indien hinterherhinkte, überholte dieses schließlich.

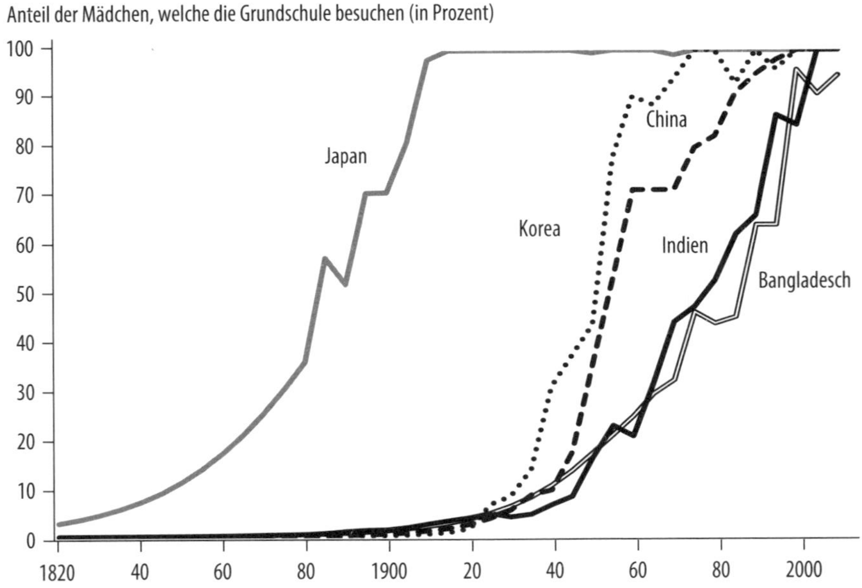

1.3: Indien fällt in der Ausbildung von Mädchen zurück. (Prozentualer Anteil der Mädchen, welche die Grundschule besuchen)

Quelle: Barro, Robert J., und Jong-Wha Lee. 2015. *Education Matters: Global Schooling Gains from the 19th to the 21st Century* (New York: Oxford University Press).

Es besteht ein Zusammenhang zwischen der Entwicklung der Schulbildung von Mädchen und dem Einstieg in den Export arbeitsintensiver Fertigerzeugnisse. In Ostasien ist die Erwerbsbeteiligung von Frauen hoch, wie wir zuvor gesehen haben, und die Frauen stellen die Mehrheit der Beschäftigten in der Fertigung von Elektronikbauteilen, Textilien und Schuhen. Je höher die Erwerbsbeteiligung von Frauen in Ostasien wurde, desto später heirateten sie und desto weniger Kinder hatten sie. Und als Bildungsstand und Erwerbsbeteiligung von Frauen stiegen, schwand die Präferenz für Söhne (gemessen am Überschuss von Jungen bei Neugeborenen) in Japan (ab 1939) sowie in Südkorea und Taiwan (ab 1990).[19]

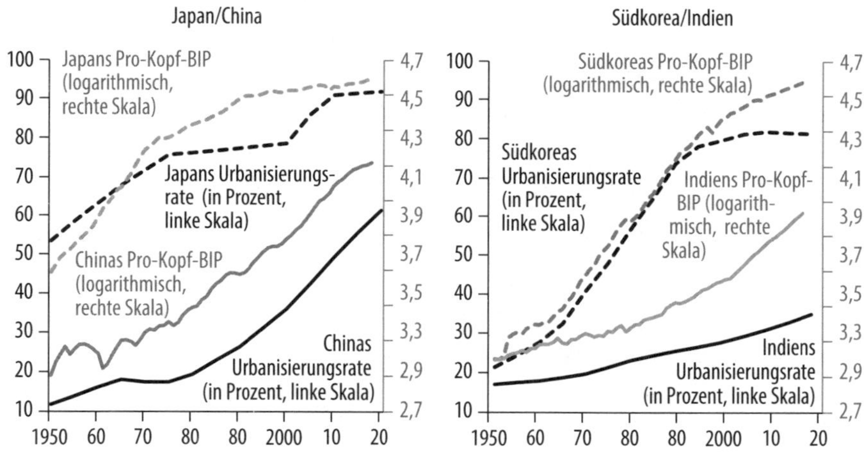

1.4: Die indischen Städte wurden nie zu Wachstumsmotoren.

Quellen: Urbanisierungsrate, Japan: The Asian Population and Development Association for 1900–1945, Tabelle 2, S. 24, https://www.apda.jp/pdf/p04_jinkou_series/popdev_series_3_en.pdf; für 1950–2015, United Nations Department of Economic and Social Affairs, https://population.un.org/wup/Download/. Pro-Kopf-BIP: Angus Maddison Project Database, https://www.rug.nl/ggdc/historicaldevelopment/maddison/releases/maddison-project-database-2013.

Es ist zu begrüßen, dass es Indien mittlerweile gelungen ist, alle Mädchen in die Grundschulbildung einzubeziehen. Aber wie die Rote Königin warnte: Du musst doppelt so schnell laufen, wenn du woanders hinkommen willst. Die Bildungserfordernisse steigen stetig, aber die Qualität der Schulbildung in Indien ist nach wie vor miserabel. Indische Schüler bleiben von Anfang an hinter den Leistungserfordernissen zurück, und ihr Rückstand auf das erforderliche Niveau wächst im Lauf ihrer Schullaufbahn. Ihre Hochschulbildung beginnen sie weitgehend unvorbereitet. Das gilt auch für fortschrittlichere Bundesstaaten wie

Tamil Nadu. Hingegen kommen Frauen in Bangladesch in den Genuss einer verbesserten Bildung, die mit zunehmender Erwerbsbeteiligung einhergeht. Die Frauen investieren nicht nur in Bildung und Gesundheit ihrer eigenen Familien, sondern tragen auch zu Bildung, Gesundheitsfürsorge, Familienplanung und anderen öffentlichen Diensten bei, die in ihren Gemeinden angeboten werden.[20]

In den ostasiatischen Ländern finden die Hersteller und ihre Lieferanten auch bessere städtische Infrastrukturen vor, was ihre Leistungsfähigkeit erhöht. Die Urbanisierung Ostasiens schreitet im Gleichschritt mit dem Wirtschaftswachstum voran (Abbildung 1.4).

Anstatt Motoren des Wirtschaftswachstums zu sein, blieb die Produktivität der indischen Städte Ende der achtziger Jahre hinter dem Anstieg des BIP zurück. Das Wirtschaftswachstum Indiens hing in hohem Maß vom Finanzsektor ab, der sich in glitzernden Stadtzentren ansiedelte und kaum auf eine Vergrößerung der Städte oder auf städtische Dienste angewiesen war. Satellitenbilder zeigen die ungeplante und nicht genehmigte Ausbreitung von Stadtgebieten und Dörfern außerhalb der offiziellen städtischen Verwaltungsgrenzen, die eine wachsende Bevölkerung aufnehmen, die sich die steigenden Hauspreise und Mieten in den Städten nicht leisten kann. Diese Siedlungen, die sich Jahr für Jahr weiter über die Stadtgrenzen hinweg ausbreiten, beherbergen instabile Gemeinden, die unter starkem Stress stehen.

Seit der Industriellen Revolution im späten 18. Jahrhundert hat kein Land leistungsfähige Industrien aufbauen und breiten Wohlstand schaffen können, ohne kontinuierlich in Bildung, Gesundheit und städtische Infrastrukturen zu investieren. Indiens unverantwortlicher Versuch, diese Investitionen hinauszuzögern und den Fortschritt zu geringen Kosten zu erreichen, kommt das Land teuer zu stehen. Sein Wirtschaftswachstum hängt in erster Linie vom Finanz- und Bausektor ab, die vor allem minderwertige Arbeitsplätze schaffen und Normen und Rechenschaftspflicht aushöhlen. Betrügerische Praktiken sind im Finanzsektor alltäglich, und im Baugewerbe verankerte kriminelle Netzwerke haben die Politik infiltriert.

Warum hat es die indische Demokratie nicht geschafft, die für einen breit gestreuten Wohlstand unverzichtbaren öffentlichen Güter bereitzustellen? In einer Demokratie denken die Politiker selbst in guten Zeiten kurzfristig. Wie der britische Premierminister Harold Wilson zu sagen pflegte: »In der Politik ist eine Woche eine lange Zeit.«[21] Und wenn die gewählten Volksvertreter in erster Linie ihren persönlichen Vorteil im Auge haben, denken sie noch kurzfristiger und schaden den langfristigen Interessen der Allgemeinheit.

Wie die indische Demokratie das Volk betrog

James Madison – Verfassungsgelehrter, Gründervater der Vereinigten Staaten und später Präsident des Landes – warnte vor mehr als zwei Jahrhunderten: »Männer von hitzigem Gemüt, mit örtlichen Vorurteilen oder zwielichtigen Vorhaben können durch Intrigen, Korruption oder auf andere Art Wahlen gewinnen und dann die Interessen des Volkes verraten.«[22]

Madison warnte davor, dass die Partei, die in einer repräsentativen Demokratie eine Wahl gewinnt, nicht immer die Vorstellungen und Bestrebungen des Volkes vertritt – oder sich bemüht, sie zu verwirklichen. Deshalb sehe ich in der demokratischen Mechanik– in regelmäßigen Wahlen und dem friedlichen Machtwechsel – keinen ausreichenden Indikator für die Gesundheit einer Demokratie. In diesem Buch gehe ich der Frage nach, ob die indische Demokratie den Interessen ihres Volkes dient. So wie die Ersetzung des Bruttoinlandsprodukts durch das Wohlergehen der Menschen liefert auch die Ersetzung der demokratischen Mechanik durch die Fähigkeit der Demokratie zur Verbesserung des Lebens der Menschen ein sehr viel unvorteilhafteres Bild.

Dass die Funktionsweise repräsentativer Demokratien nicht der Idealvorstellung entspricht, liegt zum Teil daran, dass die Reichen und Privilegierten ihr Geld und ihre Macht einsetzen, um Wahlen in ihrem eigenen Interesse zu beeinflussen. Sie vernachlässigen die Interessen der Allgemeinheit oder untergraben sie sogar.[23] Vor allem in den Nehru-Jahren war die Kongresspartei auf die finanzielle Unterstützung und die »Stimmenbanken« von Großgrundbesitzern angewiesen, was eine Bodenreform erschwerte oder sogar unmöglich machte. Die Kontrolle der Industrie und Einfuhrbeschränkungen – mit denen die untragbaren Wechselkurse aufrechterhalten wurden, die nötig waren, um die unglückselige Strategie zur Entwicklung der Schwerindustrie zu verwirklichen – begünstigten die Entstehung einer oligopolistischen Industriestruktur, die eine korrupte Bürokratie hervorbrachte.

So blieb die Einkommens- und Vermögensungleichheit trotz der hohen Steuern in der Nehru-Zeit groß (und nahm wahrscheinlich sogar zu). Nach ersten Vorstößen zu einer wirtschaftlichen Liberalisierung im Jahr 1985 explodierte die Ungleichheit. Die Anhänger der Liberalisierung feierten den Individualismus, was in der Praxis bedeutete, dass ein Wettlauf um Privilegien begann, während es dem Markt schwerfiel, seine Wunderkräfte zu entfalten. Die Wahlkampfkosten stiegen, und reiche Unternehmer wie der Spirituosenmagnat Vijay Mallya zogen ins Parlament ein, wo sie in den Ausschüssen frühzeitig von kommenden Maßnahmen erfuhren und die Politik beeinflussen konnten.

Wie andernorts in der Welt verhinderte die wachsende Ungleichheit auch in Indien die Bereitstellung öffentlicher Güter für die breite Bevölkerung. Reiche Inder kümmerten sich nicht darum, ob alle Menschen Zugang zu öffentlichen Diensten hatten. Sie zogen sich in geschlossene Wohnanlagen und manchmal in Häuser in London und New York zurück. Sie hatten kein Interesse an Verbesserungen der städtischen Infrastrukturen oder an Justizreformen, denn sie hatten alles, was sie brauchten. Sie schickten ihre Kinder auf Eliteschulen in Indien oder im Ausland. Wenn sie sich nicht abkapselten, richteten sie noch größeren Schaden an: Sie nutzten Einfluss und Privilegien, um sich mehr anzueignen, anstatt etwas zu erschaffen. Sie gruben tiefere Brunnen, um an Grundwasser zu kommen, und leiteten öffentliches Wasser in ihre privaten Schwimmbecken und Parks um.

Auch ein weiterer Faktor, der eine repräsentative Demokratie aushöhlen kann, spielt in Indien eine wichtige Rolle. Charismatische Politiker, die Wähler mit ihrem Auftreten und schönen Worten für sich einnehmen können, umgehen die normale Rechenschaftspflicht und können staatliche Ressourcen für ihre bevorzugten Vorhaben verwenden. Jawaharlal Nehru, der erste der charismatischen indischen Politiker, war beim Volk beliebt und gewann mehrere Wahlen für die Kongresspartei. Nehru strebte nicht nach persönlichem Gewinn oder Prestige, aber von Idealismus und nationalistischem Eifer getrieben, verwettete er alles auf die Schwerindustrie, die jedoch ungeeignet war, das Heer der Arbeitssuchenden aufzunehmen. Als Nehru seine Wette verlor und Indien kurz vor dem Bankrott stand, griff US-Präsident John F. Kennedy ein. Angetrieben von seinem eigenen Idealismus, seiner Wertschätzung für den Premierminister und seiner Furcht vor einem kommunistischen Vormarsch in Indien, ermöglichte er es Nehru, den Einsatz zu verdoppeln. Die Zahl der Arbeitsplätze wuchs kaum, eine hohe Inflation fraß die Einkommen auf, und an der Armut änderte sich nichts.

Nehrus Tochter Indira Gandhi, die im Jahr 1966 Premierministerin wurde, schlug die Wähler ebenfalls mit ihrem Charisma in ihren Bann. Sie sah sich einer frustrierten Gesellschaft gegenüber, die unter dem Mangel an Arbeitsplätzen und der immer wieder aufflammenden Inflation litt. Gandhi verstand die Wut: Die Unabhängigkeit, erklärte sie, habe bei den Indern Hoffnungen geweckt, die sich nicht erfüllten.

Aber Gandhi hatte wenig Lust, beharrlich für eine bessere Zukunft zu arbeiten. Stattdessen verwandelte sie sich in einer Ära erbitterter politischer Machtkämpfe selbst in eine zynische Machtpolitikerin, die mit Slogans um sich warf und sich an die Macht klammerte, um sie an ihren Sohn Sanjay weitergeben zu können. Sie machte die Korruption zum politischen Programm. Sie bekämpfte die wachsende gesellschaftliche Unruhe mit der Staatsgewalt und schuf auf diese Art ein Muster der gewaltsamen Unterdrückung, an dem sich ihre Nachfolger orientierten. Dank ihres Charismas sicherte sie sich mit markigen Slogans Wahlsiege. Die Wähler bestraften sie für ihr brutales Vorgehen während des nationalen Ausnahmezustands und jagten sie 1977 aus dem Amt, doch ihr Ruf als Vorkämpferin der Armen sicherte ihr im Jahr 1980 eine triumphale Rückkehr an die Macht.

Indem sich Indira Gandhi mit Kriminellen verbündete, um sich Wahlerfolge zu sichern, definierte sie die politischen Spielregeln neu. Mit Gewalt und Geld setzten sich Kriminelle in der Politik fest. Von den großen Chancen angelockt, übernahmen viele Politiker die Leitung krimineller Organisationen. Verbrecher stiegen in die Politik ein, um sich rasch zu bereichern, und zeigten wenig Neigung zu langfristigen Investitionen in öffentliche Güter. Im Gegenteil, sie profitierten vom Mangel an Leistungen, die sie nun als »Wohltäter« verteilen konnten.

Indira Gandhi ist ein unverzichtbarer Bestandteil unserer Geschichte, denn sie fügte dem demokratischen Regelwerk schweren Schaden zu. Denn wenn die Regeln aufgehoben werden, gerät die Demokratie in eine »Todesspirale«.[24]

Die Regeln schreiben fest, was in den Augen der Menschen *das Richtige* ist. Wenn diese Normen in der persönlichen Moral verankert sind, stabilisieren sie die gesellschaftliche Ordnung, denn sie begründen das Vertrauen, das erforderlich ist, damit Märkte und politische Institutionen funktionieren können. Wenn die Regeln ihre Gültigkeit verlieren – wenn sie nicht länger in der Moral verankert sind –, betrachten es die Menschen als legitim, auf Kosten anderer nach persönlichem Gewinn zu streben. Die langfristige demokratische Zusammenarbeit wird unmöglich. Bildungs- und Gesundheitsinfrastruktur leiden, Städte verwahrlosen, Umweltverstöße werden nicht mehr geahndet, und die Justiz ist nicht länger unparteiisch. Es ist leicht, die moralischen Normen und das Vertrauen zu zerstören, denn jeder Vertrauensbruch weckt Zweifel daran, dass die Regeln in Zukunft eingehalten werden. Indira Ghandis Beispiel folgend, wurde Betrug im wirtschaftlichen und gesellschaftlichen Leben zur Gewohnheit, denn als immer mehr Menschen begannen zu betrügen, hielt es jedermann für nötig, ebenfalls zu betrügen.[25]

Als die Spielregeln außer Kraft gesetzt wurden, begann das institutionelle Fundament der Demokratie zu bröckeln. Parlament und Justiz büßten die Fähigkeit ein, die Regierung zur Rechenschaft zu ziehen. Im öffentlichen und privaten Leben wurde es üblich, Konflikte gewaltsam auszutragen.

Als sich in den achtziger und neunziger Jahren Korruption und Kriminalität in der Politik festsetzten und die wirtschaftliche Ungleichheit zunahm, geriet die indische Demokratie auf die abschüssige Bahn. Das durch die Befreiung von der Kolonialherrschaft geweckte Gefühl der nationalen Verbundenheit gehörte der Vergangenheit an. Es fand sich ein neuer Brennpunkt, um die gesellschaftliche Wut zu bündeln: Hindutva – der hinduistische Nationalismus des »Wir gegen sie«, der mit einer mythischen Vergangenheit begründet wurde. Der »wütende Hindu« wurde zum Fußsoldaten des Hindutums.

Die Hindutva-Ideologie wurde von einer Mehrheitsbewegung verinnerlicht, die ihre Energie aus Pöbelgewalt und nationalistischem Eifer schöpfte. Im Jahr 2014 errang Narendra Modi die Macht, und die demokratiefeindlichen Kräfte sammelten sich. Die »wütenden Hindus«, die jederzeit bereit waren, in den Kampf gegen Muslime und andere vermeintliche Feinde zu ziehen, predigten einen fremdenfeindlichen Nationalismus. Wie der Politikwissenschaftler Robert Dahl erklärt hat, können von charismatischen Führern aufgehetzte Ansammlungen Entwurzelter »alles zerstören, was sich ihnen in den Weg stellt«, aber sie sind unfähig, »eine stabile Alternative« zu entwickeln.[26]

Angesichts der exponentiell steigenden Wahlkampfausgaben wuchs der Einfluss von Gewalt und Geld auf die indische Politik weiter. Gegen 24 der 78 Minister in Narendra Modis Kabinett liefen Strafverfahren wegen schwerer Vergehen, darunter Tätlichkeit, Mord, Mordversuch, Vergewaltigung und Entführung.[27]

Reiche Inder ließen Politikern über Strohfirmen große Mengen an Schwarzgeld zukommen, und im Jahr 2017 führte die Regierung Modi die Neuerung der undurchschaubaren Electoral Bonds (Wahlanleihen) ein. Die Geldströme und der Einfluss, der damit ausgeübt wird, sind unmöglich nachzuverfolgen. Wahlbeobachter schätzen jedoch, dass im Wahlkampf 2019 mehr Geld floss als bei den amerikanischen Präsidenten- und Kongresswahlen von 2016.

Die Kombination von Hindutva, kriminellen Politikern und geheimen Wahlkampfspenden stellte vor dem Hintergrund gebrochener Regeln und hasserfüllter sozialer Medien einen Frontalangriff auf die Demokratie dar.

Statt eines positiven Kreislaufs, in dem wirtschaftliche Entwicklung und Demokratie einander stärken, lösten sich Wirtschaft und Demokratie in Indien gemeinsam auf. Die öffentlichen Güter wurden weiter vernachlässigt. Der Weg zur Schaffung von Arbeitsplätzen schien versperrt, die Umweltschäden irreparabel. Die Quellen für nachhaltiges Wachstum versiegten, die Politik wurde zum Spielfeld für die Superreichen. Die Politiker kauften Stimmen, schielten auf die Schlagzeilen und verkauften sich mit »sichtbaren« Projekten und glorreichen Monumenten.[28]

Die gefährlichen Folgen der Fixierung auf das Rampenlicht

Im unabhängigen Indien gehörten Hungersnöte rasch der Vergangenheit an, aber es gelang nicht, die chronische Unterernährung zu besiegen, die eine schockierend hohe Zahl von Indern tötet. Jedes Jahr würden zwischen zwei und drei Millionen Menschen weniger einen verfrühten Tod finden, wäre die Ernährung im ganzen Land so gut wie im südwestlichen Bundesstaat Kerala. Aber während sich die Medien auf Bilder vom Hungertod stürzen und die politisch Verantwortlichen anprangern, interessieren sich die Journalisten selten für die Opfer der weniger auffälligen Unterernährung.[29]

Der Kampf gegen den Hunger ist ein langfristiges und komplexes Unterfangen, das sich nicht für die Schlagzeilen eignet. Ein hungriges Kind braucht nicht nur Nahrung, sondern auch medizinische Fürsorge (Parasiten und Krankheiten erschweren die Verwertung der Nahrung). Die Familien müssen aufgeklärt werden, um sich besser ernähren zu können. Sie brauchen sauberes Trinkwasser und sanitäre Anlagen.[30] Um die Ernährung zu verbessern, müssen daher zahlreiche Akteure beharrlich einen Schritt nach dem anderen tun und wiederholte Rückschläge überwinden. Aber für Politiker lohnen sich derart komplexe langfristige Bemühungen kaum.

Dasselbe gilt für die Bildung, wo die meisten Politiker die Doktrin »Rettung durch Ziegel« anwenden. Politiker, die neue Schulen einweihen, stehen im Rampenlicht. Wer Lehrer einstellt, gewinnt Wählerstimmen in der Gemeinde. Aber Schulgebäude bilden keine Schüler aus. Die Lehrer müssen auch zur Arbeit erscheinen und unterrichten, und sie müssen in der Lage sein, den Schülern beizubringen, was diese lernen müssen. Im Wahlkampf für das Parlament von Tamil Nadu im Jahr 2011 verteilte Regierungschef J. Jayalatlithaa Laptops unter Schülern und Studenten. Doch viele mittellose Schüler verkauften ihre neuen Laptops, um ihre Rechnungen zu bezahlen.[31]

Voraussetzungen für eine gute Bildung sind eine engagierte lokale Bürokratie, gut ausgebildete Lehrer, kooperative Lehrergewerkschaften und die Einbindung der Eltern.[32] Schulen sind Geschöpfe ihrer Gemeinden.

Das Streben nach wirtschaftlicher Entwicklung ist eine doppelte Herausforderung: Es erfordert eine intensive, langfristige Kooperation, und seine Helden werden nicht besungen. Politiker profitieren im Streben nach Wahlerfolgen eher von Schlagzeilen und Slogans, die ihre Marke stärken.

»Weiter wie gehabt« wird nicht funktionieren

Indische und internationale Experten halten an einer technokratischen Methode fest und empfehlen wie gehabt wirtschaftliche »Liberalisierung« und Reformen der »Governance«. Doch Historiker warnen – mit Recht, wie ich in diesem Buch zeigen werde –, dass die Politiker gute Ideen ausschlagen und an einer Politik festhalten, die ihren eigenen finanziellen und Machtinteressen dient. Selbst wenn Indien falsche Maßnahmen ergreift, ist das Problem nicht der Mangel an guten Ideen. Das grundlegende Problem ist die stetige Aushöhlung der gesellschaftlichen Normen und der Rechenschaftspflicht. Das verhindert eine Wiederherstellung der politischen Rechenschaftspflicht und hat Indien in eine ausweglose Lage gebracht.[33]

Da es schwierig ist, die Rechenschaftspflicht in einer Demokratie durchzusetzen, wird in Indien seit jeher mit einer »autoritären Transition« geliebäugelt. Die These lautet, Indien könne sich den »Luxus« der Demokratie nicht leisten:

Zuerst müsse ein »Retter« mit diktatorischen Befugnissen die Grundlagen für nachhaltiges Wachstum schaffen. Doch die autokratische Versuchung ist mit großen Gefahren verbunden. Die neuzeitlichen Retter haben in Indien und anderswo allzu oft großen Schaden angerichtet.

Indien braucht mehr Demokratie. Die Befugnisse müssen dezentralisiert und auf die Gemeindeverwaltungen übertragen werden. Die dezentrale Regierung weist ihre eigenen Risiken auf, aber sie stellt die beste – und vielleicht einzige – Möglichkeit dar, eine moralisch verankerte Rechenschaftspflicht durchzusetzen. Eine gelungene Dezentralisierung bringt Rechenschaftspflicht hervor, indem sie den Bürgersinn mit den formalen Strukturen der lokalen Selbstregierung verknüpft. An die Stelle einer individualistischen Kultur tritt der Gemeinsinn, der die Grundlage für Vertrauen und Zusammenarbeit ist. So kann die Gesellschaft ein langfristiges Bekenntnis zu nutzbringenden Investitionen in öffentliche Güter entwickeln.

Wenn weiter wie gehabt vorgegangen wird, wird Indien in der Falle gefangen bleiben. Es wird der indischen Demokratie nicht gelingen, die öffentlichen Güter bereitzustellen, die für eine wirtschaftliche Entwicklung benötigt werden, die allen Bürgern zugute kommt. Gute Arbeitsplätze werden knapp bleiben. Der Mangel an Arbeit wird gesellschaftliche Wut wecken, was den Politikern zusätzliche Anreize geben wird, ins Rampenlicht zu drängen und den Wählern überhastet gut sichtbare Güter anzubieten. Die Fähigkeit der Demokratie, langfristig Arbeit für alle zu schaffen, wird schwinden.

Es fing alles mit Nehru an, obwohl es fast nicht dazu gekommen wäre.

TEIL I

Unechter Sozialismus

1947–1964

KAPITEL 2

Ein ungewisser Anfang

Wären die Regeln des Indischen Nationalkongresses (der Kongresspartei) angewandt worden, so wäre zum Zeitpunkt der Unabhängigkeit Vallabhbhai Patel Parteichef gewesen. Wäre es so gewesen, so hätte durchaus Patel der erste Premierminister Indiens werden können. Doch im August 1947 wurde nicht Patel, sondern Jawaharlal Nehru Regierungschef.

Patel und Nehru hatten sehr unterschiedliche Vorstellungen von Wirtschaft und Gesellschaft und nutzten die Regierungsbefugnisse sehr unterschiedlich. Patel erlebte nur die ersten drei Jahre der Unabhängigkeit. Als stellvertretender Premierminister und Innenminister hinterließ er ein bleibendes Vermächtnis. In diesen wenigen Jahren stritt er erbittert mit Nehru über die politische und wirtschaftliche Zukunft Indiens. Wäre Patel Indiens erster Regierungschef geworden oder hätte seine Amtszeit als Nehrus Stellvertreter länger gedauert, so sähe das heutige Indien ganz anders aus.

Zwei Führer, zwei Welten

Patel wurde im Oktober 1875 in eine Bauernfamilie hineingeboren und wuchs in einem einfachen zweigeschossigen Haus auf. Als junger Mann beobachtete er, dass in England ausgebildete Rechtsanwälte leicht zu Ansehen und Reichtum gelangten. »Ich studierte sehr ernsthaft«, erklärte er später, und »war entschlossen, genug Geld für eine Reise nach England zu sparen.«[1] Er wurde in Großbritannien zum Rechtsanwalt ausgebildet und arbeitete nach seiner Heimkehr äußerst erfolgreich als Strafrechtler.

Auf der politischen Bühne wurde Patel im Jahr 1928 aktiv, als er sich in Bardoli im heutigen Bundesstaat Gujarat an die Spitze von Bauern setzte, die sich gegen die maßlosen britischen Forderungen nach Grundabgaben zur Wehr setzten. Obwohl der Konflikt mit der Kolonialverwaltung friedlich verlief, sprachen die Menschen nur von der »Schlacht von Bardoli«. Patel setzte sich gegen die britischen Herrscher durch, was ihm im Volksmund den Titel eines »Sardar« eintrug, eines Oberhaupts oder Generals. Von da an wurde Vallhabhbhai Patel nur noch als Sardar Patel bezeichnet.[2]

Nehru wurde im November 1889 geboren und wuchs in einer der bekanntesten Familien Indiens auf. Sein Vater Motilal Nehru war ein vermögender Rechtsanwalt und führender Kopf der Kongresspartei. Das Anand Bhavan, das Herrenhaus der Familie Nehru in Allahabad (heute Prayagraj), beherbergt heute ein historisches Museum und ein Planetarium. Jawaharlal besuchte die britische Eliteschule Harrow und studierte an der Universität Cambridge. Er erhielt eine Anwaltszulassung in England, betrat jedoch nur wenige Male einen Gerichtssaal. Nachdem Gandhi im Jahr August 1942 die Bewegung Quit India gegründet hatte, steckten die Briten alle führenden Köpfe der indischen Unabhängigkeitsbewegung ins Gefängnis, darunter Nehru. Während seiner Haft im Fort Ahmednagar legte Nehru einen Rosengarten an und spielte Badminton mit Mithäftlingen. Zwischen April und September 1944 schrieb er das wunderbare zeitlose Buch *The Discovery of India* (deutscher Titel: *Entdeckung Indiens*).

Während Nehru ein Historiker und Philosoph war, war Patel ein Mann der Tat. Gandhi brachte es auf den Punkt: »Jawahar denkt, Sardar handelt.«[3]

Gandhi entscheidet sich für Nehru

Ende des Jahres 1945 und Anfang 1946 führte die britische Kolonialverwaltung Wahlen für die nationalen und provinziellen Volksversammlungen durch, um die Machtübergabe vorzubereiten. Die Kongresspartei errang bei diesen Wahlen eine große Mehrheit, was sie nicht zuletzt den Wahlkampfspenden verdankte, an deren Sammlung sich Patel beteiligte. In einem überschwänglichen Porträt in der Zeitschrift *Time* hieß es, Patel erhebe keinen »Anspruch auf Heiligkeit«: »In Amerika würden wir ihn als den politischen Macher bezeichnen. Reiche Industrielle legen gewaltige Wahlkampfspenden in seine Hände.«[4]

Ende April 1946 schickte sich die Kongresspartei an, ihren neuen Vorsitzenden zu wählen. Angesichts der unmittelbar bevorstehenden Freiheit Indiens kam der Wahl des Parteichefs große Bedeutung bei, denn er würde die Partei und damit Indien in die Unabhängigkeit führen. Zwölf der fünfzehn »Pradesh«-Komitees (Provinzkomitees) nominierten Patel, die übrigen drei enthielten sich der Stimme. Wie Jivatram Bhagwandas (Acharya) Kripalani, der viele Jahre der Parteiführung angehörte, später schreiben würde, bevorzugte die Partei Patel, weil er »ein vorzüglicher Manager, Organisator und Führer« war.[5] Die Provinzchefs fühlten sich Patel auch deshalb verbunden, weil er hohe Wahlkampfspenden für sie gesammelt hatte. Die Provinzkomitees wünschten sich Patel nicht zwangsläufig als Premierminister. Sie wussten, dass Nehru bei der Bevölkerung beliebt war. Aber sie schätzten Patels Führungsqualitäten und seine Leistungen für die Kongresspartei. Daher nominierten sie ihn für ein Amt, das ihn durchaus zum ersten Premierminister Indiens hätte machen können.

Aber Gandhi stand über den Regeln – und er bestimmte den nächsten Parteichef. Wie schon 1929 und 1937, als Patel und Nehru um die Parteiführung gekämpft hatten, entschied sich Gandhi für Nehru, obwohl er wusste, dass dieser von keinem einzigen Pradesh-Komitee nominiert worden war. Der Mahatma sah in Nehru »einen Harrow-Jungen, einen Cambridge-Absolventen«, der Indien auf der Weltbühne besser vertreten könne als Patel. Nehru pflegte auch bessere Beziehungen zu den indischen Muslimen als Patel. Vor allem aber sah der 76-jährige Gandhi im 56-jährigen Nehru einen Sohn. Patel, der für Gandhi wie ein jüngerer Bruder war, war bereits 71 Jahre alt und gesundheitlich angeschlagen.[6]

Lord Wavell, der britische Generalgouverneur und Vizekönig, hatte einen Exekutivrat eingerichtet, der den Übergang zur Unabhängigkeit lenken sollte. Als Vorsitzender der Kongresspartei wurde Nehru stellvertretender Vorsitzender des Exekutivrats und übernahm damit de facto bis zur Unabhängigkeit die Regierungsgeschäfte. So genoss er im Rennen um das Amt des ersten Premierministers zusätzlich zu seiner großen Popularität auch den Vorteil des Amtsinhabers.

Gandhi glaubte, Nehru und Patel wie »Ochsen vor den Karren der Regierung« spannen zu können. »Der eine wird den anderen brauchen, und sie werden gemeinsam ziehen.« Nach Aussage von Patels Tochter Maniben erwartete Gandhi, ihr Vater werde Nehru daran hindern, »Unfug zu treiben«.[7]

Die Ochsen ziehen in verschiedene Richtungen

Die Beziehung zwischen Premierminister Nehru und seinem Stellvertreter und Innenminister Patel war von Anfang an stürmisch. Die beiden Männer waren uneins über die wichtigsten Entscheidungen, die den Charakter Indiens damals definierten und bis heute prägen.

Nachdem sich Pakistan als muslimische Nation abgespalten hatte, fragten sich die Inder, welche Rolle die auf indischem Territorium verbliebenen Muslime spielen würden. Und die Frage wurde dringlich, da auch nach der Teilung in beiden Ländern der religiöse Hass wütete. In den indischen Gebieten, in denen Auseinandersetzungen zwischen Hindus und Muslimen tobten, war die staatliche Verwaltung zusammengebrochen oder hatte sich auf eine der beiden Seiten geschlagen. Es wurde das Gerücht verbreitet, Patel schütze als Innenminister die Hindus, nicht jedoch die Muslime. Nehru schien dem Gerücht Glauben zu schenken, obwohl es haltlos war. Der Historiker Rajmohan Gandhi, ein Enkel des Mahatma und Biograf Patels, erklärt, der Tod von 50 Hindus und Sikhs habe Patel »zweifellos mehr aufgewühlt als der Tod von 50 Muslimen. Aber er handelte unparteiisch.«[8]

Patel kritisierte Nehrus nachgiebige Haltung gegenüber der pakistanischen Führung, die nur halbherzig versuchte, die Gewalt gegen Hindus und Sikhs auf ihrer Seite der Grenze einzudämmen. Er war überzeugt, dass die Berichte über die Gräueltaten bei den Hindus und Sikhs in Indien Groll und Wut weckten.[9] Nehru und Patel wurden sich nie einig über den richtigen Umgang mit den Gegensätzen zwischen Hindus und Muslimen.

Sie stritten auch über Kaschmir. Am 22. Oktober 1947 drangen etwa 5 000 pakistanische Stammeskrieger in Kaschmir ein. Der Maharadscha Hari Singh war ein Hindu, aber die Bevölkerung des Kaschmirtals war überwiegend muslimisch. Der Maharadscha hatte es vermieden, zwischen Pakistan und Indien zu wählen, aber am 24. Oktober schickte er einen verzweifelten Hilferuf an die indische Richtung. Zwei Tage später unterzeichnete Hari Singh die Erklärung über den Beitritt des Fürstentums zu Indien. Am selben Tag landete ein indisches Infanteriebataillon in Kaschmir und schlug die pakistanischen Kämpfer zurück.[10] Pakistan gab dem Gebiet westlich der Linie, an der die indische Armee die Stammeskrieger aufgehalten hatte, den Namen »Asad Kaschmir« (Freies Kaschmir). Die Inder bezeichneten es als »pakistanisch besetztes Kaschmir«.

Als zuständiger Minister leitete Patel die Militäroperation. Doch im Dezember 1947 stellte er zu seiner Überraschung fest, dass Nehru die Kontrolle über die Kaschmir-Politik übernommen hatte. Patel fühlte sich überrumpelt. Es folgte ein bitterer Briefwechsel zwischen den beiden Männern.[11]

Angesichts dieses Zerwürfnisses stellte Gandhi Patel Ende Dezember ein Ultimatum: »Entweder Sie nehmen die Dinge in die Hand, oder Jawaharlal wird es tun.« Der erschöpfte Patel antwortete: »Ich habe nicht die Kraft. Er ist jünger. Er soll die Dinge regeln. Ich werde ihm von außen helfen, so gut ich kann.« Gandhi sah ein, dass es für Patel an der Zeit war, sich zurückzuziehen, erbat sich jedoch Bedenkzeit.[12] Doch dann entschied das Schicksal: Am 30. Januar 1948 wurde Gandhi von einem Hindu-Nationalisten namens Nathuram Godse erschossen.

Durch die Trauer verbunden und um die Gerüchte über ihren bevorstehenden Bruch zu zerstreuen, setzten sich Nehru und Patel zusammen. In einer Radioansprache erklärte Nehru: »Wir haben Meinungsverschiedenheiten gehabt. Aber Indien sollte wissen, dass diese Gegensätze nebensächlich sind, weil wir uns in den wichtigsten Fragen unseres öffentlichen Lebens einig sind.« Am 3. März schrieb Nehru an Patel, in der Krise müssten sie als »Freunde und Kollegen« zusammenarbeiten. Das Schreiben endete mit freundlichen Worten: »Dieser Brief trägt meine Freundschaft und Zuneigung mit sich.« Patels Antwort war ebenso anmutig: »Ich bin tief gerührt, ja überwältigt. Wir sind unser Leben lang Freunde und Kameraden mit einem gemeinsamen Anliegen gewesen.« Der drohende Rückzug Patels war abgewendet.[13] Doch die Geschichte nahm erneut eine andere Wendung: Am 8. März 1948 erlitt Patel während des Mittagessens mit seiner Tochter Maniben einen Herzinfarkt.

Patel integriert die Staaten

Nach einer kurzen Erholungspause machte er sich wieder an die Arbeit und versuchte, ein gewaltiges Vorhaben zu Ende zu bringen, das er bis dahin nicht hatte abschließen können: Er wollte die zahlreichen indischen Fürstentümer zu einem geeinten Nationalstaat verschmelzen.

Nach dem britischen Abzug hatte die Regierung in Neu-Delhi keine Hoheitsgewalt über das gesamte Territorium, das wir heute als Indien kennen. Über das Land verstreut lagen mehr als 500 Fürstentümer, die Erbmonarchien waren. Die Fürsten herrschten über ein Drittel des Subkontinents und ein Viertel der indischen Bevölkerung. Die Fürstentümer hatten überlebt, weil die Briten nach der Meuterei der indischen Soldaten in der britischen Armee im Jahr 1857 von der Annexion weiterer Territorien Abstand genommen hatten. Mit der Paramountcy-Doktrin übertrug die britische Krone den Kolonialbehörden die Oberhoheit über Außenpolitik, Verteidigung und Kommunikation der Fürstentümer, während die Verwaltung dieser Gebiete zumindest im Prinzip den Fürsten überlassen blieb. Als London Indien in die Unabhängigkeit entließ, übertrug es dem neuen Parlament lediglich die völlige Kontrolle über »Britisch-Indien«, das heißt über die vor 1857 annektierten Gebiete. Auch die britische Oberhoheit über Außen- und Verteidigungspolitik der Fürstentümer wurde übertragen, aber die Fürstentümer konnten im unabhängigen Indien selbst über ihre Beziehungen zum übrigen Land und ihre Handelspolitik entscheiden. Es bestand die Gefahr einer politischen und wirtschaftlichen Balkanisierung Indiens.[14]

Im November 1947 eröffnete sich die Chance, mit der Integration der Fürstentümer in die »Indische Union« zu beginnen. Der Herrscher Nilgiris, eines winzigen Fürstentums in Orissa (heute Odisha), konnte eine Rebellion in seinem Zwergstaat nicht unter Kontrolle bringen, weshalb er als Gegenleistung für die Unterstützung der indischen Zentralregierung seine Rechte und Befugnisse an Delhi abtrat. Patel zog seine Lehren aus diesem Vorgang, und Mitte Dezember begann er, weitere Fürstentümer mit einer Kombination von Drohungen und Anreizen zum Anschluss an die Indische Union zu bewegen. Er bot den Fürsten und ihren Nachkommen großzügige steuerfreie Renten und den Schutz ihres persönlichen Eigentums an, sofern sie ihre Befugnisse stillschweigend abtraten. Wenn sie sich weigerten, würden sie möglicherweise leer ausgehen.[15]

Als Patel im März 1948 den Herzinfarkt erlitt, war das Vorhaben noch nicht abgeschlossen. Aber Mitte des Jahres war »die Geburt eines geeinten Indien« in greifbarer Nähe. Widerstand leistete nur noch der *nizam* (Herrscher) von Hyderabad. In den Morgenstunden des 13. September setzte sich die indische Armee in Richtung Hyderabad in Bewegung. Fünf Tage später kapitulierte der Befehlshaber der Truppen des Fürstentums.[16]

Am 15. Oktober 1948 schrieb Patel an die Regierungschefs sämtlicher indischer Provinzen (der späteren Bundesstaaten) und rief ihnen in Erinnerung, dass die Integration der Staaten in die Union im Dezember 1947 begonnen habe und mit der Beseitigung der »Wunde in Hyderabad« abgeschlossen worden sei. Nun habe Indien »eine Einheit erlangt, die es jahrhundertelang nicht kannte«.[17] Das war Patels unschätzbares Vermächtnis.

Der Konflikt flammt erneut auf

Anfang des Jahres 1950 löste der Zustrom von Hindu-Flüchtlingen aus Ostpakistan einen neuen Konflikt zwischen Nehru und Patel aus. Obwohl die Flüchtlingswelle nicht so gewaltig war wie die Wanderungsbewegung in Punjab im August und September 1947, als 5,5 Millionen Menschen die Grenze in beide Richtungen überquert hatten, verließen in der großen bengalischen Migration mehr als eine Million Menschen ihre Heimat. Patel nahm Nehru übel, dass dieser die Pakistaner nicht drängte, die Hindus zu schützen. Er verlangte, Indien solle eine Politik der »zehn Augen für ein Auge« betreiben und für jeden aus Pakistan vertriebenen Hindu zehn indische Muslime ausweisen. Nehru lehnte das ab und erklärte, Indien müsse seinem Anspruch gerecht werden, alle seine Bürger gleich und fair zu behandeln.[18]

Fast zur selben Zeit begann eine Kontroverse über die Ziele der indischen Wirtschaftsplanung. Patel lehnte nicht die Planungskommission an sich ab, aber wie andere Minister in Nehrus Kabinett wollte er verhindern, dass Technokraten die Funktion der gewählten Volksvertreter usurpierten. Es entbrannte ein ideologischer Konflikt über den Entwurf eines Beschlusses der Kongresspartei, in dem es hieß, die Planungskommission solle »das persönliche Gewinnmotiv in der wirtschaftlichen Aktivität« beseitigen. Als sich Nehru im Jahr 1936 in einer Rede auf dem Parteitag der Kongresspartei in Lucknow ähnlich ausgedrückt hatte, hatte Gandhi »wortlos« dafür gesorgt, dass Nehrus Worte nicht im Parteitagsbeschluss auftauchten. Als die Forderung nun erneut erhoben wurde, verlangten Patel und andere Vertreter der »Rechten«, die provokante Formulierung zu streichen.[19]

Doch der bedeutsamste Kampf fand an einer dritten Front statt: Bei der Wahl zum Parteivorsitzenden unterstützte Patel Purshottamdas Tandon, während Nehrus Kandidat Acharya Kripalani war. Die Auseinandersetzung zwischen Tandon und Kripalani war eine Neuauflage des Machtkampfs zwischen Patel und Nehru.

An Tandons Integrität gab es keine Zweifel. Dies war in der zunehmend korrupten indischen Politik eine besonders wertvolle Tugend. »Mit fiebrigem Eifer wurde die Beute der Macht verteilt«, schrieb Nehrus Biograf Michael Brecher. Nehru räumte ein, der »alte Freund« Tandon sei ein anständiger Mann.[20]

So wie Patel war Tandon ein »erbitterter Gegner Pakistans«. Außerdem lehnte er eine Abkehr von den hinduistischen Bräuchen und Traditionen ab. Daher widersetzte er sich der Hindu Code Bill, die Frauen das Recht zugestand, sich scheiden zu lassen und Grundbesitz zu erben. Tandon setzte sich für eine klassische (auf das Sanskrit gestützte) Version von Hindi als indische Nationalsprache ein. Er trug keine Schuhe aus Rindsleder, weil er es für eine Sünde hielt, Kühe zu schlachten, die orthodoxen Hindus heilig sind.[21] Tandons starke Stellung zeigte, dass ein engstirniger Hinduismus schon in den Tagen unmittelbar nach der Unabhängigkeit in der Kongresspartei verwurzelt war.

Nehru war besorgt über Tandons Vorhaben, die Regierung der Aufsicht der Kongresspartei zu unterstellen.[22] Er war überzeugt, dass die Partei die gewählte Regierung nicht bis ins Detail steuern könne.

Mit aktiver Unterstützung Patels errang Tandon im September 1950 den Parteivorsitz. Aber dies war Patels letzter Sieg. Am 15. Dezember starb der Sardar. Er war 75 Jahre alt.[23]

Endlich erhebt sich der Koloss

Nachdem er durch Patels Tod dessen Rückendeckung verloren hatte, trat Tandon im August 1951 als Parteichef zurück. Bis 1954 hatte Nehru den Posten inne, und von da an sorgte er dafür, dass Parteivorsitzende gewählt wurden, die kein übertriebenes Geltungsbedürfnis hatten.

Patel war tot und alle anderen Rivalen neutralisiert, aber Nehru musste eine zerstrittene Kongresspartei bändigen, deren verschiedene Lager sich »Hahnenkämpfe« lieferten, wie Patel vor seinem Tod wütend erklärt hatte. Die Ideale der Unabhängigkeit hielten die Partei nicht länger zusammen. Im Juni 1951, wenige Monate vor den ersten allgemeinen Wahlen im unabhängigen Indien, beschrieb die Zeitschrift *Time* eine unkontrollierbare und korrupte Partei, die ein »vielgestaltiges Konglomerat« ohne »gemeinsames Ziel« sei. Die Kongresspartei sei »fett und faul« geworden und beherberge bekannte »Schwarzhändler« sowie zahlreiche Funktionäre, die nur ihre Zeit absäßen.[24]

Die Partei war gespalten, aber die Führer der einzelnen Lager, überwiegend Großgrundbesitzer und andere mächtige Figuren vom Land, brachten wertvolle »Stimmenbanken« mit: die Stimmen der Bauern in ihrem Dienst und der Angehörigen ihrer Kasten. Nehru schreckte davor zurück, die Partei zu disziplinieren, und verließ sich auf seine Nähe zum indischen Volk. In seinem unermüdlichen Wahlkampf beglückte er seine Zuhörer, die ihn verehrten, mit Plattitüden.[25] Im November 1951 stellte ein Karikaturist Nehru als einen Riesen dar, der die Masse der Parteimitglieder und Wähler überragte (Abbildung 2.1).

R. K. Laxman's cartoon in *The Times of India*, 28 November 1951

2.1: Vor der ersten Parlamentswahl erhebt sich Nehru wie ein Koloss über die indische Politik.
Quelle: Gopal, Sarvepalli, *Jawaharlal Nehru: A Biography, Volume One, 1889–1947* (Bombay: Oxford University Press, 1979), S. 163.

Die Wahl, die zwischen Oktober 1951 und Februar 1952 stattfand, war der erste Test für die indische Demokratie. 108 Millionen von 175 Millionen Wahlberechtigten gingen zu den Urnen. Die Wahlbeteiligung von 62 Prozent war geringer als zu jener Zeit in den fortschrittlichen Demokratien üblich, aber in Anbetracht dessen, dass nur etwa 17 Prozent der Inder und Inderinnen lesen und schreiben konnten, war sie bemerkenswert. Noch beeindruckender war, dass weniger als 2 Prozent der abgegebenen Stimmen ungültig waren. Die riesige Wahlmaschinerie funktionierte verblüffend gut. Am Tag nach dem Ende der Stimmabgabe schrieb die *Times of India*: »In einzelnen Fällen fälschten Wähler ihre Identität, und es wurden ein paar Wahlurnen manipuliert, aber insgesamt waren es faire Wahlen.«[26]

Das Resultat war jedoch nicht zwangsläufig ein Sieg für die Demokratie. Der unangefochtene Sieg der Kongresspartei war »ein persönliches Referendum für Nehru, das alle anderen Fragen in den Hintergrund drängte«, wie Nehrus maßgeblicher Biograf Sarvepalli Gopal schrieb. Die Zuneigung, die Nehru im Volk genoss, machte ihn zum unangefochtenen Führer der Nation. Er war über das Chaos in der Kongresspartei erhaben und hatte keinen Rivalen in einer anderen Partei.[27] Das Schicksal der indischen Demokratie lag jetzt in den Händen eines einzelnen Menschen. Indiens Probleme waren Nehrus Probleme. Der Streit mit Pakistan über Kaschmir war nicht beigelegt. Die Spannungen zwischen Hindus und Muslimen hielten an. Während sich Nehru zur Harmonie der Bevölkerungsgruppen bekannte, träumten führende Köpfe der Kongresspartei von einer Vormachtstellung der Hindus. Aber vor allem mussten die tiefe Armut und der geringe Bildungsstand der indischen Bevölkerung rasch in Angriff genommen werden. War der Denker Nehru auch ein Mann der Tat? Konnte er wie versprochen ein Indien für alle aufbauen?

KAPITEL 3

Der Weg, der nicht beschritten wurde

Am 2. Oktober 1950 erklärte Nehru anlässlich von Mahatma Gandhis Geburtstag die Beseitigung der Arbeitslosigkeit zum vorrangigen Ziel des unabhängigen Indien. Ein Jahr später griff er das Thema erneut auf. Indiens größtes Problem, sagte er, sei »die Entwicklung, die Beseitigung der Arbeitslosigkeit und Armut in unserem Land«.[1]

Die Arbeitslosigkeit war tatsächlich Indiens größtes Problem. Aber die neue Nation war voller Hoffnung, eine Stimmung, die Raj Kapoor im Jahr 1951 in seinem Film *Awaara* (»Vagabund«) zum Ausdruck brachte. Die Hauptfigur Raj, die in Anspielung auf Charlie Chaplin eine um die Hüfte gebundene knöchellange Pumphose und einen schief sitzenden Hut trägt, schlendert durch eine namenlose Straße und singt fröhlich: »*Awaara hoon*, ich bin ein Vagabund.« Raj, von Kapoor selbst gespielt, hat die Schule abgebrochen und findet keine Arbeit. Also vervollkommnet er seine Fähigkeiten als Taschendieb, was ihn ein ums andere Mal ins Gefängnis bringt. Doch seine Zukunft ist glänzend, und seine hingebungsvolle Mutter bringt zahlreiche Opfer in der Überzeugung, dass ihr Sohn eines Tages ein Rechtsanwalt sein wird. Maharajkrishna Rasgotra, einer der angesehensten indischen Diplomaten jener Zeit, schrieb: »In den Jahren 1951–52 herrschte im Land eine Stimmung von Selbstentdeckung und Hoffnung.«[2]

Doch in dieser erwartungsfrohen Atmosphäre braute sich ein wirtschaftlicher Sturm zusammen. Indiens Exporteinnahmen hielten nicht mit den Ausgaben für die Importe Schritt. Das Zahlungsbilanzdefizit wuchs. Um dieses Defizit finanzieren zu können, häufte Indien wachsende Schulden bei ausländischen Kreditgebern an. Es drohte ein Zahlungsausfall.[3] Die langfristige Lösung für die beiden Probleme des Landes – für den Arbeitsplatzmangel und die Gefahr des Staatsbankrotts – war der Aufbau einer wettbewerbsfähigen Wirtschaft, die mehr Güter exportierte, um Arbeitsplätze für eine wachsende Zahl von Menschen zu schaffen und mehr Importe bezahlen zu können.

Um den drohenden Zahlungsausfall abzuwenden, musste unverzüglich gehandelt werden, und die Verantwortlichen griffen zu einer kurzfristigen Lösung. Am 19. September 1949 wertete Indien die Rupie um 30 Prozent gegenüber dem US-Dollar ab. Wie erhofft, entspannte sich die Lage. Da die indischen Exporteure nun die Dollarpreise ihrer Produkte senken konnten, stiegen die Ausfuhren. Umgekehrt stiegen die Rupien-Preise für Importe, was die Inder dazu bewegte, weniger importierte Güter zu kaufen. Die Zahlungsbilanz wurde besser. Der drohende Staatsbankrott schien abgewendet.[4]

Es war der richtige Schritt. Aber das langfristige Problem Indiens konnte die Abwertung nicht lösen. Eine Abwertung der heimischen Währung wirkt wie ein Aspirin: Sie lindert den Schmerz, aber sie heilt die Krankheit nicht. Solange die indische Landwirtschaft und Industrie ineffizient blieben – solange ihre Produktivität gering war –, würden die indischen Produkte teuer bleiben. Es würde dem Land schwerfallen, seine Erzeugnisse zu exportieren. Die Importe würden trotzdem weiter steigen, weil die wachsende Bevölkerung ernährt und mit Industriegütern versorgt werden musste. Das Zahlungsbilanzdefizit würde erneut steigen. Um die Exporte zu erhöhen, würde Indien seine Währung wiederholt abwerten müssen – es würde immer wieder Aspirin schlucken müssen. Die indische Wirtschaft, gestand Nehru im Parlament, war in einer »unglücklichen Lage«.[5]

Die Produktivität der indischen Bauernhöfe und Fabriken musste erhöht werden. Eine produktivere Landwirtschaft würde das heimische Nahrungsangebot erhöhen und den Bedarf an Lebensmitteleinfuhren verringern. (Diese machten zwischen 15 und 20 Prozent des Dollarwerts der indischen Importe aus.) Die Produktivität der Industrie musste steigen, damit die Exporte so ausgeweitet werden konnten, dass Arbeitsplätze für zahlreiche Menschen geschaffen und die importierten Maschinen und Rohstoffe bezahlt werden konnten.[6]

Unmittelbar nach der Unabhängigkeit gab es nicht nur zu wenig Arbeit für die indische Bevölkerung: Jene Menschen, die Arbeit hatten, waren unproduktiv.

Um Beschäftigung und Produktivität zu erhöhen, brauchte Indien eine Entwicklungsstrategie ähnlich der, die Japan nach der Meiji-Restauration von 1868 verfolgt hatte. Die Merkmale Japans zu jener Zeit machten es zum geeigneten wirtschaftlichen Modell für Indien: Die japanische Wirtschaft war damals agrarisch geprägt, die Struktur seiner Landwirtschaft – kleine Höfe mit manuellen Produktionstechniken – ähnelte der indischen der Gegenwart, die Bevölkerung wuchs infolge der steigenden Geburtenrate rasch und war ungebildet. Ausgehend von diesen Gegebenheiten schaffte es Japan, die Produktivität der Landwirtschaft rasch zu erhöhen und die Schulbildung auszuweiten. Vor allem trieb das Land durch aggressive Vorstöße auf die Exportmärkte eine beschleunigte Industrialisierung voran. Um das Jahr 1920 zählte Japan zu den industrialisierten Ländern.

Indien war drauf und dran, die japanische Entwicklungsstrategie nachzuahmen. Im August 1949 schrieb Nehru in einem Brief an die Regierungschefs der indischen Provinzen, dass Japan in »relativ kurzer Zeit« eine »verblüffende Entwicklung« durchgemacht habe. Er äußerte sogar seine Bewunderung für die japanischen Kolonialherren, welche die Industrialisierung Taiwans innerhalb von 15 Jahren weit vorangetrieben hätten, was eine »wohl beispiellose Leistung« sei. Auch von Russland könne man lernen. Aber von Japan, erklärte Nehru »können wir noch mehr lernen, denn Russland ist ein sehr komplizierter Fall«.[7]

Der erste indische Fünfjahresplan (1951–1956) nahm auf die wertvollen Lehren aus der japanischen Erfahrung Bezug. Besonders bewundernd äußerten sich die Autoren des Plans über die Leistungen der Landwirtschaft und die international wettbewerbsfähigen kleinen und mittelständischen Unternehmen Japans, die zahlreiche Arbeitsplätze geschaffen hatten. Es ist bemerkenswert, wie rasch die indischen Verantwortlichen nach der Unabhängigkeit zu diesen Erkenntnissen gelangten. Ebenso bemerkenswert ist, wie schlecht sie die Erkenntnisse anwandten.

Die indische Landwirtschaft kommt vom Kurs ab

Die indischen Planer kannten die japanischen Daten gut und waren überzeugt, dass Indien Ähnliches schaffen könne. In Japan hatte sich die Getreideproduktion pro Beschäftigtem in den vier Jahrzehnten zwischen 1880 und 1920 verdoppelt. Während die gesamte Getreideproduktion in dieser Zeit um 77 Prozent stieg, *sank* die Zahl der Beschäftigten in der Landwirtschaft und die Anbauflächen wurden lediglich um 20 Prozent vergrößert. Für Indien besonders bedeutsam war, dass die japanischen Bauern ihre phänomenalen Produktivitätssteigerungen auf kleinen privaten Parzellen (mit einer Durchschnittsfläche von etwa einem Hektar, die zudem in verstreute Ackerstreifen unterteilt war) ohne Maschinen bewerkstelligt hatten. Die Bauern verwendeten von örtlichen Forschungsstationen ausgewähltes Saatgut und setzten große Mengen an Düngemitteln ein. Wassernutzung, Schädlingsbekämpfung und die Methoden für Verpflanzung sowie Be- und Entwässerung der Felder wurden verbessert.[8]

Das Produktivitätswachstum verringerte die Arbeitsintensität der japanischen Landwirtschaft, und der Beschäftigungsanteil der Landwirtschaft sank von 80 Prozent im Jahr 1880 auf 50 Prozent im Jahr 1920. Die rasch wachsende Bevölkerung wurde von den Städten aufgenommen, wo in großen Fabriken zahlreiche Arbeitsplätze entstanden; in Satellitenstädten gab es Arbeitsplätze in kleinen und mittelständischen Betrieben, die zumeist arbeitsintensive Produktionstechniken anwandten und entweder Spezialerzeugnisse für größere Unternehmen oder Produkte für den Weltmarkt erzeugten.[9]

Anfang der fünfziger Jahre war die Produktivität der japanischen Landwirtschaft vier- bis fünfmal höher als die der indischen. Die Reiserträge der am besten bewirtschafteten indischen Höfe im Distrikt West Godavari in Andhra Pradesh waren nur halb so hoch wie die des durchschnittlichen japanischen Betriebs. Die Autoren des ersten indischen Fünfjahresplans räumten ein, dass Japan seine Produktivitätszuwächse »vor allem besserem Saatgut, Dünger und Insektiziden sowie verbesserten Anbaumethoden« verdankte, die »allesamt keine großen Investitionen erforderten«. Die Planer hielten »vergleichbare« Ernteerträge wie in Japan für erreichbar. In Indien waren 70 Prozent der Arbeitskräfte in der Landwirtschaft tätig, und ihre Produktivität musste deutlich steigen, um die Bevölkerung ernähren zu können. Und Indien brauchte eine rasche Industrialisierung und Urbanisierung nach japanischem Vorbild, um seiner exponentiell wachsenden Bevölkerung Arbeit zu geben.[10]

Um das Produktivitätswachstum in der Landwirtschaft zu beschleunigen, sah der Plan eine Bodenreform (mehr Land für diejenigen, die es bearbeiteten) sowie ein Gemeindeentwicklungsprogramm vor, das den Bauern technische Unterstützung gewähren sollte. Eine fairere Verteilung des Bodens würde Einkommen und Ernährung der Bauernfamilien verbessern und ihnen Anreize zu Produktivitätssteigerungen geben. Die technische Unterstützung würde neue Forschungserkenntnisse auf die Felder bringen. Es waren vernünftige Vorhaben. Doch sie scheiterten an der schlechten Durchführung.[11]

Die ehrgeizigste Reforminitiative auf dem Land war die zur Ausschaltung der *zamindari*. Dies waren Grundbesitzer und oft auch Mittelsmänner, die insbesondere in Ostindien Steuern für die britische Kolonialverwaltung eingetrieben hatten. Der *zamindar* war eine verhasste Figur. Er lieh verzweifelten Bauern Geld zu Wucherzinsen und setzte seine Autorität brutal durch. In dem gefeierten Film *Do Bigha Zamin* (»Zwei *bigha* Land«; ein *bigha* ist eine winzige Parzelle) versucht ein räuberischer *zamindar*, einen Pachtbauern von einem winzigen Hof zu vertreiben und legt gefälschte Dokumente vor, die belegen sollen, dass der Bauer seine Schulden nicht mehr zurückzahlen kann.[12]

Politiker mit unterschiedlichen Ideologien – Nehru, der Gleichheit anstrebte, und Patel, der das Privateigentum verteidigte – waren sich darin einig, dass den Praktiken der *zamindari* ein Ende gemacht werden musste. Sollte das nicht gelingen, schrieb Nehru in einem Brief an die Regierungschefs der Bundesstaaten, »so wird unsere gesamte Sozial- und Wirtschaftspolitik scheitern«.[13]

Anfang der fünfziger Jahre war die Figur des *zamindar* rechtlich abgeschafft. Aber den Kleinbauern half das wenig. Die Hauptnutznießer der Änderung waren die ehemaligen großen Pachtbauern, die jetzt Eigentümer des von ihnen bewirtschafteten Landes waren. Diese Stärkung der Großbauern gab der »kapitalistischen« Landwirtschaft einen Schub. Andere gewannen wenig oder nichts. Die *zamindari* vertrieben ihre kleinen Pachtbauern mit der Behauptung, das Land die ganze Zeit selbst bewirtschaftet zu haben, was es ihnen dem Gesetz zufolge erlaubte, das Land zu behalten. Ermöglicht wurde diese Praxis dadurch, dass entweder kein Grundstücksregister existierte oder die Grundbücher unter der Kontrolle der *zamindari* standen. Kleine unabhängige Bauern, Landarbeiter und Landlose erhielten bestenfalls »winzige Stücke Land«. Die *zamindari* wurden großzügig für die Abtretung des Rechts auf Abgabeneintreibung entschädigt, was die Bundesstaaten finanziell sehr belastete und die ererbte Ungleichheit vergrößerte.[14]

Es wurde auch versucht, den Grundbesitz des individuellen Bauern zu begrenzen und Flächen ab einer bestimmten Größe unter Kleinbauern und landlosen Arbeitern zu verteilen. Aber die Gesetze »enthielten Schlupflöcher, durch die ein Traktor gepasst hätte«, wie der Verfassungsexperte Granville Austin schrieb. Ihre Umsetzung dauerte Jahre, und in dieser Zeit zerstückelten die großen Grundeigentümer ihr Land in zahlreiche Parzellen, registrierten die

Parzellen auf Familienmitglieder und sogar Tiere und bewahrten auf diese Art die Kontrolle über das Land. Eine dritte Initiative zum Schutz der Rechte von Pachtbauern in Gebieten, in denen es keine *zamindari* gab, scheiterte, weil die Pächter aufgrund unvollständiger oder fehlender Grundbücher ihre Ansprüche nicht belegen konnten oder weil die Grundherren das Land mit der Begründung beanspruchten, die Felder selbst bestellen zu wollen.[15]

Die Landreformen hatten nie eine Chance. Viele führende Köpfe der Kongresspartei waren selbst Großgrundbesitzer und torpedierten die Reformen, um sich und ihre Verbündeten zu schützen. Nehru hatte kein Interesse an einem Konflikt mit den Grundeigentümern. In einem Brief an die Chief Minister, die Regierungschefs der Bundesstaaten, schrieb er resigniert: »Dies ist nicht das Ergebnis, das wir erhofft hatten.«[16] So sehr er sich mehr Gleichheit wünschen mochte, es mangelte Nehru am politischen Durchsetzungsvermögen, um dieses Ziel zu erreichen.

Auch in Japan hatten die Kleinbauern nicht von den Meiji-Landreformen profitiert. Aber die Zusammenarbeit mit den Forschungszentren hatte es ihnen ermöglicht, die Produktivität ihrer Höfe deutlich zu erhöhen.[17] In Indien endeten die Bemühungen um eine solche Zusammenarbeit mit einer großen Enttäuschung. Die dortigen Beratungsdienste scheiterten. Die Weltbank drückte es diplomatisch aus: »Umfang und Organisation der Beratung waren nicht durchweg angemessen.« Andere fällten ein schonungsloses Urteil. Ein Experte schrieb: »Die Struktur der Operation war entmutigend schwach.« Sogar indische Regierungsvertreter verzweifelten an den »Umsetzungsproblemen«. Ein komplexes Netz »bürokratischer Abläufe« behinderte die Arbeit. Den Entwicklungsbeauftragten in den Dörfern wurden unverbundene Aufgaben übertragen, und es mangelte ihnen an Sachkenntnis und Autorität, weshalb die Bauern ihre Ratschläge nicht befolgten.[18]

In den Augen des Ökonomen Theodore Schultz hatten die Schwierigkeiten auch damit zu tun, dass die indischen Bauern »überwiegend Analphabeten« mit »geringen Kenntnissen« waren. Es sei ein Fehler zu glauben, in der Landwirtschaft komme es vor allem auf einen »starken Rücken« und die Fähigkeit zu »manueller Arbeit« an. Die japanischen Bauern könnten selbst mit ihrer Grundschulbildung die »komplexen und schwierigen betrieblichen Praktiken« bewältigen, die ihnen von erfahrenen Beratern vermittelt würden.[19]

Die Kosten des industriellen Analphabetismus

Zum Zeitpunkt der Unabhängigkeit war ein Zehntel der indischen Arbeitskräfte im produzierenden Gewerbe beschäftigt, das 16 Prozent des Nationaleinkommens erwirtschaftete. Die Beiträge der Industrie waren sogar gemessen am niedrigen Pro-Kopf-Einkommen Indiens gering.[20]

Dabei waren die Voraussetzungen für die Industrialisierung nicht schlecht gewesen. Dynamische Unternehmer aus der gebildeten Volksgruppe der Parsen hatten früh eine leistungsfähige Textilindustrie aufgebaut. Cowasjee Davar gründete schon 1854 die erste Textilfabrik. Sein Nachfolger Maneckjee Petit starb jung, aber dessen brillanter Sohn Dinshaw erschloss Neuland. Weitere, heute besser bekannte Unternehmer waren Nowrojee Wadia, der Gründer von Bombay Dyeing und Century Mills, sowie Jamshedji Tata, der das berühmte Unternehmen Empress Mills ins Leben rief und später die erste Stahlhütte Indiens gründete. Die indischen Textilfabriken arbeiteten mit Maschinen aus Lancashire, die bis ins frühe 20. Jahrhundert die besten der Welt waren. Im Lauf der Zeit tauchten auch Unternehmer auf, die nicht der Volksgruppe der Parsen angehörten. Die Textilproduktion breitete sich von ihrem Zentrum in Bombay (heute Mumbai) nach Ahmedabad (der größten Stadt im heutigen Gujarat), Kanpur (im heutigen Uttar Pradesh) und Coimbatore (im heutigen Bundesstaat Tamil Nadu) aus.[21]

Zwischen 1870 und 1890 erzielten die indischen Textilproduzenten üppige Gewinne. Ab der Jahrhundertmitte war es dank der Eisenbahn leichter und billiger, Güter durch das Land zu befördern. Dinshaw Petit leitete den spektakulären Siegeszug der indischen Textilexporte in China ein. Im Wettbewerb mit den Fabriken in Lancashire profitierten die indischen Textilfabriken von geringeren Lohnkosten, dem heimischen Baumwollanbau und deutlich niedrigeren Transportkosten. Im Jahr 1892 verkauften sie 70 Prozent ihrer Produktion nach China. In dieser Blütezeit investierten die indischen Fabrikanten in innovative Spinnmaschinen und Färbetechnologien. Im Jahr 1891 gab die indische Textilindustrie 150 000 Menschen Arbeit.[22]

Zur selben Zeit gab es düstere Vorzeichen. Die chinesischen Fabriken begannen, ihre Effizienz zu erhöhen. Doch die wettbewerbshungrigen japanischen Hersteller übernahmen es, die Vormacht der indischen Textilindustrie in Asien zu brechen. Die Arbeitskräfte waren in Japan genauso billig wie in Indien, aber die japanischen Hersteller erhöhten ihre Produktivität rasch. Mit dem japanischen Markteintritt in China verloren die indischen Textilfabriken den Vorteil niedriger Löhne und Transportkosten. Dennoch blieb die indische Textilindustrie bis ins erste Jahrzehnt des 20. Jahrhunderts deutlich größer als die japanische. Die indischen Fabrikanten setzten weiter modernste Maschinen ein und übernahmen Spinn- und Färbeinnovationen.

Aber auf die Dauer konnten sie nicht mit den japanischen Herstellern mithalten.[23] Die geringe Produktivität der indischen Arbeitskräfte machte den Vorteil der niedrigen Löhne weitgehend zunichte. Der Wirtschaftshistoriker Gregory Clark hat ausgerechnet, dass die Löhne der indischen Arbeitskräfte im Jahr 1910 um das Fünffache hätten steigen können, ohne die hohe Rentabilität des knappen indischen Kapitals zu beeinträchtigen, wenn die Inder über Nacht so produktiv geworden wären wie die Arbeitskräfte in Neuengland.[24] Es war eine ernüchternde Erkenntnis: Indien war arm, weil seine Arbeitskräfte sogar in der erfolgreichsten Industrie des Landes ausgesprochen unproduktiv waren.

Die Produktivität der japanischen Arbeitskräfte wuchs in den zwanziger Jahren rasch, da ihr Bildungsniveau stieg und ihre Arbeitgeber neue Produktionstechniken einführten. Nachdem sie die indischen Produzenten vom chinesischen Markt verdrängt hatten, drangen die japanischen Textilfabrikanten nach Indien vor. Einige indische Unternehmen nahmen den Kampf an, aber die meisten waren wehrlos, vor allem nachdem Japan in den dreißiger Jahren den Yen abgewertet hatte. Anstatt gemeinsam zu versuchen, die Effizienz zu erhöhen, versteckten sich die indischen Hersteller hinter immer höheren Einfuhrzöllen und hielten mit der ständigen Drohung des Arbeitsplatzverlusts die Löhne niedrig.[25]

In einer 1993 veröffentlichten Studie beschäftigte sich der Ökonom Michael Kremer vom Massachusetts Institute of Technology mit Gregory Clarks Beschreibung der sehr unterschiedlichen Arbeitsproduktivität in verschiedenen Ländern. Kremer erklärte das Produktivitätsgefälle mit unterschiedlichen Bildungsniveaus: Besser ausgebildete Arbeitskräfte begingen weniger Fehler und wurden normalerweise mit anderen qualifizierten Arbeitskräften zusammengespannt, so dass sie gegenseitig ihre Effizienz erhöhten. Das Potenzial für Effizienzsteigerungen ermutigte die Manager dazu, mit innovativen Einsatzmöglichkeiten für die Maschinen zu experimentieren, wodurch die Produktion pro Arbeitskraft weiter stieg.[26]

Die Daten bestätigen Kremers Vermutung über die Bedeutung der Bildung. Ich ziehe den Grundschulbesuch von Mädchen als Maßstab für das allgemeine Bildungsniveau einer Gesellschaft heran. Im Jahr 1910 war die Produktivität der Arbeitskräfte in Ländern, in denen zwei Jahrzehnte vorher ein größerer Teil der Mädchen die Grundschule besucht hatte, höher (Abbildung 3.1). Am produktivsten waren die Fabriken in den Vereinigten Staaten, wo Anfang der 1870er-Jahre 100 Prozent der Mädchen eine Grundschulbildung erhalten hatten. Natürlich profitierte Japan im Jahr 1910 noch nicht umfassend von seinen enormen Fortschritten in der Grundschulbildung seit der Meiji-Restauration von 1868. Die Erkenntnis liegt auf der Hand: Es dauert eine Weile, bis Bildung Früchte trägt. Und die politische Warnung ist klar: Wer heute nicht in die Bildung investiert, opfert die Produktivität von morgen.

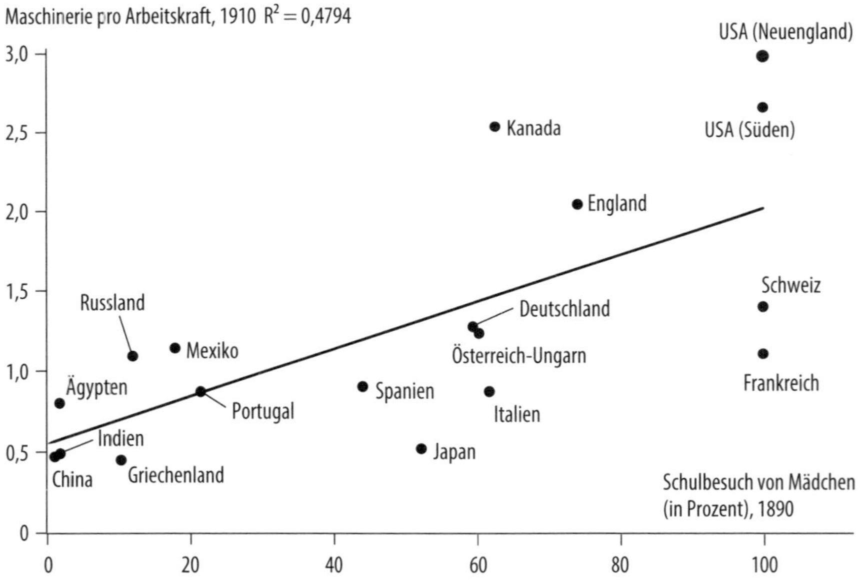

3.1: Textilarbeiter waren in Ländern, die größeren Wert auf die Bildung legten, produktiver.

Hinweis: Die Schulbesuchsquote für Österreich-Ungarn ist der Durchschnittswert für die beiden heutigen Staaten.

Quelle: Maschinerie (Webstuhl-Äquivalente) pro Arbeitskraft aus Clark, Gregory, »Why isn't the whole world developed? Lessons from the cotton mills«, in: *The Journal of Economic History* 47/1 (1987), S. 141–173, Tabelle 3; Schulbesuch von Mädchen aus Barro, Robert J., und Jong-Wha Lee, *Education Matters: Global Schooling Gains from the 19th to the 21st Century* (New York: Oxford University Press, 2015).

Mit steigendem Bildungsniveau erhöhten die japanischen Fabriken rasch ihre Produktivität (Abbildung 3.2). Dieser Produktivitätsanstieg in den frühen

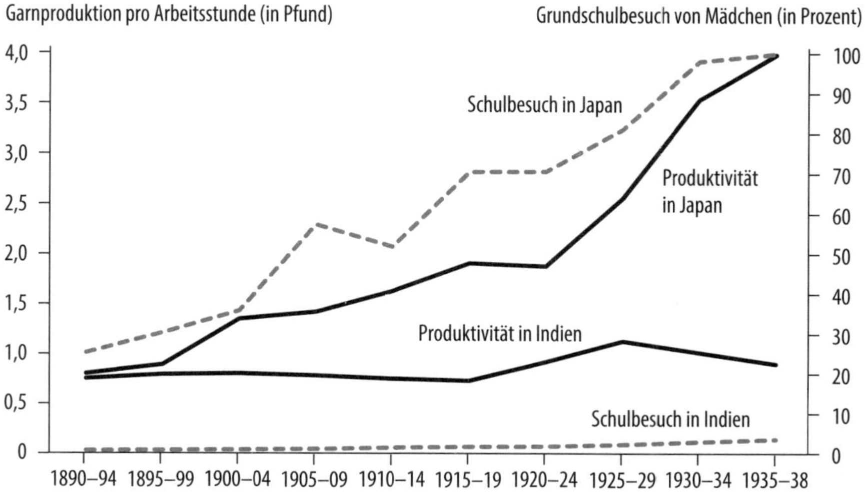

3.2: Die Produktivität japanischer Arbeitskräfte stieg mit der Ausweitung der Bildung.

Hinweis: Der weibliche Grundschulbesuch wirkt sich erst 20 Jahre später auf die Produktivität aus; die Produktion pro Arbeitskraft in den Jahren 1890–1894 ist das Resultat des Schulbesuchs im Jahr 1870.

Quelle: Garnproduktion pro Arbeitskraft aus Wolcott, Susan, und Gregory Clark, »Why nations fail: Managerial decisions and performance in Indian cotton textiles, 1890–1938«, in: *The Journal of Economic History* 59/2 (1999), S. 397–423, Tabelle 1; weiblicher Grundschulbesuch aus Barro, Robert J., und Jong-Wha Lee, *Education Matters: Global Schooling Gains from the 19th to the 21st Century* (New York: Oxford University Press, 2015.

zwanziger Jahren fiel mit dem japanischen Markteintritt in Indien zusammen. Der britische Historiker Arno Pearse, der auch Generalsekretär des internationalen Textilverbandes war, begutachtete Ende der zwanziger Jahre die technischen Abläufe in indischen, chinesischen und japanischen Textilfabriken. In Japan fielen ihm die Resultate der guten Bildung auf: »Alle Fabrikarbeiterinnen können lesen und schreiben und besitzen eine Allgemeinbildung auf dem Niveau der meisten europäischen Länder.« Die japanischen Unternehmen hatten größere Anreize, Vorarbeiter und Aufseherinnen zu schulen, um ihnen dabei zu helfen, die Produktionsrate ihrer Belegschaft zu erhöhen. Pearse verglich dies mit der geringen Produktivität der indischen Arbeitskräfte und erklärte, die besser ausgebildeten japanischen Arbeitskräfte leisteten weniger »fehlerhafte Arbeit« und führten rascher fortschrittliche Technologien ein.[27]

Die japanischen Fabrikanten und ihre Belegschaften nutzten die Fortschritte in der öffentlichen Bildung, um lernende Werkshallen aufzubauen. Die indischen Textilfabriken hingegen gerieten in ein »schlechtes Gleichgewicht«: Sie beschäftigten überwiegend ungebildete Arbeitskräfte, die leicht austauschbar waren und daher niedrige Löhne bezogen. Weder das Management noch die Belegschaft hatte einen Anreiz, in das jeweilige Gegenüber zu investieren. Die indischen Fabrikanten hatten im 19. Jahrhundert von niedrigen Löhnen und dem Export in Länder profitiert, in denen sie kaum Konkurrenz hatten. Aber Anfang des 20. Jahrhunderts stellten die japanischen Produzenten die Schwäche der indischen Strategie bloß.[28] Die überrumpelten indischen Hersteller gerieten bei der Einführung neuer Technologien rasch in Rückstand und mussten versuchen, sich mit veralteten Maschinen im Wettbewerb zu behaupten.

Ein Lichtblick in der düsteren Lage der ineffizienten indischen Industrie war die Stahlerzeugung. Der vor dem Krieg dominierende Hersteller, die Tata Iron and Steel Company (TISCO), produzierte seit 1912 in Jamshedpur im heutigen Jharkhand Stahl. Anfangs profitierte TISCO wie die Textilproduzenten vom Schutz durch Importzölle, die gebraucht wurden, weil die indischen Arbeitskräfte sehr viel weniger effizient waren als die amerikanischen und europäischen. Doch es gelang TISCO, die Effizienz durch die Einführung besserer Produktionstechniken zu erhöhen, so dass die Schutzzölle auf Stahl im Jahr 1947 abgeschafft werden konnten. TISCO konnte sich auf dem heimischen Markt gegen die ausländische Konkurrenz behaupten. Aber eine Reihe anderer indischer Industriesektoren mussten weiterhin vor Importen geschützt werden.[29]

Abgesehen von wenigen Ausnahmen war die indische Industrie zum Zeitpunkt der Unabhängigkeit unfähig, sich im internationalen Wettbewerb durchzusetzen und einer großen Zahl von Menschen Arbeit zu geben. Dieses Handicap musste das Land rasch loswerden.

Nehru unterbindet die Entwicklung kleiner und mittelständiger Unternehmen

Im Prinzip konnten kleine und mittelgroße Betriebe zahlreiche Arbeitsplätze schaffen. Die indische Politik sandte ein Signal an die Kleinbetriebe, indem sie das Handspinnen mit Spinnrad und das manuelle Weben förderte. Aber diese traditionellen Produktionsverfahren konnten nicht mit denen der modernen Textilfabriken und Webmaschinen konkurrieren, und die Erzeugnisse fanden nur auf heimischen und ausländischen Nischenmärkten Abnehmer. Die Hoffnungen ruhten auf verschiedenen »modernen« Betrieben, die Bekleidung,

Fahrräder, Kochgeschirr, Ventilatoren und sogar Textilmaschinen und Ersatzteile erzeugten. Diese Unternehmen, die zumeist in kleinstädtischen Gewerbezentren angesiedelt waren, wurden von den dynamischsten Unternehmern geleitet: von Kaufleuten, Ingenieuren, Handwerkern.[30]

In dem pulsierenden Städtchen Ludhiana in Punjab, das für seine Textilien, Strickwaren und Schuhe bekannt war, entstand eine Fahrradindustrie. Im Jahr 1946 nahmen die Munjal-Brüder in Ludhiana eine »Werkstatt« in Betrieb, in der sie Fahrradteile erzeugten und Fahrräder montierten. Satyananda Munjal hatte sich in Lahore und Amritsar sein Geld mit der Reparatur von Fahrrädern und Nähmaschinen verdient.[31] Aus diesen bescheidenen Anfängen wuchs die Firma Hero Cycles unter der Leitung der Brüder und ihrer Kinder zu einem großen Fahrradhersteller. Indien hatte das Potenzial, viele solche Unternehmenshelden hervorzubringen.

Industriecluster in Kleinstädten nahmen einen Ehrenplatz in der Geschichte der Industrialisierung ein. In seinem klassischen Werk *Principles of Economics* (1890) beschrieb der Ökonom Alfred Marshall die Töpfereien in Staffordshire und die Besteckfabriken in Sheffield als Beispiele für industrielle Dynamik. Wenn sich viele Produzenten in derselben Branche an einem Ort sammeln, ist es für ihre Lieferanten und Werkzeugbauer vorteilhaft, sich ebenfalls dort anzusiedeln. Diese Nähe erhöht die Produktivität erheblich: »Wenn ein Mann eine neue Idee hat, wird sie von anderen aufgegriffen und mit eigenen Lösungen kombiniert; dies ist eine Quelle für weitere neue Ideen. Die Kinder erlernen sie, ohne sich dessen bewusst zu sein.«[32] In Industrieclustern findet ein intensives »Learning by Doing« statt. Im Silicon Valley hätte Marshall eine Hightech-Version der Industrieballungen in Staffordshire und Sheffield erkannt.

Im Fall Japans war die Fahrradindustrie in Sakai unweit von Osaka ein besonders erfolgreiches Beispiel für diese Konzentration interdependenter Produzenten. Dort erzeugten zahlreiche Betriebe Lenkstangen, Felgen, Radnaben und Speichen für Fahrradhersteller. Ein ähnlicher Cluster erzeugte Bauteile für Nähmaschinen. So entwickelte Japan ein komplexes System von Subauftragnehmern, die Produzenten belieferten, welche die Teile montierten und das Fertigerzeugnis an die Konsumenten lieferten.[33]

So wie die indischen Hersteller nach der Unabhängigkeit waren die japanischen Klein- und Mittelbetriebe in der Zwischenkriegszeit oft »finanziell instabil« gewesen und hatten darunter gelitten, dass ihre Produkte als minderwertig galten.[34] Mein Vater, der 1925 geboren worden war, erinnerte sich, dass das Wort *japani* (japanisch) in seiner Jugend ein Synonym für »schäbig« war. Er selbst zog ein 35 Rupien teures englisches Hercules-Fahrrad einem Modell aus japanischer Produktion vor, das nur 20 Rupien kostete, aber regelmäßig Defekte hatte. Aber die japanischen Exporteure gaben nicht auf. Sie erkundeten den Markt und boten Produkte wie Plastikfiguren Krishnas an, die in den indischen Haushalten als Dekoration und von den Kindern in religiösen Spielen verwendet wurden. Die japanischen Exporte standen weiterhin im Ruf geringer Qualität, aber sie entwickelten ihr Angebot stetig weiter und boten besseres Spielzeug wie aufziehbare Spielzeugautos und Modelleisenbahnen an.

Nach dem Zweiten Weltkrieg begann Japan, anspruchsvollere Produkte einschließlich von Maschinen nach Indien zu verkaufen. In die Vereinigten Staaten exportierten die japanischen Hersteller weiterhin einfache, arbeitsintensive Produkte wie Blusen und Hemden. Sie litten immer noch unter dem Ruf, minderwertige Produkte zu erzeugen. Im Jahr 1954 berichtete eine Zeitung in Rochester über »gefährliches Spielzeug aus Japan«, das in der Nähe einer Hitzequelle in Flammen aufging und giftige Gase abgab.[35]

Doch solche Berichte wurden seltener. Die japanischen Hersteller unterwarfen sich der Aufsicht amerikanischer Abnehmer und strengen staatlichen Qualitätskontrollen. Innerhalb kürzester Zeit gelang ihnen der Sprung zu Präzisionsgeräten. Im Jahr 1957 genossen hochwertige und dabei günstige optische Geräte aus Japan – Fotokameras, Ferngläser und Mikroskope – bereits einen »ausgezeichneten Ruf« bei den amerikanischen Konsumenten.[36]

Es war klar, welche Lehren Indien daraus ziehen musste. Die Welt gibt sich eine Weile mit billigen, aber minderwertigen Produkten zufrieden. Erfolgreiche Exporteure nutzen diese Gnadenfrist, um zu lernen, wie sie die Qualität ihrer Produkte verbessern können. Dieser Lern- und Verbesserungsprozess ermöglicht die wirtschaftliche Entwicklung. Das Learning by Doing ergänzt und verstärkt die Bildungsergebnisse. In Japan trieben die gute Ausbildung der Arbeitskräfte, Industriecluster als Brennpunkte für neue Ideen und das Bemühen, die Wünsche anspruchsvoller ausländischer Käufer zu erfüllen, das Produktivitätswachstum an.

Unmittelbar nach dem Zweiten Weltkrieg bot sich Indien eine außergewöhnliche Chance. Die aufgestaute globale Nachfrage und der Wiederaufbau nach dem Krieg lösten einen beispiellosen Aufschwung des Welthandels vor allem mit Industrieprodukten aus. Da sich die japanischen Produzenten auf hochwertige Güter verlegten, bot sich den indischen eine Gelegenheit, den Weltmarkt mit einfacheren und arbeitsintensiven Produkten zu erobern.

Doch Indien verstand weder zu jener Zeit noch später, dass man mit Exporten Arbeitsplätze schaffen konnte. Einige Beobachter hielten eine Exportoffensive für aussichtslos. Ein »Exportpessimismus« hatte sich durchgesetzt.[37] Den Urhebern des ersten Fünfjahresplans muss zugute gehalten werden, dass sie diesen Pessimismus ignorierten, der in erster Linie in den lateinamerikanischen Ländern angebracht war, die von der Ausfuhr von Agrarprodukten und Mineralen abhingen. Im Fünfjahresplan wurde die Möglichkeit erwähnt, Indien könne die Exporte von Erzeugnissen wie Nähmaschinen, Batterien, Fahrrädern und Pharmazeutika erhöhen, indem es die kleinen Mengen, die es zu jener Zeit nach Südostasien verkaufte, aufstockte.[38]

Aber Nehru hielt nichts von solchen Ideen. Im Juli 1954 erklärte er in einer Rede in Beawar, einem Industriezentrum in Rajasthan, wo es eine Textilfabrik, Baumwollentkörnungsanlagen, Webereien und Strumpfwarenfabriken gab, die Textilproduktion und ähnliche Branchen seien »in der modernen Welt ein Kinderspiel und bedeutungslos. Heute entsteht eine andere Art von Industrie. Sie wird als Schwerindustrie bezeichnet und bringt weitere Industrien hervor.« Indien müsse Industriezweige aufbauen, die Maschinen für den Bau anderer Maschinen erzeugten. Nehru nannte die Düngemittelfabrik in Sindri, die größer sei als sämtliche Industriebetriebe in Beawar zusammen. »Auch die Stahlhütten sind riesig.« [39] Er ließ keinen Zweifel an seiner Vorliebe für die Schwerindustrie.

So kam es, dass Indien nach der Unabhängigkeit zwei wesentliche Quellen der wirtschaftlichen Entwicklung vernachlässigte: die Landwirtschaft und die arbeitsintensive Fertigungsindustrie. In der Landwirtschaft torpedierten mächtige Politiker die Landreformen, während eine schwerfällige Bürokratie die Beratungsdienste lähmte. Und nachdem Nehru seine Geringschätzung für die kleinen und mittelständischen Produzenten bekundet hatte, gab Indien den Versuch auf, Industriesektoren aufzubauen, die zahlreiche Arbeitsplätze hätten schaffen können.

Die Hoffnung beginnt zu schwinden

Im Jahr 1950 begann der indische Staat, Daten zur sozialen und wirtschaftlichen Lage zu sammeln. Der Physiker und Statistiker Prasanta Chandra Mahalanobis entwickelte die Methodik der National Sample Survey (NSS, Nationale Stichprobenerhebung).[40] Im Jahr 1954 wurde eine große landesweite Erhebung zu den Beschäftigungsbedingungen durchgeführt. Gestützt auf diese und weitere Erhebungen wurde geschätzt, dass nur 1 Prozent der Inder »offen beschäftigungslos« waren – sie hatten keine Arbeit. Allerdings litten viele Menschen unter *Unterbeschäftigung*. Die meisten »Unterbeschäftigten« waren in der Landwirtschaft tätig: Sie hatten zwischen Aussaat und Ernte nichts zu tun. Da es in der Mehrheit der bäuerlichen Haushalte an Arbeit mangelte, wurde diese auf die Familienmitglieder verteilt. Auch in »Tante-Emma-Läden«, Familienrestaurants und Transportbetrieben im »informellen« Sektor waren viele Arbeitskräfte unterbeschäftigt. Wäre die gesamte verfügbare Arbeit von einem Teil der Arbeitskräfte in Vollzeit geleistet worden, so hätten 15 Prozent der Inder überhaupt nichts zu tun gehabt. Die effektive Arbeitslosenquote lag also bei 16 Prozent: 1 Prozent war »offen beschäftigungslos«, 15 Prozent unterbeschäftigt.[41] Die indischen Planer bezeichneten dies als effektive Arbeitslosigkeit, die dem Nachfrageüberhang nach Arbeit entsprach.

Das war gleichbedeutend mit einer gewaltigen Zahl von Menschen, die zu wenig Arbeit hatten. Im Jahr 1955 hatte Indien etwa 410 Millionen Einwohner, von denen 250 Millionen älter als 15 Jahre und damit im erwerbsfähigen Alter waren. Viele Frauen sowie Schüler und Studenten gingen keiner Erwerbsbeschäftigung nach, weshalb 167,5 Millionen Menschen tatsächlich erwerbstätig waren. Eine effektive Arbeitslosenquote von 16 Prozent bedeutete, dass in Indien rund 26 Millionen Arbeitsplätze fehlten. Mahalanobis schätzte das Defizit im Jahr 1955 in einer Studie auf 25 Millionen,[42] und wir dürfen als gesichert betrachten, dass zwischen 20 und 25 Millionen Arbeitsplätze fehlten.

Dazu kam, dass die Bevölkerung Indiens rasch wuchs. Seit den zwanziger Jahren war die Sterberate – einschließlich der Kindersterblichkeit – deutlich gesunken, da Infektionskrankheiten zurückgedrängt und das Abwassersystem teilweise verbessert worden war. Eine wachsende Zahl von Menschen erreichte das Erwachsenenalter und brauchte Arbeit. Wenn die indische Bevölkerung bis zum Ende des Jahrhunderts wie erwartet um 2 Prozent pro Jahr wüchse, würde das Land im Jahr 2000 eine Milliarde Einwohner haben. Hunderte Millionen zusätzliche Arbeitskräfte konnten ein Segen sein, eine »demografische Dividende«, die Ersparnisse, Investitionen und Wachstum vorantreiben würde. Doch ohne produktive Arbeitsplätze würde Indien von frustrierten und wütenden Arbeitssuchenden überschwemmt werden.

Tatsächlich trat die Frustration bereits zutage. Im Jahr 1951 hatte Raj Kapoor in seinem Film *Awaara* das Bild einer zuversichtlichen Nation gezeichnet. Aber im Lauf des Jahrzehnts verwandelte sich die Hoffnung in Ungeduld. Im Jahr 1953 erzählte Ritwik Ghatak, der heute neben Satyajit Ray als bedeutendster indischer Filmemacher gilt, in seinem ersten Film *Nagarik* (»Bürger«) die Geschichte eines Hochschulabsolventen auf Arbeitssuche. Jede Stellenanzeige weckt große Vorfreude bei dem jungen Mann, der von einem hübschen Haus in einer idyllischen Nachbarschaft träumt. Nach jedem Rückschlag erwacht er in einer trostlosen Realität, in der er und seine Familie in Prekarität und Elend abgleiten.[43]

Im Jahr 1955 kehrte Raj Kapoor in *Shree 420* (»Herr 420«) als Raj auf die Leinwand zurück. (Die Nummer 420 war eine Anspielung auf den Abschnitt des indischen Strafgesetzbuchs, der Betrugsdelikten gewidmet ist.) In der ersten Szene des Films wandert »Herr Schwindler« Raj in seinem Chaplin-Aufzug auf einer Landstraße entlang, seine irdischen Besitztümer in einem Bündel verstaut, durch ein Loch in seinem rechten Schuh ragt der große Zeh heraus. Er singt ein Lied: »Meine Schuhe sind aus Japan, die Hose aus England, der rote Hut auf meinem Kopf aus Russland, aber mein Herz ist indisch.« Diese Worte wurden zu einer Art »Nationalhymne«, wie der Journalist und Menschenrechtsaktivist Rajni Bakshi schreibt. Rajs Gesicht hellt sich auf, als er an einem Hinweisschild vorbeikommt, das ihm den Weg nach Bombay weist, und bald darauf wandert er durch eine weitere namenlose Straße in einer großen Stadt. Er macht sich sofort auf die Arbeitssuche. »Ich habe ein Diplom«, eröffnet er dem ersten Passanten, der stehen bleibt.[44]

Raj findet Unterkunft in einem *basti*, einem Elendsviertel, das von einem »riesigen Herrenhaus« überragt wird. Die Macht des »korrupten und rücksichtslosen« Eigentümers des Herrenhauses wird durch seinen beträchtlichen Körperumfang veranschaulicht. Im Jahr 1951 ging der Vagabund Raj der Kleinkriminalität nach und hoffte auf bessere Zeiten; im Jahr 1955 setzt der Gauner Raj seine Fähigkeiten als Falschspieler ein, um sich im Dunstkreis einer Verbrecherbande seinen Lebensunterhalt zu verdienen.[45] Hoffnung hat sich rasch in Zynismus verwandelt.

Im Jahr 1954 wandte sich Nehru der Notwendigkeit von Arbeitsplätzen zu. Er erkannte »das gewaltige Problem der Arbeitslosigkeit« und verstand, dass auch anscheinend beschäftigte Menschen darunter litten. Besonders streng ging er mit den Universitäten ins Gericht, die massenhaft Diplome vergaben, aber wenig Bildung vermittelten. Er sah, dass es schwer sein würde, Arbeitsplätze für diese Hochschulabsolventen zu schaffen.[46] Nehru teilte die Sorgen von Millionen Indern. Ghatak und Kapoor sprachen diese Sorgen an: Ghataks Film war ein Klagelied, aber Kapoor befürchtete, die schlechten Aussichten für so viele Hochschulabsolventen würden soziale Pathologien hervorbringen.

Nehru wiederholte bei zahlreichen Gelegenheiten, dass seine Regierung die Arbeitslosigkeit innerhalb von zehn Jahren ausrotten wolle. Sein Ziel war eine sozialistische Gesellschaft, in der Gleichheit herrschen werde.[47] Das waren hehre Bestrebungen, aber Nehru hatte keine Strategie für ihre Umsetzung. Wie Gandhi erkannt hatte, war Nehru kein Macher, sondern ein Denker. Sein Biograf Sarvepalli Gopal sprach ihm sogar jegliche Eignung zur Leitung des Staates ab: Er arbeitete unermüdlich, aber er schenkte »nebensächlichen Dingen unbegrenzte Aufmerksamkeit«. Er ließ zu, dass sich der Verwaltungsapparat »gehen ließ«. Ähnlich äußerte sich die in Bombay ansässige Zeitschrift *Economic Weekly*: Nehru habe eine Schwäche für wirkungsvolle Auftritte, zeige jedoch eine »erhabene Missachtung für unangenehme Erfordernisse«.[48]

Fest steht, dass Nehru nicht die Geduld besaß, um den von Japan vorgezeichneten Entwicklungspfad einzuschlagen, der eine entschlossene und koordinierte Mobilisierung von Politik und Bürokratie erfordert hätte, um die Produktivität der Landwirtschaft zu steigern, das Bildungsniveau zu erhöhen und Arbeitsplätze für die Menschen zu schaffen, die vom Land in die Städte strömten. Es war leichter, den Bau eines Stahlwerks voranzutreiben, denn dort hatte er es nur mit einer begrenzten Zahl von Beteiligten und beweglichen Teilen zu tun.

So kam es, dass Nehru, obwohl er verstand, dass die Landwirtschaft wiederbelebt werden musste und dass die Arbeitslosigkeit das größte wirtschaftliche Problem Indiens war, das Land auf einen anderen Weg lenkte.

KAPITEL 4

Nehrus gewagtes Spiel

NANGAL (Punjab), 8. Juli 1954. Das schäumende Wasser des Sutlej rauschte in den Nangal-Hydel-Kanal und die Bhakra-Kanäle, als Premierminister Nehru einen Knopf drückte, um das größte Kanalnetz der Welt einzuweihen. Rund 100 000 Menschen brachen in Jubel aus, als Nehru verkündete: »Ich widme die Bhakra-Nangal-Anlage dem Wohl des indischen Volkes.« Als sich die schwarzen Schleusentore hoben, ließen begeisterte Dorfbewohner tausende Ballons aufsteigen und zündeten Böller.[1]

Das Bhakra-Nangal-Projekt für Stromerzeugung und Bewässerung war eine Herzensangelegenheit von Nehru. Während der mehrjährigen Bauarbeiten besichtigte er wiederholt die Baustellen. Als er von Schäden an einem der Bhakra-Kanäle erfuhr, geriet er in Wut und beklagte sich in einem Brief an den Regierungschef von Punjab darüber, dass die Ingenieure sein Büro nicht über den Schaden informiert hatten. Besonders ärgerte er sich über einen unverschämten Ingenieur, der es für unnötig hielt, Nehru über jedes Detail der Bauarbeiten zu informieren.[2]

Aber als das Wasser des Sutlej an diesem schönen Tag in die Kanäle strömte und Kampfflugzeuge zur Feier der Errungenschaft im Tiefflug über den Ort hinwegglitten, war Nehru begeistert. Seine Regierung, erklärte er, habe »Großprojekten« wie Bhakra-Nangal und ähnlichen Vorhaben für Bewässerung und Stromerzeugung im Damodar-Tal (in den heutigen Bundesstaaten Jharkhand und Westbengalen) und in Hirakud (am Mahanadi in Orissa) Vorrang gegeben, denn diese Anlagen würden genug Strom für große Fabriken liefern. Nehru zählte weitere Errungenschaften auf: die »großartige« Düngemittelfabrik in Sindri und die Chittaranjan Locomotive Works in Westbengalen, wo Triebwerke für Lokomotiven gefertigt wurden. Er sprach über Flugzeuge und hochseetaugliche Schiffe, die überall im Land gebaut wurden. Bhakra-Nangal war in seinen Augen »das großartigste dieser Großprojekte«, aber alle diese Vorhaben waren »Tempel der Gegenwart«. Die Verehrung dieser »Kultstätten« bezeichnete er als »heilige Aufgabe«.[3]

Die Strategie des »Tempelbaus« entsprach Nehrus Abneigung gegen das komplexe administrative und politische Tagesgeschäft. Seine Methode der Entwicklung war nicht so mühsam wie die Erhöhung der landwirtschaftlichen Produktivität und die Förderung von Industrien, die Arbeitsplätze schaffen konnten. Und bei den Großprojekten arbeitete Nehru vor allem mit Wissenschaftlern und Technologieexperten zusammen, denen er sich oft eng verbunden fühlte.[4]

Es war durchaus einleuchtend, die Wissenschaft zu nutzen, um Indien zu modernisieren. Das Land hatte bis dahin kaum Beiträge zum wissenschaftlichen und technischen Fortschritt geleistet. In Nehrus »Tempeln« wurde modernste Technik eingesetzt, um die wirtschaftliche Entwicklung zu beschleunigen. »Wir wählen den schnellen Weg«, erklärte er bei der Eröffnung eines metallurgischen Laboratoriums in Jamshedpur im November 1950. »Ich will den hier versammelten Wissenschaftlern sagen, dass wir große Verantwortung tragen.«[5]

Die Wissenschaft eröffnete neue Möglichkeiten, aber sie brachte auch große Risiken mit sich. Kritische Stimmen warnten, die großen Staudämme würden verschlicken, die regionalen Ökosysteme durcheinanderbringen und Dorfbewohner verdrängen. Mira Ben (als britische Staatsbürgerin Madeleine Slade geboren), die ihr Leben Gandhi und seinen Anliegen gewidmet hatte, schrieb im Jahr 1949: »Wir müssen das natürliche Gleichgewicht studieren und unser Leben mit den Naturgesetzen in Einklang bringen, wenn wir als physisch gesunde und moralisch anständige Spezies überleben wollen.«[6] Besonders besorgt waren Ben und andere über die Verdrängung von Stammesgemeinschaften, die das Land seit Generationen in Einklang mit den Rhythmen der Natur bewirtschafteten.

Die Warnungen erwiesen sich als berechtigt. Die durch Hunderte Dammbauprojekte verdrängten Dorfbewohner wurden nie fair entschädigt. Die Dämme richteten schwere Umweltschäden an, und Industrieabfälle und Entwaldung sorgten dafür, dass sie sehr viel schneller als erwartet verschlickten, was ihre Eignung für den Hochwasserschutz verringerte und ihre Lebenszeit verkürzte. Das über die Bewässerungskanäle zugeführte Wasser verursachte Staunässe und Bodenversalzung, behinderte Produktivitätszuwächse und machte große Gebiete anfällig für Austrocknung.[7] Die Bauern brauchten mehr Wasser, aber letzten Endes gab es keinen Ersatz für besseres Saatgut und Produktivitätssteigerungen durch besseres Wassermanagement, Bodenschutz und Anbautechniken wie jene, die es den japanischen Bauern ermöglicht hatten, auch ohne gewaltige Staudämme ihre Produktion zu erhöhen.

In diesem Kapitel beschreibe ich die Eskalation von Nehrus »Tempelstrategie«, die von wissenschaftlichen und Technologielaboratorien über die Errichtung einer neuen Stadt – Chandigarh – zum Aufbau der Schwerindustrie führte und sich noch Jahrzehnte später auf die Entwicklung Indiens auswirken sollte.

Laboratorien: Die kleinen Wetten

Am 4. Januar 1947, wenige Monate vor der Unabhängigkeit, weihte Nehru in Pusa am Ortsrand von Delhi das Nationale Physiklaboratorium ein. Zu jener Zeit war er als Vizepräsident des Exekutivrats des Vizekönigs noch De-facto-Premierminister. Als der Chief Minister des Bundesstaats Bombay im April 1947 den Grundstein für das Nationale Chemische Laboratorium legte, sandte Nehru ihm eine Botschaft, die bei der Zeremonie verlesen werden sollte. Darin rief er die indischen Wissenschaftler auf, sich als »selbstlose Arbeiter« der Aufgabe zu widmen, Millionen Inder aus der »materiellen, wirtschaftlichen und sozialen Knechtschaft« zu befreien.[8]

Nehru besaß ein Diplom für Naturwissenschaften der Universität Cambridge. Die Wissenschaft faszinierte ihn. Während im August 1947, zehn Tage nach der Unabhängigkeit, in Punjab eine »Gewaltorgie zwischen Hindus und Muslimen« tobte, fand Nehru Zeit, um eine Sitzung des Council of Science and Industrial Research (CSIR) zu leiten. Der Forschungsrat war die Dachorganisation für verschiedene Forschungsinstitute. Nehru blieb während seiner gesamten Amtszeit Vorsitzender des CSIR.[9] Er reiste kreuz und quer durchs Land, hielt Ansprachen bei Einweihungen und legte Grundsteine für neue Institute und Laboratorien, darunter das weltweit erste für Paläobotanik (das Studium von Pflanzenfossilien).

In diesen Zeremonien konnte Nehru Erfolge verkünden, aber seine Hoffnung, diese Einrichtungen würden Wissenschaft und Technologie in den Dienst des indischen Volkes stellen, war wirklichkeitsfremd. Die Institute waren isolierte, elitäre Inseln der Vortrefflichkeit. Für die wirtschaftliche Entwicklung mussten gesellschaftliche Konflikte gelöst und vielfältige und vertrackte Probleme bewältigt werden. Nehru fühlte sich in der Welt der Elite wohl, nicht im alltäglichen Chaos.

In einem Moment der Unbesonnenheit gab er seine elitäre Grundhaltung preis und erklärte, die indischen Wissenschaftler müssten im »brahmanischen

Geist des Dienens« arbeiten. Es wurde ihm rasch bewusst, dass er mit der Hervorhebung der Brahmanen – die an der Spitze der Kastenhierarchie stehen – erbliche Überlegenheit und Vorrechte guthieß. Er ruderte zurück und erklärte, der »brahmanische Geist« beziehe sich nicht auf die Brahmanen, sondern auf den Geist von »Dienen und Lernen«. Doch seine Vorliebe für die Besten und Klügsten konnte er nicht verhehlen. Nur wenige Menschen könnten hochwertige Wissenschaft betreiben, sagte er; die große Zahl führe zwangsläufig zu »Mittelmäßigkeit«.[10] Nehru stützte sich auf den herausragenden Chemiker Shanti Swaroop Bhatnagar, der erster Generaldirektor des CSIR wurde, und auf Homi Bhabha, einen Atomphysiker und Vorkämpfer der umfassenden Nutzung der Atomkraft. Nehru war sowohl mit dem Physiker und Nobelpreisträger C. V. Raman als auch mit dem großen Albert Einstein befreundet.

Am 29. Mai 1951 erschien in indischen Zeitungen eine eher unauffällige Anzeige, in der die Eröffnung eines »Indian Institute of Technology« (IIT) in Kharagpur in Westbengalen angekündigt wurde. Das neue Institut würde allen Schulabsolventen offenstehen, die schwerpunktmäßig die Fächer Mathematik, Physik und Chemie belegt hatten, und der Unterricht würde im Juli beginnen. Der erste Jahrgang umfasste 210 Studierende, und es war geplant, die Studentenschaft innerhalb von fünf Jahren auf 1320 zu erhöhen. Im Lauf des Jahrzehnts sollten im ganzen Land vier weitere solche Technologieinstitute entstehen.[11]

Die Forschungslaboratorien und Technologieinstitute mehrten Nehrus Ruhm, aber die indische Gesellschaft profitierte nur beschränkt von ihnen. Aufgrund ihres elitären Grundkonzepts blieben den Instituten die wirtschaftlichen und gesellschaftlichen Probleme des Landes fremd. Ihre Isolation vom Bildungssystem begrenzte ihren Nutzen auf wenige Auserwählte. Der Astrophysiker Meghnad Saha kritisierte, die neuen Wissenschafts- und Technologieinstitute würden vermutlich die besten Studenten und Lehrkräfte anlocken und den Großteil der verfügbaren Gelder erhalten, was das umfassendere Hochschulnetz schwächen werde.[12]

Tatsächlich entstand ein Bildungskokon: Reiche Inder und hochrangige Staatsbeamte schickten ihre Kinder in Privatschulen, von wo aus sie entweder zum Studium ins Ausland gingen oder ihren Weg in Eliteuniversitäten, IITs und die besten medizinischen Hochschulen fanden. Nach dem Studium traten sie in den Staatsdienst ein, sicherten sich die wenigen hochbezahlten Jobs in der Privatwirtschaft oder suchten sich Stellen im Ausland.

Millionen potenzieller indischer Genies blieben unentdeckt, und selbst die besten indischen Universitäten – darunter jene von Allahabad, Bombay, Kalkutta und Madras – taten sich schwer, die Bildungsstandards zu erfüllen. Das traurigste Beispiel war die Universität Allahabad, das ehemalige »Oxford des Ostens«, das nun in finanzielle Schwierigkeiten geriet und in der Bedeutungslosigkeit verschwand.

Heute bildet Allahabad viele seiner Studenten nicht mehr aus, sondern stellt ihnen lediglich Diplome aus. Die Studierenden leben in den Wohnheimen der Universität, besuchen jedoch Studienzentren in der Stadt, die Tausende Schüler auf die Examen vorbereiten, die man absolvieren muss, um an einen der wenigen »Traumjobs« im Staatsdienst heranzukommen.[13] Auf jeden IIT-Absolventen, der im kalifornischen Silicon Valley auf sich aufmerksam macht, kommen Tausende schlecht ausgebildete Inder mit Diplomen, die in einer entmutigend langen Schlange warten, um einen Posten im Staatsdienst zu ergattern.

Besonders gravierend war, dass die Fixierung auf die »Tempelstrategie« die notwendige Ausweitung der Grundschulbildung in den Hintergrund drängte. Japan hatte in der Meiji-Zeit genau das Gegenteil getan. In den ersten 30 Jahren nach der Meiji-Restauration konzentrierte sich der japanische Staat darauf, die Grundschulbildung für alle Kinder zugänglich zu machen. Als sich Japan Ende des 19. Jahrhunderts diesem Ziel näherte, hatte das Land nur eine einzige Universität. Erst zu Beginn des 20. Jahrhunderts, als die universelle Schulbildung erreicht war, stieg die Zahl der japanischen Universitäten.[14]

Der Einsatz wird erhöht: Chandigarh

Im Jahr 1959 gelangte der Ökonom und Soziologe Bert Hoselitz zu dem Schluss, die indischen Städte seien nicht »generativ«, sondern »parasitär«. Die meisten Einwohner, so Hoselitz, arbeiteten in aussichtslosen Jobs, normalerweise als »Gelegenheitsarbeiter«, die nie wüssten, wann sie das nächste Mal Arbeit haben würden, oder als »selbstständige« Ladenbesitzer und Verkäufer, die einen Großteil des Tages nichts zu tun hätten. Die Städte hätten einen Überschuss an jungen Männern, weshalb die Stabilität von Familien und Gemeinden fehle. »Krankheit, Verbrechen, Prostitution und Analphabetismus« seien verbreitet. Der Anthropologe Nirmal Kumar Bose wies einige Jahre später auf die große

Zahl »alleinstehender Männer« in Kalkutta hin, »die in notdürftigen Unterkünften fast ohne sanitäre Anlagen, Annehmlichkeiten und Privatsphäre« lebten. Aufgrund der Entwurzelung der städtischen Bevölkerung fehle der Zusammenhalt, der für ein gesundes städtisches Leben benötigt werde.[15]

In dieser Situation bot sich Nehru eine unerwartete Gelegenheit, eine neue Stadt zu errichten. Der Bundesstaat Punjab brauchte eine neue Hauptstadt, da seine prachtvolle Metropole Lahore nun auf der pakistanischen Seite der Grenze lag. Und die aus Pakistan geflüchteten Hindus und Sikhs brauchten neue Wohnungen. Nehru wollte in Punjab eine neue Hauptstadt bauen, die ein Modell für die urbane Entwicklung sein sollte.

Am Standort für die neue Hauptstadt Chandigarh erstreckte sich fruchtbares, »mit Mangohainen gesprenkeltes« Land, auf dem 17 Dörfer standen. Dieser idyllische Flecken passte sehr gut in Nehrus »Tempelstrategie«. »Der gewählte Standort«, erklärte er, »ist frei von den Lasten alter Städte und alter Traditionen. [Chandigarh] soll der erste Ausdruck unserer Kreativität sein, die in der neu gewonnenen Freiheit blühen wird.«[16] Und wer sollte sich um die Lasten kümmern?

Nehru beauftragte den Schweizer Architekten Charles-Édouard Jeanneret-Gris, besser bekannt als Le Corbusier, mit einem Entwurf für die neue Stadt. In Le Corbusier sah er einen »modernen Propheten des zweiten Industriezeitalters«, der die indischen Städte zu internationalen Vorbildern für die Stadtentwicklung machen konnte. Der Premierminister schloss eine enge Freundschaft mit dem Architekten und schlug sich fast immer auf die Seite Le Corbusiers, wenn dieser Probleme mit der Regierung von Punjab hatte.[17]

Le Corbusier wollte Chandigarh »auf den Prinzipien einer Gartenstadt ohne störende oder Schwerindustrie« errichten. Er vermengte mystische Spiritualität – deren Symbol war das Monument der offenen Hand, die neu geschaffenen Reichtum verteilen sollte – mit der futuristischen Vorstellung vom Museum des Wissens, das eine »zeitgenössische Videospielhalle« beherbergen würde.[18] Es war eine großartige Vision.

Mit seinen breiten Boulevards und eleganten Würfeln und Rechtecken wurde Chandigarh tatsächlich zu einer der lebenswertesten Städte Indiens. Doch es konnte sich dem sozialen und demografischen Druck nicht entziehen, der aus anderen indischen Städten parasitäre Orte gemacht hatte. Am Stadtrand tauchten Elendsviertel und nicht genehmigte Gewerbegebiete auf, und in zahlreichen Stadtteilen setzten sich Straßenverkäufer fest. In Mehrfamilienhäusern, in denen oft nicht eine Familie pro Wohnung, sondern in jedem Zimmer eine Familie lebte, verschlechterten sich die hygienischen Bedingungen.[19]

Die Vorstellung, Chandigarh werde ein Modell für die indische Stadtplanung werden, erwies sich als unrealistisch. Das Land kam nicht umhin, seine alten Städte mit all ihren Altlasten zu lebenswerten Orten zu machen. Die Weltbank sagte es im Jahr 1960 unverblümt: »Eine der gefährlichsten Schwächen [der indischen Planung] ist die anhaltende Vernachlässigung der Probleme der Stadtentwicklung in Kalkutta.« Nachdem ich ein Vierteljahrhundert der internationalen Bürokratie angehört habe, wirkt es wie ein Wunder auf mich, dass die Formulierung »gefährliche Schwäche« die mehrstufige interne Dokumentenprüfung überlebte, die normalerweise die Wortwahl abmildert und die Botschaft verwischt. Kalkutta verhinderte nach Einschätzung der Weltbank das Wirtschaftswachstum in einer entscheidenden Industrieregion, weil die Stadt weder die Bedürfnisse ihrer eigenen Bevölkerung noch die des Hinterlandes erfüllte:

> Überbevölkerung, Verfall der Unterkünfte, Gesundheitsrisiken, primitive Wasserversorgung, Mangel an Flächen für neue Industriebetriebe, Verkehrsbehinderungen, Stromausfälle, ein weiterhin ungelöstes Flüchtlingsproblem – all das erhöht die Kosten der Güterbewegung und der Bereitstellung vieler Dienste, die eine wachsende Industrieregion von ihrer Metropole fordert. [...] Es gibt auch keine Alternative zu Kalkutta als Hafen, Finanz- und Verwaltungszentrum und als Markt für die Schwer- und Leichtindustrie, die sich gestützt auf den Kohle- und Stahlkomplex in Westbengalen, Bihar und den angrenzenden Gebieten von Madhya Pradesh und Orissa entwickeln sollte und tatsächlich entwickelt.[20]

Dies scheint der erste Text zu sein, in dem auf die zentrale Bedeutung der Städte für die wirtschaftliche Entwicklung Indiens hingewiesen wurde. Der Anthropologe Nirmal Kumar war ähnlicher Ansicht wie die Weltbank und beschrieb Kalkutta als »frühgeborene Metropole«. Seine Bevölkerung und Ausdehnung konnten sich mit denen von Weltmetropolen wie London und New York messen, doch Kalkutta erfüllte weder die gesellschaftliche noch die wirtschaftliche Funktion einer Metropole.[21]

Die Stadtentwicklung war kein Ziel, das man mit einem einzigen Projekt erreichen konnte, wie Jane Jacobs erklärte. Die indischen Städte brauchten vielfältige Infrastrukturen, darunter Wohnraum und Annehmlichkeiten für die örtliche Gemeinschaft. Die Koordinierung der zahlreichen Vorhaben machte die

Stadtentwicklung sehr viel komplexer als die Errichtung einzelner »Tempel des neuen Indien«. Im Lauf der Zeit wurde die Stadtentwicklung schwieriger, weil sich die örtlichen Politiker die Kontrolle über Stadtteile sicherten und ihre Schergen einsetzten, um Konkurrenten einzuschüchtern oder sogar zu »beseitigen«.[22]

Am anderen Ende des Landes lag Bombay, die Hauptstadt des westlichen Bundesstaats Maharashtra, die ebenfalls eine frühgeborene Metropole war. Im Jahr 1963 erzählte der gefeierte Schriftsteller und Filmemacher Khwaja Ahmad Abbas, der mit seiner Schilderung der Hungersnot in Bengalen in *Dharti ke lal* berühmt geworden war, in seinem Film *Shahar aur Sapna* (»Die Stadt und der Traum«) eine Geschichte über das Leben in Bombay. Eine junge Frau und ein Mann lernen sich kennen, als sie in einem Entwässerungsrohr Zuflucht suchen müssen. Ihr gemeinsamer Traum (oder besser: Albtraum) nach der Heirat ist, ihr erstes Kind in diesem Entwässerungsrohr aufzuziehen.

In Bombay war die Lage aus denselben Gründen wie in Kalkutta angespannt: Den Menschen fehlten grundlegende Ressourcen und Arbeit. Bombay hatte auch besondere Merkmale. Ein Alkoholverbot im Jahr 1952 hatte einen lukrativen Schwarzhandel mit Spirituosen hervorgebracht. Weitere einträgliche Geschäfte waren der Schmuggel von Gold und Uhren, und Philips-Radios waren stets gefragt, um Filmmusik zu hören und Cricketspiele zu verfolgen. Die Kriminalität breitete sich rasch aus. Varadarajan Muniswami Mudaliar, der sich seine Sporen im Alkoholgeschäft verdient hatte, stieg zum Herrn über das Elendsviertel Dharavi auf, wo er Zuwanderern Land zuwies und seine guten Verbindungen zur örtlichen Verwaltung nutzte, um Anwohnern Rationierungskarten sowie illegale Strom- und Wasseranschlüsse zu verschaffen. Haji Mastan leitete eine erfolgreiche Schmugglerorganisation, Karim Lala hatte sich auf die Vertreibung von Mietern und Pächtern spezialisiert. In den Docks und Slums tummelten sich Gangsterbosse. Sie waren die *dadas*, die starken Männer, die als Mittelsmänner zwischen der Bevölkerung und einer korrupten Bürokratie fungierten und private Streitigkeiten schlichteten.[23]

Im Jahr 1971 beschrieb die Weltbank in einem Bericht die Notwendigkeit, das Verkehrsnetz Bombays auszubauen, in öffentliche Versorgungsbetriebe zu investieren, das Land besser zu nutzen und eine effektive Wohnungspolitik zu betreiben. Die Autoren des Berichts hoben hervor, die Stadt brauche eine Verwaltungseinrichtung, welche »die Interessen der ganzen Region vertritt«, eine Einrichtung mit »wirklicher Macht« und Budgetbefugnissen.[24]

Der Ökonom Milton Friedman warb wie Alfred Marshall zu Beginn des 20. Jahrhunderts für kleine Städte, in denen sich Industriecluster ansiedeln konnten. Bei einer Indienreise im Jahr 1963 besuchte Friedman Ludhiana in Punjab und war begeistert von der unternehmerischen Energie »Tausender kleiner und mittelgroßer Werkstätten, die in außerordentlich hohem Maß spezialisiert sind«. Friedman sah in dieser Stadt, die vor allem für ihre Strickwaren bekannt war, »ein wichtiges Produktionszentrum für Werkzeugmaschinen, Fahrräder, Nähmaschinen und ähnliche Erzeugnisse«.[25]

Die umfassenden Eingriffe, die erforderlich waren, um die Entwicklung von Städten und Industrieclustern voranzutreiben, widersprachen Nehrus Naturell. Er verfocht weiterhin hehre Ziele, mied jedoch Vorhaben, für die die kollektive Energie der indischen Bevölkerung hätte gebündelt werden müssen. Er konzentrierte sich auf neue Forschungsinstitute, anstatt die vorhandenen Universitäten zu stärken oder, was noch wichtiger gewesen wäre, den Bildungsstand der Bevölkerungsmehrheit zu heben. Er richtete seine Aufmerksamkeit auf den Bau einer Planstadt auf der grünen Wiese, anstatt den verfallenden indischen Städten neues Leben einzuhauchen.[26]

Ein weiterer Bestandteil seiner »Tempelstrategie« war die Schwerindustrie.

Die große Wette: Der zweite Fünfjahresplan

In den Jahren des ersten Fünfjahresplans (1951–1956) stieg das Pro-Kopf-BIP Indiens jährlich um 1,8 Prozent. Das war ein Grund zum Feiern, denn in dem halben Jahrhundert vor der Unabhängigkeit hatte die Wirtschaftsleistung nahezu stagniert (das Bruttoinlandsprodukt war in dieser Zeit lediglich um magere 0,1 Prozent im Jahr gewachsen).[27] Doch Nehru schätzte die Fortschritte insbesondere in der Landwirtschaft falsch ein. Sieht man von der Dürre des Haushaltsjahres 1950/51 ab, so waren die Regengötter dem Land wohlgesinnt gewesen. Nehru deutete diese glückliche Fügung um: »Wir haben in Landwirtschaft und Lebensmittelproduktion beträchtliche Fortschritte gemacht.« Das 1952 gestartete Gemeindeentwicklungsprogramm und die technischen Beratungsdienste waren gescheitert, aber Nehru hielt sie für einen Erfolg. Die Fehlschläge in der Bodenreform leugnete er nicht: Er sah durchaus, dass die Ungleichheit von Einkommen und Vermögen auf dem Land aufgrund »zahlreicher Schlupflöcher« in den Reformgesetzen und einer »umfassenden Umgehung« der Bestimmungen nicht verringert worden war. Aber da er keine Lösung wusste, gab er die Entwicklung der Landwirtschaft auf und entschloss sich, ein anderes Vorhaben in Angriff zu nehmen.[28]

Nun erklärte er, es sei an der Zeit, »an der industriellen Front rasch vorzurücken«. Das Land müsse so rasch wie möglich industrialisiert werden, und um das zu erreichen, wollte er die Schwerindustrie aufbauen, »die den Grundstein für zukünftiges Wachstum« legen werde.[29]

Wie ist Nehrus Begeisterung – ja Besessenheit – von der Schwerindustrie zu erklären? Die plausibelste Antwort ist, dass er, wie er selbst sagte, die Tempel des modernen Indien errichten wollte. Das konnte er mit Unterstützung einer kleinen Gruppe talentierter Personen bewältigen, ohne die mühselige Mobilisierung von Ressourcen und gesellschaftlichen Akteuren auf sich nehmen zu müssen.

Eine verbreitete, aber etwas oberflächliche Interpretation lautet, Nehrus »fabianischer Sozialismus« sei der Grund dafür gewesen, dass er einen staatlich gelenkten Aufbau der Schwerindustrie vorantrieb. War Nehru denn ein fabianischer Sozialist? Konnte man ihn zum Beispiel mit Clement Attlee vergleichen, der als britischer Premierminister zwischen 1945 und 1951 der wichtigste Vertreter des fabianischen Sozialismus war? Attlee verstaatlichte Kohlebergbau, Stahlindustrie und Eisenbahnen, Strom- und Gasversorgung. In diesen Verstaatlichungen kam eine ähnliche Denkweise zum Vorschein wie in Nehrus Konzentration auf den öffentlichen Sektor zur Beschleunigung der Industrialisierung. Aber Nehru ging seinen eigenen Weg. Er verstaatlichte zwar Düngemittelproduzenten sowie elektrische und andere Maschinenanlagen. Doch dabei wahrte Nehru Distanz zu Attlees wirklichem Sozialismus, der sich im umfassenden britischen Gesundheitswesen, der kostenlosen Sekundarschulbildung und der Ausweitung der Sozialversicherung niederschlug. Diese Investitionen in Humankapital und das soziale Sicherheitsnetz veränderten die britische Gesellschaft nachhaltig, wie der Historiker Jim Tomlinson schreibt.[30]

Nehru wandte sich also vom fabianischen Sozialismus ab, das heißt von Gesundheitsfürsorge, allgemeiner Bildung und sozialer Sicherheit – von den Dingen, die den Menschen Würde und die Aussicht auf eine bessere Zukunft geben.

Es wurde auch behauptet, Nehru habe sich wirtschaftliche Lösungen bei der Sowjetunion abgeschaut, aber das trifft noch weniger zu. Große Teile der indischen Wirtschaft – wichtige Industriesektoren und vor allem die Landwirtschaft – blieben in privaten Händen. Und er ignorierte die wichtigste Leistung der Sowjetunion: hochwertige Bildung und medizinische Versorgung.

Nehru hätte der Feststellung zugestimmt, dass er kein Sozialist war. Er selbst erklärte, Sozialismus bedeute »Chancengleichheit« und die Bereitstellung der lebensnotwendigen Güter – »Nahrung, Kleidung, Unterkunft, medizinische Versorgung und Bildung« – für alle. Wenn er vom fabianischen Sozialismus, der sowjetischen Ideologie oder seinem eigenen Bekenntnis zu Gleichheit und Fairness motiviert wurde, so praktizierte er doch nichts davon. Wie Sujatha Rao, die ehemalige Leiterin der staatlichen Gesundheitsbehörde, schreibt: »Es ist unerklärlich, warum Nehru Bildung und Gesundheit keine Beachtung schenkte.«[31]

Mit Nehrus Bildungspolitik werden wir uns in Kapitel 6 eingehender befassen. An dieser Stelle sei lediglich gesagt, dass er an seiner sozialistischen Rhetorik festhielt und sich der Tatsache bewusst war, dass er den Worten keine Taten folgen ließ. Im Oktober 1954 erklärte er in einer Ansprache: »Ich möchte so rasch wie möglich Bildungs- und Gesundheitseinrichtungen für alle Menschen in Indien errichten. Aber wir sind nicht dazu in der Lage.« In einer weiteren Rede bei der Grundsteinlegung für ein Frauen-College in Madras (heute Chennai) im Januar 1955 sprach er der Bildung »grundlegende Bedeutung« zu, denn sie sei unverzichtbar, um die »Produktivität der Nation« zu erhöhen. Allerdings seien noch immer »viele grundlegende Dinge« zu tun, und Indien kämpfe »offenkundig mit finanziellen Schwierigkeiten«.[32] Nehru befürwortete den Sozialismus, fand jedoch immer Gründe dafür, dass er nicht zu verwirklichen war.

Nehrus Bekenntnis zur Schwerindustrie orientierte sich möglicherweise an der von dem Ökonomen Paul Rosenstein-Rodan befürworteten Strategie der »Big Push«-Industrialisierung. Diese Strategie erforderte hohe Investitionen in zentrale, kapitalintensive Industriesektoren. Diese Sektoren sollten die Nachfrage nach Inputs von Zulieferindustrien ankurbeln, die ihrerseits mehr Inputs brauchen würden, was eine Kettenreaktion neuer Aktivität auslösen und zu langfristigem Wirtschaftswachstum führen würde. Es war Rosenstein-Rodan bewusst, dass diese kapitalintensive Produktion nur wenige Arbeitsplätze schaffen würde. Aber der Verzicht auf die sofortige Arbeitsplatzschaffung würde durch eine Vielzahl neuer Jobs in der Zukunft, möglicherweise schon »innerhalb von einer Generation«, wettgemacht werden.[33] Die Big-Push-Strategie war der Vorläufer der »Trickle-down-Ökonomie«: Die Entwicklung privilegierter Segmente würde schließlich in die gesamte Wirtschaft durchsickern.

Es gab kaum Belege dafür, dass die Strategie tatsächlich funktionierte. Und selbst wenn sie funktionierte: Konnte Indien eine Generation lang auf neue Arbeitsplätze warten? Und wenn die Strategie fehlschlug? V. T. Krishnamachari, der stellvertretende Vorsitzende der Planungskommission, legte eine besorgniserregende Statistik vor: In 50 Millionen Bauernhaushalten gab es mehr Arbeitskräfte als produktiv eingesetzt werden konnten. Und die Gruppe der gebildeten Arbeitslosen wuchs. Aufgrund des Bevölkerungswachstums schwoll das Heer der Arbeitssuchenden jedes Jahr um zwei Millionen Menschen an.[34]

Nehru musste einsehen, dass die Schwerindustrie nicht genug Arbeitsplätze schaffen würde, und schlug in seiner Verzweiflung den Aufbau von »Dorfindustrien« vor, die unter Einsatz von reichlich vorhandenem Rohmaterial »grundlegende Bedarfsgüter« produzieren sollten. Die Dorfindustrien nahmen Anleihen bei Gandhis Vision vom selbstgenügsamen Dorf. Das von Hand bediente Spinnrad, das *charkha*, wurde mit Gandhi verbunden, der es sowohl als Symbol für Selbstversorgung als auch als Meditationswerkzeug verwendete. Viele traditionelle Weber erzeugten grobes Tuch, andere waren vorzügliche Kunsthandwerker, die exotische Textilien anfertigten.[35]

Aber Nehru war sich der Tatsache bewusst, dass das Handweben technologisch obsolet war, und befürchtete, dass die Beschränkung auf das traditionelle Handwerk Indien in »Sklaverei und Hunger« führen würde. Jedenfalls konnten die sehr ineffizienten Dorfindustrien nichts daran ändern, dass er die Schwerindustrie bevorzugte. Planungsminister Gulzarilal Nanda stellte klar, dass es nicht gelingen würde, mit dem zweiten Fünfjahresplan zahlreiche Arbeitsplätze zu schaffen. Dass die Regierung trotzdem am Plan festhielt, zeigt, dass Nehru und seine Umgebung in einer intellektuellen Falle saßen.[36]

Es blieb einem Außenstehenden vorbehalten, die politischen Widersprüche anzusprechen. Während eines Indienbesuchs im Oktober 1955 (acht Jahre vor seiner Begegnung mit der unternehmerischen Energie der Kleinbetriebe Ludhianas) kritisierte Milton Friedman die von Nehru befürwortete Kombination von Schwerindustrie und traditionellem Handwerk scharf. In seinen Augen drohte »an einem Ende ein ineffizienter Kapitaleinsatz, der mit zu geringem Arbeitseinsatz einhergeht, und am anderen Ende ein ineffizienter Arbeitseinsatz, der mit zu geringem Kapitaleinsatz einhergeht«. Friedman war überzeugt, dass »der beste Kapitaleinsatz normalerweise irgendwo in der Mitte liegt«. Daher müsse Indien »eine sehr diversifizierte und deutlich größere Leichtindustrie« aufbauen.[37]

So wie Nehru die landwirtschaftliche Entwicklung aufgegeben hatte, gab er auch die Hoffnung auf eine rasche Ausweitung der Beschäftigung in der Industrie auf. Aber auch der Aufbau der Schwerindustrie musste immer noch eine Hürde überwinden: Indien fehlten die finanziellen Mittel für diese kapitalintensive Strategie. Ein schicksalhaftes Gespräch Nehrus mit einem Nobelpreisträger bahnte den Weg für den zweiten Fünfjahresplan und die wirtschaftliche Zukunft Indiens.

Ende des Jahres 1954 reiste Nehru nach Kalkutta, um sich im dortigen Statistikamt mit dem Expertenteam zu treffen, das Mahalanobis zusammengestellt hatte, um den Fünfjahresplan zu prüfen. Unter den Experten war der norwegische Ökonom Ragnar Frisch, der im Jahr 1969 für seine Beiträge zur mathematischen Ökonomie und insbesondere ihrer Anwendungen in der langfristigen Planung mit dem Nobelpreis ausgezeichnet werden würde. »Heute war ich im Statistikamt«, notierte sich Nehru am Abend des 24. Dezember. »Professor Frisch war leider nicht wohlauf, aber ich besuchte ihn auf seinem Zimmer.«[38] Frisch hatte dem indischen Regierungschef zwei Anregungen gegeben, die Nehru sehr gefielen. Zum einen erklärte ihm der Ökonom, es gebe »mittlerweile Techniken für die Lösung fast aller Probleme in der Planung«. Offenbar ließ sich nun der wirtschaftliche Fortschritt mithilfe der Mathematik planen. Wenn man einen solchen sicheren Plan hatte, konnte man auf gesellschaftlichen Konsens und politische Kompromisse verzichten. Noch erfreulicher schien Nehru der zweite Ratschlag des Norwegers: Die Planung müsse sich nicht auf die finanziellen Erfordernisse, sondern auf die Produktionsziele konzentrieren. In seinen Notizen interpretierte der Premierminister Frischs Aussagen so, dass die Auseinandersetzung mit den Kapitalerfordernissen »in einer späteren Phase erfolgen sollte, wenn die materiellen Ziele definiert sind«. Nun sah Nehru die Möglichkeit, die Produktionsziele festzulegen und sich später über die Finanzierung Gedanken zu machen.[39]

Frisch verführte Nehru. Beide sahen die Realität nicht. Auch Brasilien hatte der Verlockung der Big-Push-Strategie nachgegeben. Im Juli 1954, sechs Monate vor Nehrus Begegnung mit Frisch, war die Weltbank zu dem Urteil gelangt, Brasilien habe infolge einer übereilten Industrialisierung eine »schwere industrielle Verdauungsstörung« erlitten. Deren Folgen waren chronische Inflation, vergeudete Investitionen und ein Mangel an Devisenreserven.[40]

Die indischen Verantwortlichen waren wahrscheinlich nicht über die Einzelheiten der Probleme Brasiliens im Bilde, aber sie hatten durchaus Anlass zu der Befürchtung, dass eine zu rasche Industrialisierung die indische Volkswirtschaft überfordern würde. Im Dezember 1955 warnte der Gouverneur der Zentralbank das Finanzministerium, der zweite Fünfjahresplan werde »erheblichen Inflationsdruck« verursachen, weil er die Nachfrage deutlich erhöhen werde. Im Januar 1956 äußerte das gesamte Leitungsgremium der Zentralbank Zweifel an einem »derart großen Investitionsprogramm«.[41]

Im März 1956 wurde mit der Umsetzung des Plans begonnen. Wenige Monate später meldete sich die Weltbank mit weitreichender Kritik zu Wort. Im August 1956 räumte die Institution in einem Bericht ein, dass Indien seine Produktion von Stahl, Zement und Düngemitteln ausweiten müsse, warnte jedoch, dass »der Umfang etwas zu ambitioniert sein dürfte«. Die Autoren des Berichts äußerten sich skeptisch zu überhasteten Investitionen in schwere elektrische und andere Maschinen, denn in ihren Augen fehlte es Indien sowohl an Kapital als auch an den technischen Kenntnissen für die Produktion solcher Maschinen. Stattdessen empfahlen die Weltbankexperten höhere Investitionen in »weniger komplexe« Güter, deren Produktion arbeitsintensiv war. Und wie die indische Zentralbank gelangte auch die Weltbank zu dem »unausweichlichen« Ergebnis, dass der Plan »zu groß« sei. Besonders bedenklich sei, dass große

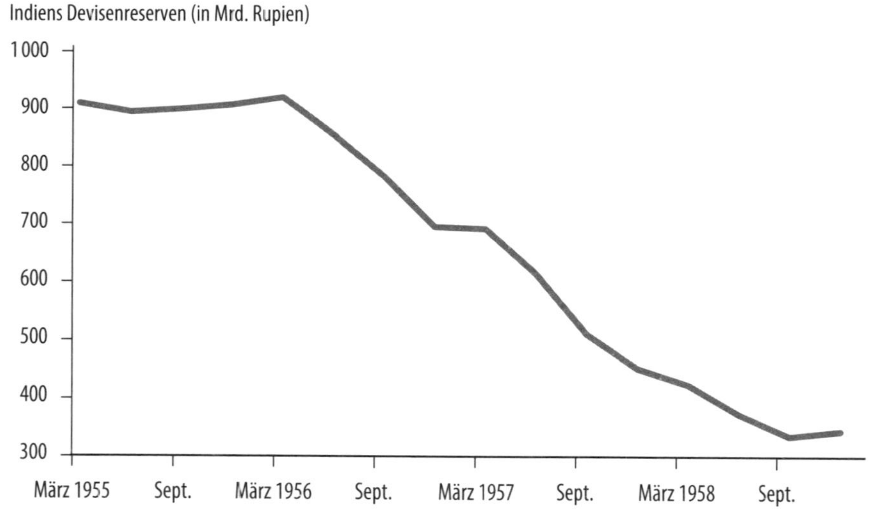

4.1: Indiens Devisenreserven schmelzen zusammen

Hinweis: Wechselkurs: 4,76 Rupien/1 US-Dollar.

Quelle: Balachandran, Gopalan, *The Reserve Bank of India, 1951–1967* (Delhi: Oxford University Press, 1998), Tabelle 14, S. 693.

Mengen an Devisen für den Import von Ausrüstung und Rohmaterial benötigt wurden. Die Experten der Weltbank fügten hinzu, dass die meisten indischen Regierungsvertreter den Plan im persönlichen Gespräch als undurchführbar bezeichneten.[42]

Die Resultate gaben den Mahnern recht. Der zweite Fünfjahresplan fiel kurz nach seinem Beginn in sich zusammen. Die Devisenreserven Indiens schmolzen von 9 Milliarden Rupien (1,9 Milliarden Dollar) im März 1956 auf 6,8 Milliarden Rupien (1,4 Milliarden Dollar) im März 1957 – und ein Ende des Absturzes war nicht in Sicht (Abbildung 4.1). Der rasante Devisenschwund war, wie der Internationale Währungsfonds (IWF) klarstellte, vor allem auf einen »rasante Zunahme der Investitionsaktivitäten infolge der Einführung des zweiten Fünfjahresplans« zurückzuführen. Die Staatsbetriebe mussten gewaltige Mengen an Ausrüstungen importieren, um die ehrgeizigen Produktionsziele für Stahl und Kohle sowie die Vorgaben für den Ausbau der Eisenbahn- und Stromnetze erfüllen zu können. Viele öffentliche Unternehmen schlossen langjährige Kaufverträge für Ausrüstung und Material, wodurch die Einfuhren dauerhaft hoch blieben.[43]

Auf der Suche nach Devisen bat Indien den IWF Anfang 1957 um einen Kredit in Höhe von 200 Millionen Dollar. Der Währungsfonds war nicht glücklich über das Ansuchen. Er war im Sommer 1944 in Bretton Woods ins Leben gerufen worden, um den Mitgliedstaaten dabei zu helfen, »vorübergehende« Probleme mit ihrer Zahlungsbilanz zu bewältigen. Einige Mitglieder des IWF-Leitungsgremiums erhoben Einwände: Indiens Probleme, erklärten sie, seien keineswegs »vorübergehend«, sondern das Ergebnis einer untragbaren langfristigen Entwicklungsstrategie. Aber der IWF hatte kaum eine Wahl: Angesichts der Notlage Indiens bewilligte er den Kredit von 200 Millionen Dollar.[44] Doch die deutlich gestiegenen Importerfordernisse und die infolge der Dürre von 1957 bis 1958 erhöhten Getreideeinfuhren zehrten weiter an den Devisenreserven des Landes.

Die Entwicklung gab auch denen recht, die gewarnt hatten, der Fünfjahresplan werde die Inflation ankurbeln. Die Preise – insbesondere von Getreide – stiegen rasant. Im Juni 1957 meldete ein indischer Regierungsausschuss dem IWF, »der mit staatlichen Defizitausgaben und einer Kreditausweitung finanzierte Anstieg der Investitionen« habe »gemeinsam mit einer Verknappung der Lebensmittelproduktion« einen deutlichen Preisanstieg verursacht.[45]

Am falschen sozialistischen Narrativ wird festgehalten

Auf dem Parteitag im Januar 1955 wurde die Kongresspartei in einem von Nehru entworfenen Beschluss aufgefordert, ein »sozialistisches Gesellschaftsmuster« anzustreben. Das Wort »sozialistisch« bereitete allen, die seine Bedeutung zu entziffern versuchten, großes Kopfzerbrechen. Die *Times of India* kommentierte, unklare Worte passten gut zu Nehrus »Abneigung gegen Details und zu seiner Vorliebe für das Schweben weit über der Erde oder sogar in den Wolken«. Auf die Frage, ob »sozialistisch« etwas anderes bedeute als »Sozialismus«, antwortete Nehru gereizt: »Tatsächlich gibt es keinen Unterschied zwischen diesen Worten.« Das Ziel bestehe darin, allen Menschen gleiche Chancen zu eröffnen, ihren Lebensstandard zu verbessern und eine zu hohe Konzentration des Reichtums zu verhindern.[46]

Die Rhetorik von Sozialismus und Chancengleichheit machte kaum Eindruck auf die breite Bevölkerung, der bewusst wurde, dass die Fäulnis begonnen hatte. Angesichts der zunehmenden Korruption und des wachsenden Zynismus im Land entfernte sich der Filmemacher Raj Kapoor weiter von seinem ursprünglichen Idealismus. Sein Film *Jaagte Raho* (»Sei wachsam«) aus dem Jahr 1956 spielt nachts in einem übervölkerten Mietshaus, dessen Bewohner einen Fremden vertreiben, der an ihre Türen klopft und um einen Becher Wasser bittet. In einer Wohnung druckt ein vermeintlich untadeliger Geschäftsmann Falschgeld. Alle Bewohner gehen ihrer eigenen Art von Betrug nach. Der rätselhafte Unbekannte erwacht aus einem Albtraum, als er eine Frauenstimme hört, die das Lied *Jaago Mohan Pyaare, Jaago* (»Steh auf, lieber Mohan, steh auf«) singt, um den neugeborenen Krishna zu wecken.

Der Film war ein Weckruf für die indische Gesellschaft. Obwohl Nehrus sozialistische Rhetorik in den Ohren vieler Menschen leer klang, wirkte das Narrativ vom Nehru-Sozialismus weiterhin, weil die Regierung strenge Importbeschränkungen eingeführt hatte, um den Devisenabfluss zu bremsen. Derart drakonische Kontrollen waren neu in Indien. Selbst spätere Kritiker der indischen Wirtschaftspolitik wie die Ökonomen Jagadish Bhagwati und Padma Desai räumten ein, dass Indien vor Beginn des zweiten Fünfjahresplans die Einfuhrbeschränkungen gelockert hatte. Der IWF datierte die Geschehnisse genauer. Als die Devisenreserven in der zweiten Jahreshälfte 1956 zu schmelzen begannen, existierten kaum Importschranken: Lediglich die Einfuhr von Konsumgütern unterlag Beschränkungen, während Rohmaterial und Maschinen ungehindert importiert werden konnten. Aber ab Anfang 1957 galten »strenge Beschränkungen für die Lieferung von Rohmaterial und Bauteilen«.[47]

Doch anders als oft behauptet waren die zum Jahreswechsel 1956/57 verhängten Importbeschränkungen keineswegs ein Zeichen für eine Hinwendung zum Sozialismus. Indraprasad Gordhanbhai (»I. G.«) Patel, der herausragende Wirtschaftspolitiker der Jahre nach der Unabhängigkeit und einer der Autoren des zweiten Fünfjahresplans, stellte später klar: »Niemand leitete diese Politik bewusst ein.« Die Importbeschränkungen, so Patel, hätten »nicht auf irgendeiner Theorie oder Philosophie« beruht, sondern »alle Welt wurde überrascht von der schweren Devisenkrise im Jahr 1956«. Die Beschränkungen waren eine Panikreaktion angesichts des drohenden Staatsbankrotts. Patel drückte es so aus: »Die Not war die Mutter der Erfindung der Importkontrollen.«[48]

Doch als die Einfuhrschranken einmal »erfunden« waren, zogen sie zahlreiche weitere Beschränkungen nach sich. Wie Gunnar Myrdal in seinem kenntnisreichen Buch *Asian Drama* erklärt, muss ein Staat, der die Importe beschränkt, auch die Zahl der Unternehmensgründungen verringern und das Wachstum der vorhandenen Unternehmen bremsen. Denn wenn zu viele Unternehmen die Produktion ausweiten, wird ihre Nachfrage nach Importgütern rasch die für bestimmte Einfuhren festgelegten Obergrenzen überschreiten. So kam es, dass bald für jede Genehmigung neuer Produktionsstätten eine Genehmigung zur Einfuhr von Maschinen benötigt wurde; außerdem brauchte das Unternehmen grünes Licht von einem »Investitionsgüterkomitee«. Obwohl die im zweiten Fünfjahresplan vorgegebenen »Produktionsziele« *nicht* »unveränderlich« waren und keine »Obergrenze« hatten, beriefen sich die Behörden auf die Ziele, um einigen Unternehmen neue Genehmigungen zu verweigern, während sie die Ziele und Obergrenzen für solche Betriebe anhoben, die die Gunst wichtiger Entscheidungsträger genossen. Es dauerte nicht lange, bis die Produktions- und Importbeschränkungen und die Höhe der Einfuhrzölle ebenso von den Launen der verantwortlichen Beamten abhingen wie von der Fähigkeit der Firmen, sich den Schutz des Staates zu sichern.[49]

Die Einfuhrbeschränkungen, mit denen man die heimische Industrie schützen wollte, dienten anders als in vielen mittlerweile industrialisierten Ländern nicht dazu, ausgewählten Industrien eine Atempause zu verschaffen, damit sie in Ruhe lernen und wachsen konnten. Selbst der »linke« Ökonom Prabhat Patnaik gelangte zu dem Schluss, dass die Beschränkungen »gegen sämtliche Gesetze der wirtschaftlichen Effizienz verstießen«.[50]

Die Auswirkungen waren alles andere als sozialistisch. Großunternehmen sicherten sich einen unverhältnismäßig hohen Anteil an den Produktions- und Importgenehmigungen. »Es ist allgemein bekannt«, hieß es in einem Untersuchungsbericht über die Genehmigungspraktiken, dass »große Industrieunternehmen Verbindungsleute in Delhi haben, die geschäftliche und persönliche Kontakte zu hochrangigen Staatsbeamten pflegen und versuchen, die Ausübung der Entscheidungsgewalt zu ihren Gunsten zu beeinflussen«. Diese Unternehmen hatten ein Monopol auf die verfügbaren Genehmigungen, so dass wenig Raum für potenzielle Konkurrenten blieb. Die Spitzenmanager der großen Unternehmen saßen in den Leitungsgremien staatlicher oder vom Staat kontrollierter Finanzinstitutionen, wo sie einen unverhältnismäßig großen Anteil an den Krediten (insbesondere in Fremdwährungen) einheimsten.[51]

Nehru bekannte sich bei öffentlichen Auftritten und in seinen Schriften weiterhin zur »sozialistischen« Wirtschaftsentwicklung. Seine Minister verfochten ebenfalls den Sozialismus. Im Mai 1956, zu Beginn der Devisenkrise, zeichnete der politische Karikaturist Shankar Pillai einen Premierminister, der wohlwollend seine Gänseschar (Minister und führende Köpfe der Kongresspartei) betrachtete, die »Sozialismus« schnatterte. Aus der Rhetorik der indischen Regierung schlossen viele westliche und südasiatische Experten, die Abhängigkeit von administrativen Beschränkungen zwinge die indische Wirtschaft in ein sozialistisches Korsett, wie Myrdal resigniert feststellte. Er fügte hinzu, der Sozialismus sei »eine falsche Bezeichnung für ein System von Maßnahmen, die etablierten Großunternehmen oligarchische Macht und sehr hohe Profite sichern«. Pakistan habe ähnliche Beschränkungen eingeführt, erklärte Myrdal, aber da seine Regierung auf die entsprechende Rhetorik verzichte, bezeichne niemand Pakistan als sozialistisches Land.[52]

Der Sozialismus war nicht das Ziel des Weges, den Indien unter Nehru beschritt. Geringe berufliche Chancen und eine hohe Inflation erhöhten den Druck auf ebenjene Menschen, denen Nehru vermeintlich helfen wollte. Nach dem Ausbruch der Devisenkrise im März und April 1956 hatte Nehru die Chance, den Kurs zu ändern: Er hätte die Produktivität der Landwirtschaft erhöhen und die Leichtindustrie fördern können. Stattdessen hielt er am Aufbau der Schwerindustrie fest.

Der andere Weg: Eine Abwertung der Rupie

Zu jener Zeit forderte B. R. Shenoy als einziger indischer Ökonom, die Politik aufzugeben, die dem zweiten Fünfjahresplan zugrunde lag. Anfang März 1957 schlug er bei öffentlichen Auftritten und in einem Beitrag für die *Times of India* vor, den Fünfjahresplan »zurechtzustutzen« und die Rupie abzuwerten.[53] Die Abwertung werde Importgüter verteuern und dadurch die Einfuhren verringern. Die Bürokraten müssten nicht länger entscheiden, wer wie viel importieren durfte. Die Abwertung werde den indischen Unternehmen auch Anreize geben, ihre Produkte ins Ausland zu verkaufen, da sie so höhere Rupien-Einnahmen erzielen könnten. Der Rückgang der Einfuhren und die Zunahme der Ausfuhren würden das Zahlungsbilanzdefizit verringern und möglicherweise sogar zu einem Überschuss führen wie die Abwertung von 1949.

Nehru gab nicht nach. Anstatt die Landeswährung abzuwerten, um den indischen Unternehmen den Export arbeitsintensiver Erzeugnisse der Leichtindustrie zu erleichtern, hielt er am Aufbau der Schwerindustrie fest. Die Einfuhrbeschränkungen und andere Hemmnisse wucherten wie ein Krebsgeschwür. Die Beschränkungen fachten die Korruption an. Die Macht der Oligarchen wuchs. Die indische Wirtschaft wurde noch ineffizienter. Während die Zahl der Arbeitssuchenden wuchs, entstanden immer weniger neue Arbeitsplätze.

Die Warnsignale leuchteten schon zu Beginn des zweiten Fünfjahresplans auf, und die negativen Konsequenzen stellten sich nicht nur augenblicklich ein, sondern wirkten sich langfristig aus. Man argumentierte, dass der Plan ein Produkt seiner Zeit war: Er übernahm die Mode der Big-Push-Industrialisierung und war Ausdruck der postkolonialen Begeisterung Indiens und der Sehnsucht nach raschem Wachstum. Der große Fehler war, am Kurs festzuhalten, nachdem sich herausgestellt hatte, dass der Plan nicht funktionieren konnte, der Wirtschaft schadete und die gesellschaftlichen Normen untergrub.

Nehru hielt an seinem Kurs fest, weil er es konnte. Und ein Mann half ihm, den falschen Weg fortzusetzen: John F. Kennedy. Mehr noch, Kennedy ermöglichte es Nehru sogar, den Einsatz bei seiner gefährlichen Wette zu verdoppeln.

KAPITEL 5

Nehru verdoppelt den Einsatz

Im Oktober 1957 erklärte Senator John F. Kennedy aus Massachusetts, Indien sei von strategischer Bedeutung für die Vereinigten Staaten. Das Land, schrieb der 44-jährige Politiker, befinde sich in einer einzigartigen Position, um in der »bipolaren Auseinandersetzung« zwischen den Supermächten als »Mittler« zu fungieren. Anscheinend reagierte Kennedy auch auf einen Wahlsieg der Kommunistischen Partei im Bundesstaat Kerala im selben Jahr. Er warnte, die indischen Kommunisten hätten die Chance auf weitere Wahlsiege und Indien könne unter den Einfluss der Sowjetunion und Chinas geraten. Kennedy forderte, Indien größere Aufmerksamkeit zu schenken und das Land finanziell zu unterstützen.[1]

Der Essay, in dem Kennedy diese Analyse vorlegte, erschien etwa zur selben Zeit in *Foreign Affairs*, als die Sowjetunion ihren Sputnik-Satelliten ins All schickte. Die Vereinigten Staaten waren verunsichert. Die Sowjetunion schien nicht nur in der Raumfahrttechnologie davonzuziehen, sondern auch gemessen an Bildungsqualität, industrieller Leistungsfähigkeit und Militärmacht. Und die sowjetischen Fortschritte beeindruckten die Blockfreien und Entwicklungsländer. Die Bedrohung durch den Kommunismus wuchs.[2]

Im Dezember rief Kennedy in Reaktion auf den Sputnik-Flug in einem Gastbeitrag in der *New York Times* dazu auf, die militärischen und außenpolitischen Bündnisse zu überdenken. Indien, dessen zweiter Fünfjahresplan nicht funktionierte, maß er nun noch größere Bedeutung bei. Kennedy sah in Indien »den Schaukasten des demokratischen Experiments in Asien«. Er schrieb: »Der Kongress muss ein Kredit- und Hilfsprogramm verabschieden, um ein Scheitern des indischen Fünfjahresplans zu verhindern.« Das Land sei das wichtigste bündnisfreie Land und könne »eine vielfältige und demokratische Gesellschaft außerhalb der kommunistischen Einflusszone haben – aber nur, wenn wir ihm helfen«.[3]

Im Erfolg des zweiten Fünfjahresplans sah Kennedy die Voraussetzung für das Überleben der indischen Demokratie. Daher warb er im Außenpolitischen Ausschuss des Senats für eine Aufstockung der Finanzhilfe für Indien. In einer Ausschussanhörung im Februar 1958 stellte er dem Ökonomen Walt Rostow eine Frage, auf die dieser eine offenkundig von den beiden einstudierte Antwort gab:

KENNEDY: Glauben Sie, dass die wirtschaftliche Unterstützung, welche die Regierung [Eisenhower] Indien geben will, genügen wird, um die Voraussetzungen für eine erfolgreiche Entwicklung Indiens und einen Erfolg der amerikanischen Politik in dieser Region zu schaffen?
ROSTOW: In meinen Augen ist das gegenwärtige Hilfsprogramm, das in diesem Jahr einen Umfang von 290 Millionen Dollar hat, vollkommen unzureichend. [Der Fünfjahresplan] ist ein großes Abenteuer für sie. Sie haben in diesem Abenteuer einen Punkt erreicht, an dem sie unter gewaltigem Druck stehen, der genau dort am größten ist, wo wir ihnen am leichtesten helfen können – bei den Devisenreserven.[4]

Kennedy brachte sich bereits für eine Kandidatur gegen Präsident Eisenhower in Stellung und positionierte sich als progressiver Demokrat. Rostow verfolgte seine eigenen Ziele. Als entschiedener Gegner des Kommunismus beunruhigte ihn die Möglichkeit, die Sowjetunion und China könnten Indien unter ihren Einfluss bringen. Und er warb für seine wirtschaftspolitischen Vorstellungen. Er arbeitete an einem Buch (*The Stages of Economic Growth*), in dem er erklärte, wie ein Flugzeug auf dem Rollfeld warte eine Volkswirtschaft in Vorbereitung des »Abflugs« zum autarken Kapitalismus. Obwohl die indische Volkswirtschaft seit dem Beginn des zweiten Fünfjahresplans beinahe zum Stillstand gekommen sei, erfülle sie die Voraussetzungen für Wachstum und könne abheben, sofern sie »über einen ausreichend langen Zeitraum hinweg genug externes Kapital« erhalte.[5] Indien war das Versuchskaninchen, an dem er seine Theorie erproben konnte. Rostow brauchte Kennedy genauso, wie dieser ihn brauchte.

Im März 1958, einen Monat nach Rostows Auftritt im Senat, tat sich Kennedy mit John Sherman Cooper zusammen, einem republikanischen Senator aus Kentucky und ehemaligen Botschafter in Indien. Gemeinsam setzten sie sich für eine Gesetzesvorlage über die Auslandshilfe ein, die im Juni vom Senat verabschiedet wurde. Die Vorlage sah eine deutlich erhöhte Wirtschaftshilfe für Indien vor. Unter dem Eindruck der kommunistischen Bedrohung unterstützte auch Präsident Eisenhower die Initiative und setzte im August eine beträchtliche Aufstockung der Mittel durch, welche die Weltbank und der Währungsfonds zur Unterstützung von Entwicklungsländern verwenden konnten.[6]

Die Vereinigten Staaten leisteten wichtige Beiträge zum Aid India Consortium, einem Zusammenschluss großer Industrieländer, die sich an der Finanzierung der Devisenerfordernisse Indiens beteiligten. Die Weltbank koordinierte die Anstrengungen dieser Geberländer und brachte im August 1958 erstmals Notkredite für Indien auf den Weg. Im Lauf der Zeit wurde das Aid India Consortium zur wichtigsten Quelle internationaler Hilfsgelder für Indien.[7]

Während die Geberländer die Finanzierung der Entwicklung Indiens planten, entwarfen die Verantwortlichen in Delhi, die nichts aus den bisherigen Erfahrungen gelernt hatten, einen dritten Fünfjahresplan, der die Mängel des zweiten noch verstärkte. Selbst Nehrus Anhänger machten sich Sorgen über die anhaltende Vernachlässigung der Beschäftigungspolitik. Im Februar 1959 warnte ein Ausschuss der Kongresspartei – dem Nehrus Tochter Indira Gandhi und der Planungsminister Gulzarilal Nanda angehörten –, der neue Plan sei kaum geeignet, das »gewaltige« Problem der Arbeitslosigkeit zu lösen. Doch Nehru hatte die Wahl im Jahr 1957 mit großem Vorsprung gewonnen und musste sich daheim niemandem gegenüber rechtfertigen. Allerdings hatte er ein Problem: Die Zahlungsbilanz Indiens stand unter »wachsendem Druck«, wie der IWF feststellte. Die Devisenreserven sanken weiter.[8]

Um an dem eingeschlagenen Kurs festhalten zu können, brauchte Nehru Milliarden an Hilfsgeldern für den dritten Fünfjahresplan. Und da ein großer Teil dieser Hilfe aus den Vereinigten Staaten kommen musste, brauchte Nehru dort einen Wohltäter. Kennedy war bereit, diese Rolle zu übernehmen.[9]

Die Verlockung des »kostenlosen Geldes«

Es war der geopolitischen Lage zu verdanken, dass Nehru alles auf einmal haben konnte. Braj Kumar (»B. K.«) Nehru, ein Staatsbeamter und zufällig der Neffe des Premierministers, war als Generalbeauftragter für wirtschaftliche Angelegenheiten der Weichensteller für die Auslandshilfe. B. K. Nehru berichtet, dass der Ausdruck »Auslandshilfe« für seinen Onkel ein »Unwort« war. Der Premierminister stellte klar, dass er keine ausländischen Hilfszahlungen akzeptieren werde, sofern die Geberländer Bedingungen daran knüpften. Die Unabhängigkeit von beiden Supermächten lag ihm besonders am Herzen. Er würde »unter keinen Umständen« als Gegenleistung für Wirtschaftshilfe seine Politik der Bündnisfreiheit aufgeben.[10]

Tatsächlich war die Finanzhilfe nicht an Bedingungen geknüpft. Obwohl die Hilfsgelder im Wesentlichen die Form von Krediten hatten, wirkten sie auf die Inder wie »kostenloses Geld«. Das war ein Irrtum, denn Indien musste die Kredite mit Zinsen zurückzahlen. Aber die Geberländer verlangten von Indien weder eine innen- noch eine außenpolitische Kurskorrektur. B. K. Nehru berichtete erfreut, der zweite Fünfjahresplan habe bewiesen, »dass wir an das Geld herankommen konnten, dass wir es bekommen konnten, ohne unsere innere oder äußere Politik ändern zu müssen, und dass wir es bekommen konnten, ohne das Knie zu beugen oder uns zu verneigen«.[11]

Die Annahme, das »kostenlose Geld« werde weiter fließen, war gewagt. Die Bündnisfreiheit, die Nehru so wichtig war, stand auf tönernen Füßen. Die Beziehung zu China hatte sich seit der Annexion Tibets im Oktober 1950 verschlechtert. Tibet war ein Verbündeter Indiens. Vor seinem Tod hatte Sardar Patel versucht, Nehru davon zu überzeugen, dass ein westliches Militärbündnis das einzige verlässliche Gegengewicht zur chinesischen Militärmacht war. Nehru ignorierte Patels Rat. Seit dessen Tod im Dezember 1950 hatte China wiederholt Ansprüche auf indisches Territorium angemeldet. Im März 1959 eskalierten die Spannungen zwischen den beiden Ländern, als der Dalai Lama, das spirituelle und politische Oberhaupt Tibets, nach Indien floh. Während in den Jahren 1959 und 1960 der dritte Fünfjahresplan Gestalt annahm, wurde den Indern die Bedrohung durch China immer deutlicher bewusst. Die westlichen Geldgeber hätten Nehru zwingen können, die Bündnisfreiheit zu überdenken, ohne sich vor einem Aufstieg der Kommunisten in Indien fürchten zu müssen.

Indien musste auch seine Wirtschaftspolitik ändern. B. R. Shenoy, der Nehrus Strategie am beharrlichsten kritisierte, hatte einen radikalen Kurswechsel vorgeschlagen: Die Investitions- und Produktionsziele sollten aufgegeben und eine Abwertung der Rupie zugelassen werden. Die Abwertung werde nicht nur die Importe verteuern, sondern auch die Exporte arbeitsintensiver Produkte ankurbeln. Wie die Weltbank in ihrem Bericht aus dem August 1956 festgestellt hatte, befand sich Indien in einer guten Position, um die Produktion von kleinen Motoren, Elektromotoren, Pumpen, Fahrrädern, Kabeln, Lampen und Telefonen auszuweiten. Eine Abwertung hätte den indischen Herstellern dabei geholfen, solche Produkte auf dem Weltmarkt zu verkaufen.[12]

Während die indische Führung den Rat Shenoys und der Weltbank ausschlug, wählte die taiwanesische Regierung den von der Weltbank empfohlenen Weg, da sie eigenständig zum selben Schluss gelangt war. Allerdings übernahmen die Taiwanesen nicht blind die Philosophie des freien Marktes. K. Y. Yin, der »Vordenker der taiwanesischen Industrialisierung«, hielt staatliche Investitionen in Stromerzeugung und Düngemittelproduktion für nötig. Doch im Jahr 1957 lenkte er Taiwan auf den Weg der exportorientierten Industrialisierung. Den Anfang machten arbeitsintensive Textilien. Die Taiwanesen konzentrierten sich auf die Notwendigkeit, die Produktion in vielversprechenden Bereichen rasch zu erhöhen. Yin hatte die industrielle Entwicklung Japans in den Jahrzehnten nach der Meiji-Restauration studiert und daraus folgende Lehre gezogen: »Der Staat muss zumindest am Anfang die Führung übernehmen.« Ein hochrangiger taiwanesischer Verantwortlicher sagte später, sein Land habe die Strategie verfolgt, zuerst verschiedene Teile der Wirtschaft in Gang zu bringen und ihnen dann »das Gehen beizubringen. Und dann ließen wir sie frei.«[13] In Taiwan wurde das japanische Entwicklungsmodell zum ersten Mal nach dem Zweiten Weltkrieg nachgeahmt. In Indien hingegen konnte Nehru dank des »kostenlosen Geldes« den Einsatz verdoppeln, um die Schwerindustrie aufzubauen.

Nehru lässt sich nicht beirren

Ende des Jahres 1959 führte R. K. Karanjia, der Herausgeber des linksgerichteten Boulevardblatts *Blitz*, in Bombay ein Interview mit Nehru, das auf mehrere Ausgaben verteilt wurde. Karanjia hieß Nehrus Bestrebungen gut, doch er reagierte konsterniert auf dessen ebenso leidenschaftliche wie zweifelhafte Begründung dafür, dass er an seinem Kurs festhielt. Der Premierminister beharrte darauf, dass die Industrialisierung Indiens von alleine Fahrt aufnehmen werde, wenn sie erst einmal »abgehoben« habe, wie von Walt Rostow prognostiziert; von da an werde sie »sich selbst speisen, sich selbst antreiben, sich selbst entwickeln«. Noch verblüffender war Nehrus Behauptung, Indien habe einen »wissenschaftlichen Zugang« zur Entwicklung gewählt, und die Wirtschaftsplanung beruhe auf einer »mathematischen Formel«. Seit seiner Begegnung mit dem Ökonomen Ragnar Frisch im Dezember 1954 war Nehru von der Idee einer mathematisch gesteuerten wirtschaftlichen Entwicklung fasziniert. Karanjia war überrascht. »Eine mathematische Formel?«, fragte er. »Beinahe, beinahe«, antwortete Nehru. Er räumte ein, dass auch die »Qualität der Menschen« sowie »klimatische und andere Faktoren« Einfluss auf die Entwicklung hätten. »Aber unter Berücksichtigung dieser Faktoren *sind Planung und Entwicklung eine Art von mathematischer Formel geworden, die wissenschaftlich bestimmt werden kann*: Wenn man dies tut, wird zwangsläufig jenes geschehen, und der nächste Schritt wird dieser sein, der zum dritten Schritt führt.«[14]

Nehru ließ administrative, soziale und politische Überlegungen beiseite. Die Wirtschaft war für ihn eine Reihe von Gleichungen. Die indische Industrie hatte sich in seinen Augen »bemerkenswert gut« entwickelt. Realistischer schätzte er die Leistungsfähigkeit der Landwirtschaft ein. Im Januar 1955 hatte er dort noch »beträchtliche Fortschritte« gesehen, aber jetzt räumte er ein, die Entwicklung sei »enttäuschend«. Das änderte jedoch nichts an seiner politischen Perspektive. Er erklärte die mangelnden Fortschritte mit »Missernten« und anderen Widrigkeiten und warf den Bauern vor, sich an die »Orthodoxie und alte Bräuche« zu klammern.[15]

Trotz des Konflikts mit China und ungeachtet der Belege für das Scheitern des zweiten Fünfjahresplans war der dritte Plan einfach eine erweiterte Version des zweiten. Die Gesamtkosten beliefen sich auf 15,1 Milliarden Dollar, nachdem der zweite Plan noch 9,7 Milliarden Dollar gekostet hatte. Obwohl Nehru die enttäuschende Entwicklung der Landwirtschaft eingestanden hatte, blieb der Anteil der Investitionen, die in den Agrarsektor fließen sollten, unverändert. Es wurde erwartet, dass die massiven Investitionen in die Industrie die Importe von 10,4 auf 11,9 Milliarden Dollar erhöhen würden. Und da die Devisenreserven praktisch erschöpft waren, stieg der Bedarf an ausländischen Finanzhilfen von 2,2 Milliarden auf atemberaubende 5,5 Milliarden Dollar.[16] Der zweite Plan hatte keine klaren Aussagen zu den Devisenerfordernissen enthalten, und nur mit verzweifelten Anstrengungen war es gelungen, die großen Löcher zu stopfen, die sich rasch aufgetan hatten. Im dritten Fünfjahresplan wurde kühn zur Schau gestellt, wie viel Geld Indien vom Ausland brauchte.

Kennedy eilt Indien zur Hilfe

»An einem Augusttag im Jahr 1958«, schreibt der Historiker David Milne, »lud Kennedy Rostow ein, ihn in seinem spektakulären Cabrio zum Außenministerium zu begleiten. Sie plauderten über mögliche Kandidaten für die demokratischen Vorwahlen im Jahr 1960, und Kennedy erwähnte beiläufig, dass er kandidieren werde.«[17]

Wir wissen, was geschah. Nixon mochte die Inder überhaupt nicht und fand sie sogar »widerwärtig«, wie er bei einer Gelegenheit einer Gruppe von Wirtschaftsführern anvertraute. Kennedy errang die Präsidentschaft nach einem Kopf-an-Kopf-Rennen. Ihm schwebte eine »wohlmeinende« Regierung unter einem »mächtigen Präsidenten« vor. Und er glaubte an Indien und insbesondere an Nehru. Am 31. Januar 1961 erklärte er in seiner ersten Rede zur Lage der Nation im Kongress, Nehrus Idealismus habe ihn inspiriert.[18]

Am 27. April desselben Jahres schrieb John Kenneth Galbraith, Harvard-Ökonom und amerikanischer Botschafter in Indien, in sein Tagebuch: »Heute Nachmittag wurde ich gebeten, den Premierminister darüber zu informieren, dass der Präsident eine Milliarde Dollar für die kommenden zwei Jahre des Fünfjahresplans eingeplant hat. Ich ging hinüber in sein Parlamentsbüro, um es ihm zu sagen. Ich bin nicht sicher, ob er peinlich berührt oder gerührt war – er sagte kaum ein Wort.« In einer Anmerkung ergänzte Galbraith: »Nehrus Stolz hängt eng mit dem Indiens zusammen. Er erkennt die große Bedeutung unserer Hilfe an. Aber ich bin sicher, das bedeutet auch, dass er sein Land bis zu einem gewissen Grad als Nutznießer unserer Wohltätigkeit sieht, und das gefällt ihm überhaupt nicht.«[19]

Unter Verweis auf die amerikanische Milliardenhilfe drängte Kennedy andere Länder, ihre Hilfszusagen an Indien nachzubessern. Mitte Mai wies er den deutschen Kanzler Konrad Adenauer in einem Schreiben auf die große Bedeutung eines Erfolgs des dritten Fünfjahresplans hin. Die Deutschen stockten ihren Beitrag um 50 Millionen Dollar auf 381 Millionen Dollar auf. Anfang Juni sagten die sechs im Aid India Consortium vertretenen Industrieländer und die Weltbank ausgehend vom amerikanischen Beitrag gemeinsam 2,25 Milliarden Dollar für die Finanzierung der indischen Devisenerfordernisse in den ersten beiden Jahren des dritten Fünfjahresplans zu.[20] Als Nehru im November 1961 in Washington zu Gast war, klärte das Außenministerium Präsident Kennedy unverblümt darüber auf, im Fall von Nehrus Tod oder Rücktritt könne die indische Demokratie zusammenbrechen und einer »Hindu-Theokratie« weichen. Im Bericht des Ministeriums wurde Kennedy daran erinnert, hervorzuheben, dass die Vereinigten Staaten ihre Hilfszusagen für Indien sowohl 1962 als auch 1963 auf 1 Milliarde Dollar erhöht hatten.[21]

Das Glück bleibt Nehru treu, aber es war knapp

Kennedy leistete die versprochene Hilfe. Aber andere Geldgeber waren weniger begeistert von Nehrus Indien und seiner Politik. So wurden oft weniger Mittel zur Verfügung gestellt als offiziell zugesagt. Viele Geberländer verknüpften ihre Hilfsgelder auch mit Vorhaben, die ihrer heimischen Wirtschaft zugute kommen sollten, und das beschränkte die Verwendungszwecke für die bereitgestellten Devisen. Insbesondere schloss die Auslandshilfe oft keine Importe von Ersatzteilen und Wartung ein.[22]

Das Wohlwollen gegenüber Indien schwand ebenfalls. Einen Hinweis darauf gab Ludwig Erhard, der Architekt des deutschen Wirtschaftswunders. Als der indische Finanzminister Morarji Desai den deutschen Wirtschaftsminister Ende des Jahres 1959 bat, die Frist für die Rückzahlung der deutschen Kredite zu verlängern, antwortete Erhard gereizt: »Das Geld wächst nicht auf Bäumen.«[23]

Sowohl das Ausland als auch die Inder selbst verloren das Vertrauen in Indien. Die Geldsendungen von Auslandsindern – wertvolle Devisen, die das Zahlungsbilanzdefizit verringerten – versiegten. Die indischen Migranten warteten angesichts der Wahrscheinlichkeit einer Abwertung der Rupie lieber ab, bevor sie Geld in die Heimat überwiesen. Die Inder daheim kauften Gold, um sich gegen die Inflation abzusichern; angesichts der Einfuhrbeschränkungen führte dies zu einer Zunahme des Goldschmuggels nach Indien. Private ausländische Kreditgeber begannen, ihr Geld abzuziehen. Die Devisenreserven sanken weiter. Da es eine Weile dauern würde, bis die im Juni 1961 zugesagten Hilfsgelder fließen würden, wandte sich Indien im Juli an den IWF und bat um 250 Millionen Dollar, um den unmittelbaren Devisenbedarf des Landes zu erfüllen.[24]

Der Währungsfonds hatte gemurrt, als Indien Anfang 1957 um Geld gebeten hatte; jetzt murrte er erneut. Die Mitglieder des IWF-Leitungsgremiums waren der Meinung, dass Indien zum wiederholten Mal um Geld zur Finanzierung einer langfristigen Entwicklungsstrategie bat, obwohl die Aufgabe des Währungsfonds eigentlich darin bestand, einen vorübergehenden (oder unerwarteten) Mangel an Devisenreserven auszugleichen. Die indischen Verantwortlichen argumentierten, das Hauptproblem seien die Verzögerungen bei den zugesagten Geldflüssen. Der Währungsfonds gab zähneknirschend nach. Aber da die Devisenreserven weiter schrumpften und die Hilfsgelder zu langsam flossen, wandte sich die indische Regierung 1962 erneut an den IWF und fragte wie Oliver Twist: »Bitte, Sir, kann ich ein bisschen mehr haben?« Der neue Kredit hatte einen Umfang von 100 Millionen Dollar und wurde nach einem Jahr fällig, aber da Indien nicht zahlen konnte, wurde die Laufzeit 1963 um ein weiteres Jahr verlängert.[25]

Nehrus Metapher von den »Tempeln des neuen Indien« hatte Ähnlichkeit mit anderen hohlen Entwicklungsslogans jener Zeit, darunter der »Big Push« und der »Abflug«. Kennedy hatte diese übertrieben einfachen Entwicklungsthesen akzeptiert, und Weltbank und Währungsfonds spielten mit, obwohl sie gelegentlich Widerspruch erhoben. Nur Taiwan wagte es im Jahr 1957, die umfassendere japanische Entwicklungsstrategie in Angriff zu nehmen.

Anfang der sechziger Jahre hatte die »Tempelstrategie« Indien erneut an den Rand des Zahlungsausfalls gebracht. Ausländische Geldgeber (und die Zentralbank) befürchteten, das Land werde seine internationalen Kredite möglicherweise nicht zurückzahlen können. Jetzt stellte der Internationale Währungsfonds eine lange überfällige Frage: Warum wertete Indien nicht die Rupie ab? Die Geberländer und die Weltbank wollten größeren Einfluss auf die indische Wirtschaftspolitik und forderten insbesondere höhere Investitionen in die Landwirtschaft.[26]

Nehru verlor seine Wette ein zweites Mal. Am meisten litt Indien nicht am finanziellen Aderlass, sondern an der notleidenden Landwirtschaft, am Mangel an Arbeitsplätzen in den Städten und an der weiterhin verbreiteten Armut. Den größten Schaden richtete die Vernachlässigung der menschlichen Entwicklung an. Das ist nicht nur schockierend, weil Nehru Historiker war und die zentrale Bedeutung der menschlichen Entwicklung für gesellschaftlichen Zusammenhalt und wirtschaftlichen Fortschritt verstand, sondern auch, weil er sich am Vorbild Rabindranath Tagores orientieren konnte.

KAPITEL 6

Tagores Lied verhallt ungehört

Rabindranath Tagore wurde im Jahr 1913 mit dem Nobelpreis für Literatur ausgezeichnet. Aus seinen vielfältigen Schriften hob das Nobelpreiskomitee die Gedichtsammlung *Gitanjali: Sangesopfer* heraus, in der Tagore eine mystische Union mit dem transzendentalen Herrn beschwor, wissend, »dass auf meinen Gliedern lebendig dein Hauch ist«.[1]

Trotz seiner mystischen Neigungen stand Tagore mit beiden Beinen auf der Erde. Die Bildung war seine Leidenschaft, Indien war sein Stolz. In Santiniketan, 150 Kilometer nördlich von Kalkutta, setzte er eine Bildungsphilosophie um, deren Grundlage eine Kommunion mit Natur, Musik und Kunst war.[2] Unter seinen Schülern waren Satyajit Ray sowie Nehrus Tochter Indira. Tagore verfocht seine ganz eigene Bildungsmethode, erkannte jedoch auch den Wert anderer Wege zu den nationalen Bildungszielen an. Bei seinem Tod im August 1941 hinterließ er einen Aufruf an das zukünftige unabhängige Indien, die allgemeine Bildung in den Mittelpunkt einer wirtschaftlichen Entwicklungsstrategie zu rücken. Wie er in seinem Gedicht *Gitanjali* betete: »Wo der Geist ohne Furcht ist, das Haupt man hoch trägt, Wo Erkenntnis frei ist, Wo die Welt nicht zum Bruchstück von engen, häuslichen Mauern wird, Wo die Worte aus Tiefen der Wahrheit kommen, Wo unermüdet das Streben den Arm zur Vollkommenheit ausstreckt, Wo der klare Strom seinen Weg nicht verliert in dem trockenen Sand der Gewohnheit, Wo der Geist, von dir geleitet, zu immer sich weitendem Denken und Handeln geführt wird – zu diesem Himmel der Freiheit, lass, Vater, mein Land du erwachen!«[3]

Tagores Lied für Indien

Beginnend im Jahr 1912, bereiste Tagore zwei Jahrzehnte lang die Welt. Er befragte Pädagogen, besuchte Schulen und studierte Unterrichtsmaterial. Im September 1930 schrieb er einen Brief aus Moskau, in dem er die Überzeugung äußerte, die Bildung sei der »ideale Weg zur Lösung aller unserer Probleme«.[4]

Tagore war fasziniert von der Qualität des sowjetischen Bildungswesens. In der gesamten Sowjetunion seien die »Schleusen der Bildung« geöffnet worden. Ermöglicht hätten die solide Bildung »die Macht, die Begeisterung und die administrativen Fähigkeiten« der sowjetischen Behörden.[5] Tagores Offenheit für das russische Bildungswesen war bemerkenswert, denn die Starrheit der sowjetischen Lehrpläne und Unterrichtsmethoden widersprach seinem flexiblen Zugang, der »spontane Begegnungen mit der Natur« in den Mittelpunkt rückte.

In seinem Moskauer Brief aus dem Jahr 1930 beklagte sich Tagore: »Jeden Tag vergleiche ich die hiesigen Bedingungen mit denen in Indien: was ist und was hätte sein können!« Während sich in Russland innerhalb weniger Jahre alles geändert habe, stagniere das »kranke, hungrige, unglückliche« Indien.[6]

Tagore war ein Mystiker, aber er war kein naiver Romantiker. Er sah durchaus, dass sich in Stalins Russland »Rachsucht und Hass« ausbreiteten. Am 25. September, wenige Tage, bevor er das sowjetische Bildungswesen pries, flehte er die Russen in einem Interview mit der Zeitung *Iswestija* an, »nie zu einer bösartigen Form der Gewalt zu greifen, die eine unendliche Kette von Gewalt und Grausamkeit nach sich ziehen wird«. Aber was die Bildung anbelangte, so hegte er nur Bewunderung für die Sowjetunion. Er pries »die Vielzahl von Kanälen«, durch die dort Bildung fließe, und seine Bewunderung war umso größer, als er aus einem Land kam, in dem Millionen Menschen »das Licht vorenthalten wird, das die Bildung ihnen bringen könnte«.[7]

Am 4. Oktober schrieb Tagore auf seiner Rückreise über Japan, wo er ebenfalls eine Erfolgsgeschichte gesehen hatte: »Japan hat allein dank der Bildung in kurzer Zeit […] seine materielle Produktionskraft vertausendfacht.« Und er hatte eine Botschaft an die Inder: »Das Fundament des gewaltigen Turms des Elends, der heute auf dem Herzen Indiens lastet, ist die fehlende Bildung. Kastengrenzen, religiöse Konflikte, Arbeitsunlust, wirtschaftliche Unsicherheit – alles beruht auf diesem einen Faktor.«[8]

Für Tagore war die Bildung nicht eines von vielen politischen Zielen. Sie war der Schlüssel zu jeglichem gesellschaftlichen und wirtschaftlichen Fortschritt. Ohne gute Bildung würde alles andere nirgendwohin führen.

Tagore wiederholte für indische Ohren eine Lehre, welche die führenden Köpfe aller erfolgreich industrialisierten Länder gezogen hatten, seien es die amerikanischen Gründerväter Ende des 18. Jahrhunderts, die Urheber der japanischen Meiji-Restauration Ende des 19. Jahrhunderts oder die kommunistische Führung in der totalitären Sowjetunion in der ersten Hälfte des 20. Jahrhunderts. Trotz gegensätzlicher Ideologien hatten all diese Länder die Bildung in den Mittelpunkt gerückt.

Die Ökonomen Claudia Goldin und Lawrence Katz erklären, dass unter den Unterzeichnern der amerikanischen Unabhängigkeitserklärung einige Männer waren, die sich »eingehend mit den Bildungseinrichtungen beschäftigten«. Die Schriften von John Adams, Benjamin Franklin, Thomas Jefferson und Benjamin Rush »festigten den Glauben der neuen Nation an ein solides Bildungsfundament«. In ihren Augen war die Bildung Voraussetzung dafür, dass die Amerikaner »ihre bürgerlichen Funktionen wie das Wählen erfüllen« und sich um Ämter bemühen konnten. Benjamin Rush, der bekannteste Arzt seiner Zeit, hob die wirtschaftliche Bedeutung der Bildung hervor und erklärte, höhere Investitionen in die Bildung würden die landwirtschaftlichen Erträge erhöhen und die industrielle Fertigung vorantreiben.[9]

In dem Jahrhundert zwischen der amerikanischen Unabhängigkeitserklärung (1776) und dem Ausbruch des Bürgerkriegs (1861) bemühten sich Politiker auf verschiedenen Ebenen um eine gute und gleiche Bildung für alle. Horace Mann und andere Verantwortliche in den nordöstlichen Bundesstaaten verfassten nicht nur gelehrte Abhandlungen über die Bildung, sondern setzten sich auch für deren Ausweitung ein. Im Jahr 1840 schrieb Mann, die Bildung sei wichtig, um effiziente Arbeitskräfte hervorzubringen, die neue Technologien übernehmen, sich den Arbeitsbedingungen anpassen und zur Innovation beitragen konnten. Die amerikanischen Bürger finanzierten mit Grundsteuern kostenlose Schulen in ihren Gemeinden. Die Sklaverei war ein Schandfleck auf dem kollektiven Bewusstsein, aber um das Jahr 1850 besuchten alle »freien« Jungen und Mädchen die Grundschule.[10]

Die Amerikaner erkannten frühzeitig, dass Gleichheit in der Bildung die Grundlage für einen umfassenden materiellen Fortschritt war. Die Bildung von Mädchen war nicht einfach eine Frage der Gleichberechtigung, sondern trug der Erkenntnis Rechnung, dass gebildete Mütter besser gebildete und gesündere Familien hatten. Mit den Grundsteuern zahlten reiche Mitglieder der Gemeinde für die Ausbildung weniger glücklicher Nachbarn, und die gegenwärtige Generation bezahlte für die nachfolgenden. Die Bildungsausschüsse wurden zu Drehscheiben der demokratischen Gemeinderegierung. Die amerikanischen Vordenker sahen in der Chancengleichheit durch Bildung eine moralische Verpflichtung der Regierung. Der radikale Bildungsphilosoph Robert Coram erklärte, da die Bürger für den Selbsterhalt Wissen brauchten, habe der Staat die Pflicht, ihnen die Mittel zum Wissenserwerb in die Hand zu geben. Noah Webster gelangte zum selben Schluss wie ein Jahrhundert später Tagore und erklärte, die Bildung sei unverzichtbar, um »Menschen unterschiedlicher Herkunft und Ausgangsbedingung mit widersprüchlichen Loyalitätsbeziehungen und sogar fremden Sprachen zu einer Nation zu verschmelzen«.[11]

Das war eine verblüffende Vision für das späte 18. Jahrhundert und die erste Hälfte des 19. Jahrhunderts: Wissen für alle würde die Demokratie stärken und allen Menschen Chancen eröffnen. So wie später Tagore waren auch die amerikanischen Vordenker überzeugt, dass die Bildung weder ein Nebenerzeugnis der Industrialisierung noch eine wünschenswerte Folgeerscheinung wachsenden Wohlstands war. Vielmehr war sie eine »Ursache« – eine Antriebskraft – der gesellschaftlichen und wirtschaftlichen Entwicklung.

Amerikanische Wissenschaftler und Unternehmen setzten sich nach dem Bürgerkrieg an die Spitze der industriellen und technologischen Revolution, und die kostenlose allgemeine Sekundarschulbildung in den USA wurde Anfang des 20. Jahrhunderts zum Vorbild für die Welt.[12]

In den Vereinigten Staaten hatte es fast ein Jahrhundert gedauert, bis sich die Grundschulen vollkommen entfaltet hatten, und der Aufbau des Sekundarschulsystems dauerte ein weiteres halbes Jahrhundert. Die Japaner wollten genauso gute Schulen, aber sie wollten sie schneller. Und sie entschlossen sich, von den Meistern zu lernen – diese Methode sollte bald zu einem wesentlichen Bestandteil der japanischen Entwicklungsbemühungen werden. Im Februar 1872, vier Jahre nach Beginn der Meiji-Restauration, traf der 25-jährige Arinori Mori als erster diplomatischer Vertreter Japans in den Vereinigten Staaten ein. Er machte sich umgehend daran, Briefe an »prominente Amerikaner« zu schreiben und sie um »Ratschläge und Informationen« zu bitten, die Japan beim Aufbau seines Bildungswesens helfen konnten. Viele dieser prominenten Amerikaner antworteten ihm. Einer von ihnen, Professor David Murray von der Rutgers University in New Brunswick, stellte eine weitreichende These auf: »Den größten Einfluss auf die Weltgeschichte haben in der Neuzeit jene Länder genommen, die der Bildung besondere Aufmerksamkeit gewidmet haben.«[13] Murray ging später nach Japan, um die dortige Regierung in Bildungsfragen zu beraten.

Mori wurde Japans führender Bildungsreformer und zog eine zentrale Lehre aus der Erfahrung der Vereinigten Staaten: Die Grundschulbildung war unverzichtbar für Japan, wenn es unter die führenden Industrienationen aufsteigen wollte.[14] In einer Rede im Jahr 1885 erklärte er:

> Unser Land muss aus der dritten Klasse in die zweite Klasse aufsteigen, und von der zweiten in die erste Klasse; und schließlich muss es die Führungsposition unter allen Ländern der Welt erringen. Das werden wir erreichen, indem wir die Fundamente für die Grundschulbildung legen.[15]

Die Japaner trieben den Aufbau des Bildungswesens schneller voran als die Amerikaner, aber sie hatten viel Arbeit vor sich. Anfangs wurde Mädchen der Zugang zu den Schulen erschwert. Erst im Jahr 1920 gelang es, allen japanischen Mädchen den Schulbesuch zu ermöglichen. Sodann machte sich das Land daran, die universelle Sekundarschulbildung aufzubauen. Doch auch dort wurden Mädchen in den folgenden Jahrzehnten diskriminiert: Sie hatten nur begrenzten Zugang zu Mittelschulen und wurden nach einem gesonderten Lehrplan unterrichtet, um »gute Ehefrauen und kluge Mütter« aus ihnen zu machen.[16]

Obwohl die japanischen Bildungsfortschritte zu Beginn des 20. Jahrhunderts auf die Grundschulbildung und Teilerfolge in der Sekundarbildung begrenzt waren, trugen sie entscheidend zum Wirtschaftswachstum und zur Chancengleichheit bei. William Lockwood, der herausragende westliche Experte für die japanische Wirtschaftsgeschichte, erklärte das so:

> Die meisten Menschen gingen nur sechs Jahre zur Schule. Aber selbst das half, großen Teilen der Bevölkerung insbesondere in den Städten grundlegende technische Kenntnisse zu vermitteln. Und die Bildung förderte die geographische, berufliche und soziale Mobilität der Menschen, was unverzichtbar für den Umbau der Wirtschaft war. Indem sie die wirtschaftlichen Chancen ohne rechtliche Diskriminierung aufgrund von Ethnie, Religion oder Klasse ausweitete, war die Bildung das wichtigste Instrument – so wenig wirksam es auch sein mochte –, um die tief in der japanischen Gesellschaft verwurzelte Ungleichheit zu bekämpfen. Keine andere Bemühung des Staates warf höhere Dividenden für die Nation ab.[17]

Tagore besuchte Japan zwischen 1916 und 1929 fünfmal. Zu jener Zeit bekämpfte das Land die Ungleichheit und stand kurz vor der Aufnahme in den Club der modernen Industrieländer.[18] Tagore verabscheute den militanten Nationalismus und den rücksichtslosen Kolonialismus Japans, aber er erkannte die Bemühungen des Landes um den Aufbau einer gebildeten Erwerbsbevölkerung an. Im Jahr 1930 bestätigte die Sowjetunion seine Einschätzung, dass es ohne Bildung kein Wachstum und keine Gleichheit geben konnte.

Gestützt auf das, was er auf seinen Reisen gelernt hatte, rief Tagore die indische Politik auf, die Ausweitung der Bildung voranzutreiben, um das Wirtschaftswachstum zu beschleunigen und die Gräben zwischen Kasten, Religionen und Sprachen zu überwinden. Ein Land, das unfähig sei, die Bildung massiv auszuweiten, werde auf Dauer ein Gefangener seiner gesellschaftlichen und wirtschaftlichen Spaltung bleiben. Eine ungebildete Bevölkerung werde in einer unstet wachsenden Wirtschaft um ihren Lebensunterhalt kämpfen müssen.

Die Geschichte gab Tagore recht, und er forderte die indische Führung auf, seine These zu überprüfen. Doch sie tat es nie.

Viele Worte, wenige Taten

Zum Zeitpunkt der Unabhängigkeit zählte Indien zu den Ländern mit den geringsten Alphabetisierungsraten, vergleichbar denen Chinas und Ägyptens. In Indien konnten sehr viel weniger Menschen lesen und schreiben als in Ländern wie Mexiko oder den Philippinen. Eine Ausnahme war Cochin im Südwesten des Subkontinents, wo etwa ein Drittel der über Fünfjährigen lesen und schreiben konnte. Im Kernland, wo Hindi gesprochen wurde, galt das für weniger als 5 Prozent der Einwohner. Überall und insbesondere in den Gebieten, in denen Hindi gesprochen wurde, lernten weniger Mädchen als Jungen lesen und schreiben.[19]

Man hätte meinen sollen, dass Nehru aufgrund seines Mitgefühls, seines Idealismus und seines historischen Wissens genau der Richtige war, um das indische Bildungswesen zu verbessern. Im Jahr 1944 machte er in *The Discovery of India* keinen Hehl aus seiner Verzweiflung über den Bildungsrückstand des Landes. Ohne Bildung, schrieb er, seien Millionen Inder zu einem Leben im Elend verurteilt. Und viele derer, die eine Bildung erhielten, könnten lediglich auf ein Dasein als »Angestellte« mit mageren Gehältern hoffen. Würde »das Leben seine Tore für sie öffnen«, spekulierte er, so könnten viele Inder Wissenschaftler, Pädagogen, Künstler und Industrielle werden und »zum Aufbau eines neuen Indien und einer neuen Welt beitragen«.[20]

Nehru blickte zu Tagore und Gandhi auf, die er als die beiden »herausragenden und prägenden« Inder in der ersten Hälfte des 20. Jahrhunderts bezeichnete. Er pries die Aufbauarbeit des Pädagogen im Bildungswesen in Santiniketan und kannte Tagores Bewunderung für die Bildungserfolge der Sowjetunion. In seiner »Botschaft vom Sterbebett« hatte Tagore den Indern in Erinnerung gerufen, dass die Sowjetunion mit »schonungsloser Energie« Arbeitslosigkeit und Krankheiten bekämpft habe, um Unwissenheit und Armut hinter sich zu lassen.[21]

Nehru war mit den zeitgenössischen Vorbildern vertraut. In Westeuropa konzentrierten sich »Sozialdemokraten« nach dem Krieg darauf, durch allgemeine Bildung und eine gute Gesundheitsfürsorge für soziale Gerechtigkeit zu sorgen. Sogar konservative Politiker wie der deutsche Kanzler Konrad Adenauer und sein Wirtschaftsminister Ludwig Erhard wählten diesen »sozialdemokratischen« Ansatz und bauten den modernen »Wohlfahrtsstaat« auf.

Es ist wahrscheinlich, dass Nehru den Bericht las, den Milton Friedman im Jahr 1955 für den indischen Finanzminister C. D. Deshmukh verfasste – jedenfalls wäre er gut beraten gewesen, ihn zu lesen. Friedman empfahl eine »erhebliche Ausweitung des Zugangs zur allgemeinen und beruflichen Bildung«, weil er darin eine »Grundvoraussetzung« für die wirtschaftliche Entwicklung sah. Der moderne Guru der freien Marktwirtschaft wiederholte einen Vorschlag, den der bedeutendste Vordenker des freien Marktes, Adam Smith, fast zwei Jahrhunderte früher gemacht hatte. Smith hatte Ende des 18. Jahrhunderts erklärt, das selbst jene, die »den einfachsten Beschäftigungen« nachgingen, »die elementaren Grundlagen der Erziehung, nämlich Lesen, Schreiben und Rechnen« lernen müssten, »ehe sie für solche Tätigkeiten verwendbar sind«. Und er fügte hinzu: »Mit nur geringem Aufwand kann der Staat fast der gesamten Bevölkerung diese Schulausbildung erleichtern, sie dazu ermutigen, ja sogar dazu zwingen.«[22]

Nehru verstand, welche Aufgabe vor ihm lag. Es war ihm bewusst, dass die mit dem Wahlrecht erworbene politische Gleichheit ohne wirtschaftliche Gleichheit erheblich beeinträchtigt wurde. Er fand tröstende Worte: »Wir müssen uns bemühen, die Gleichheit zwischen den Menschen herzustellen, indem wir ihnen gleiche Chancen auf Bildung und Beschäftigung eröffnen.« Doch für Millionen Inder blieb das eine Illusion.[23]

Der Weg zu einer hochwertigen Bildung führte einen steilen Hang hinauf, und unter Nehru versuchte Indien nicht einmal, den Aufstieg in Angriff zu nehmen. Der erste Fünfjahresplan sah zu geringe Mittel für die Grundschulbildung und unverhältnismäßig hohe Ausgaben für die Universitäten vor. Erschwerend hinzu kam, dass nur 40 Prozent der Schulanfänger das vierte Schuljahr abschlossen. »Diese Verschwendung«, hieß es im ersten Fünfjahresplan, »ist im Wesentlichen auf die geringe Qualität der Lehrkräfte und auf ungeeignete Unterrichtsmethoden zurückzuführen.«[24]

Die indische Verfassung gab das ehrgeizige Ziel vor, innerhalb von zehn Jahren (also bis 1960) eine kostenlose und verpflichtende Schulbildung für alle Kinder bis zum vierzehnten Lebensjahr einzuführen. Der erste Fünfjahresplan legte die Latte niedriger: Der Anteil der sechs- bis elfjährigen Kinder, welche die Schule besuchten, sollte von 40 auf 60 Prozent erhöht werden. Das Ziel für die Mädchen in dieser Altersgruppe war noch weniger ehrgeizig: Der Anteil der Schulbesucherinnen sollte von 23 auf 40 Prozent steigen. Obwohl viele Schulen gebaut wurden, wurden selbst diese wenig ambitionierten Ziele nicht erreicht – und bis zum Ende des zweiten Plans hinausgeschoben. Die Alphabetisierungsrate stieg nur langsam.[25]

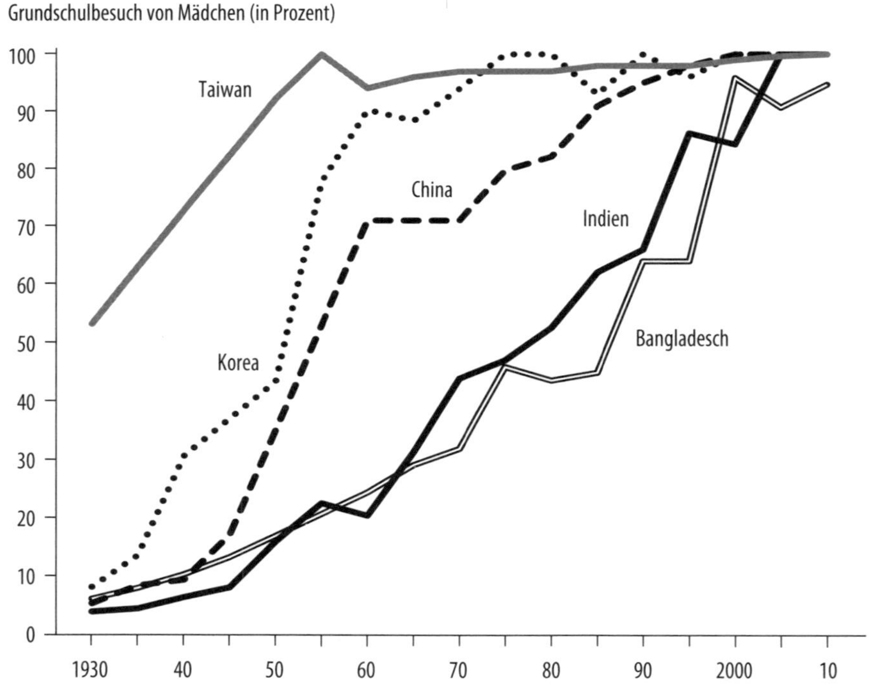

6.1: Indien verliert den Wettlauf in der Bildung

Quelle: Barro, Robert J., und Jong-Wha Lee, *Education Matters: Global Schooling Gains from the 19th to the 21st Century* (New York: Oxford University Press, 2015).

Weit davon entfernt, den Rat der Roten Königin zu befolgen und doppelt so schnell zu laufen, schlenderte Indien gemächlich dahin. Hingegen weiteten Taiwan und Südkorea die allgemeine Bildung mit atemberaubender Geschwindigkeit aus, und auch die chinesische Grundschulbildung hängte die indische rasch ab (Abbildung 6.1).

Mit dem zweiten Fünfjahresplan (1956–1961) kam Indien vom Weg ab. Die Bildung wurde zurechtgestutzt, während die Mittel für die Schwerindustrie erhöht wurden. Der Anteil der Bildung an den Gesamtausgaben sank von 7,9 Prozent im ersten Plan auf nur noch 5,9 Prozent. Der Anteil der Grundschulbildung an den gesamten Bildungsausgaben schrumpfte auf 35 Prozent gegenüber 56 Prozent im ersten Plan. Im Dokument des zweiten Plans hieß es, dass mehr als die Hälfte der eingeschulten Kinder die vierte Klasse nicht abschlossen, sondern jahrelang dort hängen blieben. An der geringen Qualität der Lehrer änderte sich nichts. Doch der zweite Fünfjahresplan gab nicht einmal vor, die Grundschulbildung verbessern zu wollen. Indien errichtete eine Reihe nationaler Forschungslaboratorien, während es große Teile seiner wachsenden Bevölkerung dem Analphabetismus überließ. Der dritte Fünfjahresplan (1961–1966) blieb bei der Fixierung auf die Schwerindustrie.[26]

Im Jahr 1991 führte der Politikwissenschaftler Myron Weiner die Vernachlässigung der Volksbildung auf die indischen Vorstellungen von der »Gesellschaftsordnung« zurück. Viele verstanden das so, dass in Weiners Augen das Kastensystem die Ausweitung der Bildung verhinderte.[27]

Es stimmt, dass Schüler aus den niedrigeren Kasten einen schlechteren Zugang zur Schulbildung hatten (und haben). Aber die Kastenhierarchie entspricht weitgehend der Klassenhierarchie. Daher ist für Jayant Pandurang Naik, einen der wichtigsten indischen Bildungsexperten, die wirtschaftliche Ungleichheit der Grund dafür, dass das Bildungssystem vor allem die Bedürfnisse der Besitzenden und nicht die der Besitzlosen erfüllt. Ähnlich sehen es Jean Drèze und Amartya Sen, die zu dem Schluss gelangt sind, dass »die Teile der indischen Gesellschaft mit der geringsten Macht« nicht in der Lage sind, »politischen Druck auszuüben, um die Grundschulbildung zu verbessern«.[28]

Doch letzten Endes war vermutlich ein entschlossener politischer Vorstoß zur Förderung der Bildung die einzige Möglichkeit, die Ungleichheit aufgrund von Kasten- und Klassenzugehörigkeit zu verringern. Es bedurfte in erster Linie höherer Bildungsausgaben. In den Nehru-Jahren gab Indien weniger als

2 Prozent seines Bruttoinlandsprodukts für die Bildung aus, während Experten, die Schulsysteme in anderen Teilen der Welt studiert hatten, 4 bis 5 Prozent des BIP empfahlen. In der Grundschulbildung mussten sehr viel mehr Mittel investiert und größeres Augenmerk auf die Qualität gelegt werden. Ebenso wichtig war möglicherweise, dass die indische Politik dringend gegen die Korruption in Schulen und Universitäten vorgehen musste.[29] Doch da dieses Krebsgeschwür nicht herausgeschnitten wurde, wuchs es weiter.

Ein »schlechtes Gleichgewicht« in der Bildung

In Gesellschaften mit wenig Korruption werden die Korrupten leicht identifiziert und bestraft. Die Menschen gehen bereitwilliger produktiven Tätigkeiten nach. Das ist das »gute Gleichgewicht«. Sind hingegen viele Bürger korrupt, so sinkt die Wahrscheinlichkeit, erwischt und bestraft zu werden – nicht zuletzt, weil diejenigen, welche die Übeltäter verfolgen sollten, oft ebenfalls korrupt sind. Die produktive Aktivität nimmt ab. So entsteht ein »schlechtes Gleichgewicht«. Die indische Bildung geriet in eine derart ausweglose Lage.[30]

Die Bildung war ein tragisches Opfer allgegenwärtiger Probleme. Ende der fünfziger Jahre war die Korruption fest in das gesellschaftliche und politische Gewebe Indiens eingeflochten. Beamte verlangten Schmiergelder für Staatsaufträge, Arbeitsplätze sowie Einfuhr- und Gewerbelizenzen. In diesem Umfeld zweigten wendige politische Unternehmer die begrenzten öffentlichen Mittel für Schulen und Universitäten ab, um sich selbst zu bereichern oder ihre Verbündeten zu versorgen. Sie schanzten politischen Mitläufern einträgliche Verwaltungs- und Lehrerposten zu und kauften Schulzubehör von Unternehmen, die bereit waren, die Beute mit ihnen zu teilen.[31] Da kann es nicht überraschen, dass die Schulen so schlecht blieben.

Das System hatte Bestand, weil die Nachfrage nach Bildung hoch blieb. Selbst eigentlich wertlose Hochschuldiplome erleichterten es Arbeitgebern, eine erste Auslese unter einer Vielzahl von Stellenbewerbern vorzunehmen. Je erbitterter der Kampf um Arbeitsplätze wurde, desto größer wurde die Nachfrage nach Studienplätzen. Die indischen Hochschulen füllten sich mit schlecht vorbereiteten Studenten und miserablen Lehrern.[32] Die bescheidenen Mittel für die Bildung füllten die Taschen von politischen Honoratioren. Das indische Bildungssystem befand sich in einem Gleichgewichtszustand mit korrupter Verwaltung und minderwertiger Bildung.

Es gab einen besseren Weg.

Die Kerala-Methode

Der Bundesstaat Kerala entstand im November 1956 durch den Zusammenschluss der Fürstentümer Travancore und Cochin sowie der Regionen Malabar und Kasargod, die in Britisch-Indien der Präsidentschaft Madras angehört hatten. In allen vier Gebieten wurde vorwiegend Malayalam gesprochen, und die Entstehung Keralas war Teil der sprachlichen Neuorganisation der Union unter Nehru. Mitte der sechziger Jahre gab Kerala doppelt so viel pro Grundschüler aus wie Uttar Pradesh in Nordindien. Daher hatte Kerala mehr Schulen, die näher bei den Schülern waren. Die Lehrer waren besser ausgebildet, und die Schulspeisungen waren meines Wissens zu jener Zeit in Indien einzigartig. Die meisten Kinder in Kerala schlossen die Grundschule ab, während jene in Uttar Pradesh die Schule rasch abbrachen. Das Ergebnis: Kerala hatte im Jahr 1970 eine Alphabetisierungsrate von 70 Prozent, während in Uttar Pradesh nur 22 Prozent der Bevölkerung lesen und schreiben konnten. Kerala gab verglichen mit Uttar Pradesh *weniger* pro Sekundarschüler und *deutlich weniger* pro Universitätsstudent aus. Während Angebot und Qualität der Bildung in Kerala in Indien nach wie vor unerreicht sind, gehört Uttar Pradesh seit der Unabhängigkeit zu den Bundesstaaten mit den schlechtesten Bildungsergebnissen.[33]

Der Historiker Robin Jeffrey hat nachgezeichnet, wie Kerala sein Bekenntnis zur Bildung der gesamten Bevölkerung entwickelte. Den Anstoß gab in den 1860er-Jahren das Fürstentum Travancore. Beraten von einer Gruppe »bemerkenswerter« Verwaltungsbeamten machte der Maharadscha von Travancore einen breiten Zugang zur Grundschulbildung zu einer Priorität seiner Regierung. Das Fürstentum Cochin folgte in den 1880er-Jahren mit einem eigenen Bildungsvorstoß. Aber der Erfolg Keralas hatte noch einen weiteren Grund: In der Nayar-Kaste in Malabar genossen die Frauen aufgrund der Tradition einer matrilinearen Erbfolge beträchtlichen Einfluss auf die familiären Entscheidungen und im Allgemeinen größere Freiheit bei der Gestaltung ihres Lebens. Bis zum Beginn des 20. Jahrhunderts waren die Nayar die »Referenzgruppe«

für viele Menschen, die Malayalam sprachen. Die Angehörigen anderer Kasten und Religionen, schreibt Jeffrey, »waren bestrebt, die matrilinearen Praktiken nachzuahmen, und dazu gehörte es, Mädchen in die Schule zu schicken«. Daher verringerte sich die Kluft zwischen männlichen und weiblichen Alphabetisierungsraten in Kerala früh und ist bis heute kleiner als in anderen Landesteilen.[34]

Gebildete Frauen trugen wesentlich zur umfassenden menschlichen Entwicklung in Kerala bei. Die Frauen maßen der Bildung größere Bedeutung bei. Wie Jeffrey erklärt: »Gebildete Männer haben gebildete Söhne, gebildete Frauen haben gebildete Familien.« Die Frauen maßen auch der Gesundheit größeren Wert bei. In Kerala brachten sie weniger Kinder zur Welt und sorgten besser für die Gesundheit ihres Nachwuchses. Die Kindersterblichkeit sank deutlich, und die Kinder wuchsen zu verantwortungsbewussteren Eltern heran.

Die Bildung trug noch weitere Früchte. Wie Tagore erwartet hatte, verringerte sie die Kluft zwischen den Kasten. Die Einwohner Keralas waren auch politisch aktiver. Im April 1957, weniger als ein halbes Jahr nach Entstehung des Bundesstaats, wählten sie die Kommunistische Partei (CPI) an die Macht. Die CPI war insofern keine kommunistische Partei, als sie keinen Umsturz der politischen Ordnung anstrebte. Sie stand eher in der westeuropäischen sozialdemokratischen Tradition. Während die CPI eine Bodenreform in Angriff nahm, um Landarbeitern und Pachtbauern mehr Rechte zu geben, setzten sich andernorts in Indien die Grundbesitzer durch.[35]

Indiens vertane Chance

Die moderne Forschung hat Tagores Glauben an die Macht der Bildung bestätigt. Um wirtschaftlichen Fortschritt und Chancengleichheit zu erreichen, erklären uns die Forscher, müssen wir nicht in Maschinen, sondern in Menschen investieren. Tagore verstand auch, dass es keine vorgefertigte Methode zur Förderung der Bildung gibt. Jedes Land hat sein eigenes historisches Erbe. Und die Bildung in einem Land entwickelt sich nicht ohne Konflikte und Rückschläge. In Japan wurde zeitweilig heftig über die Verwestlichung der Bildung und das richtige Gleichgewicht zwischen allgemeiner und beruflicher Bildung debattiert. Die japanischen Lehrer waren oft Ziel des Spotts; ein typischer Kommentar lautete, sie seien »fette Kröten, die verständnislos blinzeln, nachdem ihnen eine Fliege entwischt ist«. Die privilegierten Japaner hatten stets bessere Bildungschancen.[36]

Doch trotz unterschiedlicher Ausgangssituationen und zahlreicher Hindernisse entlang des Weges hatten alle erfolgreichen Bildungsoffensiven eine Gemeinsamkeit: Eine entschlossene Politik stellte ausreichende Mittel bereit und ermöglichte es, den verschiedenen Akteuren die zuversichtliche Vision von einer gerechteren und kooperativeren Gesellschaft zu vermitteln. Der geeignete Augenblick für eine große Bildungsoffensive war normalerweise ein Regimewechsel. In den Vereinigten Staaten ging die Initiative zur Ausweitung der Bildung von den Gründervätern aus, in Japan von den Beamten und Ministern der frühen Meiji-Zeit, in Kerala von den Maharadschas von Travancore und Cochin.

Das unabhängige Indien brauchte eine große Bildungsoffensive, und Tagore war überzeugt, dass die Bildung auch die Gräben zwischen den Kasten und andere Spaltungen überwinden würde. Die Erfahrung Keralas gab ihm recht.[37]

Nehru träumte von den »Tempeln des modernen Indien« und interessierte sich nur für sichtbare Errungenschaften wie Stahlwerke und Düngemittelfabriken. Komplexe und langwierige Bemühungen um ein erstklassiges Bildungssystem für Indien reizten ihn nicht. Leider hörte er nicht auf Tagore, der wie im *Gitanjali* hätte klagen können: »Das Lied, das ich kam zu singen, bleibt ungesungen bis auf diesen Tag. […] Die Blüte hat sich nicht geöffnet, nur der Wind seufzt vorüber.«[38]

KAPITEL 7

Nehrus Tragödie, der erste Betrug der Demokratie

Im Mai 1936 gratulierte Rabindranath Tagore in einem in schöner Handschrift verfassten Schreiben Jawaharlal Nehru zu dessen kurz zuvor erschienener Autobiografie. »Eine Grundströmung der Menschlichkeit« ziehe sich durch das Buch, schrieb Tagore, und diese »führt uns zu der Person, die größer als ihre Taten und wahrhaftiger als ihre Umgebung ist«.[1]

Dies war Nehrus Tragödie. Er war ein menschlicher Nationalist, der an Gleichheit, Toleranz und gemeinsamen Fortschritt glaubte. Diese Elemente waren in seinen Augen die Grundlagen von Demokratie, Säkularismus und Sozialismus, den er als Chancengleichheit verstand. Aber Nehru war größer als seine Taten, wie es Tagore so freundlich ausgedrückt hatte. Gandhi sagte es deutlicher: Jawahar denkt, Sardar (Patel) handelt. Nehru lenkte Indien auf einen Pfad, auf dem es sich von seinen Idealen entfernte.

Nach Patels Tod der unangefochtene Führer Indiens, verfolgte Nehru eine fehlgeleitete Wirtschaftsstrategie von oben angeordneter Veränderung, die seiner Abneigung gegen die mühsame Grundlagenarbeit der wirtschaftlichen Entwicklung entsprach. Trotz unablässiger Bekenntnisse zum Sozialismus diente seine Strategie weder den materiellen Interessen des Landes noch der sozialen Gerechtigkeit. Selbst nach dem offenkundigen Scheitern dieser Strategie im Jahr 1956 hielt Nehru daran fest – weil er konnte. Und während sich die Korruption im öffentlichen und privaten Leben festsetzte, wies er die Sorgen über ihre schädlichen Auswirkungen als übertrieben zurück: Das eigentliche Problem sah er in den übermäßigen Klagen über die Korruption, die »eine Atmosphäre der Korruption erzeugen. Die Menschen haben das Gefühl, in einem Klima der Korruption zu leben, und werden selbst korrupt.« Unter Nehru wurden die gesellschaftlichen Normen und die öffentliche Rechenschaftspflicht ausgehöhlt, was die demokratischen Institutionen schwächte, die ihm so am Herzen lagen. Er hinterließ einen schwachen materiellen Fortschritt, soziale Ungerechtigkeit und ausufernde moralische Degeneration.[2]

Die Demokratie betrügt das Volk

Im Oktober 1955 machte Milton Friedman auf dem Weg nach Delhi in Tokio Station. Er war beeindruckt von der Sauberkeit der Stadt und der Schönheit der Artikel in den Läden. Dennoch deprimierte ihn die Armut nach dem Krieg. Es sei unvorstellbar, schrieb er an seine Frau Rose, dass Menschen so arm seien und »dennoch leben«.[3]

Acht Jahre später besuchte Friedman Japan auf dem Heimweg von Indien. In seinen Memoiren beschrieb er den dramatischen Wandel in diesen wenigen Jahren: »Es gab zweifellos immer noch viel Armut, aber insgesamt machte Japan den Eindruck von Wachstum und relativem Wohlstand.« Ganz anders Indien. Friedman war verblüfft davon, wie wenig sich seit seinem Besuch im Jahr 1955 in diesem Land verbessert hatte.[4]

Der Fairness halber muss gesagt werden, dass Japan bereits in den zwanziger Jahren dem exklusiven Klub der »Industrieländer« angehört hatte. Nach dem Zweiten Weltkrieg hatte das zerstörte Japan, das über reichlich menschliches und materielles Kapital verfügte, wie Westeuropa einen rasanten Wiederaufbau in Angriff genommen. Indien machte nach der Unabhängigkeit ebenfalls Fortschritte. Der Aufbau der Schwerindustrie war irregeleitet, erweiterte jedoch die industrielle Basis des Landes. Die Pro-Kopf-Einkommen stiegen in den Nehru-Jahren um etwa 1,5 Prozent pro Jahr, was eine beträchtliche Verbesserung gegenüber der Kolonialzeit war, als sie beinahe stagniert hatten.[5]

Aber der Fortschritt Indiens kam nur quälend langsam voran. Die Armen profitierten kaum vom Anstieg der Durchschnittseinkommen. Die Kluft zwischen Reich und Arm war in Indien stets sehr viel größer als in den westlichen Ländern, und große Teile des Landes hatten keinen Anteil am Fortschritt der Nehru-Jahre. In den Städten blieben gute Arbeitsplätze knapp. In den 17 Jahren unter Nehru blieben mindestens 60 Prozent der Inder in tiefer Armut gefangen.[6] Die Bevölkerungsmehrheit profitierte kaum vom Fortschritt.

Im November 1963, sechs Monate vor seinem Tod, rang sich Nehru verspätet zu dem Eingeständnis durch, Indien habe sich »vom Ziel des Sozialismus entfernt«. Schuld daran waren in seinen Augen die wachsenden Monopole, die er als »Feinde des Sozialismus« bezeichnete. Gunnar Myrdal schlug in dieselbe Kerbe und erklärte, die Zugewinne seit der Unabhängigkeit seien in erster Linie den »Industriellen, Großkaufleuten und anderen privilegierten Klassen«

zugute gekommen, während die Inflation die Einkommen der Armen aufgefressen habe. Die begrenzten verfügbaren Daten deuteten darauf hin, dass die Ungleichheit gewachsen sei. Anders als in den entwickelten Ländern, wo die meisten Kinder einen höheren Lebensstandard als ihre Eltern erwarten könnten, sei das Leben in Indien von »Unbeweglichkeit und Stagnation« gekennzeichnet. Zunehmende Ungleichheit, wachsende Armut und geringe Aufwärtsmobilität gingen mit einer Fixierung auf die Schwerindustrie einher. Unter der von oben angeordneten Offensive zum Aufbau der Schwerindustrie gebe es kaum eine »Trickle-down«-Entwicklung.[7]

Indien verharrte in derart tiefer Armut, weil ein großer Teil der Bevölkerung weiterhin in der wenig produktiven Landwirtschaft arbeitete. Der Beschäftigtenanteil der Landwirtschaft blieb zwischen der Unabhängigkeit und dem Jahr 1965 unverändert bei 70 Prozent, weil die neuen Industrien wenige Arbeitsplätze schufen. Der Arbeitsplatzmangel vergrößerte die Gräben zwischen den Kasten, weil diese an den vererbten Berufen festhielten. In Japan war der Anteil der in der Landwirtschaft tätigen Beschäftigten zwischen 1880 und 1920 von 80 auf 50 Prozent der Gesamtbeschäftigung gesunken. Als die Menschen in die Städte abwanderten, um Arbeit in Industrie und Dienstleistungen anzunehmen, schwand der Einfluss der Kastenzugehörigkeit auf die Berufswahl.

Durch den Aufbau der Schwerindustrie abgelenkt, ließ Indien die erste (und vielleicht wichtigste) Chance zum Export arbeitsintensiver Produkte ungenutzt. Der Wiederaufbau nach dem Krieg und die aufgestaute Konsumnachfrage hatten das Wachstum des Welthandels beschleunigt. Japan nutzte die Chance, und im Jahr 1957 folgte Taiwan seinem Beispiel. Südkorea machte ebenfalls »spektakuläre« Fortschritte: Im Jahr 1961 wertete es seine Währung – den Won – ab, und 1964 folgte unter dem Druck der Amerikaner, die mit der Einstellung ihrer Finanzhilfe drohten, eine weitere Abwertungsrunde. Aber wie die Weltbank Mitte der sechziger Jahre feststellte, konnte Südkorea auch »auf seine gebildeten und gut geschulten Arbeitskräfte stolz sein«. Das Land erhöhte seine Ausfuhren von Baumwolltextilien, Kleidung und Schuhen rasch. Die Weltbank erwartete ein rasches Wachstum der koreanischen Exporte von Elektrogeräten wie kleinen Motoren, Transformatoren und Radios. Die koreanischen Unternehmen, die bei arbeitsintensiven Produkten bereits einen Vorsprung vor den japanischen hatten, waren auf dem besten Weg, ausgehend von ihrem wichtigsten Markt in den Vereinigten Staaten in weitere Absatzmärkte vorzudringen.[8]

Da sich Indien auf die Schwerindustrie konzentrierte, hatte sich an seinen wichtigsten Exportgütern im Jahr 1964 nichts geändert: Wie im Jahr 1949 verkaufte es vor allem Jutetextilien, Tee, Baumwollgarn und -textilien ins Ausland. Es wurden auch leichte Maschinen exportiert, aber nur in sehr geringen Mengen und mit geringem Wert.[9]

Das Ergebnis war, dass sich an der Unterbeschäftigung der ländlichen Bevölkerung kaum etwas änderte – und dass die Arbeitslosigkeit in den Städten nach Einschätzung der Weltbank »wahrscheinlich stieg«. Die staatlichen Stellen berichteten schonungslos über diese Entwicklungen. Im Entwurf des vierten Fünfjahresplans, der von 1966 bis 1971 umgesetzt werden sollte, wurden die Ergebnisse der vorangegangenen drei Pläne (1951–1966) mit kaum verhohlener Ungeduld kommentiert: »Den aufeinander folgenden Entwicklungsplänen ist es nicht gelungen, angesichts des Nettozuflusses von Arbeitskräften einträgliche neue Arbeitsplätze zu schaffen, und der Arbeitslosenüberhang wächst weiter.«[10] Aus den amtlichen Erhebungen geht hervor, dass der Arbeitskräfteüberschuss zwischen 1955 und 1965 von 20 bis 25 Millionen auf 30 bis 35 Millionen Menschen wuchs.

Und der Arbeitskräfteüberhang sollte weiter anwachsen. Anfang der sechziger Jahre hatte sich das Bevölkerungswachstum auf 2,2 Prozent pro Jahr erhöht, weil verbesserte hygienische Bedingungen und eine wirksamere Behandlung von Infektionskrankheiten die Sterblichkeit verringerten. Mehr Kinder erreichten das Erwachsenenalter, und die Zahl junger Erwachsener, die Arbeit suchten, nahm rascher als die Gesamtbevölkerung zu. Da die Fruchtbarkeitsrate weiterhin hoch war, würde die Flut junger Menschen, die auf den Arbeitsmarkt strömten, mit Sicherheit nicht abebben.[11]

Die Menschen mussten unentwegt um ihren Lebensunterhalt kämpfen. Im Jahr 1956 bezeichneten in einer Umfrage mehr als 20 Prozent der Befragten die Arbeitslosigkeit als ihre drängendste Sorge. Selbst denen, die Arbeit hatten, fiel es schwer, über die Runden zu kommen. Mehr als die Hälfte der Befragten erklärte, der Anstieg der Lebensmittelpreise mache ihnen die meisten Sorgen.[12]

Knappheit und Verteuerung von Lebensmitteln lösten gewalttätige Proteste aus, die euphemistisch als »Nahrungsbewegungen« bezeichnet wurden. Als eine Missernte und die unzureichende Versorgung durch das öffentliche Verteilungssystem im August 1959 die Lebensmittelpreise in Westbengalen in die Höhe trieben, gingen in Kalkutta zwischen 100 000 und 300 000 Menschen auf die Straße, darunter Schüler, Lehrer, Industriearbeiter, Bauern und verarmte Flüchtlinge aus Ostpakistan. In den Straßen bot sich »ein Bild der Zerstörung«. Die Polizei schoss in die Menge und löste eine Spirale von »Gewalt und Gegengewalt« aus, die erst nach fast einem Monat beendet werden konnte.[13]

Der Journalist und Bürgerrechtsaktivist Sumanta Banerjee beschrieb es so: »Die aufrührerische Zerstörung entsprang der ohnmächtigen Wut und Verzweiflung über zermürbende Armut und Demütigung.« Das erdrückende Gefühl der Knappheit erhitzte die Gemüter nicht nur, wenn die Lebensmittelpreise stiegen. Im Jahr 1953 kam es in Kalkutta zu Ausschreitungen, als die Verkehrsbetriebe die Tarife erhöhten. Symbole der Staatsmacht wurden angegriffen, darunter Polizeiwachen. Im Jahr 1956 schlugen streikende Bahnarbeiter in Kharagpur bei Kalkutta einen Lokomotivführer bewusstlos und ließen die Lokomotive mit voller Fahrt in den Bahnhof rasen. Der Politikwissenschaftler Myron Weiner vom MIT zeigte Verständnis für die Gewaltausbrüche: »Die Regierungsvertreter lassen sich nur selten mit vernünftigen Argumenten überzeugen.«[14]

In Bombay brachte das Gefühl des Mangels eine neue politische Kraft hervor. Im August 1960 rief der 34-jährige Karikaturist Bal Thackeray die Wochenzeitschrift *Marmik* ins Leben. Mit seinen Karikaturen und politischen Satiren fachte Thackeray die Wut an, die aus »Verzweiflung und Enttäuschung erwächst«.[15]

Im Jahr 1964 stand Indien erneut am Rande des Zahlungsausfalls. Das Zahlungsbilanzdefizit war seit 1956 unaufhörlich gewachsen. Die Einfuhren, vor allem jene von Lebensmitteln und Maschinen, waren deutlich gestiegen, während die Ausfuhren kaum zugenommen hatten. Die Rupie hätte längst abgewertet werden sollen, aber die Regierung verließ sich darauf, dass die Geldgeber (IWF, Weltbank und Industrieländer) das Außenhandelsdefizit Indiens finanzieren würden. Der Zeitpunkt für die Rückzahlung einiger Kredite rückte näher, und die Aussichten waren schlecht. Im Juni 1963 musste Indien einen neuen Kredit aufnehmen, um die 100 Millionen Dollar zurückzahlen zu können, die der Währungsfonds dem Land geborgt hatte.[16]

Dann fiel im November 1963 Präsident John F. Kennedy einem Attentat zum Opfer. Kennedy hatte Indien verlässlich unterstützt, ohne eine Gegenleistung zu verlangen. Nach seinem Tod war klar, dass kein »kostenloses« ausländisches Geld mehr fließen würde.

Die Demokratie betrügt das Volk: Die alten Machtstrukturen bleiben unangetastet

In Indien wurde regelmäßig gewählt, aber die Stimmen der Wähler zählten kaum. Die überkommenen »Machtstrukturen« wahrten die Kontrolle über die wichtigen politischen Entscheidungen. Die Großgrundbesitzer bekämpften erfolgreich die Bodenreform. In der Industrie verwandelten sich Einfuhrbeschränkungen und Gewerbelizenzen – die eigentlich den Devisenschwund stoppen sollten – in Werkzeuge, mit denen die Großunternehmen den Markteintritt von Konkurrenten verhindern konnten. Mit Duldung einflussreicher Politiker wiesen hochrangige Beamte sich selbst begehrte Wohnungen zu und genehmigten sich üppige Zusatzleistungen wie Dienstwagen und in Indien knappe Telefone. Die Benachteiligten protestierten, waren jedoch nicht in der Lage, ihre Kräfte zu bündeln, um gemeinsam für eine bessere Zukunft zu kämpfen.[17]

Die Korruption im öffentlichen Leben, ein Privileg der Mächtigen, wurde genutzt, um jene, die nicht Teil der Machtstrukturen waren, einzuschüchtern und zu bedrängen. Im August 1962 informierte Nehrus Innenminister Lal Bahadur Shastri das Parlament darüber, dass die Behörden zwischen Jahresbeginn 1957 und Juni 1962 mehr als 20 000 Beamte wegen Korruption bestraft hatten. Doch die Abschreckungswirkung der Strafen war offenkundig gering. Shastri kündigte die Einrichtung eines Untersuchungsausschusses unter Leitung des Abgeordneten K. Santhanam an, der sich ein Bild von Natur und Ausmaß der Korruption machen und wirksamere Gegenmaßnahmen vorschlagen sollte.

Der Santhanam-Ausschuss beschrieb die bekannte Korruption in Zusammenhang mit der Erteilung von Einfuhr- und Gewerbegenehmigungen, stellte jedoch klar, dass die Plage weit verbreitet war. Bei Bauaufträgen, hieß es im Ausschussbericht, sei die Zahlung von Kommissionen üblich, »die in einem vereinbarten Verhältnis unter den beteiligten Beamten verteilt werden«. Besonders verbreitet war diese Praxis bei der Vergabe öffentlicher Aufträge des Bauministeriums, wo der leitende Ingenieur zwischen 7 und 11 Prozent des Auftragsvolumens einstrich und das Bestechungsgeld normalerweise mit seinen Untergebenen und zunehmend auch mit seinen Vorgesetzten teilte. Bei der Bahn mussten Schmiergelder für die Zuteilung von Waggons und für die Paketzustellung gezahlt werden, insbesondere wenn man verderbliche Lebensmittel versenden wollte. Als besonders alarmierend bezeichneten die Autoren des Berichts zuverlässige Informationen über Korruption auf den unteren Ebenen des Justizwesens. Die Kommission hatte gegen höhere Beamte gerichtete Anschuldigungen gehört. Auch Minister, insbesondere solche, die seit langem im Amt waren, hatten sich offenbar »widerrechtlich bereichert«.[18]

Der Untersuchungsausschuss legte seinen vorläufigen Bericht im April 1963 vor. Die Medien nahmen die Ergebnisse – und insbesondere die Empfehlungen – des Ausschusses mit einer Mischung von Empörung und Verzweiflung auf. *Economic Weekly* bezeichnete den Vorschlag einer »Aufsichtskommission« als absurd: Bürokraten sollten andere Bürokraten disziplinieren. Die *Times of India* fragte sich, ob es möglicherweise schon zu spät sei, um das Übel der Korruption auszurotten, denn sie habe »fast alle Ebenen der Administration«, ja »fast alle Sphären des gesellschaftlichen Lebens« infiltriert.[19]

Andere sahen weniger Grund zur Sorge. In ihren Augen war die Korruption einfach ein harmloser Preis der Geschäftstätigkeit. Schmiergelder waren »Beschleunigungsgelder«, mit denen jene, die bereit und in der Lage waren, für diesen Service zu bezahlen, Beamte dazu bewegen konnten, Projekte schneller durchzuwinken. Myrdal lehnte diese »grundfalsche« Beschönigung mit Recht ab: Bestechungsgelder bewegten Beamte dazu, sich neue Hindernisse auszudenken, um ihre persönlichen Einnahmen zu erhöhen. Neue Hindernisse machten das Regelwerk willkürlicher und veranlassten Firmen dazu, von langfristigen Investitionen Abstand zu nehmen, weil man für solche Projekte möglicherweise wiederholt Genehmigungen und Bescheinigungen einholen musste. Und eine Kultur von Immoralität und unethischem Verhalten schlug tiefere Wurzeln im öffentlichen und privaten Leben.[20]

Die Demokratie betrügt das Volk: Gefahr durch charismatische Führer

Die Demokratie betrog die Inder auch, weil Nehrus Politik wenig mit den Rechten und Bestrebungen der Mehrheit der Inder zu tun hatte. Nehru konnte seine Politik durchsetzen, weil er weder in Kongresspartei und Regierung noch in anderen Parteien ernstzunehmende Widersacher hatte. Er gewann die Wahlen, weil die Menschen ihn verehrten und oft seine sozialistische Rhetorik glaubten.

Im Juni 1959 tauchte ein möglicher Herausforderer der Kongresspartei auf: An der Spitze der Swatantra Party stand C. Rajagopalachari, ein ungewöhnlich kleiner Mann, der eine dicke Brille trug. »Rajaji«, wie er im Volksmund genannt wurde, genoss großes Ansehen wegen seiner Beiträge zur Unabhängigkeit, und Nehru hatte ihn im Juli 1948 zum Nachfolger Lord Mountbattens als Generalgouverneur ernannt. Dieses Amt hatte Rajaji bis Januar 1950 inne, als Indien zur Republik wurde. Nach Sardar Patels Tod im Dezember 1950 diente er bis Oktober 1951 in Nehrus Kabinett als Innenminister.

Rajaji, ein Experte für alte hinduistische Texte (Generationen von Indern haben seine Übersetzungen der *Bhagavad Gita* und der zeitlosen Mythen *Ramayana* und *Mahabharata*) gelesen, war politisch ebenso säkular wie der bekennende Agnostiker Nehru. Aber Rajajis Säkularismus beruhte auf den hinduistischen Schriften, die allen Menschen ein göttliches Wesen zuschreiben. Die Kernbotschaft des Hinduismus lautet: »Wir sind alle gleich geschaffen.« Obwohl er ein praktizierender Hindu war, lehnte Rajaji die Politik der hindunationalistischen Partei Jana Sangh ebenso ab wie Nehru.

In der Wirtschaftspolitik waren Rajaji und Nehru sehr unterschiedlicher Meinung. In Rajajis Augen beruhte ein vernünftiger Sozialismus auf »so viel Wettbewerb wie *möglich* und so viel Planung wie *nötig*«. Er war ein Anhänger der deutschen Sozialdemokratie. In Deutschland hatten konservative Regierungen nach dem Zweiten Weltkrieg große materielle Fortschritte erzielt und zugleich mit großzügigen Bildungs- und Gesundheitssystemen die soziale Gerechtigkeit gefördert.[21]

Rajaji und seine Mitarbeiter lehnten Nehrus undurchführbare Fünfjahrespläne entschieden ab, weil diese die Devisenreserven aufzehrten, was den Staat wiederum zwang, die Importe zu bremsen und dem Privatsektor Fesseln anzulegen. Im März 1961 prägte Rajaji mit Blick auf die Wahlen im folgenden Jahr den Ausdruck »Herrschaft der Genehmigungen und Lizenzen«, um das korrupte System bürokratischer Kontrollen zu beschreiben. Er wollte die wuchernden Regulierungen, die ab 1957 zum Schutz der Devisenbestände eingeführt worden waren, wieder abschaffen. Doch dafür mussten zuerst die unrealistischen Planziele aufgegeben und die Rupie abgewertet werden, um so die Devisenknappheit zu beenden.[22]

Rajaji befürwortete Nehrus Politik der Bündnisfreiheit, hielt es jedoch für naiv zu versuchen, eine besondere Beziehung zu China zu knüpfen, vor allem nachdem die chinesische Führung im März 1959 aggressiv auf die Entscheidung Indiens reagiert hatte, dem Dalai Lama Asyl zu gewähren.[23]

Nun war Nehru mit einem prominenten Herausforderer konfrontiert, der intellektuelles Gewicht hatte. Und der Premierminister reagierte schlecht auf die Herausforderung. In einem Interview mit dem *Blitz*-Chefredakteur R. K. Karanjia bezeichnete Nehru die Swatantra Party als »Rückfall in die Vergangenheit«. Er griff Swatantra für ihn untypisch scharf an und behauptete, diese Partei wolle einen »faschistischen Staat« errichten.[24] Er hätte sich keine Sorgen machen müssen. Rajaji wurde ihm nicht gefährlich. Verbindungen zu reichen Unternehmern schadeten dem Ansehen seiner Swatantra Party. Nehrus Charisma sicherte ihm im Februar 1962 einen ebenso überzeugenden Wahlsieg wie 1952 und 1957.

Es sollte Nehrus letzter Triumph sein. Am 20. Oktober 1962 drangen chinesische Truppen in das nordindische Ladakh ein (das heute ein Unionsterritorium ist, damals aber zum Bundesstaat Jammu und Kaschmir gehörte). Auch von Osten marschierten chinesische Truppen in Indien ein und überquerten die von den Briten gezogene McMahon-Linie, die Tibet vom Nordosten Indiens trennte. Angesichts der überwältigenden chinesischen Militärmacht bat Nehru am 19. November in zwei »Mitternachtsbriefen« Präsident Kennedy um Hilfe. »Die Situation ist wirklich verzweifelt«, schrieb Nehru. Er bat um die Entsendung von zwölf Staffeln von Überschallkampfflugzeugen; amerikanische Piloten sollten der indischen Luftwaffe helfen, die chinesischen Angriffe auf Städte und Kommunikationsverbindungen abzuwehren. Die Amerikaner waren verblüfft: Sie konnten diese Hilfe unmöglich zusagen. Doch die Angelegenheit erledigte sich rasch. Am 20. November kurz vor Mitternacht boten die Chinesen einen Waffenstillstand an. Sie behielten die annektierten Gebiete im unwirtlichen Aksai Chin nordöstlich von Ladakh und zogen sich hinter eine Grenze zurück, die sie als »Linie der tatsächlichen Kontrolle« bezeichneten. Im Osten zogen sie sich hinter die McMahon-Linie zurück, obwohl die Gebiete auf beiden Seiten dieser unklar definierten Grenze zwischen den beiden Ländern umstritten blieben.[25]

Der Schock über das militärische Debakel wirkte sich auf Nehrus Gesundheit aus. Er erholte sich nicht mehr von diesem Schlag.

Nehrus fehlgeleitete Industrialisierungsstrategie hemmte die wirtschaftliche Entwicklung Indiens, aber langfristig wirkte sich vor allem die Vernachlässigung der Bildung verheerend aus. Nehru gab sich damit zufrieden, dass eine wachsende Zahl indischer Kinder zur Schule ging. Aber während andere Länder alles unternahmen, um ihre jungen Menschen und insbesondere die Frauen gut auszubilden, untergrub Indien die Zukunftsaussichten seiner Bevölkerung und fiel im internationalen Wettbewerb zurück.

Die Volksbildung entwickelte sich in Indien viel zu langsam, und minderwertige Hochschulen stellten lediglich Diplome für jene aus, die verzweifelt um die wenigen verfügbaren Arbeitsplätze kämpften. Politiker und ihre Freunde beuteten diese Hochschulen wie persönliche Lehnsgüter aus. Der Santhanam-Ausschuss äußerte in seinem Bericht über die Korruption in Indien sein »tiefes Bedauern« über »missbräuchliche Praktiken bei Hochschulzulassungen, Einstellung von Lektoren und Professoren und Verwaltung der finanziellen Mittel«.[26]

Nehrus Leidenschaft galt den wissenschaftlichen und technischen Instituten, seinen von gelehrten »Priestern« betriebenen Tempeln, die er nur einweihen und bei Konferenzen mit visionären Vorträgen beglücken musste. Nehru lebte weiter »in den Wolken«, wie die *Times of India* schonungslos schrieb. Die Wissenschaft war die Ausrede, die Nehru verwendete, um sich nicht mit den politischen und sozialen Auseinandersetzungen, den schwierigen Umverteilungskonflikten und der mühevollen Verwaltung eines modernen Wohlfahrtsstaates beschäftigen zu müssen.[27]

So wie die Bildung verharrte auch die städtische Entwicklung auf der Stelle. Wie die Bildung beruhte sie auf vielfältigen staatlichen und Gemeindeinitiativen. Die Zentralregierung musste Ziele und Maßstäbe setzen, um Veränderungen anzustoßen. Doch die Entwicklung der Städte spielte in der Wirtschaftsplanung praktisch keine Rolle. Ohne solides Bildungsfundament und ohne Städte, die ihren Einwohnern gute Jobs und menschenwürdige Lebensbedingungen bieten konnte, schwanden Indiens Chancen auf ein gerecht verteiltes Wachstum.

Doch Nehrus »sozialistische« Rhetorik war fest in den Vorstellungen der Bevölkerung verankert. In dem Film *Jis Desh Mein Ganga Behti Hai* (»Das Land, in dem der Ganges fließt«) aus dem Jahr 1960 tauchte Raj Kapoor als Raju auf, ein kindlicher Dorfbewohner, der sich einer Gruppe von Banditen angeschlossen hat. Die Tochter des Bandenführers hat ein Auge auf Raju geworfen. Sie erklärt, dass ihr Vater die Reichen beraubt und die Armen beschenkt. »Seid ihr

Sozialisten?«, fragt der verblüffte Raju. »Ich schließe mich euch an, um die Welt gerechter zu machen.« Der Regisseur Radhu Karmakar (Kapoor übernahm bei diesem Film die Produktion) erklärte später, das sei weder ironisch noch sarkastisch gemeint gewesen, sondern entspreche einfach der Vorstellung der Inder vom Sozialismus.[28]

Der charismatische Nehru war einer jener Politiker, die, wie der Politikwissenschaftler Robert Dahl im Jahr 1961 warnte, unangenehme Tatsachen ignorierte, selbst wenn seine Politik dem Volk schadete.[29]

Die Zersplitterung von Politik und Regierung

Einige Beobachter blieben zuversichtlich, weil sie glaubten, unter Nehru habe die Demokratie in Indien starke Wurzeln geschlagen und werde schließlich materielle Früchte abwerfen. Der Politikwissenschaftler Samuel Huntington sah zwei große Stärken der indischen Demokratie: eine dominante, gut organisierte Kongresspartei und eine erstklassige staatliche Verwaltung in der Tradition des legendären Indian Civil Service, der das Land unter britischer Herrschaft verwaltet hatte.[30]

Der Politikwissenschaftler Rajni Kothari ergänzte diese Einschätzung durch die These, die Kongresspartei funktioniere wie eine riesige Koalition, die der Vielfalt des Landes entsprechend zahlreiche Lager umfasse und Kompromisse zwischen ihnen ermögliche. Struktur und Abläufe der Partei zähmten seiner Meinung nach diese Flügel und lenkten ihre Energie in eine geordnete »innerparteiliche Opposition«. Das »Kongresssystem«, wie Kothari es bezeichnete, gewährleiste die politische Stabilität und Widerstandskraft der indischen Demokratie.[31] Sowohl Huntington als auch Kothari waren überzeugt, dass die in der Kongresspartei verankerte stabile Demokratie ein gerecht verteiltes Wachstum ermöglichen werde.

Nehru erzählte in der für ihn charakteristischen hochtrabenden Sprache dieselbe Geschichte: »Der Kongress ist ein mächtiges, solides Fundament Indiens und begründet die wirkliche Einheit des Landes, die mehr ist als politische Einheit. Sie ist die Einheit von Herzen und Seelen.«[32] In Wahrheit waren die verschiedenen Lager innerhalb der Kongresspartei lediglich Gruppen opportunistischer Politiker, die nur deshalb in der Partei blieben, weil sie mit einem Übertritt in eine der schwachen Oppositionsparteien ihre Pfründe aufs Spiel gesetzt hätten. In der Kongresspartei konnten sie sich ihren Anteil an der politischen Beute sichern, die immer größer wurde, da das Land die Ausgaben für Armutsbekämpfung und wirtschaftliche Entwicklung erhöhte. Die Parteimitglieder häuften Vermögen an, indem sie Arbeitsplätze (in Hilfsorganisationen, Bildungswesen und anderen Diensten), einträgliche Aufträge (zum Bau von Brunnen, Straßen und anderen Infrastrukturen) und günstige Kredite ergatterten.[33]

Fragmentierung und Korruption der Kongresspartei waren unausweichlich. Schon im Jahr 1951 hatte die Zeitschrift *Time* die Parteiführer als »opportunistische Amtsträger« bezeichnet, die oft zugleich »Schwarzmarktunternehmer« seien. Nehru tat wenig, um die räuberischen Neigungen in seiner Partei zu unterdrücken, sondern beschränkte sich darauf, das System als maßgeblicher Makler der Macht zusammenzuhalten und die Kandidaten und führenden Köpfe der Kongresspartei auszuwählen.[34]

Schließlich verlor auch Nehru die Kontrolle über die Partei. Im Frühjahr 1963 unterlag die Kongresspartei bei drei wichtigen Nachwahlen zur Lok Sabha, dem Unterhaus des Parlaments. Alle drei Wahlsieger – Acharya Kripalani, Minoo Masani und Ram Mannohar Lohia – waren erbitterte politische Gegner Nehrus und hatten bei den Wahlen im Vorjahr noch gegen die Kandidaten der Kongresspartei verloren. Doch jetzt war der Nimbus der Unbesiegbarkeit angekratzt, und in der Partei braute sich eine Rebellion zusammen. Im August verspottete die *Times of India* die Mitglieder der Parteiführung als verängstigte »Witzfiguren«, die es nicht wagten, die gewaltigen Probleme des Landes in Angriff zu nehmen.[35]

Es drohte eine Zersplitterung der Parteienlandschaft. Bis dahin hatte die Kongresspartei bei den Wahlen stets überwältigende Mehrheiten errungen, aber Indien hatte das britische Mehrheitswahlsystem übernommen, was bedeutete, dass ein Kandidat nicht über 50 Prozent der Stimmen in seinem Wahlkreis brauchte, um sich das Mandat zu sichern, sondern dass derjenige Kandidat den Parlamentssitz errang, der die meisten Stimmen im Wahlkreis erhielt. Seit der Unabhängigkeit hatte sich die Kongresspartei auf nationaler und einzelstaatlicher Ebene mit etwas mehr als 40 Prozent der Stimmen fast drei Viertel der Sitze in der Lok Sabha und zwei Drittel der Mandate in den Parlamenten der Bundesstaaten gesichert. Wenn andere Parteien nur ein wenig mehr Wähler für sich gewinnen würden, könnten sie sehr viel mehr Parlamentssitze erringen und entweder allein oder in Koalitionen Regierungen bilden. Die Zugehörigkeit zur Kongresspartei könnte an Wert verlieren, und ihre verschiedenen Lager würden möglicherweise ihrer eigenen Wege gehen. Es drohten Zersplitterung und heftigere politische Auseinandersetzungen.[36]

Die These von der vorzüglichen indischen Staatsverwaltung – und von ihrer Fähigkeit, die Stabilität des Landes zu gewährleisten – war noch leichter zu entkräften. Der Civil Service und sein Nachfolger, der Indian Administrative Service, waren tatsächlich Elitebürokratien. Aber nach der Unabhängigkeit war die Bürokratie rasant gewachsen, und zahlreiche schlecht ausgebildete Staatsdiener mussten kaum Rechenschaft für ihre Tätigkeit ablegen. Die Weltbank urteilte: »Die Kompetenz der höherrangigen Beamten kann sich mit der in jedem Land der Welt messen«, aber »bei den Beamten der unteren Ebenen, die täglich mit den Bürgern in Kontakt kommen, sieht man zu viel Lethargie, Gleichgültigkeit und ein Mangel an Dringlichkeit«. Die Korruption war der erschütterndste Beweis für die Degeneration des Beamtenapparats.[37]

Die Ideale bröckeln

Im Januar 1964 versammelte sich die Parteiführung in Bhubaneswar, der Hauptstadt des östlichen Bundesstaats Orissa, um »ein unmissverständliches Bekenntnis zum Sozialismus« abzulegen. Bei diesem Treffen erlitt Nehru einen Schlaganfall, der seine linke Körperhälfte teilweise lähmte. Sein zermürbter Körper hielt stand, aber seine Ideale zerbrachen. Wenige Tage nach seinem Schlaganfall brachen in Kalkutta Unruhen zwischen Hindus und Muslimen aus; 150 Menschen wurden getötet, Hunderte verletzt. Im März kam es in Rourkela, einer Stadt mit Stahlindustrie, zu Gewalt zwischen den Volksgruppen. Das Stahlwerk war einer von Nehrus »Tempeln des neuen Indien«, in denen die Menschen am Altar des Wissens beten sollten. Aber durch den körperlichen Verfall Nehrus ermutigt, entschlossen sich Hindu-Nationalisten, stattdessen am Altar von Spaltung und Hass zu beten. Fast zur selben Zeit wie in Rourkela brachen in Jamshedpur, einem weiteren Zentrum der Stahlindustrie, Unruhen aus. Orchestriert wurden sie von Rashtriya Swayamsevak Sangh, dem militanten Arm der nationalistischen Hindu-Bewegung, die den Hass gegen Muslime schürte, um die vermeintliche Misshandlung der bengalischen Hindus zu rächen, die aus Ostpakistan flüchten mussten.[38]

Am Morgen des 27. Mai platzte Nehrus Aorta. Sein Arzt versuchte ihn mit einer Bluttransfusion zu retten, aber er erlangte das Bewusstsein nicht wieder und starb am Nachmittag desselben Tages. Er war 74 Jahre alt. Rajaji, der gemeinsam mit Nehru für die Unabhängigkeit gekämpft hatte und die Swatantra Party führte, die Nehru als möglicherweise faschistisch bezeichnet hatte, bewies Größe und zollte dem verstorbenen Premierminister Tribut: »Ein geliebter Freund, der zivilisierteste unter uns, ist fort.«[39]

Der maßvolle und idealistische Nehru hinterließ einer Nation, die sich vor der Zukunft fürchtete, unerfüllte Hoffnungen. Seine wirtschaftlichen Misserfolge hatten gravierende Auswirkungen auf die indische Demokratie. Brasilien, das ebenfalls unter großer Ungleichheit litt, war kurz zuvor nach einem gescheiterten Aufbau der Schwerindustrie in die Diktatur abgeglitten. Wie lange konnte Indien dieses Schicksal vermeiden? Nach Nehrus Tod wurde in Nachrufen in der *Financial Times* und dem *Economist* ein rascher Zerfall der Kongresspartei vorhergesagt. Die *New York Times* ging noch einen Schritt weiter und prognostizierte ähnlich wie zuvor das amerikanische Außenministerium, Indien werde »zweifellos versucht sein, mit dem Autoritarismus zu experimentieren«.[40]

TEIL II

Gewalt

1964–1984

KAPITEL 8

Shastri und eine mutige Transition

Jawaharlal Nehru starb am 27. Mai 1964 um 13:44 Uhr. All-India Radio gab seinen Tod um 14:00 Uhr bekannt. Kurz nach 15:00 Uhr begann die Diskussion über die Nachfolge. »Wer kommt nach Nehru?« war in politischen Kreisen in Delhi und in den Medien seit langem ein beliebtes Gesellschaftsspiel. Jetzt begann das Spiel im Ernst, und es war kein Spiel für Zauderer.[1] Auf Nehrus Nachfolger wartete eine gewaltige Herausforderung.

Kumaraswami Kamaraj, der Vorsitzende der Kongresspartei, übernahm die Rolle des Königsmachers. Kamaraj war früher Regierungschef des Bundesstaats Madras gewesen (der im Januar 1969 in Tamil Nadu umbenannt wurde). Er war der Kopf einer Gruppe führender Politiker der Kongresspartei, die aufgrund ihrer Machtfülle als »das Syndikat« bezeichnet wurde. Kamaraj sprach nur Tamil und war sich der Tatsache bewusst, dass er aufgrund seiner Unfähigkeit, in Hindi oder Englisch zu kommunizieren, nicht für das Amt des Premierministers infrage kam. Ihm schwebte eine Rolle in einer »kollektiven Führung« vor. Kamaraj war ein erbitterter Gegner des Nachfolgekandidaten Morarji Desai, der Finanzminister in Nehrus Regierung gewesen war. Desai hatte klare politische Vorstellungen und würde als Premierminister kaum bereit sein, die Macht mit irgendjemandem zu teilen.

Am 2. Juni 1964, fünf Tage nach Nehrus Tod, gab Kamaraj bekannt, dass Lal Bahadur Shastri der nächste Premierminister Indiens sein würde. Shastri, ein Mann der leisen Töne, schien sehr gut in die kollektive Führung zu passen, die Kamaraj vorschwebte. Am 9. Juni legte er den Amtseid ab.[2]

Shastris bescheidenes Auftreten kam den ästhetischen Vorlieben von Medien und Öffentlichkeit entgegen, aber er ließ sich nicht ins Bockshorn jagen. Sein politischer Werdegang war makellos. Er hatte aktiv an der Befreiungsbewegung teilgenommen. Nach der Unabhängigkeit hatte er führende Positionen in der Kongresspartei von Uttar Pradesh bekleidet und der dortigen Regierung angehört. Nehru hatte ihn nach Delhi geholt und mit Kabinettsposten von wachsender Bedeutung betraut. Nehru hielt große Stücke auf Shastri: »Er ist ein Mann von makelloser Integrität, loyal und mit hohen Idealen, ein gewissenhafter Mann, der hart arbeitet. Man kann sich keinen besseren Kameraden und Kollegen wünschen.« Nachdem Nehru im Januar 1964 in Bhubaneswar den Schlaganfall erlitten hatte, rief er Shastri zu sich, um ihm neue Aufgaben zu übertragen. Auf Shastris Frage, welche Aufgaben das seien, antwortete der fast bewegungsunfähige Nehru: »Machen Sie meine Arbeit.« Nehru hätte nicht klarer zeigen können, wer ihm als Nachfolger vorschwebte.

Shastri stammte aus einfachen Verhältnissen und war vom Leben gezeichnet. Als Junge hatte er jeden Tag auf dem Schulweg einen Fluss überqueren müssen, und wenn er sich die Überfahrt nicht leisten konnte, hatte er den Fluss durchschwommen. Er hatte hilflos mit ansehen müssen, wie seine Tochter an Typhus starb. Jetzt zog er als Premierminister Kamaraj zurate, aber die Entscheidungen fällte er selbst. Und es zeigte sich rasch, dass er entschlossen war, Nehrus Politik aufzugeben und das Land in eine andere Richtung zu lenken.[3]

Shastri in Bedrängnis

Schon bald sah sich Shastri mit wirtschaftlichen, sozialen und politischen Krisen konfrontiert. Er übernahm die Macht am Ende einer dreijährigen Phase, in der die Getreideproduktion kaum gestiegen war. Die Lebensmittel verteuerten sich jährlich um 20 Prozent. In verschiedenen Landesteilen herrschte Dürre, und die Versuche der Regierung, rasch Getreide aus Gebieten mit Überschüssen in notleidende Gegenden zu bewegen, verstärkten die Krisenstimmung. In weit voneinander entfernten Regionen brachen Unruhen aus: bei Poona im Westen, im Gebiet von Bangalore im Süden, in Orissa im Osten und erwartungsgemäß in Kalkutta, wo es schon in den fünfziger Jahren wiederholt zu gewalttätigen Protesten gekommen war. Besonders deutlich machte sich die Lebensmittelknappheit in Kerala bemerkbar, weil die Zentralregierung den Bundesstaat nicht mit genug Reis versorgte. Ein verzweifelter Lehrer in Kerala sagte: »Vor 17 Jahren [zu Beginn von Nehrus Regierung] waren wir in Not, aber wenigstens hatten wir Hoffnung. Jetzt wissen wir nicht, was uns bevorsteht. Wir starren in die Dunkelheit.«[4] Bal Thackeray zeichnete das Jahr 1964 auf dem

Titelblatt seiner Satirezeitschrift *Marmik* am 1. Januar 1965 als ausgemergelten, sterbenden Mann. Der »Sterbende 1964« sagte zu dem ahnungslosen »Neugeborenen 1965«, das über den Horizont krabbelte: »Nur ich weiß, wie ich das vergangene Jahr überstanden habe. Keine Nahrung, kein Wasser, steigende Lebenshaltungskosten. Zeit für mich zu gehen. Du musst übernehmen.«

Es war eine bedrückende Zeit. Aber im August 1964 erwachte Hoffnung, als M.S. Swaminathan vom Indian Agricultural Research Institute über erfolgreiche Experimente mit Zwergweizen berichtet hatte. Auf gut bewässerten Flächen konnten diese Sorten große Mengen von Dünger aufnehmen und aufgrund ihrer geringen Höhe große Ähren tragen, ohne umzufallen und wertvolles Korn zu verlieren.[5]

Die ertragreichen Weizensorten weckten das Interesse von Ernährungsminister C. Subramaniam. Er sah Potenzial für eine höhere Produktion von Weizen und möglicherweise auch anderem Getreide. Im Januar 1965 rief Subramaniam die Food Corporation of India ins Leben, die den Bauern Getreide zu einem attraktiven garantierten Preis abkaufen sollte. Dazu kamen eine Subvention für den Kauf von Düngemitteln und eine Konsumsubvention, um den Verbrauchern Lebensmittel zu erschwinglichen und stabilen Preisen anbieten zu können. Subramaniam hatte längst die politischen Rahmenbedingungen für die Nutzung der ertragreichen Getreidesorten geschaffen, als die Welt von der »Grünen Revolution« erfuhr (den Begriff prägte im März 1968 William Gaud, der Leiter der amerikanischen Entwicklungsbehörde USAID).[6]

Mit der Einführung der neuen Landwirtschaftspolitik hatte das Jahr 1965 vielversprechend begonnen, aber die Regierung Shastri musste zahlreiche Krisen bewältigen. Im Frühjahr besetzten pakistanische Truppen überraschend Teile des Rann von Kachchh, eines Salzsumpfs im Norden von Gujarat an der Grenze zur pakistanischen Provinz Sindh. Die Pakistaner wurden von den indischen Streitkräften zurückgedrängt, konnten sich jedoch in einem Teil des anfangs eroberten Gebiets festsetzen. Und durch die nicht allzu entschlossene Antwort der indischen Armee ermutigt, begannen sie eine ehrgeizigere Militäroperation: Im August überschritten zunächst von Pakistan ausgebildete Milizen und dann reguläre Streitkräfte die sogenannte Kontrolllinie in Kaschmir (die De-facto-Grenze zwischen den beiden Ländern). Um die Initiative zurückzugewinnen, eröffnete Indien eine neue Front in den Hochebenen des pakistanischen Punjab. Der folgende Zweite Indisch-Pakistanische Krieg dauerte vom 6. bis zum 22. September 1965. Auf beiden Seiten fielen Tausende Soldaten.[7]

Im Sommer 1965 blieb einmal mehr der Regen aus, weshalb die Ernteerträge einbrachen. Und es sollte noch schlimmer kommen. Am 1. Dezember meldete die *Times of India* auch für den Winter »düstere« Aussichten. Subramaniam sprach von einer »beispiellosen Dürre«, die mehrere Bundesstaaten an den Rand einer Hungersnot gebracht habe. Besonders besorgniserregend war die Unterernährung von Kindern und Schwangeren in verwundbaren Bevölkerungsgruppen.[8]

Verschlimmert wurde die Nahrungsknappheit dadurch, dass Lebensmittelimporte erschwert wurden. Um Indien und Pakistan für den Krieg im Jahr 1965 zu »bestrafen«, hatte US-Präsident Lyndon B. Johnson die Finanzhilfe für beide Länder ausgesetzt und auch die Lebensmittelhilfe gekürzt. Mit dieser »Politik der kurzen Leine« wollte Johnson die Inder auch dazu bewegen, die Vereinigten Staaten im Vietnamkrieg zu unterstützen und ihre eigene Getreideproduktion anzukurbeln.[9]

Johnsons Vorgehen stand im Kontext einer umfassenden Neuausrichtung der amerikanischen Lebensmittelhilfe. Indien importierte seit den frühen fünfziger Jahren amerikanisches Getreide zu außergewöhnlich günstigen Bedingungen. Ermöglicht wurde dies durch das Public Law 480, das die Lieferung von Überschüssen an befreundete Länder erlaubte. Die amerikanische Regierung war großzügig, weil sie ein Problem hatte: Um die heimische Produktion anzuregen, hatte sie den Bauern Preisgarantien gegeben, so dass diese vom Verkauf großer Mengen Getreide an den Staat profitierten. Anstatt die Getreidevorräte in den Lagern verrotten zu lassen, »verkauften« die Amerikaner einen Teil der Bestände an Indien, das in Rupien bezahlte. Die Amerikaner gaben die Rupien-Einnahmen für Hilfsprogramme in Indien oder für amerikanische Besuche in dem Land aus; Washington hatte einen derart hohen Rupien-Überschuss, dass sogar Feuerwehrleute samt Familien auf Staatskosten Indien besuchen konnten und dort verwöhnt wurden.

Doch in jüngster Zeit hatten die amerikanischen Behörden die verschwenderischen Preisgarantien abgeschafft und begonnen, die Bauern dafür zu bezahlen, ihre Felder brachliegen zu lassen. Mitte des Jahres 1965 war der Getreideüberschuss so weit zusammengeschmolzen, dass er keine »Belastung« mehr darstellte. Die Getreidelieferungen an Indien wurden fortgesetzt, aber es war ungewiss, welche Mengen in Zukunft geliefert würden. B.K. Nehru, der zu jener Zeit Botschafter in den Vereinigten Staaten war, schrieb später in seinen Memoiren: »Wir lebten vom Schiff in den Mund.« Die verspätete Ankunft eines Schiffs konnte »den Hungertod« bedeuten.[10]

Die Neuausrichtung bringt neue Risiken und Herausforderungen mit sich

Nehru hatte die Landwirtschaft vernachlässigt. Jetzt trieb Ernährungsminister Subramaniam mit Rückendeckung des Premierministers angesichts wiederkehrender Dürrekatastrophen und der Neuausrichtung der amerikanischen Lebensmittelhilfe seine neue Agrarstrategie voran. Es war jedoch von Anfang an klar, dass seine Maßnahmen – garantierte Getreidepreise und Düngemittelsubventionen für die Bauern sowie Lebensmittelsubventionen für die Konsumenten – den Staatshaushalt belasten würden. Es war Subramaniam auch klar, dass die ertragreichen Sorten die Ungleichheit vergrößern würden: Auf besser bewässerten Anbauflächen würden die Erträge am deutlichsten steigen, und große Betriebe würden größeren Nutzen aus den Neuerungen ziehen als kleine. Zu jener Zeit war noch nicht klar, dass die Grüne Revolution schwere Umweltschäden verursachte. Der massive Einsatz von Düngern beschleunigte die Erosion, Pestizide vergifteten das Wasser, und die intensive Wassernutzung ließ die Grundwasserreserven schrumpfen. Rachel Carson hatte kurz zuvor in ihrem Buch *Silent Spring* (deutscher Titel: *Der stumme Frühling*) gewarnt, über großflächigen Monokulturen versprühte Pestizide töteten mit den Insekten auch die Menschen.

Doch zu jener Zeit schien Subramaniam den richtigen Weg gefunden zu haben, um die Getreideproduktion zu erhöhen und Indiens ewigen Kampf mit dem Hunger zu beenden.[11]

Unterdessen nahm Shastri die beängstigende Aufgabe in Angriff, Nehrus Industrialisierungsstrategie zu korrigieren. Er ging behutsam vor und wies die Verantwortlichen an, die staatlichen Investitionen in die Schwerindustrie zurückzuschrauben. Er verringerte den Einfluss der Planungskommission, die mit dem zweiten und dritten Fünfjahresplan den Aufbau der Schwerindustrie vorangetrieben hatte: Die Kommission würde nicht länger der verlängerte

Arm der Regierung sein, sondern verwandelte sich in ein bloßes Beratungsgremium. Shastri stutzte auch die ehrgeizigen Industrialisierungsziele des vierten Fünfjahresplans zurecht, an dem zu jener Zeit gearbeitet wurde.[12]

Im August 1965, als der Konflikt mit Pakistan in einen Krieg mündete, legte die Weltbank ihre Ideen für eine indische Wirtschaftsstrategie vor. In einem richtungweisenden Bericht von Bernard R. Bell, einem externen Weltbankberater, wurde dem Land eine Konzentration auf den Aufbau der Landwirtschaft empfohlen. Zu jenem Zeitpunkt war diese Botschaft in Indien bereits unumstritten.[13]

Der Bell-Bericht empfahl auch eine politisch heikle Abwertung der Rupie. Die indischen Ökonomen und Politiker waren in dieser Frage uneins. Die meisten wirtschaftspolitischen Experten waren sich darüber im Klaren, dass eine Abwertung seit langem überfällig war. Wie Botschafter B. K. Nehru in seinen Memoiren erklärte: »Unser Preisniveau war mit dem gegenwärtigen Wechselkurs zu hoch; unsere Exporte litten, und unsere Importe mussten strikt beschränkt werden, um ein gewisses Gleichgewicht in der Außenhandelsbilanz zu wahren.« Es war klar, dass eine Abwertung wirtschaftlich vernünftig war, aber die Politiker setzten sie mit dem Verlust der nationalen Ehre gleich.[14]

Mit seinem aggressiven Stil erschwerte Bell den Indern die Entscheidung zusätzlich. Er drohte praktisch damit, dass die Weltbank und andere internationale Geldgeber die Finanzhilfe einstellen würden, sollte Indien die Empfehlungen nicht umsetzen. Der Wirtschaftsbürokrat I. G. Patel würde später schreiben, dass Bell eine zivilisierte Unterhaltung in ein »Schreiduell« verwandeln konnte. Bells Streitlust schockierte die Inder, vor allem, weil sie seit langem an »kostenloses Geld« gewöhnt waren, an ausländische Finanzhilfe ohne politische Bedingungen. Es verletzte ihren Stolz, dass ihnen das Ausland jetzt eine Abwertung diktierte.[15]

Shastri wählte den pragmatischen Weg. Indien hatte kaum eine Wahl. Sowohl die Weltbank als auch der Internationale Währungsfonds hielten eine Abwertung der Rupie für nötig. Es war unmöglich, den IWF zu ignorieren. Im Jahr 1963 hatte sich Indien 100 Millionen Dollar vom IWF geliehen, um einen alten Kredit zurückzahlen zu können. Und jetzt brauchte das Land weitere Finanzhilfe. Aber Shastris Finanzminister T. T. Krishnamachari, auch bekannt als »TTK«, lehnte die Abwertung ab, da sie Indien von den ausländischen Geldgebern aufgezwungen wurde. Da TTK, ein Schützling und Minister Nehrus, politisches Gewicht besaß, wartete Shastri auf einen günstigen Moment – der im November 1965 kam, als elf Parlamentsabgeordnete den Vorwurf erhoben, die Familie von Krishnamachari habe sein Ansehen genutzt, um »gewaltigen Reichtum anzuhäufen«. Shastri wies die Vorwürfe nicht wie von TTK verlangt zurück, sondern ließ sie untersuchen. Am 31. Dezember trat der Finanzminister zurück. Am 1. Januar 1966 deutete Shastri in einem Gespräch mit Botschafter Nehru an, dass er TTK aus dem Amt gedrängt habe: Die »Launen« eines Mannes, erklärte er, dürften eine wichtige politische Entscheidung, die das Leben vieler Inder verbessern werde, nicht verhindern. Er wollte die Frage der Abwertung nach seiner Rückkehr aus Taschkent klären, wo er sich mit dem pakistanischen Präsidenten Ayub Khan zu Friedensgesprächen treffen würde.[16] Am 3. Januar brach Shastri nach Taschkent auf.

Risse im demokratischen Gebäude

Shastri hatte begonnen, Indien wirtschaftspolitisch in eine andere Richtung zu lenken. Er war zuversichtlich, die Rupie nach seiner Rückkehr aus Taschkent abwerten zu können. Aber seine politische Position war alles andere als unanfechtbar. Im Frühjahr 1965 attackierte Vijaya Laxmi Pandit, eine von Nehrus jüngeren Schwestern, die der Führungsriege der Kongresspartei angehörte und das Amt der Regierungschefin anstrebte, Shastri mit ungewöhnlich scharfen Worten: Indien büße seine »herausragende Stellung« in der Welt ein, sagte sie, weil Shastri und seine Minister »Gefangene der Unentschlossenheit« seien. In den Nehru-Jahren hatten parteiinterne Querelen unter der Oberfläche geschwelt. Jetzt kamen sie zum Vorschein, und die »zunehmende Unverantwortlichkeit und Gehaltlosigkeit« lenkte die Aufmerksamkeit von den zahlreichen Problemen des Landes ab.[17]

Die resoluteste Primadonna der Kongresspartei war Nehrus Tochter Indira Gandhi, die Shastri als Informationsministerin in sein Kabinett geholt hatte. Zunächst stritt sie mit Shastri über die Wahl der Amtssprache für Indien. Die Verfassung schrieb vor, dass ab dem 26. Januar 1965, dem Tag der Republik, Hindi die offizielle Sprache Indiens sein würde. Doch Nehru hatte die Frage offengelassen. Im Jahr 1958 hatte er den Südindern (denen das Hindi besonders fremd war) versprochen, sie könnten weiter das Englische verwenden, solange sie wollten. Doch im Jahr 1963 hatte er erklärt: »Kein Land kann gestützt auf eine fremde Sprache groß werden.« Das indische Volk könne nicht »durch die englische Sprache erwachen«.[18]

Als der schicksalsschwere Tag des in der Verfassung festgeschriebenen Übergangs zum Hindi näher rückte, kam es zu wütenden Protesten in den südlichen Landesteilen. Insbesondere die Bevölkerung von Madras, wo Tamil gesprochen wurde, fürchtete sich vor Benachteiligung, wenn ihr das Hindi aufgezwungen würde. Am 11. Februar bekräftigte Shastri Nehrus Versprechen: Das Englische werde eine Amtssprache bleiben, und jeder Bundesstaat könne selbst entscheiden, wann er zum Hindi übergehen wolle. »Das Hindi wird keinesfalls den nicht Hindi sprechenden Staaten aufgezwungen«, erklärte er. Aber seine Zusage machte den Unruhen kein Ende. Die Tamilen verlangten gesetzliche Garantien. Am nächsten Tag flog Gandhi ohne Erlaubnis des Premierministers nach Madras, um sich mit Politikern und Journalisten zu treffen. Auf die Frage, ob die Regierung den Fortbestand des Englischen als Amtssprache gesetzlich festschreiben werde, erklärte sie, dass sei »vollkommen unproblematisch«, obwohl sie einige Einschränkungen vornahm.

Shastri war »nicht erfreut«. Er deutete Gandhis gebieterisches Auftreten und ihre Erklärungen als Versuch, ihn zu übergehen, während er auf einen Parlamentsbeschluss hinarbeitete, um die Gemüter zu beruhigen. Shastri war überzeugt, dass Englisch die offizielle Sprache Indiens bleiben müsse, um die nationale Einheit zu erhalten. Aber er musste die Befürworter des Hindi überzeugen. Der Premierminister konsultierte alle Parteien, um sowohl den Befürwortern als auch den Gegnern des Hindi »ein Gefühl der Sicherheit und Würde« zu geben, wie der Politikwissenschaftler Michael Brecher schrieb.[19]

Indira Gandhi glaubte weder an Konsultationen noch an die kollegiale Entscheidungsfindung im Kabinett. Es dauerte nicht lange, bis sie erneut versuchte, dem Premierminister »die Schau zu stehlen«. Im August 1956 reiste sie ohne Rücksprache mit Shastri nach Kaschmir, und im folgenden Monat brach sie nach Punjab auf, um die Moral der indischen Truppen im Kampf gegen die Pakistaner zu heben. Sie genoss die Presseberichte, in denen sie als »der einzige Mann in einem Kabinett von alten Frauen« gefeiert wurde.[20]

In einem Interview verteidigte Gandhi ihr unbotmäßiges und eigensinniges Verhalten mit der Begründung, sie sei nicht einfach Informationsministerin, sondern gehörte der Führung des Landes an. »Glauben Sie, dass diese

Regierung meinen Rücktritt überleben würde?«, fragte sie den Journalisten Inder Malhotra. »Ja, ich habe den Premierminister übergangen, und ich würde es wieder tun.« Um ihre politische Position zu festigen, sammelte Gandhi eine »Seilschaft« von Anhängern um sich, die in ihr die Zukunft Indiens sahen.[21]

Eine weitere Bedrohung für Shastri und die Kongresspartei war der Hindu-Nationalismus. Die nationalistische Jana Sangh errang bei Nachwahlen auf nationaler und einzelstaatlicher Ebene bemerkenswerte Erfolge. Selbst innerhalb der Kongresspartei war der Säkularismus das am wenigsten verankerte Prinzip Nehrus, wie dessen Biograf Michael Brecher schrieb. Zu Nehrus Lebzeiten legten die führenden Köpfe der Kongresspartei Lippenbekenntnisse zum Säkularismus ab, aber der Hinduismus war eine »starke Kraft« in der Partei, und nach Nehrus Tod kündigte sich »eine subtile Wiederbelebung des Hinduismus« an.[22]

Die indische Demokratie stand unter Druck. In der Lok Sabha und in den Parlamenten der Bundesstaaten ging die politische Disziplin verloren. Die Anstandsregeln wurden immer häufiger missachtet. Es kam zu wilden Tumulten, Mitglieder gegnerischer Parteien wurden mit Stühlen beworfen, und immer häufiger mussten Abgeordnete suspendiert und mit Disziplinarstrafen belegt werden.[23]

In dieser beunruhigenden Situation braute sich eine weitere Krise zusammen. Die einwöchigen Friedensgespräche zwischen Shastri und den Pakistanern in Taschkent schienen festgefahren. Am Abend des 10. Januar 1966 machte die Nachricht von einer unerwarteten Einigung mit Pakistan die Runde. Doch Politiker und Beamte waren erbost: Shastri hatte sich bereiterklärt, die indischen Truppen aus den Vororten von Lahore abzuziehen. Und er hatte eingewilligt, den Pakistanern den begehrten Haji-Pir-Pass zurückzugeben, ein Tor zum Kaschmirtal und »Symbol des Triumphs der indischen Waffen«. In der Pressekonferenz im Anschluss an die Unterzeichnung der Friedensvereinbarung sah sich Shastri erregten Journalisten gegenüber. »Rechnen Sie mit Schwierigkeiten in der Heimat?«, wollte einer von ihnen wissen. Shastri bat die Pressevertreter um eine wohlwollende Berichterstattung.[24] Doch als er am Abend zu Hause anrief, wuchs seine Besorgnis: »Die Leute sind wütend«, sagten ihm Familienmitglieder.

Wenige Stunden später, in den frühen Morgenstunden des 11. Januar 1966, erlag Lal Bahadur Shastri einem Herzinfarkt. Er war 61 Jahre alt. Ich erfuhr die

Neuigkeit wenige Tage vor meinem zehnten Geburtstag von meiner Mutter, die sich gerade auf den Weg zur Arbeit machen wollte. Zu meiner eigenen Überraschung begann ich zu weinen. Shastri starb als Nationalheld, der einen militärischen Sieg über Pakistan gefeiert hatte. Er genoss auch Bewunderung, weil er in einer Atmosphäre zunehmender Korruption und politischer Wirren unerschütterlich an seinen ethischen Prinzipien festhielt. Wie B. K. Nehru später berichtete, starb Shastri fast mittellos. Er hinterließ lediglich ein altes Auto. Den Kredit, mit dem er dieses Auto gekauft hatte, hatte er noch nicht abgezahlt.[25]

Unerledigte Aufgaben

Am 14. Januar 1966, drei Tage nach Shastris Tod, wurde dem Leitungsgremium des IWF ein Bericht über die indische Wirtschaft vorgelegt. Das Urteil der Experten fiel erwartungsgemäß trostlos aus: Der Krieg mit Pakistan hatte das Haushaltsdefizit weiter vergrößert. Die geringe Niederschlagsmenge Ende des Jahres 1965 ließ eine konjunkturelle Abschwächung erwarten, die den Fehlbetrag im Staatshaushalt und den Inflationsdruck weiter erhöhen würde. Die Lebensmitteleinfuhren hatten das Zahlungsbilanzdefizit vergrößert, und die Aussichten auf weitere Finanzhilfen aus dem Ausland waren gering. Nach Einschätzung der Mitarbeiter des Währungsfonds stand Indien vor einer »gewaltigen« Aufgabe. Die politische Neuausrichtung und die Umleitung von Haushaltsmitteln in die Landwirtschaft wurden begrüßt, aber die IWF-Experten waren der Meinung, dass Indien sehr viel mehr tun müsse. Der geschäftsführende Direktor des Währungsfonds, Pierre-Paul Schweitzer, stellte im persönlichen Gespräch mit Botschafter Nehru klar, dass eine Abwertung der Rupie Voraussetzung für weitere finanzielle Unterstützung sei. Der IWF konnte die Abwertung nicht öffentlich verlangen, da sonst ausländische Kreditgeber und indische Besitzer von Dollar-Guthaben in Erwartung einer bevorstehenden Verbilligung der Rupie ihr Geld aus Indien abziehen würden. Dennoch enthielt der IWF-Bericht aus dem Januar 1966 in seiner verschlungenen Sprache im Grunde genau diese Aufforderung. Es sei unverzichtbar, hieß es im Bericht, »Bedingungen zu schaffen, welche die Erhöhung der Produktion exporttauglicher Produkte begünstigen und die Importpreise der Realität anpassen werden«.[26]

Der IWF-Bericht aus dem Jahr davor hatte eine beunruhigende Bestandsaufnahme der Beschäftigungslage in Indien enthalten. Im Lauf des dritten Fünfjahresplans hatte die indische Wirtschaft statt der angepeilten 14 Millionen nur etwa 7 Millionen neue Arbeitsplätze geschaffen. Der Überschuss an Arbeitskräften war weiter gestiegen.[27]

In seinen 19 Monaten an der Spitze der Regierung hatte Shastri begonnen, die Wirtschaftspolitik Indiens umzukrempeln. Er hatte sich viel vorgenommen, als er aus Nehrus übergroßem Schatten getreten und sich von dessen Entwicklungsnarrativ entfernt hatte. Trotz der ungünstigen Ausgangslage hatte Shastri wichtige Schritte zur Wiederbelebung der Landwirtschaft, zum Rückzug aus der Schwerindustrie und zur Abwertung der Rupie getan. All das hätte Nehru 1956 bis 1957 tun sollen. Shastri hatte auch den Vormarsch indischer Truppen auf pakistanisches Territorium angeordnet, den Stolz der Inder gefestigt und das Ansehen der indischen Streitkräfte nach der Demütigung durch China im Jahr 1962 teilweise wiederhergestellt.

Aber er hatte nicht genug Zeit gehabt, um den Pessimismus und die Wut großer Teile der indischen Bevölkerung über die schlechten Beschäftigungschancen und die hohe Inflation zu verringern. Ohne ein Wirtschaftswachstum, das zahlreiche Arbeitsplätze schuf, würde die Angst in der Bevölkerung weiter wachsen. Nach Shastris Tod stand Indien erneut an einem Scheideweg und wartete auf jemanden, der das Land führen konnte.

KAPITEL 9

Eine Retterin für die kochende Volksseele

Als Shastri im Januar 1966 nach nur 19 Monaten im Amt unerwartet starb, stellte sich erneut die Frage: »Wer kommt nach Nehru?«[1] Kamaraj und sein »Syndikat« (die Strippenzieher in der Kongresspartei) wurden erneut aktiv, um Morarji Desai von der Macht fernzuhalten und eine Marionette an die Spitze der Regierung zu setzen. Ihre bevorzugte Kandidatin war Nehrus Tochter Indira Gandhi. Sie trug den Familiennamen Gandhi, weil sie seit März 1942 mit Feroze Gandhi verheiratet war (der nicht mit dem Mahatma verwandt war). Feroze Gandhi, ein Parse, war eine schillernde Persönlichkeit. Der linksgerichtete Politiker saß als Abgeordneter der Kongresspartei im Parlament und war gefürchtet als scharfzüngiger Redner.

Feroze trennte sich nie offiziell von Indira, aber er lebte lieber für sich, während sie der Nehru-Dynastie eng verbunden blieb. Schon ihr Großvater Motilal Nehru war ein prominentes Mitglied und in zwei Etappen – in den Jahren 1919 bis 1920 und 1928 bis 1929 – Vorsitzender der Kongresspartei gewesen. Ihr Vater Jawaharlal war nicht nur Premierminister, sondern auch die prägende Figur Indiens in seiner Generation. Indira Gandhi lebte als Begleiterin und Assistentin Nehrus im Teen Murti Bhavan, dem Wohnsitz des Premierministers.

Aber sie war keine Marionette. Als ihr die Parteiführung im Jahr 1959 den Vorsitz der Kongresspartei anbot, war Nehru im Zwiespalt, denn er wollte »keine dynastische Regelung fördern«. Aber seine Tochter wollte das Amt, und Nehru ließ seine hehren Grundsätze beiseite. Als Parteivorsitzende begann Gandhi, bewusst gegen die demokratischen und säkularen Ideale ihres Vaters zu verstoßen. Nachdem die Kongresspartei in Kerala die Macht an die Kommunisten hatte abtreten müssen, forderte die dortige Parteiführung die Verhängung der President's Rule (Präsidialregierung). Diese von der indischen Verfassung vorgesehene Sonderregelung erlaubt es der Zentralregierung, anstelle der gewählten Volksvertreter eines Bundesstaats die Regierungsgewalt über diesen Staat zu übernehmen. Gandhi befürwortete die Einführung der President's Rule in Kerala, obwohl sich ihr Vater wiederholt entschieden dagegen aussprach: »Ich persönlich fordere nicht, beabsichtige nicht und bin nicht einverstanden damit, dass Regierungen auf andere Art als durch den demokratischen Prozess zu Fall kommen.« Nehru wiederholte seine Einschätzung im Gespräch mit E. K. Ramaswami, dem Korrespondenten der in Madras ansässigen Zeitung *The Hindu*. Ramaswamis Frage, ob er die Kommunisten »bekämpfen« oder »hinauswerfen« wolle, beantwortete Nehru mit einer Gegenfrage: »Sie hinauswerfen? Wie? Was meinen Sie? Auch sie wurden gewählt.« Seine ebenfalls anwesende Tochter warf ein: »Pappu, was sagst du da?« Und an Ramaswami gewandt, sagte sie: »Als Vorsitzende der Kongresspartei beabsichtige ich, sie zu bekämpfen und hinauszuwerfen.« In den folgenden Tagen überredete sie Nehru, die kommunistische Regierung Keralas aufzulösen.[2]

In der kurzen Zeit unter der President's Rule ermutigte Gandhi die Kongresspartei in Kerala, ein Wahlbündnis mit der erklärtermaßen kommunitären Muslimliga zu schließen. Doch bei den Wahlen im Februar 1960 erhielt die neue Koalition weniger Stimmen als die Kommunistische Partei. Allerdings errangen die Kommunisten ihre Mandate mit großen Mehrheiten in einer geringeren Zahl von Wahlkreisen. Das Mehrheitswahlrecht sicherte der Koalition von Kongresspartei und Muslimliga die Mehrheit im Parlament. Der Journalist Uma Vasudev fragte Gandhi, ob sie das Bündnis mit der Muslimliga mit ihrem Vater abgesprochen habe. Ihre trockene Antwort: »Er war nicht auf dem Laufenden.« Nach dem Tod ihres Vaters setzte sie ihre aggressive Politik fort und nutzte jede Gelegenheit, um dem neuen Premierminister Lal Bahadur Shastri die Schau zu stehlen.[3]

Aufgrund von Indira Gandhis Unnachgiebigkeit wurde ihre Amtszeit als Premierministerin zu einem Wendepunkt in der Geschichte des modernen Indien. Wie wir in diesem und den folgenden Kapiteln sehen werden, zeigte sie nach ihrer Auseinandersetzung mit der unverzichtbaren Abwertung der Rupie im Jahr 1966 wenig Interesse an der Wirtschaftspolitik. Sie beschränkte sich auf Slogans, ohne eine wirtschaftspolitische Vision zu entwerfen, und ihre Regierungszeit kann als wirtschaftlich vergeudete Zeit betrachtet werden. Die Bereitstellung öffentlicher Güter ließ weiter auf sich warten. Die indische Wirtschaft blieb unfähig, die Bedürfnisse der Bevölkerung zu erfüllen. Nachdem Indien bereits den Wettlauf mit Japan, Taiwan und Südkorea verloren hatte, wurde es nun auch von China überholt. Wenn Gandhi wirtschaftspolitische Instrumente einsetzte, dann nur, um unter dem Deckmantel sozialistischer Politik ihre Macht zu vergrößern – das bekannteste Beispiel war die Verstaatlichung der Banken.

Noch gravierender ist jedoch, dass Indira Gandhi der indischen Demokratie schweren Schaden zufügte. Sie nahm für sich in Anspruch, besonders zu sein, eine Eigenmarke. Als das nicht genügte, um sich an der Macht zu halten, begann sie, das demokratische Regelwerk zu zerreißen. Der Rechtsstaat und die demokratischen Institutionen hörten auf zu funktionieren. Indien geriet in einen Teufelskreis, da Verstöße gegen Normen und Rechenschaftspflicht für Mächtige und Bürger vorteilhafter waren als Bemühungen zur Wiederherstellung der regelgestützten Ordnung.

Es fiel Gandhi leicht, ihre eigene Marke zu entwickeln. Als die Parlamentsfraktion der Kongresspartei am 19. Januar 1966 die neue Parteiführung wählen sollte, erschien Gandhi in einem *Khadi sari*, jenem Sari aus von Hand gesponnenem Tuch, den die Inder mit dem Mahatma verbanden. Dazu trug sie einen Kaschmirschal und eine Kette aus großen braunen Perlen, ein Talisman des spirituellen Führers ihrer Mutter, des bengalischen Heiligen Anandamayi Ma. Den Parteimitgliedern gefiel Gandhis dynastisches Charisma, und sie setzte sich im Kampf um den Fraktionsvorsitz mit Leichtigkeit gegen Morarji Desai durch. Das festigte ihre Position derart, dass Präsident Sarvepalli Radhakrishnan sie am 24. Januar als Premierministerin vereidigte. Anstatt den Amtseid »im Namen Gottes« abzulegen, wählte sie die »feierliche Bestätigung«, womit sie sich als moderne, säkulare Frau positionierte.[4] Das Bündnis mit den Muslimen in Kerala, das Tragen eines hinduistischen Talismans bei einer entscheidenden Parlamentsabstimmung und der offen zur Schau getragene Säkularismus waren allesamt Kennzeichen ihres extrem kompetitiven politischen Stils.

Der Talisman verliert seine Kraft

1965, das Jahr unter Shastri, galt als das wirtschaftlich schlimmste seit der Unabhängigkeit. Das Jahr 1966 wurde schlimmer.

Die Dürre, die im Herbst 1965 eingesetzt hatte, hielt auch im Winter und im Frühjahr 1966 an. Die Lebensmittelpreise waren im Haushaltsjahr 1964/65 (das vom 1. April bis zum 31. März dauerte) um mehr als ein Fünftel gestiegen. Im folgenden Jahr sank die Inflation auf immer noch hohe 8 Prozent, nur um im

Haushaltsjahr 1966/67 wieder auf fast 20 Prozent zu klettern. Da die Lebensmittel einen großen Anteil an den Ausgaben der Privathaushalte hatten, zehrte ihre rasante Verteuerung an den Einkommen – und an der Geduld der Bevölkerung.

Ende Januar 1966, kurz nach Gandhis Amtsantritt als Premierministerin, brachen im ganzen Land wütende Proteste gegen die Lebensmittelpreise aus, vor allem im stets unruhigen Westbengalen und in Kerala an der Südwestküste. Die gewaltsamsten Unruhen in Westbengalen begannen am 17. Februar, als Polizeieinheiten das Feuer auf demonstrierende Schüler eröffneten und einen Jungen töteten. Die Unruhen breiteten sich rasch über Westbengalen aus. Überall protestierten Schüler und Studenten gegen die knappen Lebensmittelrationen und den Mangel an Kerosin (das als Brennstoff für Öfen verwendet wurde). Anderthalb Monate lang lieferten sich die Studenten Straßenschlachten mit Polizei und Militär. Die Universitätsviertel verwandelten sich in »Kriegsgebiete«.[5]

Fast zur selben Zeit kam es in Kerala zu ähnlichen Protesten. Auch dort setzten sich die Studenten an die Spitze der Kundgebungen. In Varkala, rund 45 Kilometer nördlich der Hauptstadt Trivandrum (heute Thiruvananthapuram), verwüsteten Studenten den Bahnhof, setzten Fracht in Brand und stahlen im Reservierungsbüro Geld und Fahrscheine. In Alleppey im Kernland von Kerala wurde ein Regierungsbüro angezündet, das für die Eintreibung der Umsatzsteuer zuständig war. Die Zentralregierung erhöhte die Reislieferungen aus nationalen Vorräten nach Kerala, aber Gandhis Geste beschwichtigte die Demonstranten nicht.[6]

Im Norden verstärkten radikale Sikhs ihre Agitation. Die Sikhs, eine in Punjab beheimatete Minderheit, wollten einen Punjabi Suba errichten, einen Staat, in dem sie die Bevölkerungsmehrheit stellen würden: Ihr geistiger Führer war der Guru Nanak (1469–1539), ein Heiliger, der als Hindu geboren wurde und eine Religion predigte, die auf den spirituellen Prinzipien des Hinduismus beruht, dessen Kastenordnung und Rituale jedoch ablehnt. Männliche Sikhs rasieren ihre Bärte nicht, lassen sich das Haar lang wachsen, um es zu einem Turban zu wickeln, und tragen manchmal einen als *kirpan* bezeichneten Krummdolch. Die Sikhs sprechen Punjabi, eine Sprache, deren Vokabular und Schrift (Gurmukhi) sich deutlich vom Hindi unterscheiden. Nehru lehnte einen eigenen Sikh-Staat in Punjab ab, weil er die Staatsgrenzen nicht von der Religion abhängig machen wollte. Doch die Sikhs hielten an ihrer Forderung fest, nahmen für ihren Traum Haftstrafen in Kauf und lieferten sich gewaltsame Auseinandersetzungen mit der Polizei.[7]

Zum Zeitpunkt von Gandhis Amtsantritt im Jahr 1966 argumentierte Sant Fateh Singh, der Führer der Sikh-Partei Shiromani Akali Dal (»Zentrale Armee der Unsterblichen«), sein Volk strebe nicht aus religiösen Gründen einen eigenen Staat an, sondern weil es eine eigene Sprache habe. Damit stellte er die Forderung nach Unabhängigkeit auf eine rechtliche Grundlage, denn das Prinzip der Grenzziehung abhängig von der Sprachzugehörigkeit war mittlerweile allgemein anerkannt. Fateh Singh drohte, zwei Wochen zu fasten und sich selbst zu verbrennen, sollte die indische Regierung der Forderung der Sikhs nicht stattgeben. Die Gebiete des Punjab, in denen Hindi gesprochen wurde, forderten einen eigenen Staat. Am 9. März unterstützte der Arbeitsausschuss der Kongresspartei, das Entscheidungsgremium der Partei, die Forderung nach einem Staat für die Punjabi sprechende Bevölkerung, in dem die Sikhs die Mehrheit haben würden. Aber obwohl die linguistische Begründung für einen separaten Sikh-Staat rechtlich plausibel war, täuschte sie niemanden: Die religiöse Trennung war offenkundig, und die nationalistische Hindu-Partei Jana Sangh begann einen gewaltsamen Kampf gegen den Punjabi Suba. In Delhi zündeten aufgebrachte Menschenmengen Autos und Motorroller an und schlugen Pressefotografen zusammen. Die Gewalt breitete sich über die Städte Punjabs aus. Es konnte nur Verlierer geben.[8]

Die allgemeine Stimmung in Indien schilderte J. Anthony Lukas im März in der *New York Times*. Er schrieb, das Land erlebe einige der schlimmsten Gewaltausbrüche seit der Unabhängigkeit. Die Gewalt sei überall – »in den übervölkerten Straßen der Slums von Kalkutta, den staubigen Ortschaften Punjabs, den Reisfeldern Keralas und den Textilfabriken Maharashtras«. Seit Gandhis Regierungsantritt Ende Januar brodle Indien fast unentwegt. Lukas zitierte einen namentlich nicht genannten Mitarbeiter des Mahatma, der erklärte, Gandhi wäre vor allem über die Teilnahme der »jungen Männer« an den gewalttätigen Unruhen »entsetzt« gewesen.[9]

Ende März gab die Premierministerin kurz vor ihrem Aufbruch nach Washington, wo sie sich mit Präsident Lyndon B. Johnson treffen würde, dem Herausgeber der Boulevardzeitung *Blitz*, R.K. Karanjia, ein Interview. Gandhi räumte die Ausbreitung der Gewalt ein. Die Lebensmittel- und Wirtschaftskrise hätten eine schwierige Situation heraufbeschworen, und schlummernde Probleme wie das in Punjab seien an die Oberfläche getreten. Und die Regierungschefin erwartete eine Verschlechterung der Lage. Auf Karanjias Frage nach den *Ursachen* – nicht nach den *Auslösern* – der Gewaltwelle antwortete sie vorsichtig: »Eine bessere Zukunft ist für unser Volk in SICHTWEITE, aber noch nicht in REICHWEITE.«[10] Das war eine bedeutsame Erkenntnis. Gandhi sagte, dass die Menschen gewalttätig wurden, weil die wirtschaftlichen Bestrebungen unter Nehru nicht verwirklicht worden waren. Es war viel zu tun, um das zu ändern. Aber zuerst musste sie die Rupie deutlich abwerten, um die belastende Hinterlassenschaft ihres Vaters aus dem Weg zu räumen.

Die Abwertung der Rupie: Notwendig, aber schlecht durchgeführt

Der IWF und andere internationale Geldgeber drängten mit wachsender Ungeduld auf eine Abwertung der indischen Währung. Als der Währungsfonds am 23. März 1966 einen Rettungskredit von 187,5 Millionen Dollar für Indien bewilligte, bestanden mehrere Mitglieder des Leitungsgremiums darauf, die Verantwortlichen in Delhi müssten »eine dauerhafte Lösung für die wiederkehrenden Zahlungsschwierigkeiten Indiens mittels einer Anpassung des Wechselkurses [also einer Abwertung] und entschlossener Maßnahmen zur Förderung der Exportwirtschaft finden«. Die Vorschläge des IWF leuchteten ein: Die Abwertung würde (dank steigender Exporte) die Dollarzuflüsse nach Indien erhöhen und (aufgrund sinkender Importe) die Dollarabflüsse verringern. Indien hatte kaum eine Wahl, und seine Vertreter sagten zu, die Rupie bis Juni 1966 abzuwerten.[11]

Nachdem das Versprechen gegeben war, machte sich Gandhi auf den Weg nach Washington. Bei oberflächlicher Betrachtung war die Reise ein Erfolg. Präsident Johnson trieb mit großer Energie die Bürgerrechtsgesetze und den Krieg gegen die Armut voran. Er begegnete Gandhi mit Liebenswürdigkeit und Wärme eines Südstaatengentleman und verstieß sogar gegen das Protokoll, um sie aus dem Weißen Haus über die Straße zum Blair House zu begleiten, wo die ausländischen Gäste untergebracht wurden. Bei dem Empfang, den Gandhi zu Johnsons Ehren ausrichtete, blieb Johnson mehr als eine halbe Stunde länger als im Zeitplan vorgesehen. Als Fori Nehru, die Frau des indischen Botschafters, sah, dass der Präsident nicht aufbrach, schlug sie vor, Johnson solle zum Abendessen bleiben. Der Präsident willigte mit Freuden ein, und die Sitzordnung für das offizielle Diner mit den Mächtigen Washingtons musste geändert werden. Als echter Texaner »verputzte« Johnson problemlos eine scharf gewürzte indische Mahlzeit. Und in einer großen Geste verkündete er, er werde nicht zulassen, dass Mrs. Gandhi »Schaden erleidet«.[12]

Nachdem Indien eine Abwertung der Rupie zugesagt hatte, lautete die große Frage: Wie umfassend würde die Abwertung ausfallen? Pierre-Paul Schweitzer, der geschäftsführende Direktor des IWF, schlug vor, die Wechselkursrate von 4,76 auf 10 Rupien für einen Dollar heraufzusetzen. Doch die indischen Verantwortlichen, die vermeiden wollten, die heimische Öffentlichkeit zu schockieren, sprachen sich für eine mäßige Abwertung auf 7,50 Rupien pro Dollar aus. Der IWF war einverstanden.[13]

Wie ich nach langjähriger Tätigkeit für den IWF weiß, ist es schwierig, den »richtigen« Wechselkurs einer Währung zu bestimmen. Aber um den Wert der Rupie gegenüber anderen Währungen realistisch zu bestimmen, hätte man sie sehr viel stärker abwerten müssen. Ein Beispiel: Die Südkoreaner hatten ihre Währung im Jahr 1961 von 65 auf 130 Won für einen Dollar und 1964 ein weiteres Mal auf 255 Won pro Dollar abgewertet, das heißt, sie hatten seinen Wert im Außenhandel innerhalb von drei Jahren um mehr als 70 Prozent verringert. Anschließend hatten sie den Wechselkurs ihrer Währung freigegeben und damit ein auf die Exportwirtschaft gestütztes Wachstum ermöglicht.[14]

Im Gegensatz dazu erhielt man nach der Abwertung der indischen Währung für einen Dollar zusätzliche 2,74 Rupien (7,50 statt wie zuvor 4,76 Rupien), was einer Abwertung von 36,5 Prozent entsprach. Gleichzeitig erhöhte die indische Regierung die Ausfuhrsteuern und verringerte die Exportsubventionen. Diese Kompensationsmaßnahmen hatten zur Folge, dass der Preis der indischen Exportgüter auf dem Weltmarkt nur um durchschnittlich 7 Prozent sank. Das genügte nicht, um den deutlichen Anstieg der Produktionskosten in den vorangegangenen Jahren wettzumachen. Also waren die indischen Exporteure auch mit dem neuen Wechselkurs nicht wettbewerbsfähig. Eine aggressivere Abwertung um 60 Prozent, die den amtlichen Wechselkurs dem Schwarzmarktkurs von 12 Rupien pro Dollar angenähert hätte, hätte dem akuten Devisenmangel Indiens eher Rechnung getragen. Der Anstieg der Exporte und die Verringerung der Importe hätten dabei geholfen, die Dollarknappheit zu verringern. Tatsächlich hatte die Abwertung im September 1949 die Lücke zwischen amtlichem und Schwarzmarktkurs geschlossen (Abbildung 9.1). Und da die Differenz einige Jahre klein blieb, entfaltete die Abwertung die beabsichtigte vorteilhafte Wirkung.[15]

Da sich der angemessene Wert der Währung unablässig änderte, hätte Indien den Wechselkurs auch freigeben müssen. Aber das wagten die indischen Verantwortlichen nicht. Also blieb es bei einer vollkommen unzureichenden Abwertung der Rupie.

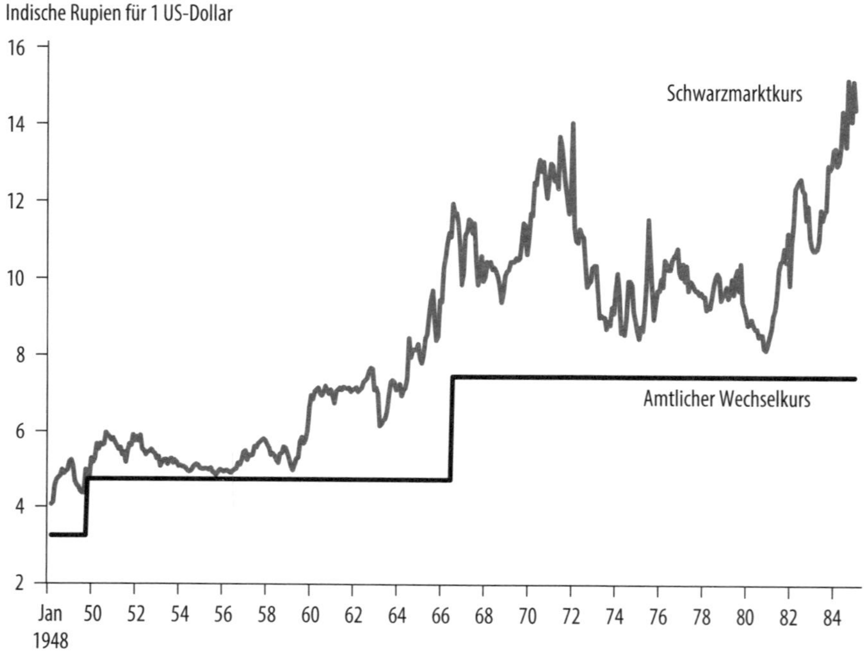

9.1: Die Abwertung von 1966 war zu unentschlossen: Der amtliche Wechselkurs lag deutlich unter dem Schwarzmarktkurs.

Quelle: Global Financial Statistics sowie verschiedene IWF-Berichte.

Am Morgen des 5. Juni 1966, es war ein Sonntag, informierte Gandhi ihr Kabinett über die bevorstehende Abwertung. Die Minister waren bis dahin im Dunkeln gelassen worden und protestierten wütend. Gandhi beendete die Diskussion mit einer nüchternen Feststellung: »Wenn wir nicht abwerten, bekommen wir keine Finanzhilfe.« Der IWF-Board nutzte den Zeitunterschied und trat am selben Tag zusammen, um die Abwertung zu genehmigen. Um neun Uhr abends indischer Zeit gab Finanzminister Sachin Chaudhuri bekannt, dass die Abwertung der Rupie am Montag, dem 6. Juni, um zwei Uhr morgens in Kraft treten werde.[16]

Verständlicherweise wurde die Öffentlichkeit nicht im Voraus informiert: Hätten die Inder gewusst, dass eine Abwertung bevorstand, so hätten sie versucht, ihre

Rupien in aller Eile in Dollar umzutauschen, um diese später mit Gewinn wieder in Rupien zurückzutauschen. Aber selbst Kamaraj erfuhr erst im Nachhinein von der Entscheidung. Als Vorsitzender der Kongresspartei hatte er sich als Mitglied der »kollektiven Führung« betrachtet. Doch Gandhi hatte ihn im Regen stehen lassen. Er kritisierte die Abwertung als »Ausverkauf an die Amerikaner« und bewegte die Kongresspartei dazu, die Premierministerin zu rügen. Nun bereute er, dabei geholfen zu haben, Indira Gandhi zur Regierungschefin zu machen.[17]

Kamarajs These vom »Ausverkauf« fiel auf fruchtbaren Boden, obwohl die Behauptung abwegig war: Wenn du dir das Bein brichst, »verkaufst« du dich nicht, indem du Krücken verwendest, nur weil jemand anderer die Krücken verschreibt. Aufgrund des schwachen Produktivitätswachstums hatte sich Indien sein wirtschaftliches Bein gebrochen. So waren die Preise auf dem Binnenmarkt – und die Produktionskosten – sehr viel schneller gestiegen als in Ländern, mit denen Indien konkurrierte. Die Wettbewerbsfähigkeit der indischen Exporteure auf den Weltmärkten schwand seit fast 17 Jahren.[18]

Die Abwertung der Rupie war »unvermeidlich«, wie Milton Friedman im Jahr 1963 in einem Vortrag vor der indischen Zentralbank erklärt hatte. Indien habe »keine Alternative«, sagte Friedman, denn kein Land könne »unbegrenzt an einem Wechselkurs festhalten, der weit vom Wert entfernt ist, den die Währung auf dem Markt hat«.[19] Im Juni 1966 musste sich Indira Gandhi mit dem Unvermeidlichen abfinden.

Doch ihre Regierung und Indien sollten darunter leiden, dass die Rupie zu zögerlich abgewertet wurde. Aufgrund der hohen Inflationsrate löschte der Anstieg der heimischen Produktionskosten rasch jeglichen vorübergehenden Nutzen der dürftigen Abwertung aus. Dass die Wettbewerbsfähigkeit der indischen Exporteure erneut sank, zeigte sich daran, dass der Schwarzmarktkurs der Rupie schon kurze Zeit nach der Abwertung einen neuen Tiefpunkt erreichte.

Eine beliebte Erklärung lautete, die Abwertung sei die Wurzel allen Übels in der indischen Wirtschaft, obwohl die Notlage im ganzen Land vor allem eine Folge des zweiten Dürrejahrs in Folge war. Die indische Öffentlichkeit empfand es auch als Demütigung, dass US-Präsident Johnson trotz seiner Galanterie gegenüber der Premierministerin die amerikanische Lebensmittelhilfe eingestellt hatte. Johnson ärgerte sich darüber, dass Gandhi nach dem Besuch in Washington auf der Heimreise in Moskau Station gemacht und dort die amerikanische Vietnampolitik kritisiert hatte. Die Amerikaner nahmen die Hilfslieferungen erst wieder auf, nachdem Botschafter Nehru dem Präsidenten in einer Geste der Reue einen Besuch abgestattet hatte.[20]

Die Vereinigten Staaten und andere westliche Industrieländer hielten sich auch nicht an die Zusage, die im vierten Fünfjahresplan festgeschriebene Wirtschaftsstrategie mit höheren Finanzhilfen zu unterstützen. Die in früheren Jahren versprochene Hilfe wurde bis zum Jahr 1968 fortgesetzt, aber die neuen Hilfsgelder dienten vor allem der Schuldentilgung, anstatt in neue Investitionen in Indien zu fließen. Angesichts des Kurswechsels der westlichen Länder setzte Gandhi den vierten Fünfjahresplan aus.[21] Die Verschiebung schmerzte die Inder, aber sie war ein Segen. Die Planer hatten nichts aus den Rückschlägen gelernt, die sie aufgrund ihrer übertriebenen Ambitionen mit dem zweiten und dritten Plan erlitten hatten.

Die Volksseele kocht über

Die Probleme von Arbeitslosigkeit und Inflation, die Indien seit der Nehru-Ära plagten, demoralisierten die Menschen. Das ganze Land wurde von einer Studentenrevolte erfasst. Die Auslöser für die Unruhen waren manchmal geringfügig, etwa die minderwertigen, aber teuren Speisen in den Kantinen der Studentenwohnheime. Die tieferliegende Ursache war, dass die Hochschuldiplome wertlos waren, was Jawaharlal Nehru Anfang der fünfziger Jahre begriffen hatte, ohne jedoch etwas daran zu ändern. Im Lauf des Jahres 1966 forderten von den schlechten Berufschancen frustrierte Studenten in allen Landesteilen die Verschiebung der Examen und die Schließung von Hochschulen.

In Bombay rückte der Wettbewerb um Jobs in den Mittelpunkt der politischen Konflikte. Männer aus Maharashtra hatten im Wettbewerb um gutbezahlte und sichere Büro- und Verwaltungsjobs oft das Nachsehen gegenüber besser ausgebildeten Südindern. Bal Thackeray fachte die Ressentiments in *Marmik* an. Seine Botschaft war einfach: Die Südinder – deren Sprache, Kleidung und Küche anders war – stahlen die Arbeitsplätze, die den Einheimischen zustanden. Wie der deutsche Rechtsgelehrte Carl Schmitt (1888–1985) betrachtete der Karikaturist Thackeray die politische Auseinandersetzung als »Kampf« mit einem »identifizierbaren« Feind. Wie für Schmitt herrschte auch in den Augen Thackerays in der Politik nie endende Gewalt mit der »reale[n]

Möglichkeit der physischen Tötung«. Mit dieser bedrohlichen Philosophie beteiligte er sich an der politischen Auseinandersetzung.[22]

Am Morgen des 19. Juni 1966 schlugen Thackeray, sein Vater, seine beiden Brüder und einige Freunde eine geweihte Kokosnuss auf, um die Gründung einer politischen Partei namens Shiv Sena (»Armee Shivajis«) zu feiern.[23] (Shivaji war ein Krieger, der im 17. Jahrhundert die Marathen im Kampf gegen die Mogulen angeführt hatte.) Obwohl sich Thackerays Feindschaft anfangs gegen die Südinder richtete, bekannte er sich zum Hindu-Nationalismus, indem er seine Partei nach einem verehrten Hindu-Krieger des 17. Jahrhunderts benannte.

Vier Monate später, am 30. Oktober 1966, trat Thackeray bei einer öffentlichen Kundgebung im Shivaji-Park in Bombay auf, einem beliebten Treffpunkt der Unter- und Mittelschicht der Stadt. Zur allgemeinen Verwunderung nahmen fast 400 000 Menschen, darunter vor allem einheimische Männer, an der Kundgebung teil. Das waren fast 8 Prozent der Bevölkerung Bombays und nicht weniger als ein Viertel seiner aus Maharashtra stammenden männlichen Einwohner. Viele von ihnen waren Teenager und junge Männer unter dreißig. Sie wurden von Thackerays Botschaft angelockt, die Südinder raubten ihnen ihre Zukunft. Ihr »Blut kochte hoch«, und auf dem Heimweg nach der Kundgebung attackierten sie mehrere beliebte Restaurants von Südindern.[24]

Die Shiv Sainiks (Soldaten der Shiv Sena) gingen wie Verbrecherbanden vor. Sie trieben Schutzgeld bei örtlichen Geschäftsinhabern ein, um die Aktivitäten ihrer Partei zu finanzieren. Sie waren *dadas* (Schläger), die sich durch Einschüchterung Jobs in Unternehmen und öffentlicher Verwaltung sicherten und die Korruption in der Bürokratie nutzten, um ihren Anhängern Vergünstigungen zukommen zu lassen. Der Princeton-Historiker Gyan Prakash bezeichnet Bal Thackeray als »wütenden jungen Mann«. Wütende junge Männer waren auch seine Shiv Sainiks, die eine übertriebene Männlichkeit zur Schau stellten.[25]

Die Shiv Sena war fast ausschließlich auf Bombay beschränkt, aber in ganz Indien breitete sich zu jener Zeit auch eine weitere Kraft auf, die das Land spaltete. Der politische Vertreter dieser Kraft war der »wütende Hindu«. Ein optimistischer Nationalismus, der aus der Befreiung von der Kolonialherrschaft erwachsen war, hatte seine Kraft als einende Ideologie eingebüßt, und die Sehnsucht richtete sich zunehmend auf die dunklere Verlockung eines rein hinduistischen indischen Staats. Die Hindu-Nationalisten lenkten die wirtschaftliche Frustration der Bevölkerung auf einen »Feind«, in diesem Fall auf die Muslime, die vermeintlich vom indischen Staat bevorzugt wurden. So wie Thackeray in Bombay die Wut der Masse auf den »südindischen Feind« anfachte, nutzten hinduistische Politiker in großen Teilen Nordindiens die Kluft zwischen Hindus und Muslimen, um die Wut der Masse in den Dienst des Hindu-Nationalismus zu stellen.[26]

Am 30. September 1966 kam es 450 Kilometer nordöstlich von Bombay in einer Kleinstadt in Maharashtra zu einem Zusammenstoß zwischen hinduistischen Demonstranten, die ein Verbot der Schlachtung von Kühen forderten, und muslimischen Einwohnern. (Gläubige Hindus betrachten Kühe als heilige Inkarnationen der Göttin Kamdhenu, die Wünsche erfüllt. Anders als Muslime und Christen essen Hindus normalerweise kein Rindfleisch.) Die Demonstranten zerstörten Privathäuser und öffentliches Eigentum. Elf Menschen starben bei den Ausschreitungen.[27]

Die indische Verfassung schrieb ein Verbot der Schlachtung von Kühen vor, aber die Zentralregierung hatte die Regelung dieser Frage den Bundesstaaten überlassen, die ihre gesetzlich verankerten Verbote in der Praxis nur selten durchsetzten, denn das hätte einen Konflikt mit hinduistischen Bauern heraufbeschworen, die in der Kuh kein spirituelles Wesen, sondern ein Nutztier sahen. Die Bauern konnten sich keine unbegrenzte Zahl von Rindern leisten, weshalb sie nur die Stiere (Ochsen) behielten, um ihre Zugkraft zu nutzen, während sie die Kühe entweder noch als Kälber töteten oder verhungern ließen. In den zentralen Hindu-Staaten Bihar und Uttar Pradesh war das Verhältnis zwischen Ochsen- und Kuhpopulation nicht wesentlich anders als im vorwiegend muslimischen Westpakistan. Die unterschiedlichen Relationen zwischen Ochsen- und Kuhpopulationen in den einzelnen Distrikten von Uttar Pradesh hatten nichts mit der religiösen Zusammensetzung der Bevölkerung zu tun, sondern hingen von der jeweiligen Geländebeschaffenheit und folglich davon ab, wie viel Zugkraft die Bauern auf ihren Feldern brauchten. In der Rinderzucht in Kerala spielten Kühe eine wichtige Rolle, weil dort auf den flachen Feldern weitgehend auf Zugochsen verzichtet werden konnte.[28]

Experten schlugen vor, der Staat solle die Schlachtung von Kühen legalisieren, damit die Bauern wirtschaftlich vernünftige Entscheidungen fällen könnten, ohne sich vor dem Gesetz oder der Wut radikaler Hindus fürchten zu müssen.[29] Leider fand nie eine vernünftige Debatte über diese Frage statt. Am 7. November 1966 versuchten Hunderte *sadhus*, das indische Parlament zu erstürmen. Einige *sadhus* sind Heilige und Schriftgelehrte, andere sind Scharlatane und Gewohnheitsverbrecher. Die *sadhus*, die versuchten, ins Parlament einzudringen, zerstörten Eigentum in der Umgebung, aber die Polizei ließ sie nicht zur Lok Sabha vordringen. Premierministerin Gandhi nutzte die Gelegenheit, um ihren ungeliebten Innenminister Gulzarilal Nanda zu entlassen, dem nachgesagt wurde, mit einem Verbot von Kuhschlachtungen zu liebäugeln.[30]

Am 20. November kündigte der Shankaracharya aus Puri, ein hochrangiger spiritueller Führer (der auch als *Jagadguru*, »der universelle Lehrer«, bezeichnet wird), einen Hungerstreik an, sollte die Regierung die Schlachtung von Kühen nicht verbieten. Die Regierung befürchtete weitere Gewalt, wenn die Radikalen den *Jagadguru* für ihre Agitation nutzen könnten, und versuchte, ihn mundtot zu machen. Trotzdem gelang es dem Shankaracharya, die Presse über seinen Zustand auf dem Laufenden zu halten, aber nach einigen Monaten musste er einsehen, dass sein Hungerstreik wirkungslos blieb. Also begann er, sich an der politischen Agitation zu beteiligen.[31]

Der Hindu-Nationalismus schwelte seit Jahren unter der Oberfläche der indischen Politik. Jetzt zeigte der Aufstieg der Jana Sangh, die den Kampf für ein Verbot der Kuhschlachtungen organisiert hatte, dass das Hindutum in den Vordergrund trat. Als Syama Prasad Mookerjee im Oktober 1951 die Akhil Bharatiya Jana Sangh (Allindische Volkspartei) gegründet hatte, hatte Nehru versprochen, sie zu »zermalmen«, was er bei den Wahlen im Jahr darauf tatsächlich geschafft hatte. Zu jener Zeit hatte Nehru auch die Forderung nach einem Verbot von Kuhschlachtungen mit dem Argument abgelehnt, für viele Inder sei Rindfleisch die einzige erschwingliche Proteinquelle. Doch die wiederholten gewaltsamen Zusammenstöße zwischen Hindus und Muslimen in seiner Regierungszeit und die zunehmend unverhohlenen Bekenntnisse führender Politiker der Kongresspartei zum Hinduismus nach Nehrus Tod zeigten, wie groß der Einfluss des Hindu-Nationalismus war. Jetzt drang die erstarkende Jana Sangh durch die von Nehru hinterlassenen Risse in der gesellschaftlichen und politischen Struktur ein.[32]

»Indira Amma« wird zu Indiens Retterin

Als im Dezember 1966 der Wahlkampf für den Urnengang im Februar 1967 begann, war Indira Gandhi noch kein Jahr Premierministerin. Diese Zeit war von wirtschaftlichen und politischen Turbulenzen geprägt gewesen. Ausgelöst wurden die Unruhen von der Jugend, die keine Chance auf einen Arbeitsplatz hatte. Es war Gandhi vollkommen klar, dass sich die wirtschaftliche Frustration in den Regierungsjahren ihres Vaters aufgestaut hatte – und dass diese Frustration mit den Ansprüchen zahlreicher Gruppen, die auf ihre regionale und religiöse Identität pochten, zu einem gefährlichen Amalgam verschmolz.

In diesem entscheidenden Augenblick fällte Gandhi eine folgenschwere Entscheidung. Unfähig, das aufgewühlte Land unter Kontrolle zu bringen, versuchte sie, sich von der Kongresspartei zu lösen und sich dem indischen Volk direkt als Führerin anzubieten. Am 20. Dezember wurde erstmals klar, dass sie sich entschlossen hatte, sich zur Retterin der Nation aufzuschwingen. Bei einem Wahlkampfauftritt in ihrem Wahlkreis Rae Bareli – dort hatte ihr verstorbener Ehemann Feroze einst für das Unterhaus kandidiert – erklärte sie: »Meine Familie hat zig Millionen Mitglieder. Die Mitglieder meiner Familie leiden unter der Armut, und ich muss für sie sorgen.« Sie werde verhindern, dass stärkere Familienmitglieder schwächere ausnutzten.[33] Sie verwandelte sich rasch in die »Indira Amma« (Mutter Indira). Sie besaß die Autorität und Glaubwürdigkeit einer Mutter.

In einem Interview mit der *Times of India* bastelte Gandhi weiter an diesem Image. Sie warf dem »Syndikat«, der Führung der Kongresspartei, vor, ungeeignete Kandidaten für die Sitze im nationalen und in den einzelstaatlichen Parlamenten ausgewählt zu haben, und stellte ihre individuelle Führungsrolle als Gegenmodell dar: »Die Frage ist, wen die Partei will und wen das Volk will. Meine Position im Volk ist unangefochten.«[34]

Die unermüdliche Wahlkämpferin reiste Tausende Kilometer durchs Land und hielt Reden auf Hunderten Wahlveranstaltungen. Ihre Biografin Katherine Frank schrieb später, Gandhi habe sich bei Wahlkampfauftritten oft an den regionalen Gepflogenheiten orientiert. »Sie trug den Sari wie die einheimischen Frauen und aß deren Essen mit den Fingern.« Sie war den Armen scheinbar nahe, wirkte zugleich jedoch »erhaben und ehrfurchtgebietend, schmuckvoll, makellos inmitten der Staubwolken, die ihr Dienstwagen aufwirbelte, wenn er an einem Veranstaltungsort vorfuhr, wo sich eine riesige Menschenmenge versammelt hatte«. Auch der Biograf Zareer Masani beschreibt, wie Gandhi »offenkundige aristokratische Vornehmheit« mit einem »bodenständigen, mütterlichen Hausverstand« verband, mit dem sich »die durchschnittliche Hausfrau identifizieren konnte«. Die einzigartige Kombination von Vornehmheit und Empathie sicherten ihr »Ehrfurcht und Verehrung« von Millionen Landsleuten.[35]

Doch ihr rastloser Wahlkampf und ihr Nimbus als Superstar änderten nichts an dem Groll, der sich in den Jahren der Misswirtschaft aufgestaut hatte. Als Gandhi am 8. Februar 1967 Bhubaneswar besuchte, skandierten Hunderte Studenten: »Tod der Kongresspartei« und »Gandhi, geh nach Hause!« Ein Stein traf sie an der Nase, und ihre Bodyguards mussten die blutende Premierministerin in Sicherheit bringen.[36]

Die Ergebnisse der Februarwahlen entsprachen der aufgeheizten Stimmung bei der Veranstaltung in Bhubaneswar. Der Stimmenanteil der Kongresspartei, die 1962 noch 44,5 Prozent erhalten hatte, schmolz auf 40,7 Prozent. Und der Stimmenverlust war nicht das größte Problem. Das Mehrheitswahlsystem, von dem die Kongresspartei so lange profitiert hatte, bestrafte sie jetzt: Sie errang 283 Sitze in der Lok Sabha, das waren 54,5 Prozent der Mandate. Aber im Jahr 1962 hatte sie sich noch 72,8 Prozent der Parlamentssitze gesichert.[37]

Die Jana Sangh feierte einen großen Sieg. Ihre Kampagne für ein Verbot der Schlachtung von Kühen hatte jene überzeugt, die sich vom Hindu-Nationalismus angezogen fühlten. Auch die Frustration über die schlechte Wirtschaftslage und die Korruption kam der Jana Sangh zugute. Mit 9,4 Prozent der Stimmen wurde die Partei zur dritten Kraft hinter der Kongresspartei und der Swatantra Party. Sie errang 35 Sitze in der Lok Sabha (mehr als doppelt so viele wie 1962, als sie lediglich 14 Mandate erhalten hatte). Bei den Wahlen zu den einzelstaatlichen Parlamenten, bei denen zahlreiche regionale Parteien um die Mandate kämpften, errang die Jana Sangh 8,8 Prozent der Stimmen, womit sie hinter der Kongresspartei (40 Prozent) zur zweitstärksten Kraft aufstieg.[38]

Gandhis Versuch, sich zur Retterin Indiens aufzuschwingen, war fürs Erste gescheitert. Doch sie hatte durchaus Grund zur Freude: Ihre Feinde in der Kongresspartei hatten »süße Niederlagen« erlitten. In Tamil Nadu hatten die Wähler Kamaraj gedemütigt, den langjährigen Regierungschef des Bundesstaats und führenden Kopf des »Syndikats«. Kamaraj verlor seinen Parlamentssitz an einen 28-jährigen Studenten von der Dravida Munnetra Kazhagam, einer Partei, die sich für die Kultur der Tamilen einsetzte und Stimmung gegen die Hindus machte. Auch weitere Mitglieder des Syndikats mussten Niederlagen einstecken.[39] Die Kongresspartei zerfiel, aber Gandhi hatte Erfolg gehabt.

Durch den Triumph über die alte Garde der Kongresspartei gestärkt, festigte Gandhi ihre Position in der Partei. Sie sicherte sich Morarji Desais Kooperation, indem sie ihn zum stellvertretenden Premierminister und Finanzminister machte. Aber damit keine Zweifel daran aufkamen, wer das Sagen hatte, gab Gandhi die Liste ihrer Kabinettsmitglieder bekannt, ohne Desai vorher zurate zu ziehen. Wie ihre Biografin Uma Vasudev schrieb, war für Gandhi die Zeit gekommen, um »ihren eigenen Weg zu gehen«. Sie warf auch das Syndikatsmitglied Sanjeeva Reddy aus dem Kabinett.[40]

Die Premierministerin bediente sich jetzt immer öfter religiöser Symbole. Bei ihrer Vereidigung durch Präsident Radhakrishnan trug sie erneut den Talisman mit den heiligen Perlen. Und bei dieser Gelegenheit war ein geheimnisvoller, in safranfarbenes Tuch gehüllter Mann namens Dhirendra Brahamachari an ihrer Seite. Er leitete seit langem Gandhis tägliche Yoga-Übungen. Aber in politischen Kreisen war er kaum bekannt, und Politiker und Journalisten bezeichneten ihn als *swami*, als gelehrten Asketen.[41] In Wahrheit war er einfach ein Scharlatan, ein schillernder Yoga-Lehrer, der eine Vorliebe für ausländische Limousinen, Privatflugzeuge und die Nähe zur Macht hatte.

Der Politikwissenschaftler Samuel Huntington gelangte zu dem Schluss, Indien verwandle sich in eine »prätorianische Gesellschaft«, die äußerlich wie eine Demokratie wirke, aber nicht über die politischen Institutionen verfüge, die benötigt würden, um mit gesellschaftlicher Unzufriedenheit umzugehen. Solche Gesellschaften, warnte Huntington, gerieten in einen Teufelskreis: Die ausufernde gesellschaftliche Unzufriedenheit lähme eben jene Institutionen, die den sozialen Frieden erhalten und den wirtschaftlichen Fortschritt fördern sollten.[42]

Indien wird ein Polizeistaat

Am 21. Mai 1967 machte sich Bigul Kisan wie gewohnt auf den Weg zu den Feldern eines Grundbesitzers im Bezirk Naxalbari im Nordosten Westbengalens, wo er sich als Erntearbeiter verdingt hatte. Doch etwas war anders an diesem Tag: Kisan sollte das Land in Besitz nehmen. Beschlossen hatte dies die Krishak Sabha (Bauernbund), eine Organisation der Communist Party of India (Marxist), kurz CPM. Zwei Jahrzehnte später erinnerte sich Bigul Kisan: »Die Schläger des Grundbesitzers griffen mich an. Beinahe hätten sie mir den Schädel eingeschlagen. Sie nahmen mir meinen Pflug und meinen Ochsen weg.«[43]

Es folgte eine Welle von Angriffen von Bauern auf Grundbesitzer. Am 24. Mai wurde der Polizist Sonam Wangdi, der mit seiner Einheit zum Schutz der Grundbesitzer abkommandiert worden war, von zwei Pfeilen getötet, die Bauern mit ihren Jagdbögen abgeschossen hatten. Anschließend versteckten sich die männlichen Dorfbewohner im Wald und überließen es den Frauen, die anrückende Polizei mit einer Barrikade aufzuhalten. Die Polizisten eröffneten das Feuer und töteten neun Frauen und zwei Kinder.[44]

Die Angriffe bewaffneter Rebellen auf Grundbesitzer gingen weiter. Die CPM, die als Teil eines Volksfront-Bündnisses bei der Wahl im Februar überraschend an die Macht gekommen war, unterstützte anfangs die Rebellen. Aber Mitte Juni entschlossen sich die Kommunisten, ihre Regierungsverantwortung zu übernehmen und Recht und Ordnung wiederherzustellen. Nun griffen die Chinesen ein, um sich auf der Seite der Rebellen gegen die CPM zu stellen. Am 28. Juni pries Radio Peking die Aufständischen als »Vorreiter eines revolutionären bewaffneten Kampfes« und erklärte, die Bauernbewegung orientiere sich am Vorbild des »Großen Vorsitzenden« Mao Zedong.[45]

Am 12. Juli begann die staatliche Repression gegen die rebellischen Bauern. Gestützt auf Gesetze aus der Kolonialzeit, die Verhaftungen ohne Anklage und Prozess ermöglichten, startete die Polizei einen Großeinsatz, um die Anführer der Aufständischen dingfest zu machen. Bis Ende Juli rückten etwa 1500 bewaffnete Polizisten in Naxalbari ein, und unter dem überwältigenden Druck der Staatsmacht brach der Bauernaufstand zusammen.[46]

Im Dezember 1967 stärkte die Zentralregierung ihre Zwangsmacht mit dem Unlawful Activities Prevention Act (Gesetz zur Verhinderung rechtswidriger Aktivitäten). Dieses Gesetz erlaubte es den Sicherheitskräften, Verhaftungen vorzunehmen, ohne sich an die üblichen Verfahrensregeln halten zu müssen. Obwohl derartige Befugnisse nicht mit dem Internationalen Pakt über bürgerliche und politische Rechte (UN-Zivilpakt) vereinbar waren, weil sie gegen das Prinzip der Unschuldsvermutung verstießen, wurden sie rasch zu einem festen Bestandteil der indischen Exekutivpraxis. Die staatliche Repression folgte der Bauernrebellion, als diese von Westbengalen auf Andhra Pradesh und benachbarte Bundesstaaten übergriff.[47]

Die Polizeimacht setzte den rücksichtslosen Kampf gegen die Rebellion auch fort, als diese sich in Westbengalen in eine von Studenten angeführte städtische Guerillabewegung verwandelte. Die aufrührerischen Studenten, die aufgrund ihrer früheren Verbindung zur Bauernbewegung in Naxalbari als »Naxaliten« bezeichnet wurden, hatten ihre eigenen Gründe für die Rebellion. Ein Anführer der Bewegung erklärte vor Studenten des renommierten Presidency College in Kalkutta: »Fast alle in diesem College sind Sympathisanten. Für die meisten Studenten sind die Zukunftsaussichten düster. Angesichts der Arbeitslosigkeit haben sie keine Aussichten, wenn sie sich nicht der Sache der Revolution anschließen.« Um die Studentenproteste einzudämmen, ging die Polizei zu außergerichtlichen Tötungen über: Unter dem Vorwand der Selbstverteidigung übten Polizisten bei »fingierten Zusammenstößen« (*fake encounters*) »Sofortjustiz« und erschossen Demonstranten. Der Polizeibeamte Ranjit Gupta, der die Unterdrückung der Stadtguerilla in Westbengalen leitete, wurde berühmt für solche außergerichtlichen Tötungen. Als er das Foyer eines privaten Clubs betrat, um sich mit dem von der *New York Times* entsandten Autor Dom Moraes zu treffen, erhoben sich die elitären Gäste zu einer stehenden Ovation.[48]

Zwei Jahrzehnte nach der Unabhängigkeit standen Wirtschaft und Demokratie still. Die landwirtschaftliche Produktivität war weiterhin gering, und in den Städten gab es kaum Arbeit. Die Kombination von Unterbeschäftigung und Inflation machte den Indern das Leben zur Hölle. In Bombay hatten die meisten jungen Leute ihr Schicksal in die Hände der gewalttätigen Shiv Sena (der »Armee Shivajis«) gelegt, in Westbengalen hatte die Jugend an einer gescheiterten bewaffneten Rebellion teilgenommen.

Grundlegende Normen und demokratische Institutionen lösten sich auf. Shiv Sena und Hindu-Nationalisten mobilisierten Mobs, um den Hass zu schüren. Inmitten des Chaos versuchte Premierministerin Gandhi, ihre Position als unantastbare Kultfigur zu verteidigen. Es stand nur noch die Fassade der Demokratie: In Indien fanden Wahlen und friedliche Machtwechsel statt. Aber anstatt die wachsenden Probleme des Landes in Angriff zu nehmen, ließ Gandhis Regierung die Polizei auf das Volk los. Die Sicherheitskräfte beriefen sich auf Selbstverteidigung und agierten unter dem Beifall der Eliten, ohne sich vor Sanktionen fürchten zu müssen. Die Prinzipien von Rechtsstaatlichkeit und Gleichheit vor dem Gesetz wurden über Bord geworfen. Die Justiz schaute hilflos zu.

Angesichts der Konfrontation zwischen Bürgern und Staat stellte sich die Frage, welchen Plan Gandhi hatte. Welches würde ihr nächster Schritt sein?

KAPITEL 10

Indien hat eine Kaiserin

Nach zweijähriger Dürre fiel im Haushaltsjahr 1967/68 (1. April bis 31. März) endlich wieder genug Regen. Die Getreideproduktion stieg, was zu einem Wirtschaftswachstum von mehr als 8 Prozent beitrug.[1] Die totgesagte indische Wirtschaft erwachte zu neuem Leben.

Die dunkelste Zeit mochte vorüber sein, aber die indische Politik stand vor großen Aufgaben. Da das Ausland seine Finanzhilfe verringerte, mussten die Investitionen in Infrastrukturen wie Eisenbahn und Stromnetze zurückgeschraubt werden. Die Wirtschaftsschwäche in den vorangegangenen zwei Jahren hatte die Steuereinnahmen geschmälert, während der Krieg mit Pakistan die Verteidigungsausgaben in die Höhe getrieben hatte. Um das Haushaltsdefizit einzudämmen und die Inflation unter Kontrolle zu bringen, senkte die Regierung die Staatsausgaben und erhöhte die Steuern. Die Folge war ein Rückgang der Industrieproduktion.[2]

Die Götter des Monsuns gaben Indira Gandhi eine Chance, die wirtschaftlichen Probleme des Landes in Angriff zu nehmen. Stattdessen zog sie sich aus der Gestaltung der Wirtschaftspolitik zurück. Wie I. G. Patel in seinen Memoiren berichtet, enthielt das Budget für das Jahr 1968 keine nennenswerten Initiativen. Gandhi verstand durchaus, dass das indische Bildungswesen nicht funktionierte, aber sie machte keine Anstalten, etwas daran zu ändern. Das Bildungssystem, erklärte sie, hätte umgebaut werden müssen, »als wir frei wurden«. Es sei ein Fehler gewesen, es nicht umzubauen, aber jetzt sei es schwierig, etwas zu ändern, da dies »alles durcheinanderbringen« würde. In der Agrarpolitik blieb Gandhi nach zweijähriger Dürre und den Beschränkungen der amerikanischen Lebensmittelhilfe kaum etwas anderes übrig, als die von ihrem Vorgänger Shastri eingeleitete Grüne Revolution fortzusetzen. Sie erhöhte die Einfuhren von Saatgut ertragreicher Sorten, garantierte den Bauern feste Getreidepreise und subventionierte Düngemitteleinsatz sowie Lebensmittelkonsum.[3]

Gandhi verzichtete auf ehrgeizige wirtschaftspolitische Vorhaben und konzentrierte sich stattdessen darauf, die Demokratie zu demontieren. Sie war auf dem besten Weg, sich in eine indische Kaiserin zu verwandeln. Und während sie sich dem Thron näherte, fielen die demokratischen Normen und die Rechenschaftspflicht der ausufernden politischen Korruption zum Opfer. Zu Gandhis Plan für den Machterhalt gehörte jetzt auch eine Thronfolge ihres Sohns Sanjay. Indien hatte jeden Tag weniger Ähnlichkeit mit einer Demokratie.

Sanjay möchte ein Auto bauen

Indira Gandhi wusste besser als jeder andere, dass es ein riskantes Unterfangen war, ihren Sohn als Nachfolger aufzubauen. Der am 14. Dezember 1946 geborene Sanjay war ein verwöhntes Kind mit destruktiven Neigungen gewesen, und diese Neigungen wurden nur stärker, als er heranwuchs. Im Alter von sieben Jahren wurde er in die Welham Preparatory School in Dehradun geschickt. Bald nach seiner Ankunft in der malerischen Kleinstadt am Fuß des Himalaja wurde Sanjay von einem Lehrer als »Problemkind« eingestuft. Diesem Ruf machte er rasch Ehre. Im Alter von zehn Jahren wechselte er an die Doon School (ebenfalls in Dehradun), wo er durch beunruhigendes Verhalten auffiel. Als einer seiner Mitschüler einen Spatzen freiließ, den Sanjay in einem Mückennetz gefangen hatte, rächte sich der Sohn der Premierministerin, indem er den Tennisschläger des anderen Jungen zertrümmerte. Im Laden der Schule fälschte er die Unterschriften von Mitschülern, um sich Süßigkeiten zu kaufen. Als Halbwüchsiger nutzte er Besuche seiner Mutter und seines Großvaters, um aus der Schule auszureißen und Autos für Spritztouren durch die Stadt zu stehlen.[4]

Seine Mutter holte ihn aus Dehradun zurück nach Delhi und schickte ihn dort in die Schule. Sanjay frönte weiter seinem Hobby, in gestohlenen Autos rücksichtslos durch die Stadt zu rasen. Im Mai 1964 fand die Polizei in einem gestohlenen Auto Damenunterwäsche und Spirituosen. Obwohl nicht ganz klar war, ob Sanjay etwas mit diesem Diebstahl zu tun hatte, veröffentlichte eine Zeitschrift einen Bericht und forderte die Premierministerin auf, klarzustellen, ob ihr Sohn einer der Täter war. Als sie sich weigerte, eine Beteiligung ihres Sohns abzustreiten, geriet Sanjay in Wut. Aber seine Mutter wollte sich nicht in die Kontroverse hineinziehen lassen, denn sie wusste, dass es zu weiteren Zwischenfällen kommen würde, in denen kaum ein Zweifel an der Schuld ihres Sohns bestehen würde.[5]

Nach Sanjays Schulabschluss im Jahr 1964 brachte ihn seine Mutter mit Unterstützung des Reeders Dharam Teja in der Rolls-Royce-Fabrik im englischen Crewe unter. Auch sein älterer Bruder Rajiv machte seine Ausbildung in England. Auf die Frage eines Journalisten, ob ihr bewusst sei, dass sie in den Augen vieler Inder offenbar wenig vom heimischen Bildungswesen hielt, antwortete Gandhi, es sei ihr gleichgültig, was die Leute dächten.[6]

Im September 1964 trat Sanjay seine dreijährige Mechanikerlehre bei Rolls-Royce an. Wollte er sich dem Automobildesign widmen, so würde er anschließend ein Ingenieursdiplom erwerben müssen. Doch Sanjay wollte vor allem Spaß haben. Er erstand einen gebrauchten Jaguar, den er nur ungern an roten Ampeln zum Stehen brachte. Bei einer Gelegenheit verlor er bei hoher Geschwindigkeit die Kontrolle über das Fahrzeug, das von der Straße abkam und sich überschlug. Die indische Botschaft in London musste Sanjay wiederholt aus der Patsche helfen und seine Eskapaden vertuschen. Seine Vorgesetzten in Crewe waren erleichtert, als er sich wieder verabschiedete. Ein Manager beschrieb den Sprössling der indischen Premierministerin als nicht kooperativ und erklärte, der junge Mann habe sich nur für »Alkohol und Frauen« interessiert. Seine letzte Eskapade in England brachte ihm im Dezember 1966 eine Geldstrafe wegen Fahrens ohne Führerschein ein.[7]

Im Februar 1967 sprach Sanjay kurz vor seiner Abreise aus London mit der *Daily Mail*. Auf die Frage, ob er eine politische Laufbahn anstrebe, antwortete Sanjay, er wolle nicht Premierminister werden, »es sei denn, sie servieren mir das Amt auf einem silbernen Tablett«.[8]

Zurück in Delhi, schloss Sanjay Freundschaft mit Arjun Das, der ebenfalls Mechaniker war. Die beiden Kumpels fanden in Gulabi Bagh in Delhi eine »verdreckte kleine Autowerkstatt«, wo sie »inmitten von Mülldeponien und übergelaufenen Abwasserkanälen« an Motoren arbeiteten. Arjun sorgte dafür, dass Sanjay nicht in Schwierigkeiten geriet, was ihm den Respekt und das Vertrauen der Premierministerin sicherte. Gandhi warb sogar im Wahlkampf für ihn, als er bei den Kommunalwahlen antrat. »Ich habe nicht zwei, sondern drei Söhne«, sagte sie einmal.[9]

Als die Regierung ihr Vorhaben bekanntgab, ein Unternehmen aufzubauen, das ausschließlich mit heimischer Technologie und Bauteilen aus indischer Produktion Autos fertigen sollte, schlossen sich Sanjay und Arjun der Initiative an. Die Vorstellung, Indien könne ohne ausländische Technologie oder Bauteile ein Auto bauen, war abwegig. Nehrus Traum von der Schwerindustrie war irregeleitet gewesen, aber niemand war jemals auf die Idee gekommen, Maschinen aus dem Nichts vollkommen neu zu bauen. Es wurde angenommen, dass Indien Technologie, Ausrüstung und Rohmaterial würde einführen müssen. Der Gedanke, dass Sanjay und Arjun das Auto neu erfinden konnten, war lächerlich. Als Mechaniker hatten sie keinerlei Ingenieurstalent gezeigt. Im September 1968 schraubten sie Berichten zufolge einen Kleinwagen zusammen, der von einem »Motorradmotor« angetrieben wurde. Im November legte Sanjay der Regierung sein Projekt vor: Er wollte ein Auto konstruieren, das 6 000 Rupien (800 Dollar) kosten und 5 Liter Benzin pro 100 Kilometer verbrauchen würde. Er versprach, jedes Jahr 50 000 dieser Autos zu bauen.[10]

Am 13. November 1968 gab die Regierung bekannt, Sanjays Projekt gehöre gemeinsam mit denen international bekannter Hersteller wie Renault, Toyota und VW zur engeren Wahl. Indem sie ihren Sohn auf eine Stufe mit weltweit angesehenen Autobauern stellte, setzte Indira Gandhi eine Kraft frei, die erhebliche Auswirkungen auf Indien haben sollte.[11]

Die Bankenverstaatlichung in der indischen Geschichte

Die politische Zeit stand nicht still. Bei Nachwahlen zu den einzelstaatlichen Parlamenten musste die Kongresspartei weitere Niederlagen einstecken. Unterbeschäftigung und Inflation lösten weiterhin gesellschaftliche und politische Proteste aus. Das Virus der Gewalt breitete sich aus. In Bombay verkündete Bal Thackeray, der Parteichef der Shiv Sena, er werde jeden Minister der Zentralregierung am Betreten Bombays hindern, solange die Regierung die Ansprüche Maharashtras auf Dörfer im Nachbarstaat Mysore (seit 1973 Karnataka) nicht anerkenne. Als sich Finanzminister Morarji Desai entschloss, trotzdem nach Bombay zu reisen, brach die Shiv Sena viertägige Unruhen vom Zaun, in deren Verlauf Menschen verletzt und Eigentum zerstört wurde. Nun entstanden auch in anderen Landesteilen *senas* (»Armeen«), die aggressiv regionale Vorrechte einforderten.[12]

Am 3. Mai 1969 erlag Präsident Zakir Hussain einem Herzinfarkt. Zum dritten Mal in der noch jungen Geschichte des unabhängigen Indien löste ein Herzversagen eine Kette von Ereignissen aus, die das Land in eine andere Richtung lenkten. Gandhi wollte Vizepräsident V. V. Giri zu Hussains Nachfolger machen, aber das Syndikat lehnte die Empfehlung der Premierministerin ab. Die Parteiführung war entschlossen, Neelam Sanjeeva Reddy zu nominieren, einen Gegner Gandhis, den die Regierungschefin nach der Wahl von 1967 bei der Zusammenstellung ihres Kabinetts übergangen hatte. Gandhi wollte die Wahl Sanjeeva Reddys verhindern, wobei ihre Motive nicht klar waren, denn der Präsident erfüllt in Indien im Wesentlichen zeremonielle Funktionen. Möglicherweise befürchtete sie, bei einer erneuten Auseinandersetzung mit Morarji Desai könnte Reddy ihren Rivalen mit der Regierungsbildung beauftragen.[13]

In dem Wissen, dass sie sich nicht offen gegen das Syndikat stellen konnte, machte Gandhi die politischen Grabenkämpfe zu einer vordergründig ideologischen Auseinandersetzung. Bei einem Treffen der Parteiführung in Bangalore am 9. Juli 1969 schlug sie eine Verstaatlichung der indischen Banken vor. Ihr Vorschlag widersprach einer früheren Vereinbarung der Parteiführung, zunächst die »gesellschaftliche Kontrolle« über die Banken zu erlangen, was bewerkstelligt werden sollte, indem die Banken von der Regierung aufgefordert würden, mehr Kredite an Bauern, Kleinunternehmen und andere verwundbare Kreditnehmer zu vergeben; außerdem sollten die Eigentümer der Banken aus den Aufsichtsgremien gedrängt werden. Mit der von Gandhi vorgeschlagenen Verstaatlichung würde dieses Experiment beendet werden. Stattdessen würde der Staat die direkte Kontrolle über die Banken und ihre Kreditvergabeentscheidungen übernehmen.

Gandhi entschloss sich, die Bankenverstaatlichung rasch voranzutreiben. Es war ein Wettlauf mit der Zeit. Am 21. Juli würde die neue Sitzungsperiode des Parlaments beginnen, und es gab keine Gewähr dafür, dass die Abgeordneten die Verstaatlichung durchwinken würden. Gandhi brauchte ein Präsidialdekret, bevor das Parlament wieder zusammentrat. Interimspräsident Giri wollte am 20. Juli von seinem Amt zurücktreten, um als »unabhängiger« Kandidat an der Präsidentschaftswahl teilnehmen zu können. Also musste Gandhi ihn dazu bewegen, das Dekret bis zum 19. Juli zu unterzeichnen. Am 16. Juli entließ sie Finanzminister Morarji Desai, der sich der Verstaatlichung zweifellos widersetzen würde. Desai saß beim Mittagessen, als ihm der Brief übergeben wurde, in dem ihm die Regierungschefin kurz angebunden seine Entlassung mitteilte.[14]

Am späten Abend des 17. Juli stellte Gandhis rechte Hand Parmeshwar Narayan Haksar ein Team zusammen, um das Dekret aufzusetzen. Am folgenden Tag zitierte Gandhi I. G. Patel zu sich, der zu jener Zeit als Staatssekretär der höchstrangige wirtschaftspolitische Beamte war. In gebieterischem Ton ließ sie Patel wissen: »Aus politischen Gründen wurde entschieden, die Banken zu verstaatlichen.« Patel erhielt die Aufgabe, über Nacht die nötigen Dokumente vorzubereiten und eine Rede zu schreiben, mit der sich Gandhi nach der Unterzeichnung des Dekrets durch Giri an die Nation wenden konnte. Patel schrieb später: »Es ist bemerkenswert, wie in der Hitze der politischen Auseinandersetzung weitreichende Entscheidungen gefällt werden.« Ohne jede Debatte über den wirtschaftlichen Nutzen der Entscheidung – und anscheinend ohne das geringste Interesse an den Auswirkungen – ließ Gandhi ein wirtschaftliches Ungeheuer von der Leine. Die State Bank of India, das größte Finanzinstitut des Landes, war bereits in öffentlicher Hand. Mit den geplanten Verstaatlichungen würde sich der Staat fast das gesamte Bankensystem und die Kontrolle über 90 Prozent aller Bankeinlagen aneignen.[15]

Das Dekret wurde Giri rechtzeitig vorgelegt. Während die Welt der kurz bevorstehenden Mondlandung der Amerikaner entgegenfieberte, gingen am 19. Juli 1969 die 14 größten indischen Privatbanken in den Besitz des Staates über. Die Aktionäre zogen vor Gericht und warfen der Regierung eine gesetzwidrige Enteignung vor. Die Regierung wehrte den Angriff ab, indem sie höhere Entschädigungen zahlte als ursprünglich geplant. Und die Tat war vollbracht.[16]

Gandhi kassierte sofort die politischen Dividenden ihrer Entscheidung. Millionen Inder priesen sie als »Engel der Armen«. Sie ließ sich von der Stimmung tragen und beschrieb die Bankenverstaatlichung als »Maßnahme für die einfachen Menschen« und als »Schlag gegen die Wirtschaftsmacht«. Angefeuert von ihren Gefolgsleuten, versammelten sich vor ihrem Haus in Neu-Delhi Menschenmengen zu »anscheinend spontanen Kundgebungen, die ihre Popularität bewiesen«. Lehrer, Taxifahrer, *dhobis* (Wäscher), Rikschafahrer und Flickschuster skandierten Parolen über den »sozialen Nutzen der Verstaatlichung«. Ihre politischen Gegner waren »entmutigt«.[17]

Es kam, wie es kommen musste. Gandhi »befreite« die Abgeordneten ihrer Partei von der Verpflichtung, bei der Wahl des Präsidenten für Sanjeeva Reddy zu stimmen, den Kandidaten der Kongresspartei. Stattdessen sollten sie ihrem »Gewissen« folgen. Im August 1996 stimmten viele Mitglieder der Kongresspartei für Giri, der sich knapp durchsetzte. Erbost über Reddys Niederlage, warf das Syndikat Gandhi am 12. November aus der Kongresspartei. Das Jahr war noch nicht vorüber, als die Partei auseinanderbrach. Die meisten Abgeordneten der Partei hielten Gandhi die Treue, aber diese Gruppe hatte keine Mehrheit mehr im Parlament. Um sich im Amt halten zu können, musste Gandhi ein Bündnis mit den Kommunisten, der Dravida Munnetra Kazhagam aus Tamil Nadu und einigen unabhängigen Abgeordneten schließen.[18]

Nun hatte Gandhi Rückenwind und erklärte, sie sei »sozialistischer als Nehru«. Tatsächlich brach sie laut ihrer Biografin Uma Vasudev einen »Propagandakrieg« vom Zaun, in dem sie sozialistische Ideale verfocht. In Dörfern und Städten sprach sie vor unterschiedlichsten Zuhörern unablässig über die »Konzepte des Sozialismus«.[19]

Auf dem Höhepunkt ihres »sozialistischen« Triumphs wandte sich Gandhi wieder den Bedürfnissen ihres Sohns zu. »Mein Sohn hat Unternehmensgeist bewiesen«, erklärte sie am 24. September 1970 in Reaktion auf den Vorwurf, sie habe sein Projekt bevorzugt, »und ich konnte nicht nein zu ihm sagen. Wenn ich ihn nicht ermutige, wie kann ich dann andere junge Männer ermutigen, Risiken einzugehen?« In einer Kabinettssitzung am 30. November, in der Sanjay offiziell grünes Licht für den Bau eines zur Gänze indischen Autos erhielt, machte sie keinen Hehl aus ihrer Geringschätzung für die Kritiker. Von den insgesamt 14 eingereichten Projekten erfüllten nur Sanjays und ein weiteres das Kriterium, ausschließlich heimische Technologie und Bauteile zu verwenden. Kein Wunder! Kein vernünftiger Autobauer wäre je auf die Idee gekommen, etwas derart Unrealistisches zu versuchen. Der andere Bewerber, der das Kriterium erfüllte, zog sich aus dem Wettbewerb zurück und verschwand in der Versenkung.[20] Sanjays Auto sollte den Namen Maruti erhalten, nach dem Affengott, der in der hinduistischen Mythologie der Abkömmling des Windgottes ist.

Das Auto löste politische Turbulenzen aus. Bansi Lal, der Regierungschef des Bundesstaats Haryana, bot Sanjay in der Annahme, dem Sohn der Premierministerin gehöre die Zukunft, erstklassige landwirtschaftliche Nutzflächen als Standort für seine Fabrik an. Der Ort befand sich etwa 25 Kilometer vom Haus der Premierministerin entfernt, wo auch Sanjay wohnte. Sanjay »diktierte« die Verkaufsbedingungen. Das Land von rund 1500 Bauern wurde beschlagnahmt, um es zu einem »Spottpreis« an Sanjay abzutreten. Obwohl die Nähe zu einem Munitionslager und einem Rollfeld der Luftwaffe den Bau einer Fabrik eigentlich unmöglich machte, gab Verteidigungsminister Vidya Charan Shukla seine Einwilligung. Sanjays mit einflussreichen Industriellen gespicktes Direktorengremium traf sich oft im Haus der Premierministerin, was keinen Zweifel daran ließ, dass dieses Projekt die Rückendeckung der Staatsmacht genoss. Lalit Narayan Mishra, ein Minister in Gandhis Kabinett, spielte eine zentrale Rolle bei der Kapitalbeschaffung einschließlich hoher Vorauszahlungen von Händlern, die das Auto verkaufen würden.[21]

Ob es nun beabsichtigt war oder nicht, Sanjays Aufstieg zum Autobauer und die Bankenverstaatlichung gingen Hand in Hand: Zwei der verstaatlichten Banken, die Central Bank und die Punjab National Bank, boten Maruti Kredite an. Den Bankmitarbeitern war klar, dass Sanjay Gandhi ein »wichtiger« Klient war. Und Sanjay setzte die Banken im Bewusstsein seiner Macht unter Druck, damit sie die Zinsen auf Kredite für Maruti niedrig ansetzten und sich mit unvollständigen Dokumenten zu den erforderlichen Sicherheiten zufriedengaben.[22]

Die Voraussetzungen für ungehemmte Korruption in den Banken waren geschaffen. Reiche, politisch einflussreiche und korrupte Eliten erhielten zu Vorzugsbedingungen Kredite, die sie oft nicht zurückzahlten. Integrität und finanzielle Tragfähigkeit der verstaatlichten Banken wurden rasch ausgehöhlt, und die Behauptung, die Verstaatlichung diene sozialistischen – oder irgendwelchen wirtschaftlichen – Zielen, erwies sich als widersinnig.

Allerdings drangen die verstaatlichten Banken rasch in zuvor »unerschlossene« Bereiche vor. Sie lockten mehr Einlagen an, weil die Menschen glaubten, sie seien sicherer als private Geldinstitute. Der Staat nutzte einen Teil der Einlagen, um seine Aktivitäten zu finanzieren. Bauern und städtische Kleinbetriebe erhielten mehr Kredite – und fanden rasch heraus, dass sie politischen Einfluss nutzen konnten, um sich der Rückzahlung ihrer Darlehen zu entziehen. Der Kundenservice der Banken verkam, weil die Angestellten die Arbeitsplatzsicherheit von Staatsbediensteten genossen und keine Entlassung mehr fürchten mussten, wenn sie ihren Kunden mit Gleichgültigkeit oder sogar Feindseligkeit begegneten.[23]

Nachdem die Bankenverstaatlichung erledigt war, wurde die übrige Wirtschaftspolitik »routinemäßig, vorsichtig und im Rahmen der Tradition« fortgesetzt, wie I. G. Patel feststellte.[24]

Politische Vernachlässigung hat einen Preis

Es war ein Wendepunkt in der Geschichte der wirtschaftlichen Entwicklung. Indien fiel rasch zurück. Im Haushaltsjahr 1970/71 meldete der IWF für Indien wie im Jahr davor ein Wirtschaftswachstum von 5 Prozent. Aber während sich die landwirtschaftliche Produktion gut entwickelt hatte, waren Industrieproduktion und Exporte hinter den Erwartungen zurückgeblieben. Für den Währungsfonds untypisch war, dass er sich nicht auf die kurzfristige Makroökonomie beschränkte, sondern besonderes Augenmerk auf das gravierende langfristige Problem Indiens mit Arbeitslosigkeit und Unterbeschäftigung richtete. Die Autoren des Berichts bezeichneten die geringe Zunahme der Arbeitsplätze in Anbetracht des rasanten indischen Bevölkerungswachstums als besonders besorgniserregend.[25]

Fast zeitgleich berichtete der Währungsfonds über ein »bemerkenswertes« BIP-Wachstum von 16 Prozent in Südkorea im Jahr 1969 und von 11 Prozent im Jahr darauf. Und die Koreaner hatten das Wachstum bewusst gedrosselt, um eine Überhitzung der Konjunktur und die Folgen – eine hohe Inflation und ein wachsendes Zahlungsbilanzdefizit – zu vermeiden. Der IWF hob die rasche Zunahme der Exporte koreanischer Industrieerzeugnisse hervor. Und diese Exporte schufen zahlreiche Arbeitsplätze, was dem Land beinahe Vollbeschäftigung bescherte. Wie die Weltbank Mitte der sechziger Jahre vorausgesagt hatte, hatte sich Südkorea in ein Zentrum arbeitsintensiver Industrieexporte verwandelt.[26]

Die Schnappschüsse aus dem Jahr 1970 zeigten eine indische Wirtschaft, die mäßig wuchs und kaum Arbeitsplätze schuf, während die ostasiatischen Tigerstaaten – Hongkong, Singapur, Südkorea und Taiwan – rasant wuchsen und Millionen Arbeitsplätze schufen. Sie waren dem japanischen Beispiel gefolgt und überholten ihr Vorbild beim Export arbeitsintensiver Industrieerzeugnisse.[27]

Mittlerweile ist klar, worauf das ostasiatische Wirtschaftswunder beruhte. Die Strategie bestand nicht wie oft behauptet in einer einfachen »Liberalisierung«, welche die Marktkräfte freisetzte. Vielmehr konzentrierten sich die ostasiatischen Länder auf die Bildung ihrer Kinder. Die Schulen brachten kompetente Arbeitskräfte beider Geschlechter hervor, die Güter von wachsender Komplexität für die Weltmärkte erzeugen konnten. Die Ausweitung der Bildungs- und Beschäftigungschancen sorgte dafür, dass das Wachstum mit einer Verringerung der Einkommensungleichheit und einer raschen Eindämmung der Armut einherging.[28]

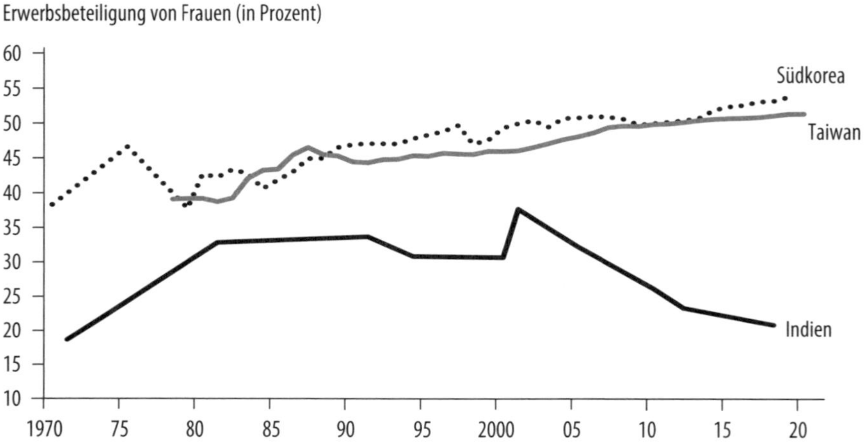

10.1: Die ostasiatischen Frauen werden erwerbstätig. (Erwerbsbeteiligung von über 15-jährigen Frauen, in Prozent)

Quelle: Weltbank, World Development Indicators for Korea and India, SL.TLF.CACT.FE.NE.ZS; National Statistics for Taiwan, https://eng.stat.gov.tw/ct.asp?xItem=31332&ctNode=1611&mp=5.

Ein bemerkenswertes Ergebnis der ostasiatischen Strategie war die erhöhte Erwerbsbeteiligung der Frauen (Abbildung 10.1). Sie löste eine positive Dynamik aus: Da die gebildeten Frauen arbeiten gingen, hatten sie weniger Kinder, und diese Kinder erhielten eine bessere Gesundheitsfürsorge und Bildung.[29]

Die ostasiatischen Regierungen achteten auch darauf, eine wirtschaftliche Überhitzung zu vermeiden. Wann immer die inländischen Preise zu schnell stiegen, werteten sie ihre Währungen ab, um die internationale Wettbewerbsfähigkeit der heimischen Produkte zu erhalten. Auch Indien verringerte die Staatsausgaben mit dem Ziel, die Inflation zu bremsen, aber die Führung in Delhi sah in jeder Abwertung der Rupie eine Demütigung durch das Ausland. Nach der Abwertung von 1966 wurde dieser Schritt zu einem Tabu. Die Abneigung gegen eine Abwertung hemmte das Wachstum der indischen Exporte erheblich.[30]

Während sich die Welt vorwärtsbewegte, trat Indien auf der Stelle. Die hartnäckige Unterbeschäftigung war in der politischen Debatte auf höchster Ebene kaum ein Thema. Premierministerin Gandhi hielt es nicht für nötig, ehrgeizige wirtschafts- und sozialpolitische Maßnahmen zu ergreifen. Sie konzentrierte sich auf ihren Sohn und auf ihr politisches Überleben.

Die Kaiserin wird gekrönt

Ende des Jahres 1966 hatte Indira Gandhi begonnen, sich als Retterin zu präsentieren. Sie gefiel sich in der Rolle der »Indira Amma«. Während ihr Ansehen und ihr Nimbus insbesondere nach der Bankenverstaatlichung stiegen, festigte sie ihre institutionelle Macht. Sie übernahm persönlich die Kontrolle über die Ernennung von Staatsbeamten sowie über strafrechtliche Ermittlungen. Außerdem weitete sie die Befugnisse ihres Büros zur politischen Überwachung aus. Im Dezember 1970 folgte der folgerichtige nächste Schritt: Um nicht länger als Chefin einer Minderheitsregierung von anderen Parteien abhängig zu sein, setzte sie vorgezogene Parlamentswahlen für den März 1971 an. In einem Interview mit *Newsweek* antwortete sie auf die Frage nach den Wahlkampfthemen: »Ich bin das Thema.«[31]

Bei der Wahl im Jahr 1971 tat Gandhi einen weiteren entschlossenen Schritt, um ihre Marke zu stärken. Mitarbeiter der Kongresspartei, darunter viele Studenten und Mitglieder der Jugendorganisation der Partei, klebten überall im Land Millionen Poster und verteilten Aufkleber mit Gandhis Konterfei. Die Premierministerin, die sich wie schon 1966/67 unermüdlich im Wahlkampf engagierte, sprach auf 250 Großveranstaltungen und bei Hunderten kleineren Versammlungen entlang ihrer Wahlkampfroute. Ihre Botschaft war einfach: Nicht die Kongresspartei, sondern sie persönlich stand für das Bekenntnis zur wirtschaftlichen und sozialen Erneuerung.[32]

Die Markenstrategie funktionierte. Raj Thapar, ein Freund Gandhis, fragte einen Taxifahrer in Delhi nach seinem bevorzugten Kandidaten. Der Mann antwortete, die Taxifahrer aus seiner Umgebung würden alle Indira wählen. Als Thapar nachfragte, ob damit die Kongresspartei gemeint sei, erwiderte der Taxifahrer, keine Partei verdiene es, gewählt zu werden; er und seine Kollegen würden für Indira stimmen. Sie kümmere sich um die einfachen Menschen.

Sie habe die Banken verstaatlicht und bewiesen, dass sie den Reichen die Stirn bieten könne.

Die Opposition machte Gandhi ein unerwartetes Geschenk. Als ihre Gegner versuchten, mit dem Slogan »Indira hatao« (Weg mit Indira) Wähler zu gewinnen, antwortete Gandhi mit dem Slogan »Garibi hatao« (Weg mit der Armut).[33]

Gandhi errang einen klaren Sieg. Die Kongresspartei erhielt 44 Prozent der Stimmen, genug, um ihr zwei Drittel der Sitze in der Lok Sabha zu sichern.

Um ihr Image als Fürsprecherin der Armen zu festigen, machte sich Gandhi nach der Wahl unverzüglich daran, den ehemaligen Herrschern der Fürstentümer ihre »Privatschatullen« wegzunehmen. Dabei handelte es sich um die Pensionen, die der indische Zentralstaat seinerzeit den Fürsten als Gegenleistung für die Abtretung ihrer Hoheitsrechte zugestanden hatte. Allerdings gab es ein Hindernis für die Enteignung: Die Justiz würde den Versuch, den Fürsten ihr Privateigentum zu entziehen, als verfassungswidrig einstufen. Gandhis Lösung bestand darin, ihre Minister zu beauftragen, Verfassungsänderungen zu entwerfen. Mit diesen Änderungen wurde den »sozialistischen Versprechen« in den politischen Leitprinzipien der Verfassung Vorrang eingeräumt. Jetzt konnte das Parlament Gesetze beschließen, die von der Verfassung garantierte Grundrechte einschließlich des Eigentumsrechts außer Kraft setzten. Der rechtliche Trick bestand darin, dass das Parlament Bürgern das Recht auf Privateigentum absprechen konnte, sofern Indien dadurch den »sozialistischen« Zielen näher kam. Im Dezember 1971 beschloss das Parlament eine weitere Verfassungsänderung, um die »Privatschatullen« der Fürsten abzuschaffen.[34]

Es gelang Gandhi, ihr Ansehen daheim und im Ausland weiter zu vergrößern, indem sie die indischen Streitkräfte einsetzte, um den Genozid der pakistanischen Armee an den Ostpakistanern zu stoppen. Damit trieb sie auch die Teilung Pakistans voran. Ostpakistan spaltete sich ab und verwandelte sich in das heutige Bangladesch. Die Zeitschrift *Economist* krönte Gandhi daraufhin zur »Kaiserin von Indien«, ja sogar von Südasien: Es sei ihr nicht nur gelungen, die abgestorbenen Teile der Kongresspartei zu entfernen und die Partei »nach ihrem Bild« umzubauen, sondern sie habe Pakistan in die Schranken gewiesen und Bangladesch auf absehbare Zeit in einen »Klientelstaat« Indiens verwandelt.[35] Wie andere gewagte Prognosen des *Economist* sollte sich auch diese rasch als falsch erweisen.

Die Fäulnis setzt ein

In den Jahren 1968 bis 1971 blieb Indien von der Dürre verschont. Auf gut bewässerten Flächen erwies sich der Anbau ertragreicher Getreidesorten als lohnend. Die Inflation war gering, was teilweise einer disziplinierte Budget- und Geldpolitik zu verdanken war. Die Industrie wuchs rasch, auch dank der Nachfrage der Bauern, deren Betriebe sich gut entwickelten.

Aber während sich die indische Wirtschaft gemessen an der Vergangenheit vorteilhaft entwickelte, war sie nach wie vor außerstande, der großen Zahl junger Arbeitssuchender Perspektiven zu eröffnen. Niemand in Gandhis Führungsriege sah einen Grund, die von den ostasiatischen Ländern mit großem Erfolg angewandten Methoden zur Bereitstellung öffentlicher Güter und zur Arbeitsplatzschaffung zu übernehmen.

Indira Gandhi konzentrierte sich darauf, ihre Macht zu festigen. Dazu machte sie der innerparteilichen Demokratie in der Kongresspartei ein Ende, indem sie die Wahl von Funktionsträgern abschaffte. Stattdessen ernannte sie Parteifunktionäre und die Regierungschefs der von der Kongresspartei kontrollierten Bundesstaaten von jetzt an selbst. Im Mai 1971, zwei Monate nach ihrem Wahlsieg, erneuerte sie die Befugnis der Regierung zur Verhängung der Präventivhaft. Diese Befugnis war im Jahr 1969 ausgesetzt worden, weil sich die Kommunistische Partei, von deren Unterstützung Gandhis Minderheitsregierung abhing – geweigert hatte, die uneingeschränkten Machtbefugnisse der Regierung nach Maßgabe des Unlawful Activities Prevention Act von 1967 aufrechtzuerhalten. Nun setzte Gandhi den Maintenance of Internal Security Act (Gesetz über die Aufrechterhaltung der inneren Sicherheit) durch, ein Gesetz, das es den Behörden von Zentralstaat und Bundesstaaten erlaubte, Bürger mit der sehr allgemeinen Begründung, sie hätten die innere Sicherheit gestört oder die Verteidigung des Landes beeinträchtigt, bis zu zwölf Monate lang festzuhalten.[36]

Wie der Verfassungsexperte Granville Austin festgestellt hat, gab es in Indien keine Gewaltenteilung mehr. Die Legislative winkte Gandhis Gesetzesvorhaben durch, und die Verfassungsänderungen sowie die Manipulation der Ernennungen in der Judikative verringerten deren Fähigkeit, die Exekutive wirksam zu kontrollieren.[37]

Unterdessen griff im Umfeld der Premierministerin die Korruption um sich. Gandhi hatte ein Auge zugedrückt, als ihr Sohn Sanjay die kurz zuvor verstaatlichten Banken als persönliche Sparschweine genutzt hatte. Eine weitere, vielleicht noch schädlichere Quelle der Korruption war im Mai 1969 der Beschluss des Parlaments, Unternehmen Spenden an politische Parteien zu verbieten. Die Entscheidung, die einige Monate vor der Spaltung der Kongresspartei im Jahr 1969 inmitten der hitzigen Debatte über die Korruption fiel, diente vorgeblich dazu, den Einfluss der Wirtschaft auf die Politik zurückzudrängen. Wahrscheinlicher ist jedoch, dass die Kongresspartei einfach wirtschaftsfreundlichen Parteien – insbesondere der Swatantra Party – den finanziellen Rückhalt entziehen wollte. In der Praxis flossen die Parteispenden weiter, Unternehmen ließen Parteien Geld aus schwarzen Kassen zukommen. Da die Unternehmen vor allem um die Gunst der wahrscheinlichen Wahlsieger buhlten, profitierte Indira Gandhi genau zu der Zeit von dieser Praxis, als ihre verstärkten Bemühungen zum Markenaufbau ihre Wahlkampfkosten in die Höhe trieben.[38]

Als das Schwarzgeld erst einmal die wichtigste Finanzierungsquelle für die Politik geworden war, hatten Kriminelle eine zusätzliche Motivation und fanden bessere Möglichkeiten zum Einstieg in das politische Spiel vor. Schließlich verfügten sie über große Mengen an Schwarzgeld, und sie wollten ebenfalls politischen Einfluss ausüben. Die Kohlemafia, die Holzmafia, die Alkoholmafia – alle beteiligten sich am Geschäft.[39]

Auch andere Formen der Korruption waren auf dem Vormarsch. Vor allem seit der Spaltung der Kongresspartei nutzten Gandhis Gefolgsleute ihre Macht zur Erteilung von Genehmigungen und zur Regulierung von Industrien, um den Unternehmen immer mehr Geld abzupressen. Im Juni 1970 erweiterte die Regierung ihren Kontrollapparat mit der Verabschiedung des Monopolies and Restrictive Trade Practices Act (Gesetz über Monopole und restriktive Handelspraktiken, MRTP). Dieses Gesetz wurde als »sozialistische« Maßnahme bezeichnet, eine sonderbare Beschreibung, wenn man bedenkt, das jedes entwickelte Industrieland über ein System zur Beschränkung der Monopolmacht verfügt. Der MRTP Act förderte von Anfang die Korruption, gab er den Bürokraten doch ein weiteres Werkzeug in die Hand, um Genehmigungen zur Ausweitung der industriellen Aktivität hinauszuzögern oder zu verweigern. Einige wenige Großunternehmen sicherten sich präventiv die Betriebsgenehmigungen und hielten auf diese Art Konkurrenten in Schach. Das war das Gegenteil dessen, was angeblich mit dem Gesetz beabsichtigt worden war.[40]

Die Aufsicht über Gandhis Korruptionsmaschinerie hatte L. N. Mishra, der als Minister ihrer Regierung angehörte und als Schatzmeister der Kongresspartei dafür zuständig war, Geld aus den Unternehmen herauszuholen. Mishra hatte auch dabei geholfen, Kapital für Sanjay Gandhis Automobilunternehmen zu beschaffen. Doch jetzt ging es um ganz andere Beträge. Die Ära der »Aktentaschenpolitik« hatte begonnen. Jede Genehmigung oder Lizenz kosteten einen Unternehmer eine bestimmte Zahl von mit Geldscheinen gefüllten Aktentaschen. Schon bald genügten die Aktentaschen nicht mehr. Jetzt mussten Reisekoffer gefüllt werden.[41]

Der Journalist und Autor Kuldip Nayar hält es für sehr wahrscheinlich, dass Indira Gandhi schließlich selbst die Kontrolle über die illegalen Unternehmenszahlungen übernahm. S. K. Patil, ein Mitglied des gefürchteten und verhassten Syndikats, erklärte in einem Interview mit Nayar, er selbst habe der Premierministerin eine große Menge Bargeld in einem Koffer übergeben. Und was Patil ärgerte: Gandhi habe nicht einmal den Koffer zurückgegeben.[42]

Der gleichmütigere I. G. Patel drückte es etwas höflicher aus. Gandhis »Hochmut und Selbstüberschätzung« hätten zugenommen, als sie ihre Macht festigte: Sie »konnte tun, was sie wollte, und musste sich keine großen Gedanken über Recht und Unrecht machen«. Wenn Wirtschaftsminister Patel Entscheidungen fällte, die Unternehmen missfielen, wussten diese, dass sie sich an Mishra wenden konnten. Dieser bedrängte Patel unentwegt, »dieses oder jenes Unternehmen zu bevorzugen, das ihm offenkundig eine Gegenleistung angeboten hatte«. Und nach Aussage Patels wusste alle Welt, dass Mishra »die Rückendeckung der Premierministerin« genoss.[43] Das Dreigestirn aus Sanjay Gandhi, Mishra und Indira Gandhi hatte überall die Hände im Spiel.

Vier gute Jahre lang genügten Gandhi Slogans und medienwirksamen Entscheidungen, um zu regieren. Ihr Vater mochte an den Sozialismus geglaubt haben, den er predigte, aber Gandhi hatte nur Geringschätzung für jene übrig, die ihre sozialistische Rhetorik nicht durchschauten. Unter dem Deckmantel des Sozialismus vertiefte sie die Korruption in der indischen Politik. Unterdessen lebten die Bürger aufgrund der geringen Fortschritte weiterhin in wirtschaftlicher Bedrängnis. Und mit einer Dürre im August 1971 endeten die guten Jahre.

Gandhis Vormachtstellung war unangefochten, als im Jahr 1972 der Wahlkampf für die einzelstaatlichen Parlamente begann. Die Premierministerin bewahrte sich ihr Charisma. Ihr Versprechen, die Armut zu verringern, fand immer noch Anklang in der Bevölkerung. Sie hatte Zugang zu einer unerschöpflichen Quelle von Schwarzgeld, mit dem ihr Parteiapparat Poster, Filme, Broschüren und Plakatwände in verschiedenen Sprachen bezahlte. Die Kongresspartei errang einen weiteren unangefochtenen Wahlsieg. Angesichts von Gandhis erdrückender politischer Vormachtstellung erklärte Atal Bihari Vajpayee, der Parteichef der Jana Sangh, resigniert, während die Opposition im ganzen Land 2700 Kandidaten ins Rennen geschickt habe, habe die Kongresspartei einfach in allen Wahlkreisen Gandhi aufgestellt.[44]

Doch Indien näherte sich einem weiteren Wendepunkt. Obwohl Indira Gandhi alle politischen Widersacher überragte, verstärkten sich die nationalen Gegensätze und die gesellschaftliche Unruhe. Die indische Politik war moralisch entwurzelt. Schwere wirtschaftliche Turbulenzen kündigten sich an. Und die Jugend, der falschen Versprechungen und des Zynismus überdrüssig, stand kurz davor, ihrer Wut freien Lauf zu lassen.

KAPITEL 11

Wut trifft auf Repression

In der zweiten Jahreshälfte 1971 zogen dunkle Wolken über der indischen Wirtschaft auf. In den folgenden vier Jahren kehrten die Wettergötter dem Land den Rücken. Mitte des Jahres 1975 schienen sie Indien sogar zu zürnen. Außerdem kletterte der Ölpreis Ende des Jahres 1973 auf neue Höchststände, was die infolge der steigenden Lebensmittelpreise ohnehin schon hohe Inflation weiter in die Höhe trieb und das Wirtschaftswachstum drosselte. In dieser Krisensituation war es für viele Menschen noch schwieriger als sonst, Arbeit zu finden und ihren Lebensunterhalt zu sichern. In dieser Situation lösten die schwelenden Gegensätze zwischen der Wut der Bevölkerung und Indira Gandhis repressiver Macht einen Flächenbrand aus.

Eine Wirtschaftskrise nach der anderen

Im August 1971 warnte die *Times of India* in einem zu jener Zeit wenig beachteten Leitartikel, die »Mühlsteine von Dürre und Überschwemmungen« machten die Aussichten auf eine gute Ernte im Herbst zunichte. Insbesondere die ohnehin eher trockenen Gebiete von Maharashtra und Andhra Pradesh litten unter dem Wassermangel. Andernorts strömte das Regenwasser über die »nackten« Hänge des Himalaja herab und verursachte Überflutungen in den östlichen Bundesstaaten, insbesondere in Bihar. Doch die Behörden waren nicht allzu besorgt. Die Grüne Revolution schien zu funktionieren. Im Jahr davor hatten die indischen Bauern 108 Millionen Tonnen Getreide geerntet, mehr als je zuvor. Selbst wenn die Produktion jetzt zu gering ausfallen sollte, würden die staatlichen Vorräte genügen, um eine Hungersnot zu verhindern.[1]

Doch die Monate verstrichen, und das Wechselspiel von Überschwemmungen und Trockenheit dauerte an. Als im August 1972 klar wurde, dass eine weitere schlechte Ernte bevorstand, »hing das Damoklesschwert der Hungersnot« über zehn Bundesstaaten. Im November erklärte die Premierministerin, dem Land stünden »extrem schwierige Tage« bevor. A. P. Shinde, der Staatssekretär für Landwirtschaft, gab bekannt, dass die Regierung ein Nothilfeprogramm einleiten werde, um eine Hungersnot zu verhindern.[2]

Doch die staatlichen Hilfsmaßnahmen waren kleinlich. In den trockenen Gebieten von Maharashtra erhielten Hunderttausende Bauern und Feldarbeiter magere Löhne für die »demoralisierende und zermürbende Arbeit, mit winzigen Hämmern Steine zu Schotter zu zerschlagen«. Und selbst diese erbärmlichen Löhne zahlten die Behörden verspätet aus, so dass Bauernfamilien gezwungen waren, ihren kargen persönlichen Besitz zu veräußern, um die steigenden Preise für grundlegende Güter bezahlen zu können.[3]

Im Januar 1973 hatte die Dürre 14 Bundesstaaten erfasst, und die Getreidevorräte in den staatlichen Speichern waren von 9 Millionen Tonnen auf 3 Millionen Tonnen geschrumpft. Das amerikanische Hilfsprogramm, das es Indien erlaubt hatte, Lebensmittelimporte mit Rupien zu bezahlen, existierte nicht mehr. Also griff die Regierung auf die kostbaren Devisenreserven zurück, um im Ausland etwa 2 Millionen Tonnen Getreide zu kaufen, das vor allem aus den USA, Kanada und Argentinien kam.[4]

Während die Lebensmittelpreise stiegen und die sinkende Nachfrage nach Industriegütern eine »Spirale der Arbeitslosigkeit« und Turbulenzen in der Industrie auslöste, schwanden Indira Gandhis Popularität und Ansehen rasch. Der *Economist*, der Gandhi weniger als anderthalb Jahre früher zur »Kaiserin von Südasien« gekrönt hatte, warf ihr jetzt »maßlose Arroganz«, einen »Missbrauch von Privilegien« und die »Anhäufung illegaler Wahlkampfspenden« vor. Die Zeitschrift fügte hinzu, Gandhis Fähigkeit zur Führung des Landes sei erheblich gesunken und bei den nächsten Wahlen stünden ihre Chancen schlecht.[5]

In den folgenden zwei Jahren stöhnte das Land unter einer galoppierenden Inflation. Die Lebensmittelpreise stiegen im Jahr 1972/73 um etwa 16 Prozent, und trotz einer Erholung der Produktion verteuerten sie sich im folgenden Jahr um weitere 19 Prozent. Im Oktober 1973 verhängten die arabischen erdölexportierenden Länder ein Embargo über die Vereinigten Staaten und andere westliche Länder, weil diese im Jom-Kippur-Krieg Israel unterstützten. Bis Januar 1974 vervierfachte sich der Ölpreis von 2,90 Dollar auf fast 11,65 Dollar pro Barrel. Die deutliche Verteuerung von petrochemischen Produkten und Düngemitteln trieb die indische Inflation weiter in die Höhe. Mitte des Jahres 1974 stellte der IWF die ernüchternde Diagnose, Indien erlebe gerade die »höchste Preisinflation seit der Unabhängigkeit«.[6]

Im April 1973 hatte Indira Gandhi den Getreidehandel verstaatlicht, vorgeblich, um die Inflationsspirale bei Lebensmitteln zu durchbrechen. Durch die Verstaatlichung wollte die Regierung verhindern, dass Spekulanten Getreidevorräte horteten. Aber die »staatliche Maschinerie brach zusammen«, wie die *New York Times* berichtete: Die Bürokraten verloren die Kontrolle über die Situation, und die Atmosphäre der Knappheit führte dazu, dass noch mehr Getreide gehortet wurde. Im März 1974 gab die Regierung das unglückselige Experiment nach nur einem Jahr wieder auf.[7]

Im Sommer und Herbst 1974 wurde das Land erneut von Trockenheit und Überschwemmungen heimgesucht. Am 25. Juli berichtete die *Times of India*, fast drei Viertel des Landes seien von einer erneuten Dürre bedroht. Besonders schwer getroffen wurden die Bundesstaaten Gujarat und Bihar. Menschen verkauften ihre Juwelen (eine wichtige Sparform in vielen indischen Haushalten), ihr Land und ihre Häuser. Rinder »verendeten wegen des Mangels an Wasser und Futter«. Die Arbeitsbedingungen in den staatlichen Hilfsprogrammen waren weiterhin »miserabel«, die Löhne wie immer »sehr niedrig«. Im Osten des Landes und im südwestlichen Bundesstaat Kerala kam es zu verheerenden Überschwemmungen. Die *Times of India* bezeichnete die Flutkatastrophen als »Rache« der Natur für die »wahllose Entwaldung«, die ein »empfindliches« Ökosystem zerstöre. Wie in den vorangegangenen Jahren wurde Bihar erneut von doppeltem Unheil heimgesucht: Überschwemmungen im Norden und Dürre im Süden vernichteten die Ernte und entzogen Millionen Menschen die Lebensgrundlage.[8]

Im Oktober 1974 fragte ein mutiger Reporter aus Bangladesch die Regierungschefin, ob sie es versäumt habe, ihr Versprechen zur Überwindung der Armut einzulösen. Gandhi reagierte gereizt. »Wir haben nie Wunder versprochen«, entgegnete sie. »Wir haben Schritte unternommen, aber die Leute haben überzogene Erwartungen.«[9]

Im Jahr 1974/75 sank die Getreideproduktion erneut. Der zusätzliche Rückgang, der die 1972/73 entstandene Knappheit verschärfte, hatte zur Folge, dass die Getreidepreise um schockierende 38 Prozent stiegen. In den drei Jahren von 1972 bis 1975 verteuerte sich Getreide um insgesamt 90 Prozent, das heißt um durchschnittlich 25 Prozent pro Jahr.

Dabei kam die Grüne Revolution durchaus voran. In den bewässerten Gebieten stieg die Getreideproduktion. Aber nur ein Viertel der indischen Anbauflächen wurde bewässert. Die übrigen Äcker waren sehr anfällig für Schwankungen der Niederschlagsmengen. Im Bemühen um rasche Lösungen hielten die Behörden die Bauern an, Brunnen zu graben. Doch diese kurzsichtige Kampagne zur Ausbeutung der Grundwasserreserven verschob lediglich die Probleme in die Zukunft. Und der Anbau der ertragreichen Sorten, der einen hohen Düngereinsatz erforderte, führte bereits zur Erschöpfung der Böden.[10]

Die städtische Industrie litt ebenfalls. Der indische Journalist Dilip Mukherjee äußerte in einem Gastbeitrag in der *Financial Times* die Hoffnung, Nehrus Industrialisierungskampagne habe das Land in die Lage versetzt, Hochtechnologieprodukte wie Flugzeuge, Diesellokomotiven und Drehmaschinen zu erzeugen. Mukherjee war überzeugt, dank der niedrigen Löhne könnten die Inder bei technologisch weniger anspruchsvollen, arbeitsintensiven Produkten Terrain gewinnen. Die Argumentation mochte plausibel wirken, aber sie war falsch. Die indischen Technologiehersteller setzten eine begrenzte Zahl hochqualifizierter Arbeitskräfte ein. Für die Massenproduktion arbeitsintensiver Güter wurden zahlreiche geringqualifizierte, aber produktive Arbeitskräfte benötigt. Und wie die ostasiatischen Erfolgsgeschichten gezeigt hatten, war ein gut funktionierendes Schulsystem unverzichtbar, um disziplinierte und motivierte Arbeitskräfte auszubilden. Das schlechte indische Bildungssystem machte den wirtschaftlichen Fortschritt praktisch unmöglich. In Indien hatte die geringe Arbeitsproduktivität seit Beginn des 20. Jahrhunderts den Vorteil eines niedrigen Lohnniveaus zunichte gemacht.[11] Um sich im internationalen Wettbewerb behaupten zu können, brauchte Indien besser ausgebildete Arbeitskräfte und eine sehr viel schwächere Rupie, da die unzureichende Abwertung von 1966 zu einem deutlichen Anstieg der Produktionskosten geführt hatte.

Erstaunlich ist, dass der IWF, obwohl er Indien zur Verringerung der Staatsausgaben und zum Abbau der Gewerbe- und Einfuhrbeschränkungen aufforderte, darauf verzichtete, die Verantwortlichen in Delhi als Gegenleistung für die hohen Kredite, die Indien in den Jahren 1974 und 1975 für die Einfuhr von Getreide und Erdölprodukten erhielt, zu einer Abwertung der Rupie zu drängen. Und da es der indischen Wirtschaft an innerer Dynamik fehlte, schleppte sie sich mit geringer Leistungsfähigkeit weiter.[12]

In den Städten kocht die Wut hoch

Die indische Wirtschaft lag am Boden. Besonders schwer getroffen wurden im Jahr 1975 kleine und mittelständische Landwirte und landlose Feldarbeiter. Die Bauern hatten einen Großteil ihrer Produktion eingebüßt, und von den Preisanstiegen profitierten vor allem Händler und Spekulanten. Trotz ihrer Notlage hatten die Bauern keine Möglichkeit, ihrer Verzweiflung kollektiv Ausdruck zu geben. Im Jahr 1967 hatten Kleinbauern und landlose Feldarbeiter in Naxalbari in Westbengalen versucht, sich das Land von Großgrundbesitzern anzueignen, aber die Regierung des Bundesstaats hatte die Erhebung niedergeschlagen. Obwohl die meisten Bauern weiterhin in Not waren, zeigten jene, die von der Grünen Revolution profitierten, kein Interesse an Protesten, und die landlosen Feldarbeiter waren nicht in der Lage, sich zu organisieren.

An die Oberfläche trat die Wut über die unablässige Inflation und die geringen Aussichten auf Arbeit vor allem in den Städten. Diese Wut, die in den fünfziger Jahren gelegentlich zum Vorschein gekommen war, kochte Ende der sechziger Jahre erneut hoch und erreichte im Jahr 1974 einen Höhepunkt (Abbildung 11.1). Ein beängstigender Zusammenbruch der Normen im politischen und staatlichen Leben vergrößerte die Frustration über die wirtschaftliche Not. Gesetzlose Beamte, Politiker und Polizisten plünderten – teilweise im Bündnis mit Kriminellen – jene aus, die finanziell verwundbar waren oder keine politischen Verbindungen hatten.[13] Ein Gefühl ständiger Bedrängnis verstärkte die Wut und Gewaltbereitschaft der Menschen und weckte die Überzeugung, einen legitimen Anspruch auf gewaltsamen Widerstand zu haben. Die indischen Städte waren tickende Zeitbomben.

In seinem Film *Pratidwandi* (»Der Widersacher«) beschrieb Satyajit Ray die Frustration der gebildeten Jugend Westbengalens: Dutzende, wenn nicht Hunderte junge Leute bewerben sich um einen Arbeitsplatz. Die Glücklichen, die in die Vorauswahl kommen, erhalten eine Einladung zu einem ersehnten (und gefürchteten) Bewerbungsgespräch. Als die Hauptfigur Siddharth an der Reihe ist, gelangen seine Interviewer zu dem Urteil, er sei ein Kommunist, weil er den vietnamesischen Widerstand lobt. Er ist aus dem Rennen. Nach einer Reihe weiterer Enttäuschungen findet sich Siddharth erneut in einer Gruppe von Stellenbewerbern wieder. Einer seiner Mitbewerber wird in der glühenden Hitze ohnmächtig. Siddharth hat eine Vision, in der sich die Wartenden in Skelette verwandeln. Er macht seiner hilflosen Verzweiflung Luft, stürmt in den Interviewraum und wirft den Tisch um, an dem die Personalmanager wie geisterhafte Erscheinungen sitzen.

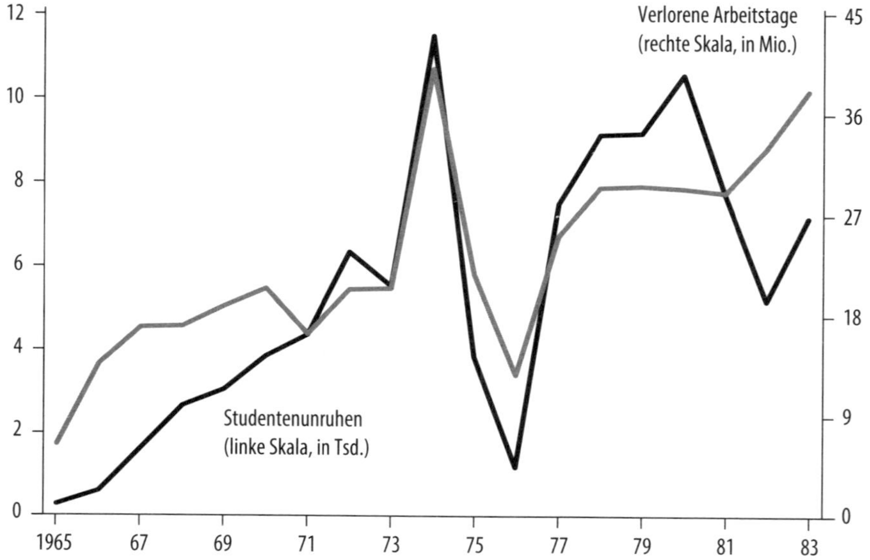

11.1: Häufung der Unruhen in den Städten in den Jahren vor der Verhängung des Ausnahmezustands.

Quelle: Rudolph, Lloyd, und Susanne Rudolph, *In Pursuit of Lakshmi: The Political Economy of the Indian State* (Chicago: Chicago University Press, 1987), Tabelle 23, S. 227.

Auf den Straßen Kalkuttas führten Studenten im Bündnis mit kommunistischen »Naxaliten« einen Guerillakrieg. Mitte des Jahres 1971 nutzte Premierministerin Gandhi ihre verfassungsmäßige Befugnis (mit förmlicher Zustimmung des Präsidenten) und setzte die Regierung Westbengalens ab, um den Bundesstaat ihrer direkten Kontrolle zu unterstellen. Sie ernannte ihren Jugendfreund Siddhartha Shankar Ray, einen altgedienten Politiker der Kongresspartei, zum Gouverneur des Bundesstaats. Ray ließ die Armee auf die Studenten los. Zehntausende vermeintliche Naxaliten wurden verhaftet, und angeblich wurden mehrere Tausend Aufständische getötet.[14] Indien war auf dem Weg in die Diktatur.

Ein Ventil fand die um sich greifende Enttäuschung der städtischen Bevölkerung im Filmgenre des »wütenden jungen Mannes«. Der erste derartige Film, *Zanjeer* (»Die Kette«), kam im Mai 1973 in die Kinos, zu der Zeit, als sich die Inflation der Lebensmittelpreise beschleunigte. Als im Januar 1975 *Deewar*

(»Die Mauer«) anlief, dauerte die Geldentwertung bereits einige Jahre. Die Inflation ging mit der Erosion der gesellschaftlichen und politischen Normen einher. Der Autor Javed Akhtar, der gemeinsam mit Salim Khan die ersten Drehbücher für die »Wütender junger Mann«-Filme schrieb, erklärte später: »Die Moral jener Zeit war: Wenn du Gerechtigkeit willst, musst du selbst dafür kämpfen. Wenn du nicht kämpfst, wirst du zermalmt.« Das zentrale Thema dieser Filme war das in der Öffentlichkeit nur selten angesprochene Bündnis von Polizisten, Kriminellen und Politikern, die ungehindert Gewalt anwenden konnten, um sich Macht und Reichtum zu sichern. Der »wütende junge Mann« war der Bürger, der zur Selbstjustiz griff und die Opfer der Gesetzlosigkeit verteidigte. Wie der Politikwissenschaftler Fareeduddin Kazmi schrieb, lebte der wütende junge Mann die »Wünsche und Fantasien des Publikums« aus, und die Städter, die der Willkür und Ungerechtigkeit ausgeliefert waren, gingen »wieder und wieder« ins Kino, um sich diese Filme anzusehen.[15]

In der realen Welt kochten die Spannungen Ende 1973 in Gujarat über. Im Windschatten Indira Gandhis hatte die Kongresspartei 1972 bei der Wahl zum Staatsparlament 140 der 168 Sitze errungen. Der Regierungschef von Gujarat, Chimanbhai Patel, hob rasch den Preisdeckel für Erdnussöl auf, das in der Region breite Verwendung in der Küche fand. Dabei ging es ihm jedoch nicht darum, die Effizienz des Marktes zu erhöhen. Die »Ölkönige« heimsten große Gewinne ein, die sie mit Patel teilten, der einen Teil der Beute an die Kongresspartei in Delhi weiterleitete, die sie zur Finanzierung des Wahlkampfs in Uttar Pradesh einsetzte.[16]

Die Verteuerung des Erdnussöls erhöhte den Druck auf die Konsumenten, die schon mit dem Preisanstieg bei Getreide zu kämpfen hatten. Ende Dezember 1973 protestierten Studenten gegen die Verteuerung des Mensaessens. Am 4. Januar 1974 zündeten Studenten in Ahmedabad, der größten Stadt des Bundesstaats, den Speisesaal ihrer Universität an und plünderten das Haus des Rektors. Reserveeinheiten der Staatspolizei, die für ihre außergewöhnliche Brutalität bekannt waren, attackierten die Studenten, verhafteten mehrere Hundert von ihnen und schlossen die Universität.

Trotzdem breiteten sich die Unruhen aus.[17] Am 7. Januar rief ein Zusammenschluss von öffentlich Bediensteten und Angestellten der Privatwirtschaft dazu auf, Ahmedabad am 10. Januar lahmzulegen. Eine Lehrergewerkschaft, die auf niedrige Gehälter und geringe Aufstiegschancen aufmerksam machen wollte, schloss sich dem Aufruf an. Mit Unterstützung der notleidenden Bevölkerung wurde das Leben in Ahmedabad am 10. Januar fast vollkommen zum Stillstand gebracht.[18]

Nun gaben sich die Studenten nicht mehr mit der Forderung nach billigerem Mensaessen zufrieden, sondern forderten die Beseitigung der politischen Korruption in Gujarat. Sie verlangten den Rücktritt von Regierungschef Chimanbhai Patel, dem neuesten Symbol für die Korruption. Die Regierung zeigte die mittlerweile gewohnte Reaktion und schickte am 28. Januar die Armee. Doch die Bevölkerung von Ahmedabad ließ sich nicht einschüchtern. Die Einwohner wählten eine neuartige Taktik: Sie gingen auf die Soldaten zu und boten ihnen Süßigkeiten und Tee an. Die überrumpelten Truppen zogen sich zurück.[19]

Am 9. Februar trat Patel zurück. Doch die Studenten ließen nicht locker und verlangten die Auflösung des Parlaments von Gurajat. Premierministerin Gandhi sträubte sich, denn die Kongresspartei verfügte über eine überwältigende Mehrheit im Parlament. Aber nachdem fast 100 Menschen getötet und mehrere Tausend verletzt worden waren, gab sie am 15. März nach.[20]

Gandhi schlägt zurück

Am 16. März 1974, einen Tag nach der Auflösung des Parlaments von Gujarat, verlagerte sich die Aufmerksamkeit auf Studentenproteste in Bihar. Wie in Gujarat protestierten die Studenten auch dort gegen steigende Preise, den Mangel an grundlegenden Gütern, die wachsende Arbeitslosigkeit und veraltete Studienpläne. Am 18. März hatte sich die Hauptstadt Patna in ein »Kampfgebiet« verwandelt.[21]

Am Tag darauf schlug sich der ehemalige Freiheitskämpfer Jayaprakash Narayan (»J. P.«) auf die Seite der Studentenbewegung. Der im Jahr 1902 geborene J. P. war ein eigentümlicher Revolutionär. Mit 19 Jahren war er zum Studium in die Vereinigten Staaten gegangen, wo er an der University of Wisconsin-Madison unter den Einfluss marxistischer Lehrer geraten war. Nach der Rückkehr nach Indien schloss er sich Gandhi und Nehru im Unabhängigkeitskampf an. Aber anstatt den von Gandhi gepredigten Weg der Gewaltlosigkeit einzuschlagen, organisierte er eine Guerillaeinheit, »um Bahnlinien und Kommunikationsverbindungen zu unterbrechen und Aufstände und Streiks zu organisieren«. Er vertrat eine »defensive Gewalt«, die größere Gewalt und Ungerechtigkeit verhindern sollte.[22] Jetzt stellte sich J. P. als Gandhi-Sozialist dar, der an die Gewaltlosigkeit und an blühende dörfliche Republiken glaubte.

Die Lage in Bihar war trostlos. Der Bundesstaat hatte wirtschaftlich noch mehr gelitten als Gujarat. Überschwemmungen im Norden und Dürren im Süden führten regelmäßig zu Missernten. Die vermeintlich wohlfahrtsorientierte Politik war chaotisch. Seit der Wahl von 1967 hatte eine Koalitionsregierung die andere abgelöst – einige dieser Regierungen hatten nur wenige Tage Bestand gehabt. Opportunistische Abgeordnete im Staatsparlament wechselten für Geldgeschenke und einträgliche Ministerposten die Partei. Bei den Wahlen von 1972 hatte Gandhis Kongresspartei wie in Gujarat die Mehrheit im Parlament errungen. Die innerparteilichen Flügelkämpfe um Regierungsposten waren eine Gewähr für Korruption. Der revolutionäre Wirrkopf J. P. hatte tatsächlich ein Anliegen: Er kämpfte »gegen das System, das fast jedermann dazu verleitet, korrupt zu werden«.[23]

Als die Agitation in Bihar schärfer wurde, rief George Fernandes, ein ehemaliger katholischer Seminarist, Führer der Socialist Party und Chef einer Eisenbahngewerkschaft, die Arbeiter der indischen Eisenbahn zum Streik auf. Er wollte den Bahnverkehr lahmlegen und der Industrie die Fähigkeit entziehen, sich mit Rohmaterial zu versorgen und ihre Produkte auf den Markt zu bringen. Er wollte die Menschen, die hungern würden, wenn die Bahn keine Lebensmittel mehr befördern würde, als Waffe einsetzen und wirtschaftliches Chaos heraufbeschwören, um Gandhis Regierung zu Fall zu bringen. Fernandes verlangte deutliche Lohnerhöhungen sowie Bonuszahlungen für fast zwei Millionen Bahnbedienstete. Gandhi wies die Forderungen zurück: Sie würden den Staatshaushalt mitten in einer Wirtschaftskrise überfordern. Die Premierministerin weigerte sich, mit der Gewerkschaft zu verhandeln.[24]

Als der Streik am 8. Mai 1974 begann, schockierte die rücksichtslose Machtdemonstration der Regierung selbst jene, die den Ausstand ablehnten. Polizeieinheiten verhafteten in den Eisenbahnkolonien Bahnarbeiter, die zu Hause geblieben waren, und terrorisierten die Familien von Arbeitern, die nicht daheim waren und daher vermeintlich am Streik teilnahmen. In einer Erklärung der Gewerkschaft hieß es, die Ehefrauen von Bahnarbeitern seien »von den Handlangern des Gesetzes vergewaltigt worden«. Die Journalistin Uma Vasudev berichtete über die Vergewaltigung der Frau eines Arbeiters durch einen Polizisten. Die Arbeiter mussten sich dem Druck beugen und kehrten am

14. Mai an ihre Arbeitsplätze zurück. Als der Streik am 28. Mai offiziell beendet wurde, hielt die Polizei mehr als 25 000 Arbeiter ohne Gerichtsbeschluss fest, und zahlreichen Streikteilnehmern drohte der Verlust ihres Arbeitsplatzes.

Premierministerin Gandhi und Eisenbahnminister L. N. Mishra, der seit langem dafür verantwortlich war, Geldspenden von Unternehmen in die Kasse der Kongresspartei zu lenken, gaben sich versöhnlich. Sie konnten es sich leisten, denn sie hatten die Gewerkschaften besiegt.[25]

Am 18. Mai gab Gandhi grünes Licht für die Operation »Lächelnder Buddha«, einen Atombombentest auf dem Militärstützpunkt Pokhran in Rajasthan. Der Erfolg des Tests förderte ihr Ansehen. Der Buddha hatte gelächelt. Der *Economist* erklärte: »Gandhi wirkt wieder wie eine Führerin, wie jene Art von Führerin, die Indien retten könnte.«[26] Das kam einer Anerkennung ihres autokratischen Regierungsstils und des brutalen staatlichen Gewalteinsatzes gleich. Tatsächlich war Indira Gandhi drauf und dran, Indien in den Abgrund zu stoßen.

J. P. machte den ersten Zug. Am 5. Juni 1974 erklärte er vor knapp einer halben Million Menschen im Gandhi Maidan (Gandhi-Park) in Patna: »Dies ist eine Revolution, eine totale Revolution.« Er machte keinen Hehl aus seiner Empörung: »Hunger, steigende Preise und Korruption sind allgegenwärtig. Die Menschen stöhnen unter Unrecht jeder Art.« Sein Vorwurf, die Führung des Landes habe das Volk betrogen, traf offenkundig zu, aber wie der Politikwissenschaftler Ghanshyam Shah schrieb, konnte J. P. keine Alternative anbieten. Seine »totale Revolution« war nur ein einprägsamer Slogan, denn er hatte keine Strategie für wirtschaftliche oder gesellschaftliche Reformen.[27]

Stattdessen rief J. P. dazu auf, das öffentliche Leben in Bihar Anfang Oktober nach dem Vorbild Gujarats lahmzulegen. Der glücklose Staat wurde erneut von Überschwemmungen im Norden und Dürre im Süden heimgesucht. Es war das dritte Mal in vier Jahren. »Opportunisten und gescheiterte Politiker« nutzten die Not und die Wut in der Bevölkerung, um Bihar drei Tage lang mit »maßloser Gewalt« und Anarchie zu überziehen, wie die *Times of India* berichtete.[28] Es war kein ermutigender Anfang für die totale Revolution, geschweige denn, dass die Ideale des Mahatma hochgehalten worden wären.

Es begann ein Abnutzungskrieg zwischen J. P. und Indira Gandhi. Anders als im Fall Gujarats hielt die Premierministerin an ihrer Weigerung fest, den Regierungschef von Bihar abzusetzen und das Parlament aufzulösen. Stattdessen entsandte sie Armee- und Polizeieinheiten. Bald wirkte Bihar »wie ein Militärlager, in dem Polizisten und Soldaten alle wichtigen staatlichen und Bildungseinrichtungen bewachten«.[29]

Während sich die totale Revolution von J. P. in die Länge zog, kam es in Bihar am 3. Januar 1975 zu einer vermutlich unverbundenen Episode der Gewalt. Kurz nachdem Eisenbahnminister Mishra am Bahnhof Samastipur im Nordosten Bihars den Startschuss zur Jungfernfahrt eines neuen Zugs gegeben hatte, wurde er durch eine Bombe getötet. Mishra war der Inbegriff von Korruption und politischer Gewalt gewesen. Er war Gandhis Spendensammler gewesen und hatte gemeinsam mit ihr die Eisenbahngewerkschaft besiegt. Aus Bihar gebürtig, war Mishra ein entschiedener Verteidiger der Regierung, die J. P. und seine Anhänger zu Fall bringen wollten. Er hatte offenkundig viele Feinde. Indira Gandhi sah in seiner Ermordung eine »Generalprobe« für einen Anschlag auf ihre Person.[30]

Im März 1975 war die Zustimmung zu Gandhis Amtsführung auf 39 Prozent gesunken, den niedrigsten bis dahin ermittelten Wert. Gleichzeitig richtete J. P. sein Augenmerk auf Delhi. Da er sich nicht auf eine progressive Ideologie berufen konnte, nahm er an einer von der nationalistischen Hindu-Partei Jana Sangh organisierten Konferenz teil. J. P. sah keinen Widerspruch darin, sich mit der Jana Sangh zusammenzutun, die Gandhis Grundprinzip der Gleichwertigkeit aller Religionen ablehnte. Am 6. März setzte sich J. P. an die Spitze eines Protestmarschs zum Parlament. Er saß in einem offenen Jeep, »gefolgt von fünfzig Motorrad- und Mopedfahrern«. Mehr als 100 000 Menschen schlossen sich der Kundgebung an. J. P. übergab dem Parlamentssprecher eine Liste von Forderungen und versprach seinen Anhängern einen Kreuzzug gegen die Korruption und die Zersetzung der indischen Demokratie. Und um die Demokratie zu retten, musste seiner Meinung nach Indira Gandhi aus dem Amt gejagt werden.[31]

Der Schleier fällt

In den 15 Monaten, die zwischen dem Beginn der Unruhen in Gujarat im Dezember 1973 und der Kundgebung vor dem Parlament in Delhi im März 1975 vergangen waren, hatte sich die über Jahre aufgestaute Wut in zielloser Gewalt Bahn gebrochen. Indien stand kurz vor dem wirtschaftlichen, sozialen und politischen Zerfall.

Was als Nächstes geschah, war einerseits eine Laune des Schicksals und andererseits ein perverses, aber folgerichtiges Ergebnis der jüngsten Entwicklungen.

Seit Januar 1975 suchte Gandhi nach Möglichkeiten, um ihre Macht zu vergrößern. Am 30. Januar berichtete *The Indian Express* unter Berufung auf eine Quelle im Büro der Premierministerin, Gandhi wolle die militante Hindu-Organisation Rashtriya Swayamsevak Sangh (RSS) verbieten. In dem Artikel hieß es weiter, im Lauf der Woche werde J. P. verhaftet werden. Die Geschichte dieser Monate liegt teilweise im Dunkeln, aber irgendwann in der ersten Jahreshälfte 1975 schlug D. P. Dhar, ein Politiker aus Kaschmir und enger Freund Gandhis, der Premierministerin offenbar vor, den Ausnahmezustand auszurufen, um ihre Machtbefugnisse auszuweiten.[32]

Am 12. Juni wurde klar, dass diese Überlegungen keine bloße Spekulation waren. An diesem Tag entschied Richter Jagmohan Lal Sinha vom Obersten Gerichtshof von Uttar Pradesh in Allahabad, Gandhi habe bei der Wahl im Jahr 1971 ihr Amt als Premierministerin missbraucht, um sich den Parlamentssitz für Rae Bareli zu sichern. In seinem Urteil nannte der Richter zwei Verstöße Gandhis: Ihr Assistent Yashpal Kapoor habe für ihre Wahlkampforganisation gearbeitet, obwohl er ein Staatsangestellter gewesen sei, und Gandhi habe örtliche Beamte eingesetzt, um gute Lautsprecheranlagen für ihre Wahlkampfauftritte zu installieren, womit sie sich einen unfairen Vorteil verschafft habe. Bei diesen Verstößen handelte es sich nach Einschätzung von Richter Sinha um »korrupte Praktiken«, weshalb er »keine andere Möglichkeit« sah, als Gandhis Wahl zur Parlamentsabgeordneten für ungültig zu erklären und ein sechsjähriges Verbot der Ausübung öffentlicher Ämter über sie zu verhängen. Gandhis Anhänger forderten sie auf, das Urteil anzufechten, und am 18. Juni erklärte die Kongresspartei, die Premierministerin sei »unverzichtbar für die Nation«. Der Parteivorsitzende Dev Barooah verkündete: »Indien ist Indira, und Indira ist Indien.« Was in diesen Tagen in Gandhis Kopf vorging, bleibt ein Geheimnis. Aber sie wandte sich an den Obersten Gerichtshof, und am 24. Juni setzte Richter V. R. Krishna Iyer das in Allahabad gefällte Urteil aus. Seine Begründung: Gandhis Vergehen seien »keine schwerwiegenden Verstöße gegen das Wahlrecht« gewesen. Bis zur endgültigen Entscheidung des Plenums des Obersten Gerichtshofs konnte die Premierministerin ihren Parlamentssitz behalten.[33]

J. P. entschloss sich, die Entscheidung des Gerichts nicht abzuwarten. Am Abend des 25. Juni kündigte er bei einer Kundgebung in Delhi landesweite Demonstrationen ab dem 29. Juni an. Gandhi wollte ebenfalls nicht länger warten. Noch in der Nacht besuchte sie in Begleitung ihres alten Freundes Siddhartha Shankar Ray Präsident Fakhruddin Ali Ahmed. Mit der Begründung, das politische Chaos im Land sei außer Kontrolle geraten, forderte sie den Präsidenten auf, ein Dekret über die Verhängung des Ausnahmezustands zu unterzeichnen, damit sie Politiker verhaften lassen und die Pressezensur einführen konnte. Ein Berater des Präsidenten riet diesem davon ab: Die Verfassung erlaube keine solche Anordnung, vor allem, da der Ministerrat nicht eingewilligt habe. Daraufhin forderte Ahmed seinen Berater auf, den Raum zu verlassen, und unterzeichnete das Dekret über den Ausnahmezustand. Am 25. Juni 1975 kurz vor Mitternacht sicherte sich Indira Gandhi in einem mit einiger Sicherheit verfassungswidrigen Verfahren diktatorische Machtbefugnisse.[34]

In den frühen Morgenstunden des 26. Juni arbeitete der staatliche Sicherheitsapparat mit »makelloser Effizienz«, wie die Londoner *Sunday Times* berichtete. Kurz nach 2 Uhr morgens wurde den Druckereien der wichtigsten Zeitungen Delhis der Strom abgedreht. Bis 5 Uhr morgens wurden Hunderte Oppositionsführer »aus den Betten geholt und in Haft genommen«. Unter den Verhafteten waren auch Gandhis langjährige politische Widersacher J. P. und Morarji Desai. Irgendwann zwischen 6 und 7 Uhr morgens konfrontierte Gandhi ihr Kabinett mit der Verhängung der »Emergency«, wie der Ausnahmezustand von da an genannt wurde, und die Minister segneten die längst vollzogene Maßnahme ab.[35]

In einer Radioansprache an diesem Morgen erklärte Gandhi, bösartige Kräfte torpedierten ihr Wirtschaftsprogramm für die einfachen Menschen, und die gesellschaftliche Unordnung habe zu einem Zusammenbruch der indischen Demokratie geführt. Gandhi versprach dem Volk bessere Tage und erklärte, der Ausnahmezustand sei vorübergehend und werde bald wieder aufgehoben. Hier ein Großteil der kurzen Ansprache im Wortlaut:

> Gewiss haben Sie alle verstanden, dass eine tiefe und umfassende Verschwörung stattfindet, seit ich fortschrittliche Maßnahmen ergriffen habe, die den gewöhnlichen Indern und Inderinnen zugute kommen.
>
> Die Agitation hat die Atmosphäre aufgeheizt und zu gewalttätigen Zwischenfällen geführt. Das ganze Land war schockiert vom brutalen Mord an meinem Kabinettskollegen L. N. Mishra.
>
> Wir haben Maßnahmen geprüft, um die Wirtschaft zu stärken und die Not verschiedener Gesellschaftsgruppen zu lindern, darunter die Armen und Verwundbaren und all jene mit feststehendem Einkommen. Diese Maßnahmen werde ich in Kürze bekanntgeben.

> Ich versichere Ihnen, dass die Verhängung des Ausnahmezustands keinerlei Auswirkungen auf die Rechte gesetzestreuer Bürger haben wird. Ich bin sicher, dass sich die Bedingungen im Land rasch verbessern werden, was es uns erlauben wird, den Ausnahmezustand so bald wie möglich wieder aufzuheben.
>
> Ich bitte Sie um Ihre anhaltende Unterstützung und Ihr Vertrauen in den Tagen, die vor uns liegen.[36]

Am Nachmittag des 26. Juni gab die Regierung »Leitlinien« für die Presseberichterstattung heraus. Eine Zensurbehörde werde alle Nachrichten, die »Hass oder Geringschätzung« schürten, »die Abneigung gegen die Regierung« förderten oder das Amt des Premierministers herabwürdigten, als »unzulässig, unverantwortlich oder demoralisierend« einstufen.[37]

In den folgenden Monaten zerstückelte Gandhi die Verfassung und sicherte sich praktisch uneingeschränkte Machtbefugnisse. Am 22. Juli 1975 verabschiedete das Parlament den 38. Verfassungszusatz, der eine Überprüfung der Ausnahmezustandsbestimmungen durch die Judikative unterband. Zwei Wochen später folgte der 39. Verfassungszusatz, der besagte, dass die Wahl eines Premierministers nicht angefochten werden konnte, und da diese Bestimmung rückwirkend galt, waren das Urteil des Höchstgerichts von Allahabad und die laufende Überprüfung durch den Obersten Gerichtshof hinfällig. Der 42. Zusatz gestand dem Parlament umfassende Befugnisse zu. Von unmittelbarer Bedeutung war, dass das Parlament seine Legislaturperiode verlängern konnte – was es sofort tat, indem es die im Jahr 1976 angesetzten Wahlen strich. Die vom Parlament verabschiedeten Gesetze wurden auch besser gegen eine gerichtliche Überprüfung abgesichert. Im März 1976 erklärte Gandhi triumphierend gegenüber zwei Besuchern, die Regierungen der Bundesstaaten lebten mittlerweile in ständiger Angst. Eine übermäßige Dezentralisierung der Macht habe sich als »fatal« für das Land erwiesen. »Ich muss Indien zusammenhalten«, sagte sie.[38]

Jene, die nach Maßgabe des Maintenance of Internal Security Act (Gesetz über die Aufrechterhaltung der inneren Sicherheit) – im Volksmund nur als »Maintenance of Indira and Sanjay Act« bezeichnet – ins Gefängnis gesteckt worden waren, protestierten, sie hätten ein Recht auf einen Prozess. Doch der Oberste Gerichtshof erklärte, im Ausnahmezustand gebe es kein solches Recht.

Mit dem Versprechen, Wohlstand zu schaffen und zur Demokratie zurückzukehren, schickte sich Indira Gandhi an, eine wohlmeinende Diktatorin zu werden. Was sollte schiefgehen?

KAPITEL 12

Ein autokratisches Experiment scheitert

Spätestens seit Mitte der sechziger Jahre machte in indischen und internationalen Eliten die These die Runde, die widersprüchliche, schwerfällige parlamentarische Demokratie behindere den wirtschaftlichen Fortschritt des Landes. Die Anhänger dieser These sprachen sich nie offen für eine Diktatur aus, aber sie schlugen eine »Präsidialregierung« vor, in der ein mächtiger Regierungschef bei unüberwindlichen Gegensätzen zwischen verschiedenen Interessengruppen die Möglichkeit haben sollte, persönlich Entscheidungen zu fällen und rasch Maßnahmen durchzusetzen, um die Wirtschaftsentwicklung voranzutreiben. Diese Vorstellung war bestenfalls naiv. Die Vereinigten Staaten mit ihrer Präsidialregierung litten unter langen Phasen politischer Lähmung. Die Rufe nach einer präsidialen Regierungsform in Indien waren stets eine verdeckte Forderung nach einem autokratischen Regime, nach der Herrschaft eines starken Mannes – oder in diesem Fall einer starken Frau.[1]

Am 25. Juni 1975 setzte Indira Gandhi alles auf die autokratische Karte. Nachdem sie sich durch die Verhängung des Ausnahmezustands diktatorische Befugnisse gesichert hatte, listete sie die Mängel der Demokratie auf. »In Indien«, erklärte sie, »hat die Demokratie den Leuten zu viel Freiraum gegeben.« In ihren Augen missbrauchten Presse und Oppositionsparteien die Freiheit, um »die Zuversicht der Nation zu untergraben«. Der Industrielle J. R. D. Tata, ein Verbündeter Gandhis, sagte im Gespräch mit dem *NYT*-Korrespondenten J. Anthony Lukas, der nach neunjähriger Abwesenheit nach Indien zurückgekehrt war: »Sie können sich nicht vorstellen, was wir durchgemacht haben – Streiks, Boykotte, Demonstrationen. An manchen Tagen wagte ich mich nach der Arbeit nicht auf die Straße. Das parlamentarische System ist für unsere Bedürfnisse ungeeignet.«[2]

Zahlreiche statistische Untersuchungen haben gezeigt, dass die meisten Autokratien wirtschaftlich scheitern. Die wenigsten sind erfolgreich. Als Indira

Gandhi ihr Amt antrat, befanden sich die ostasiatischen Autokratien am Anfang ihrer erfolgreichen Phase. Auf der anderen Seite war den Indern durchaus klar, dass Mobutu Sese Seko, der Präsident von Zaire, und der ugandische Herrscher Idi Amin ihre Länder ruinierten. Wie Ruth Ben-Ghiat, Autorin von *Strongmen: Mussolini to the Present*, erklärt, hortete Mobutu riesige Mengen Geldes auf Bankkonten in der Schweiz, während 70 Prozent seiner Landsleute in tiefer Armut lebten. Idi Amin sah in seiner Unberechenbarkeit einen Beweis für seine Größe. Starke Männer, schreibt Ben-Ghiat, sind überzeugt, Lösungen für komplizierte Probleme zu haben, während ihnen in Wahrheit einfach der Bezug zur Realität fehlt. Die Gewalt ist ihre Visitenkarte.

Waren sich die Inder, die sich nach der Autokratie sehnten, der Risiken bewusst?[3]

Indira Gandhis Sohn Sanjay war ein fester Bestandteil ihrer autokratischen Herrschaft. In ihren Augen war er ein »Macher« in einem Land der »Redner«, und sie förderte seine Vorhaben vorbehaltlos. Was hatten die beiden jetzt vor, da Gandhi fast uneingeschränkte Macht besaß? Jedenfalls ging es ihnen nicht um Bildung, Gesundheit und soziale Wohlfahrt, wie Gandhi in der Ankündigung der Emergency behauptet hatte. Der Anteil des Staatshaushalts, der in menschliche Entwicklung und soziale Sicherheit fließen sollte, war von 6,3 Prozent im Haushaltsjahr 1969/70 auf knapp 5 Prozent vor der Emergency gesunken und blieb im Haushalt, der 1976 angekündigt wurde, auf diesem niedrigen Niveau. Sanjay wollte die Arbeitsmarktkrise durch die Zwangssterilisierung der männlichen Bevölkerung überwinden, und sein Plan für die Wiederbelebung der Städte sah vor, Slumbewohner aus ihren Häusern zu vertreiben. In Anbetracht seiner Vergangenheit und seiner Selbstüberschätzung überrascht es nicht, dass die Gewalt sein Markenzeichen war.[4]

Nach der falschen Hoffnung ein Realitätscheck

Anfangs hatte Gandhi bei ihrem autokratischen Abenteuer das Glück auf ihrer Seite. Am 17. August 1975, sieben Wochen nach der Verhängung des Ausnahmezustands, meldete die *Times of India*, die Herbsternte werde die Zielmengen wahrscheinlich übersteigen. Der Monsun versorgte normalerweise trockene Gebiete Indiens mit Wasser. Die Schneeschmelze im Himalaja ließ eine bessere Stromversorgung durch die Wasserkraftwerke erwarten. Die Inflationsrate hatte schon vor der Emergency zu sinken begonnen, was nicht zuletzt daran lag, dass im Juli 1974 die Einkommen eingefroren worden waren, wodurch die Haushalte zum Sparen gezwungen wurden. Die indische Zentralbank hielt die Zinsen hoch und schränkte die Kreditvergabe durch die Banken ein.[5]

Unter makroökonomischen Gesichtspunkten verlief das erste Jahr im Ausnahmezustand vielversprechend. Dank des Monsunregens fuhren die Bauern eine Rekordernte ein, die mit 121 Millionen Tonnen Getreide zum ersten Mal das 1970/71 erreichte Niveau überstieg. Die hohe Getreideproduktion in Kombination mit Haushaltsdisziplin und einer knappen Geldpolitik bremsten die Inflation. Aufgrund der schwachen globalen Nachfrage hielten sich die Preisanstiege für Importgüter in Grenzen. Die Devisenreserven Indiens wuchsen, wozu auch die Geldsendungen der Migranten beitrugen, die in den arabischen Ländern Arbeit gefunden hatten.[6] Der einzige Makel auf der ansonsten makellosen wirtschaftlichen Bilanz war das schwache Wachstum der Industrie: Die antiinflationären Maßnahmen der Regierung dämpften zwangsläufig die Nachfrage nach Industriegütern.

Der IWF war angetan. Die Zahl der Arbeitskonflikte war deutlich gesunken, weil die von Repressalien bedrohten Arbeiter jetzt »disziplinierter« waren. Die Verfügbarkeit von Rohmaterial, Strom und Transportdiensten hatte sich gebessert. Der Währungsfonds ging davon aus, dass die wirtschaftlichen Aussichten Indiens dank einer Liberalisierung der Gewerbegenehmigungen und einer Konzentration auf Exportförderung und Bevölkerungskontrolle besser waren als »zu jedem anderen Zeitpunkt seit Anfang der sechziger Jahre«.[7]

Viele Inder teilten diese zuversichtliche Einschätzung. Ein erfreuter Unternehmer erklärte gegenüber der *New York Times*: »Es ist eine neue Zeit angebrochen. Wir sind jetzt diszipliniert. Das hat die Lady bewirkt. Hut ab vor der Lady!« Ein anderer Geschäftsmann sagte: »Jetzt kann man es zu etwas bringen. Man kann Geld verdienen. Das ist das Einzige, was mich interessiert.« Ein Beamter meinte nüchtern: »Nur Reporter wie Sie und Angehörige der indischen Mittelschicht machen sich Gedanken über Dinge wie die Meinungsfreiheit. Für die meisten Menschen hier ist wichtig, ob sie ihren Magen füllen können. Wir wollen kein Versuchslabor für die gescheiterte Demokratie mehr sein. Es ist an der Zeit, einen Teil unserer vielgepriesenen individuellen Rechte gegen ein wenig Wirtschaftsentwicklung einzutauschen.«[8]

Die Weltbank machte Indien dieselben Komplimente wie der Währungsfonds, fügte jedoch einige Vorbehalte hinzu. »Es gibt keinen Beleg«, warnte die Bank, »für einen langfristigen Anstieg der indischen Getreideproduktion, die in den letzten 15 Jahren lediglich im Gleichschritt mit dem Bevölkerungswachstum gestiegen ist.« Ein nachhaltiges Exportwachstum würde »weiterreichende politische Eingriffe« erfordern, darunter »ein einheitlicheres und stabileres System von Exportanreizen«.[9]

Die schärfste Kritik der Weltbank zielte auf die anhaltende Vernachlässigung von Grundschulbildung und Gesundheitswesen. Da nur 36 Prozent der Kinder zwischen dem 11. und 14. Lebensjahr zur Schule gingen, war es nach Ansicht der Weltbank unentschuldbar, dass Indien so wenig Geld für die Grundschulbildung ausgab, während weiterhin unverhältnismäßig hohe Mittel in die höhere Bildung flossen. Die medizinische Versorgung auf dem Land war »vollkommen unzureichend«. Das Programm zur Ausrottung der Malaria hatte »wiederholte Rückschläge« erlitten: Die Zahl der Erkrankungen war von 100 000 im Jahr 1965 auf 2,5 Millionen im Jahr 1974 gestiegen, da die Mücken Resistenzen gegen das Pestizid DDT entwickelt hatten. Die Lepra war immer noch »ein großes gesundheitliches Problem«. Ein Zehntel der Inder litt an Geschlechtskrankheiten.[10]

Im zweiten Jahr des Ausnahmezustands wurde Indien vom Glück verlassen. Erneut verursachten Dürrephasen einen Rückgang der Getreideproduktion, und der Inflationsdruck nahm wieder zu. Die Industrieproduktion stieg im Jahr 1976/77, weil die erhöhte Agrarproduktion im vorangegangenen Jahr die Kaufkraft und die Nachfrage nach Industriegütern auf dem Land erhöht hatte und die Zahl der Streiks gering blieb. Aber die Investitionen stiegen nicht: Die indischen Unternehmen freuten sich über die Verringerung der Streiks, aber sie blickten nicht zuversichtlich in die Zukunft und waren daher nicht bereit, in eine Ausweitung der Produktion zu investieren.[11]

Die Folge war, dass die Beschäftigung im organisierten (modernen) Sektor, wo stabile, gut bezahlte Arbeitsplätze mit Rentenansprüchen und Krankenversicherung verbunden waren, kaum stieg. Tatsächlich stagnierte die Beschäftigtenzahl im organisierten Sektor in den vier Jahren zwischen 1973 und 1977 bei 6,8 Millionen Personen. Im öffentlichen Sektor stieg die Zahl der Beschäftigten in diesem Zeitraum von 12 auf 14 Millionen. Aber die Bevölkerung Indiens wuchs *jeden Monat* um mehr als 1 Million Menschen, so dass das Heer der potenziellen Arbeitskräfte in diesen vier Jahren um rund 57 Millionen Menschen anschwoll. Fast alle neuen Arbeitsuchenden landeten in der Landwirtschaft oder auf dem nicht organisierten städtischen Arbeitsmarkt. Millionen gerieten in die Falle der Unterbeschäftigung und hatten die meiste Zeit nichts zu tun.[12]

Im Februar 1976, acht Monate nach Verhängung des Ausnahmezustands, zeichnete der Filmemacher Satyajit Ray in *Jana Aranya* (»Der menschliche Dschungel«) ein düsteres Bild der Beschäftigungsbedingungen der gebildeten jungen Städter. Wie *Pratidwandi* (»Der Widersacher«, 1970) spielte auch dieser Film, dessen englischer Titel *The Middleman* lautete, in Kalkutta. Wie der Filmkritiker Vincent Canby in der *New York Times* schrieb, kämpften in Kalkutta Hunderte Menschen um jeden Arbeitsplatz. Somnath, die Hauptfigur von *The Middleman*, versucht anders als der Held von *Pratidwandi* nicht, gegen das System zu kämpfen. Stattdessen rutscht er in einer vielsagenden Metapher auf einer Bananenschale aus und lernt durch dieses Missgeschick einen schmierigen Geschäftsmann kennen, der einen »Mittelsmann« aus ihm macht, der bereit ist, auf einem moralisch verkommenen Markt alles zu kaufen und zu verkaufen, was verkäuflich ist. Der Übergang vom unschuldigen Idealismus zu Betrug und Laster vollzieht sich so rasch, dass er unvermeidlich wirkt. Studien bestätigten später, dass junge Männer mit schlechten Beschäftigungschancen leicht in die Fänge von Korruption und Kriminalität geraten. In Canbys Augen war der Film das Werk eines empörten, aber resignierten Regisseurs, »der jede Hoffnung auf Lösungen aufgegeben hat oder befürchtet, dass die Lösungen so radikal sind, dass er nicht darüber sprechen kann«. Ray erklärte im Jahr 1982: »Ich sah überall Korruption. *The Middleman* ist ein Film über diese Korruption, für die es in meinen Augen keine Lösung gibt.«[13]

Indien hatte zwei anscheinend unlösbare Probleme, die einander gegenseitig verstärkten: den chronischen Mangel an Arbeit und die Korruption in allen Lebensbereichen. Der Ausnahmezustand trug nichts zur Lösung dieser beiden Probleme bei.

Die Regierung nutzte ihre Notstandsvollmachten, um Großbauern Land zu entziehen und es unter Kleinbauern und landlosen Feldarbeitern zu verteilen. Dies war ein wichtiger Fortschritt gegenüber früheren Umverteilungsbemühungen, aber die Maßnahme genügte nicht, um die Ungleichverteilung von Grundbesitz und Einkommen erheblich zu verringern. Von der gesamten Ackerfläche von rund 160 Millionen Hektar verteilte der Staat lediglich 450 000 überschüssige Hektar (dabei handelte es sich um Flächen, die Bauern abgekauft wurden, die mehr als eine bestimmte Fläche besaßen). Während der Emergency wurde jährlich nur wenig mehr Land umverteilt als unter Nehru. Gandhis *Garibi-hatao*-Programm zur Beseitigung der Armut half den Schwächsten auf dem Land, änderte jedoch wenig an der Armut insgesamt. Wie der Verfassungsexperte Granville Austin erklärte: »Sie enthielt den Armen die Freiheit vor und brachte ihnen kein Brot.«[14]

Die Inder waren weiterhin ungebildet, erhielten kaum medizinische Versorgung und stöhnten unter der stetig zunehmenden Arbeitslosigkeit. Die bei oberflächlicher Betrachtung erfreulichen Daten zu Wirtschaftswachstum und Inflation im Jahr 1975/76 waren auf die glückliche Fügung ergiebiger Regenfälle und die Nachwirkungen der Inflationsbekämpfung im Jahr vor der Verhängung des Ausnahmezustands zurückzuführen. Die Arbeiter streikten weniger, weil sie sich vor dem Gefängnis fürchteten. Ein Staatsanwalt sagte es vor dem Höchstgericht von Bombay unverblümt: »Das Regime konnte Häftlinge verhungern lassen oder sogar erschießen, ohne rechtliche Konsequenzen fürchten zu müssen.«[15]

Plakatwände, Busse und Bürogebäude wurden mit Fotos von Indira Gandhi und Motivationsparolen geschmückt: »Mehr arbeiten, weniger reden«; »Harte Arbeit, klare Vision, eiserner Wille, strengste Disziplin«; »Mut und klare Vision, euer Name ist Indira Gandhi!« Nun stattete Gandhi den Macher Sanjay mit uneingeschränkten Befugnissen aus.[16] Und was für ein Macher er war.

Da sein Auto nicht fährt, geht Sanjay in die Politik

Sanjay Gandhis hemmungslose Korruption war teilweise eine Reaktion auf seine Inkompetenz. Ermöglicht wurden seine Schandtaten durch die Nachsicht seiner Mutter. Und jetzt war er der indische Thronfolger.

In den Jahren vor der Emergency hatte er im Windschatten seiner Mutter große Kredite für sein Automobilunternehmen Maruti Ltd. bei der verstaatlichten Central Bank of India und der Punjab National Bank aufgenommen. Als klar wurde, dass es ihm nicht gelingen würde, ein indisches Auto zu entwickeln, gründete er Ende Februar 1974 Maruti Heavy Vehicles, um Busse, Sattelschlepper und Straßenwalzen zu bauen. Die Aufgabe, seine unstillbare Geldgier zu stillen, übernahm Dharam Vir Taneja, ein Manager der Central Bank. Im April 1974 erhielt Taneja die verdiente Belohnung: Indira Gandhi ernannte ihn zum Präsidenten der Central Bank, wobei sie den angesehenen Kandidaten überging, den das Finanzministerium empfohlen hatte. Der neue Bankpräsident pumpte weiter Geld in Maruti Ltd. sowie in Sanjays neues Unternehmen. Doch irgendwann begann Taneja, sich Sorgen zu machen: Die Bank pflegte eine ungesunde Beziehung zu einem offenkundig unzuverlässigen Kreditnehmer. Schließlich konnte Taneja es »nicht länger ertragen«, wie er sich später erinnerte: Er verweigerte Sanjay einen großen Kredit zur Finanzierung einer Investition, die den Bankexperten »nicht rentabel« schien. Sanjay war erbost. Er forderte Taneja auf, »noch einmal darüber nachzudenken«, und ließ ihm über einen Mittelsmann eine Botschaft zukommen, in der er Taneja »schlimme Konsequenzen« androhte, sollte dieser Maruti nicht helfen. Im April 1975 endete Tanejas Amtszeit. Entgegen der üblichen Praxis wies die Premierministerin ihren Finanzminister an, seinen Vertrag nicht zu verlängern, weil sie »gewisse Beschwerden« über ihn gehört habe.[17]

Im Mai 1975, einen Monat nach Tanejas Entlassung, lud Sanjay die Biografin seiner Mutter, Uma Vasudev, und einen weiteren Journalisten zu einer Probefahrt im Prototyp des Maruti ein. Vasudev erinnert sich, dass sie während der gesamten Fahrt zitterte und sich fragte, wann das Auto auseinanderbrechen würde. Das Gefährt war in einer Werkstatt, die zwei Korrespondenten der Londoner *Sunday Times* als »einen Witz« bezeichneten, zusammengebastelt worden. In Ermangelung eines Montagebands hatten die Arbeiter das Fahrwerk von einem Arbeitsplatz zum anderen tragen müssen. Im Jahr 1968 hatte Sanjay die Produktion von 50 000 Autos pro Jahr versprochen. Bis 1975 hatten weniger als ein Dutzend Exemplare das Werk verlassen.[18]

Sanjay verkaufte keine Autos, aber er verdiente Geld, indem er Staatsunternehmen mit schäbigen und überteuerten Fahrzeugen belieferte, die von Maruti Heavy Vehicles montiert wurden. Ein weiterer Schwindel war Maruti Technical Services, eine Firma, die angeblich technisches Know-how an die beiden anderen Unternehmen der Gruppe verkaufte. Abgesehen von den Beratungshonoraren, die Maruti Technical Services intern in Rechnung stellte, erhielt die Firma mindestens einen geheimnisvollen, zinsfreien Kredit von einem anonymen Geldgeber. Die ganze Familie Gandhi schien in das dubiose Geschäft verwickelt zu sein: Sanjays älterer Bruder Rajiv war nicht direkt beteiligt, aber seine Frau Sonia Gandhi war eine der Eigentümerinnen von Maruti Technical Services. Weitere Aktionäre waren die beiden minderjährigen Kinder des Paars, die ihre Pflichten im Aufsichtsrat unter der »Vormundschaft« ihres Vaters Rajiv erfüllten.[19]

Sobald der Ausnahmezustand verhängt war, konnte Sanjay seinen Einfluss auch geltend machen, um seinen Freunden unter die Arme zu greifen. Einmal stellte er Raj Kumar Talwar, den Präsidenten der State Bank of India, zur Rede, weil dieser einem von Sanjays Kumpels ein großes Darlehen verweigert hatte. Sanjay versuchte zunächst, Talwar über den stellvertretenden Finanzminister einzuschüchtern. Als das nicht funktionierte, ordnete er eine Korruptionsuntersuchung gegen Talwar an. Da diese Untersuchung ebenfalls keine Ergebnisse brachte, forderte Sanjay den Finanzminister auf, im Parlament eine Änderung der Statuten der Bank durchzusetzen, um die Unverletzlichkeit des Amts des Bankpräsidenten zu beseitigen. Das gelang: Am 4. August 1976, etwas mehr als ein Jahr nach Verhängung des Ausnahmezustands, wurde Talwar auf die Straße gesetzt.[20]

Anstatt ihren Sohn an die Leine zu nehmen, bestrafte die Premierministerin jeden, der sich über ihn beklagte. Das prominenteste Opfer war P.N. Haksar, der seit vielen Jahren Gandhis engster Vertrauter war und die Bankenverstaatlichung geplant hatte. Als er Sanjays Maruti-Projekt als gesetzloses Unternehmen bezeichnete, war sein Schicksal besiegelt. Angesichts von Sanjays Einfluss begannen Gandhis Kabinettsmitglieder und die Regierungschefs der Bundesstaaten, dem jungen Mann wie jemandem zu begegnen, der vergleichbare Macht wie die Premierministerin besaß. Tatsächlich konnte er das drakonische Sicherheitsgesetz nutzen, um Verhaftungen anzuordnen – und er tat es. Niemand war gegen seinen Zorn gefeit.[21]

Sanjay Gandhis indisches Auto war ein Fiasko, aber das Geld strömte weiter ungehindert durch Maruti Heavy Vehicles und Maruti Technical Services. Nun wandte sich Sanjay zwei Projekten zu, die als die schlimmsten Untaten in die Geschichte der Notstandsregierung eingingen: die Zwangssterilisationen zur Eindämmung des Bevölkerungswachstum und die Vertreibung ungezählter Menschen aus ihren Häusern zur »Verschönerung« der indischen Städte. Indira Gandhi unterstützte die furchtbaren Verbrechen ihres Sohns, so wie sie den Maruti-Betrug unterstützt hatte.

Das Volk zahlt für das autokratische Experiment

Indien versuchte seit Jahren, das Bevölkerungswachstum mit einem »Familienplanungsprogramm« zu verlangsamen. Die zur Geburtenkontrolle angewandten Methoden waren international anerkannt. Durch die freiwillige Sterilisation von Männern – der Vasektomie – war es im Lauf der Zeit gelungen, die Geburtenrate deutlich zu senken.

Im ersten Jahr der Emergency wurden ähnlich viele Sterilisationen vorgenommen wie in den vorangegangenen Jahren.[22] Doch Sanjay Gandhi war entschlossen, die Zahl deutlich zu erhöhen. Im April 1976 wurde eine neue »Nationale Bevölkerungspolitik« angekündigt. Sie löste einen krankhaften Wettbewerb zwischen den Bundesstaaten aus, die versuchten, Sanjays schockierend hohe Sterilisationsziele zu übertreffen. Beamte hielten die Gehälter von Untergebenen zurück, die nicht bereit waren, sich »unter das Messer zu begeben«. Lastwagenfahrer, die keine Sterilisationsbescheinigung vorlegten, konnten ihren Führerschein nicht verlängern lassen, und aus ihren Elendsvierteln vertriebene Männer hatten ohne Vasektomie keinen Anspruch auf eine neue Unterkunft. Lehrern wurden Gehaltsentzug und Nichtberücksichtigung bei Beförderungen angedroht, wenn sie sich weigerten, monatlich Listen der für die Sterilisation »infrage kommenden Männer« abzuliefern – dies waren alle Männer mit drei oder mehr Kindern. In einem Dorf in Maharashtra fing die Polizei »geeignete« Männer ein und karrte sie zur Sterilisation in eine nahegelegene Klinik. Lokale Beamte und Polizisten hielten Busse an und holten Fahrgäste heraus, um sie in »Sterilisationslager« zu bringen.[23]

Sanjay wollte die Sterilisationsquoten, die normalerweise im Lauf mehrerer Jahre erreicht wurden, innerhalb weniger Monate erfüllen. Jagmohan, sein Spießgeselle bei der Schleifung von Elendsvierteln, erklärte einmal, Sanjay fahre nur »mit Vollgas«. Im zweiten Jahr des Ausnahmezustands wurden 8,2 Millionen Inder zwangsweise sterilisiert. Das war mehr als das Doppelte der offiziellen Zielquote von 4 Millionen Sterilisationen.[24]

Abgesehen davon, dass die Zwangssterilisation grausam war, beruhte sie auf einem rückständigen Verständnis von wirtschaftlicher Entwicklung und Geschichte. Eine Verringerung der Fruchtbarkeitsrate regt die wirtschaftliche Entwicklung nicht an. Vielmehr sinkt die Fertilität, wenn die Frauen aufgrund besserer wirtschaftlicher Aussichten eine Ausbildung anstreben, später heiraten, die Schwangerschaften hinausschieben und folglich weniger Kinder haben. Weder Indira Gandhi noch ihr Sohn Sanjay kamen auf den Gedanken, Bildung, Gesundheitswesen und Beschäftigungschancen auszuweiten. In Indien fehlten die Bedingungen und Anreize für einen raschen Rückgang der Geburtenrate.

Dasselbe rückständige Denken, aber noch größere Grausamkeit legte Sanjay Gandhi bei seinem Programm zur Säuberung der Slums an den Tag. Zwischen Juni 1975 und März 1977 wurden allein in Delhi fast 700 000 Menschen »umgesiedelt« und mehr als 150 000 Häuser abgerissen. Sanjay weitete seine Terrorherrschaft auf ganz Nordindien aus, und die Behörden in Maharashtra folgten seinem Beispiel bereitwillig.[25]

Bei den Zwangsräumungen und Demolierungen wurde von Anfang an gnadenlos vorgegangen. Anfang August 1975, knapp einen Monat nach der Verhängung des Ausnahmezustands, beklagte sich ein kommunistischer Politiker in einem Schreiben an Premierministerin Gandhi darüber, dass Tausende Familien willkürlich aus ihren Elendsunterkünften vertrieben würden und winzige Grundstücke zugeteilt bekämen. Gandhi ignorierte den Brief. Ihre Biografin Uma Vasudev schrieb: »Kranke und schwangere Frauen, wimmernde Kinder, alte Männer und junge Anhänger Gandhis wurden wie Gepäck weggetragen. Man wies ihnen ihre Parzelle zu und sagte ihnen mitten im Monsun: ›Hier ist dein Grundstück, hier kannst du bauen.‹« Im Prinzip sollten in den neuen Siedlungen Schulen, Krankenhäuser und Einkaufszentren entstehen. Aber die Pläne wurden nie verwirklicht. Sanjay, der Vordenker des herzlosen Programms, rechtfertigte das Vorgehen: Hunderttausende Menschen lebten »sowieso unter menschenunwürdigen Bedingungen«, erklärte er, weshalb es »nichts Neues« für sie sei, im strömenden Regen auf freiem Feld ausgesetzt zu werden. Wenn ein Neugeborenes starb oder eine Familie krank wurde, so war dies eben der Preis, der dafür gezahlt werden musste, »Delhi zu verschönern«. Sanjays Moral war einfach: »Es sterben immerzu Menschen.« Und eines sah er deutlich: Für seine Maßnahmen brauchte er den Ausnahmezustand, denn, wie Vasudev seine Denkweise zusammenfasste, »die Leute mussten tun, was der Staat von ihnen verlangte«.[26]

Subhadra Joshi, eine altgediente Politikerin der Kongresspartei, schrieb an ihre langjährige Freundin Indira Gandhi: »Es ist unglaublich, dass du über die Dinge im Bilde bist und trotzdem nicht einschreitest.« Die Premierministerin brach den Kontakt zu Joshi ab. Uma Vasudev gelangte zu folgendem Urteil: Sanjay sei »hartherzig«, und seine Mutter »war zu Stein geworden«.[27]

In Delhi hatte es Sanjay insbesondere auf die Läden und Hütten in den muslimischen Vierteln in der Umgebung der Jama-Moschee aus dem 17. Jahrhundert abgesehen. Am 19. Juli 1975 wurden die ersten Häuser in der Gegend abgerissen. Der politische Aktivist und ehemalige Freiheitskämpfer Inder Mohan appellierte an die Premierministerin, die Demolierungen zu unterbrechen und zuerst Vorkehrungen für die Umsiedlung der Betroffenen zu treffen. Gandhi verwies ihn an ihren Sohn. Dieser traf sich am 17. September mit Mohan und erklärte ihm, man könne nicht länger abwarten. Als Dank für Mohans Bemühungen stürmte die Polizei zwei Tage später seine Wohnung und verhaftete ihn ohne Begründung.[28]

Am 22. November rückten die Abrisstrupps unter Polizeischutz an und machten etwa 400 Läden dem Erdboden gleich. Die Händler in diesem Viertel verdienten sich ihren kargen Lebensunterhalt mit dem Verkauf von Speisen, Lederwaren, Wollstoffen, Vögeln, Ziegen und Schafen. Als die Läden verschwunden waren, verkündeten die Verantwortlichen triumphierend, das Viertel sei »sauber«. Die Jama Masjid mit ihrer blauen Kuppel war jetzt aus einer Entfernung von 300 Metern ohne Sichtbehinderung zu bewundern. Am 10. Dezember brach Sanjay zu einer Triumphfahrt durch den Stadtteil auf. Beamte jubelten: »Lang lebe Sanjay Gandhi!« Der versprochene neue Gewerbekomplex für die verdrängten Ladeninhaber wurde nie gebaut, und sie erhielten keinerlei Entschädigung.[29]

Am 13. April 1976 heulte beim Turkman-Tor unweit der Jama Masjid ein Bulldozer auf. Es sollte ein Übergangslager abgerissen werden, in dem etwa 40 Familien hausten, deren Hütten zerstört worden waren. Mit dieser Aktion begann eine schlimme Episode. »Am 19. April brach der Damm«, schreibt Gyan Prakash. Diesmal wurden die Bulldozer von lüsternen Polizisten begleitet. Sie nahmen Frauen ihre Juwelen ab, drückten brennende Zigaretten auf ihren Brüsten aus und vergewaltigten sie. Es begann eine Schlacht zwischen Hunderten Anwohnern und der Polizei. Die Bewohner sammelten sich um die Faiz-e-Ilahi-Moschee, um sich der Zerstörung ihres Viertels zu widersetzen. Auf die Gefangenentransporter der Polizei ging ein Steinhagel nieder. Als die Sicherheitskräfte Tränengasgranaten in die Menge schossen, flüchteten sich viele Demonstranten in die Moschee. Auf Anweisung von Deputy Inspector General

P. S. Bhinder, einem Gefolgsmann von Sanjay, verfolgte die Polizei die Flüchtenden. »In der Moschee bot sich ein Bild des Schreckens«, berichtet Prakash. »Der Boden war blutverschmiert.« Die Abrisstrupps setzten ihre Arbeit fort.[30]

Die wirtschaftliche Begründung für die barbarische Vertreibung der Einwohner von Elendsvierten war ebenso absurd wie die Erklärung für Sanjay Gandhis Sterilisationsprogramm. Eine erfolgreiche Auflösung von Slums hängt so wie eine Verringerung des Bevölkerungswachstums von der Verfügbarkeit von Arbeitsplätzen ab. Jane Jacobs, die visionäre Theoretikerin der Stadtentwicklung, erklärt, dass Slumbewohner in dem Moment, da sie Erwerbschancen vorfinden, in eine bessere Wohngegend umziehen. Slumbewohner sollten in ihren Hütten bleiben, wo sie die Unterstützung der Gemeinschaft genössen. Die Entscheidung zur Umsiedlung sollte ihnen überlassen werden und vom Zugang zu Arbeit und sozialen Netzwerken abhängen. Die vorwiegend muslimischen Einwohner des Viertels um die Jama Masjid hatten zusätzlich das Problem, dass sie aufgrund von Diskriminierung in vielen anderen Stadtteilen Delhis unerwünscht waren. Sanjay Gandhis Methode, die Bevölkerung der Elendsviertel an isolierten Orten »neu anzusiedeln«, verringerte ihre Chancen auf Arbeit und war eine Gewähr dafür, dass sie auch am neuen Wohnort im Elend leben würden.[31]

Die indischen Städte mussten zweifellos sauberer werden und besser funktionieren. Aber so wie Nehrus »Gartenstadt« Chandigarh in der »Zeit der Unschuld«, die ungeeignet war, den wirtschaftlichen Druck auf die Zuwanderer vom Land zu verringern oder die mangelhaften Infrastrukturen in überlasteten urbanen Zentren zu verbessern, war auch Sanjays grausame Initiative zur Säuberung der Elendsviertel ein elitäres Projekt: Sie schuf neue Räume für privilegierte Städter, während die Lebensbedingungen für die große Mehrheit der Bevölkerung schlecht blieben.

Indira Gandhi will sich zur Autokratin wählen lassen

In einer überraschenden Radioansprache am 18. Januar 1977 kündigte die Premierministerin Parlamentswahlen in der dritten Märzwoche an. Gandhi erklärte, einige politische Gefangene seien freigelassen und die Pressezensur gelockert worden. Sie nahm für sich in Anspruch, die Nation vor dem Sturz ins

Chaos bewahrt und »ihre Gesundheit wiederhergestellt« zu haben. Die wirtschaftliche Lage habe sich »erheblich gebessert«, und das Land sei »gesünder, effizienter und dynamischer« als vor der Emergency.

Ihre Aussagen waren einfach unwahr. Es überrascht nicht, dass sich Gandhi nicht bemühte, ihre Behauptungen zu belegen. Und sie machte eine beängstigende Ankündigung: »Die Verfassung wurde geändert, um Hindernisse für Maßnahmen zu beseitigen, die dem Volk zugute kommen. Gegen Elemente, die wirtschaftliche Unruhe verursachen wollen, wird hart vorgegangen.«[32]

Indira Gandhi war überzeugt, wiedergewählt zu werden. Ihre Meinungsforscher sagten voraus, dass die Kongresspartei die Mehrheit der Sitze in der Lok Sabha gewinnen würde, nicht zuletzt, weil dank günstigem Wetter eine gute Getreideernte erwartet wurde. Und der verbreitete Eindruck wirtschaftlicher Fortschritte würde Gandhi Wählerstimmen sichern. Tatsächlich profitierten viele Wähler vom Ausnahmezustand. Nach ihrer Wiederwahl würde Gandhi der Nörgelei über die Zerstörung der indischen Demokratie den Boden entziehen. Sie würde mit Unterstützung eines unterwürfigen Parlaments und ungehindert von der Verfassung regieren, die ihr – wie sie sagte – keine Ketten mehr anlegen konnte. Indien war auf dem Weg zu einer elektoralen Autokratie.[33]

Gandhi sah sich vier Oppositionsparteien gegenüber: der Jana Sangh, der Socialist Party, der Lok Dal (offiziell Bharatiya Lok Dal, »Volkspartei«) und Abtrünnigen der alten Kongresspartei. Am 23. Januar, fünf Tage nach der Ankündigung der Wahlen, versammelten sich die Parteiführer dieser Gruppen. Sie hatten unterschiedliche wirtschafts- und gesellschaftspolitische Vorstellungen, wurden jedoch durch den Wunsch geeint, eine Zersplitterung der Opposition zu verhindern, von der im Mehrheitswahlsystem Gandhi profitieren würde. Die vier Parteien einigten sich darauf, gemeinsam als »Janata Party« anzutreten und in sämtlichen Wahlkreisen gemeinsame Kandidaten aufzustellen. Gandhis alter Rivale Morarji Desai würde den Parteivorsitz übernehmen.

Eine große Belastung für Gandhi war ihr Sohn Sanjay. Seine Freunde und sein älterer Bruder Rajiv rieten ihm, sich für eine Weile aus der Politik zurückzuziehen, weil er eine Zielscheibe der Opposition war. Aber seine Mutter hatte ihr Schicksal mit seinem verbunden. Trotz seiner Missetaten war sie dankbar dafür, dass er ihr zur Seite stand und »sein Bestes gibt«. Sie hatte das Gefühl, dass er ihr »Schutz« gab, und hoffte, die Wahl würde Sanjay politische Legitimität verleihen.[34]

Doch in einem Bereich, in dem seine Methode der Nötigung nicht funktionierte, schoss Sanjay über das Ziel hinaus. Er verlangte von der Kongresspartei Listenplätze für 200 seiner unberechenbaren Anhänger, die sich oft am Rande der Legalität bewegten. Die Parteiveteranen wollten die Listenplätze für ihre eigenen Leute nicht abtreten. Am 2. Februar trat Jagjivan Ram, ein altgedienter Funktionär, der schon unter Nehru Regierungsposten bekleidet hatte, aus der Kongresspartei aus. Er war der Führer der Scheduled Castes (»Gelistete Kasten«), die auch als »Unberührbare« bezeichnet werden (Mahatma Gandhi nannte sie »Harijans«, die Kinder Gottes). Die Unberührbaren stellten 80 der 600 Millionen Einwohner Indiens und damit nicht weniger als 15 Prozent des Wahlvolks. Jetzt gründete Ram eine neue Partei, den »Kongress für Demokratie«, und erklärte sich bereit, unter dem Dach der Janata Party an der Parlamentswahl teilzunehmen. Seine Entscheidung zur Abspaltung von der Kongresspartei änderte das Kräfteverhältnis. Kurze Zeit später teilte Gandhis Informationschef der Premierministerin mit: »Madame, ich fürchte, Sie werden verlieren.«[35]

Als am 20. März die ersten Wahlresultate eintrafen, wurde klar, dass die Janata Party auf einen überwältigenden Sieg zusteuerte. Besonders deutlich fiel ihr Triumph im Norden aus, wo die Bevölkerung am meisten unter Sanjay Gandhi gelitten hatte. In Uttar Pradesh und Bihar errang die Kongresspartei nicht ein einziges Mandat. Die Premierministerin unterlag in ihrem Wahlkreis Rae Bareli, und ihr Sohn konnte sich im benachbarten Amethi nicht durchsetzen. In den südlichen Bundesstaaten, die weniger unter den Zwangssterilisationen und der Räumung der Elendsviertel gelitten hatten, setzten sich die Kongresspartei und ihre Bündnispartner klar durch.

Das autokratische Experiment war beendet. Auf Empfehlung Gandhis und ihres Kabinetts hob Interimspräsident B. D. Jatti am 21. März den Ausnahmezustand auf. In dem Wissen, dass die Notstandsgesetze nicht mehr gegen sie eingesetzt werden konnten, trat die Regierung Gandhi am 22. März zurück.

Gandhi schob die Schuld auf andere und verteidigte ihren Sohn. »Ich war nicht verpflichtet, Wahlen anzusetzen«, sagte sie. »Wir hätten den Ausnahmezustand noch ein oder zwei Jahre aufrechterhalten können.« Ihren Fehler sah sie darin, dass sie auf Personen vertraut habe, »die es besser hätten wissen müssen«, ihr jedoch »einen klaren Wahlsieg« vorhergesagt hätten. In einem Fernsehinterview für die BBC bezeichnete sie die Vorwürfe gegen ihren Sohn als

»lächerlich«, denn er habe keinen Einfluss auf die politischen Entscheidungen. Die Zukunft werde ihr recht geben, und jene, die Sanjay angriffen, griffen in Wahrheit sie an.[36]

Die Ergebnisse des indischen Experiments mit der Autokratie lagen vor. Die Eliten, die seit langem nach einer autokratischen Herrschaft gerufen hatten, hatten vom Ausnahmezustand profitiert. Dank der Unterdrückung von Arbeitskämpfen und Studentenprotesten hatten sie ihre Gewinne erhöht. Aber die Repression verteilte die wirtschaftlichen Erträge lediglich um, anstatt sie zu vermehren. Die Unternehmen hatten keinen Grund, die Investitionen zu erhöhen oder mehr Arbeitskräfte einzustellen. Indira Gandhi und ihr Sohn taten nicht einmal so, als wollten sie mehr öffentliche Güter bereitstellen. Das Humankapital und die städtische Infrastruktur entwickelten sich nicht. Die Säuberung der Elendsviertel beruhte auf der moralischen und wirtschaftlichen Prämisse, die urbanen Entwicklungsprobleme könnten gelöst werden, indem man Menschen erniedrigte und tötete.

Indien war nur um Haaresbreite schlimmeren Folgen entgangen: Die Fortsetzung der Autokratie hätte bleibenden Schaden angerichtet. Hätte Indira Gandhi die Wahl wie erwartet gewonnen, so hätte Sanjay in einer ausgehöhlten Demokratie, in der die Bevölkerung aufgrund der eingeschränkten Freiheitsrechte seinen Launen, seinem Hochmut und seiner blindwütigen Gewalt ausgesetzt war, noch größeres Unheil anrichten können. Ein Sieg hätte Indira Gandhi in dem Glauben bestätigt, das Volk heiße diese erbarmungslose und brutale Herrschaft und ihre fehlgeleitete Wirtschaftspolitik gut.

Jetzt hatte das bedrängte Volk neue Gründe zur Sorge. Würden sich nach dem Ende der Autokratie moralisch fundierte gesellschaftliche Normen und politische Rechenschaftspflicht durchsetzen, oder würde die indische Demokratie auf regelmäßige Wahlen beschränkt bleiben, ohne ein bürgerliches Bewusstsein zu fördern, das die Voraussetzung für Vertrauen und Kooperation war? Wenn die Rückkehr zur Demokratie zu mehr Korruption, schönen Worten statt politischer Maßnahmen, übereilten Notlösungen und einem Staat führte, der die Sicherheitskräfte zur Unterdrückung von Gegnern einsetzte, dann würden weiterhin kaum öffentliche Güter bereitgestellt werden. Chancengleichheit für alle würde eine Illusion bleiben, und die soziale Wut würde weiter schwelen. Die indische Gesellschaft würde keine moralischen oder materiellen Fortschritte machen.

KAPITEL 13

Die Demokratie betrügt das Volk erneut, die Deindustrialisierung beginnt

Am 24. März 1977 wählte das Parlament Morarji Desai von der Janata Party zum vierten Premierminister Indiens. Nachdem er zweimal – im Juni 1964 und im Januar 1966 – gescheitert war, hatte er sein Ziel endlich erreicht. In seiner kurzen Antrittsrede dankte Desai dem Land für die gewaltlose Rückkehr zur Demokratie: Indien sei aus einer »Grube« geklettert und habe eine schwierige Aufgabe vor sich. Doch er zeigte sich überzeugt, dass die Janata die Bedürfnisse der Bevölkerung erfüllen könne.[1]

Die Janata-Regierung nutzte die durch den Wahlsieg geweckte Euphorie, um den Schaden wiedergutzumachen, den Gandhi der Verfassung zugefügt hatte. Der Prozess wurde im Dezember 1978 mit zwei neuen Verfassungszusätzen (den Nummern 43 und 44) abgeschlossen, welche die Verhängung eines Ausnahmezustands erheblich erschwerten, die Befugnisse der Exekutive beschnitten und das Recht des Obersten Gerichtshofs auf Anfechtung von Wahlen einschließlich der des Premierministers wiederherstellten. So wurde die Verfassung wieder gestärkt. Als die Lok Sabha am 7. Dezember 1978 den 44. Verfassungszusatz verabschiedete, war Indira Gandhi dank eines Siegs bei einer Nachwahl in Chikmangalur im südlichen Bundesstaat Karnataka ins Parlament zurückgekehrt. Sie stimmte für den Zusatz, der die von ihr verantwortete Verstümmelung der Verfassung rückgängig machte.[2]

Die in der Janata zusammengeschlossenen Parteien waren sich darin einig, dass die Verfassung wiedergestellt werden musste, aber das Hauptziel ihres Bündnisses war ein Sieg über Gandhi gewesen. Diese Parteien hatten gegensätzliche wirtschafts- und gesellschaftspolitische Vorstellungen. Sie vertraten verschiedene Interessengruppen und hatten sehr unterschiedliche ideologische Ausrichtungen. Diese Differenzen machten ihrem Bündnis rasch ein Ende.

George Fernandes, der im Mai 1974 den Eisenbahnerstreik organisiert hatte, war jetzt Minister für Industrieentwicklung. Im August 1977 begann er, Coca-

Cola aus dem Land zu drängen. Er verlangte von dem Unternehmen die Herausgabe der Rezeptur für sein Erfrischungsgetränk und die Abtretung von 60 Prozent seiner indischen Niederlassung an indische Investoren. Coca-Cola zog es vor, sich aus Indien zurückzuziehen. Im Parlament rechtfertigte Fernandes sein Vorgehen mit den hohen Gewinnen, die Coca-Cola mit dem Verkauf seines Konzentrats an indische Abfüllbetriebe erzielte, und behauptete, das Central Food Technology Research Institute in Mysore (heute Mysuru) habe ein geeignetes Ersatzprodukt entwickelt. Im Oktober stellte auch IBM seinen Betrieb in Indien ein: Das Unternehmen war nicht bereit, seinen Anteil an der indischen Niederlassung auf 40 Prozent zu verringern.[3]

Weder Coca-Cola noch IBM hatten viele Arbeitsplätze in Indien geschaffen, aber beide Unternehmen brachten Technologie ins Land, machten die Inder mit modernen Produktionsverfahren und neuen Entwicklungen in den Dienstleistungen bekannt und zeigten der Welt, dass Indien ein guter Standort für Unternehmen war. Die Entscheidung, sie aus dem Land zu vertreiben, um die heimischen Produzenten gegen den Wettbewerb abzuschirmen, war Ausdruck eines unreifen Nationalismus.

Innenminister Charan Singh, der Parteichef der Lok Dal, vertrat eine einflussreiche neue Interessengruppe, die »kapitalistischen« Bauern. Diese großen und mittelständischen Landwirte praktizierten unter Einsatz der Technologien der Grünen Revolution eine industrielle Landwirtschaft. Sie hatten von staatlich festgesetzten Mindestpreisen und Düngersubventionen profitiert. Vor allem in den östlichen Bundesstaaten Uttar Pradesh und Bihar hatten sie sich im Verlauf der Reformen der fünfziger Jahre Landrechte gesichert und hatten dank ihres Reichtums ihren Einfluss im Parlament deutlich vergrößert.[4]

Charan Singh hielt sich für den geeigneten Mann für das Amt des Premierministers und hatte sich nur widerstrebend mit dem Posten des Innenministers abgefunden. Es dauerte nicht lange, bis die Beziehung zwischen ihm und Regierungschef Desai zerbrach. Im ersten Halbjahr 1978 schrieb Singh wütende Briefe an Desai und beschuldigte diesen, seinen Sohn Kanti zu bevorzugen. Im Juni 1978 entließ Desai den Innenminister, aber in Anbetracht von Singhs politischem Einfluss holte er ihn im Januar 1979 als Finanzminister in die Regierung zurück. In diesem Amt nutzte Singh seinen Einfluss auf die Budgetentscheidungen, um Geschenke an seine Klientel zu verteilen: Er erhöhte die Subventionen für Düngemittel, mechanische Pflüge, motorbetriebene Pumpen sowie Diesel. Um diese Vergünstigungen für die »kapitalistischen« Bauern zu finanzieren, führte er Steuern auf Güter wie Seife und Reinigungsmittel, Speiseöle, Zahnpasta und Zahnbürsten, Druckkochtöpfe und Motorräder ein. All diese Steuern belasteten die einkommensschwachen Familien, denen es ohnehin schwerfiel, über die Runden zu kommen.[5]

Die »kapitalistischen« Bauern erhoben eine weitere Forderung. Viele von ihnen gehörten den Kasten an, die sich als historisch benachteiligt betrachteten: Jats in Uttar Pradesh, Kurmis und Yadavs in Bihar, Marathas in Maharashtra sowie Vellalas in Tamil Nadu. Sie glaubten, wie die »anderen zurückgebliebenen Klassen« Anspruch auf Arbeitsplätze in den Städten zu haben. Die Verfassung schrieb bereits vor, dass 15 Prozent der Posten in der Zentralverwaltung für »Unberührbare« (Scheduled Castes) und 7,5 Prozent für Angehörige der Scheduled Tribes (»Gelistete Stämme«) reserviert werden mussten. Im November 1978 richtete Desai eine Kommission ein, die eine »neue Formel« für die Reservierung von Posten entwickeln sollte. Die von B. P. Mandal, einem ehemaligen Regierungschef von Bihar, geleitete Kommission nahm im März 1979 die Arbeit auf. Diese Initiative sollte vergangenes Unrecht gutmachen, aber sie war aussichtslos. Ohne eine politische Strategie zur Erhöhung des Arbeitsplatzangebots würde eine wachsende Zahl von Indern das System mit gutem Grund als ungerecht betrachten, weshalb weitere Forderungen nach Reservierungen laut werden würden.[6]

Ihr Nullsummendenken wurde der Janata-Führung zum Verhängnis. Ende Juli 1979 kehrte Charan Singh seiner Partei den Rücken und wurde mit einem »Unterstützungsschreiben« von Indira Gandhi Premierminister. Was hatte er sich dabei gedacht? Einen Monat später entzog Gandhi ihm die Unterstützung. Singh verlor die Mehrheit im Parlament, die Janata zerfiel. Es mussten Neuwahlen im Januar 1980 angesetzt werden.[7]

Die Janata-Regierung hatte ihr Versprechen eingelöst, die Verfassung wiederherzustellen. Aber sie hatte praktisch nichts getan, um die wirtschaftlichen Bedürfnisse der Bevölkerung zu erfüllen. Hauptthema der Nachrufe auf die kurze Janata-Regierung war der Wettlauf der Parteifunktionäre um die mit der Macht verbundene Beute.[8]

Die zweijährige Herrschaft der Janata bestätigte eine altbekannte Erkenntnis über die Demokratie. Die Verfahren und Kontrollmechanismen der Verfassung genügen nicht, um die Demokratie in den Dienst des Volkes zu stellen. Jene, die Macht und Einfluss ausüben, müssen dem Wohlergehen der Allgemeinheit Vorrang vor ihrem eigenen Ansehen und ihren Interessen geben. Nur diese persönliche Moralität gewährleistet das gesellschaftliche Vertrauen und die Kooperation, die nötig sind, um den wirtschaftlichen Fortschritt voranzutreiben. Da sie diesem Moralkodex nicht entsprach, betrog die Janata-Regierung nicht nur die Allgemeinheit, sondern trug auch zur Verfestigung einer Kultur bei, in der die Politiker dem schnellen Geld für sich und ihre Gefolgsleute nachjagten.

Der indischen Wirtschaft standen weitere Rückschläge bevor. 1979 fiel zu wenig Regen, weshalb die Ernte im Herbst schlecht ausfiel. Zu geringe Niederschläge im Winter schmälerten auch die Ernteerträge im Frühjahr 1980. Mitte des Jahres 1979 begann der Ölpreis zu steigen, da das Angebot auf dem Weltmarkt infolge der islamischen Revolution im Iran einbrach. Durch den Einbruch der Wasserkraft infolge der geringen Regenfälle verringerte sich das Stromangebot, was ebenfalls zum Rückgang der indischen Industrieproduktion beitrug. Die Wirtschaftsleistung sank, die Inflation beschleunigte sich, und der Devisenbedarf zur Bezahlung der Importe stieg deutlich.[9]

Das autokratische Experiment Indira Gandhis war gescheitert. Unter der Janata-Regierung hatte die Demokratie das Volk betrogen. Und unter Gandhis neuer Regierung sollte sie es erneut betrügen.

Gandhi hat einen neuen Freund

Als im Januar 1980 die Stimmen ausgezählt waren, hatte Indira Gandhi Grund zu feiern. Die Kongresspartei errang 353 Sitze im Parlament, was einer Mehrheit von 67 Prozent entsprach, womit sie ihren Erdrutschsieg im Jahr 1971 wiederholte. Im Wahlkampf hatte sie davon profitiert, dass die Wähler der Janata Party die Schuld am bedauernswerten Zustand der indischen Wirtschaft gaben. Gandhi nutzte die Angst der Menschen und versprach, den Preis von Zwiebeln zu senken und Recht und Ordnung wiederherzustellen. Wie in der Vergangenheit stürzte sie sich mit unbändiger Energie in den Wahlkampf: 90 Millionen Menschen hörten oder sahen sie bei Veranstaltungen im ganzen Land. Auf farbigen Plakaten (die eine Neuheit waren) forderte sie die Wähler auf: »Wählt eine Regierung, die funktioniert«, und: »Holt Indira zurück, rettet Indien«. Ihre Wahlkampfauftritte wurden mit beliebter Filmmusik untermalt.[10]

Nach dem Wahlsieg von 1980 legte Gandhi ihre Scheu ab, mit Wirtschaftsinteressen in Verbindung gebracht zu werden. Bis dahin hatte sie sich als Vorkämpferin der Armen präsentiert und die Öffentlichkeit über ihre Verbindungen zu Wirtschaftsmagnaten im Dunkeln gelassen. Ihr Sohn Sanjay hatte sich mit Geld bereichert, das ihm Unternehmen und verstaatlichte Banken hatten zukommen lassen, und L. N. Mishra hatte in Firmenzentralen Koffer voller Geld für die Kongresspartei abgeholt. Aber über Indira Gandhis persönliche Verbindungen zu Unternehmen war nichts in die Öffentlichkeit gedrungen. Das änderte sich jetzt.

Einen ihrer ersten öffentlichen Auftritte hatte sie bei einer »prunkvollen« Feier des Geschäftsmanns Dhirajlal Hirachand Ambani. Einem Brauch in seinem Heimatstaat Gujarat folgend, wurde er auch als »Dhirubhai Ambani«, bezeichnet, als »Großer Bruder Ambani«. Der 1932 geborene Ambani war Ende der vierziger Jahre als junger Mann nach Aden im Jemen gegangen, wo er als Tankwart arbeitete. Nach seiner Rückkehr nach Bombay im Jahr 1958 gründete er mit Partnern eine Handelsgesellschaft, die Gewürze und Stoffe nach Ostafrika exportierte. Später begann er mit synthetischem Garn zu handeln und synthetische Textilien zu produzieren. Er suchte die Nähe zu führenden Politikern und sicherte sich Import- und Gewerbelizenzen. Unter seinen neuen Freunden war auch Indira Gandhi. Nach ihrer Wahlniederlage im Jahr 1977 half der »Große Bruder« Gandhi, indem er Parlamentarier der Janata Party für die Bildung selbstzerstörerischer Splittergruppen bezahlte.[11]

Ambani wurde für seine Loyalität belohnt. Auf der Feier nach ihrem Wahlsieg saß er fast zwei Stunden lang an Gandhis Seite, während die Gäste Schlange standen, um ihr zu gratulieren. Mit Unterstützung Gandhis und ihres Finanzministers Pranab Mukherjee gewann Ambani »unvergleichlichen Einfluss auf die Regierung«, wie sein Biograf Hamish McDonald schreibt. Nachdem er im November 1982 eine Fabrik für die Produktion von Polyesterfasern in Betrieb genommen hatte, schützte ihn die Regierung vor der ausländischen Konkurrenz, indem sie den Import solcher Fasern mit einem zusätzlichen Zoll belegte. Er erhielt rasch Genehmigungen zur Ausweitung der Produktion. Einigen Rückschlägen zum Trotz schaffte es sein Konzern Reliance Industries als erstes indisches Unternehmen in die Fortune Global 500. Nach seinem Tod im Jahr 2002 hieß es in einem Nachruf: »Ambani, der Bevorzugte, erlangte unvorstellbaren Reichtum.«[12]

Dhirubhai Ambani war wichtig für Indira Gandhi, aber ihr Sohn Sanjay, der Kronprinz, war unverzichtbar für ihr neues Regime.

Sanjay hebt ab

Sanjay Gandhi sicherte sich mit einem Sieg im Wahlkreis Amethi in Uttar Pradesh einen Parlamentssitz. Er wählte auch persönlich mehr als 100 erfolgreiche Kandidaten aus, die ihm treu ergeben waren. Dies war ein neuer Schlag von Parlamentariern. Wie Inder Malhotra, Autor einer Biografie Indira Gandhis, erklärt: »Sanjays Gefolgsleute betrachteten ihre Parlamentssitze und ihre Nähe zum Machtzentrum als Abkürzung zu raschem Reichtum.« Eine dieser Figuren war Jagdish Tytler, der sich bald durch Grausamkeit hervortun sollte. Auch einige der Politiker, die Sanjay seinerzeit bei seinem Maruti-Projekt unter die Arme gegriffen und während des Ausnahmezustands seine Sterilisationskampagne sowie die Zerstörung der Elendsviertel unterstützt hatten, kehrten ins Parlament zurück.[13]

Sanjay erlangte eine »praktisch uneingeschränkte« Machtfülle, nachdem seine Mutter die Regierungen von neun Bundesstaaten aufgelöst hatte. Die Begründung für die Entlassung dieser Regierungen lautete, nach der jüngsten Parlamentswahl repräsentierten die zu früheren Zeitpunkten gewählten Parlamente einzelner Bundesstaaten nicht länger den Volkswillen. Sanjay führte die Kongresspartei in die Neuwahlen und machte weitere Gefolgsleute zu Kandidaten. Unter diesen angehenden Parlamentariern waren zwei junge Männer, die im Dezember 1978 einen Inlandsflug der Indian Airlines gekapert hatten, um gegen die Entscheidung der Janata-Regierung zu protestieren, Indira Gandhi unter dem Vorwurf der Missachtung des Parlaments für eine Woche unter Arrest zu stellen. So wie viele andere Anhänger Sanjays gewannen auch die beiden Luftpiraten ihre Mandate. Die Kongresspartei setzte sich in allen Bundesstaaten mit Ausnahme von Tamil Nadu durch. Die Zeitschrift *India Today* feierte Sanjay Gandhi als stärkste Kraft in der indischen Politik.[14] In der politischen Gerüchteküche wurde gemunkelt, er werde die Regierung Uttar Pradeshs oder den Parteivorsitz in der Kongresspartei übernehmen. Sanjay befand sich buchstäblich und im übertragenen Sinn auf einem Höhenflug.[15]

Der Sohn der Premierministerin stellte gerne mit akrobatischen Flugmanövern am Himmel über der Hauptstadt seinen Wagemut unter Beweis. Ende Mai 1980 beschuldigte ihn der für die zivile Luftfahrt verantwortliche Air Marshal Jaffar Zaheer, die Flugsicherheitsbestimmungen zu verletzen und sein eigenes Leben und das anderer zu gefährden. Ohne Notstandsgesetze hatte Sanjay keine Handhabe, um den Air Marshal verhaften zu lassen, doch es gelang ihn, Zaheer zu zwingen, vorzeitig in den Ruhestand zu treten.[16]

Am frühen Morgen des 23. Juni stieg Sanjay am Flughafen Safdarjung ins Cockpit einer Pitts-S2A, eines Flugzeugs, das speziell für den Kunstflug bestimmt war, und stieg rasch in große Höhe auf. Dann ging er in den Sturzflug über – vermutlich wollte er die Maschine im letzten Moment hochziehen, um ein akrobatisches Looping vorzuführen. Doch er verlor die Kontrolle über das Flugzeug. Die Pitts stürzte ab. Sanjay sowie der Fluglehrer, der ihn begleitete, waren auf der Stelle tot. Sanjay Gandhi war 33 Jahre alt geworden.

Seine Mutter eilte sofort zum Unglücksort. Sie sprang aus dem Auto, um zum Leichnam ihres Sohns zu laufen, brachte sich dann jedoch wieder unter Kontrolle und ging auf ihn zu. Als sie sein entstelltes Gesicht sah, begann sie hemmungslos zu schluchzen.[17]

Obwohl Sanjay kein offizielles Amt bekleidet hatte, erhielt er ein Staatsbegräbnis. Seine Asche wurde an der Seite seines Großvaters Jawaharlal Nehru bestattet, der Indien 17 Jahre lang regiert hatte. Nach dem Begräbnis fragte Indira Ghandis Vetter B. K. Nehru, der ehemalige Botschafter in den Vereinigten Staaten, Sanjays Bruder Rajiv, ob er in den Büros des Verstorbenen Geld gefunden habe. »Dutzende Millionen«, antwortete Rajiv, »Millionen, für die es keine Belege gibt.« In seinen Memoiren gab Botschafter Nehru einer von vielen geteilten Einschätzung Ausdruck: Wäre Sanjay nicht jung gestorben, so hätten seine abwegigen politischen Vorhaben und seine schamlose Korruption Indien schweren wirtschaftlichen und politischen Schaden zufügen können. Sein Tod, so Nehru, habe »die Nation vor einer großen Tragödie bewahrt«.[18]

Wenige Tage nach Sanjay Gandhis Tod wurde eine Kampagne gestartet, um seinem älteren Bruder Rajiv den Weg in die Politik zu ebnen. Rajiv war Pilot bei der staatlichen Fluglinie Indian Airlines. Seine Frau Sonia, eine gebürtige Italienerin, war entschieden dagegen, dass ihr Ehemann in die Politik einstieg, aber Rajiv erklärte, keine Wahl zu haben: Er müsse »Mama helfen«.[19]

Rajiv rettete die Dynastie, aber Indira Gandhis Biografen sind sich darin einig, dass Sanjays Tod ein furchtbarer Schlag für sie war. Sie begab sich in die Hände des Scharlatans Dhirendra Brahamachari, der sie in hinduistischen Praktiken anleitete und ihr sogar politische Ratschläge erteilte. Der Ökonom I. G. Patel, der mittlerweile die indische Zentralbank leitete, schrieb später, Gandhi habe nie das geringste Interesse an Wirtschaftspolitik gezeigt. Das änderte sich auch in ihrer zweiten Etappe als Premierministerin ab 1980 nicht. »Ihre Rückkehr an die Macht brachte neue Akteure auf die politische Bühne«, schrieb Patel, »die allesamt bemüht waren, sich mit allen Mitteln einen Namen zu machen.« Für Patel als Zentralbankgouverneur bedeutete das, dass er mehr Akteure »in Schach halten« musste, die Gefälligkeiten von ihm forderten.[20] Die politischen Spielregeln wurden kaum noch befolgt.

Indien leidet, die Korruption blüht

Die wirtschaftliche Lage verschlechterte sich weiter. Im Haushaltsjahr 1980/81 stagnierten die indischen Exporte, während der Anstieg des Ölpreises die Importe verteuerte. Das Außenhandelsdefizit, das wesentlich zum Zahlungsbilanzdefizit beitrug, wuchs rasant. Wie bei mehreren Gelegenheiten seit der Unabhängigkeit fiel es Indien schwer, seine Einfuhren zu bezahlen. Wie immer in finanziellen Stresssituationen verringerten die indischen Arbeitsmigranten im Nahen Osten in Erwartung einer Abwertung der Rupie ihre Geldsendungen in die Heimat. Um sich die dringend benötigten Devisen zu beschaffen, nahm In-

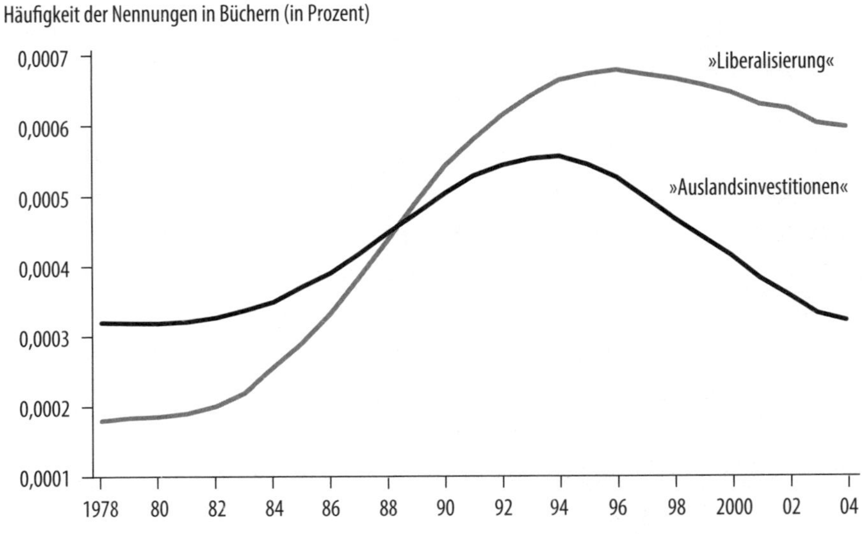

13.1: Anfang der achtziger Jahre ist weltweit eine neue Denkweise auf dem Vormarsch. (Häufigkeit der Nennungen von »Liberalisierung« und »Auslandsinvestitionen« in von Google digitalisierten Büchern)

Quelle: Google NGram.

dien im Juli 1980 einen Kredit über 345 Millionen Dollar beim IWF auf. Dieser Kredit wurde inmitten der globalen Krise zu Vorzugszinsen gewährt.[21]

Im September 1981 klopfte Indien erneut beim IWF an. Diesmal bat das Land um einen konventionellen Kredit über 5,7 Milliarden Dollar für die folgenden drei Jahre. Aber es war nicht einfach, einen derart großen Betrag zu bekommen. Seit Januar 1981 saß Ronald Reagan im Weißen Haus. Die »Liberalisierung« und die Förderung der »Auslandsinvestitionen« setzten sich weltweit durch (Abbildung 13.1). In der Marktwirtschaft kam den privaten Investitionen wachsende Bedeutung zu. Reagan hielt den Währungsfonds und die Weltbank für unnötig. Er war überzeugt, dass international tätige Privatbanken durchaus in der Lage seien, Entwicklungsländern, die unter Devisenmangel litten, Geld zur Verfügung zu stellen. Als Mitgliedsstaat mit dem größten Kapitalanteil am IWF drängten die Vereinigten Staaten Indien, sich bei Privatbanken statt beim Währungsfonds Geld zu leihen. Indien suchte nach alternativen Geldquellen, aber im November 1981 erklärte sich der Währungsfonds mit Duldung der Vereinigten Staaten schließlich bereit, einmal mehr einzuspringen.[22]

Indien versuchte, seine Kreditwürdigkeit zu erhöhen, indem es Beschränkungen für die Industrie aufhob. Die Änderungen waren nicht einschneidend, stellten jedoch einen ersten Schritt zur Abkehr von der bisherigen Wirtschaftspolitik des Landes dar. Tatsächlich lobte der IWF Indien für seine »pragmatische Industriepolitik«, und die *Financial Times* kommentierte, das Land sei in der »Reagan-Ära« angekommen.[23]

Einige Forscher sind der Meinung, die Anwendung von Reagans Prinzipien habe das indische Wirtschaftswachstum beschleunigt. Sie erklären, sogar die geringfügige Lockerung der Beschränkungen habe den indischen Unternehmen signalisiert, dass die Regierung einen »wirtschaftsfreundlichen« Kurs einschlage, was die Investitionen und das Wachstum angeregt habe.[24] Tatsächlich erhöhte sich das Wachstum des Pro-Kopf-BIP, das in den 30 Jahren bis 1980 bei etwa 1,4 Prozent pro Jahr gelegen hatte, im folgenden Jahrzehnt deutlich auf 3,5 Prozent pro Jahr (Abbildung 13.2). Aber es wäre ein Irrtum zu glauben, dass die Beschleunigung des Wirtschaftswachstums auf eine wirtschaftsfreundlichere Politik zurückzuführen war.

Die indische Regierung förderte die Wirtschaft nicht. Sie bevorzugte einzelne Unternehmen und betrieb eine personalisierte und unberechenbare Politik. Beispielsweise verweigerte Sanjay Gandhi Nusli Wadia, einem führenden

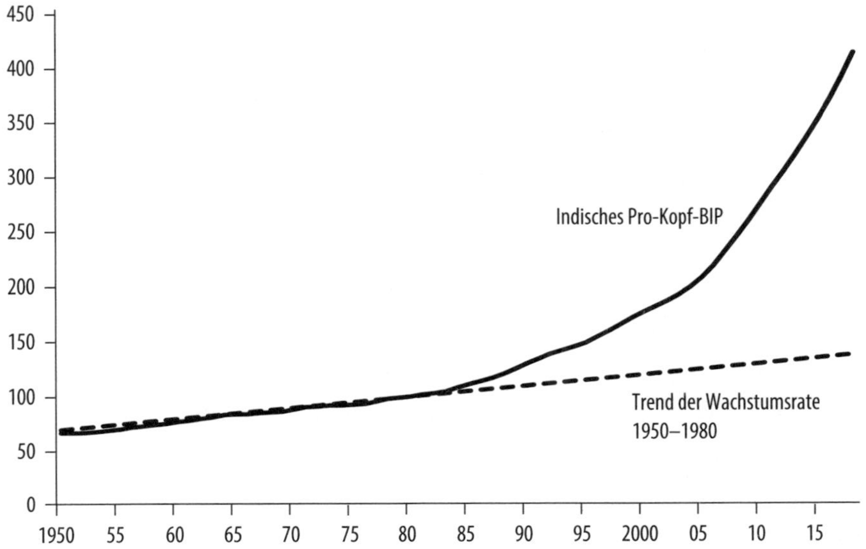

13.2: Das Wachstum des indischen Pro-Kopf-BIP beschleunigt sich in den achtziger Jahren. (Pro-Kopf-BIP zu Preisen von 2011, 1980 = 100, 5-jähriger gleitender Durchschnitt)
Quelle: Maddison Project Database 2020, https://www.rug.nl/ggdc/historicaldevelopment/maddison/releases/maddison-project-database-2020.

Textilproduzenten, dessen Familie seit dem 19. Jahrhundert in diesem Sektor tätig war, eine Lizenz. Wadias Vergehen: Er hatte dem Sohn der Premierministerin eine politische Spende verweigert. Nach Sanjays Tod half sein älterer Bruder Rajiv Wadia, eine Lizenz für die Erzeugung petrochemischer Vorprodukte für synthetische Fasern zu bekommen. Aber der Zoll hielt die Maschinen, die Wadia im Ausland für die Produktion gekauft hatte, mit der Begründung zurück, sie müssten »inspiziert« werden – der Produktionsbeginn verzögerte sich um mehrere Jahre. Nach seiner Pensionierung wurde der für die Verzögerung verantwortliche Zollbeamte mit einem gut bezahlten Job in Dhirubhai Ambanis Konzern Reliance Industries belohnt. Wie ihr Sohn Sanjay ließ sich auch Indira Gandhi von persönlichem Groll leiten. So hielt sie eine Genehmigung für die Ausweitung der Produktion eines Motorrollerherstellers zurück, weil Kamalnayan Bajaj, der Eigentümer des Unternehmens, Kritik an ihr geäußert hatte.[25]

In Maharashtra stand Regierungschef Abdul Rahman Antulay, den *India Today* als einen der »loyalsten politischen Vasallen« von Premierministerin Gandhi bezeichnete, an der Spitze einer Organisation, die Unternehmer erpresste. Antulay nutzte die Kontrolle des Staates über Zement, Grundstücke und Industriealkohol, um hohe Kommissionen für die Freigabe der Bestände zu kassieren; Spirituosenfabriken und Zuckermühlen mussten ihn für das Privileg bezahlen, den Betrieb aufrechterhalten zu können. Die »Beiträge« der Unternehmen schleuste er in Schmiergeldfonds, die angeblich wohltätige Aktivitäten finanzierten. Indira Gandhi weihte persönlich einen von Antulays Fonds ein, die Indira Gandhi Pratibha Pratisthan (»Organisation zur Mehrung von Indira Gandhis Ruhm«). Als die öffentliche Empörung über den unverfrorenen Amtsmissbrauch im August 1981 überkochte, entzog Gandhi dem Fonds ihren Namen, was jedoch nichts daran änderte, dass Antulay weiterhin das Geld kontrollierte, das er in ihrem Namen eingetrieben hatte.[26]

Die Korruption war allgegenwärtig. In einem berühmten Artikel beschrieb der Ökonom und Anthropologe Robert Wade im Jahr 1982 das Bestechungssystem in einem südindischen Bewässerungssystem. Die verantwortlichen Beamten verlangten Schmiergeld für den Zugang zum Wasser aus den Kanälen, zu guten Jobs und zu Bauaufträgen. Zahlreiche hochrangige Ingenieure des Bewässerungsamts waren finanziell an Bauunternehmen beteiligt, denen sie Aufträge für Bau und Instandhaltung von Bewässerungsanlagen zuschanzten. Diese Unternehmen leisteten überteuerte und minderwertige Arbeit. Manchmal beklagten sich Bauern bei den Lokalpolitikern über die schlecht funktionierenden Bewässerungssysteme, aber diese Politiker wurden von Ingenieuren und Unternehmen bezahlt, die ihr Geld mit Anschlussaufträgen verdienten, die oft dazu dienten, früheren Pfusch zu beheben. Unter diesen Bedingungen profilierten sich Politiker, die sich die Loyalität der begünstigten Interessengruppen sicherten, indem sie diesen Zugang zum knappen Wasser gaben. Weigerte sich ein Beamter, Teil des Bestechungsnetzes zu werden, so riskierte er die Ächtung durch seine Kollegen. Ein Ingenieur sagte resigniert zu Wade, er würde »zermalmt« werden, wenn er das Spiel der Korruption nicht mitspielte.[27]

Die verderblichen Praktiken waren so tief verwurzelt, dass der Anthropologe Akhil Gupta, der etwa zur selben Zeit Feldstudien in Uttar Pradesh betrieb, verblüfft feststellte, dass die Korruption ein alltägliches Gesprächsthema war: Dorfbewohner erkundigten sich nach dem »aktuellen Preis« eines Stromanschlusses oder nach den »Konditionen« für einen Kleinkredit und tauschten Geschichten darüber aus, wie sie Beamte überlisteten, die Schmiergeld verlangten.[28]

Während sich die Korruption weiter ausbreitete, starb der Idealismus des Filmemachers Raj Kapoor einen langsamen Tod. Im Jahr 1951 hatte Kapoor in *Awaara* eine Botschaft der Hoffnung vermittelt. Als er knapp zehn Jahre später *Jis Desh Mein Ganga Behti Hai* (»Das Land, in dem der Ganges fließt«) drehte, war er enttäuscht, aber noch nicht bereit aufzugeben. Der Film handelte von einer Verbrecherbande, aber ein weiteres Thema war die Reinheit des Ganges. Im Jahr 1985 hatte Kapoor jede Hoffnung verloren. In der Eröffnungsszene von *Ram Teri Ganga Maili* (»Ram, dein Ganges ist schmutzig«) weiht ein gealterter Anhänger des Mahatma ein Projekt zur Reinigung des Ganges ein und beklagt die Unterschlagung der für Infrastrukturprojekte bereitgestellten Gelder. Um die Schattenseiten des indischen Lebens zu veranschaulichen, thematisiert der Film auch den Handel mit jungen Frauen.[29]

Indira Gandhi legitimierte die Korruption. Sie sei ein Lebensstil, ein »globales Phänomen«, erklärte sie vor Abgeordneten der Kongresspartei. Damit sagte Gandhi, es sei in Ordnung, sich in einem moralischen Vakuum zu bewegen. Wie der amerikanische Philosoph und Revolutionär Thomas Paine 200 Jahre früher geschrieben hatte: »Gewöhnt man sich daran, etwas nicht als *falsch* zu betrachten, so entsteht der Anschein, es sei *richtig*.«[30]

Obwohl die Korruption ein fester Bestandteil der Funktionsweise der Regierung war, beschleunigte sich das Wirtschaftswachstum, was teilweise den Auswirkungen der Grünen Revolution zu verdanken war. Die Getreideproduktion stieg in niederschlagsreichen Jahren und sank in trockenen Jahren (wie 1982/83) nur geringfügig. Die höhere durchschnittliche Zunahme der landwirtschaftlichen Produktion erhöhte das Wirtschaftswachstum insgesamt und trug indirekt zu einer steigenden Nachfrage nach Industrieerzeugnissen bei. Dazu kam, dass die Regierung das Haushaltsdefizit von einem ohnehin hohen Wert von 6,7 Prozent des BIP im Jahr 1981/82 auf 9,7 Prozent im Jahr 1984/85 erhöhte, wodurch sie die Binnennachfrage ankurbelte. Gleichzeitig stieg Indien im Mai 1984 aus dem IWF-Programm aus und verzichtete auf 1,1 Milliarden von den ursprünglich bewilligten 5,7 Milliarden Dollar. Da die nächste Parlamentswahl näher rückte, wollte sich Gandhi der Aufsicht des IWF entziehen, denn so hatte sie freie Hand, um einflussreiche Interessengruppen mit zusätzlichen Subventionen gewogen stimmen zu können.[31] Die indische Wirtschaft wuchs rasch, da die Unternehmen ihre Produktionskapazitäten ausschöpften, um die dank steigender landwirtschaftlicher Einkommen und hoher Staatsausgaben wachsende Nachfrage zu befriedigen.

Doch im Grunde blieb die Leistungsfähigkeit der indischen Volkswirtschaft gering. Der Anteil des Landes an den globalen Exporten, der sich zwischen der Unabhängigkeit und dem Beginn von Indira Gandhis erster Amtszeit im Jahr 1966 von 2 auf 1 Prozent halbiert hatte, fiel in der Folge weiter auf erbärmliche 0,5 Prozent (Abbildung 13.3).

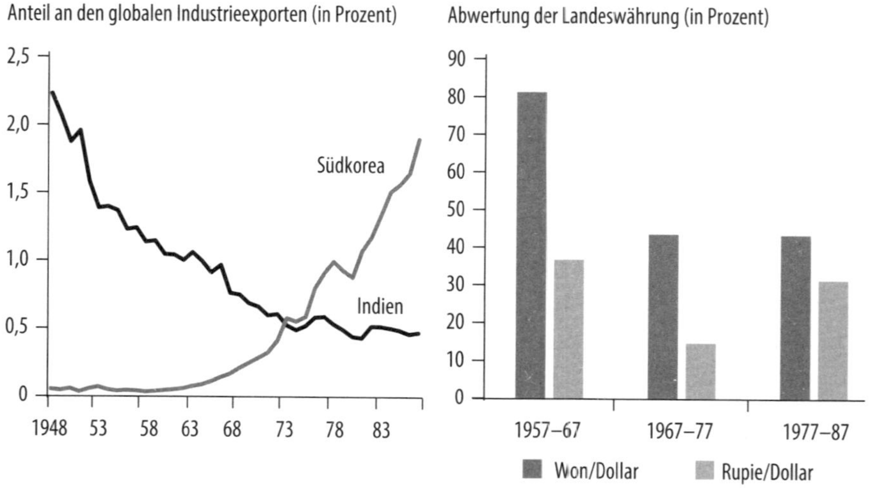

13.3: Indien verlor den Wettlauf der Roten Königin gegen Südkorea Anfang der siebziger Jahre, als Südkorea von einer aggressiven Abwertung seiner Landeswährung profitierte.
Hinweis: Abwertung = Rückgang des Werts der Währung innerhalb eines Jahrzehnts (jeweils Stand Januar).
Quelle: Linke Grafik: UNCTAD-Statistiken, https://unctad.org/statistics; rechte Grafik: Global Financial Data.

Eine besonders besorgniserregende Konsequenz der Niederlage im Wettlauf mit den ostasiatischen Tigerstaaten war, dass Indien beim Export arbeitsintensiver Industriegüter zurückfiel. So stiegen beispielsweise die Textilexporte zwischen 1980/81 und 1984/85 kaum. Südkorea exportierte viermal mehr Industrieerzeugnisse als Indien. Die Koreaner hatten eine einfache Formel: Sie hielten den Wechselkurs ihrer Währung niedrig, was im Ausland Nachfrage nach ihren Produkten erzeugte, und bauten das Bildungswesen aus, was qualifizierte Arbeitskräfte hervorbrachte. Indien versäumte beides.[32]

Zwischen 1980 und 1984 fiel Indien hinter eine neue Gruppe ostasiatischer Länder zurück, die arbeitsintensive Produkte exportierten: Malaysia, Thailand, Indonesien und die Philippinen (Abbildung 13.4). Dadurch, dass Indien von immer neuen Konkurrenten überholt wurde, vertiefte sich sein gravierendstes wirtschaftliches Problem: der Mangel an Arbeitsplätzen.[33]

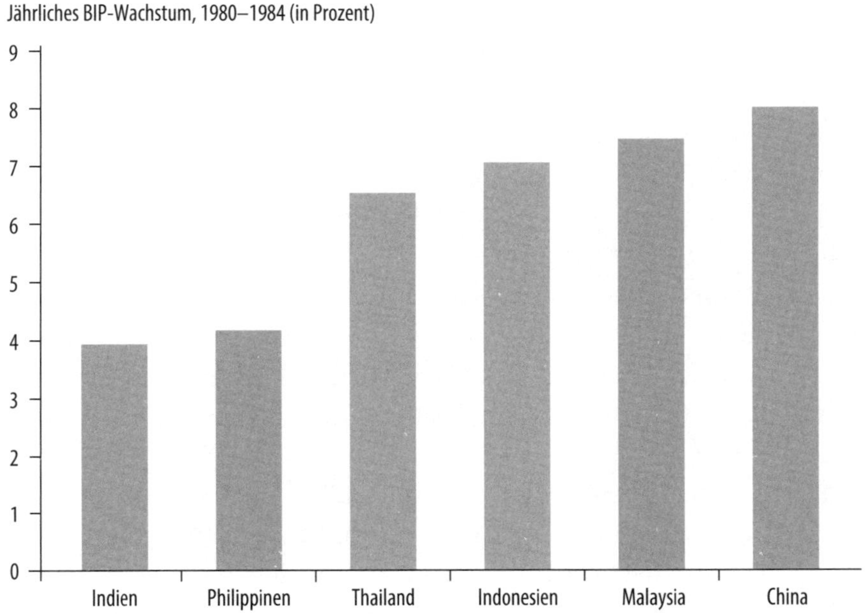

13.4: Indien verliert den Wettlauf mit einer neuen Gruppe ostasiatischer Volkswirtschaften. (Durchschnittliches jährliches BIP-Wachstum, 1980–1984, in Prozent)
Quelle: Internationaler Währungsfonds, Datenbank World Economic Outlook.

Da der organisierte Privatsektor Indiens praktisch keine neuen Arbeitsplätze schuf, hatten die meisten Arbeitssuchenden keine andere Wahl, als sich im nicht organisierten Sektor umzusehen, wo sie nur Teilzeitarbeit in wenig produktiven, oft instabilen Tätigkeiten fanden. Die Unterbeschäftigung breitete sich weiter aus. Mitte der achtziger Jahre stieg der Überschuss von in der Praxis arbeitslosen Personen – die Zahl der Angehörigen früherer Generationen, die mehr Arbeit brauchten – auf 40 bis 45 Millionen. Zwei Jahrzehnte früher waren es noch 30 bis 35 Millionen gewesen. Um mehr Arbeit für aufgestaute Arbeitslose und Unterbeschäftigte sowie für die neu auf den Arbeitsmarkt drängenden jungen Menschen zu schaffen, musste die indische Wirtschaft im folgenden Jahrzehnt jedes Jahr die gewaltige Zahl von 9 Millionen neuen Arbeitsplätzen hinzufügen.[34]

Diese ohnehin beängstigende Herausforderung sollte noch größer werden. Anfang des Jahres 1979 hatten die chinesischen Kommunisten unter den neuen Parteiführern Hua Guofeng und Deng Xiaoping begonnen, einen Schlussstrich unter die Jahre des wirtschaftlichen Chaos zu ziehen. Als China den »großen

Sprung ins Ungewisse« wagte, ähnelte sein Pro-Kopf-BIP dem Indiens. Doch wie sich rasch zeigte, entwickelten sich sowohl Landwirtschaft als auch Industrie in China dynamisch. In der Landwirtschaft trat das »Haushaltsverantwortungssystem« an die Stelle der Volkskommunen, und die Bauern erhielten mehr individuelle Entscheidungsfreiheit. Zwischen 1980 und 1985 stieg die landwirtschaftliche Produktion um rund 7 Prozent pro Jahr, während sie sich in Indien um 4,5 Prozent erhöhte.[35]

Besonders spektakulär war jedoch das Wachstum der chinesischen Industrieproduktion. Auf lokaler Ebene wurden Gemeindeunternehmen gegründet, die ein erster Schritt zum privaten Unternehmertum waren. Die entlang der chinesischen Ostküste entstehenden Sonderwirtschaftszonen lockten ausländische Investoren an. Anfang der achtziger Jahre verwandelte sich China in das wichtigste Fertigungszentrum der Welt. Und da sich das östliche Nachbarland anschickte, sich einen großen Anteil am Weltmarkt für arbeitsintensive Erzeugnisse zu sichern, stand Indien in dem Bemühen, für seine Bevölkerung Arbeitsplätze in der Industrie zu schaffen, vor einer gewaltigen Herausforderung.[36]

China verdankte seinen raschen Vormarsch auf dem Weltmarkt der Tatsache, dass es sich trotz der zahlreichen Katastrophen unter kommunistischer Herrschaft bei der Modernisierung in einer günstigen Ausgangslage befand. Im Jahr 1983 erwähnte die Weltbank in ihrem ersten großen Bericht über das Land eine »außergewöhnlich hohe« Lebenserwartung von 64 Jahren, die deutlich höher war als in Indien (51 Jahre). Der Hauptgrund für den Unterschied war die deutlich bessere Ernährungslage. Dazu kam eine praktisch universelle medizinische Versorgung. Der Anteil der Bevölkerung, einschließlich der weiblichen, mit Grundschulbildung war hoch. Und obwohl die chinesischen Frauen für ihre Rechte kämpfen mussten, hatten sie große Fortschritte im Streben nach Gleichberechtigung gemacht. Die Frauen waren in der Erwerbsbevölkerung aktiv und im ZK der Kommunistischen Partei vertreten. Mao Zedong hatte erklärt: »Die Frauen stützen die Hälfte des Himmels.« Die Bildungs- und Erwerbsbeteiligung der Frauen verringerte die Geburtenrate und trug »zur verbesserten Ernährung und Gesundheitspflege in der Kinderaufzucht« bei.[37]

Die Weltbank stellte eine ungewöhnlich gewagte Prognose an: Aufgrund seines »immensen Reservoirs an menschlichem Talent, Anstrengung und Disziplin« könne China »innerhalb einer Generation den Lebensstandard seiner Bevölkerung deutlich erhöhen«.[38] Derartige Vorhersagen machen Institutionen wie die Weltbank und der Währungsfonds nicht leichthin. Die zentrale Botschaft lautete einmal mehr: Investitionen in die Menschen schaffen neue Möglichkeiten für die Bürger *und* regen das makroökonomische Wachstum an.

Indien vernachlässigt weiterhin seine Bevölkerung

In Indira Gandhis letzter Amtszeit schlug sich die Gleichgültigkeit gegenüber dem Wohlergehen der Bevölkerung in geringer menschlicher Entwicklung, Umweltzerstörung und dem Niedergang der Städte nieder.

Fast zeitgleich mit dem Weltbank-Bericht über China beklagte Amartya Sen die »schockierende Vernachlässigung« der Grundschulbildung in Indien: Während das Land Atombomben baue, könnten »nur erbärmliche 36 Prozent der erwachsenen Inder lesen und schreiben«. Wie der Dichter Rabindranath Tagore viele Jahre früher beobachtete Sen, dass die »Unterentwicklung der Grundschulbildung mit minderwertigen sozialen Diensten einhergeht«. Ein Resultat sei eine unzureichende medizinische Versorgung, die zur Folge habe, dass die Kindersterblichkeit in Indien trotz vergleichbarer Einkommen sehr viel höher sei als in Sri Lanka. Sen beschrieb insbesondere die Lage der indischen Frauen als »empörend«. Indien habe eine Premierministerin, aber die meisten Inderinnen seien ihr Leben lang bei Bildung, medizinischer Versorgung und Ernährung benachteiligt.[39]

Die menschliche Entwicklung hatte keinen Vorrang für Indira Gandhi. Auf die Frage, warum die Alphabetisierungsrate in Indien so niedrig sei, antwortete sie: »Ich weiß nicht, wie wichtig es ist, lesen und schreiben zu können. Was hat der Westen davon gehabt? Sind die Menschen dort glücklicher oder wacher für Probleme? Im Gegenteil, ich denke, sie sind oberflächlicher geworden.« Gandhi hatte nie einen Hehl aus ihrer Geringschätzung für das Humankapital gemacht. Als sie kurz nach ihrem Amtsantritt als Premierministerin im Jahr 1966 mit einer ähnlichen Frage konfrontiert worden war, hatte sie geantwortet, wesentliche Fortschritte in der Bildung seien nur unmittelbar nach der Unabhängigkeit möglich gewesen, doch seit damals hätten sich Gewohnheiten und Anreize verfestigt, was Verbesserungen sehr erschwere.[40]

Jetzt verhinderten nicht nur die stockende menschliche Entwicklung, sondern auch die rasche Umweltzerstörung und die dysfunktionalen Städte Chancengleichheit und langfristiges Wachstum. Im Jahr 1982 veröffentlichte das Centre for Science and Environment, eine in Delhi ansässige Denkfabrik, den *First Citizens' Report*, dem im Jahr 1985 ein weiterer Bericht folgte. Beide Berichte zeichneten ein schonungsloses, düsteres Bild der Umweltsituation in Indien. Sie bestätigten den Verdacht, dass die Grüne Revolution verheerende Umweltschäden angerichtet hatte. Die intensive Bewässerung hatte zu einer Versalzung und Vernässung von Böden geführt, was sich langfristig nachteilig auf die Anbauflächen auswirkte. Jedes Jahr wurden Hunderttausende Brunnen gegraben, was die Grundwasserspiegel absinken ließ. Die weniger tiefen Brunnen der Armen versiegten. 70 Prozent des Trinkwassers waren verschmutzt. Beispielsweise stieg die Konzentration coliformer Bakterien (die aus menschlichen Fäkalien stammten) im Yamuna an der Stelle, wo der Fluss Delhi erreichte, auf fast 24 Millionen pro 100 Milliliter Wasser – ein Stück stromaufwärts lag der Wert noch bei 7500 Bakterien pro 100 Milliliter. Die Diarrhö war eine »ständige Epidemie« und tötete jedes Jahr 1,5 Millionen Kinder. Über Trinkwasser übertragene Krankheiten verursachten jedes Jahr den Verlust von Millionen Arbeitstagen. Heizkraftwerke und eine wachsende Zahl von motorisierten Fahrzeugen auf den Straßen verschmutzten die Luft, weshalb immer mehr Menschen von tödlichen Atemwegerkrankungen bedroht waren. Die Liste der Probleme hatte kein Ende.[41]

Anil Agarwal, der den Anstoß zu diesen Umweltberichten gegeben hatte, erklärte: »Die Entwicklung auf Kosten der Umwelt stößt an eine Grenze. Von da an sägt man den Ast ab, auf dem man sitzt.« Agarwal erinnerte die Leser daran, dass Indira Gandhi auf der UN-Umweltkonferenz in Stockholm im Jahr 1972 für ihre Erklärung gefeiert worden war, »die Armut sei der größte Umweltverschmutzer«. Ihre genauen Worte waren gewesen: »Sind Armut und Not nicht die größten Verschmutzer?« Gandhi hatte nicht dazu aufgerufen, die wirtschaftliche Entwicklung auf Kosten der Umwelt voranzutreiben, aber Agarwal hatte recht mit der Einschätzung, dass die indische Entwicklungsstrategie der Umwelt schwere Schäden zufügte. Und ein Wirtschaftswachstum, das die Umwelt zerstörte, schadete den Armen und kam den Reichen zugute. »Die Umweltzerstörung«, schrieb Agarwal, »geht Hand in Hand mit sozialer Ungerechtigkeit.«[42]

Dieselbe Missachtung für Gleichheit und nachhaltiges Wachstum war in den indischen Städten zu beobachten. In seinem schonungslosen Dokumentarfilm *Hamara Shaher* (1985, englischer Titel: *Bombay: Our City*) schilderte

Anil Patwardhan das mit dem Abriss der Slums in Bombay verbundene Unrecht. Während die Reichen den »verschwenderischen und prätentiösen Luxus des städtischen Lebens« genießen, zerstört ein Angestellter der Stadtverwaltung mit Rückendeckung eines aggressiven Polizisten Häuser in einem Slum. Eine Frau, die aus ihrem Heim vertrieben wird, fragt sich, wo sie und ihre Kinder unterkommen und wie sie Nahrung finden sollen. Ein körperlich behinderter Künstler findet keinen anderen Unterschlupf als einen Bahnhof. Ein verzweifelter Kritiker der *Times of India* schrieb über den Film: »Hilflos betrachten wir die Not der Entwurzelten. Wir wünschen, es gäbe eine Lösung, und die Tatsache, dass es keine gibt, entmutigt uns.«[43]

Es war ein Problem von gewaltigen Ausmaßen. Zu Beginn der achtziger Jahre war etwa die Hälfte von Bombays fast 10 Millionen Einwohnern entweder obdachlos oder lebte in Elendsquartieren, die offiziell als »nicht als menschliche Unterkünfte geeignete Gebäude« bezeichnet wurden. Sanjay Gandhi hatte mit seinem Versuch, die Slumbewohner aus den Städten zu vertreiben, den Wünschen der indischen Eliten entsprochen. Im Jul 1981 startete Abdul Rahman Antulay, der Regierungschef von Maharastra – der für Beiträge zu seinen Schmiergeldfonds Gefälligkeiten verkaufte und sich selbst als Freund der Ärmsten der Armen bezeichnete –, auf dem Höhepunkt der Monsunsaison eine Kampagne, um Slumbewohner aus den Städten zu verdrängen und Obdachlose von den Straßen zu vertreiben. In Briefen an die *Times of India* lobten Anwohner Antulays Versuch, ihre schmutzigen Viertel zu säubern. Aber angesichts des grausamen Vorgehens der Behörden fragten einige Briefschreiber, was der Plan sei: Es würden weiterhin Menschen vom Land in die Städte strömen, wo es an Unterkünften und Arbeitsplätzen mangelte. Ein Minister in Gandhis Kabinett erklärte bei einem Besuch in Bombay, die Probleme der Stadt könnten nicht mit dem Abriss der Slums gelöst werden. Stattdessen müssten die Behörden die »grundlegenden Mängel« in der Stadtplanung beheben, die zur »chaotischen Entwicklung« Bombays geführt habe.[44] Ungeachtet solcher frommer Wünsche blieb die Strategie zur Stadtentwicklung auf die Zerstörung der Elendsviertel beschränkt, hinter der oft das Bestreben steckte, auf den freigewordenen Grundstücken einträgliche Hochhäuser zu errichten.

Tatsächlich sollte der Kampf um städtischen Baugrund der indischen Demokratie und den Entwicklungschancen des Landes weiteren Schaden zufügen.

Der Streik der Textilarbeiter: Es gibt kein Zurück

Am 18. Januar 1982 traten in Bombay rund 250 000 Arbeiterinnen und Arbeiter in 60 Textilfabriken in den Ausstand, um Lohnerhöhungen und bessere Arbeitsbedingungen durchzusetzen. Es begann ein »Abnutzungskrieg« zwischen den Arbeitgebern und der von Datta Samant geführten Gewerkschaft. Der Streik dauerte mehr als ein Jahr, und im November 1983 hatte die Garn- und Stoffproduktion das Niveau von 1981 immer noch nicht erreicht.[45]

Der Arbeitskampf hatte sich lange angekündigt. Selbst in der Glanzzeit der indischen Textilfabriken im späten 19. und zu Beginn des 20. Jahrhunderts war ihre Produktivität sehr gering gewesen, und sie hatten sich eigentlich nur in China, dessen Textilindustrie zu jener Zeit in den Kinderschuhen steckte, im Wettbewerb behaupten können. Zwischen den dreißiger Jahren und der Unabhängigkeit überlebten die indischen Hersteller vor allem deshalb, weil die britische Kolonialverwaltung die ausländischen Produzenten mit hohen Schutzzöllen fernhielt.[46]

Nach der Unabhängigkeit setzte sich der Niedergang der indischen Textilindustrie fort. Der Staat schwächte die Fabriken, indem er ineffiziente Produzenten förderte, die mit Handwebstühlen arbeiteten, und die Fabriken daran hinderte, zur Produktion von synthetischen Textilien überzugehen. Aufgrund der Beschränkungen investierten die meisten indischen Textilfabriken nicht in neue Ausrüstung. Die Weltbank urteilte im Jahr 1975, einige Fabriken seien durchaus gut geführt, aber »die meisten müssen als Industrieslums bezeichnet werden«. In den Fabrikhallen herrsche ein »fast unvorstellbares Elend«. Die Maschinen würden »kaum instandgesetzt«, was zusammen mit den »furchtbaren Arbeitsbedingungen« zu »sowohl mengenmäßig als auch qualitativ extrem schlechten Ergebnissen« führe.[47]

Ein Jahrzehnt später hatten sich die indischen Textilfabriken in »Museen« oder gar »Maschinenfriedhöfe« verwandelt, schrieb der Journalist Praful Bidwai. Sie konnten sich kaum im Wettbewerb mit den kleinen Produzenten behaupten, die Webmaschinen einsetzten, ihre Arbeiter gnadenlos ausbeuteten, den Strom stahlen und billige, aus Südkorea und Taiwan ins Land geschmuggelte synthetische Garne verwendeten.[48]

Der Streik der Textilarbeiter war möglicherweise unvermeidlich, aber seine Auswirkungen waren verheerend, weil er inmitten einer wirtschaftlichen und sozialen Notsituation stattfand. In Bombay schossen die Grundstückspreise in die Höhe, während die Stadt zu einem »urbanen Fegefeuer« verkam. In den exklusiven Wohn- und Geschäftsvierteln kosteten Grundstücke mehr als in London, Paris und Manhattan. Die »Grundstücksmafia« Bombays, die aus korrupten Politikern, Beamten, Bauunternehmern und Immobilienhaien bestand, sorgte dafür, dass Baugrund knapp blieb, was zur Folge hatte, dass sich Unternehmen und Wohnungssuchende einen erbitterten Wettbewerb um das vorhandene Angebot lieferten. Unter diesen Bedingungen spielte der Streik der Textilarbeiter den Fabrikbesitzern in die Hände, die ihre Arbeiter jetzt ohne Abfindungen entlassen und die wertvollen Grundstücke, auf denen ihre Fabriken standen, verkaufen konnten. Das große Geld wurde nicht mehr mit der Güterproduktion verdient, sondern mit dem Verkauf von Grundstücken für einträgliche Bauvorhaben.[49] Indien befand sich auf dem Weg zur Deindustrialisierung.

Das zeigte sich daran, dass am Ende des Streiks nur die Arbeiter verloren. Der niederländische Forscher H. van Wersch schätzte, dass die Fabrikbesitzer zwischen 50 000 und 100 000 Arbeiter entließen. Auch eine unbekannte Zahl von Arbeitern in Fabriken, die Maschinen und Farbstoffe erzeugten, verlor ihre Jobs. Die übrigen Industriezweige Bombays – der Chemie- und der Bausektor – bedienten sich kapitalintensiver Produktionsverfahren und brauchten nur wenige Arbeitskräfte. Daher fanden die meisten Arbeiter, die ihre Jobs in der Textilindustrie verloren hatten, nie wieder Arbeit in einer Fertigungsanlage. Einige kehrten in ihre Dörfer zurück, wo sie die mühselige Tätigkeit wiederaufnahmen, der sie zu entkommen versucht hatten. Jetzt konnten sie ihre Familien nicht mehr mit Geldsendungen unterstützen, sondern wurden ihnen zur Last. Ein Teil derer, die in Bombay blieben, fand Arbeit auf dem Bau, wo sie für einen kargen Lohn schufteten. Andere schlugen sich als Straßenhändler durch. Die Kriminalität nahm zu, da sich einige Arbeitslose Verbrecherorganisationen anschlossen.[50]

Der gescheiterte Textilarbeiterstreik und seine Folgen zeigten deutlich, dass sich die wirtschaftlichen Anreize von der Industrie zu Investitionen in Grundstücke, Immobilien und Finanzwerte verschoben. Dieser Trend verstärkte sich. Schlecht ausgebildete Arbeitskräfte, eine überbewertete Währung und die erstarkende chinesische Konkurrenz auf dem Weltmarkt und bald auch auf dem indischen Markt machten die industrielle Fertigung zunehmend unrentabel. Indien näherte sich einem Punkt, an dem es kein Zurück mehr gab.

KAPITEL 14

Die Gewalt kehrt heim

Als Indira Gandhi im Januar 1966 Premierministerin wurde, erbte sie die klägliche Hinterlassenschaft ihres Vaters Jawaharlal Nehru. Die Wirtschaft schuf zu wenig Arbeitsplätze, wiederholte Inflationsschübe verursachten Not, die gesellschaftliche Unruhe nahm zu, das Virus der Korruption hatte die staatliche Verwaltung infiziert, und die Kongresspartei und die politische Landschaft insgesamt zeigten Auflösungserscheinungen. Besonders besorgniserregend war, dass der Hindu-Nationalismus an Rückhalt in der Bevölkerung gewann.

Indira Gandhi beschleunigte den moralischen Niedergang des Landes, ohne seine wirtschaftliche Erholung voranzutreiben. Auf die Unterschiede zwischen ihr und ihrem diplomatischeren Vater angesprochen, erklärte sie, Nehru sei »ein Heiliger« gewesen, der »in die Politik geriet. Ich bin eine harte Politikerin.«[1] In Ermangelung klarer wirtschafts- oder gesellschaftspolitischer Vorstellungen arbeitete sie in erster Linie mit einprägsamen Slogans und konzentrierte sich auf den Machterhalt. Nach dem Bruch mit der Kongresspartei, die das Land im Jahr 1947 in die Unabhängigkeit geführt hatte, baute sie im Jahr 1969 mit treu ergebenen Gefolgsleuten ihre eigene Kongresspartei auf.

Gandhi hüllte sich als Premierministerin fast zwei Jahrzehnte lang zynisch und eigennützig in ein sozialistisches Gewand und gab den Armen Versprechen, die sie nie einzulösen gedachte. Nachdem sie aus politischem Opportunismus die Banken verstaatlicht hatte, ließ sie ihren Sohn Sanjay von der Leine, der in den Finanzinstituten eine Kultur der Korruption etablierte. In Wort und Tat legitimierte sie politische Korruption auf höchster Ebene. Die hohen Gewinne, die im politischen Machtspiel winkten, lockten das organisierte Verbrechen an, das Kandidaten finanzierte und seine Schergen einsetzte, um Wähler einzuschüchtern.

Als Premierministerin stützte sich Gandhi von Anfang an auf die staatliche Zwangsmacht, um das Land ihrer Herrschaft zu unterwerfen. Lange bevor sie den Ausnahmezustand verhängte und alle abweichenden Meinungen unterdrückte, nutzte sie das Gesetz, um Andersdenkende und politische Widersacher ohne Gerichtsverfahren präventiv verhaften zu lassen. Sie setzte die Polizei und die Streitkräfte ein, um Protestbewegungen zu zerschlagen. Während der Emergency, die von Juni 1975 bis März 1977 dauerte, ließ sie zu, dass sich Sanjay ungehemmt austobte, und schaltete jeden aus, der ihren Sohn zu kritisieren wagte. Als die Wähler sie nach Aufhebung des Ausnahmezustands aus dem Amt jagten, reagierten Sanjay und seine Spießgesellen wie Gesetzlose. Für ihre Rückkehr an die Macht im Januar 1980 sammelte ihr Sohn eine Horde von geldgierigen Politikern um sich, bevor er im Juni desselben Jahres mit der für ihn charakteristischen Arroganz bei einem Kunstflug zu viel wagte und den Tod fand.

Gandhi blieb auf Distanz zu den streikenden Textilarbeitern in Bombay. Die Deindustrialisierung Indiens hatte begonnen, während die chinesische Industrie auf dem Vormarsch war. Arbeitslose, die in Ermangelung öffentlicher Güter keine Chancen vorfanden, schlossen sich kriminellen Organisationen an oder wandten sich dem Hindu-Nationalismus zu.

Die politische und soziale Gewalt griff um sich, wie der Film *Ardha Satya* (»Halbwahrheit«) aus dem Jahr 1983 anschaulich zeigt: In der herrschenden Elite von Politikern, Polizisten und Mafiosi ist kein Platz für einen integren Polizisten. Auf seine Kollegen und Vorgesetzten wirkt er »sonderbar« und daher »gefährlich«. Er muss sich entscheiden: Entweder schließt er sich den Mächtigen an, oder er wird sozial und persönlich zerstört.[2]

Der Anfang vom Ende

Es ist ein Beleg für das politische Geschick Indira Gandhis, dass sich ihr aggressiver Stil (auf den sie nur im kurzen politischen Exil nach dem Ende des Ausnahmezustands verzichtete) kaum auf ihr Ansehen auswirkte. Aber bei all ihrem Geschick gelang es ihr nie, sich aus der ausweglosen Situation in der Frage der Sikhs zu befreien. Im Jahr 1966 gab sie der Forderung der Sikhs nach einem eigenen Staat nach. Punjab wurde in einen kleineren, von den Sikhs dominierten Teil und den vorwiegend hinduistischen Bundesstaat Haryana geteilt. Die Führung der Sikhs war jedoch nicht zufrieden, was unter anderem daran lag, dass das neue Punjab seine Hauptstadt Chandigarh mit Haryana teilen musste. Die Sikhs waren auch nicht damit einverstanden, dass Wasser aus den Flüssen Punjabs in trockenere Nachbarstaaten umgeleitet wurde. Es schien keine akzeptablen Kompromisslösungen zu geben.

In dieser verfahrenen Situation tauchte der Prediger und Politiker Sant Jarnail Singh Bhindranwale auf. Er verknüpfte die alte Forderung nach einem eigenen Sikh-Staat in Punjab geschickt mit der wirtschaftlichen Frustration der entwurzelten Jugend. Junge männliche Sikhs zogen als Fußsoldaten für Bhindranwales wahnwitzige Vorhaben in die Schlacht. Mitte der sechziger Jahre hatte Bal Thackeray die wütenden jungen Männer von Maharashtra in den Dienst seines Kampfs gegen die Südinder gestellt. Die Hindu-Nationalisten hatten die Wut genutzt, um die Gewalt gegen Muslime zu schüren. Wie die Philosophin Hannah Arendt beobachtete, gedeiht der »völkische« Nationalismus von Stammesgemeinschaften in einer Atmosphäre entwurzelter Wut.[3] Genau das geschah Anfang der achtziger Jahre in Punjab.

Bhindranwale war eine beeindruckende Erscheinung mit tiefliegenden Augen und einem langen, fließenden Bart. Als »Sant«, als Priester, leitete er ein Sikh-Seminar. Im Jahr 1979 stieg er in die Politik ein und nahm an der Wahl zum Shiromani Gurudwara Prabandhak Committee (SGPC) teil, dem religiösen Parlament der Sikhs. Obwohl das SGPC in erster Linie für religiöse Angelegenheiten zuständig ist, betrachten die Sikhs die Partei, die die Wahl gewinnt, als Vertreterin ihrer politischen Interessen. Das Parlament wurde seit Jahren von der Akali Dal (»Partei der Unsterblichen«) beherrscht. Als Bhindranwale im Jahr 1979 bei den Wahlen antrat, um die Macht der Akalis zu brechen, witterte Giani Zail Singh von der Kongresspartei eine Gelegenheit, die Sikhs zu spalten und so die Position der Kongresspartei bei den bevorstehenden Wahlen in den Bundesstaaten und auf nationaler Ebene zu festigen. Mit Unterstützung von Sanjay Gandhi finanzierte Singh den Wahlkampf Bhindranwales, um die Akali Dal zu schwächen. Bei der Parlamentswahl im Jahr 1980 erwiderte Bhindranwale den Gefallen und trat im Wahlkampf an der Seite von Kandidaten der Kongresspartei auf.[4]

Aber Bhindranwale war keine Marionette der Zentralregierung. Er erlangte Autorität, indem er den moralischen Niedergang der Sikhs anprangerte. Die erfolgreichen Großbauern in Punjab, die wesentlich dazu beigetragen hatten, Indien in der Lebensmittelversorgung vom Ausland unabhängig zu machen, gaben ihr Geld mittlerweile für Alkohol, Drogen und Pornografie aus. Auch jene, die sich das eigentlich nicht leisten konnten, übernahmen diese Gewohnheiten. Bhindranwale warnte seine Glaubensbrüder, dass sie gegen die Grundsätze des Sikhismus verstießen. Er gewann an Ansehen, da viele Sikhs dankbar dafür waren, dass er ihnen den Wert eines sparsamen Lebens und der spirituellen Wurzeln in Erinnerung rief.[5]

Bhindranwale sicherte sich die Unterstützung jener, die in der Grünen Revolution auf der Strecke geblieben waren. Die Kleinbauern standen unablässig unter wirtschaftlichem Druck. Sie mussten hohe Kredite für Saatgut, Dünger, Pestizide, Sämaschinen, Traktoren und Rammbrunnen aufnehmen. Dadurch riskierten sie hohe Verluste und einen Zahlungsausfall. Die landlosen Feldarbeiter profitierten anfangs von höheren Löhnen, aber als die reichen Bauern mit der Mechanisierung ihrer Betriebe begannen, schrumpfte das Angebot an Arbeitsplätzen. Die Früchte der Grünen Revolution wurden im Wesentlichen von den Großbauern geerntet. Wer nicht in der Landwirtschaft arbeiten konnte oder wollte, musste feststellen, dass eine Hochschulbildung kaum Chancen auf eine gute Arbeit in der Stadt eröffnete. Die zahlreichen Colleges, die überall in Punjab aus dem Boden geschossen waren, brachten Tausende nicht beschäftigungsfähige Absolventen hervor. Eine Umfrage der Punjab University im Jahr 1984 zeigte, dass rund ein Drittel der Hochschulabsolventen arbeitslos waren, und viele von ihnen waren seit mehr als zwei Jahren auf Arbeitssuche. Die Unterbeschäftigung nahm zu. Bhindranwale nutzte die Gelegenheit, um rebellische junge Männer für seine Sache zu mobilisieren.[6]

Ein Crescendo der Gewalt

Bhindranwale wandte eine altbewährte politische Strategie an. Er erklärte die Hindus zum Feind und forderte die Sikhs auf, sich in den Dienst der gemeinsamen Sache zu stellen. In Anlehnung an die Theorie des deutschen Rechtsphilosophen Carl Schmitt und an Bal Thackerays Vorgehen in Bombay predigte Bhindranwale die kontinuierliche Gewaltanwendung gegen »den Feind«, um politische Vorteile zu erlangen. Der Prediger pflegte das Image eines starken Mannes und trug stets einen Patronengurt um die Schulter. Seine energischen jungen Leibwächter führten Schusswaffen und Kriegsbeile mit sich. Er wurde zum »Messias des Sikh-Fundamentalismus«.[7]

Aus seinem Refugium im Goldenen Tempel in Amritsar, dem Heiligtum der Sikhs, wo ihn die Sicherheitskräfte kaum belästigen würden, gab Bhindranwale fast täglich Anweisungen für Morde und Banküberfälle. Ein besonders brutaler Vorfall ereignete sich, als militante Sikhs einen Bus anhielten und die männlichen Hindus auf die Straße zerrten und kaltblütig hinrichteten. Selbst Sikh-Polizisten, die Bhindranwale Grenzen zu setzen versuchten, wurden als Feinde gebrandmarkt. Ein Auftragskiller ermordete einen Polizeibeamten beim Verlassen des Goldenen Tempels.[8]

Als die Gewalt auch nach mehreren Monaten nicht abflaute, gab Premierministerin Gandhi grünes Licht für die »Operation Blue Star«. Am Abend des 5. Juni 1984 stürmte die Armee den Goldenen Tempel. Bhindranwale hatte sich im Akal Takht verschanzt, dem heiligsten Schrein des Tempelkomplexes. Dem folgenden Blutbad fielen etwa 1000 militante Sikhs und mehrere Hundert Soldaten zum Opfer. Erst nach mehreren Tagen bestätigten die Behörden, dass Bhindranwale unter den Opfern war.[9]

Sein Tod machte dem Extremismus kein Ende. Selbst Sikhs, die von seiner fanatischen Gewalt angewidert waren, reagierten entsetzt auf die Erstürmung ihres Heiligtums und die Zerstörung des verehrten Akal Takht. Nicht lange nach dem Militäreinsatz begannen sich die Extremisten neu zu formieren. Rajiv Gandhi, der designierte Nachfolger seiner Mutter, bestätigte, dass die Regierung an der Truppenpräsenz in Punjab festhalten würde. Einmal mehr standen sich Armee und Militante gegenüber. Die Premierministerin ahnte, dass die ferne Gewalt heimkehren würde. Am 30. Oktober 1984 erklärte sie vor begeisterten Anhängern in Bhubaneswar: »Wenn ich heute sterbe, wird jeder Tropfen meines Blutes die Nation stärken.« Als sie sich an jenem Abend in Delhi zum Schlafen zurückzog, wirkte sie ungewöhnlich müde.[10]

Tage der Schande

Am Morgen des 31. Oktober gegen 9:30 Uhr saß Amitav Ghosh, ein junger Anthropologiedozent an der Universität Delhi, der an seinem ersten Roman arbeitete, im Bus zur Universität. Etwa eine halbe Stunde früher hatte er das Gerücht gehört, Indira Gandhi sei ermordet worden. Als er in der Universität eintraf, flüsterten die Studenten einander zu: Zwei Sikh-Leibwächter hatten die Premierministerin erschossen.[11]

Die schockierende Nachricht markierte das Ende einer Ära. In einen safranfarbenen Sari mit schwarzem Saum gehüllt, hatte Indira Gandhi an diesem klaren Herbstmorgen den Garten durchquert, der zwischen ihren Privaträumen und ihrem Büro lag. Sie war auf dem Weg zu einem Treffen mit dem britischen Schauspieler Peter Ustinov, der in Indien einen Dokumentarfilm drehen wollte. Um 9:08 Uhr kam Gandhi an zwei Leibwächtern vorbei, die neben dem Gartenweg standen. Sie legte die Hände zum traditionellen Gruß aneinander. *Namaste*. Die beiden Männer richteten ihre Maschinenpistolen auf Gandhi, durchlöcherten ihren Körper mit 30 Kugeln und warfen die Waffen auf den Boden. Einer von ihnen sagte zu den fassungslosen Beistehenden: »Ich habe getan, was ich tun musste. Jetzt tut, was ihr tun wollt.«[12]

Am Nachmittag wurde Amitav Ghosh Zeuge der Raserei in der Stadt. Der Bus, in dem er zum Haus eines Freundes fuhr, kam an dem Krankenhaus vorbei, in dem sich Gandhis Leiche befand. »Delhi war schön«, erinnert sich Ghosh, »frisch und kühl«. Aber in der frischen Luft standen »junge Männer mit geröteten Augen in halb zugeknöpften Hemden« vor dem Krankenhaus. Einige von ihnen waren »mit Stahlrohren und Fahrradketten bewaffnet«. Anhänger der Kongresspartei »feuerten die Menge an, Rache zu nehmen«. Mehrere junge Männer hielten den Bus an, in dem Ghosh saß, und fragten in »beängstigendem« Ton, ob Sikhs an Bord seien. Der Fahrer verneinte, während einige Fahrgäste mit ihren Körpern einen Sikh abschirmten, der unter eine Sitzbank gekrochen war.

Noch am Abend wurde Rajiv Gandhi wie in einer Monarchie als neuer Premierminister vereidigt – gekrönt –, während auf den Straßen die Gewalt tobte. Als Ghosh am nächsten Morgen aufwachte, bot sich ihm ein Anblick, den er sich »unmöglich hätte ausmalen können. Überall stiegen Rauchsäulen langsam in den klaren Himmel auf. Die Häuser und Läden von Sikhs brannten.« Auch Häuser von Hindus und Muslimen, die Sikhs Zuflucht gewährt hatten, wurden geplündert und niedergebrannt. Der Himmel über der Stadt wirkte wie das »Gewölbe einer weitläufigen Säulenhalle«.[13]

In den folgenden Tagen stieg die Opferzahl in Delhi. Etwa 3 000 Sikhs wurden ermordet. Einige wurden mit Kerosin übergossen und angezündet. Sanjay Gandhis Geist war zurückgekehrt. Überlebende identifizierten zwei seiner Handlanger, H. K. L. Bhagat und Jagdish Tytler, als Anführer des Blutbads. Auch in anderen indischen Städten starben Hunderte, vielleicht Tausende.

Am 19. November sprach Rajiv Gandhi in Delhi auf dem Boat-Club-Gelände vor 200 000 Menschen anlässlich des 67. Geburtstags seiner Mutter. Er schien die sinnlosen Tode Tausender Sikhs zu rechtfertigen: »Wenn ein mächtiger Baum umstürzt, ist es nur natürlich, dass die Erde in der Umgebung ein wenig erbebt.«[14]

Rajiv Gandhi versuchte nicht, die Massaker an Sikhs zu verhindern oder die Täter zur Rechenschaft zu ziehen. Eine im April 1985 eingerichtete Untersuchungskommission unter der Leitung des Höchstrichters Ranganath Misra bezeichnete die Morde an Sikhs als das Werk mysteriöser »satanischer« Kräfte. Obwohl die Misra-Kommission und acht weitere Untersuchungskommissionen Beweise für die Beteiligung führender Köpfe der Kongresspartei fanden, wurde lediglich ein eher unbekannter Politiker namens Sajjan Kumar im Dezember 2018 von einem Gericht verurteilt.[15]

Mit dem Massaker in Amritsar, dem Mord an Indira Gandhi und dem folgenden Blutbad endete eine Zeit der Gewalt. Die Jahre von Gandhis Herrschaft hatten Indien irreparablen Schaden zugefügt. Die gesellschaftlichen und politischen Normen hatten ihre Gültigkeit verloren. China war drauf und dran, die arbeitsintensive Fertigung für die Weltmärkte zu übernehmen. Niemand wusste, wie man zig Millionen Indern Arbeit geben sollte. Und in der politischen Elite schien sich niemand dafür zu interessieren. Die Geister der religiösen Engstirnigkeit und des tribalen Nationalismus waren aus der Flasche gelassen worden. Es wurde allgemein angenommen, Rajiv Gandhi habe einen Anspruch auf das Amt des Premierministers. Wie Salman Rushdie später feststellen würde: »Die längst hohl gewordene Beschreibung Indiens als ›größte Demokratie der Welt‹ wurde […] noch weiter ausgehöhlt.«[16]

TEIL III

Das Versprechen

1985–2004

KAPITEL 15

Ein Pilot fliegt im politischen Gegenwind

Rajiv Gandhi, geboren im August 1944, hatte sich bis zum Tod seines Bruders Sanjay im Jahr 1980 von der Politik ferngehalten. Tatsächlich bemühte er sich, nicht mit der Nehru-Gandhi-Dynastie in Verbindung gebracht zu werden. Als sich nach dem Ende des Ausnahmezustands im Jahr 1977 der Groll des Landes gegen seine Mutter und seinen Bruder richtete, spielten Rajiv und seine Frau Sonia, eine gebürtige Italienerin, mit dem Gedanken, mit ihren beiden Kindern nach Italien zu gehen. Rajiv flog weiter zweimotorige Avros-Maschinen für Indian Airlines und bezeichnete sich in seinen Mitteilungen an die Passagiere nicht als »Gandhi«, sondern nur als »Kapitän Rajiv«.[1]

Doch wenige Stunden nach dem Tod seiner Mutter am 31. Oktober 1984 fand sich Kapitän Rajiv aufgrund seines Familiennamens auf dem Posten des Premierministers wieder. Zwei Wochen später, am 13. November 1984, kündigte er Neuwahlen an. Aber noch bevor die Wahllokale öffneten, wurde das Land, das ohnehin unter Schock stand, von einer weiteren Tragödie erschüttert. In den frühen Morgenstunden des 13. Dezember strömte im zentralindischen Bhopal in einer Pestizidfabrik des amerikanischen Konzerns Union Carbide Giftgas aus. Die Sicherheitsvorkehrungen in der Anlage, die in einem dicht besiedelten Gebiet stand, waren von den Behörden kaum überwacht worden. Die *New York Times* berichtete: »Eine Giftgaswolke breitete sich in den Slums und anderen armen Wohngegenden aus und tötete viele Menschen im Schlaf, während andere in Panik auf die Straße liefen.« 3500 Menschen starben, 200 000 erlitten schwere Schäden.[2]

In ihrer Furcht vor dem Unbekannten klammerte sich die indische Öffentlichkeit angesichts der zahlreichen Krisen an Rajiv Gandhi. Bei der Wahl, die zwischen dem 24. und 28. Dezember stattfand, strömten mehr als 300 Millionen Wähler zu den Urnen. Die Wahlbeteiligung stieg auf einen Rekordwert von 63,6 Prozent. Die Kongresspartei errang vier Fünftel der Parlamentssitze.

Weder Rajivs Großvater noch seine Mutter hatten je einen vergleichbaren Erdrutschsieg gefeiert.[3]

Rajiv Gandhi wurde Premierminister, weil er der Nehru-Gandhi-Dynastie angehörte. Aber er war ein Außenseiter, der nur widerwillig in die Politik eingestiegen war, weshalb er nicht Teil des Korruptionsnetzes war. Viele Inder erhofften sich von ihm einen Neubeginn, und das Image des »Saubermanns« kam ihm zugute. Auf Wahlplakaten war er mit einem Besen in der Hand zu sehen, bereit, in Indien »sauberzumachen« und der von seiner Mutter und seinem Bruder geförderten politischen Korruption ein Ende zu machen. Die beschädigten Normen sollten repariert, die politische Rechenschaftspflicht wiederhergestellt werden.[4]

Die Inder wollten an Rajiv Gandhi glauben. Die Journalistin Tavleen Singh schrieb: »Für einen kurzen lichten Augenblick in der Geschichte Indiens wurde Rajiv zum Inbegriff der Hoffnung.« Die Sehnsucht nach Veränderungen war derart groß, dass kaum vorstellbar war, »dass einem Politiker mehr Wohlwollen, Liebe und Hoffnung entgegengebracht werden könnte«. Rajiv empfand die hohen Erwartungen als »beängstigend«.[5]

Der richtige Mann für den Augenblick

Computer und Kommunikationstechnologien ebneten den Weg zum Fortschritt, und Rajiv Gandhis Jugend und seine technischen Kenntnisse passten zu jener Zeit. Sein Wirtschaftsberater Montek Singh Ahluwalia, der später einer der maßgeblichen Wirtschaftsbürokraten Indiens werden sollte, erinnert sich daran, wie Rajiv Regierungsbeamte mit dem neuen Tabellenkalkulationsprogramm Lotus 1-2-3 bekannt machte. Rajiv war überzeugt, es sei durchaus realistisch, bis zur Jahrtausendwende einen Computer in jede Dorfschule zu bringen.[6]

Rund um den Erdball öffnete die Wirtschaftspolitik neuen Raum für die Privatinitiative und das freie Spiel der Marktkräfte. Indien schloss sich der globalen Neuausrichtung an. In Anlehnung an die Politik der US-Regierung unter Ronald Reagan senkte Finanzminister Vishwanath Pratap Singh im Jahr 1985 die Steuern deutlich. Der Höchstsatz der Einkommenssteuer sank von 62 auf 50 Prozent, die Unternehmenssteuer von 55 auf ebenfalls 50 Prozent. Singh schaffte die Grundsteuer ab und senkte die Vermögenssteuer. Die Anforderungen für Gründung und Erweiterung eines Gewerbes wurden ebenso verringert wie die Einfuhrzölle und -beschränkungen.[7]

In- und ausländische Experten begrüßten die Steuersenkungen. Der amerikanische Ökonom Arthur Laffer – der Erfinder der »Laffer-Kurve« – hatte die These aufgestellt, niedrigere Steuern könnten tatsächlich die Steuereinnahmen des Staates erhöhen: Da die Unternehmen geringere Anreize zur Steuervermeidung hätten, würden sie mehr investieren, um Wachstumschancen zu nutzen. Die Voraussage lautete, dass ein »gewaltiger« Anstieg der Steuereinnahmen folgen werde. Eine zurückhaltendere Prognose lautete, niedrigere Steuern würden Anreize schaffen, das Kapitel effizienter einzusetzen.[8]

V. P. Singh erlaubte den Unternehmen auch, politische Parteien finanziell zu unterstützen, womit er das von Indira Gandhi im Jahr 1969 verhängte Verbot aufhob, das so großen politischen und gesellschaftlichen Schaden verursacht hatte. Die Unternehmen hatten es umgangen, indem sie Parteispenden mit Schwarzgeld bestritten hatten. So war die Politik vom Schwarzgeld abhängig geworden, das teilweise aus kriminellen Aktivitäten stammte. Die Hoffnung war, dass die Aufhebung des Verbots die legale Parteienfinanzierung fördern und gemeinsam mit geringeren Anreizen zur Steuervermeidung schrittweise das Schwarzgeld beseitigen würde.[9]

Die Maßnahmen erhielten großen Beifall. Das *Wall Street Journal* pries den indischen Haushaltsentwurf vom März 1985 in einem Leitartikel mit dem Titel »Rajiv Reagan«. Gandhi, hieß es in dem Artikel, habe eine »kleine Revolution« begonnen, indem er die Steuern gesenkt und die Vorschriften auf eine Art zurechtgestutzt habe, die »eines anderen berühmten Steuersenkers würdig« sei. Im Mai lobte Reagan höchstpersönlich in einer Rede vor spanischen Unternehmern in Madrid das indische Budget: »Wir werden möglicherweise bald eine wirtschaftliche Revolution in Indien sehen, wo Rajiv Gandhi Vorschriften beseitigt, Zollschranken abbaut und Steuern senkt.« Als der Premierminister im Juni die Vereinigten Staaten besuchte, empfing Reagan ihn auf dem Südrasen des Weißen Hauses und erklärte: »Im Verlauf Ihres Besuchs werden Sie sehen, wie viel Zuneigung und Respekt Indien und seine Bevölkerung hier genießen.«[10]

Der Ökonom Jagdish Bhagwati von der Columbia University stimmte in den Chor der zuversichtlichen Stimmen ein und erklärte: »Indien ist zum Leben erwacht.« Er teilte die Befürchtungen einiger indischer Ökonomen über den Aufstieg Chinas nicht und erklärte, in Indien stehe »sehr viel eher als in China ein Wunder bevor«. Und sollte es zu diesem Wunder kommen, so werde »der junge Premierminister die zentrale Figur sein«.[11]

Als wollte Indien die Vorhersagen erfüllen, schloss es sich noch einem weiteren globalen Trend an. Die Entwicklungsländer umwarben in der Hoffnung auf Kapital, Technologie und Arbeitsplätze ausländische Investoren. In einem sorgfältig recherchierten Essay schrieb Nicholas Kristof in der *New York Times*: »Noch vor einem Jahrzehnt wurden die multinationalen Unternehmen weithin als Plage für die Dritte Welt betrachtet. Heute werden ausländische Konzerne überall von China bis Algerien mit offenen Armen in Empfang genommen.«[12]

Im Juni 1985 kündigte der Elektronikhersteller Texas Instruments die Eröffnung eines Forschungszentrums im südindischen Bangalore an. Die indische Regierung genehmigte eine direkte Satellitenverbindung zwischen der Anlage in Bangalore, dem TI-Forschungszentrum im britischen Bedford und der Konzernzentrale in Dallas. Obwohl Texas Instruments anfangs nur 6 Millionen Dollar in Bangalore investierte und dort lediglich rund 35 Ingenieure beschäf-

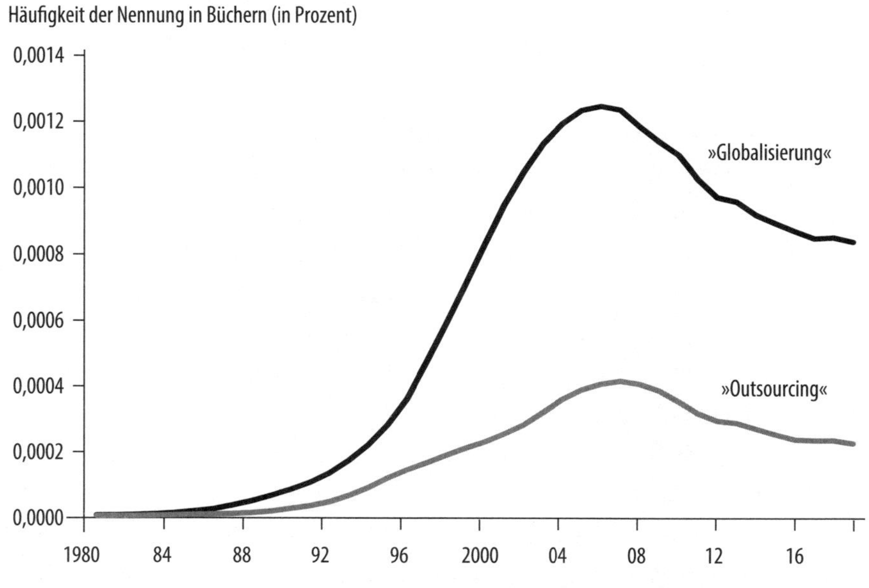

15.1: Indien ist bei Globalisierung und Outsourcing rechtzeitig zur Stelle. (Häufigkeit der Nennung der Begriffe »Globalisierung« und »Outsourcing« in von Google digitalisierten Büchern)
Quelle: Google NGram.

tigte, stand Indien nun an vorderster Front im internationalen Outsourcing, das ein zentrales Element der Globalisierung war (Abbildung 15.1).[13]

Ein Manager von Texas Instruments erklärte, die große Zahl beschäftigungsloser Hochschulabsolventen in Indien werde dem Unternehmen helfen, in Dallas und an anderen Standorten in den Industrieländern, wo die Ingenieure hohe Gehälter bezogen, Kosten zu sparen. Indien hatte die Chance, einen neuen Entwicklungspfad zu beschreiten, und erwarb sich den Ruf, Softwarekenntnisse und kostengünstiges »Humankapital« für die Weltmärkte anzubieten. Bangalore wurde als indisches Silicon Valley bekannt und verwandelte sich in einen Magneten für die indischen Yuppies. Ein amerikanischer Beobachter schrieb, die Stadt spiele eine zentrale Rolle in Premierminister Gandhis ehrgeizigem Vorhaben, sein Land durch den Import westlicher Technologie zu modernisieren.[14]

Zwischen der Ermordung Indira Gandhis im Oktober 1984 und August 1985 stieg der indische Aktienindex des *Financial Express* um mehr als 38 Prozent.[15] Es war Kapitän Rajiv gelungen, das Flugzeug hochzuziehen.

Aber er steuerte auf eine Schlechtwetterfront zu.

In wirtschaftlichen Turbulenzen

Die Laffer-Kurve genoss Kultstatus, aber ihre zuversichtlichen Vorhersagen traten nicht einmal in den Vereinigten Staaten ein. Anstatt die Wirtschaft anzukurbeln und in der Folge die Staatseinnahmen zu erhöhen, hatte die Senkung der Unternehmenssteuer in den Vereinigten Staaten lediglich zur Folge, dass mehr Geld in die Taschen reicher Amerikaner floss. Neuere Studien haben gezeigt, dass vermögende Personen und Großunternehmen in aller Welt selbst dann aggressiv Steuern vermeiden, wenn die Steuersätze niedrig sind. Warum sie das tun? Weil sie es können![16]

In Indien gediehen die Unternehmen seit langem dank Schwarzgeldströmen, die nicht von Steuer- und Aufsichtsbehörden kontrolliert wurden. Ihren Gewohnheiten und Instinkten folgend, hinterzogen sie weiter Steuern und ließen Politikern Schwarzgeld zukommen. Die Politikwissenschaftler Milan Vaishnav und Eswaran Sridharan erklärten: »Das System undurchschaubarer Spenden an Parteien und Politiker im Gegenzug für Entgegenkommen der

Aufsichtsbehörden war zu tief verwurzelt.« Anstatt wie prognostiziert zu steigen, sanken die Staatseinnahmen aus direkten Einkommens- und Unternehmenssteuern gemessen am Bruttoinlandsprodukt von 2,9 auf 2,4 Prozent. Die indirekten Steuern auf die Konsumausgaben der Bevölkerung wurden dagegen erhöht. Indirekte Steuern belasten vor allem einkommensschwache Personen, die einen größeren Teil ihres Einkommens für den Konsum aufwenden müssen.[17] Gandhis wohlmeinende politische Experimente zeigten, wie tief Korruption und Schwarzgeld im indischen Alltag verwurzelt waren. Die Privilegierten profitierten davon, die Armen trugen die Kosten.

Rajiv Gandhi tappte in dieselbe Falle wie seine Mutter und erhöhte die staatlichen Subventionen. Die höchsten Beihilfen waren ein Überbleibsel der Grünen Revolution. Der Staat subventionierte den Düngemitteleinsatz und garantierte den Bauern Mindestpreise für ihr Getreide, das er anschließend zu subventionierten Preisen an die Konsumenten verkaufte. Diese Regelung war Mitte der sechziger Jahre eingeführt worden, um die Getreideproduktion anzukurbeln, und jetzt gelang es nicht, die Subventionen zu beseitigen. Und wie der Ökonom Pranab Bardhan beobachtete, stellten auch die »ständigen Verluste staatlicher Bewässerungsanlagen, Stromwerke, Verkehrsbetriebe und anderer öffentlicher Unternehmen« Subventionen dar. Dasselbe galt für den Personalüberhang auf verschiedenen Ebenen der staatlichen Verwaltung, wo ein »Heer parasitärer Gehaltsempfänger« unterhalten wurde. Im Juli 1986 empfahl eine von der Regierung eingesetzte Kommission eine deutliche Gehaltserhöhung für die indischen Staatsdiener, um den Anstieg der Lebenshaltungskosten auszugleichen. Die Folge war, dass die Lohnkosten in der staatlichen Verwaltung explodierten. Es war ein Teufelskreis: Gehaltserhöhungen führten zu einer höheren Inflation, die wiederum Gehaltserhöhungen erforderlich machte. Die Regierung musste all jene zufriedenstellen, die ständig höhere Ansprüche erhoben.[18]

Die Staatsausgaben wurden durch weitere Erfordernisse in die Höhe getrieben, darunter insbesondere die Modernisierung der indischen Streitkräfte. Da die Steuereinnahmen gemessen an der Wirtschaftsleistung praktisch stagnierten, steuerte der Staat auf eine Haushaltskrise zu. Schon in den letzten vier Jahren von Indira Gandhis Amtszeit war das Haushaltsdefizit von 6,7 auf 9,7 Prozent des Bruttoinlandsprodukts gestiegen. In den ersten beiden Regierungsjahren ihres Sohns kletterte es auf 10,9 Prozent. Anschließend sank es geringfügig, was vor allem daran lag, dass der Staat seine langfristigen Investitionen zurückfuhr. Die Staatsschulden stiegen, da Kredite aufgenommen werden mussten, um das Haushaltsdefizit finanzieren zu können. Die steigende Zinslast erhöhte das Defizit weiter.[19]

In dem Bemühen, eine Inflationsspirale infolge des mit Budgetdefiziten angeregten Anstiegs der Nachfrage zu verhindern, steuerte Indien auf einen Zahlungsausfall zu. Die Regierung ließ zu, dass ein Teil der Binnennachfrage mit Importen befriedigt wurde, aber die Exporte stiegen nicht schnell genug, um diese Einfuhren bezahlen zu können. Aus einem kleinen Überschuss in der Zahlungsbilanz wurde ein Defizit. Nun wandte sich die Regierung einer riskanten Strategie zu, mit der sie das Zahlungsbilanzdefizit zu finanzieren versuchte: Sie zehrte die Devisenreserven auf und nahm kurzfristige Kredite bei ausländischen Geschäftsbanken auf. Die Gefahr war, dass die Geldgeber ihr Geld jederzeit zurückfordern konnten, was in Ermangelung ausreichender Devisenreserven zum Staatsbankrott führen konnte.

Der Zentralbankgouverneur stattete Premierminister Gandhi einen Besuch ab, um ihn vor der drohenden Schuldenkrise zu warnen. Auch IWF-Chef Michel Camdessus läutete die Alarmglocke und schlug vor, Indien solle einen Kredit beim Währungsfonds aufnehmen. Doch der IWF würde einen Kredit mit der politisch unangenehmen Vorgabe eines Subventionsabbaus verbinden.[20]

Im Prinzip hätten auch ausländische Investoren, die sich langfristig in Indien engagierten, zur Finanzierung des Zahlungsbilanzdefizits beitragen können. Aber das Entgegenkommen der Regierung gegenüber Texas Instruments war eine Ausnahme. In der Beziehung zu PepsiCo zeigte sich einmal mehr die ambivalente Haltung gegenüber ausländischen Investoren. Politiker erhoben edelgesinnte Einwände: Indien sei ein armes Land, erklärten sie, und brauche keine zusätzlichen Hersteller von Erfrischungsgetränken. Und der Import der teuren Ausrüstung, die PepsiCo brauche, werde möglicherweise kostbare Devisenreserven aufzehren.

Der unterschiedliche Umgang der Regierung mit Texas Instruments und PepsiCo zeigte, wie schlecht die indischen Unternehmen für den Wettbewerb gerüstet waren. Texas Instruments schlüpfte durchs Netz, weil seine Niederlassung in Bangalore lediglich andere Unternehmensbereiche belieferte und keine Bedrohung für indische Unternehmen darstellte. Doch in fast allen Wirtschaftszweigen waren ausländische Unternehmen überlegen, was die heimischen Unternehmen dazu bewegte, sie mit aggressivem Lobbying vom indischen Markt fernzuhalten. Ramesh Chauhan, der Geschäftsführer von Parle Exports, einem Unternehmen, das ein Cola-Getränk namens Thums Up produzierte und die Hälfte des indischen Markenmarkts kontrollierte, leistete erbitterten Widerstand gegen einen Markteintritt Pepsis. Sogar der Industrielle Rahul Bajaj, der einen Marktanteil von 70 Prozent bei Motorrollern hatte, wollte sich nicht der Konkurrenz durch ausländische Investoren aussetzen. »Wir brauchen mehr Zeit«, sagte er. »Wenn ausländische Unternehmen nach Indien kommen, werden wir sterben.«[21]

Pepsis Mühen waren typisch für die Hindernisse, auf die ausländische Unternehmen in Indien stießen. Der Getränkekonzern war erstmals im Jahr 1985 an die indischen Verantwortlichen herangetreten und hatte im Juli 1986 einen Verbündeten in der Regierung von Punjab gefunden. Um bei der Ausweitung der Agrarproduktion und dem Aufbau der lebensmittelverarbeitenden Industrie in diesem Bundesstaat zu helfen, erklärte sich Pepsi bereit, in Indien auch Kartoffel- und Maischips, Saucen sowie Obst- und Gemüsesaftkonzentrate zu produzieren, die überwiegend exportiert werden sollten. Im Februar 1988 schien eine Genehmigung der indischen Regierung in greifbarer Nähe, aber erst im September konnte die Vereinbarung geschlossen werden. Das Management von Pepsi bezeichnete die Auflagen als »hart«: Das Mutterunternehmen durfte nicht mehr als 40 Prozent der Anteile an seiner indischen Niederlassung halten und musste von den Indern vorgegebene Exportziele erfüllen. Derart harte Bedingungen, erklärte der Präsident von PepsiCo, würden ausländischen Unternehmen nicht einmal in der Sowjetunion und China auferlegt. Aber das Unternehmen war bereit, den Indern so weit entgegenzukommen, »weil eine indische Mittelschicht entsteht und wir hier einen großen Markt sehen«.[22]

Es flossen weiterhin nur geringe Auslandsinvestitionen nach Indien, weil sich viele andere asiatische Länder aktiv um die internationalen Investoren bemühten und große Mengen an Kapital einsammelten. Während Rajiv Gandhis Amtszeit von 1985 bis 1989 flossen jährlich zwischen 100 und 200 Millionen Dollar an ausländischen Direktinvestitionen ins Land. Zum Vergleich: In China investierten ausländische Unternehmen zwischen 1,7 und 3,4 *Milliarden* Dollar im Jahr. Indien »ließ sich eine Chance entgehen«, wie Montek Ahluwalia schreibt.[23]

Obwohl der von Rajiv Gandhi eingeschlagene Weg zu einer Finanzkrise führte und obwohl Gandhi wenig getan hatte, um die Wettbewerbsfähigkeit Indiens zu erhöhen, lobten ihn manche Beobachter nach wie vor für seine Bemühungen um eine »Liberalisierung« der indischen Wirtschaft. Der Ökonom Arvind Panagariya dokumentierte die Abschaffung von Industrielizenzen und Importbeschränkungen detailliert und listete die zahlreichen neuen Anreize auf, die Gandhis Regierung zur Ankurbelung der Exporte eingeführt hatte. Die Liste der Liberalisierungsmaßnahmen war tatsächlich lang, aber der Kern des Wirtschaftssystems blieb unangetastet. Im April 1988, beklagte das *Wall Street Journal*, das drei Jahre früher noch voll des Lobs für Gandhi gewesen war, die indische Bürokratie habe das Land einmal mehr in die Knie gezwungen. Der IWF fasste die fünfjährige Regierungszeit Rajiv Gandhis im Mai 1990 so zusammen:

> Die Industrie kämpft immer noch mit Vorschriften, die Investitionen bremsen und die Schließung unrentabler Betriebe verhindern; die Handelsbestimmungen sind nach wie vor komplex und die restriktiven Zölle zählen zu den höchsten weltweit; eine große Zahl notleidender Kredite schwächen das Bankensystem; den Staatsunternehmen mangelt es an geschäftlichen Anreizen.[24]

Rajiv Gandhis Regierung war also auch gemessen an ihrem eigenen Ziel, die privatwirtschaftliche Initiative zu fördern und die Marktkräfte anzuregen, kaum erfolgreich gewesen. So konnte es nicht überraschen, dass die Leistungsfähigkeit der indischen Wirtschaft mittelmäßig blieb. Das Wirtschaftswachstum entsprach mit rund 5,5 Prozent etwa dem in Indira Ghandis letzter Amtszeit. Wie in ihren letzten Jahren zehrte auch ihr Sohn von den Dividenden der Grünen Revolution, die selbst in Dürrezeiten die Stabilität der landwirtschaftlichen Produktion gewährleistete. Eine schwere Dürre im Jahr 1986/87 und zu geringe Regenfälle im Jahr darauf verursachten insbesondere im Bundesstaat Orissa Not, aber die gesamte Getreideproduktion des Landes ging nur geringfügig zurück. Da die Einkommen der Großbauern nicht litten, blieb auch die Nachfrage nach Industriegütern stabil. Und obwohl gute Jobs im »organisierten« Sektor knapp waren, erhöhten Subventionen und Gehaltserhöhungen im öffentlichen Sektor die Gesamtnachfrage, was das Wachstum der Industrie ankurbelte. Die wohlhabenden Inder (die obersten 15 Prozent der Einkommensverteilung, die oft fälschlich als Mittelschicht bezeichnet wurden), stützten ebenfalls die Binnennachfrage nach Industriegütern.[25] Aber der indischen

Wirtschaft mangelte es an Dynamik, was sich in einem hartnäckigen Mangel an internationaler Wettbewerbsfähigkeit niederschlug. Indiens Anteil an den globalen Exporten verharrte bei 0,5 Prozent (Abbildung 15.2). Und wie die ostasiatischen Tigerstaaten Taiwan und Südkorea in den sechziger und siebziger Jahren machte sich China daran, Indien zu überholen.

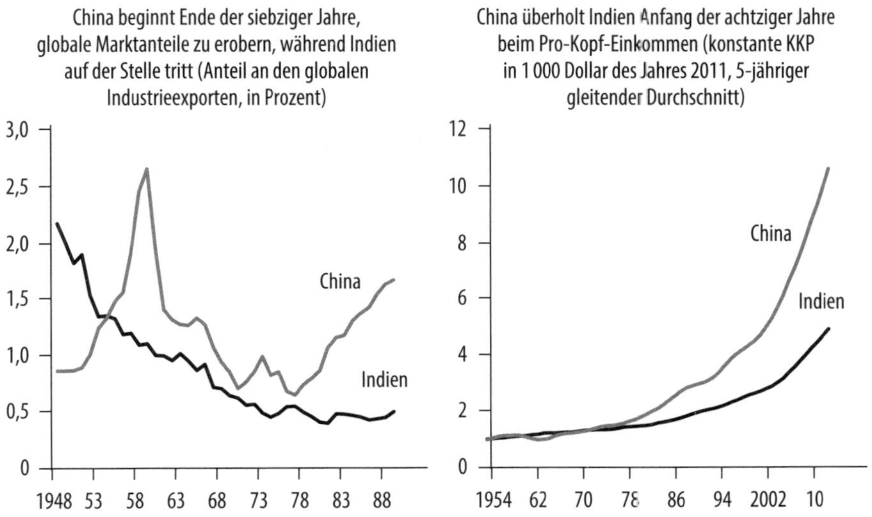

15.2: Dank seiner leistungsfähigen Exportwirtschaft lässt China Indien hinter sich.

Hinweis: KKP = Kaufkraftparität

Quelle: UNCTAD-Statistiken, https://unctadstat.unctad.org/EN/Index.html; sowie Datenbank des Maddison Project, https://www.rug.nl/ggdc/historicaldevelopment/maddison/releases/maddison-project-database-2020.

Es war durchaus richtig, die Belastung durch Steuern und Vorschriften zu verringern. Aber die indischen Intellektuellen und Politiker, die neidisch auf China blickten, verstanden nicht, was die Chinesen richtig machten. China verdankte sein rasantes Wachstum nicht ambitionierten Änderungen von Steuern und Vorschriften, sondern einer vollkommen anderen Vorstellung von wirtschaftlicher Entwicklung. In der Hoffnung, es den ostasiatischen Tigerstaaten gleichzutun, verwandelte die chinesische Führung die Ostküste des Landes in eine Fertigungsstraße für den Weltmarkt. China lockte ausländische Investoren wie Honda, Toyota und Hilton an. Jede ostasiatische Erfolgsgeschichte hatte ihre ganz spezifischen Merkmale. Aber all diese Länder zapften das globale Wissensreservoir an und bildeten ihre Bürger aus, damit sie dieses Wissen anwenden konnten.[26]

Verbreitete Fertigungskenntnisse, eine umfassende medizinische Versorgung und die Verfügbarkeit kritischer Infrastruktur setzten in China in Verbindung mit ausländischen Ideen und Investitionen eine starke Entwicklungskraft frei. Kritiker wandten ein, der Erfolg Ostasiens und insbesondere Chinas sei nur dank der autokratischen Herrschaft möglich gewesen. Aber obwohl die ostasiatischen Autokratien ihren Bürgern oft großes Leid zufügten, bewiesen sie Offenheit für neue Ideen und kümmerten sich um die Wohlfahrt – und sogar die Bedürfnisse – ihrer Bevölkerungen. Im demokratischen Indien war wenig von solchen Bemühungen zu sehen.

Vom außerordentlichen Wachstum Chinas schockiert, aber blind für die Gründe seines Erfolgs, suchten einige Beobachter eine Begründung in der Metapher von der Schildkröte und dem Hasen. Sie behaupteten, Indien sei die demokratische Schildkröte und werde letzten Endes den Wettlauf mit dem totalitären Hasen China gewinnen.[27] Dieses Wunschdenken wurde so wie Jagdish Bhagwatis Vorhersage, Indien werde ein größeres Wunder vollbringen, zu einem intellektuellen Zufluchtsort und zum Deckmantel für den Neid auf China.

Rajiv Gandhi hatte die Hoffnung auf einen Neubeginn geweckt, war jedoch nicht in der Lage, die Wirtschaft wettbewerbsfähiger zu machen. Stattdessen führte er das Land auf einen Weg, an dessen Ende eine Finanzkrise wartete. Noch tragischer war, dass Rajiv den moralischen Niedergang des Landes nicht aufhalten konnte.

Ein Flug in politische Turbulenzen

Rajiv Gandhi trat das Amt des Regierungschefs als »Saubermann« an, der die politische Korruption beenden wollte. Obwohl die Aufgabe gewaltig war, musste sie unverzüglich in Angriff genommen werden. Die Frage war: Wo sollte man ansetzen? Seine Mutter hatte zu ihren moralischen Kompromissen geschwiegen, aber eine fragwürdige Beziehung hatte sie öffentlich gemacht. Dhirubhai Ambanis Konzern Reliance Industries hatte eine Vorzugsbehandlung der Regierung Gandhi (insbesondere seitens ihres Finanzministers Pranab Mukherjee) erhalten. Rajiv begann seine Amtszeit vielversprechend, indem er Mukherjee nicht in sein Kabinett aufnahm. Doch die Entwicklung seiner Beziehung zu Ambani zeigt, wie er nach hoffnungsvollen Anfängen im Lauf der Zeit abstürzte.

Nachdem Gandhi den belasteten Mukherjee in die Wüste geschickt und V. P. Singh zum Finanzminister gemacht hatte, stand Ambani plötzlich ohne Wohltäter in der Regierung da. Tatsächlich war Singh ein erbitterter Gegner des Industriellen. Im Mai 1985 begann der Finanzminister, Ambanis Position zu untergraben, indem er den Import der Grundstoffe untersagte, die Ambani für die Produktion seiner Polyestergarne brauchte. Nun war Ambani gezwungen, heimisches Material zu kaufen, dessen Produzent sein Erzrivale Nusli Wadia war. Das Importverbot war fast ohne Vorwarnung verhängt worden, aber Ambani verwies auf laufende Verträge über den Import von Grundstoffen und legte Kreditzusagen einer verstaatlichten Bank und dreier ausländischer Banken für die Bezahlung der Einfuhren vor. Die Regierung bezeichnete es als verdächtig, dass Ambani so gut auf das Importverbot vorbereitet war, und ordnete im Oktober eine Untersuchung an, um herauszufinden, ob Regierungsbeamte dem Unternehmer Informationen zugespielt hatten. Im Oktober wurde Ambani ein Bescheid über eine Steuernachzahlung von umgerechnet 22 Millionen Dollar zugestellt.[28]

Während der Finanzminister Ambani das Leben schwer machte, hielt der Premierminister im Dezember 1985 seine bekannteste Rede. Der Anlass war der hundertste Geburtstag der Kongresspartei. In seiner Rede fällte er ein vernichtendes Urteil über die Institutionen, die für soziale Gerechtigkeit sorgen sollten: »Wir haben Staatsdiener, welche die Armen und Hilflosen unterdrücken, anstatt ihnen zu dienen. Wir haben Polizisten, welche die Schuldigen beschützen, anstatt das Gesetz zu verteidigen. Wir haben Steuereintreiber, die keine Steuern eintreiben, sondern sich mit denen verschwören, die den Staat betrügen.« Die Wut des Premierministers richtete sich gegen die »Makler von Macht und Einfluss« und gegen die »Bataillone von Gesetzesbrechern und Steuerhinterziehern«. Die Rede war ein Aufruf zur moralischen Läuterung.[29]

V. P. Singh attackierte Ambani bei jeder Gelegenheit. Im Juni 1986 schaffte das Finanzministerium die 1982 unter Singhs Leitung eingeführten Anti-Dumping-Zölle auf Polyestergarn ab. Der Zweck solcher Zölle bestand darin, ausländische Produzenten fernzuhalten, die ihre Produkte zu Dumpingpreisen anboten, um den heimischen Herstellern Marktanteile streitig zu machen. In der Praxis stellten solche Abgaben (in Indien und anderswo) einen übermäßigen Schutz vor internationalen Konkurrenten dar. Bei Einführung der Anti-Dumping-Zölle hatte Finanzminister Mukherjee, als eines seiner zahlreichen Geschenke an Ambani, den Rat von Mitarbeitern ausgeschlagen, die Polyestergarn nicht für schützenswert hielten. Mit der Abschaffung dieses Zolls durch V. P. Singh wurde Ambanis Garnproduktion einer schärferen Konkurrenz durch Importe ausgesetzt. Die Regierung begann auch zu untersuchen, ob Ambani illegal Maschinen importiert hatte, um seine Produktionskapazitäten ohne die erforderlichen Genehmigungen zu erhöhen. Eine weitere Front eröffnete das Finanzministerium mit einer Untersuchung von Ambanis finanziellen Transaktionen einschließlich der Kreditaufnahme bei verstaatlichten Banken zur künstlichen Erhöhung der Aktienkurse seiner Unternehmen.[30]

Im August 1986 erschien in *India Today* eine Reportage mit dem Titel »Das belagerte Reliance blickt einer ungewissen Zukunft entgegen«. Die Zeitschrift erklärte, der Konzernriese sei nicht nur das drittgrößte Unternehmen Indiens, sondern befinde sich auf dem besten Weg, als Mitglied der Fortune 500 »weltweit ins Rampenlicht zu treten«. Doch plötzlich seien Zweifel an seiner Überlebensfähigkeit aufgetaucht. Während die frühere Regierung Reliance »alle erdenklichen Gefälligkeiten« erwiesen habe, sei die neue Regierung anscheinend erpicht darauf, »im Keller von Reliance nach Leichen zu suchen«. Die Zeitschrift erwähnte auch eine Untersuchung der Zentralbank, die zutage gefördert hatte, dass Ambani im Mai 1985 fälschlich behauptet hatte, vertraglich zum Kauf von ausländischen Grundstoffen verpflichtet zu sein, deren Import nun verboten war.[31]

Der ehrgeizige Unternehmer Dhirubhai Ambani hatte ein Industrieimperium errichtet. Um dieses Ziel zu erreichen, hatte er das System der Importbeschränkungen und Industrielizenzen zu seinem Vorteil manipuliert. Jetzt wandte sich das System gegen ihn. Rentabilität und Aktienkurs von Reliance Industries brachen ein.

Parallel zu seinem Kreuzzug gegen Ambani sagte Singh der Steuervermeidung den Kampf an. Die Presse lobte ihn für seine »Steuerrazzien«. Aber Singh hatte eine unsichtbare Linie überschritten. Wirtschaftsbosse, die ihn zuvor für Steuersenkungen und die Lockerung von Vorschriften gelobt hatten, begannen zu murren. Ein Manager erklärte: »Die Steuervermeidung ist ein universelles Problem. Alle Welt tut es. Warum wird der Geschäftsmann an den Pranger gestellt?« Manager und Firmeninhaber beklagten sich gegenüber dem Premierminister, in der Presse werde ihnen »ein Schauprozess« gemacht.[32]

Aber Singh ließ sich nicht beirren. In den Jahren 1985 und 1986 durchsuchten Finanzbeamte über 6000 Unternehmenssitze und Privathäuser und stießen auf große Mengen unrechtmäßig erworbenen Geldes. Die indischen Geschäftsleute waren »nie zuvor derart hart angefasst« worden, wie *The Economist* schrieb. Im September 1986 verhaftete die Finanzpolizei den prominenten Industriellen Lalit Mohan Thapar, der gezwungen wurde, für seine »finanziellen Übeltaten« um Verzeihung zu bitten. An diesem Punkt forderte Rajiv Gandhi seinen Finanzminister auf, sich zu mäßigen. Als Singh sich weigerte, wurde er »gebrandmarkt«. Im Januar 1987 entzog Gandhi ihm das Finanzressort und ernannte ihn zum Verteidigungsminister. Die offizielle Begründung für den Schritt lautete, angesichts der Drohgebärden der pakistanischen Armee brauche das Land einen starken Verteidigungsminister. Doch die Öffentlichkeit deutete die Versetzung so, dass Rajiv Gandhi nicht länger der Saubermann war.[33]

Es dauerte nicht lange, bis Reliance wieder die Gunst der Regierung genoss. Im Mai 1987 kündigte der neue Finanzminister Narayan Dutt Tiwari Änderungen an den Einfuhrzöllen an, welche die Rentabilität von Ambaris Unternehmen erhöhten. Tiwari gestand Reliance mehr Devisen für den Import von Ausrüstung zu und genehmigte rückwirkend die über das ursprünglich erlaubte Niveau hinausgehende Produktionskapazität des Unternehmens. Zur Feier der erneuten steuerlichen und regulatorischen Gefälligkeiten kaufte sich Ambari im November 1988 ein neues Haus, ein 17 Stockwerke hohes Gebäude namens »Sea Wind« an der schicken Cuffe Parade im Stadtbezirk Colaba in Bombay. Ein Stockwerk war für ein Fitnessstudio reserviert, ein anderes für ein Schwimmbad, und andere Stockwerke beherbergten Parkplätze und Gästewohnungen. Im Jahr 1989 verschwanden die gegen Ambani eingeleiteten Strafverfahren in der Schublade. Die Presse spekulierte, er werde Rajiv Gandhis kommenden Wahlkampf finanzieren. Die *Financial Times* bezeichnete Ambani als wichtigsten Unterstützer des Premierministers in der Industrie.[34]

Rajiv Gandhi hatte sich auf die altbekannten Praktiken besonnen und den Platz seiner Mutter in der Beziehung zu Dhirubhai Ambani eingenommen. Indien blieb in der Sackgasse ausgehöhlter Normen und fehlender Rechenschaftspflicht stecken.

Um das Wesen der indischen Korruption zu beschreiben, zieht die Anthropologin Veena Das eine Geschichte heran, die Munshi Premchand, einer der großen indischen Schriftsteller des 20. Jahrhunderts, im Jahr 1907 veröffentlichte. Die Geschichte mit dem Titel *Namak ka Daroga* (»Der Salzinspektor«)

handelt von einem jungen Beamten, der für die Eintreibung der Salzsteuer verantwortlich ist. Ein solcher Inspektor kann sich ein schönes Zusatzeinkommen verdienen, wenn er für ein Schmiergeld die Steuer verringert oder überhaupt nicht erhebt. Eines Abends wird der junge Inspektor Zeuge, wie ein mächtiger *zamindar* Salz aus einem Bergwerk schafft, und weigert sich, ein Bestechungsgeld anzunehmen und ein Auge zuzudrücken. Stattdessen verhaftet er den Grundbesitzer. Am nächsten Morgen setzt ein Richter den *zamindar* auf freien Fuß und rügt den Inspektor für die Belästigung eines unschuldigen Bürgers. Der Beamte wird auf die Straße gesetzt. Einige Tage später erscheint der *zamindar* im Haus des aufmüpfigen ehemaligen Inspektors und bietet ihm einen Job in seinem Unternehmen an. In ihrer Zusammenfassung erklärt Das, dass die Redlichkeit des jungen Mannes jetzt in den Dienst eines Mannes gestellt wird, »der dafür bekannt ist, Salz zu schmuggeln und Polizisten und Zeugen zu bestechen«.[35]

Die Geschichte des Salzinspektors kann nicht exakt auf Rajiv Gandhis Verwandlung übertragen werden, aber die Botschaft ist klar: In einem von Korruption durchdrungenen System ist es sehr schwierig, ein Saubermann zu bleiben.

V. P. Singt bereitete Gandhi auch als Verteidigungsminister Kopfzerbrechen. Singh wollte der Korruption im Beschaffungswesen der indischen Streitkräfte ein Ende machen und ordnete eine Untersuchung der hohen Provision an, die ein ausländischer Waffenlieferant für die Zuerkennung eines Rüstungsauftrags gezahlt hatte. Im April 1987, keine drei Monate nach seiner Ernennung zum Verteidigungsminister, wurde Singh vom Premierminister zum Rücktritt gezwungen. In der Öffentlichkeit setzte sich die Einschätzung durch, dass Singh geopfert worden war, weil er aufgedeckt hatte, dass der Premierminister oder seine Freunde Bestechungsgelder von dem schwedischen Rüstungsunternehmen Bofors angenommen hatten, das den indischen Streitkräften ein Sturmgewehr verkauft hatte. Obwohl es keine Beweise für die Anschuldigung gab, stand nun auch Rajiv Gandhi im Verdacht der Bestechlichkeit. Das Wort *Bofors* fand Eingang in das Hindi-Vokabular. Seine Bedeutung: »verrottet, kaputt, schmutzig«. Der Jäger Rajiv war zum Gejagten geworden. Der Titel des Saubermanns ging auf V. P. Singh über.[36]

Es gelang Rajiv Gandhi auch nicht, die politischen Konflikte in Punjab und Nordostindien beizulegen. Im Juli 1985, ein halbes Jahr nach seinem Amtsantritt, gelang es ihm dank seiner versöhnlichen Haltung, eine Vereinbarung mit dem Sikh-Führer Harchand Singh Longowal zu schließen. Die Einigung sah vor, dass Punjab die Hauptstadt Chandigarh nicht mit dem benachbarten Bundesstaat Haryana würde teilen müssen. Eine Kommission würde Gebiete auswählen, die Punjab als Entschädigung an Haryana abtreten würde. Eine weitere Kommission sollte feststellen, wie das Wasser aus den Flüssen Punjabs fair zwischen diesem und den Nachbarstaaten aufgeteilt werden konnte. Um die Vereinbarung politisch zu legitimieren, setzte der Premierminister Wahlen zum Parlament von Punjab im September an. Er verdiente Anerkennung für den Versuch, den Sikh-Extremisten den Wind aus den Segeln zu nehmen. Aber die Radikalen ließen sich nicht beschwichtigen. Am 20. August, weniger als einen Monat nach der Einigung, wurde Longowal mitten im Wahlkampf von Terroristen ermordetet. Damit war Rajiv Gandhis Versuch, Punjab zu befrieden, praktisch gescheitert.[37]

Die wirtschaftlichen Probleme Punjabs schürten den Extremismus weiter. Die Zukunftsaussichten der Jugend waren düster. Die jungen Männer waren mehrheitlich Kinder von Kleinbauern, deren Land im Lauf der Generationen in immer kleinere Parzellen zerstückelt worden war. In der Landwirtschaft gab es für sie keine Zukunft. Aufgrund ihrer geringen Bildung und des Mangels an Arbeitsplätzen in den Städten hatten sie kaum gute Optionen. Die extremistische Gewalt gab ihnen ein Ziel.[38]

Nach der Ermordung Longowals gelang es der neu gewählten Regierung Punjabs nicht, dem Terrorismus Einhalt zu gebieten. Im Jahr 1986 fielen rund 600 Menschen der Gewalt zum Opfer. Nachdem in den ersten fünf Monaten des Jahres 1987 weitere 300 Menschen getötet worden waren, entließ Premierminister Gandhi die Regierung des Bundesstaats und unterstellte ihn der Zentralregierung. Er schickte 5000 paramilitärische Sonderpolizisten nach Punjab, um die Ordnung wiederherzustellen. Am Ende wurde Chandigarh nicht wie versprochen zur Gänze Punjab zugeschlagen. Die offizielle Begründung dafür lautete, dass keine Einigung darüber erzielt werden konnte, welche Gebiete Punjab im Gegenzug an Haryana abtreten würde. Aber Gandhi fürchtete auch, die völlige Integration Chandigarhs in Punjab werde die Hindus in Haryana gegen sich aufzubringen.[39]

Vier Jahrzehnte nach der Unabhängigkeit schienen einige der größten Probleme Indiens – die geringe Wettbewerbsfähigkeit seiner Industrie, Schwarzgeld und Korruption sowie die Forderungen der Extremisten in Punjab – unlösbar. Dieselbe Erfahrung machte Gandhi in Assam, wo er in der zweiten Jahreshälfte 1985 vergeblich versuchte, den alten Konflikt zwischen den Assamesen und den muslimischen Einwanderern aus Bangladesch beizulegen. Nur in Mizoram, wo das Problem weniger komplex war, gelang es ihm im Juni 1986, der separatistischen Gewalt ein Ende zu machen.[40]

Das teuflischste aller Probleme Indiens schwelte weiter. Rajiv Gandhi musste einsehen, dass es ihm nicht gelingen würde, den Hass zwischen Hindus und Muslimen zu überwinden. Daher versuchte er, die Spaltung bei den Wahlen zu seinem Vorteil zu nutzen. Es dauerte nicht lange, bis ihm das Problem über den Kopf wuchs.

KAPITEL 16

Rajiv Gandhi gießt Öl ins Feuer des Hindutva

Als Premierminister erbte Rajiv Gandhi eine fragile Demokratie. Jede geringfügige Störung des instabilen Gleichgewichts konnte verheerende Folgen haben. Eine gut funktionierende Demokratie schützt nicht nur die persönlichen Freiheitsrechte ihrer Bürger, sondern ist auch Voraussetzung für eine Wirtschaftspolitik im Dienst des allgemeinen Wohlergehens. Die indische Demokratie verlor an Leistungsfähigkeit, obwohl die Bürger bei regelmäßigen Wahlen die Möglichkeit hatten, schlechte Regierungen aus dem Amt zu jagen. Die Politiker verdankten ihre Macht ihrem persönlichen Charisma, finanzieller Unterstützung reicher Verbündeter oder der ideologischen Loyalität der Wähler. Einmal an der Macht, verfolgten die meisten von ihnen vor allem ihre persönlichen finanziellen und ideologischen Interessen, anstatt das Wohlergehen ihrer Wähler zu fördern. Als Rajiv Gandhi an die Macht kam, war die autoritäre Hindutva-Ideologie auf dem Vormarsch, deren Hauptziel eine politische und kulturelle Vormachtstellung der Hindus war.

Erste Auflösungserscheinungen hatte die indische Demokratie bereits unter Rajivs Großvater Jawaharlal Nehru gezeigt. Eine tief verwurzelte wirtschaftliche Existenzangst, deren Ursachen die Krise der Landwirtschaft, der Arbeitsmangel in den Städten und die unablässige Geldentwertung waren, löste immer wieder gewalttätige Proteste aus. Im öffentlichen Leben war die Korruption verbreitet. Aber unter Nehru blieben Institutionen wie das Parlament und die Justiz weitgehend intakt. Unter der Regierung seiner Tochter wuchsen die wirtschaftlichen Sorgen, und die sozialen Proteste nahmen zu. Indira Gandhi begünstigte die Ausbreitung der Korruption in Gesellschaft und Politik und sicherte ihre Macht zunehmend mit der Unterstützung von Kriminellen. Im Interesse des Machterhalts fügte sie den demokratischen Normen und Institutionen schweren Schaden zu.

Ein Merkmal von Gandhis Regierungszeit war die Zersetzung der Demokratie in Verbindung mit wachsenden wirtschaftlichen Sorgen der indischen

Jugend. Dieser Zusammenhang wurde erstmals in ihrem Umgang mit den Naxaliten Ende der sechziger Jahre erkennbar, als sie den Bauernaufstand in Naxalbari und die daraus hervorgegangene städtische Guerillabewegung brutal niederschlagen ließ. Von da an wurde der Einsatz von Polizei und Armee, die »präventive Verhaftungen« vornehmen konnten, unverzichtbar für die Beherrschung des Landes. Die Polizei berief sich auf Selbstverteidigung, um extralegale Hinrichtungen von Demonstranten und Aktivisten zu rechtfertigen. Die indische Elite hielt diese Tötungen bei »fingierten Zusammenstößen« (*fake encounters*) mit Terroristen oder Kriminellen für legitim.[1]

Filme, deren Hauptfigur der »wütende junge Mann« war, beleuchteten Anfang der siebziger Jahre nicht nur die wirtschaftliche und soziale Wut, sondern auch die zunehmende Verflechtung von Politik, Polizei und organisiertem Verbrechen. Es begann eine neue Protestwelle. Wütende Studenten forderten die gewählten Regierungen von Gujarat und Bihar heraus. Indira Gandhi setzte die Staatsgewalt mit zunehmender Härte ein und verhängte schließlich im Juni 1975 den Ausnahmezustand, der bis März 1977 dauerte. Als sie im Jahr 1980 erneut zur Premierministerin gewählt wurde, schickte sie Polizei und Armee in den Kampf gegen extremistische Sikhs in Punjab, deren Anführer Sant Jarnail Sing Bhindranwale ein Heer junger Männer befehligte, die enttäuscht über schlechte Berufsaussichten waren.

Bhindranwale lebte nicht mehr, als Rajiv Gandhi im Dezember 1984 Premierminister wurde, aber die extremistische Sikh-Bewegung lockte weiterhin jene an, die sich von der indischen Wirtschaftspolitik vernachlässigt fühlten. Als Gandhis Versuche, Punjab zu befrieden, mit einem Fehlschlag endeten, geriet die Gewalt außer Kontrolle. Extremistische Sikhs töteten willkürlich hinduistische Zuwanderer aus dem Osten des Landes, die auf den Feldern Punjabs arbeiteten. Polizei und Armee töteten Extremisten.[2] Es war ein Blutbad.

Die drakonische Pressezensur aus den Jahren der Emergency gehörte der Vergangenheit an, aber Rajiv Gandhi versuchte, die Pressefreiheit einzuschränken. Nachdem die auflagenstarke Tageszeitung *Indian Express* den Premierminister in einer Artikelreihe der Korruption bezichtigt hatte, stürmte die Polizei das Redaktionsbüro. Der Herausgeberverband protestierte gegen einen »gezielten Versuch, eine der führenden Zeitungen des Landes einzuschüchtern«. Nun brachte Gandhis Regierung im Parlament eine Gesetzesvorlage ein, um Verleumdungsverfahren gegen Journalisten zu erleichtern. Die Regierung zog diese Gesetzesvorlage schließlich zurück, aber die Botschaft an die Journalisten war klar: Sie hielten sich besser mit Kritik zurück.[3]

Bei der Interpretation der folgenden Entwicklungen ist es schwierig, eindeutig zu bestimmen, welchen Einfluss Rajiv Gandhi persönlich darauf nahm und inwieweit sich historische Trends fortsetzten, an denen er wenig ändern konnte. Er besaß nicht die Statur seines Großvaters oder seiner Mutter. Nehru hatte die Geschichte Indiens geprägt und unter seinen Zeitgenossen herausgeragt, und seine Entscheidungen über die Entwicklung von Landwirtschaft, Schwerindustrie und Bildung wirken bis heute nach. Indira Gandhi war ebenfalls eine dominante Figur und nahm beträchtlichen Einfluss auf die Geschicke des Landes, obwohl ihre Politik teilweise eine Reaktion auf die Hinterlassenschaft ihres Vaters war. Rajiv Gandhi wurde nur Premierminister, weil er ihr Sohn war. Er musste »Mama helfen«, wie er einmal sagte. Er besaß kaum politisches Geschick, glaubte jedoch, die historischen Kräfte zu seinem politischen Vorteil nutzen zu können. Und er spielte sein Spiel in einem gefährlichen Augenblick in der indischen Geschichte.

Anfang der achtziger Jahre begann sich das Kräfteverhältnis zugunsten der Verfechter des Hindutums zu verschieben. Die nationalistische Ideologie Nehrus, die sich in der Atmosphäre der Begeisterung über das Ende der Kolonialherrschaft durchgesetzt hatte, hatte das Versprechen allgemeinen Wohlstands nicht einlösen können. Sofern Indira Gandhi ihren Slogans greifbare Maßnahmen folgen ließ, wurde das Leben der Menschen dadurch kaum besser, und gegen Ende ihrer Regierungszeit lebten rund 45 Prozent der Bevölkerung unter der Armutsgrenze. Viele, die amtlich nicht als arm galten, gingen unproduktiven, schlecht bezahlten Tätigkeiten ohne soziale Absicherung nach. Sie lebten in Unsicherheit und in der ständigen Furcht, eine Krankheit oder unerwartete Ausgaben könnten sie finanziell aus der Bahn werfen. Zuwanderer vom Land suchten in den Städten vergeblich nach besser bezahlter Arbeit und hatten oft kein soziales Unterstützungsnetz. Nachdem die Begeisterung über die Befreiung von der Kolonialherrschaft und der Glaube an die wirtschaftlichen Versprechen verflogen waren, begann der Konsens über die Errichtung einer toleranten, säkularen, demokratischen Gesellschaft zu bröckeln. Selbst jene, die sich in der unbarmherzigen wirtschaftlichen Umgebung durchgesetzt hatten, hielten einen aggressiveren Nationalismus für geeignet, ihren Erfolg abzusichern. Um es mit Hannah Arendt zu sagen: Das Gefühl der »Wurzellosigkeit« weckte das »Stammesbewusstsein« der Inder.[4]

Das Hindutva verdankte seine Attraktivität und politische Stärke einem doppelten Vorteil: Die Hindus stellten Anfang der achtziger Jahre rund 82 Prozent der indischen Bevölkerung, was nur ein geringfügiger Rückgang gegenüber ihrem Bevölkerungsanteil von 84 Prozent im Jahr 1951 war. Da die zahlenmäßige Überlegenheit wahrscheinlich auch in der Zukunft Bestand haben würde, konnte die hinduistische Mehrheit Politikern, die sie vertraten, wiederholte Wahlsiege sichern. Dazu kam, dass der Hindu-Nationalismus auf der Angst vor einem gemeinsamen Feind beruhte. Carl Schmitt hatte das Freund-Feind-Schema im Jahr 1927 als politisch sehr wirksam beschrieben. Wie ein Schmitt-Experte erklärt, kann man den politischen Zusammenhalt einer Gruppe stärken, indem man mit dem Finger auf den gemeinsamen Feind zeigt, da auf diese Art »die eigene Identität« gefestigt und das »Wir« definiert wird.[5] Die politische Anziehungskraft des Freund-Feind-Schemas machte Schmitt selbst zu einem Sympathisanten der Nationalsozialisten.

Da die Hindutva-Ideologie von der sozialen und politischen Spaltung profitierte, hatte sie das Potenzial, sich in eine beängstigende totalitäre Kraft zu verwandeln, obwohl sie sich in ein demokratisches Gewand hüllte. Die kategorische Unterscheidung zwischen Freund und Feind schloss Verhandlung und Kompromiss aus, wie Schmitt erklärt hatte. Arendt, die das Hauptaugenmerk auf wirtschaftlichen Stress und soziale Entwurzelung legte, erklärte, totalitäre Lösungen seien immer dann verlockend, wenn die »Probleme von Überbevölkerung und ›Überflüssigkeit‹« überwältigend wirkten.[6] Die Macht des indischen Polizeistaats und die Neigung der Regierungen, die Meinungsfreiheit zu unterdrücken, machten die Intoleranz des Hindutva noch gefährlicher.

Es mangelte Rajiv Gandhi an historischem Wissen und politischen Fähigkeiten, um diesen starken Tendenzen entgegenzuwirken. Er war so naiv zu glauben, er könne die Kraft des Hindu-Nationalismus zu seinem Vorteil nutzen. Stattdessen geriet er in den Strudel dieser Kraft.

Der lange Arm von Vinayak Damodar Savarkar

Im Oktober 1905 leitete Bal Gangadhar Tilak, der brillante Freiheitskämpfer der Kongresspartei, eine feierliche Verbrennung westlicher Kleidung. In Anlehnung an ein hinduistisches Ritual wies Tilak die Teilnehmer an, dreimal im

Kreis um das Feuer zu gehen und sich die Asche auf die Stirn zu schmieren. Die Kundgebungsteilnehmer schworen, von nun an nur noch Kleidung aus in Indien gesponnenem Tuch zu tragen.[7]

Unter den Teilnehmern an der Kleiderverbrennung war der 22-jährige Vinayak Damodar Savarkar, der sich zum Vordenker des Hindutva mausern sollte. Im Juni 1906 brach er nach London auf, um dort mit einem Stipendium Rechtswissenschaften zu studieren. Tilak hatte ihm ein Empfehlungsschreiben mitgegeben. Savarkar schloss das Studium ab, durfte jedoch nicht als Anwalt in Großbritannien praktizieren, weil er in der Heimat eine Gruppe anarchistischer Nationalisten angeführt hatte. Im Oktober 1909 traf sich Savarkar mit Mohandas Karamchand Gandhi, der zu jener Zeit als Rechtsanwalt in Südafrika tätig war und London besuchte. Die Atmosphäre war angespannt. Gandhi lehnte Savarkars Gewaltbereitschaft ab, bezeichnete ihn jedoch als *desh bhakt*, als Verehrer seiner Nation. Savarkar bewegte sich am Rand der indischen Freiheitsbewegung, genoss jedoch bereits allgemeine Bewunderung.

Im Juli 1911 wurde Savarkar wegen aufrührerischer Aktivitäten zu einer Gefängnisstrafe verurteilt. Er hatte die Ermordung britischer Beamter geplant, Pamphlete mit Anleitungen zum Bombenbau in Umlauf gebracht und indische Revolutionäre mit Pistolen versorgt. Er wurde ins Cellular Jail in Port Blair auf South Andaman Island gebracht, das zur Inselgruppe der Andamanen im Golf von Bengalen gehört. Während der Haft wurde Savarkar so wie andere Häftlinge brutal gefoltert. Ein britischer Politiker bezeichnete das Gefängnis als »Hölle auf Erden«. Nach wiederholten Gnadengesuchen Savarkars verlegten ihn die britischen Behörden im Mai 1921 in ein Gefängnis in Ratnagiri im heutigen Bundesstaat Maharashtra. Dort schloss er die Arbeit an einem Buch ab, das er in Cellular Jail in Angriff genommen hatte. Das Werk mit dem Titel *Hindutva* (»Das Hindutum«) erschien im Jahr 1923 und wurde zur Bibel des Hindu-Nationalismus.

Savarkar betrachtete Indien als hinduistische Nation. Die Hindus waren diejenigen, die Indien als ihr Vaterland (*pitrubhumi*) sowie als heiliges Land (*punyabhumi*) betrachteten. Savarkar schrieb, das Vaterland erstrecke sich von Kaschmir im Norden bis Ceylon im Süden und vom Sindh im Westen bis Bengalen im Osten. Die Hindus waren für ihn eine »Blutsgemeinschaft« mit einer langen Ahnenreihe. Das Vaterland war in Savarkars Augen heilig, weil der mythische Prinz von Ayodhya – der indische Gott und »tapfere Ramachandra« – die Bevölkerung dieses weiten Landes zu einer »Nation« verschmolzen hatte. Die Beschwörung von Ramachandra war wirkungsvoll, weil Rama, wie er im Volksmund genannt wird, eine Inkarnation des höchsten transzendentalen Herrn Vishnu im hinduistischen philosophischen System und ein weiser König in der Mythologie war. In seiner Rolle als weiser König verknüpfte Rama den geografischen Raum Indiens mit emotionalen und kulturellen Fäden. So kam es, dass »die Nayar in Malabar angesichts des Leids der Brahmanen in Kaschmir weinen« und die Hindus in Bengalen mit dem tamilischen Dichter Kambar fühlten, nicht jedoch mit dem persischen Poeten Hafiz. Wer zum Islam oder zum Christentum konvertierte, war selbst dann, wenn er von Vorfahren im Vaterland abstammte, kein Hindu und folglich auch kein wirklicher Inder mehr, weil er Indien nicht als heilig und anbetungswürdig betrachtete.[8]

Savarkar bestand darauf, das Hindutva habe nichts mit den religiösen Riten und Vorschriften des Hinduismus zu tun. Er selbst hatte im Alter von neun Jahren jede religiöse Praxis aufgegeben, nachdem seine Mutter an der Cholera gestorben war.[9] Savarkars Behauptung, das Hindutum sei nicht dasselbe wie der Hinduismus, enthielt tatsächlich eine verdrehte Wahrheit: Das Hindutva spricht anderen Religionen, insbesondere dem Islam und dem Christentum, jeden Wert ab. Im Gegensatz dazu postuliert der philosophische Hinduismus der Upashinaden (der als »Vedanta« bekannten Texte), die Gleichheit aller Männer und Frauen, weil alle Menschen von derselben transzendentalen Göttlichkeit beseelt sind.

Der menschlichen Einheit des philosophischen Hinduismus stellte Savarkar noch vor Carl Schmitt eine politische Arena gegenüber, in der verfeindete Gruppen aufeinandertrafen. »Der Druck eines Feindes«, schrieb Savarkar, »verschweißt Menschen zu einer Nation und Nationen zu einem Staat.« Wären die Hindus daheim geeint, so würden sie stark gegenüber der Außenwelt sein und könnten »der ganzen Welt ihre Bedingungen diktieren«.[10]

Die Hindutva-Ideologie breitete sich rasch aus. Keshav Baliram Hedgewar zählte zu den ersten Lesern eines händisch übertragenen Exemplars von Savarkars Buch. Hedgewar, ein Arzt und eifriger Leser von Tilaks nationalistischen Schriften, war ein militanter Nationalist und Mitglied der Kongresspartei. Von der Botschaft des *Hindutva* fasziniert, reiste er im März 1925 von Nagpur ins 500 Kilometer entfernte Ratnagiri, um sich mit Savarkar zu treffen. Im September desselben Jahres gründete Hedgewar am Tag des Dussehra-Fests, bei dem an den mythischen Sieg Ramas über den Dämonenkönig Ravan erinnert wird, die Rashtriya Swayamsevak Sangh (RSS), eine militante Hindu-Organisation, die junge Männer rekrutierte, die in der Hindutva-Ideologie und in Kampfkünsten geschult werden und sich durch »kompromisslose Unterstützung und Gehorsam« auszeichnen sollten.[11]

Zwanzig Jahre nach Tilaks Kleiderverbrennung im Jahr 1905 war eine Koalition der Vorkämpfer des Hindutums entstanden. Savarkar war ihr ideologischer Kopf, Hedgewar ihr Organisator.

Trotz ihres bemerkenswerten gesellschaftlichen und kulturellen Erfolgs gelang es der Hindutva-Bewegung anfangs nicht, in der Politik Fuß zu fassen. Gandhi beherrschte die Unabhängigkeitsbewegung. Anders als die Verfechter des Hindutums, die den Einsatz von Gewalt befürworteten und die Menschen in Freunde und Feinde unterteilten, predigte Gandhi gestützt auf seine umfassende Kenntnis der hinduistischen Schriften gewaltlosen Widerstand und Respekt für andere Glaubensbekenntnisse.

Aber Gandhi konnte das Hindutva nicht überwinden. Die Verfechter des Hindu-Nationalismus waren oft in der Kongresspartei aktiv. Hedgewar zum Beispiel blieb auch nach der Gründung der RSS bis Ende der zwanziger Jahre in der Partei. Im Jahr 1931 zog er sich zeitweilig aus der RSS zurück, um sich einer von der Kongresspartei geführten Bewegung des zivilen Ungehorsams gegen die Briten anzuschließen. Bis 1937 gehörten viele hochrangige Mitglieder der Kongresspartei der Hindu Mahasabha an, einer weniger militanten hindunationalistischen Organisation. Und auch nachdem die formale Verbindung zwischen Kongresspartei und Hindu Mahasabha gekappt worden war, behielten die früheren Führer der Mahasabha wichtige Positionen in der Kongresspartei. Die RSS hielt sich politisch im Hintergrund, um nicht die Aufmerksamkeit der britischen Kolonialbehörden zu wecken, setzte ihre Bemühungen um eine militante (und oft militaristische) Schulung und »Charakterbildung« ihrer Anhänge jedoch fort. Die Mitgliederzahl der Organisation stieg stetig.[12]

Am 30. Januar 1948, etwas mehr als fünf Monate nach der Unabhängigkeit, war Gandhi auf dem Weg zu einer Gebetsgruppe, als Nathuram Godse, ein ideologischer Zögling Savarkars und ehemaliges Mitglied der RSS, an ihn herantrat und ihm mit aneinandergelegten Handflächen den traditionellen Gruß *Namaste* entbot. Dann zückte er eine Pistole und erschoss Gandhi. Das Leid und das Gefühl der Leere, das vom Land Besitz ergriff, fasste Nehru am Abend in Worte: »Das Licht ist aus unserem Leben verschwunden. Überall ist Dunkelheit.«

Der Mord an Gandhi war eine Schande für den Hindu-Nationalismus. Dieser verstummte, als Nehru sich an die Spitze eines säkularen Indien setzte. Zwischen Februar 1948 und Juli 1949 war die RSS verboten, und die Organisation zog sich für einige Jahre von der öffentlichen Bühne zurück. Im Oktober 1951 tauchte die Jana Sangh als politische Vertretung des Hindu-Nationalismus auf. Die neue Partei fand stetigen Zulauf aus der wachsenden Mitgliedschaft der RSS, konnte sich im Schatten Nehrus jedoch kaum bei Wahlen profitieren.

Als Vinayak Savarkar im Februar 1966 starb, war er fast in Vergessenheit geraten. Indira Gandhi, die gerade Premierministerin geworden war, bezeichnete Savarkar nicht wie einst der Mahatma als *desh bhakt* (Verehrer der Nation), aber sie zollte ihm Tribut. »Savarkars Name ist ein Synonym für Wagemut und Patriotismus«, erklärte sie. »Er war ein klassischer Revolutionär und inspirierte ungezählte Menschen. Mit seinem Tod wird eine große Figur des modernen Indien aus unserer Mitte gerissen.«[13]

Der Nachruf in der Londoner *Times* enthielt eine weitblickende Analyse. Die Zeitung, die Savarkars Anarchismus in London mit obsessiver Faszination verfolgt hatte, verstand gut, welche Macht die Hindutva-Ideologie ausübte. Im Schatten des Einflusses von Gandhi und Nehru und der Vormachtstellung der Kongresspartei, erklärte die Zeitung, existiere eine tiefe Strömung, ein indischer Nationalismus, »der als hinduistischer Nationalismus empfunden und zum Ausdruck gebracht wird«. Und die *Times* hatte den Eindruck, dass diese Art des Nationalismus »gegenwärtig eine Wiedergeburt erlebt«.[14]

Der Vormarsch des Hindu-Nationalismus war unstet. Im Januar 1977 schloss sich die Jana Sangh dem kunterbunten Janata-Parteienbündnis an, das Indira Gandhi bei der Wahl am Ende der Emergency besiegte. Aber bei der Wahl im Januar 1980 fügte Gandhi der Janata Party eine vernichtende Niederlage zu. Aus den Trümmern der Janata ging am 6. April 1980 die Bharatiya Janata Party (BJP, Indische Volkspartei) hervor. Die BJP, deren Mitglieder überwiegend aus der alten Jana Sangh stammten, präsentierte sich als gemäßigte Vertreterin des Hindutva. Atal Bihari Vajpayee, ein Mann, der Gedichte in Hindi verfasste und seit langem der aggressiv nationalistischen RSS angehörte, wurde Parteivorsitzender. Lal Krishna Advani, der andere führende Kopf der BJP, ließ keinen Zweifel daran, dass die Partei weiterhin enge Beziehungen zur RSS pflegen werde.[15]

Im November 1983, 78 Jahre nach Tilaks Kleiderverbrennung und sechs Jahrzehnte nach der Veröffentlichung von *Hindutva*, begann eine entscheidende Phase in der Wiederbelebung von Savarkars Lehren.

Das Hindutum auf dem Vormarsch

Die Hindu-Nationalisten schlossen sich zu einer Familie von Organisationen zusammen, der Sangh Parivar. Besonders aggressiv trat der Vishva Hindu Parishad (VHP, »Welt-Hindu-Rat« oder »Weltrat der Hindus«) auf. Am 16. November 1983 begann der VHP mit Prozessionen (*yatras*), um Savarkars Vorstellung von Indien als heilige geografische Einheit des Hindutums zu propagieren. Einer der größten dieser Prozessionen begann am Ufer des Ganges in Haridwar (wo der im Himalaja entspringende heilige Fluss die nordindische Ebene erreicht). Das Ziel war das 3000 Kilometer entfernte Kanyakumari an der Südspitze des Subkontinents. Eine weitere große Prozession führte von Gangasagar im Osten quer durch das Land zu einem bedeutenden Tempel in Somnath im Westen. Insgesamt zogen 100 Prozessionen kreuz und quer durch Indien. Die größten durchquerten Nagpur, wo die RSS ihr Hauptquartier hatte. Der VHP bezeichnete die Prozessionen als *Ekatmata yagna*, als Opferriten, die bekräftigen sollten, dass das heilige Land Indiens vom Hinduismus beseelt war.[16]

Zwei »Triumphwagen« – festlich geschmückte Fahrzeuge – führten die Prozession an. In einem der Wagen wurden mit heiligem Gangeswasser (*Ganga jal*) gefüllte Kupferurnen mitgeführt, der andere hatte ein Kultbild der »Mutter Indien« (*Bharat Mata*) an Bord, die neu in den Pantheon der hinduistischen Gottheiten aufgenommen worden war. Auf ihrer Reise durch das Land wurden die Triumphwagen von begeisterten Menschen mit Blumen und Münzen überhäuft. In Delhi sprachen die führenden BJP-Vertreter Atal Bihari Vajpayee und L.K. Advani vor einer riesigen Menschenmenge, die auf die Ankunft der Triumphwagen in der Hauptstadt wartete. In Bombay, wo die Wagen in den frühen Morgenstunden eintrafen, stand der Bürgermeister bereit, um der Bharat Mata einen Blumenkranz um den Hals zu legen, während Priester uralte Hymnen sangen. Die Shiv Sena – die Partei, die ursprünglich die Zuwanderung aus Südindien bekämpft hatte und ihren Hass jetzt gegen die Muslime richtete – inszenierte an verschiedenen Orten in der Stadt spektakuläre Feiern. Im ganzen Land verkündeten fanatische Redner, das Hindutum sei »in Gefahr«, rügten die Politik dafür, dass sie die Muslime »verhätschelte«, und übten scharfe Kritik an christlichen Missionaren.[17]

Im Mai 1984 gründete die VHP-Führung die Bajrang Dal (»Brigade von Hanuman«*), eine militante Jugendorganisation, die eine »Einsatztruppe« aus arbeitslosen Hindus aufbaute.[18] Auch andere gewaltbereite Organisationen rekrutierten junge Männer: Da waren die Kader der seit Mitte der sechziger Jahre aktiven Shiv Sena, die »rotäugigen« Hindus, die in den Tagen nach der Ermordung Indira Gandhis Sikhs umbrachten, und die extremistischen Sikhs, die in den achtziger und frühen neunziger Jahren Hindus terrorisierten. Doch Bajrang Dal war die größte unter den Gruppen, welche die Wut der Jugend nutzten, um den Hass zwischen Volksgruppen und die gesellschaftliche Spaltung zu schüren.

Im Juli 1984 erhöhte die VHP-Führung den Einsatz. Sie gründete ein Komitee für die »Befreiung« von Ram Janmabhoomi in Ayodhya, wo angeblich der mythische König Rama zur Welt gekommen war. Der Ort musste nach Meinung der Radikalen »befreit« werden, weil dort die im Jahr 1528 vom Mogulherrschers Babur errichtete Babri Masjid stand. Die Moschee war seit Jahrzehnten Gegenstand bitterer Auseinandersetzungen zwischen Hindus und Muslimen. Im Dezember 1949 waren in der Moschee auf geheimnisvolle Art Götzenbilder von Rama und seiner Frau Sita aufgetaucht. Obwohl die Behörden den Ort klugerweise absperrten, schlüpften immer wieder Hindus durch, um in der Moschee ihre Götter anzubeten. Der Konflikt schwelte unter der Oberfläche, bis am 7. Oktober 1984 schließlich ein vom VHP organisierter Protestmarsch Ayodhya erreichte. Hinduistische Führer nahmen vor einer riesigen Plakatwand Aufstellung, die bewaffnete Hindus und Muslime zeigte, die einander feindselig anstarrten. Die Anführer des Protestmarschs riefen Tausende Hindutva-Aktivisten zur »Befreiung« von Ram Janmabhoomi auf. Die Aussicht auf eine Rückeroberung der Geburtsstätte von Rama fachte die Leidenschaft von Hindus im ganzen Land an. *India Today* berichtete, die Spannungen hätten einen »gefährlichen Höhepunkt« erreicht.[19]

---

* Hanuman ist der Gott der Weisheit, des Muts, der Hingabe und der Selbstbeherrschung. Er ist ein treuer Ergebener Ramas.

Savarkars Hindutva-Ideologie, die Indien als ein Land beschrieb, dessen Einwohner durch jahrtausendealte Blutsbande und die hinduistische Kultur miteinander verbunden waren, übte in den nördlichen Bundesstaaten und in Maharashtra größere Anziehungskraft aus als im Süden des Landes. Finanzielle Unterstützung erhielten die nationalistischen Hindu-Organisationen von Händlern, kleinen Gewerbetreibenden und Freiberuflern. Die Prozessionen und die Aussicht auf einen Tempel für Rama weckten die Hoffnung auf einen vorwiegend hinduistischen Staat. Dieses Vorhaben lockte insbesondere Arme auf dem Land an und ermöglichte auch im Süden den Aufbau einer Wählerbasis (oder zumindest Wahlbündnisse).

Nachdem am 31. Oktober zwei Sikh-Leibwächter Indira Gandhi ermordet hatten, wurde ihr Sohn Rajiv unvermittelt Premierminister. Plötzlich war es seine Aufgabe, das Land durch den aufziehenden Sturm zu steuern.

Der Modernisierer Rajiv Gandhi facht den Hindu-Nationalismus an

Im Bemühen um Wählerstimmen versuchte der neue Premierminister, sowohl die Hindus als auch die Muslime zufriedenzustellen. Im April 1985, vier Monate nach seinem Amtsantritt, gab der Oberste Gerichtshof der Klage einer 73-jährigen Muslimin namens Shah Bano statt, die von ihrem Ex-Mann forderte, ihr nach der Scheidung auch über die nach muslimischem Recht üblichen drei Monate hinaus Alimente zu zahlen. Außerdem forderte das Gericht die Regierung auf, wie von der Verfassung vorgeschrieben, ein einheitliches Zivilrecht für alle indischen Bürger zu entwickeln. Der Modernisierer in Gandhi sympathisierte mit der Entscheidung des Höchstgerichts, aber angesichts der Proteste von Klerikern gegen die Einmischung in das islamische Recht zögerte er. Im Dezember versprach er muslimischen Führern, das Urteil des Obersten Gerichtshofs nicht gesetzlich umzusetzen. Doch mit dieser Zusage brachte er die Frauenrechtsbewegung und progressive Muslime gegen sich auf, welche die Verweigerung von Unterhaltszahlungen durch die Scharia für rückständig hielten. Und viele Hindus warfen ihm vor, die muslimischen Wähler zu »beschwichtigen«, um sich ihre Stimmen zu sichern. Genau das war sein Bestreben.[20]

Es ist nicht klar, wer hinter den folgenden Ereignissen steckte, aber sie wirkten choreografiert. Am 1. Februar 1986 ordnete ein Distriktrichter an, das seit langem geschlossene Tor zum Gelände der Babri-Moschee wieder zu öffnen. Eine halbe Stunde nach der richterlichen Anweisung brach ein Polizist das Schloss am Tor auf. Ein Kamerateam des staatlichen Fernsehsenders Doordarshan war vor Ort und übertrug die Öffnung der Moschee live. Im ganzen Land brach Jubel unter den Hindus aus. Viele glaubten, Rajiv Gandhi habe Anweisung gegeben, die Öffnung der Moschee nicht zu behindern. Andere meinten, dass Arun Nehru, einer seiner Minister, den Befehl gegeben habe, das Tor aufzubrechen. Ein muslimischer Ältester sagte unter Tränen: »Seit heute sind wir Bürger zweiter Klasse.«[21]

Weniger als einen Monat später, am 25. Februar 1986, löste der Premierminister das Versprechen ein, das er den islamischen Klerikern gegeben hatte: Er legte dem Parlament einen Gesetzesentwurf vor, mit dem die Entscheidung des Obersten Gerichtshofs über die Zuerkennung von Alimenten wirkungslos gemacht werden sollte. Im Mai wurde das Gesetz verabschiedet.[22]

Gandhi hatte auch ein Geschenk für die Hindus. Anfang des Jahres 1985 hatte er den TV-Sender Doordarshan auf dem Höhepunkt seiner Modernisierungsanstrengungen angewiesen, das *Ramayana*, den Rama-Mythos, den fast jede hinduistische Mutter ihren Kindern erzählt, zu einer Fernsehserie zu verarbeiten.[23]

Im Januar 1987 lief die Serie *Ramayana* an. Bis Juli 1988 wurde 78 Wochen lang jeden Sonntag eine Episode ausgestrahlt. Wenn *Ramayana* lief, kam das Leben zum Stillstand und das Land saß gebannt vor den Fernsehgeräten. Läden schlossen, Ärztinnen und Krankenschwestern vernachlässigten ihre Patienten, gesellige Treffen und kulturelle Veranstaltungen wurden verschoben. Die Zuschauer bereiteten sich mit *pujas* (religiösen Zeremonien) auf jede Episode vor. Sie »wuschen« und schmückten ihre Fernsehgeräte sogar mit Blumengirlanden.[24]

Im Jahr 1987 gab es in Indien nur 13 Millionen Fernsehapparate. Freunde und Nachbarn versammelten sich in Privathäusern und vor Schaufenstern um die wenigen Geräte. In Dörfern drängten sich manchmal Hunderte Menschen um ein einziges Gerät. Jede Episode wurde von etwa 80 Millionen Zuschauern verfolgt, das heißt von einem Zehntel der indischen Bevölkerung. Als die Serie endete, hatten fast alle Inder mehrere Folgen gesehen.[25]

Mehr als die *Ekatmata yagna* (die Reihe von Prozessionen am Jahresende 1983) verbreitete *Ramayana* die von Savarkar entwickelte Vorstellung, Indien sei das heilige Vaterland der Hindus. Am 7. August 1988, eine Woche nach Ausstrahlung der letzten Episode der Serie, zollte der *Indian Express* Savarkar Tribut: »Von Kanyakumari bis Kaschmir, von Gujarat bis Gorakhpur haben Millionen die Serie stehend, sitzend und auf den Knien verfolgt.« Die Korrespondentin Shailaja Bajpai fragte: »Gibt es ein Leben nach *Ramayana*?« Ihre Antwort lautete nein. Stattdessen beschrieb sie ein ähnliches Gefühl wie nach dem Tod Gandhis: »Das Licht in unserem Leben ist erloschen, und nichts wird jemals wieder so sein wie zuvor.«

In *Ramayana* sahen die Inder einen kriegerischen und zornigen Rama, der Gerechtigkeit übte. Der VHP interpretierte die Serie in ihrer Ikonografie Ramas auf ihre eigene Art. Der Autor Pankaj Mishra beschrieb den Rama, den der VHP auf seinen Postern zeigte, als einen »abstoßend muskulösen Rambo im Dhoti«. Die Theaterkritikerin Anuradha Kapur klagte, auf den VHP-Bildern sei Rama »sehr viel schwerer bewaffnet als in jeder traditionellen Darstellung«. Auf einem Bild trug Rama einen *dhanush* (einen Bogen), einen *trishul* (Dreizack), eine Axt und ein Schwert wie ein »vorindustrieller Krieger«. In einer anderen Darstellung stürmte er als wütender Kreuzritter mit entblößtem Oberkörper und flatternder Hose über den Himmel, das nach der Konvention gewickelte Haar vom Wind zerzaust. Auf allen Postern, die von diesen Bildern geziert wurden, versprach der VHP, in Ayodhya einen Tempel zu errichten. Kapur erklärte bestürzt, dass Rama, der allwissende und allgegenwärtige Herr, überall sei. Es sei widersinnig, ihn in Ayodhya anzusiedeln. Das Hindutum, schrieb sie verzweifelt, werde »von seinen Verfechtern auf ein Zerrbild seiner selbst reduziert«.[26] Die Hindutva-Bewegung verzerrte dieses Bild weiter, indem sie die Verwirklichung ihrer Mission hypermaskulinen jungen Kriegern übertrug.

Im April und Mai 1987, als die ersten Folgen von *Ramayana* liefen, brachen in Meerut im Westen von Uttar Pradesh blutige Auseinandersetzungen zwischen Hindus und Muslimen aus. Aus den meisten Darstellungen lässt sich schließen, dass die Unruhen von Muslimen provoziert wurden. Aber dann tötete die vom Hindutva-Virus infizierte Provinzpolizei von Uttar Pradesh kaltblütig Hunderte Muslime.[27]

Das Fieber verbreitete sich. Freiwillige der militanten Bajrang Dal schlossen sich Selbstmordkommandos (*balidani jathas*) an, deren Mitglieder sich bereiterklärten, für die Sache des Hindutums zu sterben. In Maharashtra intensivierte die Shiv Sena in den Jahren 1987 und 1988 ihre Kampagne gegen die Muslime. Sie sammelte ihre Anhänger unter der Parole »Wir sind stolz darauf, Hindus zu sein«. Viele »Soldaten« (*sainiks*) der Shiv Sena wurden in Colleges ausgebildet, die in den Ortschaften und Städten Maharashtras aus dem Boden schossen. Diese Männer, die nun einen »Hochschulabschluss« besaßen, wurden »von einem scheinbar unzugänglichen und selbstgefälligen politischen Establishment am sozialen Aufstieg gehindert«, wie der Anthropologe Thomas Blom Hansen schreibt.[28] Die Botschaft des Hindutva war verlockend für diese Männer.

Im Juni 1989 entschloss sich die BJP, aus dem Schatten von VHP und Bajrang Dal zu treten. Bei einem Treffen der BJP-Führung in Palampur in Himachal Pradesh setzte Parteichef Lal Krishnaa Advani die »Ram Janmabhoomi-Resolution« durch, mit der sich die Partei zur Errichtung eines Tempels für Rama in Ayodhya bekannte. Damit war das Vorhaben ein Wahlkampfthema.[29]

Rajiv Gandhi versuchte weiterhin, sowohl Muslime als auch Hindus zufriedenzustellen. Als Geste gegenüber den Muslimen ermächtigte er die Regierung von Uttar Pradesh, Urdu zur zweiten Amtssprache des Bundesstaats zu machen. Gleichzeitig stimmte er der Forderung der Hindutva-Bewegung zu, auf einem an die Babri-Moschee angrenzenden Grundstück den Grundstein für den Rama-Tempel zu legen. Im ganzen Land »weihten« Anhänger der Hindutva-Bewegung Ziegel (*shilas*), in die der Name des göttlichen Königs eingraviert war. Diese Ziegel wurden für die feierliche Grundsteinlegung am 9. November 1989 nach Ayodhya geschickt. Rajiv war vielleicht der Einzige, der überrascht war, als die Führer der Hindutva-Bewegung die Grundsteinlegung nicht wie versprochen auf einem angrenzenden Stück Land, sondern auf dem Grundstück zelebrierten, auf dem die Moschee stand.[30]

Der Premierminister begann den Wahlkampf für seine zweite Amtszeit in der nur sechs Kilometer von der Babri-Moschee entfernten Ortschaft Faizabad und versprach, die Ram Rajya zu errichten, die goldene Herrschaft Ramas. Es ist nicht klar, ob Gandhi bewusst war, dass er sich zum Narren machte. Das Versprechen war lächerlich. Der an einer britischen Universität ausgebildete Politiker sprach einige Worte in Hindi falsch aus und verhedderte sich bei den historischen Verweisen.

Das Hindutva-Virus wütete weiter. Mitte November kam es in Bhagalpur in Bihar zu gewaltsamen Zusammenstößen von Hindus und Muslimen.[31]

Warum sollten Hindutva-Anhänger die Kongresspartei wählen, wenn es Parteien gab, die das nationalistische Hindutum vertraten? Es konnte nicht überraschen, dass die Regierungspartei bei den Wahlen im November 1989 eine schwere Niederlage erlitt. Die BJP errang keine Mehrheit, aber ihr Stimmenzuwachs war gewaltig: Aus zwei Parlamentssitzen im Jahr 1984 waren 85 Sitze im Jahr 1989 geworden.

Die Geschichte hatte Rajiv Gandhi die Aufgabe aufgebürdet, sich mit zwei der gefährlichsten antidemokratischen Kräfte auseinanderzusetzen. Er wollte die Korruption zurückdrängen und bemühte sich, die Hindutva-Bewegung zu beschwichtigen. Doch die Geschichte rollte in beiden Fällen über ihn hinweg. Die Korruption hatte sich zu tief in Politik und Gesellschaft hineingefressen. Und mit seinen Versuchen, den Gegensatz zwischen Hindus und Muslimen für sich zu nutzen, half Gandhi, den aggressiven Hindu-Nationalismus zu entfesseln, eine autoritäre Ideologie, die auch im parlamentarischen System auf dem Vormarsch war. Sowohl die Korruption als auch das Hindutva würden die demokratischen Normen weiter zersetzen.

Im Augenblick war jedoch entscheidend, dass Rajiv Gandhi unfähig war, die wirtschaftliche Dynamik Indiens freizusetzen. Stattdessen schlitterte das Land in eine von ihm heraufbeschworene Finanzkrise.

KAPITEL 17

Ein allzu kurzer Augenblick der Vernunft

Ende der achtziger Jahre war in Indien der Individualismus auf dem Vormarsch. Die Geringschätzung des Gemeinwohls breitete sich aus. Diese Entwicklung war Teil einer weltweiten Hinwendung zum Individualismus, ausgelöst durch die Betonung von wirtschaftlicher »Liberalisierung« und Privatinitiative in den Reagan-Jahren. Das Motto jener Jahre lautete »Ich, mir, mein«.

In Gesellschaft und Politik untergrub die zunehmende Ich-Fixierung das soziale Verantwortungsbewusstsein, ohne das es keinen kollektiven Fortschritt geben kann. Ein Beispiel für den zunehmenden Egoismus beschrieb Pankaj Mishra. In Muzaffarnagar, einer Kleinstadt in Uttar Pradesh, die von der Grünen Revolution profitiert hatte, bauten sich die vom Glück Verwöhnten teure »Hochzeitstorten-Häuser« – und luden »riesige Müllberge« auf der Straße ab, damit sich andere darum kümmerten. Der neue Reichtum, schrieb Mishra, »weckte kein bürgerliches Verantwortungsbewusstsein, sondern »förderte einen aggressiven Individualismus«.[1] Einige mochten vorankommen, aber es wurden weiterhin keine öffentlichen Güter bereitgestellt, und die Hindernisse für allgemeinen Wohlstand und gesellschaftliches Wohlergehen blieben unangetastet.

Für die meisten Inder waren die Hindernisse unübersehbar. An einer Bushaltestelle in Udaipur in Rajasthan begegnete Mishra einem Bauernsohn namens Munna Yadav, der die Schule nach der fünften Klasse abgebrochen hatte. Munna hatte kurze Zeit auf dem elterlichen Hof und anschließend in der Teehandlung eines Verwandten in Delhi gearbeitet. An diesem Tag wartete er auf eine Mitfahrgelegenheit nach Ahmedabad, wo er Arbeit in einer Fabrik zu finden hoffte.[2]

In Bihar, insbesondere in der Kleinstadt Gaya, fand Mishra eine anarchische »Vierte Welt« vor:

> Die Tatsachen sind zu widerwärtig, die Liste der Grausamkeiten zu lang. Medizinische Hochschulen verkaufen Diplome, streikende Ärzte ziehen die Transfusionsschläuche aus den Venen ihrer Patien-

ten. Mörder und Vergewaltiger sichern sich durch Einschüchterung von Wählern Parlamentssitze. Reiche Grundbesitzer besitzen Privatflugzeuge und Rolls-Royce, während ein landloser Feldarbeiter nicht mehr als einen Schal besitzt und seinen Namen vergessen hat.

In dieser Vierten Welt scheiterte der ewige Arbeitsuchende Uday Prakash Singh jedes Jahr an den Aufnahmeprüfungen für Posten im öffentlichen Dienst. Diese Examen waren die Lotterielose zu jener Art von finanzieller Sicherheit und Prestige, die man nur im Staatsdienst fand. In der öffentlichen Verwaltung winkten auch beträchtliche Nebeneinkünfte durch Korruption. Uday Prakash Singh und seine Freunde, die wie er ein ums andere Mal zu den Examen antraten, fanden die nationale Polizeiverwaltung (Indian Police Service) besonders verlockend, da diese »mächtiger« und folglich »einträglicher« war als die prestigeträchtige nationale Verwaltung (Indian Administrative Service).[3]

Diese Traumjobs waren für die meisten jungen Männer fast unerreichbar, und die Aussichtslosigkeit förderte eine weitere destruktive Tendenz. Der Ökonom Albert O. Hirschman bezeichnete es als »Tunneleffekt«: Autofahrer, die in einem zweispurigen Tunnel im Stau stehen, sind anfangs erleichtert, wenn sie sehen, dass sich die Autos auf der Gegenfahrbahn in Bewegung setzen. Sie nehmen an, dass auch sie bald weiterfahren können. Aber wenn sich auf ihrer Fahrspur weiterhin nichts bewegt (oder wenn sie viel langsamer vorankommen als die Autos auf der Gegenfahrbahn), weckt dies bei ihnen den Verdacht, dass etwas nicht mit rechten Dingen zugeht. Dieses Gefühl der Benachteiligung kann dazu führen, dass sie »wütend werden und sich entschließen, sich gegen das offenkundige Unrecht zu wehren«.[4]

Politiker verstanden es, diese unterschwellige Wut auszunutzen. Im erbittert geführten Wahlkampf im Jahr 1989 starben mehr als 100 Menschen. Hindus und Muslime lieferten sich Straßenschlachten, vor allem in Bhagalpur in Bihar, wo die Zahl der Toten auch nach den Wahlen weiter stieg. V. P. Singhs kurz zuvor gegründete Janata Dal Party schrieb sich den Kampf für die »anderen zurückgebliebenen Klassen« und die Landbevölkerung auf die Fahne. Mit Kalaschnikows bewaffnete Verbrecherbanden schüchterten Wähler ein, um den von ihnen unterstützten Kandidaten Stimmen zu sichern. Ein Mordanschlag auf Singh schlug fehl, aber eine Kugel traf seinen Neffen Sanjay, der ebenfalls für die Janata Dal kandidierte. Er brauchte lange, um sich in einem britischen Krankenhaus von seiner Bauchverletzung zu erholen.[5]

In Rajiv Gandhis Wahlkreis Amethi in Uttar Pradesh füllten Bewaffnete die Wahlurnen mit Stimmzetteln, was den Leiter der Wahlbehörde dazu veranlasste, eine Wiederholung der Stimmabgabe in mehreren Wahllokalen anzuordnen. Die *Times of India* kommentierte, das Land sei auf dem besten Weg, sich in eine schadhafte Demokratie zu verwandeln. Die Zeitung beklagte den moralischen Niedergang des Landes, der sowohl in der mangelnden Bereitschaft des Premierministers, die in seinem Dienst stehenden »Gangster und Mafiabosse« unter Kontrolle zu bringen, als auch darin zum Ausdruck komme, dass im ganzen Land eine schockierend große Menge an gefälschten Stimmzetteln aufgetaucht sei.[6]

Ein derart orientierungsloses und gespaltenes Land brachte zwangsläufig ein zersplittertes Parlament hervor. Die Hindutva-Bewegung sicherte der BJP 85 Parlamentssitze, während die Kongresspartei trotz einer aktiven Wahltaktik nur 197 Sitze errang, was weniger als die Hälfte ihres Anteils von 415 Mandaten im Jahr 1984 war. V. P. Singh manövrierte im Parlament, um die Macht zu erlangen. Seine Janata Dal hatte 143 Mandate errungen, und trotz seines Bündnisses mit vier weiteren Parteien hatte er keine Mehrheit im Parlament. Aber er sicherte sich die stillschweigende Unterstützung der BJP und der kommunistischen Parteien. Diese ideologisch uneinheitliche Koalition, deren einziges gemeinsames Bestreben die Machtübernahme war, wählte Singh am 2. Dezember 1989 zum Premierminister. Er übernahm die Führung einer zerbrechlichen Regierung.

Der aggressive Individualismus der Politiker war problematisch, weil die Verfolgung des Eigeninteresses auf Kosten anderer zu einem »unablässigen Nullsummenwettbewerb und wiederholten Fehlschlägen von Kompromissbemühungen« führte, wie der Politikwissenschaftler Robert Putnam erklärte. In den Vereinigten Staaten behinderte der mangelnde Konsens über breit gefasste gesellschaftliche Ziele in der Ära des Individualismus nach Einschätzung Putnams die öffentliche Politik, während politische Korruption und Kriminalität zunahmen. Die Infrastrukturen verkamen, die Finanzmarktaufsicht und der Schutz der natürlichen Ressourcen litten, die Umweltzerstörung beschleunigte sich. Das amerikanische Bildungssystem, die vielleicht bedeutsamste Errungenschaft des Landes, war im Niedergang begriffen.[7]

Die in den Vereinigten Staaten beobachteten Trends waren ein schlechtes Omen für Indien. Dort waren die öffentlichen Güter schon vor dem Siegeszug des Individualismus in einem miserablen Zustand. Die Weltbank wiederholte in einer Bestandsaufnahme im Jahr 1990 die mittlerweile gewohnte Warnung: Langfristiges Wachstum und Verringerung der Armut seien nur möglich, wenn Grundschulbildung, Präventivmedizin und grundlegende Gesundheitsfürsorge verbessert und ausgeweitet würden. Die indische Regierung gebe viel zu wenig Geld für diese grundlegenden Erfordernisse aus und investiere die knappen Mittel stattdessen in »kurzfristige Lösungen wie Schuldenerlässe« und verschwenderische Subventionen. Besonders alarmierend schienen der Weltbank die sehr schlechte Grundschulbildung und medizinische Versorgung von Frauen. Indiens Unfähigkeit, die Gleichberechtigung der Frau zu fördern, sei nicht nur deshalb ein schwerer Makel, weil die hartnäckige Ungleichheit an sich zu verurteilen sei, sondern auch, weil gebildete und gesunde Frauen weniger Kinder und besser gebildete und gesündere Familien hätten.[8]

Die Qualität von Wasser und Luft nahm rasch ab. Viele Flüsse einschließlich des heiligen Ganges waren »biologisch tot« und führten Industrieabfälle, illegale Pestizide und unbehandelte Abwässer mit sich. In einer Untersuchung stellte sich heraus, dass die Ufer des Yamuna vor den Toren Delhis mit Schwermetallen und Chemikalien verseucht waren. Delhi nahm weltweit den vierten Rang unter den Städten mit der schlimmsten Umweltverschmutzung ein. Die Busse fuhren »im Nebel ihrer eigenen Abgase«. Ende der achtziger Jahre gehörte Indien nach Einschätzung des World Resources Institute, einer Denkfabrik in Washington, zu den fünf größten Treibhausgasemittenten.[9]

Die mangelnde menschliche Entwicklung und die zunehmende Umweltzerstörung verursachten langfristige Krisen. Sie würden die wirtschaftliche Entwicklung auf lange Sicht bremsen. Aber die größte unmittelbare Gefahr ging von einer individualistischen politischen Kultur aus, welche die indische Wirtschaft an den Rand einer wirtschaftlichen und finanziellen Katastrophe brachte.

Der Blick in den Abgrund vom Rand der Klippe

Nach seinem Regierungsantritt im Dezember 1989 sah sich V. P. Singh mit einer von der Regierung Gandhi geerbten Finanzkrise konfrontiert. Rajiv Gandhis Steuersenkungen und Subventionen für verschiedene Interessengruppen hatten ein großes Loch in den Staatshaushalt gerissen. Die mit Staatsausgaben angekurbelte Nachfrage hatte zur Folge, dass die Importe schneller wuchsen als die Exporte, wodurch das Leistungsbilanzdefizit auf rund 3 Prozent des Bruttoinlandsprodukts stieg. Die Devisenreserven waren deutlich geschrumpft und deckten nur noch die Einfuhren von zwei Monaten. Angesichts der Erschöpfung der Reserven war zu befürchten, dass die ausländischen Geldgeber dem Land in der Erwartung eines Zahlungsausfalls keine weiteren Kredite mehr geben würden.[10]

»Die Staatskasse ist leer«, eröffnete Singh kurz nach seinem Regierungsantritt der indischen Bevölkerung in einer Fernsehansprache. Er versprach, das Haushaltsdefizit zu verringern und die Inflation unter Kontrolle zu bringen. Aber dazu kam es nie. Vielmehr verschlimmerte die neue Regierung die Lage mit kurzsichtigen Maßnahmen. Um die Bauernlobby in seiner Partei zufriedenzustellen, löste Singh sein Wahlversprechen ein, Bauern und Handwerkern, die bei Staatsbanken einen Kredit von weniger als 10 000 Rupien (rund 500 Dollar) aufgenommen hatten, ihre Schulden zu erlassen.[11]

Nun schränkten die Auslandsinder Geldsendungen an ihre Familien in der Heimat ein, weil sie mit einer Abwertung der Rupie rechneten. Im Juni 1990 genügten die Devisenreserven nur noch, um die Importe sieben Wochen lang zu bezahlen. In dieser Situation vergrößerte der irakische Präsident Saddam Hussein die Probleme Indiens weiter: Am 2. August ordnete er eine Invasion des Nachbarlandes Kuwait an. Die zu erwartende Verringerung der Öllieferungen aus Kuwait und die Furcht vor einem irakischen Angriff auf Saudi-Arabien lösten einen sprunghaften Anstieg des Ölpreises aus, was die Inflation und die Importkosten Indiens deutlich erhöhte.[12]

Um die politische Initiative wiederzuerlangen, kündigte Singh am 9. August an, den Bericht der Mandal-Kommission wieder aus der Schublade zu holen. Diese Kommission hatte der seinerzeitige Premierminister Morarji Desai im November 1978 eingerichtet, um Maßnahmen zur Ausweitung der positiven Diskriminierung durch die Reservierung von Plätzen in der staatlichen Verwaltung für benachteiligte Gruppen zu empfehlen. Aber als die Kommission im Dezember 1980 ihren Bericht vorlegte, war Desais Regierung nicht mehr im Amt. Die beiden folgenden Regierungschefs – Indira und Rajiv Gandhi – schreckten aus Furcht vor gewalttätigen Protesten davor zurück, die Empfehlungen umzusetzen: Es konnte nur eine bestimmte Zahl von Posten reserviert werden, und irgendeine Gruppe würde zwangsläufig leer ausgehen.

Die Mandal-Kommission hatte vorgeschlagen, 27 Prozent der Posten in der Zentralverwaltung Angehörigen der »anderen zurückgebliebenen Klassen«

vorzubehalten. Die Verfassung schrieb bereits vor, 22,5 Prozent der Positionen für die zwei am stärksten benachteiligten Bevölkerungsgruppen zu reservieren. Die größere dieser beiden Gruppen, die Scheduled Castes (»Gelistete Kasten«) – oder Dalits (»Unterdrückte«), wie sie sich selbst nennen –, nahm den niedrigsten Rang in der traditionellen sozialen Hierarchie Indiens ein. Die Scheduled Tribes (»Gelistete Stämme«), das heißt die Angehörigen indigener Stammesgemeinschaften, hatten ebenfalls Anteil an der 22,5-prozentigen Quote der gemäß Verfassung reservierten Arbeitsplätze. Eine Umsetzung der Empfehlung der Mandal-Kommission würde bedeuten, dass 49,5 Prozent der Positionen in der Zentralverwaltung reserviert werden müssten, womit die vom Obersten Gerichtshof festgesetzte Obergrenze von 50 Prozent erreicht wäre.[13]

Die positive Diskriminierung war unumgänglich, um vergangenes Unrecht wiedergutzumachen. Aber Singh handelte opportunistisch, um seine Anhänger zufriedenzustellen. Ohne eine Strategie zur Verbesserung der Beschäftigungschancen würde eine Ausweitung der positiven Diskriminierung zwangsläufig einen Nullsummenkampf um die Arbeitsplätze auslösen und die Rivalität zwischen den Kasten vertiefen. Ein Teil des Problems war, dass die »anderen zurückgebliebenen Klassen« wiederum in verschiedene Unterkasten zerfielen. Jene Unterkasten, die größeren politischen Einfluss genossen, würden eher von den reservierten Posten in der öffentlichen Verwaltung profitieren, weshalb die Ungleichheit Bestand haben würde. Es war kaum zu vermeiden, dass die von den Reservierungen Ausgeschlossenen wütend reagieren würden.[14]

Mitte September, etwas mehr als einen Monat nach Singhs Ankündigung des neuen Reservierungssystems, versuchte Rajiv Goswami, ein 21-jähriger Sohn eines Postangestellten, sich selbst zu verbrennen. Da er als Brahmane einer der privilegierten Kasten angehörte, waren seine Chancen auf einen Arbeitsplatz plötzlich gesunken. Goswami überlebte, aber in den folgenden zwei Monaten folgten 153 Personen seinem Beispiel; 63 von ihnen starben. In Bihar setzten Studenten einen Bahnhof in Brand. In Andhra Pradesh zündeten Demonstranten Busse an. Im ganzen Land organisierten Studenten Generalstreiks. Im Norden und Westen Indiens kam es zu gewalttätigen Zusammenstößen zwischen den Kasten.[15]

Für die BJP, auf deren Stimmen die Regierung Singh im Parlament angewiesen war, waren die Politik der positiven Diskriminierung und die folgenden Kastenkriege aus zwei Gründen gefährlich. Die Unterstützung der zurückgebliebenen Kasten würde Singh politisch stärken, und anhaltende Gegensätze zwischen den Kasten würden Zweifel am Narrativ von der Einheit der Hindus wecken.

Die Reaktion der BJP und anderer Hindutva-Organisationen bestand darin, noch nachdrücklicher zu verlangen, dass die Babri-Moschee in der heiligen Stadt Ayodhya geschleift und an ihrer Stelle ein Tempel für Rama errichtet wurde. Am 25. September schickte der BJP-Vorsitzende Lal Krishna Advani in der Tempelstadt Somnath im Westen Indiens eine *rath yatra* (Triumphwagenprozession) los. Der Triumphwagen, ein geschmückter Toyota-Pick-up, würde 10 000 Kilometer durch das Land bis nach Ayodhya fahren. Die Bajrang Dal, die militante Jugendorganisation der Hindu-Nationalisten, eskortierte die Prozession mit *trishuls* (Dreizacken) bewaffnet.[16]

Am 30. September kam es im Distrikt Gonda in Uttar Pradesh entlang des Wegs der *rath yatra* zu Ausschreitungen. Nach amtlichen Angaben wurden bei den Zusammenstößen zwischen Hindus und Muslimen 40 Menschen getötet, aber nach inoffiziellen Zählungen lag die Zahl der Opfer deutlich über 100 Menschen. Am 2. Oktober brachen Unruhen in mehreren Ortschaften in Karnataka aus, am Tag darauf kam es zu Zusammenstößen in Udaipur in Rajasthan.[17]

Am 4. Oktober 1990 stufte die Ratingagentur Moody's die Kreditwürdigkeit Indiens herab. In einer »außergewöhnlich harten« Erklärung wies Moody's auf die Unfähigkeit der indischen Regierung hin, das Haushaltsdefizit zu verringern und die Staatsschulden abzubauen. Und nach Einschätzung der Ratingagentur erschwerten soziale Konflikte und der Hindu-Nationalismus die wirtschaftliche Situation zusätzlich.[18]

Singhs Regierung lag in den letzten Zügen. Der Regierungschef von Bihar, Lalu Prasad Yadav, ließ Advani vermutlich auf Ersuchen Singhs verhaften, als die Prozession am 24. Oktober in den frühen Morgenstunden diesen Bundesstaat erreichte. Doch Anhänger der BJP setzten den Marsch nach Ayodhya fort. Inmitten des anhaltenden Blutvergießens entzog die BJP der Regierung ihre Unterstützung. Am 7. November 1990 stellte ein verbitterter Singh im Parlament die Vertrauensfrage. »Was für ein Land wollen Sie?«, fragte er die Abgeordneten. »Ich halte Ihnen einen Spiegel vor, damit Sie alle sich selbst in die Augen schauen können.« Doch die Abgeordneten empfanden keine Scham. Es stimmten sogar viele von Singhs Parteikollegen gegen ihn. Angeblich waren sie vom selbsternannten Sozialisten Chandra Shekhar mit Hunderttausenden Dollar bestochen worden. Um Premierminister zu werden, bemühte sich

Shekhar, dessen Partei lediglich 58 der 543 Parlamentssitze hielt, um die stillschweigende Unterstützung Rajiv Gandhis, dessen Kongresspartei 197 Abgeordnete stellte. Gandhi schlug sich auf Shekhars Seite, und am 10. November wurde dieser als Premierminister vereidigt.[19]

Teilweise infolge des irakischen Überfalls auf Kuwait hatte sich die globale Konjunktur im Lauf des Jahres deutlich abgekühlt, während die Inflation rasch stieg. Der Rückgang der Exporte verringerte das Wirtschaftswachstum Indiens. Die ohnehin hohe Inflationsrate stieg weiter. Infolge der Herabstufung seiner Bonität durch Moody's im Oktober hatte das Land praktisch keinen Zugang mehr zum privaten internationalen Finanzmarkt, den es brauchte, um sein Leistungsbilanzdefizit zu finanzieren und den Schuldendienst fortsetzen zu können. Im Dezember 1990 verfügte Indien nur noch über Devisenreserven für einen Monat. Am 28. Dezember bat Finanzminister Yashwant Sinha den IWF um 1,8 Milliarden Dollar. Im Januar 1991 bewilligte der Währungsfonds den Kredit.[20]

Indien brauchte dringend mehr Geld aus dem Ausland, aber um an Kredite heranzukommen, musste die Regierung beweisen, dass sie entschlossen war, das Haushaltsdefizit zu verringern. Am 20. Februar 1991 erzwang Rajiv Gandhi, auf dessen Unterstützung die Regierung Shekhar nicht verzichten konnte, eine Verlängerung der Haushaltsverhandlungen. Ohne Budget konnte die Regierung keinerlei Zusagen machen. Nun litt Indien unter dem »doppelten Unheil von politischer Lähmung und Wirtschaftskrise«, wie die *Financial Times* kommentierte. Bajaj Auto, der größte indische Hersteller von Motorrollern, hatte bereits 3500 Arbeiter entlassen müssen. Die Wirtschaft hing am seidenen Faden. Anfang März brach die Regierung nach nur vier Monaten zusammen, und Shekhar gab seinen Rücktritt bekannt.[21]

Es mussten Neuwahlen angesetzt werden. Im Wahlkampf machte Rajiv Gandhi am 21. Mai 1991 in Tamil Nadu Halt. Eine junge Frau trat an ihn heran, berührte seine Füße in einer Geste des Respekts und zündete einen Sprengstoffgürtel. Neben dem 46-jährigen Politiker und der Attentäterin starben 14 weitere Menschen. Die Selbstmordattentäterin war von einer tamilischen Guerillagruppe aus Sri Lanka entsandt worden, die sich dafür rächen wollte, dass Gandhi als Premierminister hart gegen die tamilischen Rebellen vorgegangen war, die gegen die Singhalesen kämpften. Die nach dem Mordanschlag orientierungslose Kongresspartei ernannte in aller Eile Rajivs 44-jährige Witwe Sonia, die aus Turin stammte, zur Parteivorsitzenden. Die Parteiführung hoffte, die Herzen der Inder zu rühren. Aber Sonia Gandhi weigerte sich, in das Chaos hineingezogen zu werden.[22]

Bei der Wahl im Jahr 1991 sicherte sich die BJP, die von ihrer Kampagne für einen hinduistischen Tempel in Ayodhya profitierte, 120 Sitze in der Lok Sabha. Zwei Jahre zuvor war die Partei auf lediglich 85 Mandate gekommen. Die Kongresspartei ging ebenfalls gestärkt aus dem Urnengang hervor und errang 232 Parlamentssitze. Obwohl sie keine absolute Mehrheit erreicht hatte, wurde ihr neuer Parteichef, der 69-jährige P. V. Narasimha Rao, am 21. Juni 1991 zum Premierminister gewählt.

Die Devisenreserven reichten noch, um die Importe drei Wochen lang zu bezahlen. Die Geldsendungen von Auslandsindern waren versiegt. Wie im Jahr 1957 steckte Indien in einer Währungskrise. Angesichts der drohenden finanziellen Katastrophe entschloss sich die Regierung erneut zu strengen Einfuhrbeschränkungen, um einen weiteren Devisenabfluss und einen Zahlungsausfall zu verhindern.[23]

Das Versprechen der Abwertung

Narasimha Rao machte Manmohan Singh, einen in Oxford ausgebildeten Ökonomen und erfahrenen Ministerialbeamten, zu seinem Finanzminister. Die neue Regierung war zehn Tage alt, als Singh am 1. Juli 1991 eine 9-prozentige Abwertung der Rupie von 21 auf 23 Rupien pro Dollar ankündigte. Die dringend benötigte Abwertung würde es den indischen Exporteuren erlauben, entweder die Dollarpreise zu senken, um mehr Produkte ins Ausland zu verkaufen, oder mit gleichbleibenden Exporten höhere Rupieneinnahmen zu erzielen. Die Abwertung der Landeswährung verteuerte auch die Einfuhren. Ein Anstieg der Exporte und eine Verringerung der Importe würden das Zahlungsbilanzdefizit verringern. Aber Montek Singh Ahluwalia, der ehemalige Wirtschaftsberater Rajiv Gandhis, hielt eine Abwertung von 9 Prozent für unzureichend. Er hatte recht. Die letzte offizielle Abwertung der Rupie im Juni 1966 lag fast genau ein Vierteljahrhundert zurück und war definitiv zu gering ausgefallen. Seit damals hatte es mehrere inoffizielle Abwertungsrunden gegeben: Zuerst war der Kurs der Rupie an den des britischen Pfunds gekoppelt worden, was die indische Währung gegenüber dem Dollar geschwächt hatte. Dann war der Wechselkurs an einen Währungskorb gebunden worden. Aber wie der frühere Zentralbankchef I. G. Patel in seinen Memoiren schrieb, genügten solche »Tricksereien« nicht, um den verglichen mit konkurrierenden Volkswirtschaften deutlich größeren Anstieg der indischen Produktionskosten auszugleichen.[24] Eine weitere geringfügige Abwertung würde das Gegenteil der beabsichtigten Entspannung bewirken. Und genau das wäre beinahe geschehen.

Narasimha Rao versuchte, eine weitere Abwertung hinauszuzögern. In der indischen Politik wurde diese Maßnahme mit einem Angriff auf die nationale Würde gleichgesetzt. Die ostasiatischen Länder hatten die Abwertung ihrer Währungen eingesetzt, um ihre Exporte zu verbilligen, und sie hatten ihre Arbeitskräfte geschult, damit sie Exportgüter anfertigten, die den internationalen Standards entsprachen.[25] Indien war weder zum einen noch zum anderen Schritt in der Lage.

Doch zum Glück war die Abwertung bereits in Gang. Finanzminister Manmohan Singh hatte der Zentralbank am 3. Juli Anweisung zu einem weiteren Abwertungsschritt gegeben, und die Bank hatte gehandelt, bevor der Premierminister einschreiten konnte. Der neue Wechselkurs lag bei etwa 26 Rupien für den Dollar. Es wäre beinahe schiefgegangen, aber die zweistufige Abwertung verringerte den Wert der Rupie insgesamt um etwa 19 Prozent. Jetzt war die indische Währung billiger und vernünftiger bewertet, was der Devisenknappheit des Landes besser entsprach.[26] Die Führung des Landes hatte gezögert, aber kollektiv hatte sie Vernunft bewiesen und den Schritt in den Abgrund vermieden.

Die billigere Rupie erfüllte die Funktion von Exportsubventionen und Importbeschränkungen. Am 3. Juli gab Manmohan Singh bekannt, dass die Exportsubventionen um Mitternacht aufgehoben würden. Am 4. Juli kündigte der Handelsminister die Aufhebung der meisten Einfuhrbeschränkungen an. Indien hatte 35 Jahre auf diesen Schritt gewartet, seit die Beschränkungen im Jahr 1957 verschärft worden waren, um den Wechselkurs aufrechterhalten zu können. Die Einfuhrbeschränkungen hatten sich in eine vielköpfige Lizenz- und Genehmigungshydra verwandelt, die eine beeindruckende Fähigkeit besaß, zugleich der Wirtschaft zu schaden, die Reichen und Mächtigen zu bevorzugen und sich als sozialistisches System zu etablieren. Die Rufe nach einer Beseitigung dieses »falschen Sozialismus« waren im Lauf der Jahre lauter geworden, und kaum jemand trauerte dem System nach, als es wie ein Kartenhaus in sich zusammenfiel.[27]

Es mangelte Indien jedoch weiterhin an Devisen. Die Regierung brachte 25 Tonnen Gold nach London, wo das Edelmetall bei der Bank of England als Sicherheit für einen Kredit über 200 Millionen Dollar hinterlegt wurde. Wie die

Abwertung war auch die Verpfändung des Goldes ein Schock für die Nation. Finanzminister Manmohan Singh verteidigte die Transaktion, die noch von der Vorgängerregierung in die Wege geleitet worden war, mit der Erklärung, die Alternative sei ein Zahlungsausfall, der desaströse Folgen haben würde. Indien wollte ein ähnliches Geschäft mit der japanischen Zentralbank machen. Und die Regierung Shekhar hatte einer Schweizer Bank 20 Tonnen Gold zugesagt, für die Indien weitere 200 Millionen Dollar erhalten würde. Doch die Verpfändung des indischen Goldes genügte nicht, um den Devisenbedarf des Landes zu decken. Also machte sich ein IWF-Team auf den Weg nach Delhi, um politische Maßnahmen zu vereinbaren, mit denen Indien die Bedingungen für einen großen Kredit des Währungsfonds erfüllen konnte.[28]

Nach einer hitzigen Debatte in der Kongresspartei beschloss das Parlament am 24. Juli 1991 eine neue Industriepolitik. Die Lizenzerfordernisse wurden für alle mit Ausnahme von 18 Industriezweigen abgeschafft. Staatsmonopole würde es nur noch in acht Sektoren geben, und die Beschränkungen für Monopolbildungen wurden verringert. Ausländische Unternehmen durften von nun an 51 Prozent der Anteile an indischen Unternehmen halten (bis dahin war ihr Anteil auf 40 Prozent begrenzt gewesen).[29]

Am Nachmittag desselben Tages legte Manmohan Singh das Budget vor. Er rief dem Parlament in Erinnerung, dass die Regierung einen hohen Schuldenberg angehäuft hatte, um das Haushaltsdefizit zu finanzieren. Allein die Zinszahlungen auf diese Schulden verschlangen 4 Prozent des Bruttoinlandsprodukts oder 20 Prozent der Steuereinnahmen des indischen Staates. Mit den vorhandenen Devisenreserven konnten die Importe nur noch zwei Wochen lang bezahlt werden. Der Finanzminister erklärte, das Land stecke in einer »akuten« und »tiefen« Wirtschaftskrise. Er versprach eine »deutliche Verringerung« des Budgetdefizits, die mit einer Verringerung des Zahlungsbilanzdefizits einhergehen würde. Singh schloss mit einer abgewandelten Aussage Victor Hugos – »Keine Macht der Welt kann eine Idee aufhalten, deren Zeit gekommen ist« – und erklärte, die Zeit Indiens als Wirtschaftsmacht sei gekommen: »Die Welt soll es laut und deutlich hören. Indien ist erwacht.«[30]

Anfang Oktober gewährte der IWF Indien einen Kredit über 2,26 Milliarden Dollar. Mit den Liberalisierungsmaßnahmen, die neben der Abwertung der Rupie einen Abbau von Exportsubventionen, Importbeschränkungen und Industrielizenzen beinhalteten, hatte Indien erste Schritte zum Aufbau einer

Marktwirtschaft getan. Doch über die für langfristiges Wachstum unverzichtbare menschliche und urbane Entwicklung wurde überhaupt nicht gesprochen. Die Rahmenbedingungen für die Beaufsichtigung des Finanzsektors und den Schutz der natürlichen Ressourcen waren rudimentär. Dennoch waren die im Juli 1991 ergriffenen Maßnahmen ein wichtiger erster Schritt. Finanzminister Manmohan Singh, ein Sikh, der meist einen blauen Turban trug, war ein Star. Einige Monate später lernte Pankaj Mishra auf seiner Reise durch Indien im Zug einen Geschäftsmann kennen, der sagte: »Ich habe das Gefühl, dass die Dinge, die Manmohan Singh tut, gut sind.«[31]

Grünes Licht für den Börsenschwindel

Manmohan Singh und seine Ministerkollegen hatten Maßnahmen zur wirtschaftlichen Liberalisierung ergriffen, um das Wachstum der Industrie anzuregen. Aber die ersten Auswirkungen waren im Finanzsektor zu beobachten. In den sieben Monaten, die zwischen Singhs erstem Haushalt vom 24. Juli 1991 und der Verabschiedung des zweiten Haushalts am 28. Februar 1992 vergingen, stieg der indische Börsenindex Sensex fast um das Doppelte auf 2 800 Punkte. Auch in der Folge setzte sich der Höhenflug der Börse fort. Die Euphorie war verwunderlich, denn die Analysten sagten einen unergiebigen Monsun und einen Rückgang der Industrieproduktion voraus. Einige Beobachter fragten sich, ob die von Singh durchgesetzte Steuerbefreiung von Kapitalerträgen einfach dazu führte, dass große Mengen Geldes in Aktien und Anleihen flossen.[32]

Die folgenden Ereignisse werden heute als sonderbar betrachtet. Tatsächlich waren sie ein Beispiel dafür, wie in einer kaum regulierten Volkswirtschaft schnelles Geld verdient werden kann. Sie waren Vorboten wiederholter ordnungspolitischer Fehlschläge in einer Volkswirtschaft, deren Wachstum von einem Finanzsektor abhängt, der die Einkommens- und Vermögensungleichheit vergrößert und die Superreichen zu Helden macht.

Ein Bankmanager beklagte sich angesichts der Börseneuphorie: »Jedes Mal, wenn mein Telefon klingelt, schaudert mir. Es ist meine Tante. Sie will Aktientipps.« Die Tante hatte einen guten Riecher: In den zwei Monaten nach der Verabschiedung von Singhs zweitem Haushalt stieg der Börsenindex um rund 60 Prozent. Am 23. April 1992 erreichte er fast die Marke von 4 500 Punkten.[33]

Am 23. April berichtete die *Times of India*, dass die State Bank of India (SBI), das mit Abstand größte Finanzinstitut des Landes, einem namentlich nicht genannten Spekulanten, der »gewaltige Aktientransaktionen« durchgeführt hatte, »ohne angemessene Prüfung und möglicherweise ohne Sicherheiten« 5 Milliarden Rupien (etwa 175 Millionen Dollar) geliehen hatte. Die Nachricht, dass der Spekulant möglicherweise in finanzielle Schwierigkeiten geraten war, löste eine Verkaufswelle an der Börse aus. Der Sensex stürzte von seinem Rekordwert von beinahe 4500 Punkten bis Anfang Juni auf 3000 Punkte ab und lag am Jahresende bei etwa 2500 Punkten.[34]

Der namenlose Spekulant aus dem Zeitungsbericht war Harshad Mehta. Der nach ihm benannte Börsenschwindel hatte funktioniert, weil der fast zur Gänze verstaatlichte Bankensektor vollkommen ineffizient war. Die meisten Banken fuhren jedes Jahr hohe Verluste ein, und selbst die erfolgreicheren Institute erzielten nur geringe Gewinne. Die Banken waren nicht nur schlecht geführt, sondern standen unter ständigem politischem Druck, Bauern und Kleinunternehmen ihre Schulden zu erlassen. Am Ende jeder Entlastungsrunde stopfte die Regierung die Kapitallöcher der Geldinstitute mit ihren knappen Budgetmitteln.[35]

Angesichts einer neuen Gewinnflaute Anfang der neunziger Jahre entdeckten die Banken, dass sie ihre Erträge erhöhen konnten, indem sie auf dem Interbankenmarkt untereinander Wertpapiere handelten. Bei einer solchen Transaktion bot Harshad Mehta an, für die SBI Wertpapiere zu kaufen, und die Bank stellte ihm Schecks dafür aus. Aber Mehta lieferte die angeblich gekauften Wertpapiere nicht immer (oder ließ sich Zeit mit der Lieferung). Er verwendete das von den Banken bereitgestellte Geld, um die Börsenkurse in die Höhe zu treiben. Alle Banken beteiligten sich an diesem Spiel. Einige »liehen« Mehta Geld ohne gewissenhafte Prüfung, während andere seine Schecks für ihn einlösten. Alles in allem beliefen sich die kostenlosen Kredite an Mehta und andere Spekulanten auf Hunderte Millionen Dollar. Die gewaltigen Summen machten Mehta, den größten der vielen Spekulanten, zu einem Orakel: Er sagte voraus, dass der Kurs einer Aktie steigen würde, und wie durch Zauberei stieg der Kurs. Mehta war auf dem besten Weg, sich in den reichsten Mann Indiens zu verwandeln. Er steckte seine Gewinne in ein 1400 Quadratmeter großes Appartement mit Meerblick und eine Autoflotte. Er verkörperte den »aggressiven Individualismus«, der sich unter dem Deckmantel der wirtschaftlichen Liberalisierung ausbreitete.[36]

So konnte es nicht überraschen, dass ein weiterer Reisegefährte des Autors Pankaj Mishra von Harshad Mehta begeistert war. »Die Leute halten ihn für korrupt«, sagte der Mann zu Mishra. »Warum ist er korrupt? Weil er viel Geld verdient hat? Für mich ist er ein Genie. Und selbst wenn er korrupt ist, inspiriert er die Jugend.«[37]

In zwei offiziellen Untersuchungen wurde die Aufsichtsbehörde, die indische Zentralbank (Reserve Bank of India, RBI), von jeder Verantwortung für den Skandal freigesprochen. Das veraltete manuelle System der RBI zur Aufzeichnung der Transaktionen, hieß es in einem Untersuchungsbericht, habe sie aufgrund der rasanten Bewegungen auf dem Interbankenmarkt daran gehindert, das »fehlende« Geld aufzuspüren. In beiden Berichten wurden den Banken geheime Absprachen mit Mehta vorgeworfen.[38]

Aus einer internen Mitteilung der Zentralbank ging hervor, dass die RBI von dem Schwindel wusste, jedoch neun Monate untätig geblieben war, während die Aktienkurse in schwindelerregende Höhe stiegen. Die Darstellung der RBI selbst zeigte, dass die Bank gegen die Richtlinien für Wertpapiertransaktionen verstoßen hatte.[39]

Die Mehta-Affäre geriet rasch in Vergessenheit, was teilweise daran lag, dass die Wirtschaftsreformen energischer vorangetrieben wurden. Am 1. März 1993, fast 30 Jahre, nachdem Milton Friedman Indien dazu geraten hatte, den Wechselkurs der Rupie freizugeben, rang sich die Regierung endlich zu diesem Schritt durch. Die Entscheidung kam zum richtigen Zeitpunkt. Die Wirkung der zweistufigen Abwertung der Rupie im Juli 1991 verpuffte bereits, und der Schwarzmarktkurs deutete darauf hin, dass der amtliche Wechselkurs unrealistisch hoch war. Wenn die Verantwortlichen an diesem Kurs festhielten, würde sich das Exportwachstum verlangsamen, während die Importe wieder steigen würden. In der Folge würde der Druck zu Einfuhrbeschränkungen und Kontrollen der industriellen Aktivität zunehmen. Nach der Freigabe des Wechselkurses verlor die Rupie an Wert, was es den indischen Exporteuren ermöglichte, ihren globalen Marktanteil zu vergrößern, sei es auch nur um kümmerliche 0,85 Prozent (Abbildung 17.1).[40] Wenn sich die indischen Exporteure dauerhaft im internationalen Wettbewerb behaupten wollten, mussten sie ihre Produktivität deutlich erhöhen.

Dank der Freigabe des Wechselkurses war die indische Wirtschaft vom Rand des Abgrunds zurückgekehrt und hatte wieder festen Boden unter den Füßen. Die ausländischen Investoren begannen, Indien mit anderen Augen zu

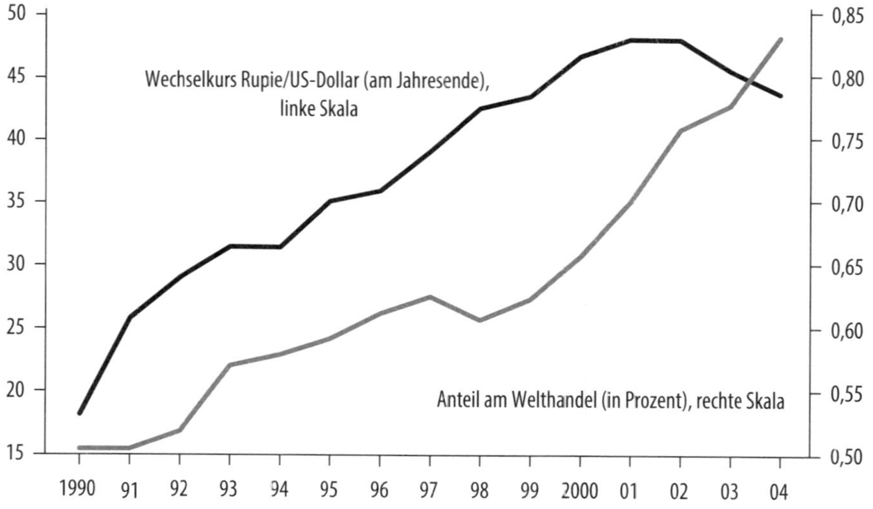

17.1: Nach der Abwertung der Rupie steigt der globale Marktanteil Indiens.
Hinweis: Der Wechselkurs entspricht dem Durchschnitt der täglichen Wechselkurse in der letzten Dezemberwoche des jeweiligen Jahres.
Quelle: UNCTAD-Statistik, https://unctadstat.unctad.org/EN/Index.html, sowie Global Financial Data.

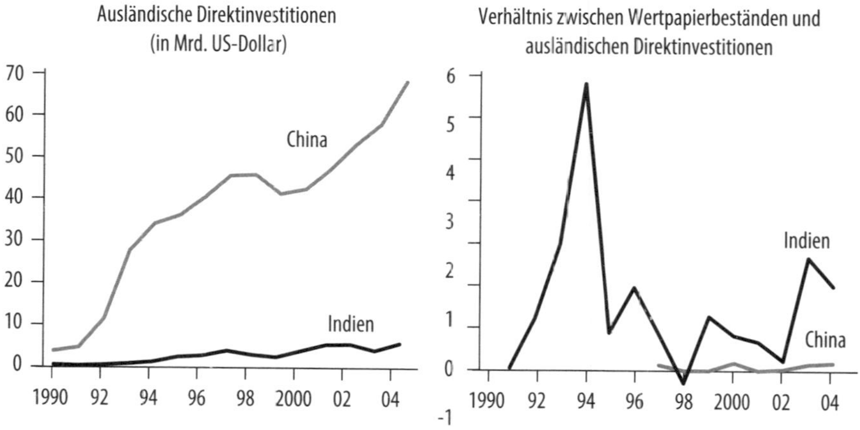

17.2: Ausländische Direktinvestitionen: China hat die Fabriken, Indien hat etwas Geld.
Quelle: Weltbank, World Development Indicators, BX.KLT.DINV.CD.WD sowie BX.KLT.DINV.CD.WD.

sehen. Im Oktober 1993 kehrte Coca-Cola nach 16 Jahren zurück. Die Firma stellte sich den Indern in einer aufwendigen Feier vor der Kulisse des Taj Mahal vor, dem Monument der Liebe eines Herrschers zu seiner Königin.[41]

Aber die meisten ausländischen Investitionen flossen nicht in die Produktion, sondern in Aktien. Der Gegensatz zu China war verblüffend (Abbildung 17.2). Im Jahr 1996 flossen China 40 Milliarden Dollar an ausländischen Direktinvestitionen zu, die für die Errichtung und den Betrieb von Fabriken dienten, während Indien nur 2,5 Milliarden an Direktinvestitionen erhielt. Hingegen flossen in Indien 4 Milliarden Dollar aus dem Ausland in spekulative und volatile Wertpapiere, während praktisch kein Geld in chinesische Aktien investiert wurde. China war ein Produktionszentrum für die Welt. Indien war ein Roulettetisch.

Im Mai 1994 eröffnete die amerikanische Investmentbank Morgan Stanley eine Niederlassung in Indien. Es ging das Gerücht um, dass Naina Lal, ein indischer Spitzenmanager der Bank, ein für Indien unerhörtes Jahresgehalt von 10 Millionen Rupien (300 000 Dollar) beziehen würde. Das indische Durchschnittseinkommen lag im Jahr 1994 bei 345 Dollar. Während der Mehta-Schwindel rasch in Vergessenheit geraten war, hielt die Begeisterung über die Liberalisierung im Finanzsektor an und wurde durch den Zustrom ausländischen Kapitals angefacht, das auf hohe Erträge in den »Schwellenländern« hoffte. Doch der wirtschaftliche Nutzen des raschen Wachstums des Finanzsektors war fraglich.[42] Wie die bedeutende Ökonomin Joan Robinson treffend gesagt hatte: Die Finanzen müssen der unternehmerischen Aktivität folgen. Die Frage war: Würde die Liberalisierung in Indien die unternehmerische Aktivität in Gang bringen?

Grenzen und Gefahren des »Ich, ich, ich«

Ein abschließendes Urteil über die Reformen der Regierung Rao, insbesondere über ihre Erfolge in dem Bemühen, Arbeitsplätze zu schaffen und die Armut zu verringern, können wir erst in Kapitel 20 fällen. Aber schon in der Frühzeit dieser Regierung gab es Hinweise darauf, dass Zweifel angebracht waren.

Ökonomen, die sich mit den Ergebnissen marktwirtschaftlicher Reformen in anderen Weltregionen beschäftigt hatten, darunter insbesondere Dani Rodrik, warnten, die Produktivitätszuwächse infolge solcher Reformen seien nicht von Dauer. Die Reformen waren tatsächlich geeignet, den Ressourceneinsatz zu verbessern, aber war die Umleitung der Ressourcen einmal abgeschlossen, so schwächte sich das Wachstum ab. Paul Krugman, der zu jener Zeit Volkswirtschaft an der Universität Stanford unterrichtete, bestätigte Rodriks Warnung. Im Jahr 1995 wies Krugman kurz nach der mexikanischen Finanzkrise darauf hin, dass Mexiko, ein Vorzeigeschüler der Marktreformer, unter einem bedauernswert geringen Wachstum leide. Marktwirtschaftliche Reformen seien populär, erklärte Krugman, weil wichtige Leute anderen wichtigen Leuten sagten, solche Reformen seien wichtig. Er prognostizierte, dass die Reformen die Einkommens- und Vermögensungleichheit erhöhen und Spekulationsblasen an den Finanzmärkten auslösen würden.[43] In Indien hatten die Alarmglocken bereits geläutet, und es zeigte sich rasch, dass die Ungleichheit zunahm (Abbildung 17.3).

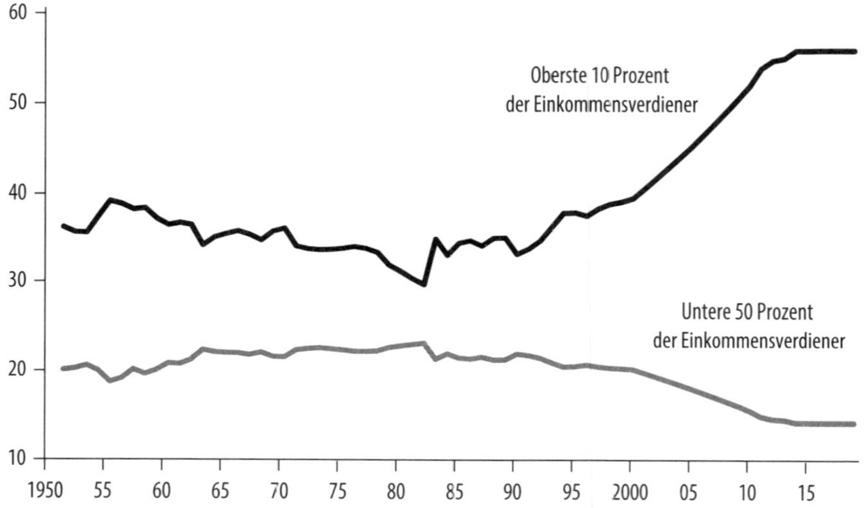

17.3: Die Einkommensungleichheit in Indien explodiert. (Anteil verschiedener Gruppen am Nationaleinkommen vor Steuern, in Prozent)
Quelle: World Inequality Database (WID), https://wid.world/country/india/.

Indien hatte richtigerweise den falschen Sozialismus der Beschränkungen für Handel und Industrie aufgegeben, aber jetzt brauchte es einen wirklichen sozialdemokratischen Wachstumsschub. Nur massive, vom Staat geleitete Investitionen in Humankapital und städtische Entwicklung konnten die Produktivität nachhaltig erhöhen. Die Weltbank versuchte weiter, die indischen Verantwortlichen davon zu überzeugen, dass die Investitionen in das Humankapital deutlich erhöht werden mussten. Im Jahr 1991 erklärte die Weltbank in einer Studie über Indien, eine Anpassung an den »unablässigen Wandel der Weltwirtschaft« erfordere »stetige Verbesserungen des Bildungsniveaus und der Kenntnisse der

Arbeitskräfte«. Die Experten der Bank hoben hervor, dass »sogar arbeitsintensive Industriezweige mit besser ausgebildeten Arbeitskräften international wettbewerbsfähiger sein können«. Im Jahr 1996 wies die Weltbank die indischen Verantwortlichen auf das Beispiel der ostasiatischen Länder hin: »Die Erträge der Grundschulbildung ermöglichten den Aufstieg der rasch wachsenden ostasiatischen Volkswirtschaften.« Die Institution pries die »beeindruckenden« Fortschritte Chinas in der menschlichen Entwicklung.[44]

In ihrem Bericht aus dem Jahr 1996 zeigte sich die Weltbank auch beunruhigt über den Zustand der indischen Städte, die sich aufgrund »chronischer Unterinvestition in urbane Räume und dem daraus folgenden Mangel an wichtigen Diensten« in einer schweren Krise befänden. Tatsächlich waren die indischen Städte in einem erbärmlichen Zustand. Auf seinen Reisen durch Indien beobachtete Pankaj Mishra, dass selbst das schillernde Bangalore – das indische Silicon Valley – unter sämtlichen Problemen litt, die auch den weniger glamourösen Städten zu schaffen machten: »Strom- und Wassermangel, mangelnde Transportmöglichkeiten, Verkehrsüberlastung, Umweltverschmutzung«.[45]

Die rasch voranschreitende Umweltzerstörung untergrub die Wachstumschancen Indiens und löste soziale Konflikte um Land, Wasser, Fischvorkommen, Wälder und Minerale aus. Anfang der neunziger Jahre bildete sich eine Protestbewegung, die sich dem Bau von Dämmen am Narmada widersetzte. Die Bevölkerung hatte aus leidvoller Erfahrung gelernt, dass die versprochenen Entschädigungen für die Überflutung ihres Landes fast nie gezahlt wurden und dass die besten neuen Arbeitsplätze an Ortsfremde gingen. Auch Industrieprojekte waren umstritten, weil die Fabriken ihre Abwässer in die Flüsse leiteten, den Chlorgehalt des Trinkwassers erhöhten und die Böden versalzten, was einen Rückgang der Ernteerträge nach sich zog. Der Bergbau führte zu Wasserverschmutzung, Entwaldung und Erosion. Es gab durchaus Gesetze, die Umweltschäden verhindern und jene schützen sollten, die ihre Häuser und ihren Lebensunterhalt verloren. Aber viele verantwortliche Beamte ignorierten die Gesetze, weil die Unternehmen sie dafür bezahlten. Die Polizei unterdrückte Proteste der Bevölkerung oft brutal. In Reaktion auf die Repression zog eine neue Generation von Naxaliten – die Bewegung hatte ihren Ursprung im Bauernaufstand in Naxalbari im Jahr 1967 – in den bewaffneten Kampf mit der Staatsgewalt.[46]

Indiens Politiker und Intellektuelle klammerten sich an die beschränkteste und zynischste Wachstumsstrategie, die mit dem Versprechen des Trickle-down-Wohlstands die Schwächsten entrechtete und den kommenden Generationen ihre Umwelt stahl. Nicht die Zusammenarbeit, sondern die Konfrontation war die treibende Kraft der indischen Politik. Das Problem lag auf der Hand: Die Inder hatten den Sozialismus mit einem unauslöschlichen Stigma versehen, indem sie ihn mit der Behinderung von Handel und Industrie verknüpft hatten. Nun wurde Ronald Reagans Bonmot »Der Staat ist nicht die Lösung des Problems, sondern er ist das Problem« zu einem Mantra der indischen Politik. In der Praxis hatte das zur Folge, dass sich der Staat in den Dienst der Reichen und Mächtigen stellte.

Der Missachtung des Gemeinwohls entsprach eine Degeneration der Politik zu einem Wettlauf um Macht und Reichtum. Als die Parlamentswahl von 1996 näher rückte, kritisierte der Oberste Gerichtshof die explodierenden Wahlkampfausgaben, die fast ausschließlich mit Schwarzgeld von Unternehmen bestritten wurden. Nachdem das Regime von Lizenzen und Genehmigungen beseitigt war, rückte der Zugang zu Land, Bodenschätzen und Bauaufträgen in den Mittelpunkt der Zusammenarbeit von Politikern und Wirtschaftsbossen. Sämtliche politischen Parteien beteiligten sich am Spiel. Selbst die BJP warf im Wahlkampf mit Geld um sich, was ihrer Selbstdarstellung als Verfechterin von Prinzipientreue und politischer Redlichkeit widersprach. Das neueste teure Spielzeug, für das man Geld ausgeben konnte, waren Hubschrauber, mit denen Kandidaten von einem Wahlkampfauftritt zum anderen eilen konnten.[47]

Die Reformen der Regierung Rao-Singh hatten dem Land neue Möglichkeiten eröffnet. In einem kurzen Augenblick der Vernunft im Jahr 1991 hatte eine Gruppe von Politikern und Beamten lähmende Beschränkungen für die Wirtschaft aufgehoben. Aber das war bei weitem nicht genug. Indien brauchte ein umfassendes sozialdemokratisches Projekt. Unterdessen verringerte eine zerstörerische politische und gesellschaftliche Grundhaltung, die von Hindutva-Mobs, Kriminellen in der Politik und Gewalt gegen Frauen geprägt wurde, die Aussichten auf geteilten Wohlstand weiter.

KAPITEL 18

Die dunkle Seite des Versprechens

Im Juni 1985 erwachte neue Hoffnung, als Texas Instruments die Eröffnung einer Niederlassung in Bangalore bekanntgab. Die junge indische IT-Branche und ihre Informatiker standen plötzlich im Rampenlicht. Und so wie Texas Instruments Bangalore über Satelliten an sein globales Netzwerk von Standorten anschloss, fanden technisch geschulte junge Inder und Inderinnen Anschluss an wachsende Möglichkeiten in aller Welt. Die »Liberalisierung« im Juli 1991 – die Abwertung der Rupie und eine deutliche Verringerung der Beschränkungen für Importe und Industrieproduktion – weckten die Hoffnung, dass die unternehmerische Energie in verschiedensten wirtschaftlichen Aktivitäten freigesetzt würde. Ein geteilter wirtschaftlicher Fortschritt schien möglich. In den Augen der indischen Politiker war klar, welchen Weg sie einschlagen mussten: Eine weitere Liberalisierung würde die Marktkräfte freisetzen.

Doch der Verfall der gesellschaftlichen Normen machte es schwer, das Versprechen des Fortschritts einzulösen. Vertrauen und Zusammenarbeit waren der Befriedigung der persönlichen Bedürfnisse zum Opfer gefallen. Eine dunkle Grundströmung nährte die Hindutva-Bewegung, die Verschmelzung von Kriminalität und Politik und eine zerstörerische Frauenfeindlichkeit. Mitte der neunziger Jahre lautete die Frage, ob sich die neue Hoffnung gegen die Kräfte der Dunkelheit würde durchsetzen können. Oder würden die Hoffnungen Indiens von der dunklen Grundströmung weggespült werden?

Die dunklen Kräfte entsprangen allesamt Bedürfnissen, die dem Gemeinwohl zuwiderliefen. Für die Führer der Hindutva-Bewegung hatte die vom Pöbel getragene »permanente Inszenierung« Vorrang, in der die »ritualisierte Gewalt im öffentlichen Raum« gefeiert wurde, wie es der Anthropologe Thomas Blom Hansen ausdrückt. Kriminelle wollten in der Politik reich werden; das Gemeinwohl war ihnen gleichgültig. Paradox ist, dass Anhänger des freien Marktes, Hindutva-Führer und kriminelle Politiker eine Gemeinsamkeit aufwiesen: Sie alle dachten kurzfristig, was zur Folge hatte, dass sie eher behelfsmäßige Lösungen suchten, anstatt sich jene langfristige Sichtweise anzueignen, die erforderlich war, um öffentliche Güter zu entwickeln. Dazu kam, dass neue Formen der Frauenfeindlichkeit, ausgelöst durch das Vordringen der Frauen in bis dahin den Männern vorbehaltene Berufe und durch den Männlichkeitswahn von Hindutva-Gruppen und kriminellen Banden, die Gewalt gegen Frauen verstärkten, was das Fundament der menschlichen Entwicklung untergrub.[1]

Der Wettlauf hatte begonnen. Und die dunkle Grundströmung schwoll von Tag zu Tag an.

»Ja, ich bin ein wütender Hindu«

Im Jahr 1988 erschien in *Organiser*, der Wochenzeitschrift der Rashtriya Swayamsevak Sangh (RSS) – des militanten Arms der Hindutva-Bewegung –, ein Essay des »Wütenden Hindu«. Ja, er sei wütend, schrieb der Autor. Seine Tempel seien »entweiht« worden, seine Götter weinten. Wäre er nicht wütend, so wäre er »kein Mann«.[2] Die Hindu-Nationalisten schürten diese Wut und lenkten sie auf ein Ziel: die im 16. Jahrhundert von muslimischen Invasoren errichtete Babri-Moschee in Ayodhya. Die Moschee, so die Forderung, müsse zerstört werden, und an ihrer Stelle müsse ein Tempel für Rama errichtet werden.

In der zweiten Hälfte des Jahres 1992 erreichte die »Wut des Hindus« den Siedepunkt. Die Wirtschaft hatte sich noch nicht von der Finanzkrise im Jahr 1991 erholt. Die Inflation war mit 9 Prozent relativ hoch. Die Börse war abgestürzt, seit im April der Mehta-Schwindel aufgeflogen war.[3]

Am 6. Dezember 1992 versammelten sich Scharen von Hindutva-Anhängern vor der Babri-Moschee. Die *New York Times* berichtete: »Ein riesiger Menschenteppich, in das traditionelle Safrangelb der heiligen Männer gehüllt, wogte aufgepeitscht von religiösen und politischen Führern.« Ein junger Mann sagte stellvertretend für viele Kundgebungsteilnehmer: »Ich werde sterben. Ich habe keinen Grund zu leben, wenn wir seinen Tempel nicht bauen.« Gegen 11 Uhr vormittags durchtrennte plötzlich »ein Keil aus jungen Männern den Polizeikordon, der nur aus einer einzigen Kette von Beamten bestand«. Als sich die Polizisten zurückzogen, überwanden zunächst einzelne und innerhalb weniger Augenblicke Dutzende junge Männer den Stacheldrahtzaun, der die

Anlage der Moschee umgab. Sie kletterten an den Seitenmauern der Moschee hinauf und begannen unter dem Jubel der Menge, die drei Kuppeln mit Spitzhacken zu zerstören. Am frühen Abend lag die Moschee in Trümmern.[4]

Im Lauf der Jahre hatte die Figur des »wütenden jungen Mannes« verschiedenste Formen angenommen. In den siebziger Jahren waren die wütenden Männer Studenten, die ihrer Frustration über schlechte Bildungs- und Berufschancen Luft machten, Schlägertrupps im Dienst ehrgeiziger Politiker und Kinobesucher, die sich mit Filmhelden identifizierten, die auf der Leinwand zur Selbstjustiz schritten. Zwei Jahrzehnte später waren sie immer noch schlecht ausgebildet und hatten immer noch schlechte Zukunftschancen. Sie hatten das Vertrauen in die herkömmlichen Mechanismen des Fortschritts verloren und waren eine leichte Beute für religiöse Eiferer, seien es Hindus, Muslime oder Sikhs. Wenige Stunden nach der Zerstörung der Babri-Moschee griffen junge Muslime und Hindus einander in Kanpur, einer 230 Kilometer von Ayodhya entfernten Industriestaat, mit Handgranaten an.[5]

Die Nachricht von der Zerstörung des islamischen Heiligtums verbreitete sich rasch. Staatliche Rundfunk- und Fernsehsender berichteten darüber. Im 1500 Kilometer entfernten Bombay begannen Hindus zu feiern. In den frühen Morgenstunden des 7. Dezember gingen empörte Muslime auf die Straße. Die Polizei, die mit den Hindus sympathisierte, schoss muslimische Demonstranten nieder. Die radikalisierten Kader der Shiv Sena lieferten sich Straßenschlachten mit muslimischen Menschenmengen. Am Nachmittag fuhren beim J. J. Hospital in Bombay unaufhörlich Ambulanzen, Privatautos und Handkarren vor, um Tote und Verletzte abzuliefern.[6]

Bombay stand kurz vor der Explosion. Wie Forscher herausgefunden haben, verschärft eine schlechte Wirtschaftslage gesellschaftliche Konflikte. Im Jahr 1992 lebte mehr als die Hälfte der Einwohner Bombays in Armut in Elendsvierteln und litt unter Analphabetismus und Arbeitslosigkeit. Nach dem gescheiterten Streik der Textilarbeiter im Jahr 1983 und dem folgenden Verlust stabiler Arbeitsplätze war die Zahl unsteter Einwohner gestiegen. Der herausragende Soziologe M. N. Srinivas erklärte gegenüber *India Today*, eine Verschlechterung der Lebens- und Arbeitsbedingungen sei »der beste Nährboden für gemeinschaftliche Raserei«. Das war eine Erklärung für die Änderung des Verhaltens der Shiv Sena. In den sechziger und siebziger Jahren, als die Angehörigen der unteren Mittelschicht in Maharashtra verzweifelt um Büro- und

Verwaltungsjobs kämpften, hatte Bal Thackeray, der Führer der Shiv Sena, die Wut der Bevölkerung vor allem auf besser ausgebildete Zuwanderer aus Südindien gelenkt. Doch in den achtziger Jahren war das Leben für viele Menschen in Maharashtra zu einem Überlebenskampf geworden, und einige dieser Menschen hatten früher gut bezahlte Jobs in der Textilindustrie gehabt. Jetzt mussten sie um Arbeit als Tagelöhner kämpfen. Das setzte sie dem Wettbewerb in Tätigkeiten aus, in denen viele Muslime aktiv waren. Dazu kam, dass einige muslimische Haushalte vom Arbeitsangebot im Nahen Osten profitierten, wodurch sie zum Ziel von Neid und Hass der Hindus wurden.[7]

Thackeray verunglimpfte die Muslime in seiner auflagenstarken Tageszeitung *Saamana* (das marathische Wort bezeichnet eine feindselige Konfrontation). Die Publikation bezeichnete sich selbst als »einzige marathische Tageszeitung, die ein kämpferisches Hindutum vertritt«.[8]

Der erste Gewaltausbruch zwischen Hindus und Muslimen in Bombay dauerte etwa vier Tage und endete am 11. Dezember. Doch anschließend organisierte die Shiv Sena überall in der Stadt gemeinsame Gebete (*maha artis*), um das Hindutum anzufachen. Nach einigen Tagen gedämpfter Gewalt brachen am 8. Januar 1993 erneut Unruhen aus. In einem vorwiegend muslimischen Viertel setzten Extremisten eine Wohnung in Brand, in der seit Jahrzehnten ein hinduistisches Ehepaar lebte. Die beiden alten Leute starben in dem Feuer. *Saamana* verkündete auf der Titelseite: »Die nächsten Tage gehören uns.« Aktivisten von Shiv Sena und der nationalistischen Jugendorganisation Bajrang Dal griffen Muslime und muslimisches Eigentum an. Die zweite Welle von Unruhen dauerte bis in die dritte Januarwoche. Bei den beiden Gewaltausbrüchen starben etwa 900 Menschen, von denen zwei Drittel Muslime waren.[9]

Durch das Blutbad ermutigt, erklärte Thackeray, er werde die 110 Millionen indischen Muslime »verjagen« und nach Pakistan schicken. »Es ist nichts dagegen einzuwenden, sie wie seinerzeit die Juden in Deutschland zu behandeln.«[10]

Der religiöse Eifer und die wirtschaftliche Notlage der Bevölkerung vermengten sich mit dem organisierten Verbrechen der Stadt zu einem explosiven Gemisch. In Bombay waren seit langem Verbrecherbanden aktiv. Ihren Ursprung hatten sie im Alkoholschmuggel während der Prohibition in den fünfziger Jahren, und später hatten sie sich auf den Schmuggel von Gold, Uhren und Radios verlegt. Die Vertreibung von Mietern, insbesondere solcher, die von der Mietpreisbindung profitierten, gehörte ebenfalls zu den frühen Betätigungsfeldern des organisierten Verbrechens. Und in den achtziger Jahren stiegen die Banden in den lukrativen Drogenhandel ein.[11]

Nach den Massenentlassungen in der Textilindustrie im Jahr 1983 weiteten die kriminellen Banden Bombays ihr Betätigungsfeld deutlich aus. Scharen von Arbeitslosen vergrößerten das Reservoir potenzieller Bandenmitglieder in den Armenvierteln der Stadt. Zur selben Zeit übten die Grundstücke, auf denen die stillgelegten Textilfabriken standen, eine unwiderstehliche Anziehungskraft auf Kriminelle aus. Der Wert dieser Grundstücke stieg deutlich: Der Quadratmeterpreis des Bodens im eleganten Geschäftsbezirk Nariman Point war Berichten zufolge höher als an jedem anderen Ort der Welt, und auch in anderen Stadtteilen stiegen die Preise in einem »absurden« Tempo. Von der Euphorie angesteckt, die Narasimha Rao und Manmohan Singh mit ihrer Liberalisierungspolitik geweckt hatten, kauften multinationale Konzerne Büroflächen und Häuser für ihre Manager. Veraltete Raumordnungsvorschriften beschränkten das Angebot an Bauflächen. Fabrikeigentümer konnten mit dem Verkauf ihrer Grundstücke für Bürotürme und Einkaufszentren gewaltigen Reichtum erwerben. Dieser Honigtopf lockte zwangsläufig Kriminelle und Politiker an.[12]

Am 12. März 1993, der seit damals als »Schwarzer Freitag« bezeichnet wird, mischte sich die Kriminalität mit dem Religionskonflikt: An mehreren Orten in Bombay explodierten Bomben, die schwere Schäden an ikonischen Gebäuden wie dem Sitz der Börse verursachten. Mehr als 200 Menschen starben. Angeblich waren die Anschläge ein Vergeltungsakt, mit dem der Gangsterboss Dawood Ibrahim das Massaker an Muslimen zum Jahreswechsel rächen wollte. Da Dawood selbst nach Dubai geflohen war, organisierte der mit ihm verbündete Gangster Tiger Memon die Anschlagsserie. Die Unterwelt hatte sich in »unsere« und »ihre« Kriminellen gespalten.[13]

Die spektakulären Anschläge gaben der muslimischen Gemeinde Bombays das Gefühl, dass jemand für sie kämpfte. »Gott weiß, dass ich die Tötung unschuldiger Frauen und Kinder nicht gutheiße«, erklärte ein Muslim dem befreundeten Anthropologen Thomas Blom Hansen, »aber nach den Bombenanschlägen erlangten wir eine gewisse Würde wieder.« Die Hindus ihrerseits konnten bei ihren eigenen Gangsterbossen Schutz suchen. Thackeray machte nie einen Hehl aus seinen Verbindungen zur organisierten Kriminalität. Die Muslime hätten Dawood, erklärte er, und die Hindus hätten Amar Naik und Arun Gawli. »Diese beiden sind unsere Jungs.«[14]

Das waren keine leeren Worte. Die Shiv Sena hatte schon früh begonnen, Kriminelle anzuwerben. Bei den Kommunalwahlen im Jahr 1985 hatte die Partei einen verurteilten Straftäter aufgestellt, der im Gefängnis saß. Der Mann wurde gewählt. Kriminelle Politiker übten großen Reiz auf die Wähler aus. Sie pflegten das Image von Robin Hoods, verhalfen Anhängern zu Jobs in der öffentlichen Verwaltung und zu Behördendiensten und praktizierten auf den Straßen eine außergerichtliche Justiz. Die Herrschaft der Gangster-Politiker wurde zum Ersatz für eine Regierung, die nicht funktionierte. Die politischen Parteien nahmen Kriminelle mit offenen Armen auf, weil diese Leute viel Geld für Wahlkämpfe mitbrachten. Die Kriminellen versprachen sich von einer politischen Karriere neue Geschäftschancen und einen besseren Schutz durch die Polizei. Die unvermeidliche Folge: Im Jahr 1990 traten bei der Kommunalwahl in Bombay 40 Kandidaten mit krimineller Vergangenheit an.[15]

Im Jahr 1992 zeigte der Film *Angaar* (»Feuer«) den Einfluss des organisierten Verbrechens auf die Politik, und im Oktober 1993 beschrieb eine offizielle Untersuchungskommission gestützt auf nachrichtendienstliche Informationen aus ganz Indien eine umfassende Verflechtung von Kriminalität und Politik. Die Kommission gelangte zu dem Ergebnis, dass es fast unmöglich war, die Politik von Kriminellen zu reinigen, weil die Gerichte extrem langsam arbeiteten und die Verbrecher dank politischer Unterstützung der Bestrafung entgingen. In den Schlussbemerkungen des Berichts hieß es, Tiger Memon und Dawood Ibrahim hätten die Bombenanschläge von Bombay im März 1993 nicht ohne Unterstützung aus der Politik durchführen können. Es war amtlich: Politiker, Kriminelle und religiöse Hetzer arbeiteten Hand in Hand.[16]

Gangster als Minister

Im nordindischen Uttar Pradesh lief eine strafrechtliche Untersuchung gegen den führenden BJP-Politiker Kalyan Singh wegen seiner Rolle bei der Zerstörung der Babri-Moschee in Ayodhya. Im Dezember 1992 war er Chief Minister des Bundesstaats gewesen. Die Untersuchung änderte nichts daran, dass er im September 1997 erneut zum Regierungschef von Uttar Pradesh gewählt wurde und die empörende Zahl von 93 Ministern in sein Kabinett aufnahm. In einem Bundesstaat, der gemessen an sämtlichen Indikatoren der wirtschaftlichen und sozialen Entwicklung den letzten Rang unter den indischen Regionen einnahm, erhielt jeder dieser Minister einen Dienstwagen, ein möbliertes Haus, ein Team von Leibwächtern und eine großzügige Spesenzulage. Jeder der 93 Ressortchefs kostete den Bundesstaat monatlich zwischen 300 000 und 500 000 Rupien (8 500 bis 14 000 Dollar).[17]

Nicht weniger als 19 Kabinettsmitglieder waren wegen verschiedenster Straftaten ins Visier der Strafverfolgungsbehörden geraten. Dem Minister für Wissenschaft und Technologie, einem Mann namens Hari Shankar Tiwari, wurden Mord, Erpressung und Beteiligung an Straßenschlachten vorgeworfen. *India Today* urteilte: »Er ist in alle erdenklichen Verbrechen verwickelt.« Der Bandenchef Raghuraj Pratap Singh war Minister für »Programmdurchführung«. Seine Jugendbrigade verbreitete Angst und Schrecken in der Stadt und hatte zahlreiche Häuser von Muslimen in Brand gesetzt.[18] Es erübrigt sich zu sagen, dass ein Schwerverbrecher nicht die Idealbesetzung für das Amt eines Ministers für Wissenschaft und Technologie ist – oder für irgendein anderes Ministeramt.

Auch in der Politik von Bihar und Haryana hatten sich Kriminelle festgesetzt. In Uttar Pradesh mochte die Situation unerträglich sein, aber »in den Killing Fields von Bihar« war sie »unendlich viel schlimmer«, wie der Journalist Sunil Sethi schrieb. Im ganzen Land hoben kriminell-politische Mafiagruppen illegal Sand aus Flussbetten aus und eigneten sich Bauland an, womit sie sich im Bauboom gewaltige Gewinne sicherten. Andere kriminelle Politiker hatten sich ihre Sporen in den traditionellen Betätigungsfeldern des organisierten Verbrechens verdient, insbesondere im Abbau von Bodenschätzen wie Diamanten oder Eisenerz.[19]

Die wirtschaftliche Liberalisierung Indiens begann genau zu dem Zeitpunkt, als eine wachsende Zahl von Kriminellen ihre Geschäfte mit der Politik verschmolzen. So entstand ein Teufelskreis. Politiker gingen immer öfter kriminellen Aktivitäten nach, verknappten öffentliche Dienste, um ihre Macht zu erhalten, und sicherten sich Rückhalt bei den Wählern, indem sie ihnen Zugang zu diesen knappen öffentlichen Diensten gaben. Da Schlüsselpositionen von korrupten und kriminellen Politikern besetzt waren, änderte sich nichts an der Vernachlässigung der öffentlichen Güter. Obendrein nahm die Kriminalität – insbesondere die Gewalt gegen Frauen – in Gebieten zu, in denen Politiker mit krimineller Vergangenheit an die Macht kamen. Das schmälerte die Aussichten auf einen geteilten wirtschaftlichen Fortschritt zusätzlich.[20]

Und da der geteilte Wohlstand unerreichbar blieb, war damit zu rechnen, dass Indien weiterhin Scharen von Kriminellen hervorbringen würde. Die Forschung hat gezeigt, dass kriminelle Einstiegsaktivitäten wie die von Aufpassern und Transporteuren illegaler Güter arbeitslose Männer (und manchmal Frauen) anlocken. Beispielsweise stieg in Mexiko die Zahl der Kriminellen in Gegenden, die ihre Exportmärkte in den Vereinigten Staaten und damit ihre Arbeitsplätze an chinesische Exporteure verloren hatten. Dort, wo sich solche von Arbeitsplatzverlusten betroffenen Gebiete mit Territorien von Drogenkartellen überschnitten, wuchs die kriminelle Population besonders stark. In Peru schlugen Kinder, die durch den Coca-Anbau mit Produktion und Vertrieb von Kokain in Kontakt kamen, später mit erhöhter Wahrscheinlichkeit eine kriminelle Laufbahn ein.[21] Als Indien seine Wirtschaft liberalisierte, war die Prognose schlecht: Wenn nicht sehr viel mehr Arbeitsplätze in legitimen Tätigkeiten geschaffen wurden, würde die Kriminalität mehr junge Menschen anlocken. Die Gruppe der Kriminellen/Politiker würde wachsen. Es war ein weiterer Teufelskreis: In Ermangelung geteilten Fortschritts nahm die Kriminalität zu, was eine breit verteilte Entwicklung verhinderte.

Die Kriminellen/Politiker waren ein fester Bestandteil des Regierungssystems geworden, und ihre Gegenwart wurde gleichgültig hingenommen. Hingegen weckte die Hindutva-Bewegung, die mit der Zerstörung der Babri-Moschee ins Rampenlicht getreten war, die Emotionen der Menschen. Ende März 1993, kurz nach den Bombenanschlägen am Schwarzen Freitag, sagte Alyque Padamsee, ein prominenter Intellektueller aus Bombay »eine Diktatur radikaler Hindus« voraus. Im August desselben Jahres gab der Journalist und Historiker Khushwant Singh angesichts des bevorstehenden Jahrestags der Unabhängigkeit seiner Verzweiflung Ausdruck: »Indien mag seine säkulare Fassade aufrechterhalten, aber dahinter verbirgt sich der militante Hinduismus. Es wird ein anderes Land als das werden, das wir seit 47 Jahren kennen.«[22] Die Hindutva-Strategie der permanenten Inszenzierung würde den politischen Horizont weiter verkürzen und die Neigung zu kurzsichtigen Lösungen verstärken.

»Niemand hat Jessica getötet«

Machen wir einen chronologischen Sprung. Am 30. April 1999 um zwei Uhr nachts brach in einer Kultur von Straflosigkeit und politischer Arroganz das Geschwür der Frauenfeindlichkeit auf. Vier Männer wollten in einer Bar in

Delhi etwas trinken. Die Kellnerin Jessica Lal lehnte mit dem Hinweis ab, dass das Lokal bereits geschlossen habe. Als einer der Zecher, ein Mann namens Manu Sharma, hinter die Bar trat, um sich selbst zu bedienen, versuchte Lal, ihn daran zu hindern. Sharma zückte eine Pistole und schoss in die Luft. Dann hielt er die Waffe an die Schläfe der jungen Frau und drückte ab.[23]

Manu Sharma war der Sohn des Politikers Venod Sharma, eines früheren Alkoholhändlers, der mehrere Hotels und Kinos besaß. Der Vater war mit Indira Gandhi befreundet gewesen und hatte später einen Ministerposten in der Regierung von Narasimha Rao bekleidet. Er war der archetypische indische Politiker der neunziger Jahre, der sich in der Grauzone zwischen Geschäft und Politik bewegte. Im Mordprozess Jessica Lal sprach der Richter Sharmas Sohn frei, weil die Augenzeugen im Zeugenstand ihre Aussagen geändert hatten. Die *Times of India* kommentierte erstaunt: »Niemand hat Jessica getötet.«[24] Mehreren unerschrockenen Journalisten gelang es schließlich, in einer verdeckten Operation mit Tonbandaufnahmen zu beweisen, dass Augenzeugen bestochen worden waren. In einem zweiten Prozess wurde Manu Sharma wegen Mordes verurteilt.

Im Mordfall Jessica Lal flossen die verschiedenen Ströme der Gewalt in Gesellschaft und Politik Indiens in einer furchtbaren Tragödie zusammen: Frauenfeindlichkeit, Männlichkeitswahn, politische Macht und schamlose Kriminalität. Es war kein Zufall, dass Lals Mörder aus Haryana stammte, einem Bundesstaat, in dem Söhne absoluten Vorrang vor Töchtern haben. Auch war es kein Zufall, dass Manu Sharmas Vater ein hochrangiger Politiker in Haryana war, wo Kriminalität und Politik eng miteinander verflochten waren.[25]

Neben den schädlichen Auswirkungen der Vermengung von Kriminalität und Politik in der Hindutva-Bewegung schmälerte auch die Frauenfeindlichkeit die Aussichten auf sozialen und wirtschaftlichen Fortschritt. Frauen litten sehr viel öfter als Männer unter Mangelernährung und schlechter medizinischer Betreuung. Die Abtreibung weiblicher Föten breitete sich aus, da neue Techniken eine frühzeitige Geschlechtsbestimmung ermöglichten. Den »überschüssigen« Männern fiel es schwer, Partnerinnen zu finden. Frauen, die umgeben von misogyner Gewalt lebten, zogen sich oft vom Arbeitsmarkt zurück, weil sie sich nicht auf unsicheren Straßen bewegen wollten oder psychische Narben davongetragen hatten. Der Rückzug der Frauen aus der Erwerbsbevölkerung verringerte die Wirtschaftsleistung und schmälerte die Aussichten auf kleinere, gesündere und besser gebildete Familien.[26]

Indiens Versprechen hängt in der Schwebe

Es gibt ein historisches Beispiel dafür, dass eine dynamische Wirtschaft Korruption und Verbrechen in der Politik überwinden kann. In den Vereinigten Staaten vermengten zwischen 1850 und 1930 Bürgermeister und andere hochrangige Politiker in amerikanischen Großstädten Korruption, Kriminalität und Regierung auf ganz ähnliche Art wie die Politiker in Indien. Die Historikerin Rebecca Menes beschreibt den Einfluss von Korruption und Verbrechen auf die amerikanische Politik in Worten, die für viele Teile Indiens gelten:

> Die Korruption in der Auftragsvergabe der Gemeinden war berüchtigt, Vorschriften wurden unterschiedlich angewandt, und für den Zugang zu Bahntransport und Wasser war ein Preis zu bezahlen. In den meisten Städten nahmen Politiker und Beamte Bestechungsgelder des organisierten Verbrechens an, und mancherorts organisierten sie selbst kriminelle Aktivitäten – insbesondere Glücksspiel, Prostitution und den illegalen Verkauf von Alkohol.

Wie im heutigen Indien pflegten seinerzeit in den Vereinigten Staaten Politiker enge Beziehungen zu Baufirmen, die sich um öffentliche Aufträge bemühten. Das führte dazu, dass die Aufträge oft überteuert waren.[27]

Trotz der räuberischen Machenschaften mancher Politiker erlebten die amerikanischen Städte in diesen Jahrzehnten eine Wirtschaftsblüte. Sie spielten eine weltweite Vorreiterrolle in der Bereitstellung von »sauberem Trinkwasser, Kanalisation, Pflasterung der Straßen, Bildung, Gas- und Stromversorgung, öffentlicher Sicherheit, öffentlicher Gesundheit und Massentransport«. Migranten aus dem ländlichen Raum und anderen Ländern strömten in die amerikanischen Städte, wo sie Arbeit in der Industrie fanden.[28]

Die Vereinigten Staaten hatten eine Reihe von Vorteilen, die es ermöglichten, selbst in den Phasen der schlimmsten Korruption in den Stadtverwaltungen die politische Rechenschaftspflicht durchzusetzen. Dank der allgemeinen Grundschulbildung seit der zweiten Hälfte des 19. Jahrhunderts und einer beinahe universellen Sekundarbildung ab dem frühen 20. Jahrhundert war eine schriftkundige Bevölkerung herangereift, die von aggressiven Enthüllungsjournalisten mit Informationen über Missstände versorgt wurde. Ein rasanter technischer Fortschritt schuf Arbeitsplätze und weckte Zuversicht in Bezug auf die Zukunft. Zu jener Zeit waren die Vereinigten Staaten weltweit führend in der technologischen Innovation in Telekommunikation, Stromversorgung, Pharmazeutika, medizinischer Technologie und beim Verbrennungsmotor. Dank guter Bildung und beruflichen Chancen hatten die Menschen wirtschaftliche Optionen. Insbesondere nach der Erfindung des Automobils zu Beginn des 20. Jahrhunderts nahm die Mobilität deutlich zu, und die Einwohner der Großstädte siedelten sich in Vororten an. Die Kommunalpolitiker hörten die Botschaft der Wähler, denn es war ihnen bewusst, dass die Menschen gegebenenfalls in Gebiete mit besseren öffentlichen Diensten umziehen konnten. Obwohl die Politiker ihre finanzielle Autonomie missbrauchen konnten, um durch Korruption Geld einzustreichen, mussten sie sich der Disziplin des Anleihenmarktes unterwerfen. Und während die Unternehmen von der wirtschaftlichen Dynamik profitierten, bekämpften die Kommunalpolitiker die Korruption, weil sie die Funktionstüchtigkeit der Verwaltung beeinträchtigte. All diese Faktoren schufen geeignete Voraussetzungen für politische Reformen, die Korruption und Kriminalität in den amerikanischen Stadtverwaltungen zurückdrängten.[29]

Das wirtschaftliche Versprechen Indiens in den achtziger Jahren konnte sich nicht mit der wirtschaftlichen Dynamik der Vereinigten Staaten ein Jahrhundert früher messen. Indiens Aussichten litten auch unter einer dunklen Grundströmung von Korruption, Kriminalität, gewalttätigem Hindutum und tief verwurzelter Frauenfeindlichkeit.

Die Idee eines dynamischen, aufstrebenden Indien – die »Indien-Geschichte« – lebte weiter, weil indische Politiker sowie heimische und ausländische Meinungsführer sie oft genug wiederholten. Fondsmanager in Hongkong, Singapur und London glaubten weiterhin an die Geschichte von der indischen Marktliberalisierung und kauften weiter Aktien indischer Unternehmen für ihre Klienten. Wahr wurde das indische Versprechen jedoch nur für einen kleinen Teil seiner Bevölkerung, der einen internationalen Lebensstil pflegte. Im November 1993 stimmte die indische Regierung einem Investitionsvorhaben von KFC zu, das den Indern »zum Fingerlecken gute« Brathähnchen versprach. Eine britische Brennerei kündigte eine Zusammenarbeit mit einem indischen Unternehmen an, um den Indern Smirnoff-Wodka, den Kokoslikör Malibu und den Gin Chelsea nahe zu bringen.[30]

Es ist unklar, ob die Liberalisierung der indischen Wirtschaft oder dem politischen Prozess tatsächlich einen Schub gab. Anfang des Jahres 1994 stellte der IWF fest, dass das indische Haushaltsdefizit drei Jahre nach Beginn der Reformen nicht gesunken war. Die Industrie wuchs nur langsam, und die Inflation stieg weiter. Im August 1994 veröffentlichte *The Economist* ein Foto von einem schlummernden Rikschafahrer. Die Botschaft war unmissverständlich: Die indischen Reformer machten eine Pause. Als Beispiele für den Stillstand nannte die Zeitschrift die mangelnde Bereitschaft der Regierung, reichen Bauern die Subventionen für Wasser und Strom zu kürzen und extrem ineffiziente Staatsunternehmen zu privatisieren. Defizitäre Privatunternehmen wurden weiter vom Staat unterstützt, damit sie den Betrieb aufrechterhalten konnten und ihre Arbeiter nicht entlassen mussten. Anders als die Abwertung der Rupie und die Aufhebung von Beschränkungen für Importe und Industrie, die wenige Verantwortliche praktisch über Nacht per Dekret durchgesetzt hatten, erforderten weiterreichende Reformen etwas, das schwieriger zu erreichen war: Konsens.

Anfang des Jahres 1995 erhielt die Hindutva-Bewegung Gelegenheit zu zeigen, dass sie es besser machen konnte. Im Wahlkampf für den Urnengang in Maharashtra im März 1995 gab die Shiv Sena den Bürgern maßlose wirtschaftliche Versprechen: Sie würde einen Preisdeckel für Grundnahrungsmittel einführen, 4 Millionen Häuser für Slumbewohner bauen, 2,7 Millionen Arbeitsplätze schaffen und die Korruption eindämmen. Bei den Wahlen zum Staatsparlament errangen Shiv Sena und BJP eine überwältigende Mehrheit und fügten der bis dahin unbesiegbaren Kongresspartei eine vernichtende Niederlage zu. Im Juni tat die neue hindu-nationalistische Regierung Maharashtras einen spektakulären Schritt und änderte den Namen Bombays in »Mumbai«. Erwartungsgemäß erfüllte die neue Regierung keines ihrer Wahlversprechen. Allerdings wurden Straßenüberführungen und eine Autobahn von Bombay/Mumbai nach Pune gebaut – schließlich waren öffentliche Bauvorhaben ein einträgliches Geschäft für Politiker. Prominente Parteimitglieder der Shiv Sena wurden Bauunternehmer. Die Parteiführer gaben ihren früheren unauffälligen Lebensstil auf und stellten ihren neuen Reichtum prahlerisch zur Schau.[31]

Die Inflationsrate blieb hoch, die Beschäftigungsaussichten schlecht. Die organisierte (moderne) Wirtschaft schuf in der Regierungszeit von Narasimha Rao (1991–1996) etwa 200 000 Arbeitsplätze pro Jahr. Aber um die neu auf den Arbeitsmarkt kommenden Arbeitskräfte aufzunehmen und den Überhang an arbeitslosen oder unterbeschäftigten Menschen zu verringern, hätte man jedes Jahr Millionen neue Arbeitsplätze schaffen müssen. Die Arbeitsuchenden drängten sich weiterhin im nicht organisierten Sektor, wo sie weniger Stunden als gewünscht arbeiteten, wenig verdienten und keine soziale Absicherung hatten.[32]

Das wirtschaftliche Versprechen Indiens war nicht überzeugend, und die dunkle Grundströmung schwoll an. Anfang Januar 1996 flog ein großer Korruptionsskandal auf: Ein geheimnisvoller Finanzier hatte Geld von Unternehmen zu Politikern geschleust. In den Skandal waren 115 Politiker aus allen Parteien verwickelt. Sogar Premierminister Narasimha Rao stand unter Korruptionsverdacht. Drei seiner Minister wurden bei zwielichtigen Geschäften ertappt; zwei von ihnen hatten angeblich ihre Hände im Spiel gehabt, als Harshad Mehta mit Bankkrediten die Börsenkurse in die Höhe getrieben hatte. Ein weiteres Kabinettsmitglied hatte Zuckerimporte zurückgehalten, was den Zuckerpreis in die Höhe getrieben und Zuckerproduzenten und Fabrikbesitzer reich gemacht hatte. Sogar jene, die von Raos Marktreformen profitiert hatten, waren angewidert von der Korruption. »Die Kongresspartei plündert das Land«, sagte ein Arbeiter aus einer Autofabrik, dessen Gehalt sich in der Regierungszeit von Narasimha Rao verdoppelt hatte.[33]

Bei den landesweiten Wahlen Ende April und Anfang Mai 1996 gaben fast 350 Millionen von 590 Millionen Wahlberechtigten ihre Stimme ab. Narasimha Rao wurde abgewählt. Aber während die indischen Wähler eine Bande von Spitzbuben aus dem Amt jagten, holten sie weitere Kriminelle in die nationale Politik. Gegen 40 der 545 Abgeordneten des Unterhauses liefen Strafverfahren wegen Vergehen, die von Diebstahl über Erpressung und Vergewaltigung bis zu Mord reichten. Auch in den Parlamenten der Bundesstaaten tauchten zahlreiche Politiker auf, denen Straftaten vorgeworfen wurden.[34] Im ersten Rausch der »Indien-Geschichte« hatten die Bürger Volksvertreter gewählt, von denen kaum zu erwarten war, dass sie öffentliche Güter bereitstellen und Arbeit schaffen würden.

Die meisten Parlamentssitze errang die BJP, die vorgab, ihren Hindu-Nationalismus gemäßigt zu haben: Sie kletterte von 120 Mandaten im Jahr 1991 auf 161 Parlamentssitze. Die BJP hatte einen weiten Weg zurückgelegt, und das Ziel war noch nicht erreicht. Als es nach 13 Tagen noch nicht gelungen war, eine stabile Regierung zu bilden, trat Parteichef Atal Bihari Vajpayee zurück. Es begann eine Reihe instabiler Koalitionsregierungen.

Das Wirtschaftswachstum verlangsamte sich in jenem Jahr. Selbst bei sehr wohlwollender Betrachtung zeigte sich, dass die Wirtschaftsreformen das Wachstum nur geringfügig ankurbeln konnten, und der IWF fragte sich, ob die Dynamik bereits erlahmt sei. Es gab jedoch ein paar gute Nachrichten. McDonald's eröffnete in Delhi sein weltweit erstes Restaurant, in dem kein Rindfleisch angeboten wurde. Der erste Kunde, ein *sadhu* (heiliger Mann), schlug den Lamm-Burger aus und entschied sich stattdessen für Pommes frites und ein Erfrischungsgetränk. Die Fritten bezeichnete er als verbesserungswürdig.[35]

Im Vorfeld der Neuwahl im Februar 1998 beharrte die BJP-Führung im Werben um Koalitionspartner erneut darauf, den aggressiven Hindu-Nationalismus hinter sich gelassen zu haben. Aber fast alle Mitglieder der Parteiführung bekräftigten die Absicht, in Ayodhya an der Stelle der Babri-Moschee einen Tempel für Rama zu errichten. Bei der Wahl gewann die BJP 182 Parlamentssitze, was Vajpayee die Bildung einer kurzlebigen Koalitionsregierung ermöglichte. Als auch diese zerbrach, zog die BJP einmal mehr mit dem Versprechen der Mäßigung in den Wahlkampf, aber die führenden Köpfe der Hindutva-Familie (der *Sangh Parivar*) und der BJP hielten am Rama-Tempel und weiteren umstrittenen Vorhaben fest. Die nicht allzu subtile Botschaft der BJP lautete, dass sie Hindutva-Projekte verwirklichen würde, sollte sie alleine regieren können. Der Balanceakt sicherte der BJP bei der Wahl im September/Oktober 1999 erneut 182 Parlamentssitze. Diesmal konnten die von Vajpayee geführten Hindu-Nationalisten die Macht übernehmen.[36]

An der Schwelle zu einem Wirtschaftsaufschwung zogen immer mehr Politiker mit krimineller Vergangenheit ins nationale Parlament ein. Im September 1999 erklärte der Leiter der Wahlbehörde, Abgeordnete mit Strafakte seien mittlerweile ein »Krebsgeschwür« in der indischen Demokratie. Sein hilfloser Appell lautete: »Wir dürfen Gesetzesbrecher nicht zu Gesetzgebern machen.«[37]

Die Inder hatten die BJP, eine hindu-nationalistische Partei, an die Macht gewählt. Und wie sich herausstellte, waren alle Beteuerungen der Mäßigung leere Worte gewesen. Einer der neuen Stars der BJP, Narendra Modi, nahm kein Blatt vor den Mund. Im September 1990 hatte er die Frühphase der »Triumphwagen-Prozession« koordiniert, als sie beim Somnath-Tempel in Gujarat zu ihrer tödlichen Reise nach Ayodhya aufgebrochen war. Die *Times of India* kommentierte: »Die PR-Maschine der BJP erweckt den Eindruck, sich in eine herkömmliche Alternative zur Kongresspartei zu verwandeln.« Aber Modi wies diese Einschätzung brüsk zurück. »Eine Verwässerung unserer Ideologie kommt nicht infrage«, sagte er.

KAPITEL 19

Nein, Indien glänzt nicht

»Bei einer Tasse Kaffee kann vieles geschehen.« Mit diesem Versprechen eines mysteriösen Genusses eröffnete Café Coffee Day am 11. Juli 1996 sein erstes Cybercafé in der schicken Brigade Road in Bangalore. Café Coffee Day – oder CCD, wie die hippen Leute es nannten – war ein Symbol des aufstrebenden neuen Indien. Bei CCD konnten die erfolgreichen Yuppies, die sich im Glanz der IT-Branche Bangalores sonnten, für 100 Rupien (2,80 Dollar) eine Tasse Kaffee und eine Stunde im Internet erstehen.[1]

Bald tauchten überall in Bangalore und in anderen indischen Städten CCD-Filialen auf. Andere Unternehmen stiegen in den Markt ein, um die »kybernetischen Bedürfnisse« Indiens zu befriedigen. Cybercafés waren die »New-Age-Alternative zum Teehaus an der Ecke«. Die Gäste, die sich in diesen »coolen Lokalen« trafen, waren überwiegend junge Singles, aber auch überlastete Mütter, die ein wenig »Frieden und Ruhe« suchten, luden ihre Kinder für ein oder zwei Stunden dort ab.[2]

Ost und West begannen zu verschmelzen. In Gurgaon (heute Gurugram) unweit von Delhi, wo viele multinationale Unternehmen ihre indische Zentrale hatten, servierte die amerikanische Kette Baskin-Robbins Eis mit Mangogeschmack.[3]

Indien beanspruchte die Rolle einer internationalen Macht für sich. Am 11. Mai 1998 gab die neue Regierungskoalition unter der Führung der BJP, die Nationaldemokratische Allianz (National Democratic Alliance, NDA), grünes Licht für Atombombentests. Während die Atombombe in Indien sehr populär war, lösten die Tests weltweit Kritik aus und bewegten andere Länder dazu, Sanktionen über Indien zu verhängen. Am 24. Mai reagierte Pakistan mit eigenen Atombombentests. Premierminister Atal Bihari Vajpayee bot den Kritikern die Stirn, die Indien vorwarfen, ein neues Wettrüsten ausgelöst zu haben. Er sprach der indischen Bevölkerung aus der Seele, als er erklärte, die

Tests hätten »Stolz und Selbstrespekt der Menschen geweckt und ihre Moral gestärkt«.[4]

Im Mai 1999 brach in Kaschmir ein konventioneller Krieg zwischen den beiden neuen Atommächten aus. Im Juni schlug sich US-Präsident Bill Clinton auf Indiens Seite. Er rief den pakistanischen Ministerpräsidenten Nawaz Sharif an und forderte ihn »dringend« auf, die pakistanischen Truppen abzuziehen. Als indische Truppen wenige Tage später im umstrittenen Distrikt Kargil einen wichtigen Höhenzug eroberten, forderte auch die Gruppe der G8 Pakistan auf, seine Invasionstruppen abzuziehen.[5] Indien hatte neues internationales Ansehen gewonnen.

Es waren Tage des Hochgefühls. Im August 2001 kam der Film *Dil Chahta Hai* (»Das Herz begehrt«) in die Kinos, der das Selbstbewusstsein von Indiens Reichen zeigt. Bei einer Abschlussfeier im College verkündet einer der Protagonisten, es sei an der Zeit, sich auf die Jobsuche zu machen. Als die Gäste schockiert verstummen, kichert der Protagonist: »Nur ein Scherz, Freunde.« Keiner der Partygäste hat es nötig, arbeiten zu gehen. Ihre gutsituierten Eltern haben sie finanziell abgesichert, einige der jungen Leute werden sogar multinationale Unternehmen erben. Diese jungen Leute genießen das »gute Leben« in »Desig-

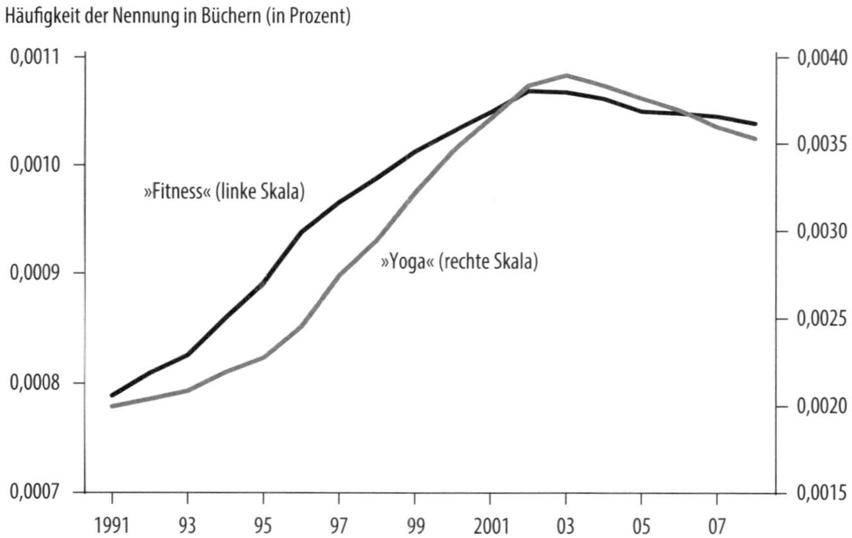

19.1: Yoga profitiert von der weltweiten »Fitnesswelle«. (Häufigkeit der Nennung der Worte »Fitness« und »Yoga« in von Google digitalisierten englischsprachigen Büchern)
Quelle: Google NGram.

nerräumen«. Sie vergnügen sich in Discos und »makellos sauberen« Urlaubsressorts.[6] Der Film zeigt die Fantasiewelt einer neuen indischen Generation.

Dies waren auch die Jahre, in denen Indiens »weiche Macht« wuchs. Kinder indischer Einwanderer in den Vereinigten Staaten sowie eine wachsende Zahl neuer Immigranten stiegen gesellschaftlich auf. Die aus Indien importierten Praktiken von Yoga und Meditation erfüllten das Bedürfnis der Amerikaner nach Fitness und östlicher Spiritualität (Abbildung 19.1).

In den Augen der indischen und internationalen Eliten löste Indien sein Versprechen ein. Sechs Jahre lang – von März 1998 bis Mai 2004 – lenkten zwei von der BJP dominierte Koalitionsregierungen unter Premierminister Atal Bihari Vajpayee die Geschicke des Landes. Das größte Juwel, die Informationstechnologiebranche, glänzte hell. Aber in den meisten anderen Bereichen wurden die Schatten länger.

Das IT-Juwel

Im Lauf der IT-Revolution investierten die amerikanischen Unternehmen in Computer, Kommunikationssysteme und Software. Das Wachstum der Branche schlug sich auch in der Entwicklung des Technologieindexes NASDAQ nieder, der rasant stieg.[7]

Die indischen Unternehmen erwischten die Welle am höchsten Punkt. Die Hochschulen des Landes brachten genug qualifizierte Ingenieure hervor, um die globale Nachfrage nach Softwareprogrammierern zu erfüllen. Am 11. März 1999 wurde Infosys Technologies als erstes indisches Unternehmen in den NASDAQ aufgenommen. Zu jenem Zeitpunkt stand der Börsenindex, der Technologieaktien beinhaltete, bei 2400 Punkten – mehr als das Doppelte seines Stands von 1100 Punkten im August 1996. Für Indien war es ein Triumph. Nagavara Ramarao Narayana Murthy, der 52-jährige Gründer und Leiter von Infosys, war der Sohn eines Lehrers. Gemeinsam mit sechs Kollegen, so die Legende, hatte er das Unternehmen im Jahr 1981 mit einem fürstlichen Startkapital von 250 Dollar gegründet. Bei der Aufnahme in den NASDAQ hatte Infosys einen Börsenwert von 1,9 Milliarden Dollar, und Narayana Murthys persönliches Vermögen belief sich auf 190 Millionen Dollar. Chauffeure und Elektriker bei Infosys, die Aktienoptionen des Unternehmens besaßen, wurden Rupien-Millionäre.[8]

Im Jahr 1999 breitete sich die Angst vor dem Jahr-2000-Problem aus, und die Nachfrage nach indischen Programmierern stieg. Es bestand die Gefahr, dass Computer an der Jahrtausendwende nicht zwischen dem Jahr 2000 und früheren mit *00* endenden Jahren unterscheiden würden, was schwere Fehlfunktionen zur Folge haben konnte. Sämtliche Computerprogramme mussten untersucht und gegebenenfalls ausgetauscht werden. In dieser Situation erwarben sich die indischen Firmen den Ruf, zuverlässig zu arbeiten und pünktlich zu liefern, was ihnen auch nach dem Ende der Jahr-2000-Hysterie Aufträge sicherte.[9]

Bangalore, die Hauptstand von Karnataka, war weiterhin führend in der Softwareentwicklung. Und der Nimbus der Stadt wuchs, als sich immer mehr ausländische Unternehmen, darunter Groupe Bull, IBM, Motorola, Siemens und Sun Microsystems, dort ansiedelten. In Bangalores »üppigen Parks und Alleen« sah man noch seine Eleganz, die infolge des explodierenden Bevölkerungswachstums und überlasteter Infrastrukturen schwand.[10]

Dem in Informationstechnologie geschulten Regierungschef von Andhra Pradesh, Chandrababu Naidu, gelang es, Microsoft zum Bau einer Anlage in der Hauptstadt Hyderabad zu bewegen, was der Stadt den Spitznamen »Cyberabad« eintrug. Tamil Nadu, ein Zentrum des Maschinenbaus, hatte Ford, Hyundai und Mitsubishi angelockt, und die Hauptstadt Chennai war ein Brennpunkt der Softwareentwicklung. Der Großteil der indischen Softwarebranche war in den drei südlichen Bundesstaaten Karnataka, Andhra Prad und Tamil Nadu sowie in Delhi und Bombay angesiedelt.[11]

Politiker in aller Welt waren fasziniert von den Fortschritten und vom Potenzial Indiens. Im Januar 2000 besuchte der amerikanische Finanzminister Lawrence Summers Indien und besichtigte unter anderem den Firmensitz von Infosys in Bangalore. In Anspielung auf Nehru bezeichnete Summers den Infosys-Campus als einen Tempel des modernen Indien. Zwei Monate später war Präsident Bill Clinton im Rahmen einer Indienreise in Hyderabad zu Gast. In einer Ansprache vor mehr als 1000 Technologieexperten pries Clinton die jungen indischen IT-Millionäre. Diese einfallsreichen Köpfe, sagte er, könnten neue Technologien einsetzen, um die Bildungs- und Gesundheitssysteme Indiens zu verbessern. Clinton sprach von einer Bildungsrevolution in mit Computern und Bildungssoftware ausgestatteten Dörfern.[12]

»Call-Center« waren ein weiteres Phänomen, das Ende der neunziger Jahre im Gefolge der IT-Revolution auftauchte. »Hallo. Ich bin Janet von G. E. Capital.« »Janet« hieß in Wahrheit Pooja Atri und arbeitete in der indischen Niederlassung von G. E. Capital in Gurgaon außerhalb von Delhi. Ihren amerikanischen Akzent hatte sie sich mithilfe der Fernsehserie *Baywatch* angeeignet. In Bangalore arbeiteten C. R. Suman als »Susan Sanders« und Nishara Anthony als »Naomi Morrison«. Sie sahen die Serien *Friends* und *Ally McBeal.* Die Call-Center entstanden im Rahmen der Auslagerung von Geschäftsbereichen (Business Process Outscouring, BPO). Indische Arbeitskräfte, die Diktate transkribierten und Buchhaltungsdienste erbrachten, verdienten ein Fünftel des Einkommens ihrer amerikanischen Gegenstücke. Indien hatte durchaus Konkurrenten in diesem Bereich – Mexiko, Irland und vor allem die Philippinen –, denen es jedoch überlegen war.[13]

Während die Informationstechnologie im Süden Indiens auf dem Vormarsch war, entwickelte sie sich im Norden, wo Hindi gesprochen wurde, fast überhaupt nicht. Die unterschiedliche Entwicklung in diesem Bereich beschleunigte das wirtschaftliche Auseinanderdriften von Nord und Süd. Die südlichen Bundesstaaten waren bereits 1985 deutlich wohlhabender, und auch in den beiden folgenden Jahrzehnten wuchs ihre Wirtschaft schneller, womit

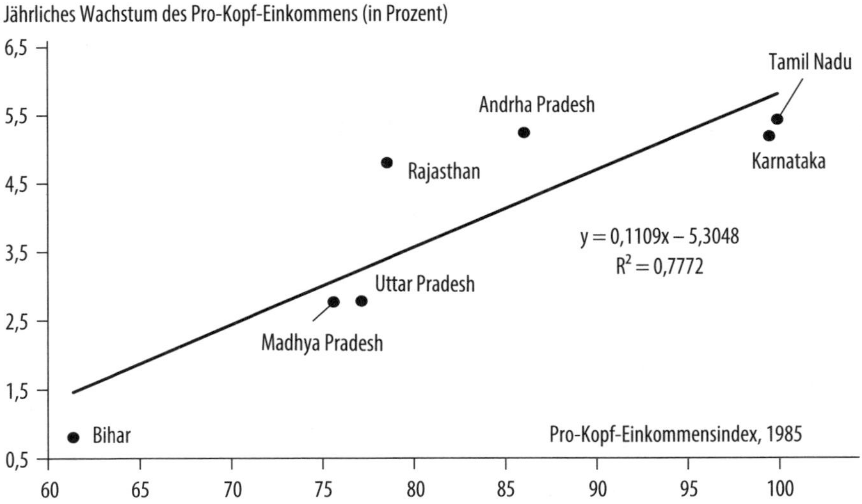

19.2: Die südlichen Staaten waren im Jahr 1985 reicher und wuchsen auch in den folgenden 20 Jahren schneller.

Hinweis: Im Jahr 1985 lag das Pro-Kopf-Einkommen in Tamil Nadu bei 1758 Rupien (der Höchstwert in dieser Gruppe von Bundesstaaten), und dieser Betrag entspricht dem Wert 100 in der Grafik.

Quelle: Reserve Bank of India, Handbook of Statistics.

sich die Einkommenskluft zwischen Süden und Norden vertiefte. Die nördlichen Bundesstaaten – Bihar, Madhya Pradesh, Rajasthan und Uttar Pradesh – zeigten kaum wirtschaftliche Dynamik (Abbildung 19.2), obwohl sie ein Drittel der Einwohner Indiens stellten. Gleichzeitig wuchs ihre Bevölkerung schneller als die der südlichen Bundesstaaten. Korruption und Verbindungen zwischen Politik und Kriminalität gediehen auch im Süden, aber im Norden litt die Bevölkerung sehr viel mehr darunter.

Der IT-Boom verschaffte Indien dringend benötigte Erleichterung bei der Finanzierung seines Zahlungsbilanzdefizits. Aufgrund des anhaltenden Mangels an Wettbewerbsfähigkeit häufte Indien weiterhin hohe Außenhandelsdefizite an. Im Haushaltsjahr von April 2000 bis März 2001 belief sich das Handelsdefizit auf 12 Milliarden Dollar. Anders als in der Vergangenheit, insbesondere im Krisenjahr 1990/91, als das Außenhandelsdefizit die Devisenreserven des Landes fast vollkommen aufgezehrt hatte, war die Lage diesmal jedoch weniger kritisch. Mit den Einnahmen aus Software und ausgelagerten Dienstleistungen konnte das Defizit zur Hälfte ausgeglichen werden. Dazu kam, dass Inder, die im Ausland arbeiteten, 13 Milliarden Dollar in die Heimat schickten. Weitere 2,5 Milliarden Dollar flossen in die Aktien indischer Unternehmen. Im Haushaltsjahr 2004/05 stieg das Außenhandelsdefizit auf 38 Milliarden Dollar, aber gleichzeitig stiegen auch die Softwareexporte auf 17 Milliarden Dollar. Der stetige Zufluss von Geldsendungen indischer Migranten und die ausländischen Investitionen in indische Unternehmen erhöhten die Devisenreserven der Zentralbank deutlich.[14]

Die Softwarebranche konzentrierte sich auf die internationalen Märkte, während ihr Umsatz in Indien gering blieb. Ein Grund dafür war der beklagenswerte Zustand des indischen Telekommunikationssektors. Um den Missstand zu beheben, legte die von Vajpayee geleitete Nationaldemokratische Allianz eine neue Telekommunikationspolitik vor, die in den folgenden Monaten umgesetzt wurde, während die Regierung ihre Parlamentsmehrheit zuerst einbüßte und im Oktober zurückgewann. Der Markteintritt neuer Anbieter wurde durch die Schaffung »gleicher Bedingungen« für die Marktteilnehmer in einem neuen System von Vorschriften erleichtert. Den Staatsunternehmen wurde die Rute ins Fenster gestellt: Sie mussten besser arbeiten.[15] Die Telefondichte in Indien zählte zu den niedrigsten weltweit, aber jetzt begann das Land aufzuholen (Abbildung 19.3).

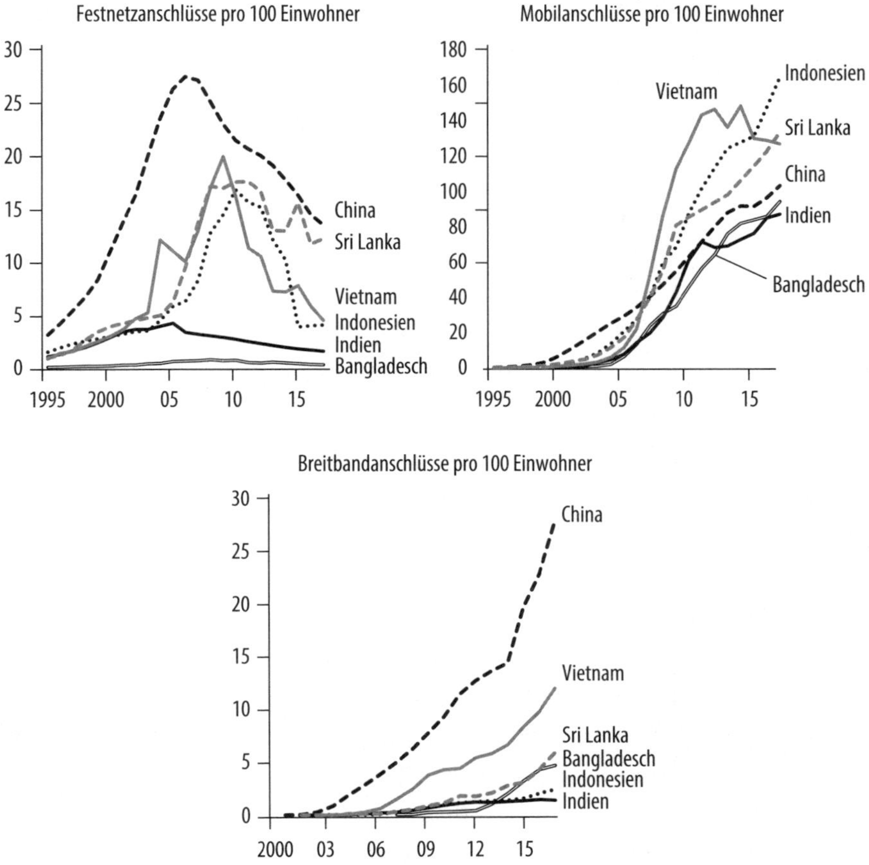

19.3: Zu Beginn des 21. Jahrhunderts beginnt Indien endlich zu kommunizieren – wenn auch immer noch weniger als andere.

Quelle: Weltbank, World Development Indicators, IT.MLT.MAIN.P2, IT.CEL.SETS.P2, sowie IT.NET.BBND.P2.

Den Beiträgen der Informationstechnologie zur wirtschaftlichen Entwicklung Indiens waren jedoch Grenzen gesetzt. Trotz ihres rasanten Wachstums in den neunziger Jahren und zu Beginn des 21. Jahrhunderts trug die Softwarebranche im Jahr 2005 lediglich 2 Prozent zum Bruttoinlandsprodukt bei. Und da die Branche nur eine begrenzte Zahl relativ hochqualifizierter Arbeitskräfte beschäftigte, war ihr Beitrag zum Beschäftigungswachstum noch geringer. Im Jahr 2005 beschäftigten Softwarebranche und Unternehmensdienstleistungen 1,3 Millionen Menschen; die Erwerbsbevölkerung umfasste 420 Millionen Menschen.[16]

Das indische IT-Juwel glänzte. Aber wie stand es um das Indien, das nicht glänzte? In diesem Indien lebte die große Mehrheit der Bevölkerung, und diese Menschen fragten sich, woher ihre Arbeitsplätze kommen würden.

»Haben Sie Arbeit für mich?«

In dem Film *Shree 420* (»Herr 420«, was so viel wie »Herr Gauner« bedeutet) aus dem Jahr 1955 trifft die von Raj Kapoor gespielte Hauptfigur Raj voller Zuversicht in Bombay ein. Er spricht die erste Person an, der er begegnet: »Ich bin auf der Arbeitssuche. Haben Sie Arbeit für mich?« 43 Jahre später steigt Satya, die Hauptfigur von Ram Gopal Varmas Film *Satya* (»Wahrheit«), am Bahnhof von Bombay aus einem Zug. Er stellt seinem Gesprächspartner dieselbe Frage: »Haben Sie Arbeit für mich?«

Das Wort »Arbeit« (*kaam*) hatte auch nach vier Jahrzehnten einen beängstigenden Nachhall. Aber anders als Raj, der im Jahr 1955 sein Hochschuldiplom herumzeigt, kümmert sich Satya nicht um Zeugnisse. Seine Bildung – oder sein Mangel an Bildung – ist für die Art von Arbeit, um die er sich bemüht, irrelevant. Sein Gesprächspartner versteht und fragt mit durchtrieben aufblitzenden Augen: »Sind Sie offen für jede Art von Arbeit?« Rasch taucht Satya in die kriminelle Unterwelt Bombays ein.

Der Film *Satya* erlangte Kultstatus. Er wurde von der Kritik gelobt und fesselte die Kinobesucher. Der Protagonist Satya ist nicht älter als die Yuppies, die sich bei Café Coffee Day eine Tasse Kaffee und eine Stunde im Internet gönnen. Satya steigt im organisierten Verbrechen auf und findet ein Zimmer in einem überfüllten Wohnhaus in Bombay, nachdem er anfangs in einem Bett unter dem Vordach eines Viehstalls geschlafen hat. Satyas Boss schickt seine Kinder auf eine Schule, in der sie auf Englisch unterrichtet werden.

Obwohl sie die Fassade der Normalität aufrechterhielten, war das Leben für viele im kriminellen Geschäft kurz. Entweder sie brachten sich gegenseitig um, oder sie fielen den allzu häufigen extralegalen Hinrichtungen (die als *fake encounters*, als »fingierte Zusammenstöße« bezeichnet wurden) zum Opfer. Die Behörden erklärten, bei solchen Tötungen handelten die Beamten in Notwehr oder um Kriminelle daran zu hindern, sich der Strafverfolgung zu entziehen. Die extralegalen Hinrichtungen hatten Ende der sechziger Jahre in Westbengalen begonnen, als die Sicherheitskräfte den Aufstand der Naxaliten unterdrückten. Mittlerweile waren »fingierte Zusammenstöße« üblich, weil der indische Staat nicht in der Lage war, das Land demokratisch zu lenken. Unter Premierminister Narasimha Rao erreichten die Tötungen in vorgeblicher Notwehr im Jahr 1993 einen Höhepunkt, als die Sicherheitskräfte die nicht enden wollende Rebellion der Extremisten in Punjab unterdrückten. Um die Jahrtausendwende waren die »fingierten Zusammenstöße« das Mittel der Wahl in der Auseinandersetzung mit der Unterwelt von Bombay. Die »Spezialisten« in der Polizei sammelten Tötungen wie Trophäen und wurden zu nationalen Berühmtheiten.[17]

Satya kam in einem entscheidenden Moment in die Kinos, als sich in Indien zwei Wirklichkeiten entfalteten. In den Kinosälen wurde die düstere Botschaft von Arbeitsplatzmangel und sozialer Gewalt verbreitet, während die zuversichtlichen indischen und internationalen Eliten die »indische Geschichte« feierten.

Indiens Wachstumsblase ist kein Grund zum Feiern

Im Haushaltsjahr 1997/98 verlangsamte sich das Wirtschaftswachstum Indiens, aber die Entwicklung in den vorangegangenen drei Jahren war in den Augen des IWF »beeindruckend«. Wie üblich wurden die Fortschritte Indiens mit der Entwicklung des schneller wachsenden China verglichen – und die Beobachter schätzten die Aussichten Indiens als gut ein. Das *Wall Street Journal* gestand dem Land zu, »wirklich demokratisch« zu sein und sich zur Rechtsstaatlichkeit zu bekennen. Hingegen sei das fragile, autoritäre System Chinas nicht dem Gesetz, »sondern den Launen und Interessen alter Männer« unterworfen. Derselben Metapher bediente sich ein indischer Kolumnist: Der »chinesische Hase« verdanke dem autoritären System einen Startvorsprung, aber der demokratischen »indischen Schildkröte« gehöre die Zukunft.[18]

Der IWF schätzte Indiens Potenzial ebenfalls grundsätzlich zuversichtlich ein, sah jedoch auch einige besorgniserregende Hinweise: Die Verlangsamung des Wachstums im Jahr 1997/98 sei weniger auf Auswirkungen der Finanzkrise in Ostasien als auf die innere Schwäche der indischen Wirtschaft zurückzuführen: Die landwirtschaftliche Produktivität sei bedenklich niedrig, große Teile der Bevölkerung – insbesondere Frauen – hätten kaum Zugang zu einer grundlegenden Schulbildung, und der langsame Anstieg der Exporte von arbeitsintensiven Produkten schmälere die Beschäftigungschancen.[19] Ein halbes Jahrhundert nach der Unabhängigkeit und inmitten einer Phase des Optimismus waren Indiens grundlegende Probleme weiterhin ungelöst.

Die Regierung Vajpayee setzte die marktwirtschaftliche Liberalisierung fort und machte sich daran, die heruntergekommene Infrastruktur des Landes zu erneuern. Nach Einschätzung des Weltwirtschaftsforums in Davos hatte Indien im Jahr 1998 die schlechteste Infrastruktur unter 53 untersuchten Ländern. In einem Bericht der Weltbank landeten die vier größten indischen Städte gemessen an der Verfügbarkeit von Trinkwasser und Abfallbeseitigung auf den letzten Plätzen unter 27 asiatischen Städten mit einer Bevölkerung von mehr als einer Million Menschen. Das zentrale Problem war leicht zu erkennen, aber schwer zu beheben. Von den Infrastrukturanbietern – insbesondere von Wasser- und Stromversorgern – wurde erwartet, dass sie die indischen Verbraucher subventionierten, was zur Folge hatte, dass sie nicht kostendeckend arbeiteten. Zu ihren Verlusten trug auch bei, dass viele Menschen Wasser und Strom stahlen. Die Infrastrukturen konnten nur verbessert werden, wenn die Bürger für die Dienste bezahlten; nur so konnten die Anbieter Gewinne erzielen und in bessere Versorgungsnetze investieren.[20]

Premierminister Vajpayee war nicht bereit, von den Reichen zu verlangen, höhere Kommunalsteuern zu zahlen, oder die Bürger zur Bezahlung der Versorgungsdienste zu zwingen. Er konzentrierte sich auf Sektoren, in denen absurd niedrige Preise und die illegale Nutzung von Diensten nicht die größten Hindernisse waren. Im Dezember 1998 gab er im Rahmen eines Vorhabens zum Bau von 13 000 Kilometern Autobahn die Entscheidung bekannt, die Straßen des »goldenen Vierecks«, welche die vier Metropolen Delhi, Kalkutta, Mumbai und Chennai miteinander verbanden, zu vierspurigen Autobahnen auszubauen. Im März 1999 kündigte der Premierminister Maßnahmen zur Verbesserung der Telekommunikationsdienste an. Einige Bundesstaaten begannen, defizitäre Stromversorger zu privatisieren, was bis dahin auf Lebenszeit beschäftigte Angestellte den Arbeitsplatz kosten und die Preise für die Verbraucher erhöhen würde. Diese begünstigten Gruppen leisteten Widerstand und bremsten den Fortschritt.[21]

Im Juli 2000 eröffnete Vajpayee eine weitere Front und ernannte den früheren Weltbankvolkswirt und Enthüllungsjournalisten Arun Shourie zum Minister für Desinvestition. Das Wort »Desinvestition« in diesem Kontext entstand offenbar Anfang der neunziger Jahre als indischer Euphemismus für die Privatisierung von Staatsunternehmen. Es war gesellschaftlich und politisch inakzeptabel, den Verkauf öffentlicher Betriebe beim Namen zu nennen. Die Vorstellung, Staatsunternehmen dienten einem höheren Zweck, war immer noch weit verbreitet. Jene, die vom Staatsbesitz profitierten, insbesondere Beschäftigte mit lebenslanger Arbeitsplatzgarantie, protestierten. Besonders erbitterten Widerstand leisteten jedoch die Anhänger der hindu-nationalistischen BJP. In ihren Augen waren die Staatsbetriebe »Kronjuwelen« des *Swadeshi* (des »Heimatlands«), deren Privatisierung gleichbedeutend mit einem Verkauf an das Ausland wäre.[22]

Shouries Antwort hätte nicht deutlicher ausfallen können: Die indischen Staatsbetriebe seien keine Kronjuwelen, erklärte er, sondern »blutende Geschwüre«. Er hatte recht. Wenige Investoren waren bereit, sich auf die Übernahme staatseigener Unternehmen einzulassen. In einem Zeitraum von vier Jahren gelang es der Regierung unter größter Mühe, eine Großbäckerei, einen Produzenten von Zink und Blei, ein Aluminiumwerk, einige Luxushotels, zwei staatliche Handelsgesellschaften und Anteile an verschiedenen Öl- und Telekommunikationsunternehmen zu verkaufen. Die bedeutsamste »Desinvestition« war der Verkauf des Staatsanteils an Maruti Udyog, einem Joint-Venture, das der indische Staat im Jahr 1981 mit Suzuki geschlossen hatte. Mit dem Verkauf endete die traurige Geschichte von Maruti und Sanjay Gandhis technisch unausgereiftem und vollkommen korruptem Vorhaben, ein indisches Auto zu bauen. Besonders schmerzhaft war das Scheitern der Bemühungen, die Fluggesellschaft Air India zu verkaufen, die ein Inbegriff des »blutenden Geschwürs« war und für schlechten Service und marode Flugzeuge berüchtigt war, die manchmal aussahen, als würden sie »von Klebeband zusammengehalten«. Zahlreiche öffentliche Betriebe, darunter insbesondere die Staatsbanken, fanden keinen Käufer.[23]

Vajpayee hatte lediglich an der Oberfläche gekratzt. Aber an indischen Maßstäben gemessen, hatte er einiges geleistet, um den Wettbewerb anzuregen, die Infrastruktur zu verbessern und die Privatisierung voranzutreiben. Nach einem Einbruch zwischen 1999 und 2001 beschleunigte sich das Wirtschaftswachstum auf 8 Prozent pro Jahr. Im Jahr 2004 schrieb der IWF in seiner Analyse: »Die beeindruckenden Fortschritte der indischen Wirtschaft in jüngster Zeit zeigen, dass die Anfang der neunziger Jahre eingeleiteten Reformen Früchte tragen.«[24] Eine derart vereinfachte Verknüpfung von Reformen und Wirtschaftswachstum sprach nicht für den IWF und tat Indien keinen Gefallen.

Waren die indischen »Reformen« in den frühen neunziger Jahren die *Ursache* des Wachstums zu Beginn des 21. Jahrhunderts, wie der Währungsfonds und andere Einrichtungen nahe legten? Wenn ja, hätte die Fertigungsindustrie beeindruckende Fortschritte machen müssen, denn die Reformen dienten in erster Linie dazu, die Beschränkungen für die industrielle Aktivität zu verringern.

Doch die indische Industrie trat bestenfalls auf der Stelle. Der betrüblichste Beleg für ihre schlechten Ergebnisse nach den Reformen war die wachsende Kluft zwischen Indien und China im Wettbewerb um internationale Marktanteile für arbeitsintensive Fertigerzeugnisse. China hatte Indien Ende der siebziger Jahre überholt und baute seinen Vorsprung in den neunziger Jahren rasch aus. Nach Chinas Beitritt zur Welthandelsorganisation im Dezember 2001 vergrößerte sich der Abstand rasant. Chinas Ausfuhren stiegen spektakulär, und das lag nicht nur an den niedrigen Löhnen. Der chinesische Erfolg beruhte auf dem außerordentlichen Wachstum der Produktivität der chinesischen Unternehmen und Arbeitskräfte. Zwischen 1993 und 2004 stieg die gesamte Faktorproduktivität der chinesischen Industrie (die Effizienz in der Inputnutzung) um 6,1 Prozent im Jahr. Im selben Zeitraum erhöhte sich die indische Faktorproduktivität lediglich um 1,1 Prozent pro Jahr. Indien litt seit der fast ein Jahrhundert früher erlittenen Niederlage gegen die Japaner auf den internationalen Textilmärkten unter einem Produktivitätshandicap. Der Grund für die geringe Produktivität war so wie damals, dass es Indien nach den Reformen nicht gelang, sein Humankapital zu entwickeln.[25]

Die Effizienz steigt nur dann nachhaltig, wenn besser ausgebildete Arbeitskräfte die Verschwendung in der Fertigung verringern und strikte Lieferfristen einhalten. Als Forscher der Weltbank besuchte ich Mitte der neunziger Jahre in der Provinz Fujian an der Südostküste Chinas eine Fabrik, die Fernsehgeräte produzierte. Der Fabrikleiter reagierte verärgert auf meine Frage, wie groß der Qualitätsrückstand auf die Konkurrenten in Südkorea und Japan sei. Er führte mich in die Qualitätskontrollabteilung, wo die Statistiken in Diagrammen dargestellt wurden. Er deutete auf die Grafiken und lächelte: Seine Fabrik sei so gut wie die besten der Welt.

Indien verbesserte sich in den neunziger Jahren, aber den Wettlauf mit China hatte es verloren.

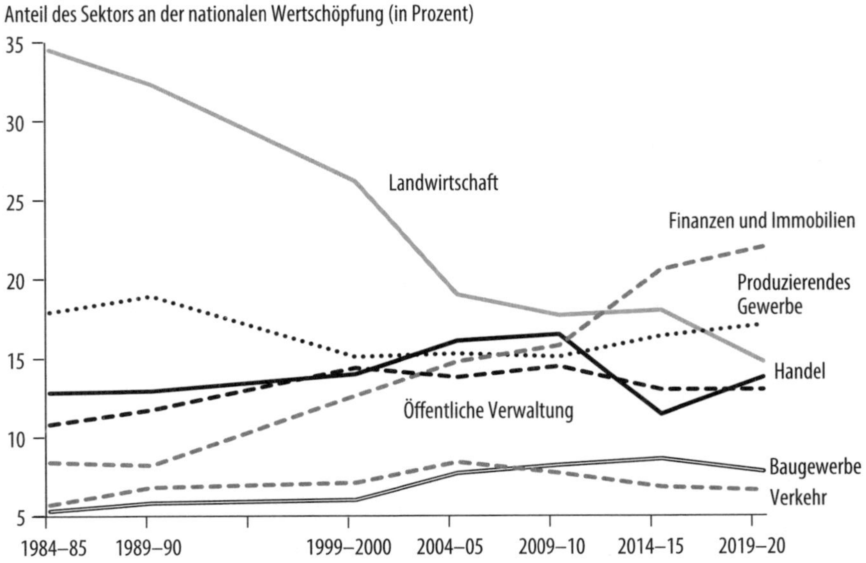

19.4: Eine Spekulationsblase in Finanzsektor und Baugewerbe treibt das BIP Indiens in die Höhe. (Anteil an der Bruttowertschöpfung, in Prozent)

Quelle: Central Statistical Office of India, http://mospi.nic.in/publication/national-accounts-statistics-2021, Statement 1.6.

Indien verdankte sein Wachstum dem Finanzsektor und dem Baugewerbe. Der Anteil des produzierenden Gewerbes am Bruttoinlandsprodukt sank nach 1990, während jener des Finanzsektors rasant wuchs. Der Anteil des Baugewerbes am BIP stieg ebenfalls stetig (Abbildung 19.4). Diese Verschiebung weg von der Industrie und hin zu Finanzen und Immobiliensektor begann mit dem Streik der Textilarbeiter in Bombay Anfang der achtziger Jahre und beschleunigte sich stetig. Die indische »Wachstumsgeschichte« nach der Liberalisierung war in erster Linie die Geschichte einer Spekulationsblase in Finanzsektor und Baugewerbe.

Zum indischen Wirtschaftswachstum trug auch die dynamische Entwicklung der Weltwirtschaft bei, die anfangs von der Tech-Revolution in den Vereinigten Staaten zwischen 1998 und 2000 angetrieben wurde. Nachdem die Dotcom-Blase im Jahr 2001 geplatzt war, half eine Politik des billigen Geldes in den USA, das Wirtschaftswachstum dort und in aller Welt aufrechtzuerhalten. Die amerikanischen Verbraucher hatten einen unersättlichen Appetit auf billige Produkte aus China. Um die Nachfrage befriedigen zu können, kauften die chinesischen Hersteller Rohmaterial und anderen Input in aller Welt. Der Welthandel wuchs so schnell wie seit der Wirtschaftsblüte nach dem Zweiten Weltkrieg nicht mehr. In der zunehmend globalisierten Welt hob die steigende Flut des Handels alle Boote an, sogar das indische, das einen relativ geringen Anteil am Welthandel hatte.

Dies war kein Anlass zum Feiern, sondern zur Besorgnis. Die Euphorie in Finanzsektor und Baugewerbe würde zwangsläufig enden, und das Wachstum des Welthandels würde sich verlangsamen. Und es gab grundlegende Probleme: Der Charakter des indischen Wachstums untergrub die gesellschaftlichen Normen und die Rechenschaftspflicht zusätzlich, während weiterhin kaum gute Arbeitsplätze entstanden.

Entwicklung samt moralischem Niedergang und schlechten Beschäftigungschancen

Mit dem Geld, das in den indischen Finanzsektor floss, wurden Gewerbeimmobilien, Appartementhochhäuser und Einkaufszentren finanziert. Ein besonders schillernder Komplex namens Phoenix erhob sich in Mumbai aus den Ruinen alter Textilfabriken und öffnete Ende 2002 seine Pforten. Phoenix erstreckte sich über neun Hektar und umfasste Bürohochhäuser, Wohnanlagen und ein modernes Einkaufszentrum. Im ganzen Land schossen solche Komplexe aus dem Boden, wo die Superreichen bei Louis Vuitton, Gucci und Montblanc einkaufen konnten.[26]

Das Baugewerbe wurde zum Betätigungsfeld eines neuen Bündnisses von Geschäftsleuten, Kriminellen und Politikern. In der Komödie *Jaane Bhi Do Yaaron* (»Lasst es gut sein, Freunde«) aus dem Jahr 1983 waren die Kriminellen und Politiker noch tollpatschige Amateure gewesen. In *Satya* (1998) war die Immobilienmafia gut organisiert, der Humor war bitterer, die Gewalt grotesker.[27]

Weltweit ist das Baugewerbe ein Brennpunkt von Korruption und Verbrechen, weil in diesem Sektor viele Geschäfte in bar abgewickelt werden und weil für die verschiedenen Schritte zur Durchführung von Bauvorhaben behördliche Genehmigungen gebraucht werden. Daher ist die Mafia in New York ebenso wie in Italien mit dem Baugewerbe vernetzt. In Indien ist das illegale Ausheben von Sand aus Flussbetten die am besten dokumentierte kriminelle Aktivität in Zusammenhang mit dem Baugewerbe. Die Autoren einer Studie schätzen, dass die Sandgewinnung das größte kriminelle Betätigungsfeld in Indien ist. Abgesehen von der Kriminalität verursacht der illegale Sandabbau schwere Umweltschäden.[28]

Im Jahr 1999 läutete der Arbeitsmarktexperte Ajit Kumar Ghose wegen eines weiteren gravierenden Problems die Alarmglocken. Das Wirtschaftswachstum, erklärte er, habe die Beschäftigungsbedingungen nicht verbessert; Indien werde bald in eine Beschäftigungskrise schlittern. Es war eine bedeutsame Erkenntnis: Das BIP-Wachstum war nicht gleichbedeutend mit einem Beschäftigungswachstum – und schon gar nicht mit besseren Arbeitsplätzen. Die effektive Arbeitslosenrate (unter Berücksichtigung der Unterbeschäftigten) lag bei rund 12 Prozent. Aber die Inder konnten es sich nicht leisten, ohne Arbeit zu sein, und die geringe Qualität der indischen Arbeitsplätze vergrößerte das Beschäftigungsproblem. Nur 8 Prozent der Beschäftigten gingen formalen Tätigkeiten nach, die gut bezahlt wurden und Kranken- und Rentenversicherung beinhalteten. Selbst der moderne (organisierte) Sektor schuf nur eine begrenzte Zahl formaler Arbeitsplätze und stützte sich zunehmend auf Zeitverträge. Ghose wies darauf hin, dass die Zahl der Arbeitsuchenden immer schneller stieg und dass der Mangel an Chancen die Arbeitskräfte weiterhin in wenig produktive, schlecht bezahlte informelle Tätigkeiten trieb.[29]

Die Gründe für den Mangel an guten Arbeitsplätzen lagen auf der Hand. Im dynamisch wachsenden Finanzsektor wurden nur wenige hochqualifizierte Arbeitskräfte benötigt. In der Industrie entstanden kaum Arbeitsplätze für geringqualifizierte Personen, weil Indien auf dem Weltmarkt für arbeitsintensive Produkte kaum eine Rolle spielte. So wurde der Großteil der geringqualifizierten Arbeitskräfte in die informelle Wirtschaft abgedrängt, das heißt ins Baugewerbe sowie in Handel, Gastgewerbe und Gütertransport. In diesen Tätigkeiten waren die Arbeitskräfte oft über längere Zeit untätig, was zu verbreiteter Unterbeschäftigung führte. Die Arbeit auf dem Bau war außerdem gesundheitsschädlich und oft gefährlich.[30]

Nicht nur im »rückständigen« Bihar, sondern auch im »fortschrittlichen« Tamil Nadu fanden die Menschen vor allem im Baugewerbe und in einfachen, unproduktiven Dienstleistungen Arbeit. Der Bundesstaat mochte gefeierte Produktionszentren haben, aber in den Städten sank der Beschäftigungsanteil der Industrie, während jener des Baugewerbes stieg (Abbildung 19.5). Frauen, die keine akzeptable Arbeit außerhalb der Landwirtschaft fanden, zogen sich aus der Erwerbsbevölkerung zurück.[31]

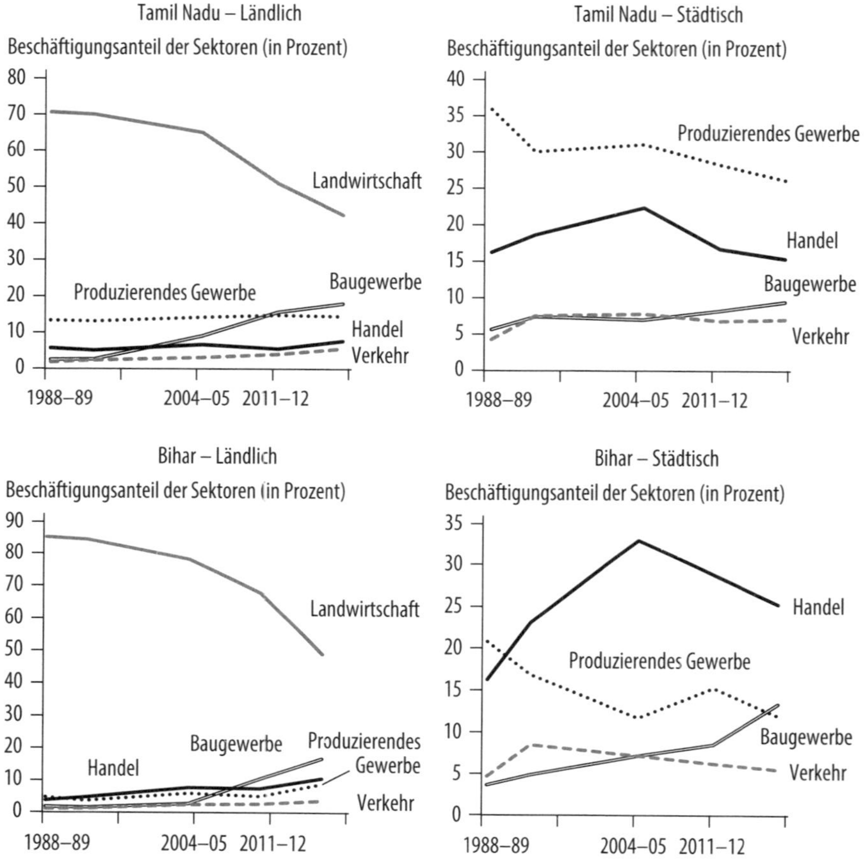

19.5: Die Beschäftigung verlagert sich nicht nur im »rückständigen« Bihar, sondern auch im »fortschrittlichen« Tamil Nadu von der Landwirtschaft zum Baugewerbe.
(Verteilung der Beschäftigung auf die Sektoren, in Prozent)

Quelle: Central Statistics Office of India, Periodic Labour Force Survey, 1987–88: Statement 36, S. 105–108; 1993–94: Tabelle 6.7.2, S. 116–120; 2004–05: Statement 5.9.2, S. 140–145; 2011–12: Statement 5.11.1, S. 165–173; 2017–18: Tabelle (27), S. A-163 bis A-168.

Die Beschäftigung hatte für die politisch Verantwortlichen keinen Vorrang. In einer Analyse der Wirtschaftspolitik im letzten Jahrzehnt des 20. Jahrhunderts und in den ersten zehn Jahren des neuen Jahrtausends beschäftigte sich Montek Ahluwalia, der ehemalige Wirtschaftsberater Rajiv Gandhis, erst zum Schluss mit der »mittelfristigen« Problematik der Beschäftigung. Unterdessen strömten weiter junge Männer wie Satya nach Bombay. Obwohl sie wussten, dass ihre Aussichten auf Arbeit schlecht waren, fragten sie zwielichtige Ansprechpartner: »Haben Sie Arbeit für mich?« Sie hatten keinen »mittelfristigen« Plan. Sie brauchten sofort Arbeit, und ein kriminelles Leben war eine vernünftige Option für sie.[32]

Und im riesigen Agrarsektor Indiens braute sich noch größeres Unheil zusammen.

Wo das Licht nicht hingelangt

Im Jahr 1950, Indien war gerade unabhängig geworden, waren 70 Prozent der Beschäftigten in der Landwirtschaft tätig. Im folgenden halben Jahrhundert sank der Beschäftigungsanteil der Landwirtschaft lediglich um 10 Prozentpunkte. In Japan schrumpfte der Anteil der Landwirtschaft an der Gesamtbeschäftigung in dem halben Jahrhundert nach der Meiji-Restauration um 35 Prozentpunkte, von 80 Prozent im Jahr 1880 auf 45 Prozent im Jahr 1930. Anfang der zwanziger Jahre arbeiteten auf den japanischen Bauernhöfen nur noch Menschen, die diese Arbeit machen wollten.[33]

In den ostasiatischen Ländern, die nach Japan mit der Industrialisierung begannen, wechselten die Arbeitskräfte noch schneller von der Landwirtschaft in den nicht agrarischen Sektor. Der Beschäftigungsanteil der südkoreanischen Landwirtschaft sank zwischen 1965 und 2000 von 55 auf 10 Prozent. In China, das bis Ende der siebziger Jahre gemessen am Pro-Kopf-Einkommen ärmer war als Indien, sank der Anteil der in der Landwirtschaft tätigen Arbeitskräfte im selben Zeitraum von 80 auf 50 Prozent. Sowohl in Südkorea als auch in China beschleunigte sich die Verschiebung von der Landwirtschaft zum nicht agrarischen Sektor insbesondere in den neunziger Jahren, während sie in Indien praktisch zum Stillstand kam.[34]

In Japan, Südkorea und China wanderten die Arbeitskräfte nicht nur wegen der besseren Beschäftigungschancen in Industrie und Dienstleistungen aus der Landwirtschaft ab, sondern auch, weil sich die landwirtschaftlichen Produktionsverfahren rasch entwickelten. In Japan stieg die Produktivität der Anbauflächen in den Jahren nach der Meiji-Restauration schnell und zählte um 1960 zu den höchsten weltweit (Abbildung 19.6). In Südkorea zog die landwirtschaftliche Produktivität um das Jahr 1980 mit der Japans gleich, in China Anfang des 21. Jahrhunderts. Da die Anbauflächen höhere Erträge abwarfen, stieg die Produktion der Höfe in einem angemessenen Tempo, während junge neue Arbeitsuchende und ältere Landarbeiter Arbeit außerhalb der Landwirtschaft fanden.[35] Alle fortschrittlichen Länder durchlaufen diesen Wandlungsprozess. Nur Indien schien nicht dazu imstande.

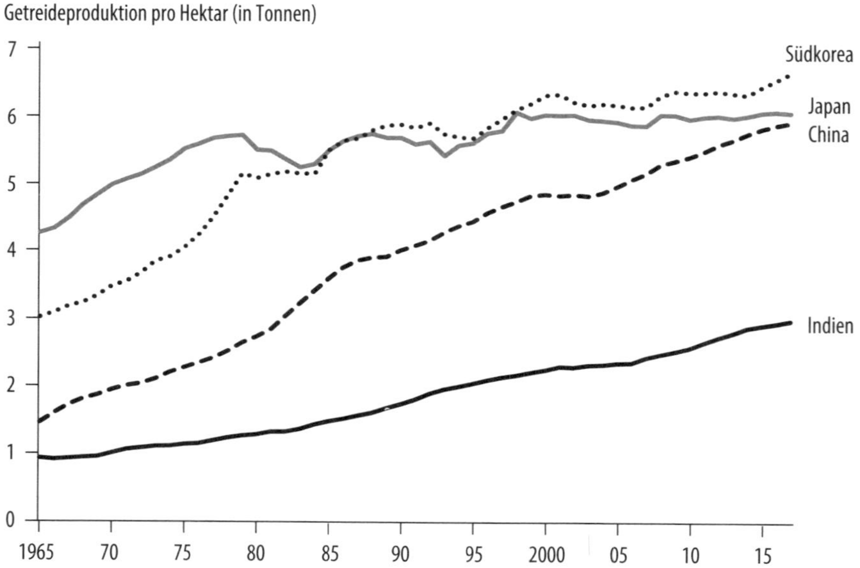

19.6: Die Produktivität der indischen Ackerflächen steigt, ist jedoch immer noch sehr viel geringer als in anderen Ländern. (Getreideproduktion pro Hektar in Tonnen, 5-jähriger gleitender Durchschnitt)

Quelle: Weltbank, World Development Indicators, AG.YLD.CREL.KG.

Selbst in dem Jahrzehnt nach der wirtschaftlichen »Liberalisierung« im Jahr 1991 *stieg* die Zahl der Arbeitskräfte in landwirtschaftlichen Tätigkeiten mit geringer Produktivität um 35 Millionen Menschen. Die Erwerbsbevölkerung wurde sehr ineffizient eingesetzt. Die Produktion pro Arbeitskraft in der Landwirtschaft entsprach weniger als einem Viertel der Produktion in nicht agrarischen Tätigkeiten.[36] Aber da es zu wenig Arbeit außerhalb der Landwirtschaft gab und in den Städten ein Leben im Elend drohte, hielten die Bauern an ihrem erbärmlichen Leben auf dem Land fest.

Erbärmlich ist möglicherweise ein zu schwaches Wort. Wie brutal die Realität der landwirtschaftlichen Arbeit war, zeigte sich um die Jahrtausendwende in einer Selbstmordwelle, die insbesondere Andhra Pradesh im Südosten und Maharashtra im Westen des Landes erfasste. Die Parzellen der Bauern, die über die Generationen hinweg ein ums andere Mal aufgeteilt worden waren, waren mittlerweile so klein, dass es den Bauernfamilien schwerfiel, ihren Lebensunterhalt zu verdienen.[37]

In Andhra Pradesh konzentrierte sich die Regierung unter Chandrababu Naidu vollkommen auf die Hauptstadt Hyderabad, die Naidu in ein Paradies für die Informationstechnologie verwandeln wollte. Er war überzeugt, die Technologie, die zum Beispiel gentechnisch veränderte Saaten hervorbringen konnte, werde die Probleme der Bauern lösen. Und die Technologie sollte den Entwicklungssprung von einer ländlichen Gesellschaft zu einer Dienstleistungsgesellschaft ermöglichen.[38] Die Bauern hofften vergeblich auf diese Segnungen.

Andhra Pradesh ist ein großer Staat. Im Jahr 2001 hatte es mit einer Bevölkerung von 76 Millionen Menschen fast so viele Einwohner wie Deutschland (82 Millionen). Der Bundesstaat wird von den mächtigen Strömen Krishna und Godavari sowie zahlreichen kleineren Flüssen durchzogen. An indischen Maßstäben gemessen, funktioniert seine Landwirtschaft gut: Die Bauern bauen Reis und einträgliche Feldfrüchte wie Erdnüsse, Baumwolle und Zuckerrohr an. Doch als die dank der Grünen Revolution erzielten Ertragszuwächse abebbten, verlangsamte sich das Wachstum der landwirtschaftlichen Produktion. Andhra Pradesh geriet in Schwierigkeiten, weil sogar der Godavari auszutrocknen begann. Die großen Trockengebiete, in denen die Erträge von ergiebigen Regenfällen abhingen, litten sehr. Von der Korruption zerfressene Bewässerungsämter verschwendeten ihr Geld und vernachlässigten die Instandhaltung der Kanalnetze. Reiche Bauern bohrten tiefere Brunnen, was zu einem bedrohlichen Absinken des Grundwasserspiegels führte und kleinere Bauern zwang, auf der Suche nach Wasser ebenfalls tiefer zu graben.[39]

Obwohl die Bauern kaum über die Runden kamen, stiegen ihre Erwartungen: Sie sahen, wie andere vorankamen, und wünschten sich ebenfalls größeren Wohlstand. Kleinbauern begannen, einträgliche Pflanzen anzubauen und sich ertragreichen Saaten zuzuwenden. Ihre Investitionen in teure Inputs stiegen. Sie brauchten Geld, um an das immer schwerer zugängliche Grundwasser heranzukommen. Also nahmen sie Kredite bei Geldverleihern, Händlern und Großgrundbesitzern auf. Das Vorgehen war riskant. Für den Anbau neuer Sorten wie der gentechnisch veränderten Bt-Baumwolle brauchte man Kenntnisse, die vielen Kleinbauern fehlten. Missernten, Krankheitsfälle in der Familie und hohe Ausgaben – etwa für Hochzeitsfeiern – machten es vielen Landwirten unmöglich, ihre Schulden zu begleichen. Die Folge war, dass die Zahl der Selbstmorde stieg.[40]

Trotz Investitionen, die kaum zu schultern und deren Erträge ungewiss waren, blieben die Bauern und Landarbeiter in Andhra Pradesh an der Scholle kleben. In den Städten gab es kaum Arbeit. Der Beschäftigungsanteil der Landwirtschaft verringerte sich zwischen 1991 und 2001 nur geringfügig von 65 auf 62 Prozent. Da die Bevölkerung Andhra Pradeshs wuchs, waren im Jahr 2001 7 Millionen Arbeitskräfte mehr in der Landwirtschaft tätig als zehn Jahre früher – die IT-Branche schuf in diesem Jahrzehnt in ganz Indien sehr viel weniger Arbeitsplätze.[41]

So wie Andhra Pradesh litten auch viele andere Regionen Indiens unter einer Kombination von großen Trockengebieten, schlecht funktionierenden Bewässerungsanlagen, sinkenden Grundwasserspiegeln und steigenden Input-Kosten. Vielerorts waren die Bauern zum Anbau von Obst und Gemüse übergegangen, aber diese Pflanzen brauchten sehr viel Wasser. Die Journalistin Kavitha Iyer beschreibt die verdörrten Überreste von Limettenhainen in trockenen Gebieten Maharashtras. Auch dort waren Selbstmorde von Bauern bedrückend alltäglich.[42]

Die Geschichte war überall in Indien mehr oder weniger die gleiche: Nach dem kurzen Aufschwung infolge der Grünen Revolution in den achtziger und frühen neunziger Jahren war die indische Landwirtschaft erneut in die Krise geraten. Überall investierte der Staat weniger in Bewässerungssysteme. Die Bewässerung mit privaten Brunnen wurde teurer. Ende des 20. Jahrhunderts stieg die Zahl der Selbstmorde auf dem Land sprunghaft.[43]

Und dann änderte sich die Situation zum Schlechteren. Zu Beginn des 21. Jahrhunderts häuften sich die Dürrephasen. Möglicherweise war dies eine Folge des Klimawandels. Die *Times of India* berichtete über wiederholte Dürre und notleidende Bauern in großen Teilen von Orissa, Gujarat, Maharashtra,

Madhya Pradesh und Rajasthan. Im April 2000 fällte die Zeitung ein vernichtendes Urteil über die Prioritäten der Regierung und erklärte, während einige wenige Inder in das »virtuelle Millennium« marschierten, sei die große Mehrheit in einem »Meer der Dürre gefangen«. Bewässerungsprojekte würden nur »auf dem Papier verwirklicht«, um »ein Geflecht von Bestechung und Korruption zu finanzieren«. Die Dürre im Sommer 2002 trug die Not über die traditionell trockenen Gebiete in Punjab, Haryana und Uttar Pradesh hinaus in große Teile Indiens. Abgesehen von der Erschöpfung der Grundwasserreserven litten die Böden unter dem intensiven Einsatz von Düngemitteln und Pestiziden.[44]

Die Bauern ließen die Naxaliten für sich sprechen. Nachdem die Polizei die Protestbewegung der Bauern in Naxalbari Ende der sechziger Jahre unterdrückt hatte, tauchten die Naxaliten ab. Ende der siebziger Jahre nahmen sie den Kampf für höhere Löhne der landlosen Feldarbeiter und für die Rechte der Kleinbauern wieder auf. Anfang Oktober 2003 verübte eine Gruppe von Naxaliten einen Mordanschlag auf Chandrababu Naidu. Das fehlgeschlagene Attentat bestätigte eine statistische Erkenntnis: Wann immer der Regen ausblieb, wurden Bauernaufstände häufiger, und wenn die Naxaliten Bodenschätze brauchten, um sich zu finanzieren, wurden die Auseinandersetzungen brutaler. Naidu, der indische Messias der Informationstechnologie, umgarnte Bill Gates, Bill Clinton und die Weltbank, tat jedoch wenig, um den notleidenden Bauern zu helfen. Stattdessen zwangen Polizei und von den Grundbesitzern aufgestellte Privatarmeen die Naxaliten erneut in die Knie, wobei sie sich oft extralegaler Hinrichtungen bedienten. Der indische Staat tat, was er am besten konnte: Er setzte Gewalt gegen sein Volk ein.[45]

Der Druck auf die Bauern hatte Folgen: Zu Beginn des 21. Jahrhunderts begann eine Abwanderungswelle in die Städte. Die Schlagzeilen der *Times of India* erzählen die Geschichte: »Politik der Trockenheit löst Massenexodus aus Junagadh (Gujarat) aus« (27. April 2000); »Dürre zwingt Dorfbewohner zum Verlassen ihrer Heimat in Madhya Pradesh« (11. Oktober 2000); »Massenmigration aus von der Dürre getroffenen Dörfern in Latur (Maharashtra)« (15. Februar 2006); »Ein weiterer Exodus: Bihar« (11. August 2009). Verzweifelte Menschen gaben ihre Höfe auf und ließen oft Nutztiere zurück, die verendeten.

Forscher zeigten in einer Studie, dass die Wanderungsbewegung vom Land in die Städte in Indien keine Reaktion auf Beschäftigungschancen in den Städten, sondern auf die Zunahme der Dürreperioden war. Die Demografen Ram Bhagat und Kunal Keshri schätzen, dass zwischen 2006 und 2011 rund 77 Millionen Landbewohner in die Städte abwanderten. Doch viele dieser Menschen blieben nur vorübergehend in den Städten und kehrten nach einer Weile in die Geborgenheit ihrer Familien und Dorfgemeinschaften zurück.[46]

Die Städte waren nach wie vor unwirtliche Orte für die Zuwanderer. Im Jahr 2004 erzählte Amy Waldman in der *New York Times* in einer Reportage die Geschichte eines Paars aus Andhra Pradesh, das in der Tech-Metropole Hyderabad Arbeit als Straßenkehrer fand. Bauern wurden Bauarbeiter oder verdingten sich in Ziegeleien und Steinbrüchen. Sie lebten in Elendsunterkünften oder in Hütten, die sie sich auf den Baustellen aus Schilfmatten zusammenzimmerten. Andere verdingten sich als Schuhputzer, Portiere, Zuhälter und Müllwerker. Die Migration öffnete keine Türen zum Wohlstand. Die Landflucht war einfach eine »Überlebensstrategie«, schreiben Bhagat und Keshri.[47]

Migranten lebten in den Städten seit jeher unter prekären Bedingungen, die erstmals in dem Film *Dharti ke lal* über die Hungersnot in Bengalen im Jahr 1943 dokumentiert wurden. Ein Vierteljahrhundert später lebten Zuwanderer in den Städten immer noch am Rand der Gesellschaft. In dem Film *Gaman* (»Die Abreise«) aus dem Jahr 1978 macht sich ein junger Bauer, der sein Land an einen Großgrundbesitzer verloren hat, auf den Weg nach Bombay. In der Stadt der Träume lernt er, ein Taxi zu fahren, verbringt seinen Tag mit der Suche nach Fahrgästen und wohnt mit anderen Taxifahrern in einer überfüllten Unterkunft in einem Slum. Am Ende des Films steht er auf einem Bahnsteig und weiß, dass er nicht genug Geld für die Fahrkarte hat, um zu seiner sterbenden Mutter nach Hause zu reisen.[48]

Im neuen Jahrtausend nahmen die indischen Städte Zuwanderer vom Land nicht freundlicher auf.

Tod im Namen des Herrn

Am 27. Februar 2002 um 7:43 Uhr morgens fuhr der Sabarmati Express aus Ayodhya in den Bahnhof von Godhra Junction im Osten von Gujarat ein. An Bord war eine Gruppe enttäuschter *kar sevaks* (religiöser Freiwilliger), die aus Ayodhya zurückkehrten. Es war ihnen nicht gelungen, mit dem Bau des heißersehnten Tempels für Rama zu beginnen, der an der Stelle entstehen sollte, wo andere religiöse Fanatiker im Dezember 1992 die Babri-Moschee dem Erdboden gleichgemacht hatten. Viele *kar sevaks* waren Mitglieder von Bajrang Dal, der Jugendorganisation des VHP, die den Fanatismus rund um den Tempelbau schürte. Die wütenden jungen Hindus hatten auf ihrer Reise immer wieder Schlägereien angezettelt und dürsteten nach Gewalt.[49]

Auf dem Bahnsteig in Godhra Junction weigerten sich einige *kar sevaks*, einen Zigarettenverkäufer zu bezahlen, und schütteten einem Teeverkäufer seinen Tee ins Gesicht. Angeblich belästigten sie auch ein Mädchen. Godhra war eine mehrheitlich muslimische Stadt. Als der Zug aus dem Bahnhof rollte, bewarfen ihn wütende Muslime mit Flaschen, Steinen und brennenden Fetzen. Ein Waggon fing Feuer, 59 *kar sevaks* starben in den Flammen.[50]

Einer anderen Darstellung zufolge setzte nicht der Mob entlang der Gleise den Zug in Brand, sondern Fahrgäste, die versehentlich das Benzin für ihre Kocher anzündeten. Aber inmitten der Unklarheit über die tatsächlichen Geschehnisse setzte sich die Version durch, dass Muslime die jungen Eiferer ermordet hatten. In den folgenden Tagen wurden überall in Gujarat Muslime massakriert. Rund 2 000 Menschen fanden den Tod; die meisten Opfer waren Muslime. Die Polizei sah tatenlos zu, wie junge Hindus – von denen viele safranfarbene Stirnbänder trugen, um ihr Bekenntnis zum Hindutum zu demonstrieren – Muslime töteten und muslimisches Eigentum zerstörten. Musliminnen wurden brutal vergewaltigt. Viele marodierende Hindutva-Anhänger gehörten einer benachteiligten Generation an, »die sich nach sozialem Aufstieg sehnte und von Organisationen wie Bajrang Dal zu außergesetzlichen Gewalttaten angestiftet wurde«, wie der Anthropologe Parvis Ghassem-Fachandi schreibt. Die Gewalt in Gujarat hatte ähnliche sozioökonomische Ursachen wie die Unruhen in Bombay in den Jahren 1992 und 1993. Die Textilfabriken in Gujarat, die wie jene in Bombay einst vielen Menschen Arbeit gegeben hatten, waren mehrheitlich stillgelegt worden. Auf junge Männer mit geringen Aussichten übte das gewalttätige Hindutum große Anziehungskraft aus.[51]

Einige Zeitungen warfen der von Narendra Modi geführten Regierung des Bundesstaats Gujarat vor, wenig gegen das Massaker an Muslimen unternommen zu haben. In einem Artikel hieß es, die Trennlinien zwischen Regierung, Polizei und Hindutva-Organisationen seien »vollkommen verwischt«. Am 1. März erklärte Modi in einem Fernsehinterview: »Jede Aktion zieht unvermeidlich eine Reaktion nach sich.« Diese Aussage verstärkte den Eindruck, dass die Regierung von Gujarat das Massaker geduldet hatte. Am 12. April sprach auch Premierminister Vajpayee bei einer Konferenz der BJP-Spitze von gerechtfertigter Vergeltung: »Ohne Godhra wäre es nicht zur Tragödie in Gujarat gekommen.« Und Vajpayee brachte ein altbekanntes Argument der Hindutva-Propaganda vor: »Wo immer Muslime leben, wollen sie nicht mit anderen zusammenleben. Sie wollen ihre Religion predigen und verbreiten, indem sie bei anderen Furcht und Schrecken wecken.«[52]

Der Premierminister lehnte es ab, Modi abzusetzen. Stattdessen forderte er den Regierungschef von Gujarat auf, sich ein neues Mandat von den Wählern zu holen. Das kam Modi gelegen, weil die Hindutva-Bewegung wachsenden Zulauf fand. Als die Wahlbehörde vorgezogene Wahlen unter Verweis auf die feindselige Atmosphäre ablehnte, fachte Modi die antimuslimische Stimmung weiter an und verbreitete seine aggressive Botschaft in den nationalen Medien. Die Führung der Kongresspartei einschließlich von Parteichefin Sonia Gandhi hatte dieser Rhetorik nichts entgegenzusetzen und klammerte sich stattdessen an Hindu-Symbole, um die hinduistischen Wähler für sich zu gewinnen. Aber dieses »milde Hindutum« – der symbolische Appell an den Hinduismus ohne rituelle Gewalt – war ebenso zum Scheitern verurteilt wie eine ähnliche Strategie Rajiv Gandhis im Jahr 1989. Im Dezember 2002 errang Modi einen Erdrutschsieg in Gujarat. Praveen Togadia, ein führender Kopf des aggressiven VHP, erklärte, das »erfolgreiche Experiment« im »Hindutva-Laboratorium« Gujarat wecke die Hoffnung auf ähnliche Erfolge in anderen Landesteilen. »Hindutva ist Entwicklung«, verkündete er kühn. »Wir werden das ganze Land safrangelb färben.« Im März 2005 verweigerten die Vereinigten Staaten Narendra Modi wegen seiner Rolle in der religiösen Verfolgung ein Einreisevisum. Doch die indischen Gerichte sprachen ihn von jeder Verantwortung frei.[53]

Ausländische Beobachter waren nach wie vor angetan vom kräftigen Wirtschaftswachstum Indiens und von der Entwicklung seiner IT-Branche. In seiner elitären Echokammer war Vajpayee überzeugt, die indische Bevölkerung teile seinen Eindruck, dass es der Wirtschaft gut gehe. Er setzte Neuwahlen an, welche die BJP mit dem Slogan »Indien glänzt« in Angriff nahm. Narendra Modi, der sich zu einem Helden der Hindutva-Bewegung gemausert hatte, nahm in den letzten Tagen am nationalen Wettkampf der BJP teil.[54]

Aber angesichts der Notlage der Landwirtschaft und des Mangels an Arbeitsplätzen in den Städten schien es vielen Indern unpassend, von einem »glänzenden Indien« zu sprechen. Auf nationaler Ebene unterlag die BJP der Kongresspartei, die ein Arbeitsbeschaffungsprogramm versprochen hatte. In Andhra Pradesh erlitt Chandrababu Naidu, der vollkommen in seiner virtuellen Welt aufgegangen war, eine Niederlage.[55]

Zwei Jahrzehnte der vielversprechenden wirtschaftlichen Entwicklung Indiens, die Jahre 1985 bis 2004, neigten sich ihrem Ende zu. An der Vernachlässigung von Bildung, Gesundheitswesen, städtischen Infrastrukturen und Umweltschutz hatte sich nichts geändert. Das Justizwesen war nach wie vor verknöchert, die Rechtsprechung willkürlich. Der indischen Demokratie drohte der moralische Zusammenbruch. Die Korruption breitete sich aus, kriminelle Politiker eroberten die Machtzentren. Die Hindutva-Ideologie legitimierte mit ihrer kategorischen Einteilung der Menschen in Freunde und Feinde ein fast beispielloses Maß an Gewalt. Der Bildungsminister der Regierung Vajpayee, die ein »gemäßigtes« Hindutum vertrat, hatte begonnen, ein aggressives Hindutum in den Schulbüchern zu verbreiten. Im Jahr 2002 hatte Vajpayee nichts getan, um die Wucherung des Hindutva-Krebsgeschwürs in Gujarat zu verhindern. Im Februar 2003 hatte er in der Haupthalle des indischen Parlament gegenüber von Mahatma Gandhis Porträt ein Bild Vinayak Damodar Savarkars aufhängen lassen, des Autors des gewalttätigen *Hindutva*. Im Juni 2004 stellte Vajpayee öffentlich die Frage, ob das Massaker in Gujarat den Ruin der BJP bei den landesweiten Wahlen bedeuten würde. Aber er handelte nicht entschlossen.[56]

Vajpayee verlor die Wahl im Jahr 2004, weil er der Mehrheit der Bevölkerung keine wirtschaftliche Hoffnung anbieten konnte. Und er konnte sich im Kampf um Wählerstimmen nicht mit Narendra Modis Hindutva-Fanatismus messen. Wollte die von der Kongresspartei geführte Koalition die wirtschaftliche Lage verbessern und die indische Demokratie retten, so musste sie sich an die Arbeit machen. Leider war sie vom Selbstüberschätzung erfasst worden.

TEIL IV

Selbstüberschätzung

2005 bis zur Gegenwart

KAPITEL 20

Die beiden Indien driften auseinander, die Demokratie zerbricht

Vor einigen Jahren fragte ich eines Abends meinen Fitnesstrainer in einem Gemeindezentrum in Delhi: »Was machen Sie während des Tages?« Er lächelte und sagte: »Ich fülle die Zeit.« Millionen junge Inder verbringen ihre Tage damit, aktiv ihre Zeit zu füllen. Mein Fitnesstrainer tat das, indem er sich im Fernsehen eine endlose Abfolge von Cricket-Partien anschaute. Besonders schmerzhaft ist das »Zeitfüllen« in den langen Phasen der Untätigkeit zwischen wiederholten vergeblichen Anläufen, einen Job zu finden.

Der Anthropologe Craig Jeffrey erzählt die Geschichte von Rajesh, einem Studenten am Meerut College in Uttar Pradesh, der die Arbeitssuche durch den Erwerb immer neuer Hochschulabschlüsse ersetzt hatte. Im Lauf von 13 Jahren erwarb er ein Diplom in Philosophie, einen Bachelor in Pädagogik, Master-Titel in Politikwissenschaften, Geschichte und Agronomie sowie einen Doktortitel. »Ich reihte einfach ein Studium an das andere, in der Hoffnung, dadurch meine Berufschancen zu erhöhen«, erklärte Rajesh im Jahr 2005. Zweimal schaffte er es in die Endauswahl für einen Posten in der öffentlichen Verwaltung von Uttar Pradesh. Dass er schließlich scheiterte, führte er auf seine Weigerung zurück, die geforderten Schmiergelder zu bezahlen. Stattdessen steckte er »weiter Schläge ein«, um seinen Traum von einem Posten im öffentlichen Dienst wahrzumachen. In der Zwischenzeit teilte er sein Leid mit anderen. Ihre Beschäftigung bestand darin, auf der Straße und an Teeständen herumzuhängen, eine Praxis, die sie als nützliche Vernetzung beschönigten.[1]

Das »Zeitfüllen« ist das Ergebnis von zwei der hartnäckigsten Probleme Indiens: Die Bildung ist minderwertig, und es entstehen zu wenige Arbeitsplätze. Beides schränkt die Aufwärtsmobilität junger Inderinnen und Inder ein.

Indien wollte sein Bildungsdefizit durch den Aufbau einer riesigen Infrastruktur ausgleichen. Dessen widersinnige Anreize schaden der Bildung. Die Qualität der Lehrkräfte blieb gering. Millionen schlecht vorbereitete Schulabsolventen hofften, ein Hochschulstudium werde ihnen die Tür zu Wohlstand öffnen. Der Staat nährte diese Hoffnung, indem er die Ausbreitung wertloser Bildungseinrichtungen zuließ. An staatlichen Hochschulen füllten sich Verantwortliche mit politischen Verbindungen die Taschen, indem sie Provisionen für Beschaffung, Ernennungen und Zulassungen kassierten. In zahlreichen privaten Colleges, die in kürzester Zeit aus dem Boden schossen und geringe Maßstäbe anlegten, wurden Scharlatane reich, indem sie nicht verbuchte Gebühren kassierten und von der Steuerbefreiung ihrer Schulen als gemeinnützige Einrichtungen profitierten. Die *Washington Post* berichtete, dass sich »kaum regulierte, nicht zugelassene und oft überhaupt nicht existierende Colleges ausbreiten, weil die Nachfrage nach höherer Bildung unablässig steigt«. Viele dieser Colleges hatten lediglich eine Postanschrift. Gegen hohe Studiengebühren stellten sie Bescheinigungen über die Lehrbefugnis und sogar über den Abschluss von Jura- und Medizinstudien aus. Sie verdienten viel Geld mit der Verzweiflung junger Menschen.[2]

Zwischen 1983 und 2000 stieg der Überschuss an Arbeitskräften von 35 Millionen auf 58 Millionen. Dieser Überhang war in Wahrheit auf eine sehr viel größere Zahl Arbeitsuchender verteilt, von denen viele (wie mein Fitnesstrainer) nur einen halben Arbeitsplatz oder ein Drittel einer festen Stelle hatten: 10 Millionen Menschen suchten eine Vollzeitbeschäftigung, und über 100 Millionen fehlten die Hälfte oder zwei Drittel eines Arbeitsplatzes. Und jedes Jahr kamen mehr als 9 Millionen neue Arbeitsuchende dazu. Jenen, die in diesem Niemandsland festsaßen, gab das »Zeitfüllen« zumindest das Gefühl, ein Ziel zu haben.[3]

Indien hatte weitere drängende Probleme: Intensive Landwirtschaft, Städte, Fabriken und Bergwerke »attackierten« die Flüsse, wie das Centre for Science and Environment im Jahr 1999 warnte. Die Verschmutzung der Flüsse war »die größte Gefahr für die Volksgesundheit«. Sie tötete Kinder und zunehmend auch Erwachsene. Zu Beginn des 21. Jahrhunderts beförderte am Nordrand von Delhi ein mehr als sechs Meter tiefer Abwasserkanal menschliche Exkremente, verfaulende Lebensmittel und Plastikmüll in den Yamuna. Dort, wo sich das Abwasser in den Fluss ergoss, sah es aus wie »schnell fließender Teer«, schrieb der Autor Rana Dasgupta in seinem schonungslosen Porträt der Hauptstadt. Delhi galt weltweit als Inbegriff ungeheuerlicher städtischer Verschmutzung, aber auch in vielen anderen indischen Städten war die Luft giftig. Das einst malerische Dehradun am Fuß des Himalaja zählte zu den schmutzigsten Städten des Landes.[4] Die ungezügelte Umweltzerstörung schadete sowohl der gegenwärtigen als auch den zukünftigen Generationen.

Im Mai 2004 bekam Indien eine neue Regierung. Die Kongresspartei führte eine linksgerichtete Koalition, die Vereinte Fortschrittsallianz (United Progressive Alliance, UPA). Nach dem Vorbild der Kommunistischen Parteien wurde Sonia Gandhi, die Witwe Rajiv Gandhis, zur Vorsitzenden des »Nationalen Rats« ernannt, eines Gremiums, das erfunden worden war, um ihr die Autorität einer Über-Premierministerin zu verleihen. Manmohan Singh, ein Technokrat, der auf keiner Wahlliste gestanden hatte, wurde zum Marionetten-Premier.[5]

Die in- und ausländischen Eliten begrüßten die Ernennung Singhs. Im Jahr 1991 hatte er Indien als Finanzminister auf den Weg der wirtschaftlichen Liberalisierung geführt. Damals hatte er forsch verkündet, Indien sei eine Idee, deren Zeit gekommen sei. Dreizehn Jahre später war klar, dass diese ambitionierte Behauptung bestenfalls ein grausamer Scherz gewesen war. Bauernfamilien trauerten weiterhin über Selbstmorde. Millionen junge Männer wie Rajesh verbrachten weiterhin Jahre damit, nutzlose Diplome zu erwarben. Frauen litten weiterhin unter verstörender öffentlicher Gewalt.

Die Förderung von Privatinitiative und Markteffizienz konnte nicht länger die einzige politische Priorität sein. Indien brauchte mehr denn je eine sozialdemokratische Agenda, die durch eine robustere Landwirtschaft, bessere Bildungs- und Gesundheitssysteme, mehr Arbeitsplätze in den Städten und eine sauberere Umwelt gemeinsamen Wohlstand schaffen würde. Der Zeitpunkt war geeignet. Die Welt hinterfragte die Besessenheit von der freien Marktwirtschaft, und überall rückte die soziale Gerechtigkeit in den Vordergrund. Präsident Bill Clinton in den Vereinigten Staaten und Premierminister Tony Blair in Großbritannien hatten mit dem »dritten Weg« experimentiert, um die soziale Wohlfahrt zu verbessern. In Brasilien bemühte sich Präsident Luiz Inácio Lula da Silva um eine Wirtschaftspolitik mit menschlichem Antlitz. Die Ergebnisse der auf freie Märkte beschränkten Wirtschaftspolitik in Lateinamerika hatten auch ihre glühendsten Befürworter enttäuscht, wie die Weltbank feststellte.[6]

Die neue indische Regierung schien zu begreifen, dass der unerbittliche Markt gezähmt werden musste. Im August 2005 führte die Regierung das »Recht auf Arbeit« ein, das eine ländliche Beschäftigungsgarantie im Rahmen des National Rural Employment Guarantee Act (Gesetz über die ländliche Beschäftigungsgarantie, NREGA; später mit dem Zusatz »Mahatma Gandhi« versehen, MGNREGA) vorsah. Alle volljährigen Landbewohner und Landbewohnerinnen hatten von nun an Anspruch auf Arbeit, normalerweise in einem Programm für öffentliche Bauarbeiten. Jeder ländliche Haushalt hatte das Recht auf 100 Arbeitstage im Jahr.[7]

Das Arbeitsbeschaffungsprogramm mochte gut gemeint sein, aber es funktionierte von Anfang an schlecht. In einigen Bundesstaaten lag der MGNREGA-Lohn unter dem offiziellen Mindestlohn, was gegen eine Richtlinie des Obersten Gerichtshofs verstieß. Die für das Programm bereitgestellten Mittel reichten oft nicht aus, um die Nachfrage nach Arbeit zu befriedigen, was zu Verzögerungen bei der Lohnzahlung führte. Trotz vielversprechender Anfänge schien die Regierung nicht wirklich entschlossen, ihre Ziele für mehr soziale Gerechtigkeit zu erreichen.[8]

Im Oktober 2005 führte die Regierung das »Recht auf Information« (Right to Information, RTI) ein. Von nun an hatten die Bürger das Recht auf raschen Zugang zu staatlichen Aufzeichnungen. Auf diese Art wurden Transparenz und Rechenschaftspflicht der staatlichen Verwaltung erhöht. Aber das RTI erfüllte die Erwartungen nicht. Sofort nach seiner Einführung begannen die Behörden, den Zugang zu Dokumenten zu beschränken und Antworten auf Informationsgesuche hinauszuzögern. Sogar der Oberste Gerichtshof blockierte Forderungen nach Transparenz. Aktivisten und Whistleblower setzten sich erheblichen Risiken aus. Jene, die »Nachforschungen an der gefährlichen Schnittstelle zwischen Wirtschaft und Machtpolitik anstellen, bezahlen einen hohen Preis«, wie die *New York Times* berichtete. Viele RTI-Aktivisten wurden ermordet.[9]

So wie das Beschäftigungsprogramm litten auch die Gesundheitsprogramme, die im April 2005 im Rahmen der National Rural Health Mission eingeführt wurden, unter Mittelknappheit und dürftigen Löhnen. Einige in Waldgebieten lebende Familien und Gemeinden, die ihre Rechte geltend machen konnten, profitierten vom Forest Rights Act aus dem Dezember 2006, aber die Interessen der Privatwirtschaft hatten Vorrang vor den Rechten der Waldbewohner, die sich oft im Gewirr von Rechtsvorschriften verloren und letzten Endes nur 3 Prozent des Gemeindelandes erhielten, auf das sie Anspruch hatten.[10]

Auch unter der von Manmohan Singh geführten UPA-Regierung (2004–2014), die das Thema dieses Kapitels ist, blieb das Markt-Mantra unangetastet, und an der engen Verflechtung von Wirtschaft und Politik änderte sich nichts. Die Bereitstellung öffentlicher Güter hatte weiterhin keine Priorität. Die gesellschaftlichen Normen und die politische Rechenschaftspflicht wurden weiter ausgehöhlt.

Ein instabiles, ungleich verteiltes Wachstum

Die ersten Regierungsjahre von Manmohan Singh waren von einer oberflächlichen Wirtschaftsblüte gekennzeichnet. Die Finanz- und Immobilienblase trieb das BIP-Wachstum in die Höhe. Und wie in den meisten anderen Ländern regten die indischen Exportunternehmen in dem Bemühen, die ungewöhnlich hohe globale Nachfrage zu befriedigen, Investitionen und Konsum an.[11]

Besonders interessant für Indien war der sprunghafte Anstieg der weltweiten Nachfrage nach Kohle und Eisenerz. Der rasant steigende Kohlepreis löste einen Sturm auf Pachtverträge für Kohlegruben in Chhattisgarh, Jharkhand, Madhya Pradesh und Orissa aus, den vier Bundesstaaten mit den größten Vorkommen. Der Anstieg der Eisenerzpreise lockte Investoren in diese vier Staaten sowie nach Goa und Karnataka. Die heimische Nachfrage nach Kohle und Eisenerz stieg ebenfalls sprunghaft, da indische und ausländische Unternehmen Kraftwerke errichteten und die Stahlproduktion ausweiteten.[12]

Das Land, unter dem die reichen Mineralvorkommen Indiens schlummerten, war von dichten Wäldern bedeckt, in denen die Adivasi (indigene Stämme) lebten. Obwohl sie als Scheduled Tribes (»Gelistete Stämme«) den Schutz der Verfassung genossen, hatten die Adivasi kaum von der wirtschaftlichen Entwicklung seit der Unabhängigkeit profitiert. Schon vor Beginn des jüngsten Ansturms hatten sie Lebensraum an Bergbauunternehmen und Industrie verloren. Die neue Gier auf Bodenschätze bedrohte Heimat und Lebensgrundlage von 41 Millionen Adivasi, die etwa ein Viertel der Bevölkerung der vier mineralreichen Bundesstaaten stellten.[13]

»Wir preisen die Waldgöttin, die Mutter des Lebens«, sangen die Adivasi-Frauen. Sumira, der Dorfälteste, zeigte auf einen Banyanbaum (einen Feigenbaum) und sagte: »Wir beten zu ihr, und sie versorgt uns mit Früchten.« Die Adivasi waren die natürlichen Hüter des von ihnen verehrten Landes. Die Bergwerke und Industrieanlagen fügten ihm im Namen des Fortschritts irreparablen Schaden zu. Sie fällten die Bäume und verschmutzten im Umkreis von Kilometern Luft, Böden und Flüsse. Sie häuften Abfallberge an. Die Adivasi erhielten lächerlich geringe Entschädigungen für die Zerstörung ihres Landes, und die Unternehmen ergriffen nur widerwillig Maßnahmen zur Wiederherstellung der Umwelt. Zum Zeichen des Protests töteten wütende Adivasi einen Fabrikbesitzer. In Orissa kämpften sie gegen eine kanadisch-indische Aluminiumhütte. Um sich gegen weitere Angriffe zu schützen, baten sie die Naxaliten um Hilfe, die heute zumeist als Maoisten bezeichnet werden.[14]

Der Ausbruch eines offenen Konflikts stand unmittelbar bevor. Am 4. Juni 2005 unterzeichnete das altehrwürdige Unternehmen der Familie Tata eine Vereinbarung über die Errichtung eines Stahlwerks in Bastar in Chhattisgarh. Fast zur selben Zeit tauchte in Bastar eine Privatmiliz namens Salwa Judum auf (»Friedensmarsch« oder »Reinigungsreise« in Gondi, der Sprache, die im Süden von Chhattisgarh gesprochen wird), um die Interessen der Investoren zu schützen. An der Spitze von Salwa Judum stand Mahendra Karma, der Fraktionschef der Kongresspartei im Parlament von Chhattisgarh. Die BJP-Regierung des Bundesstaats unterstützte in Absprache mit der Kongresspartei die Großunternehmen in der Auseinandersetzung mit den Adivasi. Als immer mehr Investoren nach Bastar strömten, begann die neue Miliz mit Unterstützung paramilitärischer Einheiten einen blutigen Kampf gegen die Adivasi und die Naxaliten.[15]

Im April 2006 erklärte Premierminister Singh bei einem Treffen mit den Regierungschefs der 13 Bundesstaaten, in denen Naxaliten/Maoisten aktiv waren: »Der Naxalismus ist die größte innere Bedrohung seit der Unabhängigkeit.« Damit stellte Singh eine wirtschaftliche Auseinandersetzung als eine Frage der inneren Sicherheit dar und nahm Partei für eine Seite. Der Gelehrte und Mitmensch in ihm verstand, dass es dem indischen Staat nicht gelungen war, »den ärmsten Regionen soziale Gerechtigkeit zu bringen«, was »die Menschen entfremdet« habe. Der Politiker in ihm setzte sich für mächtige Unternehmen ein, was ihn dazu bewegte, sich wie Indira Gandhi in bedenklichem Maß auf Polizei und Militär zu stützen.[16]

Der IWF und die ausländischen Investoren schätzten die Aussichten Indiens zuversichtlich ein. Der Zufluss ausländischen Kapitals ließ die indischen Devisenreserven im Frühling 2006 auf 145 Milliarden Dollar anwachsen. »Unsere Lage ist so gut wie nie zuvor«, erklärte Manmohan Singh in seiner Ansprache anlässlich des Unabhängigkeitstags am 15. August 2006. »Wohin ich auch komme, sehe ich, dass unsere Nation vorankommt.« Er pries das »beeindruckende Wirtschaftswachstum von 8 Prozent pro Jahr« in den vorausgegangenen drei Jahren.[17]

Tatsächlich wuchs die indische Wirtschaft kräftig – aber sie schuf nur wenige Arbeitsplätze. Besonders enttäuschend war das Beschäftigungswachstum im produzierenden Gewerbe. Wie zu Zeiten der Schwerindustriestrategie Nehrus stieg die Produktion vor allem in kapitalintensiven Aktivitäten, in denen qualifizierte Arbeitskräfte benötigt wurden: in der Erzeugung von petrochemischen Produkten, Chemikalien, Autos, Gummi und Kunststoffen. In all diesen Bereichen wurden nur wenige Arbeiter eingesetzt, die oft für geringe Löhne unter erbärmlichen Bedingungen arbeiteten.[18]

Singh war sich des Problems bewusst. Er räumte ein, dass große Teile der indischen Bevölkerung »von der Modernisierung unberührt« geblieben waren. Er sah, dass die Krise der Landwirtschaft verzweifelte Menschen in den Selbstmord trieb. Aber er hatte keine Strategie, um die Landbevölkerung aus ihrer verzweifelten Lage zu befreien und in die moderne Industriewirtschaft zu integrieren.[19]

George Orwell schrieb, es sei schwierig zu sehen, was man direkt vor der Nase habe. Die indische Politik weigerte sich, von den ostasiatischen Ländern zu lernen, die wiederholt bewiesen hatten, dass ein gleichmäßig verteiltes Wachstum möglich war, wenn man in die menschliche Entwicklung investierte und mehr Arbeitsplätze in arbeitsintensiven Exportindustrien schuf. So wie zuvor Japan und eine Reihe kleinerer ostasiatischer Länder schaffte China das jetzt mit einer bis dahin ungekannten Geschwindigkeit. Die indischen Politiker wussten oder hätten wissen müssen, was zu tun war.[20]

Zu der Zeit, als Manmohan Singh die Realität anerkannte, überholte auch Vietnam Indien in der menschlichen Entwicklung. Die Lebenserwartung stieg deutlich, und das vietnamesische Bildungssystem war dem indischen klar überlegen. Dank qualifizierter Arbeitskräfte und eines Wechselkurses, der die Wettbewerbsfähigkeit der Exporteure erhöhte, vergrößerte Vietnam rasch seine globalen Marktanteile bei Kleidung, Schuhen, Holzprodukten sowie Büro- und Haushaltsgeräten. In einem Land mit etwa 80 Millionen Einwohnern schufen diese arbeitsintensiven Aktivitäten zwischen 2000 und 2007 nicht weniger als 7 Millionen Arbeitsplätze.[21]

Bangladeschs Fortschritte waren weniger spektakulär, aber ebenfalls beeindruckend. Im Jahr 1972 hatte die NRO BRAC begonnen, dort eine gute medizinische Versorgung und Schulbildung anzubieten. Im Jahr 1978 nutzte der südkoreanische Konzern Daewoo das wachsende Humankapital in Bangladesch und gründete dort mit Partnern das Joint-Venture Desh Garment Company. BRAC trieb die menschliche Entwicklung voran, und Desh half Herstellern in Bangladesch, Zugang zu den Weltmärkten zu finden. Dem Beispiel von Desh folgend und unter Einsatz qualifizierter Arbeitskräfte, die von Desh zu anderen Herstellern wechselten, exportierte Bangladesch um das Jahr 2006 mit einer Bevölkerung von 141 Millionen Menschen mehr Kleidung als Indien (Abbildung 20.1).

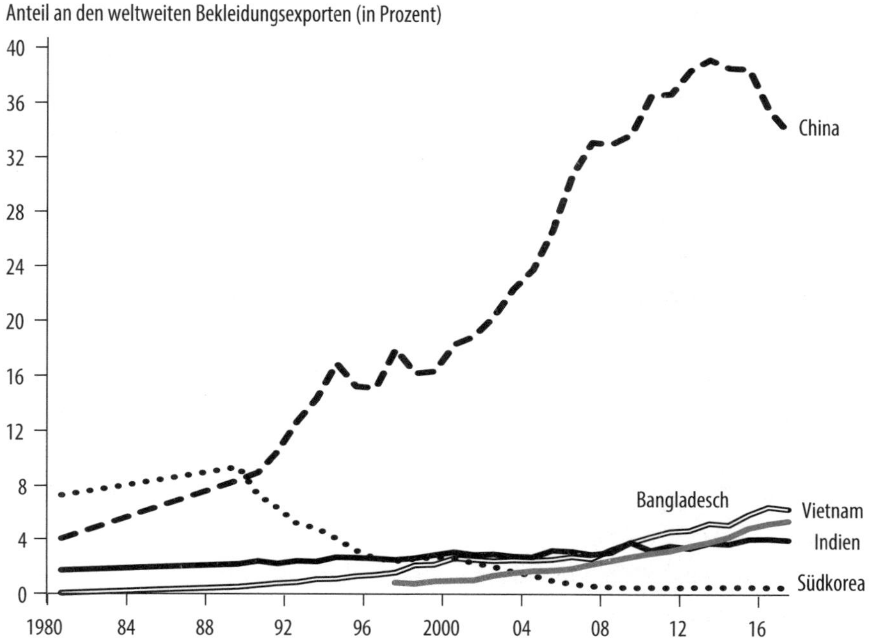

20.1: Bekleidungsexporte – zuerst Südkorea, dann China und zuletzt Vietnam und Bangladesch haben Indien überholt. (Anteil an den weltweiten Exporten, in Prozent)

Hinweis: Der SITC-Code für Kleidung ist 84.

Quelle: Welthandelsorganisation, http://stat.wto.org/StatisticalProgram/WSDBViewData.aspx?Language=E.

Sowohl in Vietnam als auch in Bangladesch eröffneten sich Frauen berufliche Möglichkeiten. Der Logik der Entwicklung folgend, hatten die Frauen in der Folge weniger Kinder und investierten mehr in deren Bildung und Gesundheit. Die besser ausgebildete und gesündere Generation ihrer Töchter heiratete später und bekam später Kinder. In Bangladesch spielten Frauen eine wichtige Rolle in Schulbildung, Gesundheitswesen und Familienplanungsdiensten. So erlangten sie größeren Einfluss auf die wirtschaftliche Entwicklung ihres Landes. Die Bereitstellung öffentlicher Dienste durch in den Gemeinden verwurzelte Organisationen förderte die soziale Kooperation. Vietnam und Bangladesch setzten auf unterschiedliche Art eine positive Dynamik in Gang, die dafür sorgte, dass mehr Arbeitsplätze entstanden und das Humankapital wuchs.[22]

Die indische Politik erkannte nicht, dass Vietnam und Bangladesch gefährliche Konkurrenten waren. Hingegen fürchteten die Inder China. Besonders besorgniserregend war, dass die indischen Hersteller zunehmend auf ihrem Heimatmarkt von chinesischen Exporten unter Druck gesetzt wurden. Die Chinesen verkauften alles von Spielzeug bis zu Elektronik nach Indien. Die Geschichte wiederholte sich: In den dreißiger Jahren hatte japanisches Spielzeug Indien erobert. Mehr als 70 Jahre später überschwemmten die Chinesen den indischen Markt mit billigem Spielzeug und gruben den heimischen Herstellern das Wasser ab.

Für sein Buch über Delhi sprach Rana Dasgupta mit einem energiegeladenen und verblüffend wohlhabenden 25-Jährigen namens Rahul. Dieser hatte an einer Eliteuniversität in den Vereinigten Staaten studiert und war heimgekehrt, um den Betrieb seiner Familie zu übernehmen. Er erklärte Dasgupta: »Infolge des Aufstiegs Chinas produzieren wir nichts mehr. Mein Vater hat unsere Produktionsstätten stillgelegt, und jetzt verkaufen wir nur noch Erzeugnisse von anderen Herstellern aus Deutschland, Amerika und China.« Eine von Rahuls Tanten hatte in Indien das Monopol auf den Verkauf von Nikon-Kameras. »Das Vermögen wächst einfach weiter, ohne dass wir etwas tun.«[23]

Die indischen Unternehmen, die sich vor China fürchteten und vom leichten Geld in Baugewerbe und Finanzsektor angelockt wurden, schreckten vor der arbeitsintensiven Produktion zurück. Landarbeiter und Kleinbauern, die verzweifelt nach Arbeit außerhalb der Landwirtschaft suchten, kamen am ehesten auf dem Bau, im Handel, im Gastgewerbe und im Gütertransport unter, wo die Unterbeschäftigung verbreitet war. Das Baugewerbe, wo sich die Arbeiter mit niedrigen Löhnen abfinden mussten und zahlreichen Gefahren ausgesetzt waren, schuf immer noch die meisten Arbeitsplätze und war im Jahr 2016 drauf und dran, mehr Menschen Arbeit zu geben als die Industrie.[24]

Dass Indien an der Aufgabe scheiterte, eine ausreichende Zahl von Arbeitsplätzen im produzierenden Gewerbe zu schaffen, hatte dieselben Gründe wie eh und je. Da war zum einen eine starke Rupie, die das Wachstum der Güterexporte erschwerte. Nach der Freigabe des Wechselkurses im Jahr 1993 hatte die Rupie vorübergehend an Wert verloren, was den Exporteuren zugute gekommen war. Aber dann floss ausländisches Geld nach Indien, das von Unternehmen angelockt wurde, welche die einkommensstärksten 15 Prozent der indischen Bevölkerung versorgten. So stiegen die Nachfrage nach Rupien und der Kurs der indischen Währung. Da die Inflation in Indien höher war als in den Ländern, mit denen es konkurrierte, kletterten die inländischen Produktionskosten schneller als die Preise der auf dem Weltmarkt verkauften Güter, weshalb der Export immer weniger lukrativ für die indischen Unternehmen wurde.

Das andere ewige Handicap Indiens war der Mangel an Humankapital. Im August 2009 gelang es der Regierung, mit einer neuen bildungspolitischen Regelung, die als »Recht auf Bildung« (Right to Education, RTE) bezeichnet wurde, das Unmögliche möglich zu machen: Alles wurde noch schlimmer. Die Neuregelung sah vor, dass Schüler bis zum achten Schuljahr nicht mehr sitzen bleiben konnten und nicht der Schule verwiesen werden durften. Die lobenswerte Absicht war, zu verhindern, dass die jungen Menschen ihr Selbstwertgefühl verloren. Aber das konnte nur funktionieren, wenn die Lehrer dafür sorgten, dass ihre Schüler tatsächlich die erforderlichen Kenntnisse erwarben.

Und an diesem Punkt verschlimmerte die RTE-Regelung einen gravierenden Missstand im indischen Bildungssystem. Seit Anfang der neunziger Jahre waren im ganzen Land zahlreiche Schulen entstanden und massenhaft Kinder eingeschult worden. Die Gehälter der Lehrer waren angehoben worden, um den Beruf attraktiver zu machen, und die Bildungsmafia hatte Schattenhochschulen gegründet, die fragwürdige oder sogar gefälschte Diplome für eine Generation inkompetenter Lehrer ausstellten. Gerichte und Untersuchungskommissionen beklagten die Zustände, was jedoch nichts daran änderte, dass die Regeln weiter sehr großzügig ausgelegt wurden: Politiker und Geschäftsleute zahlten Schmiergeld, um an Genehmigungen für Pseudo-Colleges in ihren Städten heranzukommen. Sie kassierten hohe Gebühren für die Diplome, die sie angehenden Lehrern ausstellten, und zahlten den Lehrern höhere Gehälter. Das Verbot, Schüler zum Wiederholen eines Schuljahrs zu zwingen, befreite die Lehrer von jeglicher Verantwortung. Sie vergaben gute Noten an Schüler, die den Unterrichtsstoff nicht beherrschten und immer weiter zurückfielen. »Die Konsequenzen waren verheerend«, schreibt Anil Sarup, ein ehemaliger Bildungsstaatssekretär. An Mathematik und Textverständnis gemessen, sank die Qualität der indischen Schulbildung genau zu der Zeit, als das Bildungsniveau weltweit stieg. Die Autoren einer internationalen Vergleichsstudie gelangten zu dem Ergebnis, dass die Qualität der indischen Bildung etwa auf dem Niveau von Uganda und anderen Ländern Subsahara-Afrikas verharrte, deren Bildungsergebnisse sehr schlecht waren.[25]

Anstatt zu versuchen, die Produktivität der Arbeiter durch eine bessere Bildung zu erhöhen, suchten die politischen und intellektuellen Eliten die Schuld für den Arbeitsplatzmangel beim Arbeitsrecht. Diese Fehlinterpretation kam der Neigung der Regierung entgegen, den Interessen der Wirtschaft Vorrang zu geben. Im November 2004 erklärte Jairam Ramesh, ein Mitglied von Sonia Gandhis Nationalem Rat, der Arbeitsmarkt sei zu »unflexibel, um häufige Verlagerungen der Beschäftigung zu ermöglichen«. Im August 2005 schlug Premierminister Singh in dieselbe Kerbe: Die »extreme Starrheit des Arbeitsmarkts« mache es unmöglich, die Beschäftigungsziele der Regierung zu erreichen. Die Botschaft lautete, das indische Arbeitsrecht erschwere die Entlassung von Beschäftigten über Gebühr. Damit wollte die Regierung sagen, dass die Unternehmen vor Investitionen in arbeitsintensive Produktionsverfahren zurückschreckten, weil sie die Arbeiter später in einer schlechten Geschäftslage nicht entlassen konnten. Der Kritik am Arbeitsrecht entsprach die These von der »fehlenden Mitte«, wonach die indischen Produzenten lieber klein blieben, damit die Bestimmungen über den Kündigungsschutz aufgrund einer geringen Beschäftigtenzahl nicht auf ihre Betriebe anwendbar waren, denn so konnten sie nach Belieben Arbeiter auf die Straße setzen. Das »unflexible« Arbeitsrecht, so die Argumentation, verhinderte, dass in Indien dynamische mittelständische Unternehmen entstanden, die Exportgüter erzeugten.[26]

Doch die These von der »fehlenden Mitte« war nicht mit den Tatsachen vereinbar. Die Autoren einer im angesehenen *Journal of Economic Perspectives* veröffentlichten Studie stellten fest, dass es nicht viele Unternehmen gab, deren Mitarbeiterzahl unter dem Schwellenwert für den Kündigungsschutz lag, und in zahlreichen Betrieben überstieg die Belegschaft diesen Schwellenwert knapp. Außerdem schlossen indische Unternehmen mit ihren Mitarbeitern seit Jahrzehnten nur kurzfristige Arbeitsverträge, weshalb sie durchaus Spielraum für Entlassungen hatten.[27]

Die Beschränkung auf Regelungen, welche die Entlassung von Arbeitskräften erleichtern sollten, war jedoch noch aus einem bedeutsameren Grund problematisch. Die Androhung der Entlassung erleichtert es Arbeitgebern, die Löhne niedrig zu halten, aber diese kurzsichtige Strategie verringert auch die Produktivität der Arbeitskräfte. Wenn die Arbeitsplätze nicht sicher sind, haben weder die Arbeitskräfte noch die Arbeitgeber einen Anreiz, sich um eine Erhöhung der Produktivität zu bemühen. Dieses Prinzip lässt sich am Beispiel der amerikanischen Arbeitsproduktivität veranschaulichen, die Ende der dreißiger und in den vierziger Jahren besonders deutlich stieg, als starke Gewerkschaften und Mindestlöhne den Arbeitskräften Sicherheit gaben.[28]

Wenn die Unternehmen mehr Flexibilität bei der Entlassung von Mitarbeitern brauchten, so verdienten die Arbeitskräfte einen gesetzlichen Schutz gegen willkürliche und unberechtigte Entlassung sowie eine Arbeitslosenversicherung. Leider konnten die indischen Verantwortlichen kein glaubhaftes Versprechen von rechtlichem Schutz oder einem sozialen Sicherheitsnetz geben. Die »Flexibilisierung« des Arbeitsmarktes trug dazu bei, dass weiterhin schlecht bezahlte und unsichere Arbeitsplätze entstanden. Die Produktivität der indischen Wirtschaft, in der ein Gefühl der Unfairness herrschte, blieb gering.[29]

Anstatt sich mit den Fehlentwicklungen in Indien auseinanderzusetzen, wurde erneut der Wettlauf mit China beschworen. Im Jahr 2007 meldete sich der indischstämmige Politikwissenschaftler Ashutosh Varshney von der Brown University mit der mittlerweile vertrauten Vorhersage zu Wort, die demokratische indische Schildkröte werde schließlich den autokratischen chinesischen Hasen besiegen. Er war überzeugt, die chinesische Autokratie werde schließlich implodieren, während die langfristige Stabilität der indischen Demokratie »praktisch garantiert« sei. Diese naive Einschätzung ließ die immense Stärke der chinesischen Wirtschaft außer Acht. Sollte das autokratische Regime eines Tages zusammenbrechen, so würde die Wirtschaft des Landes zweifellos erschüttert. Aber das Humankapital und die stabilen Beziehungen zu ausländischen Abnehmern würden im Wesentlichen intakt bleiben. Und selbst wenn sich Indiens Demokratie als stabil erwies, würde das Land stets darunter leiden, dass ihm die Stärken Chinas fehlten.[30]

Indien blieb von der globalen Finanzkrise verschont, die im Juli 2007 ausbrach. Die indischen Banken hatten nicht in jene Art von exotischen Finanzinstrumenten investiert, die als tickende Zeitbomben in den Tresoren der Banken im Globalen Norden lagen. Die hohen Devisenreserven der indischen Zentralbank beruhigten die ausländischen Investoren. Und die lockere Geldpolitik sowie die hohen Staatsausgaben trugen dazu bei, den Einbruch des BIP-Wachstums abzufedern.[31]

Dass es Indien gelungen war, der Finanzkrise zu entgehen, verstärkte die Selbstüberschätzung und die Neigung zu unausgegorenen politischen Lösungen. Anstatt die langfristigen Probleme der Landwirtschaft in Angriff zu nehmen, erhöhte die Regierung erneut die Mindestpreise für Weizen, Reis und andere Feldfrüchte. Finanzminister Pranab Mukherjee kündigte weitere Subventionen für Dünger sowie eine Erhöhung der Beamtengehälter an.[32] Diese »Geschenke« wurden mit Blick auf die bevorstehenden Wahlen im April/Mai 2009 verteilt.

Die Freigiebigkeit des Staates hatte ihren Preis: Das Haushaltsdefizit stieg auf 10 Prozent des Bruttoinlandsprodukts, die jährliche Inflationsrate auf ebenfalls 10 Prozent, das Zahlungsbilanzdefizit auf fast 3 Prozent des BIP. Wie im Jahr 1991 steuerte das Land erneut auf eine Finanzkrise zu. Aber da die Devisenreserven hoch waren, sah Mukherjee keine Gefahr darin, die Staatsausgaben deutlich zu erhöhen, um die kommende Wahl zu gewinnen.[33]

Die bevorstehende Wahl festigte auch das Bündnis zwischen Politik und Wirtschaft. Mit Schwarzgeld vermögender Personen und Unternehmen wurden Wahlkampfausgaben finanziert, die sich mit denen in amerikanischen Präsidentschaftswahlkämpfen messen konnten. Die höchsten Kosten verursachte wie gehabt die Beförderung der Kandidaten, die in Hubschraubern und gecharterten Flugzeugen kreuz und quer durch das Land flogen. Die Werbebudgets explodierten, weil die Konsumenten der mehr als 400 Fernsehkanäle sowie der neuen Internetmedien erreicht werden mussten. Anzeigen in Printmedien wurden als Nachrichten getarnt. Kandidaten warben mit Geld- und anderen Geschenken um Wähler. Die Politiker betrachteten die Wahlkampfausgaben als »Investition«, von der sie sich den »zehnfachen Ertrag« erhofften.[34]

Die Kongresspartei war im Vorteil, weil sie leichten Zugang zu Wahlkampfspenden hatte. Die BJP hingegen steckte in einer Krise. Parteichef Lal Krishna Advani – der Mann, der den Bau eines Rama-Tempels in Ayodhya zum zentralen Programmpunkt der BJP gemacht hatte – war mittlerweile 81 Jahre alt. Er war nicht sicher, ob die Hindutva-Strategie weiterhin funktionieren würde. Narendra Modi, der Regierungschef von Gujarat, war durch das Massaker an den Muslimen im Jahr 2002 belastet, genoss jedoch den Rückhalt der Hindutva-Anhänger sowie führender indischer Unternehmer, die hofften, er werde eine wirtschaftliche Renaissance einleiten. Modi hielt im ganzen Land leidenschaftliche Wahlreden. Aber seine Zeit war noch nicht gekommen. Trotz schlechter Beschäftigungsdaten und hoher Inflation gaben die Wähler der Kongresspartei ein weiteres Mandat zur Bildung einer UPA-Regierung.[35]

Doch die Aussichten für Indien wurden schlechter. Die Klimakrise verschärfte sich. Nach Dürrephasen in den ersten fünf Jahren des neuen Jahrtausends fiel auch 2009 und 2010 zu wenig Regen, weshalb die Getreideproduktion zum ersten Mal seit 2005 sank. Der Monsun wurde unzuverlässiger: Auf Trockenheit in einem Jahr folgten übermäßige Regenfälle im nächsten. Selbst innerhalb ein und derselben Saison schwankten die Niederschläge erheblich:

Nach Trockenphasen verursachte sintflutartiger Regen zusätzliche Schäden. Die Erderwärmung verstärkte die natürlichen Schwankungen des Monsuns, und die landwirtschaftliche Produktion wuchs langsam, was die Preise von Getreide und anderen Grundnahrungsmitteln wie Ölsaaten und Gemüse in die Höhe trieb.[36]

Doch die indischen und internationalen Meinungsführer blieben zuversichtlich. Sie verwiesen auf den Rückgang der Armutsquote. Es war ein Rätsel: Wenn die Bauern in Not waren und neue Arbeitsplätze eigentlich nur im Baugewerbe und in anderen einfachen Tätigkeiten im informellen Sektor entstanden, wie konnte dann die Armut abnehmen?

Indiens Arme führen ein unsicheres Leben

Die Armutsgrenze wird bei einem Einkommen gezogen, das nicht genügt, um die für das Überleben erforderlichen Güter und Dienstleistungen zu erwerben. Es ist nicht schwer, diese Grenze zu ziehen. Die Weltbank setzte die Überlebenskosten im Jahr 1985 mit 1 Dollar pro Person und Tag an; später wurde dieser Wert auf 1,25 Dollar pro Tag zu Preisen von 2005 und auf 1,90 Dollar pro Tag zu Preisen von 2011 aktualisiert. Jeder Mensch, der im Jahr 2011 1,91 Dollar am Tag zur Verfügung hatte, war demnach nicht arm. Jemand, der nur 1,89 Dollar am Tag ausgeben konnte, war arm.

Im Jahr 2011 entsprachen 1,90 Dollar am Tag nicht ganz 30 Rupien pro Tag zum seinerzeitigen Wechselkurs in Kaufkraftparitäten (15,55 Rupien pro Dollar). Wir verwenden zur Umrechnung der in Dollar angegebenen Armutsgrenze in Rupien nicht den offiziellen Wechselkurs (etwa 50 Rupien pro Dollar im Jahr 2011), sondern Kaufkraftparitäten, weil diese auf direkten Vergleichen zwischen den Preisen identischer Güter und Dienstleistungen in verschiedenen Ländern beruhen. Der Wechselkurs ist dafür ungeeignet, weil er den Preisen international gehandelter Produkte wie Stahl und Kohle entspricht und zur Annahme unrealistisch hoher inländischer Kosten von Lebensmitteln und anderen Konsumgütern und Dienstleistungen führt, die normalerweise nicht gehandelt werden.[37]

Die indische Armutsquote begann um das Jahr 1985 erfreulich schnell zu sinken (Abbildung 20.2). Der Rückgang war ein gewaltiger Fortschritt, nachdem die Armutsquote in den Jahren hartnäckig bei 60 Prozent verharrt hatte und in der Regierungszeit von Indira Gandhi nur sehr langsam gesunken war.

Wir müssen die begeistert gefeierten Fortschritte ab dem Jahr 1985 jedoch richtig einordnen. Die von der Weltbank gezogene Armutsgrenze – der von der Institution angesetzte Wert der lebensnotwendigen Güter und Dienstleistungen – verriet lediglich, wie viel Geld eine Person benötigte, um die für ihr Überleben benötigten Nahrungsmittel erwerben zu können: täglich 400 Gramm Reis und Weizen, 200 Gramm Gemüse, Hülsenfrüchte und Obst sowie geringe Mengen von Milch, Eiern, Speiseöl, Gewürzen und Tee. Die offizielle indische Armutsgrenze für das Jahr 2011, die ebenfalls bei etwa 30 Rupien am Tag lag, sah ebenfalls keinerlei Ausgaben für Bildung, Gesundheit und Wohnung vor. Diese erbärmlichen Beträge definierten jene Menschen als arm, die ein Dasein in menschenunwürdigem Elend fristeten. Aus der Tatsache, dass im Jahr 2011 »nur« 22,5 Prozent der indischen Bevölkerung unter der offiziellen Armutsgrenze lebten, musste man auch die erschreckende Erkenntnis ziehen, dass zwei Jahrzehnte nach der Liberalisierung der Wirtschaft immer noch mehr als ein Fünftel der Inder und Inderinnen unter menschenunwürdigen Bedingungen lebten.[38]

Im Fall Indiens wurde die Armut praktisch weggerechnet, indem die Armutsgrenze bei 1,90 Dollar am Tag (zu Preisen von 2011) gezogen wurde. Selbst wenn dieser Schwellenwert in den fünfziger Jahren Sinn hatte, muss sich die Definition dessen, was es bedeutet, arm zu sein, im Lauf der Zeit ändern. Im Jahr 1969 berichtete der Council of Economic Advisers dem US-Präsidenten: »Die Luxusgüter von gestern sind heute lebensnotwendige Güter.« Das Leben wird komplexer, und die Menschen brauchen neue Güter und Dienstleistungen, um »als vollwertige Mitglieder der Gesellschaft« existieren zu können. Im Indien des Jahres 2011 brauchte man für ein menschenwürdiges Leben nicht nur das Mindestmaß an Nahrung für den Lebenserhalt, sondern auch medizinische Versorgung, Bildung und Unterkunft – und oft auch einen Ventilator, einen Kühlschrank und einen Motorroller.[39]

Weil der gesellschaftlich notwendige und akzeptable Konsum über das für das physische Überleben erforderliche Mindestmaß an Nahrung hinausgeht, empfiehlt die Weltbank für Länder wie Indien, die ein niedriges bis mittleres Einkommen haben, eine höhere Armutsgrenze. Diese höhere Schwelle liegt bei 3,20 Dollar pro Tag, was im Jahr 2011 täglich 50 Rupien pro Person oder 6000 Rupien im Monat für eine vierköpfige Familie entsprach. Wenn man diesen immer noch niedrig angesetzten, aber realistischeren Wert heranzieht, lebten im Jahr 2011 immer noch 60 Prozent der indischen Bevölkerung in Armut (Abbildung 20.2).

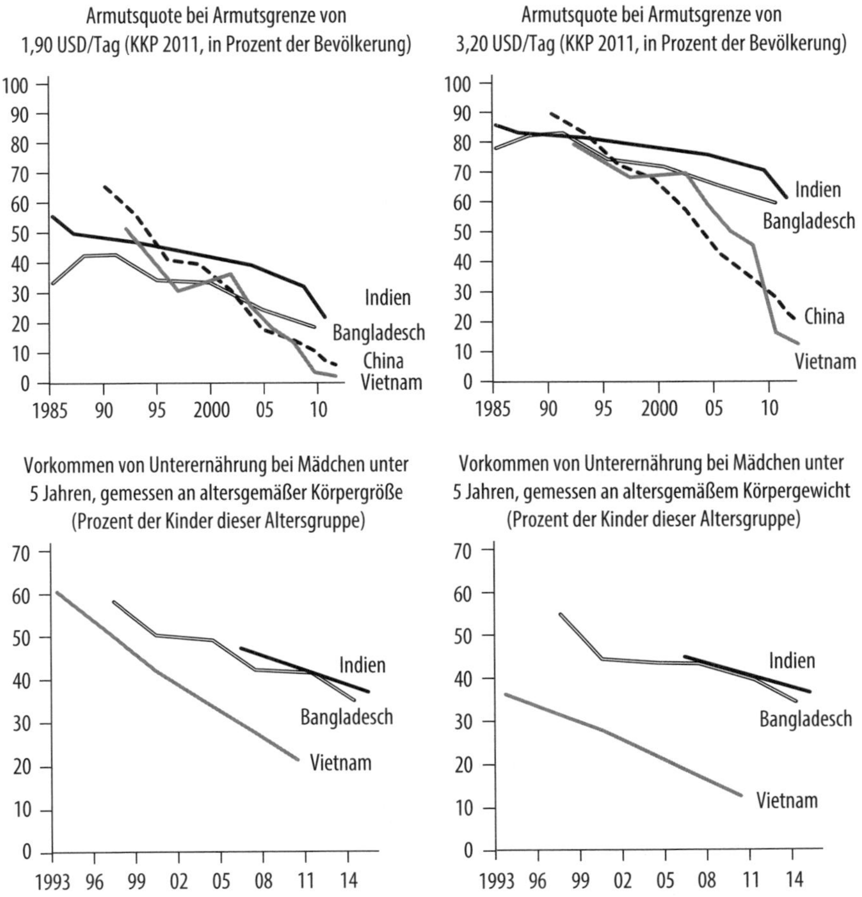

20.2: Die furchtbare Armut Indiens geht zurück, aber die Lebensbedingungen bleiben prekär.

Hinweis: KKP = Kaufkraftparität

Quelle: Weltbank, World Development Indicators, SI.POV.DDAY, SI.POV.LMIC, SH.STA.STNT.FE.ZS, SH.STA.MALN.FE.ZS.

Im Bereich zwischen diesen beiden Armutsgrenzen leben Menschen unter prekären Bedingungen: Jene, die kaum 3,20 Dollar am Tag zur Verfügung haben, befinden sich ständig in Gefahr, unter die Schwelle von 1,90 Dollar pro Tag zu fallen und damit in tiefe Armut abzusinken. In Indien ist das Leben unsicher, weil die Landwirtschaft inhärent riskant ist, weil die Arbeit auf dem Bau körperlich gefährlich ist und weil Arbeitsunfälle in Industriebetrieben die Erwerbsfähigkeit einschränken können. Und unabhängig von ihrer Tätigkeit können alle Menschen medizinische Notfälle erleiden. In Indien können die

Kosten von Medikamenten und ambulanter Behandlung Familien, die nahe der Armutsgrenze leben, bleibenden finanziellen Schaden zufügen. Im Jahr 2011 lebten rund 40 Prozent der Bevölkerung im gefährlichen Bereich zwischen 3,20 und 1,90 Dollar am Tag – sie waren nur eine Erkrankung von extremer Armut entfernt. Hingegen hatten China, Vietnam und die großen lateinamerikanischen Länder mit mittlerem Einkommen sowohl tiefe Armut als auch prekäre Lebensbedingungen praktisch beseitigt.[40]

Stellen wir den Zusammenhang zwischen Beschäftigung und Armut her. Ein Teil der Menschen gaben wenig einträgliche und unproduktive Tätigkeiten in der Landwirtschaft auf, um in den informellen Sektor zu wechseln, wo die Einkommen etwas höher waren. Der Einkommenszuwachs hob diese Menschen über die unterste Armutsgrenze in den Bereich der prekären Lebensbedingungen. Obwohl sie weiterhin in ständiger Furcht vor dem Elend lebten, feierten die Eliten dies als »Erfolg«.

Verbreitete Unterernährung vor allem bei Mädchen war ein weiterer trauriger Indikator dafür, dass Indien im Bemühen, das Leben der Armen zu verbessern, nur geringe Fortschritte machte (Abbildung 20.2). Unterernährte Kinder werden oft krank und wachsen zu weniger produktiven Arbeitskräften heran. Der etwas niedrigeren Armutsquote Bangladeschs entsprechend waren unter fünfjährige Mädchen in diesem Land etwas besser ernährt als ihre indischen Altersgenossinnen. Vietnam schnitt nicht nur besser als Indien ab, weil Bihar und Uttar Pradesh den indischen Durchschnittswert in den Statistiken nach unten drückten. Vietnam machte und macht auch größere soziale Fortschritte als Tamil Nadu, das zu den fortschrittlichsten indischen Bundesstaaten zählt. Im Jahr 2011 waren mehr als die Hälfte der unter fünfjährigen Mädchen in Bihar und zwischen 40 und 50 Prozent der Mädchen in Uttar Pradesh unterernährt. In Tamil Nadu lag die entsprechende Rate bei 30 Prozent. In Vietnam lag sie lediglich bei 20 Prozent, obwohl das Pro-Kopf-Einkommen dort etwa so hoch war wie in Tamil Nadu.[41]

Gestohlener Reichtum

Während die Mehrheit der indischen Bevölkerung in Armut oder unter prekären Bedingungen lebte, wurden einige wenige mit Finanzbetrug reich. Bei den Commonwealth-Spielen in Delhi im Jahr 2010 kassierte ein Funktionär der

Kongresspartei, der unter Premierminister P. V. Narasimha Rao ein Staatssekretariat geleitet hatte, Bargeld für die Erteilung von Aufträgen. Ein denkwürdiges Beispiel war das Toilettenpapier für die Athletenunterkünfte, das 62 Dollar pro Rolle kostete. Das ganz große Geld wurde jedoch mit den Aufträgen für den Bau der Sportanlagen und für die Stadtverschönerung gemacht. Während sich Politiker und Oligarchen bereicherten, wurden auf den Baustellen Kinder eingesetzt, von denen einige nur sieben Jahre alt waren.[42]

Noch mehr Geld floss, als die Regierung Mobilfunkfrequenzen und Kohlebergwerke versteigerte. Der Rechnungshof berichtete im Jahr 2010, dass das Telekommunikationsministerium bei der Versteigerung der wertvollen Lizenzen für das Frequenzspektrum der zweiten Generation (2G) im Jahr 2008 einigen Unternehmen Informationen über den Auktionsprozess zugespielt hatte. Im Jahr 2012 stellte der Rechnungshof fest, dass bei der Versteigerung von 218 Kohlegruben zwischen 2004 und 2009 nicht jene Unternehmen zum Zug gekommen waren, welche die Höchstgebote vorgelegt hatten. Stattdessen hatte die Regierung die Bergwerke verschleudert. Der Oberste Gerichtshof stufte die Vergabe von Mobilfunkfrequenzen und Kohlebergwerken als rechtswidrig ein, weshalb die Auktionen wiederholt werden mussten.[43]

Obwohl weder der Rechnungshof noch der Oberste Gerichtshof Belege für Korruption fanden, stanken diese Vorgänge zum Himmel. Der Wirtschaftsjournalist T. N. Ninan äußerte eine von vielen geteilte Einschätzung: »Wo man auch hinschaute, roch es in Zentral- und Staatsregierungen nach Skandalen. Es war ein unverfrorener Raubzug.« Der Verkauf knapper Ressourcen unter ihrem Wert, Bestechung bei Rüstungsaufträgen und Täuschungsmanöver in Verhandlungen über Infrastrukturaufträge waren an der Tagesordnung.[44]

Reiche Inder bedienten sich auch aus einem weiteren Honigtopf: den staatseigenen Banken. Vijay Mallya war einer von denen, welche die Möglichkeiten erkannten. Er hatte eine geerbte Brauerei unter der Marke Kingfisher zu einem Imperium aufgebaut, das die Hälfte des indischen Biermarktes kontrollierte. Durch Firmenübernahmen sicherte er sich außerdem eine beherrschende Stellung auf dem Markt für Whisky und Rum.[45]

Im Jahr 2002 wurde er in die Rajya Sabha gewählt, das Oberhaus des indischen Parlaments. Die Mitglieder der Rajya Sabha werden von den Parlamenten der Bundesstaaten für eine Amtszeit von sechs Jahren gewählt. Mallya wurde von der Kongresspartei in Karnataka entsandt. Im Oberhaus sicherte er sich einen Platz im Ausschuss für Zivilluftfahrt. Zu jener Zeit öffnete die Regierung den indischen Luftverkehr für private Fluglinien, und im Ausschuss hatte Mallya Zugang zu hochrangigen Beamten der Luftverkehrsbehörden und zu Informationen über geplante Maßnahmen. Im Mai 2005 gründete er die schicke Fluggesellschaft Kingfisher Airlines, die nach seiner Biermarke benannt war. Jetzt kam sein Talent als Showman vollkommen zur Geltung. Anlässlich seines fünfzigsten Geburtstags lud Mallya zu einer sechstägigen Feier, bei der unter anderem der Popstar Lionel Richie auftrat. Mallya leistete sich eine Yacht, einen Rennstall, einen Fußballverein und ein Cricketteam. In den jedes Jahr mit Spannung erwarteten Kingfisher-Kalendern wurden spärlich bekleidete Frauen zur Schau gestellt. Mallya selbst bezeichnete sich als »König des Vergnügens«.[46]

Im Jahr 2007 überkreuzte sich seine märchenhafte Geschichte mit der globalen Finanzkrise. Der Flugverkehr schrumpfte genau in dem Moment, als Mallya gierig Flugzeuge kaufte, um auf den internationalen Markt zu drängen. Der Unternehmer hatte sich Geld bei 17 Banken geliehen, die fast alle in Staatsbesitz waren. Jetzt konnte er seine Kredite nicht mehr bedienen. Nach einer Schätzung stand er mit fast 90 Milliarden Rupien (mehr als 2 Milliarden Dollar) in der Kreide. Im Jahr 2012 spendete er einem Hindu-Tempel eine große Menge Gold und löste seine bankrotte Fluglinie auf. Im Gegensatz zu den Göttern gingen seine Beschäftigten leer aus. Im Oktober jenes Jahres beging die Frau eines Mitarbeiters von Kingfisher Airlines, der seit Monaten kein Gehalt bezogen hatte, Selbstmord. Im Februar 2013 schätzte *Forbes* Mallyas Nettovermögen auf 750 Millionen Dollar, womit er den 84. Rang unter den reichsten Indern einnahm. Im Jahr 2016 floh er nach London, wo er sich seitdem gegen indische Auslieferungsersuche zur Wehr setzt.[47]

Mallya war nur einer von vielen. Eine Reihe von Unternehmen hatte sich bei den staatlichen Banken Geld geliehen, um Infrastrukturen, Bergbauprojekte und Stahlwerke zu finanzieren, die allesamt eine wichtige Rolle in der indischen Entwicklungsstrategie spielten. Die Zahlungsausfälle bei solchen Krediten sowie die Schuldenerlasse für Bauern rissen Löcher in der Kapitaldecke der Staatsbanken. Der Staat musste einspringen und diese Löcher auf Kosten der indischen Steuerzahler stopfen. Die Finanzspritzen beliefen sich in den vier Haushaltsjahren von 2010/11 bis 2013/14 auf 580 Milliarden Rupien (mehr als 10 Milliarden Dollar zum damaligen Wechselkurs), und in den folgenden drei Jahren pumpte der Staat weitere 570 Milliarden Rupien in die Banken. Die Staatskasse blutete aus. Einige Kleinbauern in notleidenden Gebieten profitierten vom Schuldenerlass, aber die Hauptnutznießer waren Großbauern und Wirtschaftsmagnaten. Sie spielten ein einfaches Spiel: »Kopf –ich gewinne. Zahl – du verlierst.«[48]

Das Geflecht von Politik und Geschäft breitete sich weiter aus. Ein weiterer prominenter Neuling in der Rajya Sabha war Parimal Nathwani, der wie Mallya von der Kongresspartei ins Oberhaus entsandt wurde, in diesem Fall aus Jharkhand. Nathwani war ein »Problemlöser« von Mukesh Ambani, der zu den reichsten Männern der Welt zählte. Auch im Unterhaus gab es zahlreiche Geschäftsleute. Im Jahr 2014 gaben 26 Prozent der Abgeordneten »geschäftliche Aktivitäten« oder »Handel« als Beruf an. Im Jahr 1991 hatte der entsprechende Anteil noch bei 14 Prozent gelegen. Diese Geschäftsleute erhielten in Parlamentsausschüssen Gelegenheit, Einfluss auf Gesetze und politische Maßnahmen zu nehmen.[49]

Obwohl sie daheim viele Privilegien genossen, verließen viele reiche Inder das Land. Zwischen 2006 und 2008 investierten indische Unternehmen jedes Jahr durchschnittlich 17 Milliarden Dollar außerhalb Indiens, und auch in den folgenden Jahren flossen stets mehr als 10 Milliarden Dollar ins Ausland. Eigentlich hätten Investitionen in einem weniger entwickelten Land wie Indien, wo Kapital und Technologie knapp waren, hohe Renditen abwerfen sollen. Aber da es in Indien an Humankapital und physischer Infrastruktur mangelte, war die Kapitalrendite nicht besonders hoch, was viele Unternehmen dazu bewegte, im Ausland zu investieren. Die Kapitalabflüsse weckten Zweifel an der vielgepriesenen indischen Erfolgsgeschichte. Die Familie Tata begab sich auf eine internationale Einkaufstour und erwarb Kohlegruben, Luxushotels sowie die britischen Automarken Jaguar und Land Rover. Nachdem der Konzern 16 Milliarden Dollar in 37 Firmenübernahmen außerhalb Indiens investiert hatte, kamen 58 Prozent des Umsatzes von Tata aus dem Ausland. Und die Tatas waren nicht allein, wie T. N. Ninan schreibt: »Eine ambitionierte Unternehmensgruppe nach der anderen nahm Projekte im Ausland in Angriff.«[50] Indiens Superreiche investierten nur in der Heimat, wenn sie über Insiderwissen verfügten und sich auf eine Vorzugsbehandlung durch die Aufsichtsbehörden verlassen konnten.

Die zweite Gruppe von Reichen bildeten jene, die in das einzige Geschäft investierten, das in Indien garantierte Gewinne abwarf. »Ich habe zwei Leben«, erklärte der junge Rakesh im Gespräch mit Rana Dasgupta. »Ich investiere in die Autoindustrie, und ich investiere in Immobilien. Den Reichtum, den Sie hier sehen, verdanke ich meinen Immobilien.« Es war ein beeindruckender Reichtum: ein Massageraum, ein Raum, in dem man sich nach der Massage entspannen konnte, ein Schönheitssalon und ein japanisches Restaurant.[51]

Der Bauboom machte die Reichen noch reicher. Die Gewinnmargen bei Bauprojekten waren hoch, was die Bauunternehmer oft Absprachen mit Politikern und der Mafia verdankten. Ihren Arbeitern zahlten sie oft nicht einmal den Mindestlohn. Die Botschaft lautete: »Leute wie ihr haben keinen Anspruch auf Annehmlichkeiten und Sicherheit […], ihr seid nicht Teil dieser Geschichte, und ihr werdet wahrscheinlich nie Teil von ihr sein.«[52]

Wie die Superreichen zogen sich auch die sehr Reichen aus der Gesellschaft zurück. In Anbetracht des erbärmlichen Zustands des indischen Bildungswesens schickten viele von ihnen ihre Kinder auf ausländische Schulen. Aus Daten der indischen Zentralbank geht hervor, dass die Ausgaben für Bildung im Ausland zwischen dem Haushaltsjahr 2003/04 und dem Jahr 2008/09 von 237 Millionen Dollar auf mehr als 2 Milliarden Dollar stiegen und sich in den folgenden Jahren auf diesem hohen Niveau hielten. Tatsächlich dürften die Zahlen dreimal so hoch sein. Wie die Politikwissenschaftler Devesh Kapur und Pratap Bhanu Mehta erklären, haben die reichen Inder Geld ins Ausland gebracht, einen Teil davon in Steuerparadiese. Dieses Geld – dem die Zentralbank nicht nachspüren kann – stecken sie unter anderem in die Ausbildung ihrer Kinder. Und wie Kapur und Mehta feststellen, verstummt die »Stimme« der reichen Inder, wenn sie aus dem indischen Bildungssystem ausscheiden: Da sie kein Interesse daran haben, tun sie nichts gegen seinen Niedergang.[53]

Noch schlimmer ist der Ausstieg der Reichen aus der Wasserversorgung. Anders als im Fall der Bildung können sie für die Wasserversorgung nicht ins Ausland reisen. Stattdessen versuchen die reichen Inder, in ihren Appartementhochhäusern, Bürokomplexen und Luxushotels an das knappe saubere Wasser aus den verfallenden städtischen Netzen heranzukommen. Und die Reichen verschwenden das Wasser hemmungslos. In Mumbai nutzen private Swimmingpools und Wasserparks vollkommen unkontrolliert Wasser. Die städtischen Wasserwerke beliefern sie, indem sie vorhandenes Wasser umleiten oder Flüsse und Seen anzapfen und schrittweise trockenlegen. Im anderen Indien stehen Frauen und Kinder Schlange vor Wasserpumpen, nachdem sie oft große Entfernungen zu Fuß zurückgelegt haben. Eine verzweifelte Frau in einem Armenviertel in Mumbai musste ihre Juwelen verkaufen, um einen Wasseranschluss bezahlen zu können – und dann erklärte die Polizei ihren Anschluss für illegal und zerstörte den Motor der Pumpe, die sie installiert hatte. Korrupte Beamte und die »Wassermafia« verkaufen Wasser zu hohen Preisen an Bedürftige. Und wie im Fall der Bildung schweigen die Reichen. Sie haben kein Interesse an langfristigen Lösungen. Die Armen ihrerseits empfinden nur Loyalität gegenüber ihrer eigenen Kaste und Gemeinde und haben keine gemeinsame demokratische Stimme.[54]

In Delhi beliefern jede Nacht Hunderte Tanklaster Fünf-Sterne-Hotels mit Wasser. »Wasserunternehmer« pumpen das kostbare Nass aus Brunnen in der Umgebung der Stadt und müssen immer weiter ins Umland vorstoßen, weil die Brunnen versiegen. Die geschlossenen Wohnsiedlungen in Gurgaon und Noida außerhalb von Delhi haben eigene Wasserparks mit Schwimmbecken und Wasserrutschen. Für Rana Dasgupta ist die rücksichtslose Ausbeutung der Wasservorkommen das Produkt »einer kurzsichtigen und zerstörerischen Plünderermentalität«. Es ist ein »rationales« Verhalten, das Wasser aus dem Boden zu holen, bevor es andere tun.[55]

Überall in Indien sind Kanäle, Tanks und natürliche Seen durch Neubauten versiegelt worden. Ohne diese Wasserreservoire können die Regenfälle die erschöpften Grundwasservorkommen nicht auffüllen. Stattdessen überfluten sogar normal starke Regenfälle die Städte. In einem Urteil aus dem Januar 2011 wies der Oberste Gerichtshof die Staatsregierungen an, der Ausbeutung der öffentlichen Wasservorkommen Einhalt zu gebieten. Doch die Regierungen waren am räuberischen Bauboom beteiligt und weigerten sich, die Anordnung umzusetzen.[56]

Nur ein Indien kommt voran

Im Oktober 2012 eröffnete Starbucks in Mumbai seine erste indische Filiale. Ein aufgeregtes achtjähriges Mädchen rief ihrem Vater zu: »Papa, das ist der größte Starbucks, in dem ich je war. Er ist viiiel größer als die in Hongkong oder Singapur.« Die meisten Inder konnten sich einen Becher Kaffee bei Starbucks nicht leisten, aber diese kleine Weltreisende hatte Filialen der Kette in Hongkong und Singapur besucht. Am 4. Juni 2013, wenige Minuten nach der

Eröffnung von Amazon.in, bestellte ein Student vom Indian Institute of Management, einer Eliteuniversität in Ahmedabad, das erste Buch bei dem Online-Händler.[57] Millionen junge Inder füllten ihre Zeit in schäbigen Colleges, während sich dieser erfolgreiche Managementstudent anschickte, die Welt zu erobern.

Die beiden Indien waren tatsächlich zwei verschiedene Länder geworden. Viele Menschen, die sich in Slums Hütten gebaut hatten, waren ständig von Vertreibung bedroht, weil die Städte verschönert werden sollten. Mukesh Ambani baute sich ein 37 Stockwerke hohes Haus in Mumbai. Verschuldete Bauern begingen Selbstmord. Vijay Mallya zahlte 2 Milliarden Dollar Schulden bei den Staatsbanken nicht zurück und wehrte sich an seinem neuen Wohnort in London gegen die Auslieferung an Indien. Die Sieger nahmen sich alles (Abbildung 20.3).

Im Jahr 2007 standen sich die beiden Indien vor Gericht gegenüber. Die Soziologin Nandini Sundar bewegte gemeinsam mit Kollegen den Obersten Gerichtshof dazu, die von der Regierung unterstützte Miliz Salwa Judum, die im Dienst von Bergbauunternehmen die indigenen Adivasi in den Wäldern von Chhattisgarh terrorisierte, für verfassungswidrig zu erklären. In einer Entscheidung aus dem Juli 2011 fällten zwei Höchstrichter ein vernichtendes Urteil über die indische Entwicklungsstrategie. Unter Verweis auf einen von der Indischen Planungskommission in Auftrag gegebenen Bericht erklärten die Richter, die Gewalt gegen die Adivasi ende deshalb nicht, weil sich die dominanten Eliten die Erträge der Entwicklung Indiens »auf Kosten der Armen angeeignet« hätten. Der Gewinn aus den Entwicklungsprojekten sickere nicht nach unten durch, sondern fließe nach oben. Die Richter gelangten zu dem Schluss, die Regierung habe die in der Verfassung festgeschriebenen Grundsätze der Gleichheit vor dem Gesetz und der Menschenwürde missachtet. Das Gericht ordnete die Auflösung von Salwa Judum an. Sowohl die Zentralregierung als auch die Regierung von Chhattisgarh missachtete die Anordnung. Die Bezeichnung »Salwa Judum« verschwand, aber die vom Staat unterstützten Milizen trieben unter neuen Namen weiter ihr Unwesen.[58]

Eine aufschlussreiche historische Parallele finden wir in einer Entscheidung des Obersten Gerichtshofs der Vereinigten Staaten, der im Jahr 1832 die furchtbaren Gesetze von Georgia für verfassungswidrig erklärte, die dem Bundesstaat das Recht gaben, Territorium der Cherokee zu beschlagnahmen und ihre

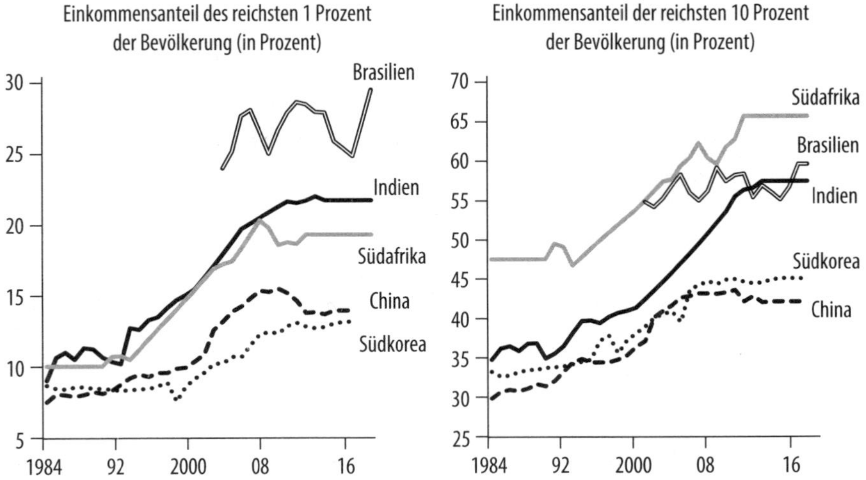

20.3: Indien wird zu einem der Länder mit der weltweit größten Ungleichheit.

Hinweis: Der Anteil des reichsten 1 Prozent in Brasilien entspricht dem 3-jährigen gleitenden Durchschnitt, da er stets hoch ist, jedoch von Jahr zu Jahr erheblich schwankt.

Quelle: World Inequality Database, https://wid.world/data/.

Gesetze und Gebräuche zu zerstören. Es heißt, Präsident Andrew Jackson habe das Urteil des Höchstrichters John Marshall so kommentiert: »John Marshall hat seine Entscheidung gefällt, jetzt soll er sie durchsetzen.« Weder die Regierung Georgias noch der Präsident wandten das Urteil in der Praxis an, und die schändliche Vertreibung Zehntausender indigener Amerikaner wurde fortgesetzt.[59] Allerdings setzte Präsident Jackson die folgenden Entscheidungen des Obersten Gerichtshofs um.

In Indien hingegen ignorierten die Regierungen weiterhin Anweisungen des Obersten Gerichtshofs, insbesondere solche, die der Verschmelzung von Geschäft und Politik ein Ende machen sollten. Bergbauunternehmen und Mafia – die Trennlinie zwischen beiden war nicht immer gut zu erkennen – missachteten unverfroren das gerichtliche Verbot, im hügeligen Aravalli in Rajasthan Bergbau zu betreiben, und hoben weiterhin illegal Sand aus den Flussbetten aus, um die zahlreichen Baustellen im Land zu versorgen.[60]

In seiner Ansprache am Unabhängigkeitstag im August 2006 hatte Singh gesagt: »Das Land entwickelt sich besser als je zuvor. Wohin ich auch komme, sehe ich, dass unsere Nation vorankommt.« Im Jahr 2014 arbeiteten 45 Prozent der indischen Bevölkerung in der Landwirtschaft, die unter der sich verschärfenden Klimakrise litt. Bauern, die vor der Not in ihren Dörfern flohen, fanden in den Städten am ehesten eine zermürbende Arbeit auf dem Bau. Und dann war da das reiche Indien. Bei einem Autohändler in Delhi bezahlten Kunden, die oft auch Yachten, Privatinseln und Flugzeuge besaßen, 600 000 Dollar für einen Bentley oder Lamborghini, den sie nur verwendeten, um nachts auf leeren Straßen Vollgas zu geben. Dieses Indien kam tatsächlich voran. Dieses Indien entwickelte sich besser als je zuvor.[61]

Die »kurzsichtige und zerstörerische Plünderermentalität« prägte das Jahrzehnt unter den von Manmohan Singh geführten UPA-Regierungen. Reiche Personen und mächtige Unternehmen folgten der Prämisse, dass es sehr einträglich war und kaum Risiken barg, die Regeln zu missachten und die Ressourcen der Nation zu plündern. Sie nutzten Insiderinformationen aus Behörden, stahlen mit Krediten der Staatsbanken das Geld der Steuerzahler und plünderten Bodenschätze und Wasserreserven. Der Staat beteiligte sich an diesem Raubzug, während der Oberste Gerichtshof hilflos zusah. Statt eine Wirtschaftspolitik zu verfolgen, die der fairen Verteilung diente, löschte man die Armen mithilfe einer elitären Definition der Armut einfach aus den Statistiken. Die öffentlichen Güter blieben in einem bedauernswerten Zustand. Es entstanden nur wenige Arbeitsplätze. Einmal mehr hatte Indien im Wettlauf um Entwicklung das Nachsehen, diesmal gegenüber Vietnam und Bangladesch.

KAPITEL 21

Modi stößt die Wirtschaft von der Klippe

Narendra Damodardas Modi wurde im September 1950 in einem abgelegenen Dorf in Gujarat in eine Familie hineingeboren, die einer niedrigen Kaste angehörte. Er wuchs mit sechs Geschwistern in einem halbfertigen Haus auf. Im Alter von acht Jahren schloss er sich der kriegerischen Hindutva-Organisation RSS (Rashtriya Swayamsevak Sangh) an. Im Lauf der Jahre stieg er in die Führungsriege der BJP von Gujarat auf. Im Februar 2002, Modi leitete mittlerweile die Regierung des Bundesstaats, wurde die nationale und internationale Öffentlichkeit auf ihn aufmerksam, als Horden fanatischer Hindus mit der Duldung seiner Regierung Tausende Muslime massakrierten. Modi zeigte wenig Mitgefühl mit den Opfern und weigerte sich, die Täter zu verurteilen.[1]

Doch nicht lange nach den blutigen Unruhen geriet Modi in politischen und wirtschaftlichen Gegenwind. Unternehmer beklagten sich über die fortgesetzten Angriffe von Polizei und radikalen Hindus auf Muslime, Bürgerrechtsaktivisten und Journalisten. Viele Unternehmen drohten mit einem Investitionsstopp in Gujarat. Ende April warnte ein Wirtschaftsboss, nicht nur Gujarat, sondern ganz Indien werde »einen hohen Preis dafür bezahlen«, dass der Staat nicht imstande sei, die Minderheiten zu schützen. Der Industrielle Rahul Bajaj schrieb in der *Hindustan Times*: »Geschehnisse wie das Blutbad in Gujarat werden unseren wirtschaftlichen Fortschritt bremsen.« Als Modi im Februar 2003 an einer Konferenz von Wirtschaftsführern teilnahm, wandte sich Bajaj an ihn: »Wir würden gerne wissen, woran Sie glauben, wofür Sie stehen, denn Führung ist wichtig.«[2]

Modi reagierte verärgert und bezeichnete seine Kritiker als »Pseudosäkularisten«. Er begann, als Freund der Wirtschaft aufzutreten und Gujarat als hervorragenden Wirtschaftsstandort zu vermarkten. Im September 2003 rief er gemeinsam mit dem Geschäftsmann Gautam Adani die Veranstaltung »Vibrant Gujarat« ins Leben, die alle zwei Jahre stattfinden sollte, um indische und ausländische

Industrielle nach Gujarat zu locken. Adani und andere Geschäftsleute, darunter Mukesh Ambani, unterzeichneten Vereinbarungen mit der Regierung des Bundestaats über Finanzierung und Durchführung großer Investitionsvorhaben.[3]

Im Jahr 2004 weitete Modi die Bemühungen, seiner Marke einen neuen Anstrich zu geben, auf ganz Indien aus. Während er sich im Wahlkampf in jenem Jahr für Kandidaten der BJP einsetzte, wurde ein neues Schlagwort mit seinem Namen verknüpft: das »Entwicklungsmodell von Gujarat« (Abbildung 21.1).[4] Und rasch setzte sich die Vorstellung durch, Modi sei ein Vorreiter der wirtschaftlichen Entwicklung.

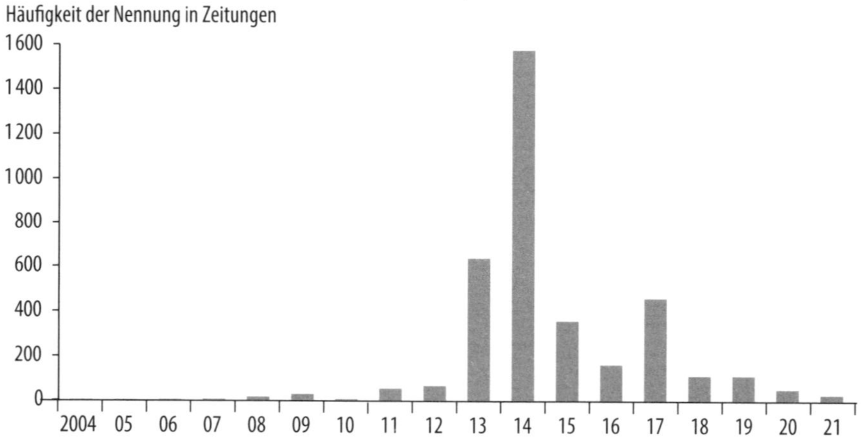

21.1: Ein neues Schlagwort: Das »Entwicklungsmodell von Gujarat«. (Zahl der Artikel, in denen das »Gujarat-Modell« erwähnt wurde. Daten aus der Zeitungsdatenbank Factiva)
Quelle: Factiva, https://www.dowjones.com/professional/factiva/.

Ende des Jahres 2006 reiste Mukesh Ambani an der Spitze einer indischen Wirtschaftsdelegation in die Vereinigten Staaten, um dort für das »dynamische Gujarat« zu werben. Doch Modi wollte einen größeren Fisch an Land ziehen: Ratan Tata, den angesehensten Unternehmer Indiens. Im Jahr 2008 bot sich eine Gelegenheit, als der frustrierte Tata bekanntgab, die Pläne für den Bau eines Automobilwerks in Westbengalen aufzugeben, weil er sich nicht mit den dortigen Bauern einigen konnte, die sich weigerten, ihm ihr Land für die Fabrik zu verkaufen. Modis eigener Darstellung zufolge schickte er Tata eine Textnachricht, die nur drei Worte enthielt: »Willkommen in Gujarat.« Tata enttäuschte ihn nicht. Er wurde zu Narendra Modis Markenbotschafter und sang in Fareed Zakarias CNN-Sendung am Sonntagmorgen ein Loblied auf den Politiker. Modi lud weitere indische und ausländische Unternehmer nach Gujarat ein und versprach ihnen, dort erwarte sie statt »roter Linien« ein »roter Teppich«. Bald wirkten die Lobeshymnen auf Modi geradezu lächerlich. Anil Ambani, Mukeshs jüngerer Bruder und einer der führenden Unternehmer Indiens, stimmte in den Chor ein und bezeichnete Modi als »Herrn der Menschen, Führer der Führer und König der Könige«. Tata erklärte, es sei »dumm« von ihm gewesen, nicht mehr in Gujarat zu investieren.[5]

Das Gujarat-Entwicklungsmodell bestand einfach in einer ungezügelten Plünderung. Für die Unternehmen begann ein Goldrausch. Sie wurden mit praktisch kostenlosen Grundstücken, fast zinslosen Krediten, großzügigen Steuervergünstigungen und geringen Umweltschutzauflagen angelockt. Für die Rechnung kam der Steuerzahler auf. Anfang 2013 rügte der Rechnungshof Modis Regierung dafür, dass sie für »unangebrachte« Gefälligkeiten für Unternehmen 7,5 Milliarden Rupien (rund 120 Millionen Dollar) verschwendet hatte. »Die Hauptnutznießer der Großzügigkeit der Regierung«, berichtete *Press Trust of India*, waren »Großunternehmen wie Reliance Industries, Essar Steel und Adani Power«.[6]

Die begünstigten Unternehmen investierten in kostspielige, kapitalintensive Vorhaben, die sich gut eigneten, um großspurige Ankündigungen zu machen. Petrochemie (die wachstumsstärkste Industriesparte in Gujarat), Stahl, Chemikalien und Pharmazeutika passten ins Muster. Die Projekte trieben das BIP in die Höhe, schufen jedoch nur wenige neue Arbeitsplätze. Stattdessen kontaminierten sie Böden und Flüsse und zehrten die Grundwasservorkommen auf.[7]

Gautam Adani verkörperte den Geist des Gujarat-Modells. Der 1962 geborene Adani hatte im Jahr 1978 das College abgebrochen, um in den Diamantenhandel einzusteigen. Er wurde in Import und Export aktiv und betätigte sich als Industrieller. Ende der neunziger Jahre wandte er sich Infrastrukturprojekten zu. Die Regierung von Gujarat verkaufte ihm Land deutlich unter dem Marktpreis. Er bezog von einem Staatsunternehmen Erdgas zu einem Schleuderpreis und zahlte für die verspätete Einspeisung von Strom in das staatliche Netz Geldbußen, die sehr viel niedriger waren als die festgesetzten Vertragsstrafen. Seine Projekte fügten Gewässern irreparablen Schaden zu und zerstörten die Lebensgrundlage von Fischern. Bei der Aneignung von Allmendeweideflächen zerstörte er wertvolle Mangrovenwälder. Zwischen 2000 und 2013 stieg der Umsatz von Adanis Unternehmen um das Vierzehnfache auf 8,5 Milliarden Dollar. Seine kapitalintensiven Projekte schufen nur eine begrenzte Zahl von Arbeitsplätzen, vor allem für qualifizierte Arbeitskräfte.[8]

Da der Staat Geschenken an Großunternehmen Vorrang gab, war das Geld für Bildung, Gesundheit und andere Wohlfahrtsdienste knapp. Die Philosophin Martha Nussbaum zeigte in einer genauen Analyse, dass Gujarat gemessen an den Indikatoren der menschlichen Entwicklung einen Platz im Mittelfeld der indischen Bundesstaaten einnahm, was in Anbetracht des allgemein niedrigen indischen Entwicklungsstands alles andere als ein gutes Ergebnis war. In Anbetracht des kräftigen Wirtschaftswachstums in Gujarat war die menschliche Entwicklung gemessen an Indikatoren wie Lebenserwartung und Alphabetisierungsrate von Frauen »nicht nur mittelmäßig, sondern ausgesprochen schlecht«.[9]

Anfang des Jahres 2013 wurde der Lärm um das Gujarat-Modell im Vorfeld der nationalen Parlamentswahl größer. Der Ökonom Jagdish Bhagwati von der Columbia University stellte sein intellektuelles Ansehen in dessen Dienst und konstruierte die falsche Dichotomie, das Modell von Gujarat fördere das »private Unternehmertum« im Gegensatz zur kostspieligen »Umverteilung«. Bhagwati war ein weltweit anerkannter Entwicklungsexperte. Er musste wissen, dass große Teile Westeuropas und Ostasiens Wohlstand erlangt hatten, indem sie sowohl das Unternehmertum als auch eine menschenwürdige Umverteilung gefördert hatten. Die Ostasiaten sagten deutlich, dass die Umverteilung im Interesse der menschlichen Entwicklung unverzichtbar war, um ein von Privatunternehmen vorangetriebenes Wachstum zu fördern, das viele Arbeitsplätze schuf.

Fest steht, dass Modi keineswegs das Unternehmertum förderte. Er subventionierte von ihm bevorzugte Industrielle, die praktisch keine Arbeitsplätze schufen und die Umwelt zerstörten.[10]

Im Wahljahr 2014 fand das Märchen vom »Gujarat-Modell« offene Ohren bei einer Bevölkerung, die auf einen Heilsbringer wartete. Das BIP-Wachstum, die einzige Kennzahl, die in Indien zur Beurteilung des wirtschaftlichen Erfolgs herangezogen wurde, hatte sich in den Jahren 2011 und 2012 deutlich verlangsamt. Selbst der IWF, der das Plünderungsmodell der Regierung Singh gelobt hatte, stellte fest, dass Indien auf eine schwierige makroökonomische Situation zusteuerte. Wie erwartet, war die Wirkung der Wirtschaftsreformen von 1991 verpufft. Der Welthandel wuchs nur noch langsam und trieb die Wirtschaft nicht mehr wie zu Beginn des Jahrtausends an. Nur die Spekulationsblase in Finanzsektor und Baugewerbe war immer noch prallvoll. Die Verbraucherpreise stiegen um 10 Prozent pro Jahr, das Haushaltsdefizit war nach wie vor hoch, und das Zahlungsbilanzdefizit wuchs. Und Indien litt nach wie vor unter großen strukturellen Problemen: unter der geringen Produktivität der Landwirtschaft, unter dem Mangel an Arbeitsplätzen in den Städten, unter der geringen menschlichen Entwicklung und unter verbreiteter Umweltzerstörung.[11]

Um die Wähler davon zu überzeugen, dass Modi aufrichtig um einen breit verteilten Fortschritt bemüht war, lenkten der Kandidat und seine Medienberater die Aufmerksamkeit auf seine einfache Herkunft. Er wurde als *chaiwallah* (Teeverkäufer) am kleinen Stand seines Vaters dargestellt. Modi sprach mitreißend über das »gewaltige Kapital der Jugend« und ihre »Sehnsucht nach Arbeit«. Die Wahlkampfmaschine der BJP präsentierte ihn als Heilsbringer, der die Erniedrigten verstand und »Millionen Arbeitsplätze« schaffen würde.[12]

Die Wahl im Jahr 2014 war ein weiteres Lehrbeispiel für illegale Wahlkampffinanzierung. In einer eindringlichen Schilderung hieß es: »Alle Parteien bekämpfen einander in einer dekadenten Zurschaustellung der Macht des Geldes.« Die Hubschrauber und Flugzeuge, in denen die Kandidaten von Auftritt zu Auftritt flogen, waren oft Leihgaben großer Unternehmen. Schwarzgeld wurde gewinnbringend eingesetzt, um mit Geldscheinen, Brathühnchen, Handys, Haushaltsgeräten, Saris und Spirituosen Wählerstimmen zu kaufen.[13]

Im ganzen Land umgarnten kommunalistische Politiker, die ethnische und religiöse Gruppeninteressen vertraten, Gangsterbosse, weil sie das Geld und die arbeitslosen jungen Fußsoldaten der Bandenchefs brauchten, um ihre Ziele zu erreichen. Besonders bedrückend war die Lage in Uttar Padesh, wo sich ein fest verankertes kriminell-politisches Netzwerk mit einem leidenschaftlichen Kommunalismus überlappte. Es kam dort regelmäßig zu gewalttätigen Auseinandersetzungen zwischen Hindus und Muslimen. Im August 2013 brachen in Muzaffarnagar im Westen des Bundesstaats ungewöhnlich brutale Tumulte aus. Ein gefälschtes Video, das vermutlich von einem BJP-Abgeordneten im Staatsparlament in Umlauf gebracht worden war, zeigte einen angeblichen Lynchmord an zwei hinduistischen Jungen. Als die Wahl näher rückte, loderte das Feuer der Zerstörung in Uttar Pradesh hell.[14]

Nun machte sich Modis Vertrauter Amit Shah daran, die Früchte des Hasses zu ernten. Nach Einschätzung des *Sunday Standard* waren die Ausschreitungen in Muzaffarnagar der Klebstoff, mit dem Amit Shah in einer politisch ungemein wirkungsvollen »Wir gegen sie«-Kampagne die Kräfte des Hindutva einte.

Modi und Shah brauchten unbedingt ein gutes Wahlergebnis in Uttar Pradesh, denn dieser Bundesstaat stellte 80 der 543 Abgeordneten im Parlament in Delhi. Modi kämpfte nicht nur um einen Parlamentssitz für seinen Heimatstaat (wie es üblich ist), sondern auch um ein Mandat für Varanasi, die heilige Stadt der Hindus in Uttar Pradesh. Dieser Kandidatur galt die gesamte öffentliche Aufmerksamkeit. In Varanasi stattete Modi zwei der wichtigsten Heiligtümer der Hindus, dem Kashi Vishwanath und dem Sankat Mochan, medienwirksame Besuche ab.[15]

In- und ausländische Beobachter lobten den technokratischen Autoritarismus, mit dem Modi das Gujarat-Modell durchzusetzen versuchte, obwohl sie besorgt über seinen autoritären Hindutva-Radikalismus waren. Der Kolumnist Pratap Bhanu Mehta, der normalerweise liberale Positionen vertrat, verteidigte Modi im *Indian Express*: Modi stehe für die Sehnsucht des Landes »nach Zentralisierung in einer Ära der Zerstreuung, nach Entschlossenheit in einem Milieu der Unentschlossenheit, nach Wachstum, das der Furcht vor Stagnation trotzt, und nach Regierung angesichts des demokratischen Tumults«. Es war ein altbekanntes Bild: Die Demokratie war ein lärmender Tumult, und Indien brauchte einen entschlossenen Führer. Jene, die sich Sorgen über Modi machten, erklärte Mehta streng, »sollten zuerst vor der eigenen Tür kehren«. In einer weiteren Kolumne ging Mehta ebenso streng mit jenen ins Gericht, die hinter Modis Aufstieg das Gespenst des Faschismus sahen. Waren ihre Schuldzuweisungen, so Mehtas rhetorische Frage, lediglich die übertriebene Reaktion »einer zerbröckelnden Elite, die sich in moralische Empörung flüchtet, anstatt die politischen Herausforderungen in Angriff zu nehmen?« Der Politikwissenschaftler Ashutosh Varshney erinnerte die Leser seiner Kolumne daran, dass er ein erfahrener Forscher sei, und versicherte ihnen, die demokratischen Institutionen würden Modis Hindutva-Programm Grenzen setzen.[16]

Der Autor Gurcharan Das, ein ehemaliger Manager von Procter & Gamble, hielt Modi für den idealen politischen Technokraten. Modis Slogan »Möglichst wenig Staat, möglichst viel Regierung« passte zu Das' Bonmot »Indien wächst nachts, wenn der Staat schläft«. Beide teilten Ronald Reagans Einschätzung, der Staat sei nicht die Lösung, sondern das Problem. Das sprach sich für Modi aus, weil er glaubte, der Nutzen des hohen Wachstums dank Modis Politik werde den Schaden übersteigen, den die Hindutva-Ideologie anrichten könne. Er stellte die nicht fundierte Vorhersage an, Modi werde jedes Jahr zwischen 8 und 10 Millionen Arbeitsplätzen schaffen. Jim O'Neill, ein ehemaliger Spitzenmanager von Goldman Sachs und intellektueller Weltreisender, konnte Modis Sektierertum nicht beurteilen, gelangte jedoch nach einer flüchtigen Analyse zu dem Schluss, der Mann verstehe etwas von der Wirtschaft.[17]

Und die *Financial Times* schrieb: »Modis Anziehungskraft beruht teilweise darauf, dass er möglicherweise durch bloße Willenskraft einige der Kontrollmechanismen der indischen Demokratie überwinden und den Pragmatismus des wachstumsorientierten China übernehmen kann.«[18] Die Botschaft lautete auch hier, dass die Demokratie die Ursache der wirtschaftlichen Probleme Indiens war. Nach der Katastrophe unter der starken Frau in den siebziger Jahren wurde jetzt nach einem starken Mann gerufen.

Der Markenname Modi stand nun für einen einfachen Teeverkäufer, der, wenn man ihn mit autoritären Machtbefugnissen ausstattete, die indische Wachstumsmaschine anwerfen würde und dessen radikales Hindutum … nun, das würde halb so schlimm werden. Eine weitere verbreitete Überlegung war: Was ist die Alternative? Manmohan Singh und die Kongresspartei hatten keine nennenswerten Erfolge vorzuweisen, und Singh hatte sich zum Rücktritt entschlossen. Rahul Gandhi, der Sohn von Sonia und Rajiv Gandhi, war ein politisches Leichtgewicht, für den außer seinem Familiennamen nichts sprach.

Die Experten sprachen sich für Modi aus, weil sie glauben wollten, das Gujarat-Modell habe Erfolg gehabt. Doch seinen Wahlsieg verdankte er seinem radikalen Hindutum. In Uttar Pradesh sicherte die Aufhetzung der Hindutva-Anhänger Modi einen beeindruckenden Erfolg: Die BJP gewann 71 der 80 Parlamentssitze, die diesem Bundesstaat zustanden – 2009 hatte sie lediglich 10 Mandate erhalten. Diesem entscheidenden Sieg verdankte die BJP eine knappe Stimmenmehrheit auf nationaler Ebene, aber eine deutliche Mehrheit in der Lok Sabha. Mitte Mai 2014 kam die von der BJP geführte Nationaldemokratische Allianz an die Macht.

Modis Wahlsieg hatte zur Folge, dass im Ausland die letzten kritischen Stimmen verstummten, die ihn wegen der Unruhen in Gujarat verurteilt hatten. Im Jahr 2005 hatten ihm die Vereinigten Staaten ein Einreisevisum verweigert, und zahlreiche Kongressmitglieder und Aktivisten sahen seine polarisierende Persönlichkeit weiter kritisch. Aber Präsident Barack Obama ignorierte ihre Einwände und gratulierte Modi als erster ausländischer Regierungschef zum Wahlsieg.[19]

Um das Amt des Premierministers anzutreten, flog Modi in Gautam Adanis Privatflugzeug von Ahmedabad nach Delhi. Die rechte Seite des Flugzeugrumpfs wurde von der indischen Flagge geziert, die linke von Adanis Firmenlogo. Wie das Flugzeug hoben auch die Aktienkurse von Adanis Unternehmen ab und überflügelten den Sensex-Index deutlich (Abbildung 21.2). Die Investoren von Adanis Unternehmen wussten, dass er von seiner engen Beziehung zum Premierminister profitieren würde, so wie in den neunziger Jahren die Unternehmen von Freunden des indonesischen Präsidenten Suharto gute Geschäfte gemacht hatten. Wie gehabt wurden in Indien Hinterzimmergeschäfte und Vetternwirtschaft betrieben.[20]

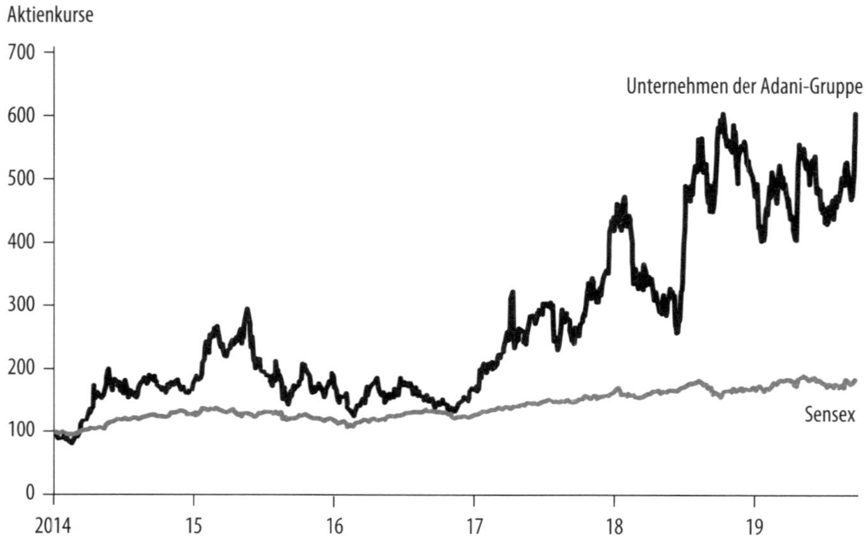

21.2: Gautam Adanis Kurs steigt nach Narendra Modis Wahl zum Premierminister. (Kurs am 1. Januar 2014 = 100)

Hinweis: Adani-Unternehmen, ADEL; Sensex, BSESN.

Quelle: https://www.investing.com/.

Die Geschichte vom indischen Wachstum erweist sich als Märchen

Es wurde rasch klar, dass das Gujarat-Modell ungeeignet war, um die großen Herausforderungen Indiens zu bewältigen. Nach Narendra Modis Regierungsantritt im Mai 2014 dämpften schwache Regenfälle im Juni die Aussichten auf eine gute Ernte. Die Industrieproduktion wuchs kaum. Erfreulich war nur ein deutlicher Rückgang des Ölpreises: So sanken Inflationsrate und Importkosten. Der Einbruch des Ölpreises ermöglichte es der Regierung auch, die Subventionen für Erdölprodukte zu verringern, was den Staatshaushalt entlastete. Doch Reuters fasste die Entwicklung in einem Bericht am 12. August treffend zusammen: »So weit, so enttäuschend.«

Drei Tage später schlug Premierminister Modi die Nation mit der Rede anlässlich des Unabhängigkeitstags in seinen Bann. Er trug einen unkonventionellen Turban in Rot, Grün und Gold. Er verzichtete auf den gewohnten Schutz eines kugelsicheren Glaskäfigs und sprach eine Stunde lang, fast ohne seine Notizen zurate zu ziehen. Er räumte ein, dass weiterhin Bauern Selbstmord begingen, und rief zu einer industriellen Renaissance auf: »Kommt und produziert in Indien.« Er verwies darauf, dass Indien ein Land voll junger Menschen sei, die Kenntnisse erwerben wollten, um vorzügliche Produkte herstellen zu können. Er versprach soziale Veränderungen, beklagte die weit verbreitete Gewohnheit, die Notdurft in der Öffentlichkeit zu verrichten, und verurteilte die Gewalt gegen Frauen, insbesondere die Praxis, weibliche Föten abzutreiben.[21]

Doch Modis wirtschaftliches Versprechen verlor bald an Überzeugungskraft. Indien verwandelte sich nicht in ein weltweites Fertigungszentrum. Das mäßige BIP-Wachstum wurde mit Schulden finanziert und war nicht nachhaltig. Die Kreditaufnahme der Unternehmen, die sich das Geld normalerweise bei Staatsbanken beschafften, stieß an ihre Grenzen. Die Banken hatten immer mehr notleidende Kredite in den Büchern, weil die Unternehmen säumige Zahler waren. Im November 2014 erklärte Zentralbankgouverneur Raghuram Rajan, jene »Superinvestoren«, die in den guten Zeiten »fette Renditen« eingestrichen hätten, wälzten jetzt ihre Verluste auf die Banken ab. Rajan nahm kein Blatt vor den Mund: Das System schütze die Großinvestoren. Im April 2015 listete der Zentralbankchef in einer Mitteilung an den Premierminister 30 säumige Zahler auf, die ein Drittel aller überfälligen Kredite schuldeten. Die staatlichen Banken, so Rajan, würden weiterhin von Unternehmern mit politischen Verbindungen betrogen.[22]

Es war unausweichlich, dass die hoch verschuldeten Unternehmen die Kreditaufnahme einschränkten, aber das Wirtschaftswachstum wurde Ende 2014 ein letztes Mal von den Verbrauchern angekurbelt, die sich auf Pump auf Einkaufstour begaben. Sowohl in den Städten als auch auf dem Land nahmen Menschen Kredite auf, um angesichts der rasch steigenden Immobilienpreise

Eigenheime zu erwerben. Und sie legten sich Autos und langlebige Konsumgüter zu. Die neu eingeführten Kreditkarten trieben die Konsumausgaben weiter in die Höhe.

Und siehe da, im Januar 2015 wurden erfreuliche Daten gemeldet. Das Bruttoinlandsprodukt war im Haushaltsjahr 2013/14 deutlich um 6,3 Prozent gestiegen, obwohl die Analysten nur ein Wachstum von 4,7 Prozent erwartet hatten. Der Grund für den geheimnisvollen Anstieg war, dass die Vorgängerregierung begonnen hatte, die Daten und die Methoden zur Berechnung des BIP einer Überprüfung zu unterziehen. Solche Überprüfungen sind üblich, führen jedoch nicht zu höheren Wachstumsschätzungen. Ein Analyst erklärte: »Im Augenblick tappen wir vollkommen im Dunkeln.« Daran hat sich bis heute wenig geändert. Andere Experten stellten fest, die meisten Indikatoren deuteten in Wahrheit darauf hin, dass das Wachstum »ins Stocken geraten« sei und dass sich die Wirtschaft möglicherweise in einer »Minikrise« befinde. Doch die neuen Zahlen erlaubten es der Regierung, an der Geschichte vom indischen Wachstum festzuhalten.[23]

Im Juni und August 2015 fielen die Regenfälle im zweiten Jahr in Folge zu gering aus. Einmal mehr wurde die Befürchtung laut, dass der Klimawandel in Indien auf Dauer die Niederschlagsmengen verringern würde. Nach wie vor verdienten 45 Prozent der indischen Arbeitskräfte ihren dürftigen Lebensunterhalt in der Landwirtschaft. Nun gingen die Abkömmlinge ehemals mächtiger Landbesitzerkasten auf die Straße: die Patidar in Gujarat, die Maratha in Maharashtra und die Jat in Haryana und Uttar Pradesh. Der Sprecher der Protestbewegung, ein 22-jähriger Patidar namens Hardik Patel aus Gujarat, beklagte die stetige Verkleinerung der Parzellen durch wiederholte Aufteilungen des Grundbesitzes unter den Erben. Aus den amtlichen Daten ging hervor, dass 69 Prozent der Höfe in die Kategorie der »marginalen« Betriebe fielen und nur einen Hektar Land oder weniger besaßen. Der durchschnittliche »marginale« Hof war mit einer Fläche von 0,38 Hektar winzig, und der Anteil derart kleiner Höfe nahm rasch zu. Auf diesen stetig schrumpfenden Anbauflächen stiegen die Produktionskosten, da die Bauern in Brunnen, Saaten und Dünger investieren mussten. Die Landwirte standen unter gewaltigem physischem und finanziellem Druck – und ihre Zukunftaussichten waren noch bedrohlicher. Die Protestbewegung forderte, für die betroffenen Gruppen müssten mehr Plätze in Bildungseinrichtungen und staatlicher Verwaltung reserviert werden.[24]

Diese Gruppen verlangten die Reservierung von Posten im öffentlichen Dienst, weil der Privatsektor zu wenige Arbeitsplätze für die wachsende Zahl schlecht ausgebildeter junger Inder schuf. In einer verstörenden Schilderung des Lebens der jungen »Träumer« zeigt die Journalistin Snigdha Poonam, wie sich das gewaltige Missverhältnis zwischen verfügbaren Arbeitsplätzen und Arbeitsuchenden auswirkte: In einer Kommunalverwaltung bewarben sich 19 000 Personen um 114 Arbeitsplätze; Tausende Hochschulabsolventen, von denen einige MBA-Diplome besaßen, kämpften um eine Stelle als Straßenkehrer; 1,7 Millionen Menschen bewarben sich um 1 500 Plätze in einer Staatsbank; 9 Millionen Bewerber traten zur Aufnahmeprüfung für einen von 100 000 Posten bei der Bahn an. Dieses groteske Missverhältnis zwischen Angebot und Nachfrage zeigte deutlich, wie wenig die Liberalisierungspolitik in Indien bewirkt hatte. Nur wer über eine vorzügliche Bildung verfügte, hatte eine Chance auf einen der guten Jobs im Privatsektor. Daher versprach ein Posten im Staatsdienst, sei es als Fahrer oder als Lehrer, ein besseres Einkommen als der durchschnittliche Job in der Privatwirtschaft.[25]

Selbst die ehemals attraktiven Jobs in den Call-Centern waren gefährdet. Philippinische und von amerikanischen Gefängnissen betriebene Call-Center machten Indien Konkurrenz. Viele von der Schließung bedrohte indische Call-Center verlegten sich auf Betrug. Vermeintliche Steuerprüfer riefen amerikanische Bürger an und setzten diese unter Druck, damit sie Geldbußen bezahlten, um Strafen wegen Steuerhinterziehung zu vermeiden. Andere Opfer wurden durch Pop-up-Warnungen auf dem Computerbildschirm dazu gebracht, ein Call-Center anzurufen, das gegen Bezahlung Hilfe anbot.[26]

Indien verwandelte sich in die weltweite Drehscheibe für Call-Center-Betrug. Für junge Menschen mit schlechten Berufsaussichten war die Versuchung groß, wie der 19-jährige Jayesh Dubey erklärte: »In meiner Umgebung beteiligten sich alle an Betrugsmaschen. Ich wollte auch ein guter Betrüger werden.« Im Jahr 2019 meldeten US-Bürger Verluste von 3,5 Milliarden Dollar durch computergestützten Raub. Zwei Jahre früher war der Schaden mit 1,4 Milliarden Dollar noch weniger als halb so groß gewesen. Auf diesem Markt konnte Indien das weltweit stärkste Wachstum vorweisen. Die lukrativsten Angriffsziele waren ältere Amerikaner, aber die Betrüger boten auch schlecht ausgebildeten, verzweifelten Landsleuten erfundene Jobs an und raubten ihnen ihre Ersparnisse und ihre Würde. Angesichts zermürbender Knappheit siegte die

Verlockung des schnellen Geldes über die Moral. Poonam erklärt im Ton der Verzweiflung: »Wenige der jungen Inder, denen ich begegnete, konnten zwischen Richtig und Falsch unterscheiden, und noch weniger interessierten sich für den Unterschied.«[27]

Die politische Arroganz hatte kein Ende. Am Morgen des 8. November 2016 wurde im Fernsehen überraschend eine Ansprache von Premierminister Modi übertragen. Er kündigte an, um Mitternacht würden die verbreiteten 500- und 1000-Rupien-Scheine ihre Gültigkeit verlieren. Auf einen Schlag konnten Banknoten, die 86 Prozent des Werts des in Umlauf befindlichen Bargelds entsprachen, nicht mehr verwendet werden. Die Banken, erklärte Modi, würden die alten Geldscheine durch neue Banknoten ersetzen. Das Problem war, dass nicht annähernd genug neue Geldscheine gedruckt worden waren.[28]

Die Außerkurssetzung des meisten Bargelds war ein schwerer Schlag für die verwundbarsten Bevölkerungsgruppen. Landwirte und im informellen Sektor tätige Personen – die fast 90 Prozent der indischen Arbeitskräfte stellten – verwendeten fast ausschließlich Bargeld. Ihr Leben kam zum Stillstand. Familien hatten Schwierigkeiten, Grundnahrungsmittel zu kaufen. Als die neuen Banknoten endlich zur Verfügung gestellt wurden, stellte sich heraus, dass sie nicht mit den Geldautomaten kompatibel waren. Bis zum Jahresbeginn 2017 herrschte Bargeldknappheit. Modi wollte es Singapurs autokratischem Herrscher Lee Kuan Yew gleichtun, der für kühne Maßnahmen bekannt gewesen war. Aber einmal mehr zeigte sich, dass schlecht durchdachte dramatische Gesten schlimme Folgen haben.[29]

Modis Absicht war es, das Schwarzgeld aus dem Verkehr zu ziehen, das überwiegend bar in Umlauf war. Er erwartete, die Besitzer nicht deklarierter Geldbeträge würden es aus Angst vor Entdeckung nicht wagen, ihre Bargeldbestände einzutauschen. Die Geldmenge, für die die Zentralbank garantieren musste, würde um den Betrag des nicht umgetauschten Bargelds sinken, und den zu erwartenden Gewinn konnte die Regierung anschließend verteilen. Modis Gefolgsleute verstärkten diese Erwartung und stellten ihn als einen Robin Hood dar, der das Geld von den korrupten Reichen nehmen würde, um es den Armen zu geben. Doch leider wurde fast das gesamte in Umlauf befindliche Geld eingetauscht. Einige Personen hatten im Voraus von der bevorstehenden Außerkurssetzung erfahren, und andere fanden Wege, um Schwarzgeld in unverdächtige neue Banknoten zu konvertieren.[30]

Als sich die Wirtschaft gerade erst vom Schock der Außerkurssetzung erholt hatte, führte die Regierung am 1. Juli 2017 die Goods and Services Tax ein (Steuer auf Güter und Dienstleistungen, GST). Das Ziel dieser lobenswerten Initiative war es, kumulative Steuern abzuschaffen, das heißt Steuern auf bereits in früheren Produktions- und Vertriebsschritten steuerlich belastete Güter und Dienstleistungen. Bis dahin hatte der Ablauf so ausgesehen: Ein Hersteller erwarb Vorprodukte wie Stahl in einem anderen Bundesstaat und zahlte Umsatzsteuer auf diese Produkte. Diese Steuern schlug er natürlich auf die Preise auf, die er für die von ihm erzeugten Töpfe und Pfannen verlangte. Seine Abnehmer mussten anschließend Umsatzsteuer auf die Töpfe und Pfannen zahlen, deren Preis bereits die vorhergehende Steuer enthielt.

Die einheitliche GST-Steuer sollte diese Akkumulation von Kosten verhindern. Von nun an würde nur noch der vom Hersteller der Töpfe und Pfannen erzeugte Mehrwert besteuert; erreicht werden sollte das durch die Erstattung der auf die Inputs entrichteten Steuern. Außerdem sollte die GST einen gemeinsamen Markt mit landesweit einheitlichen Steuern schaffen, indem die sehr unterschiedlichen Steuerarten und -sätze in den einzelnen Bundesstaaten in einem einzigen System zusammengefasst wurden.

Die neue Steuer sollte noch ein weiteres Problem des früheren Systems lösen. Die Spediteure litten unter langen Verzögerungen an den Staatsgrenzen, wo sie Bescheinigungen über die bereits für die beförderten Güter bezahlten Steuern vorlegen mussten. Vom Ergebnis der Prüfung hing ab, welche zusätzlichen Steuern sie entrichten mussten. Wie nicht anders zu erwarten, hatten sich die Kontrollpunkte an den Grenzen in Brennpunkte der Korruption verwandelt. Mit der Einführung der GST würden Korruption und Verzögerungen verschwinden, weil der Endverbraucher die Steuer bezahlen würde.

An der GST wurde seit Jahrzehnten gearbeitet, denn sie erforderte die Integration des komplexen Systems von zentral- und einzelstaatlichen indirekten Steuern. Außerdem mussten alle Bundesstaaten zustimmen, die nach der Neuregelung nicht mehr in der Lage sein würden, bei der Gestaltung ihrer Budgets eigenständig Steuern einzuführen. Als Regierungschef von Gujarat hatte Narendra Modi die Initiative lange Zeit blockiert.

Die GST-Steuer war notwendig. Aber ihre Einführung endete in einem wirtschaftlichen und administrativen Chaos. Die Bundesstaaten verlangten, ihre wichtigsten Einnahmequellen – Steuern und Abgaben auf Erdölprodukte, Alkohol, Strom und Grundstücksverkäufe – von der GST auszunehmen. Diese Ausnahmen untergruben das Vorhaben, die kumulativen Steuern zu verringern und einen gemeinsamen indischen Markt mit einheitlichen Steuersätzen zu schaffen. Lobbygruppen setzten außerdem durch, dass auf verschiedene Produkte willkürlich unterschiedlich hohe Steuersätze angewandt wurden. Doch der größte unmittelbare Schaden entstand dadurch, dass umständliche Meldeverfahren, schlecht funktionierende Online-Meldesysteme und Informationssysteme und eine unzureichende Schulung der Steuerbeamten die Unternehmen mit unüberwindlichen Hindernissen konfrontierten. Kleine Betriebe waren nicht in der Lage, das System zu bewältigen, und kamen zum zweiten Mal innerhalb eines Jahres zum Stillstand.[31]

Die indische Wachstumsgeschichte war fast zu Ende. Im Jahr 2018 bestätigte der IWF in seinem Jahresbericht über Indien, dass die Außerkurssetzung der Geldscheine und die Einführung der GST-Steuer die indische Wirtschaft in einen Schockzustand versetzt hatten. Der Anteil der notleidenden Kredite in den Büchern der Banken war von rund 4 Prozent aller Darlehen Ende 2014 auf etwa 9 Prozent im Jahr 2017 gestiegen. Die Staatsbanken saßen auf notleidenden Krediten, die fast 12 Prozent ihres gesamten Kreditvolumens entsprachen (Abbildung 21.3). Die Regierung hatte wenig getan, um Großunternehmen, die ihre Schulden nicht beglichen, in die Pflicht zu nehmen. Stattdessen wurden die Löcher, welche die Zahlungsausfälle in die Kapitaldecke der Banken rissen, erneut mit Steuergeldern gestopft. Die Rekapitalisierung der Banken kostete den Staat im Haushaltsjahr 2017/18 rund 13 Milliarden Dollar, und für die folgenden beiden Jahre wurde mit ähnlichen Summen gerechnet. Die von notleidenden Krediten gelähmten Staatsbanken schränkten die Kreditvergabe drastisch ein. Die hoch verschuldete Industrie hörte praktisch auf, sich Geld zu leihen. Während das BIP aus unerklärlichen Gründen weiter kräftig um mehr als 7 Prozent im Jahr wuchs, hörten die Unternehmen auf zu investieren.[32]

Im August 2018 platzte die indische Wachstumsblase. Der Auslöser war der Zusammenbruch der in Mumbai ansässigen Finanzfirma Infrastructure Leasing and Financial Services (IL&FS). Die 1987 gegründete Firma hatte nur Einlagen von Großinvestoren entgegengenommen und unterhielt eine undurchsichtige Beziehung zur Regierung. Rechtlich war es eine private Gesellschaft, die private Investoren für die Infrastrukturentwicklung suchte. Doch der größte Aktionär der Firma war die staatliche Life Insurance Corporation of In-

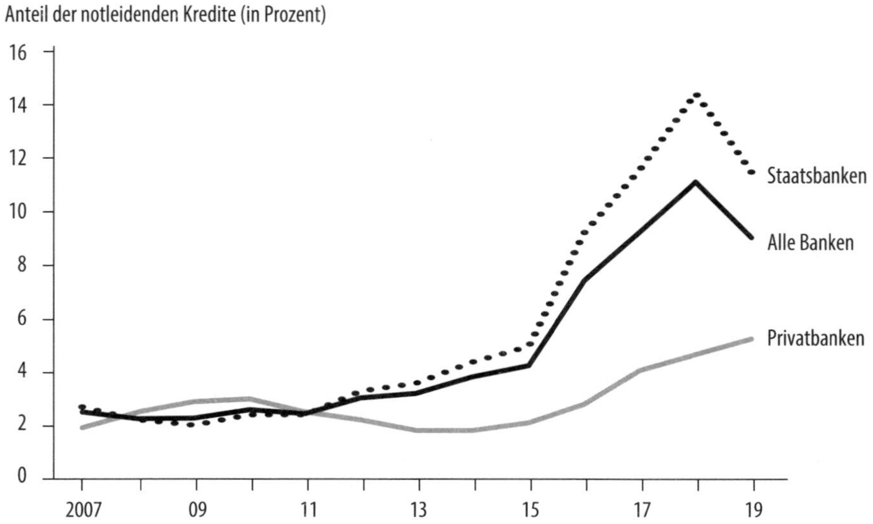

21.3: Schuldner bedienen ihre Kredite nicht mehr. (Anteil notleidender Kredite am Gesamtkreditvolumen, in Prozent)

Quelle: Indische Zentralbank, https://www.rbi.org.in/scripts/Publicationsview.aspx?id=19791; früher https://www.rbi.org.in/scripts/Publicationsview.aspx?id=14420.

dia, und sie hatte Staatsgarantien für Kredite erhalten, die sie bei der Weltbank, der Asian Development Bank und der deutschen KfW aufgenommen hatte.[33]

Geleitet wurde IL&FS von Ravi Parthasarathy, einem ehemaligen Citibank-Manager. Um sein Image als Magnat des Privatsektors zu festigen, hatte Parthasarathy, der stets an einer Pfeife paffte und in einem rasanten Stakkato sprach, im schicken Bandra-Kurla-Komplex in Mumbai ein pompöses Gebäude für die Büros der Firma errichtet, wo die Spitzenmanager in einer verschwenderisch eingerichteten Bar Kontakte zu Geschäftspartnern pflegten, unter denen viele Staatsbeamte waren, die hoffen durften, nach dem Ende ihrer Laufbahn einen gut bezahlten Posten in einem von Parthasarathys Projekten zu erhalten.[34]

IL&FS arbeitete eng mit den Verwaltungen verschiedener Bundesstaaten zusammen. Anfangs konzentrierte sich die Firma auf den Straßenbau, doch bald weitete sie ihr Geschäftsfeld aus. Sie erhielt den Zuschlag für die Gujarat International Finance Tec-City – die GIFT City –, die Modi bauen wollte, um Ahmedabad nach dem Vorbild Singapurs in ein globales Finanzzentrum zu verwandeln. In Tirupur in Tamil Nadu, einem Zentrum der Strumpfwarenerzeugung, nahm IL&FS ein Projekt für Trinkwasserversorgung und Aufbereitung von Industrieabwässern in Angriff. Im Lauf der Zeit machte Parthasarathy IL&FS zu einem komplexen, undurchsichtigen und hoch verschuldeten Finanzinstitut.[35]

Im Juli 2018 trat Parthasarathy als Firmenleiter zurück. Wenige Wochen früher hatte eine im Transportsektor tätige Tochtergesellschaft der Firma eine Frist zur Rückzahlung von Schulden versäumt. Das Schiff sank. Am 16. August wies die indische Ratingagentur CARE auf die finanziellen Schwierigkeiten der Firma hin und stufte ihre Finanztochter von AAA auf AA+ herab. Die Muttergesellschaft IL&FS notierte nicht an der Börse und musste folglich keine Angaben zu ihren Verbindlichkeiten machen. Daher lieferten vor allem die Bonitätseinstufungen ihrer Tochtergesellschaften Aufschluss über die finanzielle Gesundheit der Firma. Am 28. und 31. August versäumte die Finanztochter von IL&FS erneut Ratenzahlungen, weshalb ihr Kreditrating am 3. September auf A+ herabgestuft wurde. Es folgten Herabstufungen auf BB am 9. September und nur acht Tage später der tiefe Fall auf D – Zahlungsausfall –, weil die Firma einige Tage vorher fällige Schulden nicht vollkommen zurückgezahlt hatte. Innerhalb eines Monats war die Firma von der höchsten auf die niedrigste Bonitätsstufe abgestürzt.[36]

Der Zusammenbruch von IL&FS stand sinnbildlich für das staatliche Versagen. Im Grunde scheiterte die Firma, weil sich die Bundesstaaten weigerten, für öffentliche Dienste Preise zu verlangen, die es IL&FS ermöglicht hätten, die hohen Renditen zu erzielen, die das Unternehmen seinen Privatinvestoren versprochen hatte. Im Nachhinein stellte sich heraus, dass Parthasarathy und seine Manager gegenüber ihren Kreditgebern und der Öffentlichkeit ihre Einnahmen aufgebauscht hatten. Unter dem Deckmantel fiktiver Erträge bereicherten sie sich mit dubiosen Transaktionen und finanziellen Taschenspielertricks. Die Aufträge für Infrastrukturprojekte und andere Bauvorhaben wurden häufig neu ausgehandelt. Die Staatsbanken, die kaum rentable Projekte fanden, in die sie investieren konnten, förderten die finanziellen Balanceakte von IL&FS, indem sie die Firma unablässig mit Geld versorgten. Gleichzeitig schlitterte IL&FS immer tiefer in finanzielle Schwierigkeiten. Als Direktoren, Aktionäre und potenzielle Whistleblower Zweifel an Parthasarathys Praktiken äußerten, versuchte er sie einzuschüchtern und mit Klagedrohungen in Schach zu halten. Die Firma erreichte ihre übergeordneten gesellschaftlichen Ziele nicht. Die Wasseraufbereitungsanlage in Tirupur erwies sich als ungeeignet, die Abwässer der örtlichen Färbemittelproduzenten zu reinigen. Es strömten weiter Giftstoffe in den Noyyal und verwandelten den Fluss in eine »schaumbedeckte Katastrophe«.[37]

Es existiert ein Plan, um zu retten, was vom Wrack von IL&FS übrig geblieben ist. Aber aufgrund der von Parthasarathy gestalteten komplexen und undurchschaubaren Finanzstruktur werden jene, die Anspruch auf verbliebene Vermögenswerte erheben können, möglicherweise jahrzehntelang durch das Labyrinth des indischen Justizsystems irren.[38]

In Ermangelung von Normen für solide geschäftliche Praktiken waren die Institutionen – Ratingagenturen, Wirtschaftsprüfer, Aufsichtsgremien, Aufsichtsbehörden – nicht in der Lage, die Interessen der Allgemeinheit zu schützen und einen echten kapitalistischen Wettbewerb zu gewährleisten. In diesem moralischen Vakuum verleitete die Aussicht auf schnelles Geld alle Beteiligten dazu, die Finanzblase weiter aufzupumpen. Nach dem Zusammenbruch von IL&FS rückten die betrügerischen Praktiken weiterer Firmen – Dewan Housing Finance Corporation, Yes Bank und Reliance Capital – in den Mittelpunkt des Interesses. All diese Unternehmen, insbesondere Dewan Housing, hatten so wie IL&FS in zweifelhafte Immobiliengeschäfte investiert. Und als sie zusammenbrachen, gingen im gesamten Finanzsektor die Lichter aus. Geldquellen versiegten, und panische Banken und andere Finanzinstitute hörten auf, Konsumkredite zu gewähren. Damit versiegte die letzte Wachstumsquelle der Liberalisierungsära. Und das BIP-Wachstum, das Modi hätte ankurbeln sollen, brach ein. Im letzten Quartal des Jahres 2019 wuchs die Wirtschaft nur noch um 3,3 Prozent gegenüber dem Vorjahr. Und zu Jahresbeginn 2020 schrumpfte das BIP-Wachstum noch vor Ausbruch der Coronapandemie weiter.[39]

Indiens Problem: Keine nachhaltige Wachstumsquelle

Die Wachstumsblase war geplatzt, und an den alten Problemen Indiens hatte sich nichts geändert. Auf dem Land standen Millionen Bauern und Landarbeiter weiterhin unter unerträglichem Druck. Modis Konzept »Produziert in Indien« war kläglich gescheitert. Das Land hing im Welthandel weiter hinterher, und sein ohnehin geringer Anteil an den weltweiten Exporten stagnierte, nachdem er im Jahr 2012 auf 1,5 Prozent gestiegen war (Abbildung 21.4). Im Jahr 2020 erreichte Vietnam, ein Land mit 97 Millionen Einwohnern, einen ebenso hohen Exportanteil wie Indien und schickte sich an, dieses zu überholen. Indien hatte eine große Maschinenbauindustrie, aber die indischen Exporteure hatten lediglich einen Anteil von 0,75 Prozent an den globalen Autoverkäufen und von 1,25 Prozent am Handel mit Autoteilen. Dass Indien bei organischen Chemikalien einen Weltmarktanteil von 4,5 Prozent hatte (der außerdem weiter stieg), war auf die Neigung der fortschrittlichen Länder zurückzuführen, solche stark verschmutzenden Produkte aus Niedriglohnländern zu beziehen. Es gab durchaus Inseln der Vortrefflichkeit, beispielsweise den Turbinenbau, wo Indien einen Weltmarktanteil von 2,5 Prozent hielt. Aber es waren eben nur Inseln.

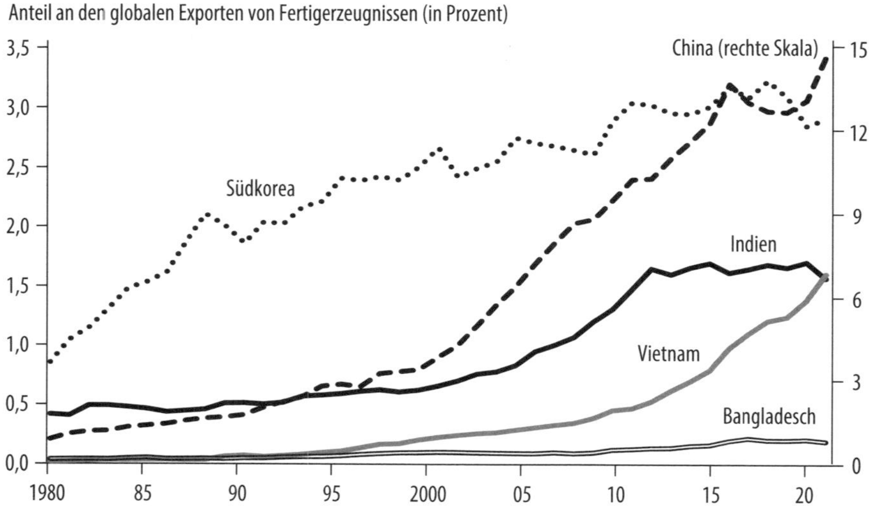

21.4: Indien kann sich auf den Weltmärkten nicht durchsetzen. (Anteil der Länder an den globalen Exporten von Fertigerzeugnissen, in Prozent)

Hinweis: China hat seine eigene Skala auf der rechten Seite.

Quelle: Welthandelsorganisation, http://stat.wto.org/StatisticalProgram/WSDBViewData.aspx?Language=E; die Daten entsprechen den UNCTAD-Statistiken, https://unctadstat.unctad.org/wds/TableViewer/tableView.aspx.

Zu Beginn des neuen Jahrtausends hatte Indien mit Exporten von billiger, technologisch anspruchsvoller Software und Pharmazeutika weltweit auf sich aufmerksam gemacht. Doch auch die Hoffnung, die in diese Bereiche gesetzt worden war, verflog nach 2010 (Abbildung 21.5). Im Handel mit Computer- und Informationsdiensten bremsten die USA den Rückgang ihres Weltmarktanteils, während Singapurs Anteil stieg und China enteilte. Die weltweite Nachfrage nach Softwarediensten war anspruchsvoller geworden. Die Vereinigten Staaten hatten ihre traditionell starken Universitäten, und Singapur und China bauten rasch Hochschulen auf, an denen erstklassige Forschung in Informatik und Mathematik betrieben wurde, was es ihnen ermöglichte, sich von den Europäern abzusetzen. Die Zuverlässigkeit der chinesischen Programmierer machte ihre mangelnden Englischkenntnisse mehr als wett.

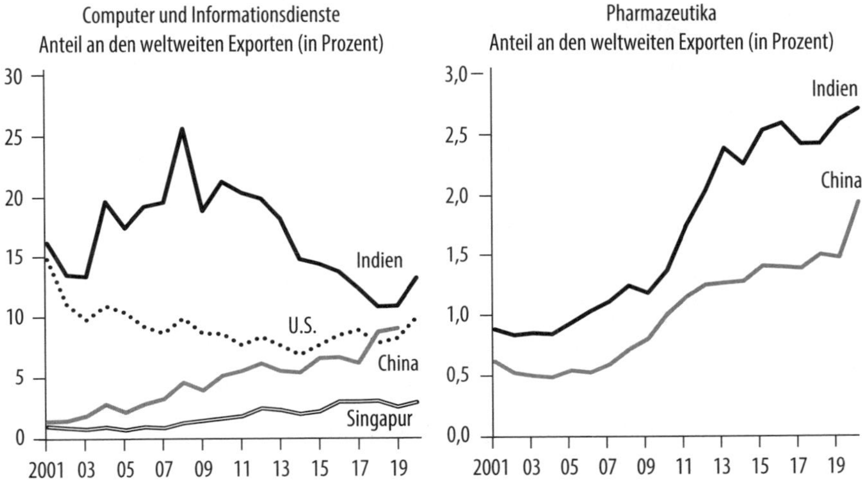

21.5: Indiens Vormarsch bei billigen technologischen Produkten ist fürs Erste zum Stillstand gekommen. (Anteil an den weltweiten Exporten, in Prozent)

Hinweis: Linke Grafik: BPM-Kombination von 9.2 (Computerdienste) und 9.3 (Informationsdienste), für China liegen keine Daten für 2020 vor; rechte Grafik: HS-Code für Pharmazeutika ist 30.

Quelle: International Trade Centre, Trade Map, https://www.trademap.org.

Neben der indischen Softwarebranche konnte auch die Pharmaindustrie des Landes zu Beginn des Jahrtausends ihren Weltmarktanteil erhöhen. Insbesondere belieferte Indien die USA mit Generika und Arzneistoffen. Die amerikanischen Behörden begrüßten den Markteintritt indischer und chinesischer Produzenten, die dank geringerer Lohn- und Materialkosten billigere Produkte anbieten konnten, was die Medikamentenpreise für die amerikanischen Patienten senkte. Gleichzeitig waren die Amerikaner jedoch besorgt darüber, dass aus Indien und China immer häufiger minderwertige Arzneimittel geliefert wurden, die entweder wirkungslos waren oder den Zustand von Patienten verschlechterten.

Um das Jahr 2005 wurden Untersuchungen eingeleitet, die zutage förderten, dass Ranbaxy, ein bekanntes indisches Pharmaunternehmen, Arzneimittel ohne angemessene Sicherheitsvorkehrungen erzeugt und Testergebnisse gefälscht hatte, um die Vorgaben der amerikanischen Aufsichtsbehörde FDA zu erfüllen. Die Erfüllung der amerikanischen Normen erhöhte die Produktionskosten, und da die FDA anfangs nur wenige Kontrollen vornahm, war die Versuchung groß, minderwertige Medikamente zu exportieren. Im Mai 2013 bekannte sich Ranbaxy nach einer eingehenden FDA-Untersuchung schuldig, gegen die amerikanischen Bestimmungen über Medikamentensicherheit verstoßen zu haben, und zahlte eine Geldbuße von 500 Millionen Dollar. Es war der FDA schwergefallen, Ranbaxy und anderen indischen Herstellern betrügerische Praktiken nachzuweisen, weil die amerikanische Behörde die Besuche ihrer Inspektoren im Voraus ankündigte, was den Unternehmen Gelegenheit gab, Versäumnisse in Produktion, Qualitätskontrolle und Dokumentation zu vertuschen.[40]

Im Januar 2014 begann ein Pilotprogramm der FDA für unangekündigte Inspektionen, die bald »bis dahin unentdecktes verbreitetes Fehlverhalten aufdeckten«. Die Arzneimittelbehörde sah sich gezwungen, die Übeltäter vom amerikanischen Markt auszuschließen, woraufhin Indiens Weltmarktanteil bei Pharmazeutika sank. Doch lautstarke Proteste der indischen Aufsichtsbehörden, die den Amerikanern eine Verletzung der indischen Souveränität vorwarfen, und die große Nachfrage nach billigen Medikamenten in den Vereinigten Staaten bewegten die FDA schließlich dazu, zurückzurudern und die Überraschungsinspektionen im August 2015 wieder aufzugeben. Als die Coronapandemie ausbrach, stellte die Behörde die Kontrollen praktisch ein. Die indischen Pharmaunternehmen sparten weiter bei den Sicherheitsvorkehrungen, um das Angebot an billigen Arzneimitteln zu erhöhen, und der Exportanteil Indiens stieg wieder. Doch trotz der Erholung blicken die indischen Pharmaunternehmen einer ungewissen Zukunft entgegen. Die chinesischen Konkurrenten, die sich ähnlich zwielichtiger Praktiken bedienen, drohen die indischen Hersteller zu überholen, und der amerikanische Kongress drängt auf eine Wiederaufnahme der unangekündigten Inspektionen.[41]

Widerwillen gegen den Wettbewerb

Die Unfähigkeit zum Wettbewerb hatte sich in Widerwillen gegen den Wettbewerb verwandelt. Wie wir gesehen haben, kam diese Grundhaltung unter anderem darin zum Ausdruck, dass viele Menschen nicht vor Betrug zurückschreckten: Junge Call-Center-Mitarbeiter bestahlen Ausländer, Großunternehmen bestahlen Staatsbanken, private Auftragnehmer und Finanzfirmen stahlen Geld, indem sie sich abgekartete Infrastrukturaufträge des Staates sicherten, Pharmaunternehmen belogen die amerikanischen Aufsichtsbehörden und stahlen in der Heimat unverfroren im Bündnis mit medizinischen Experten und Behörden.[42]

Der Widerwille gegen den Wettbewerb wurde zu einem festen Bestandteil von Narendra Modis Wirtschaftspolitik. In den Haushaltsjahren 2014/15 bis 2019/20 erhöhte die indische Regierung unablässig die Einfuhrzölle auf eine Vielzahl von Produkten. Indien zählte auch zu den Ländern mit den höchsten Anti-Dumping-Zöllen. Diese dienten im Prinzip dazu, »Importwellen« zu verhindern, doch in der Praxis bestand ihr Zweck darin, die heimischen Hersteller vor Importen aus China zu schützen. Sogar Arvind Panagariya, ein ehemaliger Berater Modis und Anhänger seiner Politik, kritisierte die Regierung wiederholt dafür, dass sie die indische Industrie gegen die ausländische Konkurrenz abschirme. In einem Interview mit der *Times of India* im August 2017 wies Panagariya auf die offenkundige Tatsache hin, dass Zollschranken die Ineffizienz der heimischen Hersteller förderten. Im Juli 2019 schrieb er, das protektionistische Vorgehen halte indische Unternehmen davon ab, sich am globalen Wettbewerb zu beteiligen.[43]

Im November 2019 zog sich Indien aus den Verhandlungen über die asiatisch-pazifische Freihandelszone RCEP (Regional Comprehensive Economic Partnership) zurück. Der Grund: Die indischen Hersteller fürchteten sich vor der Senkung der Einfuhrzölle auf chinesische Produkte, die in der RCEP unumgänglich gewesen wäre.[44]

Der Widerstand gegen die geplante RCEP in Ludhiana (Punjab) zeigte erschreckend deutlich, wie ineffizient und wenig wettbewerbsfähig die indische Industrie war. Im Jahr 1963 hatten die blühenden Strickwaren- und Maschinenbauindustrien Ludhianas Milton Friedman begeistert. Die Stadt war der Geburtsort der legendären Hero Cycles, und eine Weile hatte es den Anschein, als könnte Ludhiana den großen japanischen Industrieclustern Konkurrenz machen. Aber im Jahr 2019 machte die verängstigte Stadt geschlossen Front gegen das Freihandelsabkommen. Als sich Indien aus den Verhandlungen zurückzog, brachen die Unternehmer Ludhianas in Jubel aus. Der Verband der

Fahrradhersteller lobte die Regierung für ihren »Geniestreich«, und der Generalsekretär des Verbands erklärte: »Dieses Abkommen hätte den Untergang der kleinen und mittelständischen Unternehmen bedeutet.« Sogar der Präsident von Hero Cycles räumte ein, dass die indische Fahrradindustrie nicht mit den Herstellern in den RCEP-Ländern mithalten konnte.[45]

Ludhiana hätte eine kreative und zukunftsorientierte Stadt sein können, aber stattdessen verwandelte es sich in ein Sammelbecken für Parasiten. Die Abwässer der Strickwaren- und Farbenhersteller kontaminierten das Trinkwasser der Stadt und verursachten eine Zunahme von Krankheiten im Umland. Drogen und Kriminalität hatten Wurzeln in Ludhiana geschlagen. Politiker und Polizei beaufsichtigten den blühenden Drogenhandel in Ludhiana und anderen Teilen des Bundesstaats. Viele der Luxuslimousinen, die durch die Straßen rollten, gehörten nicht erfolgreichen Industriellen, sondern Drogenhändlern.[46]

Die wirtschaftlichen Auswirkungen von Modis Politik

Modi verdankte seinen Ruf als führungsstarker Politiker Geschenken an Unternehmer in Gujarat. In Delhi führte seine Entschlossenheit zur katastrophalen Beseitigung des Bargelds. Es überrascht nicht, dass Modi tatenlos zuschaute, wie die Versuche seiner Beamten, die extrem komplexe GST-Steuer einzuführen, im Chaos endeten. In beiden Fällen fügte Modi mit seinen Handlungen (oder seiner Untätigkeit) den verwundbarsten Indern großen Schaden zu. Die Einkommen von Bauern und Kleinunternehmern fielen, und Industriearbeiter verloren ihre Jobs.

Es liegen keine Beschäftigungszahlen für Narendra Modis Regierungszeit vor. Es ist jedoch klar, dass er das Versprechen von Millionen neuen Arbeitsplätzen nicht eingelöst hat, denn die indische Wirtschaft gab im Jahr 2018 tatsächlich *weniger* Menschen Arbeit als im Jahr 2012. Insbesondere im informellen Sektor sank die Zahl der Arbeitsplätze infolge der Außerkurssetzung der gebräuchlichsten Banknoten und der misslungenen Einführung der GST-Steuer. Die Beschäftigung im produzierenden Gewerbe schrumpfte weiter. Und während sich der Arbeitsmarkt schlecht entwickelte, drängten jedes Jahr zwischen 7 und 9 Millionen zusätzliche Menschen auf den Arbeitsmarkt. Da die Chancen auf einen Arbeitsplatz sanken, machte sich im Jahr 2018 nur die Hälfte der Inderinnen und Inder überhaupt die Mühe, sich auf Arbeitssuche zu begeben. In der weiblichen Erwerbsbevölkerung war das Phänomen der »entmutigten Arbeitskraft« seit langem bekannt, und die Erwerbsbeteiligung der Frauen sank vor allem ab der Jahrtausendwende bedenklich. Doch jetzt war dieselbe Tendenz auch in der männlichen Bevölkerung zu beobachten. Der Rückgang der Erwerbsbeteiligung hatte nur wenig damit zu tun, dass die Menschen länger in Ausbildung waren. Es gab einfach so wenige Arbeitsplätze, dass sich die Suche nach einer bezahlten Tätigkeit nicht lohnte.[47]

Daher stand die indische Beschäftigungspolitik schon vor der Coronapandemie vor fast unüberwindlichen Hindernissen. Die Wirtschaft musste innerhalb eines Jahrzehnts zwischen 150 und 170 Millionen Arbeitsplätze schaffen, um der Bevölkerung im erwerbsfähigen Alter Arbeit zu geben: Das Land brauchte 80 Millionen Jobs, um die Arbeitslosen oder Unterbeschäftigten unterzubringen, und zwischen 70 und 90 Millionen Arbeitsplätze für die Menschen, die zusätzlich auf den Arbeitsmarkt drängten. Da die Landwirtschaft unmöglich neue Arbeitsplätze schaffen konnte und da sich das Beschäftigungswachstum im Baugewerbe nach dem Platzen der Finanz- und Immobilienblase zweifellos verlangsamen würde, mussten produzierendes Gewerbe und Dienstleistungen mit beispielloser Geschwindigkeit Arbeitsplätze schaffen – was angesichts des Beschäftigungsrückgangs in der Industrie seit 2012 fast unmöglich schien.

Modis Politik vergrößerte wahrscheinlich auch die Armut. Diesbezüglich stehen noch weniger Daten zur Verfügung als für BIP und Beschäftigung. Die einzige verlässliche Schätzung der Zahl der Inder, die unter der Armutsgrenze lebten, stammt aus einer Erhebung im Jahr 2011/12. Ende des Jahres 2019 wurde ein beschämender amtlicher Bericht für das Jahr 2017/18 vorgelegt, den die Regierung jedoch rasch in der Schublade verschwinden ließ.

Doch die Daten sickerten durch. Anhand dieser Zahlen schätzte S. Subramanian, der sich bei der Weltbank mit weltweiter Armut beschäftigte, das Ausmaß der Armut im ländlichen Indien gemessen an der Armutsgrenze von täglich 32 Rupien pro Person (zu Preisen von 2011/12): Der Anteil der Landbevölkerung, der in Armut lebte, war von 31 Prozent im Jahr 2011/12 auf 35 Prozent im Jahr 2017/18 gestiegen. Das bedeutet, dass im Jahr 2017/18 320 Millionen Inder auf dem Land in tiefer Armut lebten – 50 Millionen mehr als sechs

Jahre früher. Und weitere 160 Millionen Menschen – 60 Millionen mehr als sechs Jahre früher – lebten nur knapp oberhalb der Armutsgrenze und hatten zwischen 32 und 38 Rupien am Tag zur Verfügung. Die Regierung bezeichnete die Konsumschätzungen in der Erhebung als unglaubwürdig, denn sie lagen deutlich unter dem Pro-Kopf-Verbrauch, der aus der volkswirtschaftlichen Gesamtrechnung (VGR) hervorging. Dieses Argument war ebenso alt wie unbegründet. In allen Ländern zeigen die volkswirtschaftlichen Gesamtrechnungen einen höheren Verbrauch als Umfragedaten, was vermutlich daran liegt, dass die Menschen in Erhebungen einen Verbrauch unterschätzen. Aber diese Unterschätzung betrifft vor allem vermögendere Haushalte und wirkt sich nicht auf die Armutsschätzungen aus. Dazu kommt, dass die indischen VGR-Statistiken fragwürdig waren: Die Behörden maßen die Größe des informellen Sektors nicht direkt, sondern *nahmen an*, dass er sich im Gleichschritt mit dem formalen Sektor entwickelte. Da der informelle Sektor unter der Regierung Modi schweren Schaden genommen hatte, wurden Einkommen und Konsum der in diesem Sektor tätigen Menschen anhand dieses Verfahrens wahrscheinlich erheblich überschätzt.[48]

Es gibt auch Belege dafür, dass die Einkommen armer Haushalte unter der Regierung Modi stetig schrumpften. Eine Studie hat gezeigt, dass der Verbrauch armer Haushalte sogar sank, während der durchschnittliche Konsum der Haushalte in den Modi-Jahren stieg.[49]

Die Entwicklung von Ernährung und Kindersterblichkeit unter Modi war besorgniserregend. Nach Angabe der Welternährungsorganisation FAO stabilisierte sich der Bevölkerungsanteil der unterernährten Menschen in Indien um das Jahr 2013, begann ab 2017 jedoch wieder zu steigen. Die Zahl der Kinder mit Wachstumsstörungen sank weiter, aber sehr viel langsamer als zuvor. Die Anämie breitete sich aus. Die Kindersterblichkeit stieg in vielen Regionen Indiens in den Jahren 2017 und 2018. In diesen Jahren geborenen Kindern drohte ein Dasein mit geringer wirtschaftlicher Produktivität und Lebensqualität.[50]

Obwohl die schlechte Datenlage zu Armut und Lebensqualität keine klaren Schlüsse zulässt, ist das Gesamtbild klar: Das von Modi verfochtene »Entwicklungsmodell« von Gujarat war vollkommen ungeeignet, um die Bedürfnisse Indiens zu erfüllen. Kapitalintensive Projekte verhalfen Leuten wie Mukesh Ambani und Gautam Adani zu hohen Gewinnen, aber die von Modi und seinen Gefolgsleuten versprochenen Arbeitsplätze schufen sie nicht. Das Ergebnis: Das Wirtschaftswachstum verlangsamte sich, die Beschäftigung ging zurück, Armut und prekäre Lebensbedingungen nahmen wahrscheinlich zu, und die menschliche Entwicklung kam wenig oder überhaupt nicht voran.

Sogar Modis Initiativen, um der öffentlichen Verrichtung der Notdurft ein Ende zu machen und arme Haushalte mit nicht kontaminierten Brennstoffen zu versorgen, brachten lediglich isolierte und begrenzte Fortschritte, während die Volksgesundheit im Allgemeinen vernachlässigt wurde. Die Gesundheitsausgaben sind in den Modi-Jahren gemessen am BIP gesunken. Das kann nicht überraschen: Die auf der Aufstachelung der wütenden Volksmenge beruhende Hindutva-Politik geht mit verkürzten Zeithorizonten einher und missachtet gesellschaftliche Normen und Rechenschaftspflicht. Die unvermeidliche Folge ist, dass die Wirtschaft den Privilegierten dient, während die indische Demokratie zerfällt.

KAPITEL 22

Modi zerschlägt die geschwächte Demokratie

Eine Demokratie wird an ihrer Fähigkeit gemessen, grundlegende öffentliche Güter bereitzustellen: Gesundheitsfürsorge, Bildung, saubere Luft, sauberes Wasser, funktionierende Städte und ein verlässliches Justizsystem. Die öffentlichen Güter stellen das Fundament des geteilten Fortschritts dar und versetzen die Bürger in die Lage, mit Selbstachtung zu leben, gut informiert an einer offenen gesellschaftlichen Debatte teilzunehmen und einer produktiven Arbeit nachzugehen. Eine einzelne Person oder eine kleine Gruppe hat weder die Mittel noch die langfristige Perspektive, um diese kollektiv wünschenswerten Güter bereitzustellen. Beispielsweise werden für ein funktionierendes Bildungssystem nicht nur Gebäude und Ausrüstung benötigt, sondern auch geeignete Lehrer und Lehrpläne, eine gute Ernährung der Kinder und sichere Nachbarschaften, in denen die Kinder leben, spielen und sich bewegen können. Um all das zu gewährleisten, müssen die verschiedenen Akteure mit Anstand und Integrität ihre Rolle spielen. Wenn einige von ihnen beginnen zu betrügen und damit Erfolg haben, beginnen im Lauf der Zeit auch alle anderen, die Regeln zu missachten. Wenn die Akteure nicht darauf vertrauen können, dass die anderen in gutem Glauben handeln werden, wird die Zusammenarbeit, die nötig ist, um die öffentlichen Güter bereitzustellen, unmöglich.

Schon vor der verheerenden Coronapandemie waren die öffentlichen Güter in Indien in einem miserablen Zustand, weil die gesellschaftlichen Normen und die öffentliche Rechenschaftspflicht ausgehöhlt worden waren. Korruption, Verflechtung von Kriminalität und Politik und religiöse Ausgrenzung waren die prägenden Merkmale der indischen Politik. Eine wachsende Zahl von Politikern und Angehörigen der Gesellschaft verfolgte vor allem ihr unmittelbares Eigeninteresse. Es gab kaum noch eine gemeinsame Vision für das Land.

Wenn ich den Zustand der öffentlichen Güter als beklagenswert beschreibe, ist mir bewusst, dass nur sporadisch Statistiken zu grundlegenden öffentlichen

Diensten vorgelegt werden, die außerdem ungezählte Interpretationsprobleme aufwerfen. Tatsächlich ist die Unfähigkeit der indischen Behörden, regelmäßig hochwertige Daten zu öffentlichen Diensten, Bruttoinlandsprodukt, Beschäftigung und Armut vorzulegen, an sich Ausdruck der unzureichenden Bereitstellung öffentlicher Güter und der mangelnden Bereitschaft zu Transparenz und Rechenschaftspflicht in einem schadhaften politischen System ist.

Die vorhandenen Daten ergeben ein trostloses Bild. Im letzten Jahrzehnt ist es Indien gelungen, fast alle Kinder einzuschulen, aber dieser verspätete Erfolg ist ein Pyrrhussieg. Die Qualität der Bildung ist nach wie vor miserabel, die meisten Schüler erwerben die altersgemäßen Kenntnisse nicht, und 30 Prozent brechen die Schule nach der Grundschule ab (bei Mädchen ist der Anteil höher). Indien hat weltweit die am schlechtesten ernährten Kinder, schlechter als in Bangladesch und Nepal. Selbst die bescheidenen Fortschritte in der Ernährung haben sich seit 2013 verlangsamt.[1]

Die Luftverschmutzung ist in den indischen Städten schlimmer als in jedem anderen Land der Welt, was die Gesundheit der Bevölkerung erheblich beeinträchtigt. »Die Luftverschmutzung tötet Kinder oder fügt ihnen irreparable körperliche Schäden zu«, urteilte das Centre for Science and Environment (CSE) im Jahr 2020. Die Grundwasserspiegel sinken weiter. Nach Einschätzung des CSE ist Indien »der mit Abstand größte und am schnellsten wachsende Grundwasserverbraucher der Welt«, größer als die Vereinigten Staaten und China zusammen. Und das verfügbare Grundwasser ist immer öfter mit Chemikalien und Metallen kontaminiert. Die austrocknenden indischen Flüsse befördern statt Wasser zunehmend Abfälle und Krankheitserreger. Die Klimakrise verstärkt die Auswirkungen dieser hausgemachten Katastrophen. Die Zahl der Zyklone im Arabischen Meer, die Tropen- und Wirbelstürme an der Westküste Indiens verursachen, nimmt zu. Schwankende Regenfälle im Nahen Osten führen zu Heuschreckenplagen in Indien. Und da die durchschnittlichen Niederschlagsmengen während des Monsuns sinken, werden Dürrephasen häufiger, während der Anstieg der Meerestemperaturen immer öfter zu zerstörerischen Überschwemmungen führt.[2]

Die Urbanisierung Indiens kommt quälend langsam voran. Satellitenbilder zeigen, dass sich urbane Agglomerationen auf dem Land beschleunigen: Dies sind urbane Dörfer – zuvor ländliche Gebiete mit wachsender Bevölkerungsgröße und -dichte, denen es jedoch an den Einrichtungen mangelt, die eine Stadt produktiv machen. Anstatt wie gedeihende urbane Agglomerationen die Verteilung der Ressourcen und das Lernen zu fördern, sind sowohl regelrechte Städte als auch urbane Dörfer umkämpfte Orte. »Wasserkriege« zwischen den Einwohnern einer Stadt und zwischen Bundesstaaten, die Wasser für ihre Städte fordern, sind an der Tagesordnung. Dazu kommt ein andauernder Kampf um Wohnraum. Wohn- und Bürogebäude drängen die Armen an den Stadtrand. Der energieaufwendige Lebensstil der Reichen verschmutzt die Luft für alle. Die Stadtbewohner streiten sogar um Platz für ihre Abfälle: In Ghazipur am Stadtrand von Delhi türmt sich eine Mülldeponie, die eher ein Berg aus Abfällen ist. Als die Temperatur an einem Nachmittag im April 2019 auf 45 Grad Celsius stieg, stieg »aus den Bränden im Müllberg beißender, öliger, brauner Rauch in die bereits übelriechende Luft auf«.[3]

Die Gerechtigkeit stirbt, weil sich die Gerichtsverfahren immer länger hinziehen (Abbildung 22.1). Beschuldigte warten oft Jahre im Gefängnis auf ihren Prozess und stellen mittlerweile drei Viertel der indischen Gefängnisinsassen. In der Untersuchungshaft werden ihnen fast alle Rechte vorenthalten, obwohl der Oberste Gerichtshof im Jahr 1977 entschied, die Entlassung auf Kaution müsse den Vorzug vor der Untersuchungshaft haben. Die Kautionsanträge stauen sich

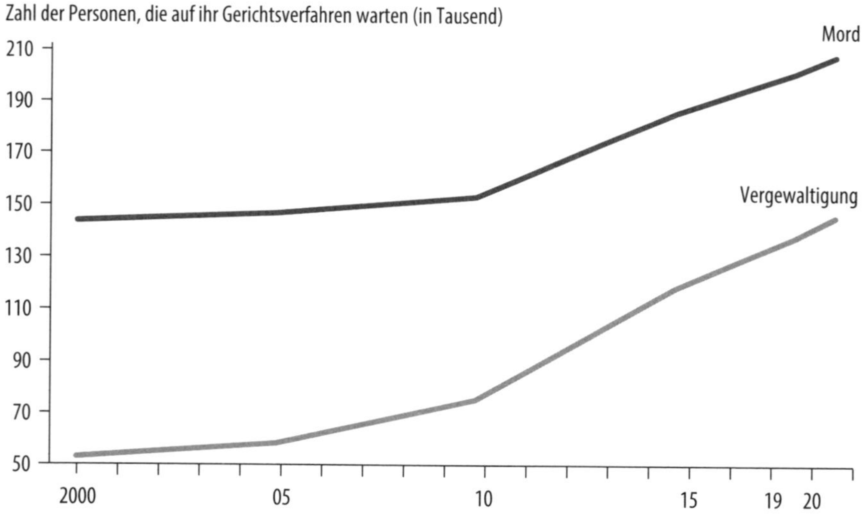

22.1: Für unbestimmte Zeit verzögerte Gerechtigkeit, verweigerte Gerechtigkeit. (Zahl der im Vorjahr eingeleiteten Strafverfahren, deren Verhandlung vor Gericht aussteht, in Tausend)
Quelle: Indisches Innenministerium, National Crime Records Bureau, strafrechtliche Verfahren, https://ncrb.gov.in/en/crime-in-india-table-addtional-table-and-chapter-contents?field_date_value%5Bvalue%5D%5Byear%5D=2016&field_select_table_title_of_crim_value=4&items_per_page=50.

auf.[4] Und wie der Film *Jai Bhim* in erschütternden Sequenzen zeigt, ist es eine gängige Praxis, Verdächtigen durch Folter Geständnisse abzuzwingen.

Die Unfähigkeit, eine hochwertige Bildung, eine gute medizinische Versorgung, eine saubere Umwelt und Gleichheit vor dem Gesetz anzubieten, kommt deutlich im Umgang mit Frauen zum Ausdruck. Althergebrachte Vorurteile und traditionelle Gewalt vermengen sich mit einem neuen Männlichkeitswahn. Im Dezember 2012 vergewaltigten in Delhi vier Männer in einem Bus eine Physiotherapeutin, die nur knapp dem Tod entging. Im Mai 2014 hingen zwei minderjährige Mädchen am Ende eines Versuchs, aus ihrer ländlichen Isolation zu entkommen, leblos an einem Mangobaum in einem Dorf in Uttar Pradesh. Im Jahr 2016 prügelte (ebenfalls in Uttar Pradesh) ein Mann seine Ehefrau tot und wäre ungestraft davongekommen, hätte die *New York Times* nicht über den Fall berichtet.[5]

Wie in anderen asiatischen Ländern werden in Indien männliche Nachkommen bevorzugt und weibliche Föten abgetrieben. Bei den »fehlenden« indischen Mädchen handelt es sich normalerweise um zweite oder dritte Töchter. Wenn sie doch zur Welt kommen, sind zweite und dritte Töchter am häufigsten von Mangelernährung betroffen. Im Gegensatz zu anderen asiatischen Ländern, in denen Mädchen »fehlen«, sind in Indien auch sehr wenige Frauen erwerbstätig, und wenn sie arbeiten, so oft für Hungerlöhne in Tätigkeiten, in denen sie erheblichen Gesundheitsgefahren ausgesetzt sind. Ihr allgemein schlechterer Gesundheitszustand und ihre geringen Lebenschancen erschweren es den Inderinnen, gesündere und besser ausgebildete Kinder aufzuziehen. Bangladesch hat sich dank der besseren Einbindung von Frauen ins Arbeitsleben und in öffentliche Dienste schneller entwickelt als Indien.[6]

Die indische Demokratie betrog ihr Volk von Anfang an. Der charismatische Nehru glaubte an demokratische Institutionen, die auf Gleichheit, Toleranz und geteiltem Wohlstand beruhten. Aber seine »Tempel-Strategie« für die wirtschaftliche Entwicklung und sein mangelndes Verständnis für Politik und Verwaltung hatten zur Folge, dass er es versäumte, jene Art von Kooperation an der Basis zu fördern, die nötig war, um allen Indern Bildung und Gesundheitsfürsorge zu bringen. Unter seiner Tochter Indira Gandhi wurden die gesellschaftlichen Normen rasch ausgehöhlt. Sie hinterließ Indien Gewalt, verbreitete Korruption und eine Klasse von Kriminellen-Politikern. In der folgenden Ära der Liberalisierung wurden die hartnäckige Korruption und die

Verflechtung von Kriminalität und Politik durch eine Kultur des »Ich, ich, ich« ergänzt, was die Bemühungen um Kooperation weiter schwächte.

Aufgrund der Aushöhlung der Normen verwandelte sich die indische Gesellschaft in einen fruchtbaren Boden für die von den Hindutva-Ideologen verbreitete Intoleranz und Feindseligkeit. Ihre kriegerische Haltung des »Wir gegen sie« hielt den Mob in Bewegung und lenkte die Aufmerksamkeit von den wirtschaftlichen Problemen ab. In ihrem Buch *Dreamers* schreibt Snigdha Poonam, die wütenden und frustrierten arbeitslosen jungen Hindus hätten sich wenig dafür interessiert, ob Modi Arbeitsplätze schaffen oder die Korruption beseitigen konnte, »solange er mit den Schlachtrufen ›Indien wird siegen‹ und ›Jugend ist Macht‹ ihr Blut in Wallung hielt«. Diese jungen Männer waren bereit, ihre »bösartige Energie auf ein einziges Ziel zu richten: auf den Kampf gegen die Muslime«. Die ungehemmte Bosheit förderte die Fixierung der Politik auf Maßnahmen, die Schlagzeilen machten, und beeinträchtigte wie in anderen polarisierten und ethnisch gespaltenen Gesellschaften die Entwicklung der öffentlichen Güter.[7]

Auch der wirtschaftliche Kurs Indiens hat zur Erosion seiner Demokratie beigetragen. Die Reichen werden immer reicher und haben kein Interesse an der Bereitstellung öffentlicher Güter. Mukesh Ambani musste nicht unter dem chaotischen Verkehr in Bombay leiden, sondern flog im Hubschrauber in sein Büro im Zentrum. Die Reichen schickten ihre Kinder zum Studium ins Ausland und hatten Vorrang bei der Verteilung des knappen Wassers. Die blühende Bauwirtschaft ernährte zahlreiche kriminelle Politiker.

Im Jahr 2008 sprach Raghuram Rajan, der Ökonom von der Universität Chicago, der bald darauf Gouverneur der indischen Zentralbank werden sollte, vom Aufstieg des »käuflichen Politikers« in Indien. Er erklärte, die Benachteiligten seien durch wiederholte Enttäuschungen entmutigt und erwarteten keine bessere Zukunft mehr. Stattdessen bemühten sie sich lediglich um Zugang zu den kaum funktionierenden öffentlichen Diensten. »Der käufliche Politiker«, sagte Rajan, »tut einfach deshalb so wenig für die Erneuerung des Systems, weil er die Krücke ist, auf die sich die Armen stützen, um im System zu überleben.« Es war eine bedeutsame Erkenntnis. Die indischen Politiker beschränkten sich auf die »Politik des Zugangs«. Sie sorgten bewusst dafür, dass öffentliche Dienste knapp blieben, denn so konnten sie sich als Wohltäter profilieren, die ihren Anhängern Zugang zu diesen knappen Diensten verschafften.[8]

Verbrechen und Politik: Geschichten aus Bihar und Tamil Nadu

Anfang des Jahres 2005 war Bihar gemessen an fast allen Entwicklungsindikatoren das Schlusslicht unter den indischen Bundesstaaten. In einem Bericht der *New York Times* hieß es, die Menschen in Bihar besäßen wenig mehr als ihre Wählerstimme. Im November 2005 wurde Nitish Kumar zum Regierungschef von Bihar gewählt. In den folgenden fünf Jahren wuchs die Wirtschaft des Staates rasch. Die Kriminalitätsrate sank, und die Ergebnisse des Bildungs- und Gesundheitssystems wurden besser.[9] Bihar schien auf dem richtigen Weg zu sein.

Erwähnenswert war insbesondere, dass Kumar im Jahr 2006 ein »Fahrradprogramm des Chief Ministers für Mädchen« einführte. Alle Schülerinnen, die das neunte Schuljahr abschlossen, erhielten 2 000 Rupien (rund 45 Dollar zum damaligen Wechselkurs) für den Kauf eines Fahrrads. So sollten Mädchen ermutigt werden, die Mittelschule abzuschließen. Das war klassische »Zugangspolitik«: Das Programm verbesserte buchstäblich den Zugang zur Schulbildung. Mädchen, die weiter von der Schule entfernt wohnten, besuchten eher die Oberschule, wenn sie ein Fahrrad hatten. Doch die Qualität der Bildung verbesserte sich nur geringfügig. Wie andernorts in Indien war das Problem in Bihar, dass die Lehrer nicht zum Unterricht erschienen oder die Schüler nicht unterrichteten. Und wie sich in aller Welt gezeigt hat, lernen Kinder nicht einfach dadurch, dass sie zur Schule gehen.[10]

Selbst der bescheidene Fortschritt in Bihar kam zum Stillstand. Der Grund war die Natur des Wirtschaftswachstums. Das produzierende Gewerbe wuchs nur langsam. Stattdessen wurde die Wirtschaftsblüte durch die Bautätigkeit ausgelöst: Es wurden Schulgebäude, Straßen, Brücken, Wohnhäuser und Einkaufszentren gebaut. Die Baumafia gewann an Einfluss. Der illegale Sandabbau brachte eine »Sandmafia« hervor, die darüber entschied, wer für den Bau geeigneten Sand erhielt. Und die traditionelle Kohlenmafia sowie die Drogenhändler wollten ebenfalls ihr Stück vom Kuchen.[11]

In einer Zeit steigender Wahlkampfausgaben hatte Nitish Kumar kaum eine andere Wahl, als sich mit der wachsenden Gruppe politisch aktiver Krimineller zu arrangieren, denn er brauchte ihren Rückhalt und vor allem ihr Geld. Bei der Wahl im Jahr 2005, die ihn an die Macht brachte, liefen gegen 22 Prozent der Kandidaten seiner Partei für das Staatsparlament von Bihar Strafverfahren wegen schwerer Vergehen. Bei der Wahl im Jahr 2010 stellten die Kriminellen bereits 35 Prozent der Kandidaten.[12]

Kumars beherzter Versuch, Recht und Ordnung durchzusetzen, trug zur Verringerung der Gewaltverbrechen in Bihar bei. Aber die Ausgangslage in der Hauptstadt Patna war so niederschmetternd, dass sie trotz der Verbesserungen weiter zu den drei Metropolen mit der höchsten Zahl von Gewaltverbrechen pro Einwohner zählte und Delhi den Spitzenplatz in dieser traurigen Rangliste streitig machte. In Kumars zweiter Amtszeit wuchs das produzierende Gewerbe praktisch überhaupt nicht, während sich das Baugewerbe weiter gut entwickelte, was die gewohnten schädlichen Nebenwirkungen hatte. Bihar war immer noch der ärmste indische Bundesstaat, als im Jahr 2015 Nitish Kumars zweite Amtszeit endete.[13]

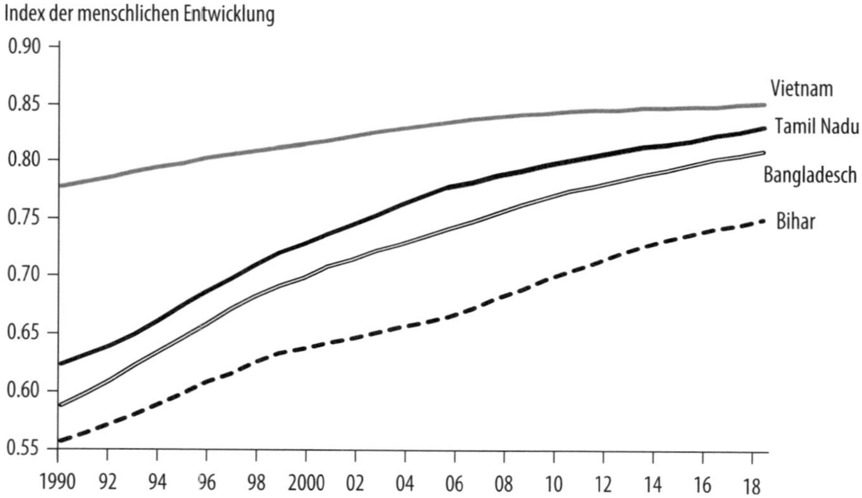

22.2: Tamil Nadu liegt bei der Qualität des Gesundheitswesens vor Bihar, kann sich jedoch nicht mit Vietnam messen. (Gesundheitskomponente des Index der menschlichen Entwicklung, Skala von 0 bis 1)

Hinweis: Für die Gesundheitskomponente des Index der menschlichen Entwicklung wird die Lebenserwartung bei der Geburt herangezogen.

Quelle: Global Data Lab, https://globaldatalab.org/shdi/download_files/.

Tamil Nadu im Süden Indiens unterscheidet sich deutlich von Bihar. Das Pro-Kopf-Einkommen dieses Bundesstaats war sowohl zu Beginn als auch am Ende von Nitish Kumars Regierungszeit fast fünfmal so hoch wie das Bihars. Die Industrialisierung Tamil Nadus war weiter vorangeschritten: Der Anteil der Industrie am BIP dieses Bundesstaats lag im Jahr 2015 bei 19 Prozent, während er in Bihar lediglich 7 Prozent betrug. Noch beeindruckender war, dass Organisationen der Zivilgesellschaft ab Anfang der siebziger Jahre dazu beigetragen hatten, die Qualität der Dienste für die lokalen Gemeinschaften zu verbessern. Tamil Nadu hatte großen Teilen der Bevölkerung Zugang zu medizinischen Einrichtungen gegeben. Gemessen am menschlichen Entwicklungsindex der Vereinten Nationen (der die Lebenserwartung bei Geburt als Indikator für den Gesundheitszustand heranzieht) hat Tamil Nadu seit langem einen Vorsprung vor Bihar (Abbildung 22.2). Im Jahr 2015/16 waren 48 Prozent der unter fünfjährigen Kinder in Bihar zu klein für ihr Alter, während in Tamil Nadu »nur« 27 Prozent der Kinder in dieser Altersgruppe unter einer Wachstumsstörung litten.[14]

Vergleicht man die Fortschritte Tamil Nadus jedoch mit denen anderer Länder, so wirken sie weniger beeindruckend. Im Jahr 2011 hatte der Bundesstaat mit einer Bevölkerung von 72 Millionen Menschen etwa das gleiche Pro-Kopf-Einkommen wie Vietnam mit 89 Millionen Einwohnern. Doch Vietnam hat ein sehr viel besseres Gesundheitssystem: Im Jahr 2019 waren dort 28 Prozent der Schwangeren anämisch, während in Tamil Nadu im Jahr 2020 48 Prozent der schwangeren Frauen unter Anämie litten. In dem indischen Bundesstaat wurde der Fortschritt durch schlechte Unterkünfte und Ernährung gebremst. Die Diskriminierung von Frauen hatte zur Folge, dass sie sehr viel häufiger unterernährt waren als Männer.[15]

Noch deutlicher war der Vorsprung Vietnams in der Bildung. Die Schüler in Tamul Nadu und Himachal Pradesh schnitten in der von der OECD durchgeführten PISA-Studie 2009 bis 2010 extrem schlecht ab und besaßen lediglich bessere Kenntnisse als ihre Altersgenossen in Kirgisistan. Angesichts dieses blamablen Ergebnisses zog sich Indien aus derartigen Vergleichsstudien zurück. Vietnam hingegen belegte im Jahr 2015 einen der vordersten Plätze in der PISA-Studie (Abbildung 22.3). Die vietnamesischen Schüler hatten in Mathematik vergleichbare Kompetenzen wie die französischen, die sie in den Naturwissenschaften sogar hinter sich ließen.[16]

Wie zahlreiche Indikatoren zeigen, ist die Grundschulbildung auf dem Land in Tamil Nadu nicht besser als in Bihar. In beiden Staaten fallen die Schüler in öffentlichen Schulen rasch hinter das in einem Schuljahr geforderte Wissensniveau zurück, und ihr Rückstand vergrößert sich stetig (Abbildung 22.4). Der Absentismus von Lehrern verursacht in Tamil Nadu (13 Prozent) weniger

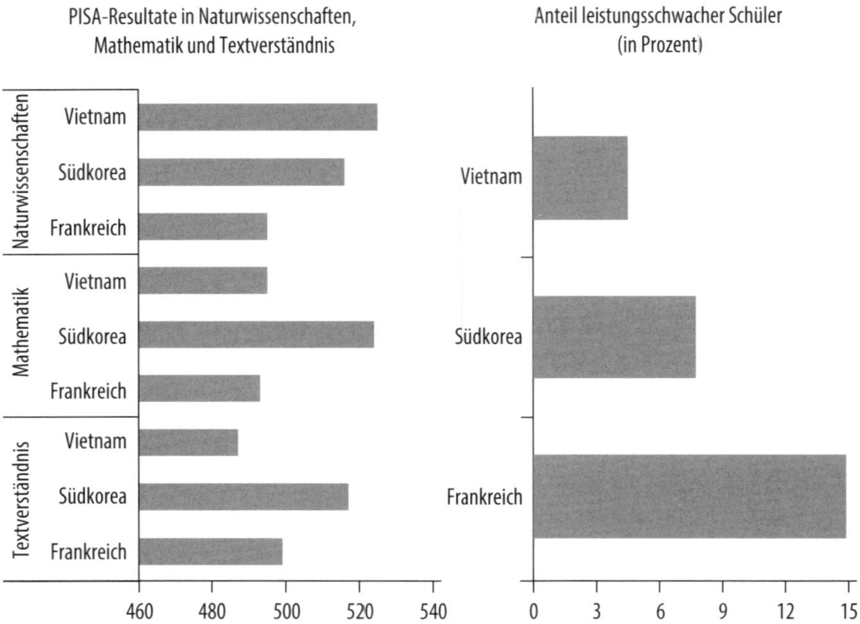

22.3: Vietnam bietet allen seinen Bürgern eine Bildung von Weltniveau an.
Hinweis: Die PISA-Studie wird von der Organisation für wirtschaftliche Zusammenarbeit und Entwicklung (OECD) durchgeführt, um die Lernerfolge 15-jähriger Schülerinnen und Schüler zu beurteilen.
Quelle: OECD, PISA, https://www.oecd.org/pisa/pisa-2015-results-in-focus.pdf.

Probleme als in Bihar (28 Prozent). Aber auch in Tamil Nadu leidet das Bildungsniveau unter inkompetenten Lehrern, schlechten Unterrichtsmethoden und der Mischung von Schülern mit sehr unterschiedlichen Kenntnissen in ein und derselben Klasse. Die Ausweitung des englischsprachigen Unterrichts beeinträchtigt die Lernfähigkeit der Schüler ebenfalls. Privatschulen, die einen wachsenden Anteil der Schüler anlocken, überfordern viele einkommensschwache Familien, und die Bildung ist dort nicht zwangsläufig besser als in den öffentlichen Schulen, weil die Lehrer auch in den Privatschulen schlecht ausgebildet sind und weil das Englische als Unterrichtssprache dort noch stärker als in den öffentlichen Schulen auf Kosten von Mathematik und Kenntnissen der Muttersprache gefördert wird.[17]

Warum hat Tamil Nadu keine größeren Fortschritte gemacht, obwohl es wirtschaftliche Vorteile genießt, obwohl sein Staatsapparat als effizient gilt und obwohl sich seine traditionell aktiven Organisationen der Zivilgesellschaft für bessere öffentliche Dienste einsetzen? Warum sind die Ergebnisse dieses Bundes-

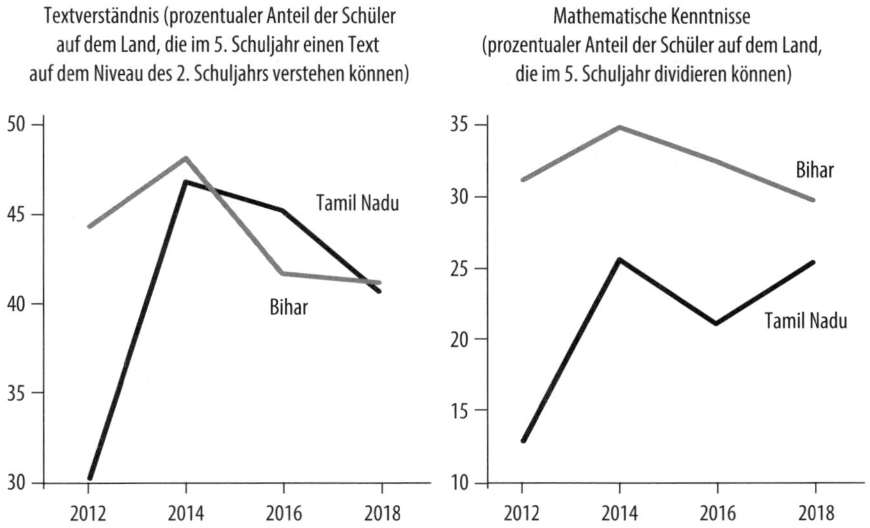

22.4: Die meisten Schüler besitzen keine altersgemäßen Kenntnisse. Ihr Wissensstand steigt nicht.
Quelle: Annual Status of Education Report for Tamil Nadu, http://img.asercentre.org/docs/ASER%202018/Release%20Material/English%20files/tamilnadu.pdf; für Bihar: http://img.asercentre.org/docs/ASER%202018/Release%20Material/English%20files/bihar.pdf.

staats im internationalen Vergleich trotzdem so schlecht? Der Grund ist die kurzfristige Ausrichtung der Politik, die den Einsatz der Basisbewegungen bremst.

Ab den siebziger Jahren setzten sich in den Wahlkämpfen in Tamil Nadu Gewalt und illegale Praktiken durch. Vielleicht noch mehr als Uttar Pradesh und Bihar war Tamil Nadu berüchtigt dafür, dass dort Politiker in großem Stil Stimmen kauften. Im Jahr 2009 zahlte ein Kandidat angeblich jedem Wähler in seinem Wahlkreis 5000 Rupien (mehr als 70 Dollar) für seine Stimme. Im März 2011 überboten einander die beiden größten Parteien im Wahlkampf für das Staatsparlament mit Versprechen, bei einem Sieg Laptops, Abfallzerkleinerer und Ventilatoren zu verteilen. Regierungschefin J. Jayalalithaa versprach gebildeten jungen Frauen aus Familien unterhalb der Armutsgrenze Hochzeitsgeschenke: Gold, Bargeld und ein Grundstück für ein Eigenheim.[18]

Die Forschung zeigt, dass Politiker, die Wählerstimmen kaufen, die Bereitstellung öffentlicher Dienste vernachlässigen. Wähler, die Geschenke erhalten haben, sträuben sich dagegen, ihre Volksvertreter zur Rechenschaft zu ziehen. Und Politiker, die keine Rechenschaft über ihre Praktiken ablegen müssen, konzentrieren sich darauf, sich selbst zu bereichern.[19]

Chief Minister Jayalalithaa häufte ein gewaltiges Vermögen an. Im September 2014 sprach ein Sondergericht im Nachbarstaat Karnataka die Regierungschefin schuldig, sich »ein unverhältnismäßig großes Vermögen« angeeignet zu haben, das heißt »Reichtum, der ihre Einkommensquellen deutlich übersteigt«. Zu ihren Vermögenswerten zählten 880 Kilo Silber, 28 Kilo Gold, verschiedene Grundstücke sowie Tarnfirmen, durch die ihr Millionen Dollar zugeflossen waren. Im Mai 2015 erklärte das Höchstgericht von Karnataka aus unerfindlichen Gründen, es gebe keinen Grund zur Sorge: Nach Ansicht der Richter besaß Jayalalithaa doch kein unverhältnismäßig großes Vermögen.[20] Die indischen Gerichte unterwarfen sich immer öfter Politikern, die Erfolg bei den Wählern hatten.

Am 2. Dezember 2015 konnten die Einwohner Chennais Inkompetenz und Korruption nicht mehr ignorieren. In den frühen Morgenstunden trat der Fluss Adyar plötzlich über die Ufer und überflutete innerhalb von Minuten die Stadt. Das Wasser riss Häuser und Menschen mit. Große Teile der Stadt standen mehrere Tage lang unter Wasser. Ein Grund für die Katastrophe war menschliches Versagen: Die Techniker an einem Staudamm stromaufwärts, dessen Wasserstand infolge sintflutartiger Regenfälle bedrohlich gestiegen war, hatten die Schleusen zu plötzlich geöffnet. Und die Bürokratie behinderte die Katastrophenhilfe. Die schlimmsten Folgen hatte jedoch die planlose Verbauung der Gewässer der Stadt, die ansonsten einen Teil der Fluten hätten ableiten können. Die Journalistin Krupa Ge zitiert in einem herzzerreißenden Buch über die Katastrophe einen Einwohner, in dessen Begleitung sie das verwüstete Gebiet besichtigte: »Jeder Flecken Land ist verkauft und bebaut worden.« Die Abflusskanäle der Stadt waren kaum instandgehalten worden. Schutt von Großbaustellen war in Entwässerungskanäle geschüttet worden, so dass das Wasser nicht mehr abfließen konnte. Und um ein Bauvorhaben auf geschützten Flächen bewilligen zu können, hatten die Stadtplaner eine gefälschte Karte verwendet, auf der ein Feuchtgebiet gelöscht worden war. Sogar die Wasserwege, die nicht durch Bauschutt blockiert waren, waren mit Schlamm und Abfällen verstopft.[21]

Wie die meisten Naturkatastrophen verschonte die Flut, die über Chennai hereinbrach, die Häuser und Einkaufszentren der Reichen, während Hunderte Kleinbetriebe zerstört wurden. Und es wurden keine Lehren aus der Katastrophe gezogen. Nach der Überschwemmung schossen an den Ufern von Gewässern neue Prunkbauten aus dem Boden. Um die Stadt zu »verschönern«, wurden die Armen in Gebiete ohne Schulen und Infrastruktur und fernab ihrer Arbeitsplätze verfrachtet.

Die Bautätigkeit, die direkt oder indirekt die verheerenden Schäden infolge der Flutkatastrophe von Chennai verursacht hatte, nährte auch Korruption und Kriminalität in der tamilischen Politik. In Tamil Nadu war das Baufieber noch enger als andernorts in Indien mit dem illegalen Sandabbau verbunden. Die Sandgewinnung, die Mitte der 1980er-Jahre in Tamil Nadu noch vollkommen unbedeutend war, wuchs bis Mitte der 2010er-Jahre zu einem Wirtschaftszweig mit einem jährlichen Umsatz von 3 Milliarden Dollar. Beginnend auf Distriktebene verschmolzen Verbrechen und Politik miteinander. Die Aushebung des Sands führte zum Austrocknen von Flussbetten, und da Sand die Funktion eines »Schwamms« erfüllt, der Wasser aufsaugt und ans Erdreich abgibt, störte der Sandabbau die Auffüllung der Grundwasservorkommen.[22]

Die Korruption in Tamil Nadu fraß sich auch in die Umweltschutzbehörde. Im September 2011 fand eine Korruptionsbekämpfungseinheit in den Häusern des Behördenleiters große Mengen an Bargeld, Gold, Silber und Juwelen. Bei früheren Razzien waren schon zwei andere hochrangige Mitarbeiter der Behörde der Korruption überführt worden. Die Quelle ihres Reichtums waren »Gebühren«, die Bauherren für die Errichtung von Industrieanlagen zahlen mussten, damit ihre Projekte die nötigen Genehmigungen erhielten.[23]

Tamil Nadu gilt als fortschrittlicher Bundesstaat. Aber seine Flüsse trocknen aus, seine Grundwasserreserven schrumpfen, und die Verschmutzung von Gewässern und Böden nimmt genauso rasch zu wie andernorts in Indien.

Der Anteil der Abgeordneten im Parlament des Bundesstaats, denen schwere Straftaten vorgeworfen werden, steigt rasch. Tamil Nadu ist auf dem besten Weg, gemessen an diesem beunruhigenden Indikator mit Bihar gleichzuziehen (Abbildung 22.5). Auf einer Ebene hat Tamil Nadu Bihar tatsächlich eingeholt: Im Jahr 2020 liefen gegen nicht weniger als 50 Prozent der Regierungsmitglieder Strafverfahren wegen schwerer Vergehen, womit derselbe Anteil erreicht war wie in Bihar. Das Schlechte verdrängt das Gute. Die traurige Wahrheit ist, dass Tamil Nadu zusehends die schlechten Eigenschaften Bihars übernimmt, anstatt dass Bihar von Tamil Nadu lernt.

Die sehr ungleich verteilte wirtschaftliche Entwicklung in Tamil Nadu und anderen südindischen Bundesstaaten hat ein extrem gewalttätiges Filmgenre hervorgebracht. Die Helden dieser Filme sind hypermaskuline, oft kriminelle

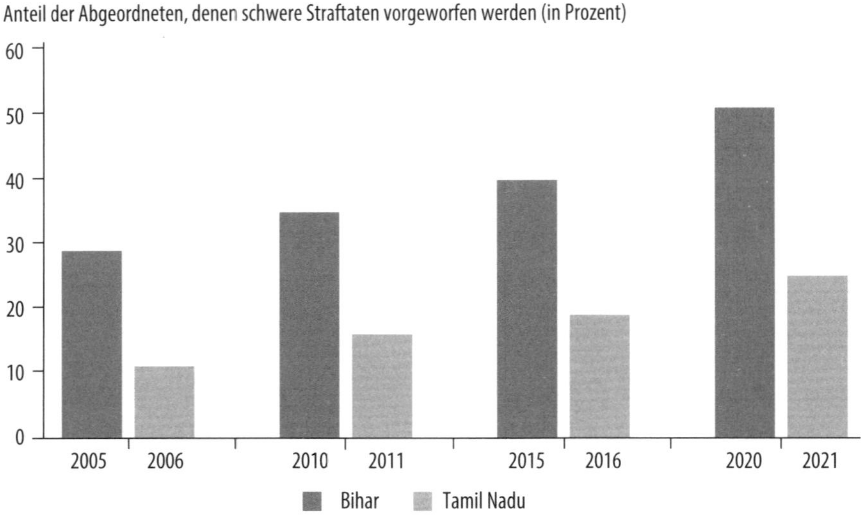

22.5: Der Anteil der Parlamentsabgeordneten, gegen die Strafverfahren laufen, steigt in Bihar und Tamil Nadu unablässig. (Prozentualer Anteil der Parlamentsmitglieder, gegen die Strafverfahren wegen schwerer Gesetzesverstöße laufen)
Hinweis: Zu den schweren Straftaten zählen Körperverletzung, Mord, Entführung und Vergewaltigung.
Quelle: Association for Democratic Reforms, New Delhi, https://adrindia.org/.

Rebellen, die das Publikum auf ihrer Seite haben, weil sie ein korruptes System bekämpfen. Dieser Aufruf zum Kampf fand in Bihar und anderen hindisprachigen Bundesstaaten Widerhall, wo junge Kinobesucher, die am Mangel an Chancen im Leben verzweifelten, synchronisierte Fassungen tamilischer und anderer Filme aus dem Süden verschlangen. Das Hindi-Kino hatte diese Frustration in den siebziger und achtziger Jahren zu Filmen über »wütende junge Männer« verarbeitet. Als das hindisprachige Kino dieses Genre aufgab, griffen Filmemacher im Süden das Thema auf.[24] Ein Mangel an wirtschaftlichen Möglichkeiten wirkte kulturell homogenisierend.

Diese politischen und kulturellen Trends ergänzte Narendra Modi durch das Hindutva.

Das Hindutva als permanente Inszenierung

Nach Narendra Modis Amtsantritt als Premierminister Ende Mai 2014 breitete sich die Gewalt rasch aus. Anfang Juni lynchte ein Mob in Pune einen 24-jährigen muslimischen Technologieexperten, der angeblich beleidigende Videos auf Facebook veröffentlicht hatte (der Vorwurf erwies sich als falsch). Im Juli erhöhten digitale Hindutva-Soldaten den Druck in den sozialen Medien. Ihr Trolling sollte verletzen – und tat es. Arun Shourie, ehemals ein schillernder Minister in der BJP-Regierung unter Atal Vajpayee, der mittlerweile auf Distanz zu Premierminister Modi und BJP-Chef Amit Shah gegangen war, beklagte sich darüber, dass Hindutva-Krieger seinen behinderten Sohn beschimpften. Im August 2015 wurde der Literaturwissenschaftler M. M. Kalburgi, ein Kritiker der Hindutva-Bewegung, vor seinem Haus in Dharwad (Karnataka) erschossen. Im Oktober 2015 ermordete ein Mob in Noida unweit von Delhi einen Muslim, der beschuldigt wurde, eine Kuh geschlachtet und ihr Fleisch gegessen zu haben.[25]

Ende März 2017 breitete sich das aggressive Hindutum in Uttar Pradesh aus, einem Bundesstaat mit 220 Millionen Einwohnern. Nach einem Erdrutschsieg der BJP bei den Wahlen zum Staatsparlament wurde der 44-jährige Yogi Adityanath mit der Regierungsbildung betraut. Für die Hindutva-Fanatiker war Adityanath, der nur als »der Yogi« bezeichnet wurde, ein »Hindu-Löwe«, der »die Flagge der Hindu-Nationalisten in ganz Uttar Pradesh hissen« würde. Tatsächlich konnte niemand Adityanath das Wasser reichen, wenn es um hasserfüllte Hindutva-Politik ging. Im Jahr 1998 hatte er eine »Plattform zum Schutz der Kuh« (Gau Raksha Manch) ins Leben gerufen. In dem Wissen, dass die heilige Kuh kein ausreichendes Polarisierungspotenzial besaß, gründete er 2002 außerdem die Hindu Yuva Vahini (Hindu-Jugendbrigade), die alle Minderheiten zu Feinden der Hindus erklärte. Der Yogi rekrutierte zahlreiche »junge und rastlose Hindus« für seine Brigade, und in seiner Heimatstadt Gorakhpur, einer »rückständigen« Stadt in einem »verarmten« Staat, häuften sich Unruhen.[26]

Für Adityanath und seine Anhänger hatte das Hindutum stets Vorrang vor der wirtschaftlichen Entwicklung. In dem Dokumentarfilm *Writing with Fire* fragt eine Journalistin der ausschließlich von Frauen produzierten Zeitschrift *Khabar Lahariya* (»Nachrichtenwellen«) einen schwertschwingenden Anführer der Hindu Yuva Vahini nach seinen Bestrebungen. Er antwortet nachdenklich: »Die jungen Inder sollten die Kühe schützen.« Die Journalistin beherrscht sich und deutet nur ein Lächeln an. Sie fragt ihn, wie der Schutz der Kühe zum wirtschaftlichen Fortschritt beitragen könne. Die Antwort des Brigadeführers: So würden die Hindus ihre religiösen Pflichten erfüllen, und dann werde der wirtschaftliche Fortschritt »von allein« folgen.

Adityanath verkörperte auch einen weiteren destruktiven Trend in der indischen Politik: Er stand in der Tradition krimineller Politiker. Gegen 20 seiner Minister – 45 Prozent des Kabinetts – liefen Verfahren wegen schwerer Straftaten. Ihm selbst wurden kriminelle Einschüchterung, versuchter Mord und Aufruhr vorgeworfen.[27]

Die Hindutva-Bewegung machte sich daran, ihre Kritiker im ganzen Land brutal zum Schweigen zu bringen. An einem Julitag im Jahr 2017 stieg die Journalistin Gauri Lankesh, eine entschiedene Gegnerin der Hindutva-Ideologie, vor ihrem Haus in Bangalore aus dem Auto, als sich zwei Männer auf einem Motorrad näherten. Der Beifahrer gab drei Schüsse auf Lankesh ab und tötete sie. Auf Twitter feierten die Hindutva-Trolle: »Eine Hündin ist wie eine Hündin gestorben, und jetzt jammern alle Welpen im selben Tonfall«, schrieb der 38-jährige Nikhil Dadhich, eine der 1779 Personen, denen Narendra Modi auf Twitter folgte. Andere schlossen sich Dadhichs Hasstiraden gegen die ermordete Journalistin an.[28]

Die Hindutva-Ideologen konstruierten eine glorreiche Geschichte der Hindus: Ende Oktober 2014, fünf Monate nach seinem Amtsantritt, erklärte Premierminister Modi auf einer Ärztekonferenz, die Inder hätten im Altertum wissenschaftliche Entdeckungen gemacht, die der heutigen Wissenschaft unbekannt seien. In der epischen Mythologie des *Mahabharata*, sagte Modi, sei der Krieger Karna nicht aus dem Mutterleib gekommen, was ein Beleg für die indischen Leistungen auf dem Gebiet der Genetik sei. Der Gott Ganesha, der einen menschlichen Körper, aber einen Elefantenkopf hat, verkörperte nach Meinung Modis die plastische Chirurgie. Die von der BJP geführten Staatsregierungen begannen, die mittelalterliche Geschichte Indiens umzuschreiben und die Leistungen hinduistischer Könige hervorzuheben, während muslimische Herrscher herabgesetzt wurden. Wenn Modi über die Geschichte seit der Unabhängigkeit sprach, attackierte er den ersten Premierminister Nehru mit sarkastischen Anspielungen. Im Bundesstaat Rajasthan wurden in einem Schulbuch für die achte Klasse sämtliche Hinweise auf Nehru gestrichen.[29]

Hingegen wurde der Freiheitskämpfer Sardar Patel, der erste stellvertretende Premierminister nach der Unabhängigkeit, als Anhänger des Hindutva dargestellt. Patel war ein ergebener Anhänger des Mahatma und hatte so wie Gandhi Toleranz und Gewaltlosigkeit befürwortet. Als Innenminister hatte er sich stets um Fairness gegenüber den Muslimen bemüht. Ihn als Vertreter der Hindutva-Ideologie darzustellen, war eine grobe Geschichtsfälschung.

Doch Modi ließ sich nicht daran hindern, die Geschichte umzuschreiben. Im Juli 2014, er war erst etwas mehr als einen Monat im Amt, begannen die Arbeiten an einer 182 Meter hohen Statue Patels am Fluss Narmada in Gujarat. Diese »Statue der Einheit« würde die größte der Welt werden, doppelt so hoch wie die Freiheitsstatue in New York. Das Denkmal kostete rund 400 Millionen Dollar und wurde im November 2018 fertiggestellt. Während Modi die extravagante hinduistische Einweihungszeremonie leitete, trieb die Polizei Aktivisten und Dorfbewohner zusammen, die dagegen protestierten, dass sie mit unzureichender Entschädigung aus ihren Häusern vertrieben worden waren, um Platz für die Statue zu schaffen.[30]

Zwei Jahre später ging Modi am Wasserflugplatz bei der Patel-Statue an Bord eines Flugzeugs, um am Jungfernflug der ersten indischen Wasserfluglinie teilzunehmen. Das Reiseziel war der Wasserflugplatz, der unter dem Chief Minister Modi in Ahmedabad in einer prunkvollen 10,5 Kilometer langen Anlage in einem sterbenden Fluss angelegt worden war: Ein Damm flussaufwärts hatte den Sabarmati an der Stelle, an der die Uferpromenade verlief, auf ein Rinnsal reduziert, so dass die Anlage in einem Teich aus Brackwasser lag. Die verbleibenden 120 Kilometer, die der Fluss auf dem Weg zum Arabischen Meer zurücklegte, waren von Industrieabwässern und Fäkalien aus Ahmedabad verstopft.[31] Um das Hindutva zu verbreiten, wurden einfache Symbole benötigt, Symbole wie die Patel-Statue und die Uferpromenade am Sabarmati.

Besonders verstörend war der Einsatz der Staatsmacht im Dienst des Hindutva in Bhima Koregaon. In diesem kleinen Dorf im Westen von Maharashtra, feierten die Dalit, die den niedrigsten Rang in der indischen Kastenhierarchie einnehmen, am 1. Januar 2018 den 200. Jahrestag ihres größten Sieges. Am 1. Januar 1818 hatten die Vorfahren der Dalit bei Bhima Koregaon eine Schlacht gegen den brahmanischen Peshwa-König gewonnen. Es war ein Triumph über das historische Unrecht, das ihnen die höheren Kasten zugefügt hatten. Die Feier der Dalit war den Anhängern der Hindutva-Ideologie ein Dorn im Auge, denn sie war unvereinbar mit dem Mythos von der Einheit der Hindus. Also griffen Scharen junger Arbeitsloser auf Befehl verschiedener Hindutva-Organisationen die Dalit an. Im August 2018 verhaftete die Polizei von Maharashtra fünf Dalit-Sympathisanten als »Naxaliten« (Maoisten) und beschuldigte sie eines Komplotts, um Premierminister Modi zu ermorden und die Regierung zu stürzen. Unter Anwendung des »Gesetzes zur Verhinderung rechtswidriger Aktivitäten« wurde den Beschuldigten das Recht auf ein zügiges Verfahren verweigert.[32] So begann eine Geschichte, die bis zum heutigen Tag andauert.

Eine zerbrochene Wirtschaft und eine zerbrochene Demokratie

Anfang des Jahres 2019 befand sich die indische Wirtschaft in einem schlechten Zustand. Das BIP-Wachstum verlangsamte sich weiter. Die Beschäftigungslage war bedenklich. Im März jenes Jahres bezeichneten 76 Prozent der in einer Umfrage des Pew Research Center befragten Inder den Mangel an Beschäftigungschancen als ihre größte Sorge.[33]

Die Parlamentswahl war nur noch wenige Monate entfernt, und die Regierung Modi konnte lediglich auf zwei wichtige Errungenschaften verweisen: Sie hatte öffentliche Toiletten gebaut und begonnen, in Zylindern abgefülltes Flüssiggas zum Kochen zu verteilen. Der Toiletten hatte sich Modi nach seiner Ansprache am Unabhängigkeitstag im August 2014 rasch angenommen, um der öffentlichen Verrichtung der Notdurft ein Ende zu machen. Sechs Wochen später, am 2. Oktober (dem Geburtstag des Mahatma), rief er die Swachh Bharat-Kampagne (»Sauberes Indien«) ins Leben, um der unhygienischen Praxis innerhalb von fünf Jahren ein Ende zu machen. Diese Frist war jetzt fast abgelaufen. Und Modi verkündete: »Wir haben mehr als 100 Millionen Toiletten gebaut.« Das Projekt verbesserte zweifellos die hygienische Situation in Indien. Aber wie bei allem, was Modi tat, war es unmöglich, die Fortschritte zu messen. Unabhängige Untersuchungen förderten zutage, dass viele der eilig gebauten Toiletten keinen Wasseranschluss hatten, und viele andere funktionierten nicht richtig, weshalb die Gefahr bestand, dass Fäkalien versickerten und das Grundwasser kontaminierten. Eine Studie zeigte, dass die rückständigen Staaten Bihar, Madhya Pradesh, Rajasthan und Uttar Pradesh deutliche Fortschritte gemacht hatten. Doch auch im Jahr 2019 verrichtete die Hälfte der Bevölkerung dieser Staaten ihre Notdurft weiterhin im Freien. Und in Staaten, in denen die Ausgangslage besser war, fielen die Fortschritte geringer aus.[34]

Im Rahmen der »Sauberes Indien«-Kampagne wurden mehr Toiletten gebaut. Aber Indien hatte grundlegendere Probleme mit der sanitären Versorgung, und diese blieben weitgehend ungelöst. Im ganzen Land breiteten sich tödliche Krankheiten aus. Die Verschmutzung von Flüssen und Grundwasser nahm zu. Die schlechte Ernährung und medizinische Versorgung fand kaum Beachtung. Doch es war politisch einträglich, sich auf den Bau von Toiletten zu konzentrieren, die überall zu sehen waren.

Modi war sich des schlechten Zustands der indischen Flüsse bewusst. Kurz nach seinem Amtsantritt rief er ein Projekt zur Reinigung des Ganges ins Leben. Die Maßnahmen halfen, jene Abschnitte des heiligen Flusses zu reinigen, die Touristen anlockten. Aber andernorts flossen weiterhin Industrieabwässer und menschliche Abfälle in den Ganges und seine Zuflüsse. In einer Studie hieß es, dass der Fluss weiterhin »in Scheiße ertrinkt«.[35]

Der Ganges steuerte auf eine Krise zu, die ihren Ursprung in der indischen Entwicklungsstrategie hatte und durch die Prioritäten der Hindutva-Bewegung verschärft wurde. Die Umleitung des Flusswassers in Bewässerungskanäle, die Ausbreitung elektrischer Pumpen zur Förderung von Grundwasser, die Zerstörung von Ökosystemen durch betonierte Uferbefestigungen entlang des Gomti (eines wichtigen Zuflusses) und der Sandabbau verringerten den Zustrom von Wasser und die Selbstreinigungskraft des Flusses. Planlos wuchernde Städte und Ortschaften und kaum kontrollierte Industrieanlagen pumpten unablässig Abfälle in den Ganges. Modi machte alles noch schlimmer, indem er im Dezember 2016 das Autobahnprojekt Char Dham (»Vier Schreine«) in Angriff nahm. Für 1,6 Milliarden Dollar sollten die 900 Kilometer langen Straßen ausgebaut werden, die vier Pilgerstätten im Gangesbecken miteinander verbanden. Ein vom Obersten Gerichtshof ernannter Experte forderte die Behörden auf, die Erweiterung zu begrenzen, doch die Aufforderung verhallte ungehört. Das Projekt frisst sich durch die Berge des Himalaja und zerstört Gebirgswälder. Bauschutt verändert den Lauf des Ganges. Erdrutsche zerstören Ackerflächen und töten Menschen.[36]

Die Initiative zur Einführung sauberer Brennstoffe zum Kochen gab ebenfalls der Medienwirksamkeit Vorrang vor der nachhaltigen Entwicklung. Im Rahmen des im Mai 2016 eingeleiteten Programms erhielten Millionen Haushalte subventioniertes Flüssiggas in Zylindern sowie geeignete Öfen. So gelang es, die Verwendung gesundheitsschädlicher Brennstoffe – Holz, Kohle, Dung – zurückzudrängen. Diese nützliche Initiative ist ein weiteres Beispiel für die »Zugangspolitik«: Anstatt den Menschen das Leben durch Entwicklung zu erleichtern, macht man ihnen kleine Geschenke. Viele Frauen, die Gaszylinder erhalten haben, können es sich nicht leisten, sie nachzufüllen. Viele Zylinder sind lediglich Trophäen und werden ungenutzt bleiben, bis eine inklusive wirtschaftliche Entwicklung die Einkommen erhöht und das Kochgas erschwinglich macht.[37]

Bei der Parlamentswahl im Jahr 2019 garantierten Toiletten und Kochgas angesichts der schlechten Beschäftigungslage keine Wählerstimmen. Also wurde die Aufmerksamkeit der Öffentlichkeit wieder auf den kriegerischen Nationalismus gelenkt, der mit der Hindutva-Ideologie einhergeht. Am 14. Februar tötete ein von Pakistan angestifteter Selbstmordattentäter mit einer Bombe 40 indische Soldaten im indischen Kaschmir. Modi, der selbsternannte *chowkidar* (»Hüter«) der Nation, reagierte mit Luftangriffen auf Terrorgruppen in Pakistan. Obwohl Journalisten, die den Ort des Militärschlags besuchten, kaum Hinweise auf Schäden sahen, raste eine Welle des triumphalen Nationalismus durch die hyperaktiven sozialen Medien Indiens. In Indien gab es mehr als eine Milliarde Mobilfunkanschlüsse, über 300 Millionen Facebook-Accounts und 240 Millionen WhatsApp-Benutzer. Die BJP, die 1,2 Millionen Freiwillige in den Dienst ihrer Online-Kampagne gestellt hatte, beherrschte die sozialen Medien. Ein millionenfach aufgerufener Clip, der aus einem Videospiel stammte, zeigte angeblich einen verheerenden indischen Luftangriff auf ein Terrorlager in Pakistan.[38]

Ebenfalls im Februar 2019 nahm Modi anlässlich des heiligen Fests Kumbh Mela in Begleitung von Yogi Adityanath ein rituelles Bad im heiligen Sangam, dem Zusammenfluss von Ganges, Yamuna und Saraswati. Modi twitterte samt Video: »Hatte das Glück, ein heiliges Bad im #Kumbh nehmen zu können. Betete für das Wohlergehen von 1,3 Milliarden Indern.« Den Abschluss der symbolträchtigen Reise bildete ein Besuch im Cellular Jail auf den Andamen, der heiligen Stätte der Hindutva-Bewegung, wo einst Vinayak Damodar Savarkar, der Schutzheilige der Bewegung, von den Briten eingesperrt worden war. Modi veröffentlichte auf Twitter ein Foto von sich in meditativer Pose vor Savarkars Porträt.[39]

Anders als bei der Wahl von 2014 war von der wirtschaftlichen Entwicklung diesmal kaum noch etwas zu hören. Der Glanz des »Gujarat-Modells« war längst verblasst. Jetzt band Modi die Wähler an sich, indem er sein Image als starker Mann in der Auseinandersetzung mit Pakistan festigte. Vor allem aber identifizierten sich die Wähler mit der Hindutva-Heilslehre. Ein enttäuschtes ehemaliges BJP-Mitglied, das früher für die Partei die sozialen Medien analysiert hatte, erklärte: »Bei der Wahl von 2014 ging es um die Entwicklung, aber jetzt geht es um die Polarisierung.«[40]

Als der Wahltermin näher rückte, blockierten Facebook und WhatsApp einige hetzerische Posts, ließen jedoch zu, dass der Fahnenträger der Hindutva-Bewegung, Rashtriya Swayamsevak Sangh, sowie hochrangige BJP-Politiker weiter den Hass schürten. Wie später von der Whistleblowerin Frances Haugen veröffentlichte interne Dokumente des Unternehmens zeigten, verbreiteten die von Algorithmen gesteuerten Facebook-Empfehlungen automatisch die bösartigste Hetze.[41]

Zum ersten Mal stiegen die Wahlkampfausgaben in Indien über die Kosten im jüngsten amerikanischen Präsidentschafts- und Kongresswahlkampf. Und der Anteil der Unterhausabgeordneten, denen schwere Straftaten vorgeworfen wurden, stieg auf 29 Prozent (Abbildung 22.6). Mehr als ein Viertel der indischen Parlamentsmitglieder sahen sich mit Vorwürfen wie Mord, Entführung und Erpressung konfrontiert. Das galt auch für die BJP-Abgeordneten. Navin Chawla, der frühere Leiter der Wahlbehörde, warnt, diese Zahlen seien möglicherweise zu niedrig angesetzt, weil viele Kriminelle ihren Einfluss genutzt hätten, um frühere Vergehen aus ihrem Strafregister löschen zu lassen. Die Parteien haben wiederholte Forderungen der Wahlbehörde ignoriert, Straftätern

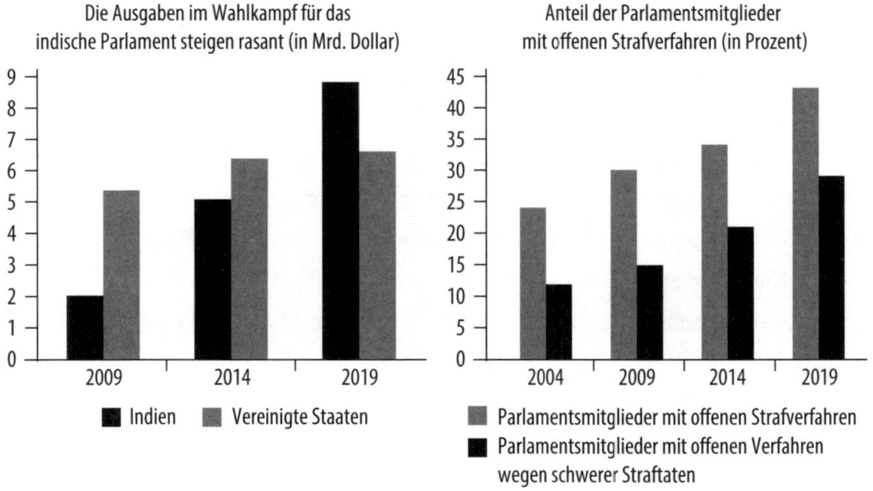

22.6: Die Wahlkampfausgaben und der Anteil der Abgeordneten mit offenen Strafverfahren in der indischen Politik steigen weiter.

Quelle: Linke Grafik: Für Indien: Centre for Media Studies; Schätzungen für die USA: https://www.opensecrets.org/overview/cost.php; Rechte Grafik: Vaishnav, Milan, *When Crime Pays: Money and Muscle in Indian Politics* (New Haven: Yale University Press, 2017), S. 9; Association for Democratic Reforms, »Lok Sabha Elections 2019: Analysis of Criminal Background, Financial, Education, Gender and other details of Winners«. Neu-Delhi, 25. Mai 2019.

den Zugang zur Politik zu verwehren. Das indische Parlament hat auch nicht auf eine Empfehlung des Obersten Gerichtshofs aus dem Jahr 2018 reagiert, ein Gesetz zu verabschieden, das es Politikern, die schwerer Straftaten beschuldigt werden, verbieten würde, an Wahlen teilzunehmen.[42]

Die Kriminellen bringen ihr eigenes Geld mit. Aber woher kommt das übrige Geld für die Wahlkämpfe? Im Februar 2017 führte die Regierung Modi sogenannte »Wahlanleihen« ein, ein Instrument, mit dem eine Person oder Organisation einer politischen Partei ihrer Wahl unbegrenzte Beträge spenden konnte. Wesentlich war, dass der Spender weder seine Identität noch die der empfangenden Partei preisgeben musste. Diese undurchsichtige Wahlkampffinanzierung wurde noch im selben Jahr vor dem Obersten Gerichtshof angefochten, der sich bis heute jedoch nicht dazu geäußert hat. Das Höchstgericht schwieg auch, als sich die Wahlkommission gegen die Wahlanleihen aussprach. Die BJP profitierte vom Schweigen der Richter. Im Jahr 2019 flossen 95 Prozent der mit Wahlanleihen aufgebrachten Mittel der BJP zu.[43]

Auch durch einen weiteren dunklen Kanal fließt Geld in die Wahlkämpfe. Seit Beginn der Liberalisierung ab 1990 ist die Zahl der sogenannten »Mantelgesellschaften« exponentiell gestiegen; besonders viele solche Strohfirmen entstanden um die Jahrtausendwende. Viele dieser Firmen bieten vorgeblich Unternehmensdienstleistungen an oder sind im Handel tätig. Sie bewegen sich außerhalb des Steuersystems und werden nicht geprüft. Solche Strohfirmen eignen sich dazu, Politikern Geld zukommen zu lassen, das nicht zurückverfolgt werden kann. Obwohl das Ministerium für Unternehmensverwaltung auch unter der Regierung Modi regelmäßig solche dubiosen Firmen schließen lässt, schießen sie weiter wie Pilze in einem feuchten Wald aus dem Boden.[44]

Bei den Wahlen im April/Mai 2019 drehte sich alles um Geld, Macht und Hindutva. Modi siegte: Die BJP erhöhte ihren Stimmenanteil und die Zahl ihrer Parlamentssitze. In der größten Demokratie der Welt war das gemeinsame wirtschaftliche Wohlergehen als Bindeglied zwischen Herrschern und Beherrschten zerbrochen.

Die Anhänger des hochgejubelten »Gujarat-Modells« schöpften neue Hoffnung. Modis »beeindruckender Sieg«, erklärte der Ökonom Jagdish Bhagwati, »war wichtig für den andauernden wirtschaftlichen und gesellschaftlichen Fortschritt Indiens«. Der Autor Gurcharan Das fügte hinzu, Modi könne in seiner zweiten Amtszeit wie einst die »Eiserne Lady« Margaret Thatcher

Wirtschaftsreformen durchsetzen.[45] Wie sollten diese Reformen aussehen? Die Wirtschaft war in Schwierigkeiten, und Modi hatte fünf weitere Jahre vor sich, in denen er sich nicht zur Wahl stellen musste. Seine Priorität war die permanente Inszenierung, um das Hindutum und seine Marke zu stärken.

Der Hindutva-Moloch bleibt in Bewegung

Im August 2019, kurz nach seinem Wahlsieg, erfüllte Narendra Modi das von Hindutva-Führern vor langem gegebene Versprechen, Kaschmir seinen Sonderstatus in der Verfassung zu entziehen. Er beseitigte das geringe Maß an Autonomie, das Kaschmir verglichen mit anderen Bundesstaaten genossen hatte, und ermöglichte es nicht in Kaschmir ansässigen Personen, im Kaschmirtal Grundbesitz zu erwerben, was die demografische Zusammensetzung des Staates zu verändern drohte. Außerdem zerschnitt er Kaschmir in zwei Teile, die auf den Status von »Unionsgebieten« reduziert wurden, womit sie in der Praxis der Kontrolle der Zentralregierung unterstellt wurden. Er ließ zahlreiche potenzielle politische Gegner in der Region verhaften und die Internet- und Mobilfunknetze in Kaschmir abschalten. Als Amnesty International darauf hinwies, dass die Unterbrechung der Kommunikation Menschenleben gefährdete, drohte die Regierung der Organisation mit Vergeltungsmaßnahmen.[46]

Der Oberste Gerichtshof äußerte sich nicht zur Aufhebung von Kaschmirs Sonderstatus und zur Aufteilung des Bundesstaats in zwei Unionsgebiete. Damit unterwarf sich das Höchstgericht erneut den Prioritäten der Regierung.[47]

Im November 2019 entschied der Oberste Gerichtshof in der Frage, die der Hindutva-Bewegung am meisten am Herzen lag. Die Höchstrichter gaben grünes Licht für den Bau eines Rama-Tempels anstelle der zerstörten Babri-Moschee in Ayodhya. Der Gerichtshof stellte fest, dass die Zerstörung der Moschee im Jahr 1992 das Ergebnis zahlreicher Gesetzesverstöße gewesen sei, und widersprach der Behauptung, der Ort sei stets als Geburtsstätte Ramas verehrt worden. Dennoch beriefen sich die Richter auf Artikel 142 der Verfassung, der den Obersten Gerichtshof in die Lage versetzt, im Interesse »vollständiger Gerechtigkeit« außerordentliche Maßnahmen zu ergreifen. Unter Verweis auf den »Glauben und die Überzeugung« der Hindus, an diesem Ort sei Rama geboren, gaben die Richter die Erlaubnis zum Bau des Tempels. Die jungen Soldaten der Hindutva-Bewegung, die bereitstanden, um im Fall eines unerwünschten Urteils eine Gewaltorgie vom Zaun zu brechen, waren außer sich vor Freude. Mittlerweile hatten sich viele indische Politiker ein »mildes« Hindutva auf die Fahnen geschrieben. Rahul Gandhi von der Kongresspartei präsentierte sich als frommer Brahmane. Die von der Kongresspartei geführten Staatsregierungen versprachen, sich für die heiligen Kühe einzusetzen. Die gemäßigten Parteien und ihre Führungen waren zu »Geiseln der Hindutva-Agenda« geworden.[48]

Im Dezember brachte Modi den Citizenship Amendment Act durchs Parlament, ein Gesetz, mit dem für nicht muslimische Flüchtlinge und Einwanderer aus Nachbarländern der Weg zur indischen Staatsbürgerschaft geebnet wurde. Diese Rechtsvorschrift, die muslimischen Flüchtlingen und Migranten die Staatsbürgerschaft verwehrte, war ein gefundenes Fressen für Fanatiker, die auf Facebook gegen den Islam hetzten. Eine von Studentinnen angeführte Protestbewegung warnte vor einem Hindu-Staat. Die Polizei reagierte mit der Verhaftung von Studierenden im ganzen Land und schaltete die Mobilfunknetze in Delhi ab. Im Verlauf gewalttätiger Auseinandersetzungen zwischen Hindutva-Anhängern und Demonstranten feuerte ein Minister der Regierung Modi seine Schläger an, »die Verräter zu erschießen«. In Karnataka verhaftete die Polizei eine Lehrerin und eine Mutter unter dem Vorwurf der Volksverhetzung, weil sie Grundschülern bei der Inszenierung eines Theaterstücks geholfen hatten, in dem die Neuregelung der Staatsbürgerschaft kritisiert wurde. Die antimuslimische Hetze auf Facebook setzte sich monatelang fort. Und einmal mehr schwieg der Oberste Gerichtshof zu einer Klage gegen die Gesetzesänderung – und hat sich bis heute nicht dazu geäußert.[49]

Das BIP-Wachstum verlangsamte sich weiter und näherte sich der gefürchteten Marke von 3 Prozent im Jahr. Der Industrielle Rahul Bajaj warf der Regierung wirtschaftspolitische Untätigkeit und eine mangelnde Bereitschaft vor, auf Kritik zu reagieren. Er kritisierte, dass Hindu-Nationalisten zu Gewalt und Einschüchterung aufriefen. Daraufhin beschuldigte Finanzministerin Nirmala Sitharaman den Industriellen, den nationalen Interessen zu schaden.[50]

KAPITEL 23

Corona offenbart den moralischen Niedergang

Als sich das neuartige Coronavirus SARS-CoV-2 Anfang des Jahres 2020 wie ein Lauffeuer rund um den Erdball ausbreitete, fürchteten viele Experten, es werde die Weltbevölkerung dezimieren. Bis zum 24. März waren in Indien 500 Infektionen registriert worden, zehn Menschen waren gestorben. Am Abend dieses Tages kündigte Premierminister Narendra Modi in einer Fernsehansprache eine dreiwöchige Kontaktsperre ab Mitternacht an. Wie im November 2016, als die gebräuchlichsten Banknoten plötzlich keine gültigen Zahlungsmittel mehr gewesen waren, hatten die Inder keine Zeit, um sich auf den Lockdown vorzubereiten. Ohne die Maßnahme, warnte Modi, könne Indien 21 Jahre zurückfallen.[1]

Am folgenden Morgen stellten die Textilfabriken in Surat im Bundesstaat Gujarati den Betrieb ein. Mohammad Saiyub, ein 22-jähriger Muslim, und Amrit Kumar, ein 24-jähriger Dalit, hatten keine Arbeit mehr. In der Hoffnung, die Fabriken würden bald wieder öffnen, blieben Saiyub und Amrit in Surat. Aber Indien stand auch nach Ablauf des dreiwöchigen Lockdowns still. Die Ersparnisse der beiden jungen Männer schmolzen zusammen. Am 14. Mai – die Kontaktsperre dauerte mittlerweile 51 Tage, und es war kein Ende in Sicht – machten sich die beiden so wie Millionen Landsleute auf den Heimweg in die Dörfer, aus denen sie einst in die Städte geflohen waren.

Da es praktisch keine Transportmittel gab, brachen die beiden jungen Männer zu Fuß auf. Nach einer Weile fanden sie Platz auf einem Lastwagen, auf dem sich zahlreiche Leidensgenossen drängten. Als Amrit Fieber bekam, zwangen ihn die anderen Passagiere abzusteigen. Saiyub blieb bei seinem Freund und wartete mit ihm am Straßenrand auf einen Krankenwagen. Er hielt Amrit in den Armen und benetzte ihm die Lippen mit Wasser. In diesem Augenblick machte jemand ein Foto von den beiden.[2]

Dieses Foto zeigte die traurige Lage Indiens 73 Jahre nach der Unabhängigkeit. Es erklärte, warum mehr als 40 Prozent der indischen Arbeitskräfte weiterhin auf den Feldern ums Überleben kämpften: Sie fürchteten sich vor dem Umzug in die Städte, wo die Arbeit knapp und unsicher war. Das Foto veranschaulichte, warum mindestens 100 Millionen Inder »zeitweilige« Zuwanderer in den Städten waren, wo sie von Subsistenzlöhnen lebten und in überfüllten Unterkünften unter miserablen hygienischen Bedingungen hausten. Viele kehrten nach einer Weile entmutigt in ihre Heimatdörfer zurück. Als Corona in Indien wütete, wurde das Ausmaß der Instabilität offenkundig. Amrit überlebte das lange Warten am Straßenrand in der Gluthitze von 43 Grad Celcius nicht. Er starb im Krankenhaus an Dehydrierung.[3]

In der »hasserfüllten öffentlichen Sphäre« war die Freundschaft zwischen Saiyub und Amrit wie ein »sanfter Regen vom Himmel«, schrieb der Journalist Basharat Peer. Auf WhatsApp, im Radio und im Fernsehen kursierten Gerüchte über Muslime, die das Virus verbreiteten. Die Öffentlichkeit wurde durch die Verhaftung muslimischer Seminaristen als Coronaverbreiter in diesem Irrglauben bestärkt. Die Vorwürfe waren an den Haaren herbeigezogen, die Verhaftungen normalerweise Polizeiübergriffe. Aber sie gaben Hindu-Mobs eine weitere Rechtfertigung für Lynchmorde.[4]

Die wirtschaftlichen Chancen schwanden, und mit dem Coronavirus breitete sich eine Epidemie der Gewalt aus. Die Staatsmacht sah tatenlos zu oder förderte die Gewalt. Der Bevölkerung mussten dringend wirtschaftliche Möglichkeiten eröffnet werden, und die gesellschaftlichen Normen mussten wieder in Kraft gesetzt werden. Aber das Unterfangen war nur noch schwieriger geworden.

Der Schleier der offiziellen Statistiken wird zerrissen

Die Behörden meldeten sehr viel niedrigere Infektionszahlen als befürchtet (Abbildung 23.1). Es schien, als habe Indien das Virus besiegt. Doch eine weitere amtliche Quelle – eine Erhebung zur Seroprävalenz – offenbarte, dass zahlreiche Menschen Antikörper gebildet hatten, was auf eine vergangene Infektion mit dem Virus hindeutete. Statt der 10 Millionen Fälle, die bis Ende Dezember 2020 gemeldet worden waren, hatten sich fast 325 Millionen Menschen angesteckt.[5] Die Behörden meldeten auch viel zu geringe Opferzahlen. In Indien war die Todesursache auch in der Vergangenheit oft nicht registriert worden, doch jetzt unterschlugen die Verantwortlichen bewusst Daten zu Todesfällen, die in

Zusammenhang mit der Krankheit standen. Von Anfang an vermuteten viele Beobachter, dass die amtlichen Opferzahlen zu niedrig waren, aber erst später stellte sich das tatsächliche Ausmaß der Datenfälschung heraus. Der Mathematiker Murad Banaji und der Soziologe Aashish Gupta haben die Übersterblichkeit berechnet, das heißt den Anstieg der Todesfälle im Vergleich zu früheren Jahren. Es wird allgemein angenommen, dass dieser Überschuss fast zur Gänze auf Todesfälle in Zusammenhang mit einer Covid-Erkrankung zurückzuführen ist. Demnach starben in der Coronawelle bis Dezember 2020 nicht wie offiziell gemeldet 150 000, sondern rund 900 000 Menschen. Obwohl dem Land aufgrund seiner jungen Bevölkerung eine noch größere Katastrophe erspart blieb, war die Zahl der Coronaopfer gemessen an der Gesamtbevölkerung etwa genauso hoch oder höher als in reichen Ländern mit einer sehr viel älteren Bevölkerung.[6]

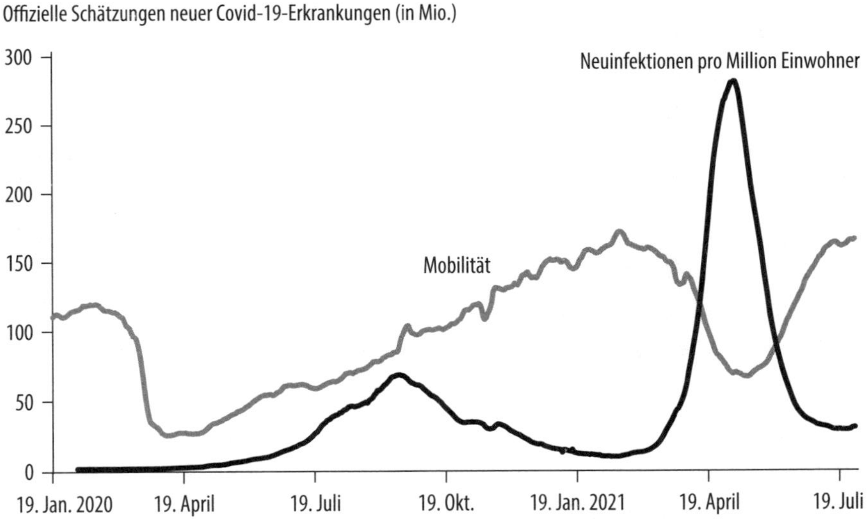

23.1: Die erste Coronawelle … und dann der Tsunami. (Wöchentlicher gleitender Durchschnitt der amtlich gemeldeten Fälle und Mobilität, 13. Januar 2020 = 100)
Quelle: Our World in Data, https://github.com/owid/covid-19-data/tree/master/public/data/; Apple-Mobilitätstrends bei Fußgängern (Anfragen zu Routen), https://covid19.apple.com/mobility.

Anders als Infektionen und Todesfälle, deren Ausmaß erst später ans Licht kam, waren die verheerenden Auswirkungen der Pandemie auf die indische Volkswirtschaft auf Anhieb unübersehbar. Die landesweite Kontaktsperre brachte das Wirtschaftsleben abrupt zum Stillstand. Zwischen April und Juni 2020 sank das Bruttoinlandsprodukt um schockierende 24 Prozent gegenüber dem Vergleichszeitraum des Vorjahrs, womit der wirtschaftliche Einbruch in Indien sehr viel schlimmer war als in anderen großen Ländern. Die erste Schockwelle des Lockdowns vernichtete in einem Land mit rund 500 Millionen Erwerbspersonen 100 Millionen Arbeitsplätze.[7]

Die Regierung verzichtete darauf, Haushaltsmittel in die Soforthilfe für jene umzuleiten, die am dringendsten Hilfe brauchten. Die Forscher und Aktivisten Jean Drèze und Anmol Somanchi gelangten so wie viele andere Beobachter zu dem Ergebnis, dass die Nothilfe in Form von Barleistungen, Lebensmittelrationen und Beschäftigungsgarantien für die Landbevölkerung »begrenzt und unzuverlässig« war und »lediglich einen Bruchteil der Einkommenseinbußen ausglich«. Die indische Zentralbank (RBI) senkte den Leitzins, um den privaten Konsum anzukurbeln. Diese Maßnahme half denen, die Kredit aufnehmen konnten, aber nicht unbedingt denen, die in Not waren. Ähnlich wie andere Zentralbanken erlaubte die RBI Kreditnehmern, den Schuldendienst auszusetzen. Das entlastete Schuldner, die ansonsten möglicherweise bankrottgegangen wären, zögerte jedoch auch Konkurse hinaus, welche die Banken später würden abwickeln müssen.[8] Alles in allem kamen die politischen Maßnahmen den Starken zugute, während die Schwachen wenig davon hatten.

Am 8. Juni 2020 hob die Regierung die Kontaktsperre auf, obwohl die Zahl der Neuinfektionen immer noch stieg und in den Krankenhäusern Intensivbetten fehlten. Die Menschen begannen sich wieder zu bewegen und brachten das Virus aus den Städten aufs Land.[9]

Obwohl weiterhin in verschiedenen Landesteilen Lockdowns verhängt wurden, begann sich die Wirtschaft langsam zu erholen. Der abrupte Einbruch des Bruttoinlandsprodukts und die verglichen mit konkurrierenden Ländern höhere Inflation hätten eigentlich die Rupie unter Druck setzen sollen, und eine schwächere Währung hätte die Exporte ankurbeln und eine raschere wirtschaftliche Erholung ermöglichen sollen. Doch der Wechselkurs, der vor dem Lockdown bei 75 Rupien pro Dollar gelegen hatte, bewegte sich während der Pandemie kaum. Der Grund für die anhaltende Stärke der Rupie war, dass die ausländischen Investoren weiterhin Aktien der besten indischen Unternehmen kauften, während der Konjunktureinbruch die Schwachen und Verwundbaren in den Abgrund riss. Die Gewinner waren Mukesh Ambani, die Familie Tata und vor allem Gautam Adani, dessen Unternehmen teilweise ihren Börsenwert verdoppelten.[10] Die ausländischen Investoren machten die Reichen Indiens reicher, und indem sie den Wechselkurs der Rupie stützten, verlangsamten sie die Erholung des indischen Arbeitsmarkts. Gemeinsam vergrößerten die indische Wirtschaftspolitik und die internationalen Marktkräfte die Kluft zwischen Reich und Arm in Indien erheblich.

Trotz der wirtschaftlichen Erholung hatten im Dezember 2020 immer noch 15 bis 20 Millionen Menschen weniger eine Beschäftigung als vor Beginn der Kontaktsperre im März. Viele Arbeitskräfte, die zuvor das Glück gehabt hatten, ein »regelmäßiges« Gehalt zu beziehen, fanden keine Arbeit mehr. Besonders schwer getroffen wurden Lehrer an Privatschulen sowie nicht beamtete Lehrer in öffentlichen Schulen. Viele frühere Gehaltsempfänger unter den Lehrern schieden aus dem Arbeitsmarkt aus. Unter denen, die wieder zu arbeiten begannen, bezeichneten sich viele als »Selbstständige«: Sie hatten keinen richtigen Arbeitsplatz, gingen jedoch einer Tätigkeit in der Landwirtschaft oder als kleine Händler nach. Die meiste Zeit waren sie beschäftigungslos. Tagelöhner begannen wieder zu arbeiten, wenn auch für deutlich niedrigere Löhne. Die Beschäftigung in der Industrie, die seit 2011 auf dem Rückzug war, schrumpfte noch weiter.[11]

Im ganzen Land verloren Menschen Arbeit und Einkommen, so dass viele in tiefe Armut abglitten. Die Armutsquote ist noch schwieriger zu schätzen als die Beschäftigung, aber die glaubwürdigen Zahlen sind ernüchternd. Das Pew Research Center schätzt, dass die Coronapandemie bis Dezember 2020 in Indien zusätzliche 75 Millionen Menschen (fast 6 Prozent der Bevölkerung) unter die niedrigste Armutsgrenze von 2 Dollar pro Tag drückte. (Das entspricht einem Monatseinkommen von etwa 6 000 Rupien für eine vierköpfige Familie zu Kaufkraftparitäten von 2020.) Die deutliche Zunahme der Armut in Indien trug 60 Prozent zum weltweiten Wachstum der Armut infolge der Pandemie bei. Die Zahl der Menschen, die in Indien knapp über der Grenze zur extremen Armut lebten, stieg ebenfalls deutlich. Viele Inderinnen und Inder mit mittlerem Einkommen mussten schwere Schläge einstecken und glitten in extreme Armut ab oder gerieten in eine nicht weit von tiefem Elend entfernte prekäre Lage. Diese Menschen hatten zuvor von einem täglichen Pro-Kopf-Einkommen von 10 bis 20 Dollar gelebt (das entspricht einer vierköpfigen Familie mit monatlichen Konsumausgaben zwischen 30 000 und 60 000 Rupien). Salil Tripathi gehörte dieser Gruppe an. Er verlor seinen Job als Restaurantmanager und damit ein Monatseinkommen von 40 000 Rupien. Von da an schlug er sich mit Gelegenheitsjobs durch, die ihm 10 000 Rupien im Monat einbrachten. Tripathis Geschichte endete tragisch: Er war als Bote eines Lieferservices unterwegs, als er von einem außer Kontrolle geratenen Streifenwagen totgefahren wurde.[12]

Die Menschen in der Mitte und am unteren Ende der wirtschaftlichen Hierarchie blickten in den Abgrund. Es begann eine »Ernährungskrise«. Indien zählte ohnehin zu den Ländern mit besonders vielen unterernährten Kindern, und nach 2013 war der Fortschritt in der Ernährung zum Stillstand gekommen. In seiner ersten Amtszeit verschlimmerte Premierminister Modi die Lage, indem er die Ernährungsprogramme zusammenstrich. Als die Pandemie ausbrach und die Schulen geschlossen wurden, bekamen Schulkinder kein Schulessen mehr. Gesundheitsdienste wie Impfungen und ambulante medizinische Behandlung wurden selbst in fortschrittlicheren Bundesstaaten wie Tamil Nadu und Kerala erheblich eingeschränkt. In den rückständigen Staaten, darunter Gujarat, Bihar und Uttar Pradesh, brachen sie zusammen.[13]

In typischen Frauenberufen gingen zahlreiche Arbeitsplätze verloren. Angesichts der geringen Beschäftigungschancen meldeten sich viele Frauen nicht einmal arbeitslos, sondern schieden einfach aus der Erwerbsbevölkerung aus. Die Verschlechterung der wirtschaftlichen Lage von Frauen verhieß nichts Gutes für Bildung und Gesundheit der indischen Kinder. Junge Arbeitskräfte verloren aufgrund schwacher Beziehungen zu ihren Arbeitgebern leicht den Arbeitsplatz und fanden aufgrund mangelnder Erfahrung als letzte zurück auf den Arbeitsmarkt. Sie gerieten in einen Teufelskreis: Ohne Berufserfahrung war ihre Beschäftigungsfähigkeit gering.[14]

Die ohnehin beängstigende Aufgabe, genug Arbeitsplätze für die indische Bevölkerung zu schaffen, wurde zusätzlich erschwert. Im Jahr 2019 fehlten in Indien mehr als 80 Millionen Arbeitsplätze, und nach der ersten Coronawelle suchten weitere 25 Millionen Menschen Arbeit. Diese Gruppe umfasste jene, die ihren Arbeitsplatz verloren hatten, zahlreiche neue Unterbeschäftigte in der Gruppe der sogenannten Selbstständigen, diejenigen, die die Arbeitssuche aufgegeben hatten, sowie mehrere Millionen Menschen, die in diesem Jahr neu auf den Arbeitsmarkt drängten.[15]

Von Anfang Juni bis zum Jahresende verschloss die Regierung im Wesentlichen die Augen vor der Pandemie. Am 3. Juni, fünf Tage vor Ende der Kontaktsperre, kündigte die Regierung eine Agrarreform an: Der Staat würde aufhören, den Bauern ihre Produkte zu garantierten Mindestpreisen abzukaufen, und stattdessen den direkten Verkauf an die Konsumenten fördern. Die Bauern protestierten, weil sie fürchteten, in den Preisverhandlungen mit großen Abnehmern im Nachteil zu sein. Angesichts einer neuen Coronawelle musste die Regierung um eine Parlamentsmehrheit für ihre Agrarpolitik fürchten. Also brachte sie die Neuregelung am 17. September mithilfe einer fragwürdigen »Abstimmung durch Akklamation« durch das Oberhaus.[16]

Eine Abkehr von staatlich garantierten Preisen und Subventionen für Getreide war zweifellos überfällig. Aber indem sich die Regierung Modi in erster Linie auf die Subventionen konzentrierte, ließ sie die größten Probleme der Landwirtschaft außer Acht. Besonders besorgniserregend war die fortschreitende Fragmentierung der Anbauflächen. Die Höfe wurden von Generation zu Generation in immer kleinere Parzellen zerstückelt, und die Bauern häuften untragbare Schulden an, um ausreichende Erträge aus ihren winzigen Feldern herauszuholen. Weitere Faktoren erhöhten den finanziellen Druck auf die Bauern und beschleunigten die Umweltzerstörung. Die intensive Landwirtschaft führte zu einer raschen Erschöpfung der Grundwasserreserven, was die Bauern zwang, immer tiefere Brunnen zu graben, und die Kosten weiter erhöhte. Die in der Grünen Revolution eingeführten Anbaumethoden laugten die Böden aus, was gemeinsam mit dem Temperaturanstieg und größeren Schwankungen der Niederschläge infolge des Klimawandels die Ernteerträge verringerte. Das in den neunziger Jahren aufgetretene Phänomen der Bauernselbstmorde war nach wie vor zu beobachten. Nun fürchteten die Bauern, die neuen Regelungen würden sie den großen Agrarkonzernen ausliefern, und in den Städten gab es keine Arbeitsplätze, um sich ein neues Leben aufzubauen.

Um die Probleme der Landwirtschaft zu lösen, wären hohe Investitionen in bessere Bewässerungssysteme, in eine Wiederauffüllung der Grundwasserreserven und eine Sanierung der Böden nötig gewesen. Für den Wassereinsatz mussten angemessene Preise bezahlt werden, und es bedurfte einer neuen Preispolitik, um die Bauern zur Stilllegung von Anbauflächen zu bewegen. Doch mit solchen Maßnahmen wollte sich die Regierung Modi nicht beschäftigen. Die Verhandlungen zwischen Bauern und Regierung kamen im Jahr 2021 nicht voran.

Unterdessen setzte Modi die »permanente Inszenierung« fort. Eine gute Gelegenheit dazu bot sich, nachdem der Oberste Gerichtshof im November 2019 grünes Licht für den Bau des Rama-Tempels in Ayodhya gegeben hatte. Während die Zahl der Coronafälle weiter stieg, präsentierte sich Modi am 5. August 2020 bei einer religiösen Feier in Ayodhya als Schutzherr des Hindutva und betete für einen erfolgreichen Tempelbau. Ein Journalist beschrieb die Veranstaltung als »eine einzige Modi-Show«. Der Premierminister verwischte die Trennlinie zwischen Staat und Religion weiter, indem er im Dezember 2020 an einer im Fernsehen übertragenen Gebetszeremonie anlässlich der Einweihung eines neuen Parlamentsgebäudes teilnahm. Neben diesem 2,5 Milliarden Dollar teuren Prunkbau waren eine neue Residenz für den Premierminister errichtet und der Rajpath erneuert worden, die gut 3 Kilometer lange Prachtstraße, die das India Gate mit dem Amtssitz des Präsidenten verbindet.[17]

Die Arroganz macht blind für den Tsunami

Am 28. Januar 2021 wandte sich Narendra Modi im Rahmen des Weltwirtschaftsforums in Davos in einer Videokonferenz an die Reichen und Mächtigen und erklärte, seine Regierung habe »die Welt vor der Katastrophe bewahrt«, indem sie die Situation in Indien unter Kontrolle gebracht habe. Das Land habe innerhalb von 12 Tagen 2,3 Millionen Beschäftigte im Gesundheitswesen geimpft und rette weltweit Menschenleben, indem es Impfstoffe für andere Länder produziere. Und der Premierminister bot seinem faszinierten internationalen Publikum an, die Immunität gegen Covid-19 mithilfe der traditionellen indischen Ayurveda-Medizin zu erhöhen.[18]

Aber es zogen dunkle Wolken am Horizont auf. Im Dezember 2020, einige Wochen vor Modis zuversichtlicher Ansprache, hatten Forscher in Indien eine neue Variante des Coronavirus identifiziert. Diese später als »Delta« bezeichnete Variante war ansteckender und führte obendrein zu einem schwereren Verlauf der Krankheit. Zu jener Zeit war die Aggressivität der neuen Virusvariante noch nicht bekannt, aber im Februar 2021 meldeten Forscher das National Centre for Disease Control und das Gesundheitsministerium, dass die Zahl der Ansteckungsfälle rasch stieg. Am 9. März mahnte die Indian Medical Association angesichts steigender Infektionszahlen in Maharashtra und Delhi: »Wir sollten uns nicht brüsten oder selbstherrlich sein.«[19]

Der Premierminister schlug alle Warnungen in den Wind und verließ sich auf die ebenso nebulösen wie beruhigenden offiziellen Statistiken. Am 21. März lud er in ganzseitigen Zeitungsannoncen hinduistische Pilger zur Kumbh Mela in Haridwar ein, wo der im Himalaja entspringende Ganges in die Ebene eintritt. Am 11. April begann das dreiwöchige Fest, bei dem sich Millionen Pilger am Ufer des Flusses drängten, um in seinem heiligen Wasser ihre Sünden abzuwaschen. Im Nachbarstaat Uttar Pradesh trieb die Regierung ein weiteres Superverbreitungsereignis voran und zwang die Lehrer, unter Missachtung einer höchstgerichtlichen Anordnung Wahlen auf Dorfebene zu überwachen. Und obendrein gingen Indien, der Heimat des größten Impfstoffproduzenten der Welt – des Serum Institute of India – die Impfdosen aus.[20]

Die BJP und Modi waren noch an einem weiteren Superspreader-Ereignis beteiligt. Am 7. April dirigierte ein BJP-Kandidat für das Parlament von Westbengalen eine Menschenmenge, die »Sieg dem Herrn Rama« skandierte. Der Politiker erklärte, die Hindus müssten sich um ihn sammeln, denn die Beschwichtigungspolitik gegenüber den Muslimen gefährde ihre religiösen Praktiken. Zehn Tage später blickte Modi bei einer Wahlveranstaltung verzückt auf sein Publikum herab und erklärte: »Heute sehe ich in allen Himmelsrichtungen gewaltige Menschenmengen. Heute habt ihr eure Macht gezeigt.«[21]

Die Kumbh Mela, die Kommunalwahlen in Uttar Pradesh und die Wahl zum Staatsparlament von Westbengalen beschleunigten die Ausbreitung des Virus in Ostindien, während der Corona-Tsunami über Mumbai und andere Städte Maharashtras hinwegraste.

In der zweiten Coronawelle herrschte in Indien ein grotesker Mangel an Sauerstoffflaschen. In Delhi musste man Ende April 2021 für einen Sauerstoffbehälter 60 000 Rupien (820 Dollar) auf den Tisch legen. Die Position Indiens im linken unteren Winkel der Grafik in Abbildung 23.2 erklärt das Versagen des indischen Gesundheitssystems: Die Gesundheitsausgaben und die Zahl der Krankenhausbetten waren gemessen an der Einwohnerzahl extrem gering. Die Pandemie überwältigte dieses schwache System innerhalb von Minuten, während die Verzweifelten leichte Beute für Scharlatane wurden.[22]

Der zweiten Welle der Pandemie fielen auch Menschen auf höheren Sprossen der sozioökonomischen Leiter zum Opfer. Im eleganten Gurgaon starb ein ehemaliger Diplomat in seinem Auto, während er auf dem Parkplatz eines Krankenhauses auf ein Bett wartete.[23]

Nun flohen die Superreichen ins Ausland. Als Großbritannien ankündigte, die Einreise aus Indien zu verbieten, bezahlten reiche Inder ein Vielfaches der normalen Flugpreise, um nach London zu gelangen, bevor das Einreiseverbot in Kraft trat. Wer spät dran war, zahlte Zehntausende Dollar, um es in ei-

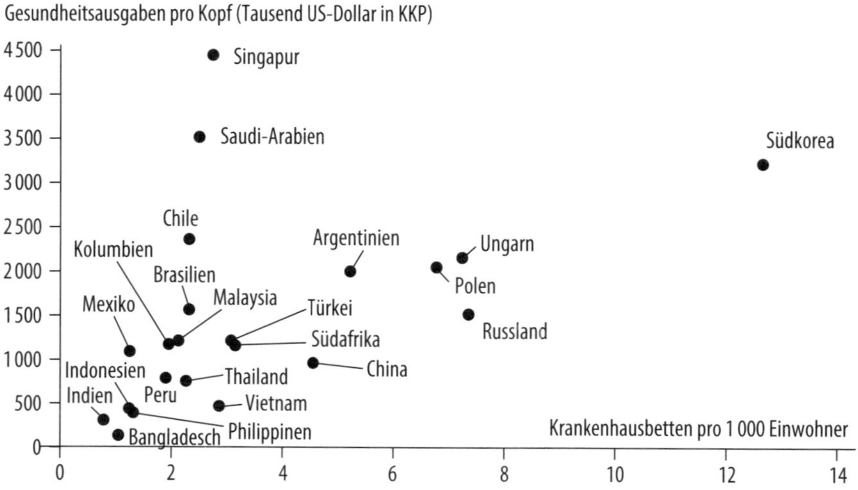

23.2: Das jahrzehntelang vernachlässigte indische Gesundheitswesen.
Hinweis: KKP = Kaufkraftparität
Quelle: Weltbank, World Development Indicators.

nem Privatflugzeug noch rechtzeitig nach Großbritannien zu schaffen. Andere suchten Zuflucht in den Vereinigten Arabischen Emiraten. Der Sprecher einer Charterfluggesellschaft berichtete, die Leute zahlten »vollkommen verrückte« Preise für einen Platz in einem Privatflugzeug. Die Reichen leisteten seit langem keine Beiträge mehr zu einer besseren Bildung und zu anderen öffentlichen Diensten. Jetzt flohen sie in Länder, die im Gegenzug für Investitionszusagen das Aufenthaltsrecht anboten.[24]

Für jene, die keine Chance hatten, das Land zu verlassen, war etwas zerbrochen. Und es war nicht nur das Gesundheitswesen. Ein Richter am Höchstgericht von Delhi klagte angesichts der Wucherpreise für Sauerstoff und unverzichtbare Medikamente über das »zerrissene moralische Gewebe« des Landes.[25]

Auf dem Höhepunkt der Pandemie zwischen Ende April und Ende Mai meldeten die Behörden täglich über 300000 Neuerkrankungen und 3000 Todesopfer. Doch die langen Schlangen von Krankenwagen, die vor den Krematorien warteten, deuteten darauf hin, dass die Opferzahlen sehr viel höher waren als aus den offiziellen Statistiken hervorging. Das Ausmaß des Grauens wurde Mitte Mai erkennbar, als *Dainik Bhaskar*, die größte hindisprachige Tageszeitung, berichtete, dass am Ufer des Ganges, der 1140 Kilometer durch Uttar Pradesh floss, bevor er Bihar erreichte, mehr als 2000 Leichen angeschwemmt worden waren.[26]

Im April und Mai 2021 verschwanden mehr als 25 Millionen Arbeitsplätze außerhalb der Landwirtschaft. Das waren sehr viel weniger als die 100 Millionen, die ein Jahr früher in diesen Monaten vernichtet worden waren, aber die Zahl war immer noch erschreckend hoch. Viele Arbeitskräfte in den Städten, die im Vorjahr verzweifelt versucht hatten, in ihre Heimatdörfer zurückzukehren, und anschließend wieder in die Städte aufgebrochen waren, eilten jetzt erneut nach Hause. Wie in den vorangegangenen Jahren schieden viele aus dem Arbeitsmarkt aus und bemühten sich nicht länger um Arbeit. Einmal mehr zehrten die Familien ihre Ersparnisse auf und verschuldeten sich, um Essen auf den Tisch zu bringen.[27]

Zwei Brüder, die Hochschuldiplome, aber keine Arbeit hatten, kehrten auf den elterlichen Hof zurück, weil es sich ihr Vater nicht leisten konnte, zwei bei einem Unfall getötete Ochsen zu ersetzen. Jetzt zogen seine Söhne anstelle der Tiere den Pflug über den Acker. Die Pandemie deckte die große Schwäche Indiens ein ums andere Mal schonungslos auf: Weder in den Städten noch auf dem Land gab es menschenwürdige Arbeit.[28]

Viele städtische Kleinbetriebe gerieten in eine ausweglose Lage. In dem weitläufigen Slum Dharavi in Mumbai war es den Behörden gelungen, die wiederaufflammende Pandemie einzudämmen, aber die Werkstätten und Fabriken, die normalerweise Lederwaren, Stoffe und tönerne Töpfe und Pfannen erzeugten, hatten den Betrieb erheblich eingeschränkt oder vollkommen eingestellt. Die Beschäftigten arbeiteten dort normalerweise auf engstem Raum zusammen, und jetzt hinderten die Vorschriften zur Vermeidung von Ansteckungen die Unternehmen daran, die Wanderarbeiter wiedereinzustellen, die aus ihren Dörfern in die Städte zurückkehren wollten. Die Unterbrechung der Lieferketten erhöhte die Inputkosten und erschwerte den Vertrieb von Produkten. Vor dem berühmten Taj Mahal in Agra hörten die Hersteller von Kunstgegenständen aus Marmor keine Touristen mehr, sondern nur den Widerhall ihrer eigenen Schritte in der Stille. Überall im Land konnten Kioske und Läden, wo zuvor die städtischen Unterbeschäftigten ein wenig Arbeit gefunden hatten, nicht mehr mit den Online-Händlern mithalten und mussten schließen. Eine Lebensart verschwand, und mit ihr der Lebensunterhalt vieler Menschen.[29]

Die zweite Coronawelle hatte furchtbare Auswirkungen auf die indischen Kinder. Ihre Ernährungslage verschlechterte sich drastisch. Die Online-Klassen konnten den Verlust von mehreren Monaten Präsenzunterricht nicht wettmachen. Besonders schwer getroffen wurden Kinder aus armen Familien. Im August 2021 stellte sich in einer Studie in 16 Bundesstaaten heraus, dass die Hälfte der Drittklässler, die in der Lage hätten sein sollen, Texte in ihrer Muttersprache fließend zu lesen, lediglich einzelne Worte lesen konnten. Viele Eltern hatten ihre Kinder aus Privatschulen abgemeldet, weil sie sich das Schulgeld nicht mehr leisten konnten. Die Einrichtungen der öffentlichen Schulen verwahrlosten. Das Gespenst des »Massenanalphabetismus« tauchte wieder auf. Eltern, die in wirtschaftlicher Not waren, schickten ihre Kinder arbeiten. In einer Fabrik in Jaipur in Rajasthan, die gläserne Armreifen erzeugte, arbeiteten ein 10-Jähriger und sein 12-jähriger Bruder. In Rajkot (Gujarat) arbeiteten Kinder im Alter zwischen 15 und 17 Jahren in der Sari-Erzeugung. In Tamil Nadu verdreifachte sich die Zahl der arbeitenden Kinder, und in Uttar Pradesh und Bihar breiteten sich Kinderarbeit und der Sexhandel mit Minderjährigen aus. Die Zahl der Kinderehen nahm deutlich zu.[30]

Die Steuerpolitik der Regierung belastete weiterhin die Wehrlosen. Im September 2019 hatte Finanzminister Nirmala Sitharaman die Unternehmenssteuer deutlich gesenkt. Regierungsvertreter bezeichneten die Steuersenkung großspurig als »Strukturreform«. Aber wie frühere derartige Maßnahmen regte auch diese Steuersenkung die wirtschaftliche Aktivität kaum an. Um den Einnahmenschwund der öffentlichen Hand auszugleichen, erhöhte der Finanzminister im März und Mai 2020 in zwei Schritten die Steuern auf Erdölprodukte. Gemeinsam mit dem Anstieg des Ölpreises führte dies zu einer deutlichen Verteuerung von Benzin. Darunter litten vor allem arme und einkommensschwache Haushalte. Die Unterbrechung der Lieferketten trieb die Preise von Hülsenfrüchten, Eiern, Milch, Zucker und Speiseöl in die Höhe, was zusätzlich an niedrigen Einkommen zehrte. Ende Juni kündigte der Finanzminister »Steuererleichterungen« an. Dabei handelte es sich im Wesentlichen um Garantien für Kreditgeber, die Darlehen anboten, die den Kreditnehmern aufgedrängt wurden.[31]

Gleichzeitig wurde das reiche Indien noch reicher – ja es erwarb fabelhaften Reichtum. Inmitten versiegender internationaler Kapitalströme und trotz der wirtschaftlichen Schwierigkeiten des Landes lockten herausragende indische Unternehmen ausländische Investoren an. Der Aktienindex Sensex stieg ebenso rasant wie der S&P 500 während der amerikanischen Wirtschaftsblüte (Abbildung 23.3). Aber die allgemeine Börsenrallye war nichts verglichen mit dem rasanten Kursanstieg von Adani Enterprises, dem Flaggschiff von Gautam Adanis Firmenimperium. Adani hatte zu Narendra Modi gehalten, als dieser nach den Unruhen in Gujarat Freunde in der Wirtschaft verloren hatte. Adani lebte von öffentlichen Aufträgen, und der jüngste spektakuläre Kurssprung der Aktie seines Unternehmens war nur die Krönung des Anstiegs seit Modis Wahlsieg im Jahr 2014. Gautam Adani und Mukesh Ambani kletterten während der Pandemie in der Rangliste der Reichsten der Welt hinauf, während Millionen Inder ihr Einkommen einbüßten. Auf dem Höhepunkt der indischen Coronakatastrophe Ende April 2021 kaufte Ambani für 78 Millionen Dollar den südenglischen Stokes-Park-Golfklub (den Schauplatz einiger Szenen in den *James-Bond*-Filmen). In Indien wurde eine Rekordzahl von Lamborghinis verkauft, während der Absatz von Motorrollern einbrach. Läden, die Kaschmirmäntel und Versace-Handtaschen feilboten, machten bessere Geschäfte als je zuvor. Läden, die Waschmaschinen, Wasserkocher und andere Haushaltsgeräte verkauften, bekamen kaum Kunden zu Gesicht und waren von der Schließung bedroht. Nie zuvor war die Kluft zwischen den Reichsten und der übrigen Bevölkerung so beängstigend tief gewesen.[32]

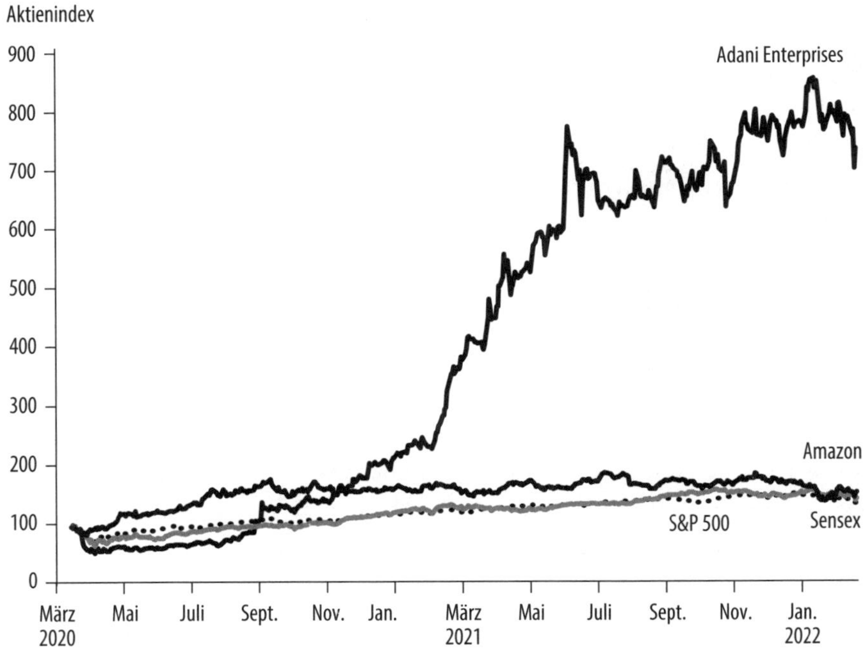

23.3: Wer hat, dem wird gegeben. (Aktienkurs am 1.3.2020 = 100)

Quelle: https://www.investing.com.

Der Mathematiker Banaji und der Soziologe Gupta schätzen, dass die zweite Coronawelle in Indien bis Juni 2021 weitere 2,9 Millionen Menschen tötete (die Behörden meldeten 250 000 Tote). Insgesamt verlor Indien in den beiden Wellen der Pandemie 3,8 Millionen Einwohner, was einer Rate von 2,8 Coronatoten pro 1000 Einwohner entspricht. Damit hatte Indien weltweit eine der höchsten Todesraten in Zusammenhang mit Covid-19.[33]

Trotz des allgemeinen moralischen Niedergangs setzten sich viele Menschen in den dunkelsten Tagen unermüdlich für die Notleidenden ein. Freiwillige spürten Krankenhausbetten, Sauerstoffvorräte und medizinisches Material auf. Ärzte boten unentgeltliche telefonische Betreuung an. Religiöse Einrichtungen stellten kostenlose Nahrungsmittel zur Verfügung. Ein Rikschafahrer rüstete sein Fahrzeug für Krankentransporte mit Sauerstoffzylinder und Oximeter aus.[34] Als die Zahl der Neuerkrankungen Mitte Juni 2021 sank, kam die Impfkampagne wieder in Gang.

Als Indien seine Seele verlor

Der 84-jährige Jesuit und Menschenrechtsaktivist Stan Swamy kämpfte seit fünf Jahrzehnten gegen Bergbau- und Stahlunternehmen, die Wälder, Wasserreserven und die Lebensgrundlage der indigenen Adivasi im ostindischen Bundesstaat Jharkhand zerstörten. Anfang Oktober 2020 verhafteten Agenten der indischen Antiterroreinheit NIA (National Investigation Agency) den Geistlichen und verweigerten ihm unter Anwendung des Gesetzes zur Verhinderung rechtswidriger Aktivitäten (UAPA) das Recht auf Kaution oder ein zügiges Verfahren. Swamy wurde beschuldigt, nach der Dalit-Feier bei Bhima Koregaon im Januar 2018 zu Gewalt aufgerufen zu haben. Die NIA bezeichnete den Jesuiten und 15 weitere Personen als »Maoisten«. Swamy litt unter fortgeschrittener Parkinson-Krankheit und war nicht mehr in der Lage, ein Wasserglas zu halten. Da er aufgrund seines schlechten Gesundheitszustands eine leichte Beute für das im überfüllten Gefängnis grassierende Coronavirus sein würde, beantragte er eine Entlassung gegen Kaution. Die NIA hielt dem entgegen, er wolle unter diesem »Vorwand unangemessenen Vorteil« aus der Pandemie ziehen. Die Gerichte lehnten es wiederholt ab, Swamy gegen Kaution auf freien Fuß zu setzen. Ende Mai 2021 wurde er in ein Krankenhaus verlegt, wo er am 5. Juli an coronabedingten Komplikationen starb. Der »Käfigvogel«, wie Swamy sich selbst beschrieb, war von einem erbarmungslosen Staat getötet worden.[35]

Die herzlose Tötung des Geistlichen war eine Metapher für die staatlich geduldete – und in einigen Fällen vom Staat gelenkte – Gewalt unter dem Deckmantel der Pandemie. Swamy war eines von vielen Opfern eines Staates, der vor allem die Interessen von Großunternehmen schützte. Der Jesuit hatte sich sein Leben lang für die Rechte der Adivasi eingesetzt und in jüngster Zeit gegen ein Projekt von Gautam Adani gekämpft. Sudha Bharadwaj, die wie Smamy unter dem Vorwurf verhaftet worden war, eine Maoistin zu sein und die Unruhen in Bhima Koregaon angefacht zu haben, setzte sich als Rechtsanwältin für die Adivasi ein und hatte ebenfalls Widerstand gegen ein Vorhaben Adanis geleistet. Bela Bhatia, eine Sozialwissenschaftlerin und Menschenrechtsanwältin, geriet durch ihren Einsatz für die Adivasi zwangsläufig in Konflikt mit Adani. Hidme Markam, eine ehemalige Schulköchin, war selbst eine Adivasi, deren Einsatz für ihr Volk nicht mit Adanis Interessen vereinbar war. Alle diese Aktivisten engagierten sich in Bergbaubezirken, vor allem in den von den Adivasi bewohnten Waldgebieten, wo Eisenerz und Kohle in der Erde schlummerten.[36]

Die Staatsmacht wurde nicht nur zum Schutz der Interessen von Unternehmen, sondern auch zur Unterdrückung von Andersdenkenden eingesetzt. Schon die von der Kongresspartei geführten Regierungen hatten die Sicherheitsgesetze angewandt, um politische Gegner ins Gefängnis zu stecken, aber unter Modi stieg die Zahl derartiger Verhaftungen stark an. Nach der Verabschiedung des Citizenship Amendment Act Anfang 2020 und während der Pandemie nahmen die Verhaftungen weiter zu. Yogi Adityanath, der Regierungschef von Uttar Pradesh, bediente sich besonders gern repressiver Gesetze, denn er empfand Kritik als Beleidigung. Leider gab es oft Grund für Kritik an seiner Regierung. In Uttar Pradesh forderte die Pandemie infolge des schlechten Krisenmanagements besonders viele Opfer, und dieser Bundesstaat schnitt gemessen an allen Standards der Regierungsqualität stets am schlechtesten ab. Unter Adityanaths Regierung fiel das BIP von Uttar Pradesh deutlich.[37]

Besonders aggressiv ging der indische Staat gegen Journalisten vor. Ende Januar und Anfang Februar 2021 wurden mehrere bekannte Journalisten, die über die Bauernproteste berichtet hatten, unter dem Vorwurf der Volksverhetzung verhaftet. Die Regierung verlangte auch von Twitter, Accounts zu blockieren, die Informationen über die Bauernproteste verbreiteten. Twitter sträubte sich zunächst, gab der Forderung dann jedoch statt. Während im April 2021 die zweite Coronawelle über das Land hereinbrach, beschrieb die NGO »Reporter ohne Grenzen« Indien als eines der weltweit gefährlichsten Länder für Journalisten; im Index der weltweiten Pressefreiheit nahm es den 142. Rang unter 180 Ländern ein. Die indischen Behörden machten diesem Ranking alle Ehre, indem sie im Juli 2021 Steuerprüfer zu Razzien in die Büros der Zeitungsgruppe *Dainik Bhaskar* und des Fernsehsenders *Bharat Samachar* schickten. Beide Medien hatten die tatsächlichen Coronaopferzahlen veröffentlicht, die den offiziellen Statistiken widersprachen. *Dainik Bhaskar* hatte über den unerträglichen Anblick der am Gangesufer angeschwemmten Leichen berichtet. Om Gaur, einer der Herausgeber der Zeitung, stellte die indische Regierung in einem Gastbeitrag in der *New York Times* bloß: »Der Ganges gibt die Toten zurück. Er lügt nicht.« *Dainik Bhaskar* berichtete auch über den Vorwurf, die Regierung verwende die Software Pegasus, um Journalisten und politische Gegner auszuspionieren.[38]

Anurag Thakur, der Informations- und Rundfunkminister in der Regierung Modi, rechtfertigte die Steuerrazzien. Thakur war der Mann, der im Januar 2020 bei Studentenprotesten gegen den Citizenship Amendment Act militante Hindus aufgerufen hatte, »die Verräter zu erschießen«. Seine Begründung für die Razzien bei *Dainik Bhaskar* und *Bharat Samachar* klang ebenfalls wie eine Drohung: »Wir mischen uns nicht in die Arbeit der Behörden ein.«[39]

Im Windschatten der staatlichen Gewalt ließen Hindutva-Milizen ihrem Hass freien Lauf. Im Juni 2021 nahmen sie Straßenverkäufer ins Visier, die ihre Ware – Obst, Gemüse und einfache Speisen – in kleinen Buden auf Rädern (*redhis*) anboten. Es kam zu Auseinandersetzungen zwischen Muslimen (die meisten dieser Buden wurden von Muslimen betrieben) und Hindus, die in der Coronapandemie ihre Arbeit verloren hatten. Hindu-Mobs, die das Banner der Bajrang Dal trugen und »Sieg dem Herrn Rama« skandierten, ermordeten muslimische Straßenverkäufer mit der Begründung, diese hätten ihnen die Arbeit gestohlen. Die Regierung ignorierte die höchstgerichtliche Anweisung zur Beendigung von Mob-Gewalt und Lynchmorden aus dem Jahr 2018. Der Menschenrechtsanwalt Rashmi Singh erklärte, indem der Oberste Gerichtshof eine Regierung gewähren lasse, die ihn missachte, begünstige er weitere Lynchmorde.[40]

Es war nichts Neues, dass die Regierung höchstgerichtliche Entscheidungen missachtete. Eine Reihe von Regierungen hatte sich nicht an die Anweisung des Obersten Gerichtshofs aus dem Jahr 1977 gehalten, einer Entlassung gegen Kaution den Vorzug vor der Untersuchungshaft zu geben; auch die Aufforderung zur Auflösung der vom Staat unterstützten Miliz Salwa Judum (2011) sowie das Verbot, Gewässer zu verbauen (2011), waren nicht umgesetzt worden. Zu anderen Fragen äußerte sich das Höchstgericht nicht, wodurch es die Tür zu potenziell verfassungswidrigen Schritten der Regierung öffnete. Eine Untersuchung des Obersten Gerichtshofs zur teuflischen Spionagesoftware Pegasus verlief im Sand; die Regierung wurde ebenso wenig zur Rechenschaft gezogen wie im Fall der »Wahlanleihen«, in der Frage der Einschränkung der Autonomie Kaschmirs und nach der Verabschiedung des diskriminierenden Gesetzes über die Staatsbürgerschaft.[41] Der Oberste Gerichtshof war nicht länger ein Gegengewicht zur Regierung.

Indien sei nicht länger eine Demokratie, befand eine Gruppe internationaler Forscher im V-Dem-Bericht (Varieties of Democracy) für das Jahr 2021. V-Dem wird jährlich veröffentlicht und ist die umfassendste jährliche Studie zum Zustand der Demokratie in aller Welt. Die Forscher stuften Indien so wie Polen, Ungarn, die Türkei und Brasilien als »elektorale Autokratie« ein: In Indien fänden Wahlen statt, aber die Beaufsichtigung der Exekutive durch Legislative und Judikative sei nicht gewährleistet. Außerdem würden die individuellen Freiheitsrechte, die Rechtsstaatlichkeit und die Versammlungs- und Meinungsfreiheit nicht geschützt.[42]

Die Kosten der elektoralen Autokratie waren unübersehbar. Die Proteste gegen Modis Agrargesetze, die am 26. November 2020 begannen, dauerten fast ein Jahr an. Am 19. November 2021 gab Modi in einer Fernsehansprache überraschend bekannt, dass er die Gesetze zurückziehen würde.[43]

Im Jahr 2014 hatte die *Financial Times* die Hoffnung geäußert, Modi, der »wenig Opposition duldet«, könne die Dinge in Indien voranbringen. Die Zeitung erwartete, Modi werde »möglicherweise einige Kontrollmechanismen der indischen Demokratie ausschalten«, sodass das Land ein ähnliches Wachstum erleben könne wie China. Modi hatte tatsächlich keine Opposition geduldet und die Kontrollmechanismen der Demokratie ausgeschaltet. Die Resultate waren unübersehbar. Die *Financial Times* begriff selbst nach dem Ende der Bauernproteste nicht, was geschah. Die Zeitung warf Modi vor, seine »kühnen« Initiativen, darunter die Abschaffung der Banknoten im Jahr 2016 und die Agrargesetze, schlecht geplant zu haben. Als hätte es anders sein können! In der Gewissheit ihrer Grandeur fällen Autokraten fast immer »schlecht geplante« Entscheidungen.[44]

KAPITEL 24

Nach dem Hype der Realitätsschock

Im Januar 2018 hielt Narendra Modi als erster indischer Regierungschef eine Grundsatzrede beim Weltwirtschaftsforum in Davos. Seit Premierminister Rajiv Gandhi vier Jahrzehnte früher die Erwartung geweckt hatte, Indien könne sich in einen gleichwertigen Konkurrenten Chinas verwandeln, hatte die Welt auf diesen Augenblick gewartet. Modis Auftritt in Davos bestärkte die Weltöffentlichkeit in der Überzeugung, dass Indien mittlerweile tatsächlich ein wichtiger wirtschaftlicher und politischer Akteur auf der Weltbühne war. In den folgenden sechs Jahren ließ sich die globale Elite vom Indien-Hype mitreißen. Politiker, Wirtschaftsführer und medienwirksame Figuren feierten das Land als kommende wirtschaftliche Supermacht. Im Januar 2024 pries der Journalist Thomas Friedman in Davos die Entwicklung der digitalen und physischen Infrastrukturen in Indien, und der amerikanische Außenminister Antony Blinken fügte hinzu: »Wir sehen eine außergewöhnliche Erfolgsgeschichte.«

Hauptgrund für diese Einschätzung war der Ausbau der Infrastruktur, insbesondere die Verbreitung der digitalen Technologien. In der Pandemie schossen in Indien auch zahlreiche neue Unternehmen aus dem Boden, die sich auf die digitalen Netzwerke stützten. Gleichzeitig schien die chinesische Wirtschaft in Not zu sein: Die chinesische Immobilienblase war geplatzt, das Regime ging sehr ungeschickt mit den Tech-Riesen um, und die westlichen Länder schränkten die Importe aus China sowie die Investitionen in dem Land ein. Die Experten sagten voraus, Indien werde von den Problemen Chinas profitieren. Die globalen Käufer und Lieferanten würden die Strategie »China+1« anwenden und Indien als alternative Beschaffungsquelle nutzen. Und nachdem das indische Bruttoinlandsprodukt in der ersten Coronawelle abgestürzt und in der zweiten Welle einen erneuten Rückschlag erlitten hatte, verstärkte ein abrupter Wachstumssprung im Jahr 2023 den Eindruck eines »außergewöhnlichen« Fortschritts.

Doch der Indien-Hype steht auf tönernen Füßen, vor allem, wenn er in Beziehung zur Lebenswirklichkeit von Hunderten Millionen Inderinnen und Indern gesetzt wird. Die moralischen Defizite haben Bestand und sind teilweise sogar größer geworden. Die indische Wirtschaft leitet weiter unter einem Mangel an guten Arbeitsplätzen. Und es fehlen die grundlegenden öffentlichen Güter, die für einen gleichmäßig verteilten und nachhaltigen Fortschritt benötigt werden: allgemeine Bildung, Gesundheitsfürsorge, Gleichberechtigung der Geschlechter, eine funktionierende und faire Justiz, Umweltschutz. Die Politik, die das moralische Versagen begünstigt, nimmt noch schlimmere Formen an.

Das verführerische Versprechen

Infrastrukturen, seien sie physisch oder digital, sind zweifellos eine wichtige Voraussetzung für Entwicklung. Aber für die Bereitstellung grundlegender öffentlicher Güter sind sie zweitrangig. In allen Ländern, die ihre wirtschaftliche Entwicklung erfolgreich vorantrieben, trugen die allgemeine Bildung und die Gleichstellung der Geschlechter wesentlich zum Fortschritt bei, wie der Ökonom Oded Galor in seinem Buch *The Journey of Humanity: Die Reise der Menschheit durch die Jahrtausende* dokumentiert hat. In den Vereinigten Staaten gingen Investitionen in die Volksbildung denen in das Autobahnnetz viele Jahrzehnte voraus, und Ähnliches war beim Aufstieg Japans zur Industriemacht zu beobachten. China baute erst sein Humankapital auf, bevor es sich dem Ausbau der Infrastrukturen zuwandte. In den USA, Japan und China schuf die allgemeine Bildung auch die Grundlage für die Gleichstellung der Geschlechter. Infrastrukturen erleichtern Reisen und den wirtschaftlichen Austausch, aber sie erzeugen nicht das Humankapital, das für ein gerecht verteiltes Wachstum benötigt wird.

Indien bedient sich einer neuartigen Entwicklungsstrategie. Die Befürworter der digitalen Infrastruktur erklären, die neuen Technologien erhöhten die Chancen für eine beschleunigte Entwicklung: Die traditionellen Hindernisse für die Entwicklung könnten umgangen werden. Besonders verlockend war dieses Versprechen in den Jahren der Pandemie, als digitale Start-up-Unternehmen insbesondere in Bezahl- und Bildungssystemen die Hoffnung auf einen Durchbruch in der Entwicklung weckten.

Die Begeisterung war unangebracht. Während des Lockdowns boten sich digitale Transaktionen an, aber die digitale Infrastruktur wurde im Wesentlichen von den reichsten Indern – zwischen 10 und 20 Millionen Menschen – genutzt, die auf elektronischen Handelsplattformen aktiv waren und die Bezahlsysteme intensiv nutzten. Es stimmt, dass viele Kleinbetriebe und sogar Straßenverkäufer digitale Zahlungen akzeptierten. Aber es gibt keinen Beleg dafür, dass der elektronische Zahlungsverkehr ihre Einnahmen erhöhte oder dass die digitalen Technologien neue berufliche Chancen eröffneten. Insbesondere die Ungebildeten und Geringqualifizierten fanden keine neuen Möglichkeiten vor. Die Frage ist: Warum sollten Unternehmen wachsen oder neue Chancen entstehen, nur weil die Zahlung nicht bar, sondern digital abgewickelt wird?

Noch größere Begeisterung weckte des E-Learning. Die indischen Eliten sind seit Rajiv Gandhis Regierungszeit überzeugt, dass der virtuelle Unterricht die inkompetenten indischen Lehrer und die schlecht funktionierende Volksbildung ersetzen kann. Ein Hoffnungsträger in diesem Bereich war Byju's, ein von dem charismatischen Byju Raveendran gegründetes Unternehmen. Prominente ausländische Investoren wie Mark Zuckerberg steckten Geld in Byju's, dessen Börsenwert im März 2022 auf 22 Milliarden Dollar stieg. Mittlerweile steht das Unternehmen kurz vor dem Konkurs. Zu seinem Absturz trugen Hochmut und Managementfehler bei. Es war nie klar, wie viele zahlende Kunden Byju's tatsächlich hatte – was nicht zuletzt daran lag, dass das Unternehmen offenbar seine finanziellen Kennzahlen fälschte. Doch im Grunde zeigt das Scheitern von Byju's einfach, dass die Technologie einen menschlichen Lehrer nicht ersetzen kann. Wie Sal Khan, Gründer von Khan Academy und führender E-Learning-Experte, erklärt, ist die Technologie nur effektiv, wenn sie die menschliche Interaktion im Klassenzimmere verbessert. Die Technologie kann den Lehrkräften helfen, diese jedoch nicht ersetzen.

Die Lage der indischen Start-ups ist kritisch: Infolge des Zinsanstiegs seit der Pandemie sind die Wagniskapitalfonds deutlich geschrumpft. Viele junge Unternehmen sind in Finanzskandale verwickelt, und selbst jene, die keine solchen Probleme haben, kämpfen ums Überleben. Praktisch alle Start-ups müssen Mitarbeiter entlassen.

In jüngster Zeit hat sich die Aufmerksamkeit auf die Schwierigkeiten Chinas verlagert, die in Indien und aller Welt wesentlich zum Hype um die indische Wirtschaft beigetragen haben. Der Vergleich zwischen dem autokratischen »Hasen« China und der demokratischen »Schildkröte« Indien fasziniert die Welt seit vier Jahrzehnten. Nachdem die chinesische Immobilienblase geplatzt und in der Folge das Finanzsystem in die Krise geschlittert ist, scheint dem Hasen die Puste auszugehen. Der geopolitische Konflikt mit den westlichen Industrieländern und schrumpfende Auslandsinvestitionen sorgen dafür, dass sich die wirtschaftlichen Aussichten Chinas weiter eintrüben.

Aber wir gehen von einem falschen Verständnis des Entwicklungsprozesses aus, wenn wir aus den offenkundigen Schwierigkeiten Chinas schließen, dass Indien automatisch seinen Platz als wirtschaftliche Supermacht einnehmen wird. Wie ich in Kapitel 13 erklärt habe, ging China mit einem funktionierenden Bildungs- und Gesundheitswesen aus der kommunistischen Ära hervor. Die Kommunisten hatten auch die Geschlechtergleichstellung in allen Lebensbereichen gefördert. Daher begann China die marktwirtschaftliche Öffnung nach der Mao-Zeit mit ausreichendem Humankapital und Gleichberechtigung – den beiden unverzichtbaren Voraussetzungen für eine langfristige wirtschaftliche Entwicklung. Heute erfüllen nach Einschätzung des amerikanischen Ökonomen Erik Hanushek 85 Prozent der chinesischen Schulkinder die Voraussetzungen für eine Tätigkeit in der globalen Marktwirtschaft. In Indien gilt das nur für 15 Prozent der Schüler. Und während China weiteres Humankapital anhäuft, fällt es Indien schwer, Schritt zu halten. Die chinesischen Universitäten können sich mittlerweile insbesondere in den Bereichen Informatik und Mathematik mit den besten der Welt messen. Selbst die besten Hochschulen Indiens einschließlich der vielgepriesenen »Indian Institute of Technology« (IITs) liegen in den internationalen Rankings weit hinter den chinesischen.

China verdankt seinen Aufstieg unter die wissenschaftlich und technologisch führenden Länder seinem Humankapital. Das belegen die Zahlen der wissenschaftlichen Publikationen und Patentanmeldungen sowie die Fortschritte in Bereichen wie künstlicher Intelligenz, erneuerbaren Energien und zuletzt Elektroautos. China übernimmt eine globale Führungsrolle in der Fertigungstechnologie. Indien spielt lediglich in den unteren Ligen.

Es fällt Indien sogar schwer, von der Abwanderung der arbeitsintensiven Produktion aus China zu profitieren. Das am häufigsten genannte Beispiel dafür, dass Indien von der Strategie »China+1« profitieren kann, ist die Investition von Apples Zulieferern in die Fertigung von iPhones in Indien. In den Fabriken sind zahlreiche Arbeitsplätze entstanden. Bisher werden die Geräte aus importierten Teilen zusammengebaut. Die Hoffnung ist, dass die Saat für eine Ausweitung der Fertigung ausgebracht wurde.

Es ist zu früh, um zu beurteilen, ob sich diese Hoffnungen bewahrheiten werden, aber alles deutet darauf hin, dass vor allem das chinesische Kernland und andere Länder von der »China+1«-Strategie profitieren. Angesichts steigender Arbeitskosten in den traditionellen Fertigungszentren an der Küste haben die chinesischen Produzenten ihre Fabriken ins Landesinnere verlegt, wo die Arbeitskräfte billiger sind. So bleiben die Lieferketten der chinesischen Hersteller kurz. Ein weiterer Nutznießer der Entwicklung ist Vietnam. Das Land profitiert von seinen gut ausgebildeten Arbeitskräften und von der Mitgliedschaft in der Freihandelszone RCEP. Vietnam ist in das Netz regionaler Lieferketten integriert. Der letzte große Nutznießer von China+1 ist Mexiko, das auch davon profitiert, dass amerikanische Hersteller die Fertigung zunehmend in Nachbarländer verlegen.

Nehmen wir die sehr hohen BIP-Wachstumsraten unter die Lupe, die von den indischen Behörden veröffentlicht werden. Unter Verweis auf diese Statistiken beschreiben Beobachter Indien als die am schnellsten wachsende große Volkswirtschaft. Aber das ist eine Fehlinterpretation. Der jüngste Wachstumssprung Indiens ist lediglich eine kurzfristige Markterholung nach dem Absturz während der Pandemie. Seit 2019 ist die indische Wirtschaft im Durchschnitt nur um 3,5 Prozent pro Jahr gewachsen. Um eine selektive Interpretation der Daten zu vermeiden, müssen wir uns an mehrjährige Durchschnittswerte halten. Und wenn wir die durchschnittlichen BIP-Zahlen betrachten, bleibt von der gefeierten indischen Ausnahme nichts übrig. Nach dem Ende der Pandemie ist Indien langsamer gewachsen als Bangladesch, Vietnam und sogar China während seines Konjunktureinbruchs.

Betrachtet man die gesamte Zeit seit Modis Amtsantritt im Jahr 2014, so stellt man fest, dass sich das Wirtschaftswachstum von etwas mehr als 7 Prozent vor der Abschaffung der wichtigsten Banknoten auf etwa 5 Prozent nach dieser Maßnahme und dem Platzen der Kreditblase verlangsamt hat. Und obwohl die Wirtschaft im Anschluss an die Pandemie erneut mit billigem Geld geflutet wurde, verringerte sich das BIP-Wachstum weiter auf 3,5 Prozent. Die neue Kreditblase hat schädliche Auswirkungen. Die Regierung stopft die Kapitallöcher der Staatsbanken, die unter den Zahlungsausfällen großer Unternehmen leiden, und Banken und Finanztechnologie-Unternehmen (»Fintechs«)

drängen den Konsumenten Kredite auf. Die von den technologisch innovativen Fintech-Unternehmen gewährten Kredite sind oft mit Wucherzinsen verbunden und werden rasch unbezahlbar. Inkassobüros, die notleidende Fintech-Kredite einzutreiben versuchen, setzen Schuldner unter gewaltigen Druck und treiben manch einen in den Selbstmord. Gleichzeitig wächst die Fertigungsindustrie – der einzige Sektor, der massenhaft Arbeitsplätze schaffen kann – kaum.

Veränderungen zum Besseren sind nicht zu beobachten. Die indische Wirtschaftselite preist Modi für seine wirtschaftsfreundliche Politik, lässt ihren Worten jedoch keine Taten folgen. Die privaten Investitionen in Maschinen und Anlagen sinken gemessen am BIP weiter, was ein deutlicher Hinweis darauf ist, dass die indischen Investoren keineswegs zuversichtlich in die Zukunft blicken. Und sie haben Grund zur Sorge: Die Produktivität ihrer Investitionen sinkt, das heißt, sie führen zu immer geringeren BIP-Zuwächsen.

Unzuverlässige ausländische Investoren, die zuvor von der leuchtenden Zukunft des Landes schwärmten, ziehen ihr Geld wieder aus Indien ab. Die indische Zentralbank schätzt, dass sich die ausländischen Direktinvestitionen im Haushaltsjahr 2022/23 auf etwa 42 Milliarden Dollar beliefen, was etwa den Zuflüssen im Haushaltsjahr 2008/09 entspricht. In diesen fünfzehn Jahren sind die ausländischen Investitionen gemessen am BIP von 3,6 Prozent auf knapp 1 Prozent gesunken. Zum Vergleich: In Vietnam machen ausländische Direktinvestitionen fast 4,5 Prozent des BIP aus. Die Schlüsselindikatoren, mit denen die Regierung und ihre Anhänger prahlen – BIP-Wachstum, Erholung der Industrie, heimische und ausländische Investitionen –, zeichnen in Wahrheit ein ernüchterndes Bild. Warum ist Indien nicht leistungsfähig? Die Erklärung finden wir in der Lebenswirklichkeit der Menschen, insbesondere in Arbeitsplätzen und Kaufkraft.

Anhaltendes moralisches Versagen

Im Jahr 2019 bewarben sich 12,5 Millionen junge Inderinnen und Inder, die fast alle einen Hochschulabschluss hatten, um 35 000 offene Stellen bei der Eisenbahn. Eine von 350 Personen würde sich mit Erfolg bewerben. Aber selbst diese erbärmliche Hoffnung wurde enttäuscht: Im Dezember 2021 setzten wütende Studenten mehrere Waggons in Brand, als die Bahngesellschaft eine Liste der Bewerber veröffentlichte, die in die nächste Runde des Auswahlverfahrens gekommen waren. Die traurige Wahrheit ist, dass die indische Wirtschaft im kommenden Jahrzehnt 200 Millionen neue Arbeitsplätze schaffen muss, um die gesamte Bevölkerung im erwerbsfähigen Alter beschäftigen zu können. Mit Blick auf die Entwicklung in der jüngeren Vergangenheit ist das vollkommen unmöglich.[1]

Im Dezember 2023 wurden am Flughafen Vatry in Nordostfrankreich 303 Inder festgenommen, die aus den Vereinigten Arabischen Emiraten kamen und auf dem Weg nach Nicaragua waren, von wo aus sie illegal in die Vereinigten Staaten einwandern wollten. Nach Angaben des Pew Research Center stellten die Inder in den Jahren 2017 bis 2021 die am schnellsten wachsende nationale Gruppe von illegalen Einwanderern, und aus Daten der Grenzschutzbehörden geht hervor, das ihre Zahl seitdem weiter gewachsen ist. Da sie kaum auf Arbeit in den indischen Städten hoffen können, riskieren zahlreiche Inder ihr Leben, um nach Nordamerika, Europa und Australien zu gelangen.

Im Januar 2004 marschierten 200 000 Angehörige der traditionell wohlhabenden Gemeinschaft der Maratha 400 Kilometer aus dem Kernland von Maharashtra nach Mumbai, um Quoten oder »Reservierungen« von Posten in der öffentlichen Verwaltung und von Studienplätzen zu fordern.

Der fast aussichtslose Kampf um Posten im öffentlichen Dienst, die illegale Migration und die Forderungen nach Quotenplätzen sind Symptome einer anhaltenden politischen Lähmung. In den mehr als 75 Jahren seit der Unabhängigkeit sind menschenwürdige Arbeitsplätze mit fairen Löhnen, die angemessene Arbeitsbedingungen und die Chance zur persönlichen Entwicklung bieten, die Ausnahme. Mittlerweile hat Indien eine Erwerbsbevölkerung von mehr als einer Milliarde Menschen, und in den kommenden Jahrzehnten dürfte sich die Lage verschlechtern, weil Hunderte Millionen weitere Menschen auf den Arbeitsmarkt drängen werden.

An der untragbaren wirtschaftlichen Lage ändert sich nichts, weil die indische Politik gleichgültig gegenüber Menschenwürde, Gleichheit und Fairness ist und weil die für den gesellschaftlichen Fortschritt unverzichtbaren bürgerlichen Tugenden fehlen. Es mag sonderbar wirken, dass in einer wirtschaftlichen Analyse moralische Fragen behandelt werden. Derartige Analysen kreisen normalerweise um ordnungspolitische Reformen, Steuererleichterungen und dergleichen. Aber vom ethischen Wert, den eine Gesellschaft dem geteilten Wohlstand beimisst, hängt nicht nur ab, wie klug ihre Wirtschaftspolitik ist. Nur eine Gesellschaft, die diesen ethischen Wert erkennt, wird sich bemühen, öffentliche Güter wie Bildung, Geschlechtergleichstellung, Rechtspflege und eine saubere Umwelt bereitzustellen, welche die Grundlage für geteilten Wohlstand sind.

Im April und Mai 2024 wird in Indien gewählt, und das moralische Versagen ist unübersehbar. Die Politiker legen Lippenbekenntnisse zur Schaffung von Arbeitsplätzen und zur Bereitstellung grundlegender öffentlicher Güter ab, doch in der Praxis beschränken sie sich auf zynisch als »Wohlfahrtsprogramme« bezeichnete Wahlgeschenke, um die Bürger zu beschwichtigen, anstatt ihnen dabei zu helfen, auf eigenen Beinen zu stehen.

Ajit Kumar Ghose, der bedeutendste indische Arbeitsökonom, hat gezeigt, dass die indische Wirtschaft im Jahr 2018 weniger Menschen Arbeit gab als 2012. Für diese beiden Jahre liegen Daten vor, anhand deren die frühen Modi-Jahre beurteilt werden können. Die Beschäftigung in Landwirtschaft und Industrie ging zurück, während die Zahl der unsicheren Arbeitsplätze in Baugewerbe und geringqualifizierten Dienstleistungen stieg. In dieser Zeit schieden rund 100 Millionen Menschen im erwerbsfähigen Alter (15 Jahre und mehr) aus der erwerbstätigen Bevölkerung aus und gesellten sich zu den 400 Millionen, welche die Arbeitssuche aufgegeben hatten.

Auch die Zahlen seit 2018 deuten kaum auf einen »außergewöhnlichen Erfolg« hin. Für 135 Millionen neu auf den Arbeitsmarkt gekommene Personen hat die indische Wirtschaft lediglich 5 Millionen formale Arbeitsplätze schaffen können, die mit einem regelmäßigen Gehalt und mindestens einer Sozialleistung verbunden sind.

In der Landwirtschaft ist es aufgrund des Arbeitsplatzmangels in den Städten zu einer potenziell umwälzenden Rückkehrbewegung gekommen. Mehr als die Hälfte der neuen Arbeitskräfte – darunter viele mit Hochschulabschluss – haben sich in den unproduktiven Segmenten der Landwirtschaft gesammelt. Sie flohen ursprünglich vor diesem harten Leben, haben nach der Pandemie jedoch feststellen müssen, dass es außerhalb der Landwirtschaft nur wenige Jobs im Baugewerbe und ungelernten Dienstleistungen gibt. Die Industrie schafft weiterhin wenige und überwiegend informelle Jobs.

Erzählen diese Zahlen von einem Erfolg? Gegenwärtig hat Indien rund 450 Millionen Einwohner im erwerbsfähigen Alter, die weder arbeiten noch auf Arbeitssuche sind. Weitere 280 Millionen Menschen, das heißt 46 Prozent der Erwerbsbevölkerung, kämpfen in einer Landwirtschaft, die unter schwindenden Grundwasserreserven und der Klimakrise leidet, um ihren Lebensunterhalt. In den weitläufigen Trockengebieten West- und Zentralindiens – und sogar in Punjab, der Kornkammer Indiens – gehören erdrückende Schulden und Selbstmorde zum Alltag. Zum Vergleich: In China leben 24 Prozent der Bevölkerung von der Landwirtschaft, in Vietnam 29 Prozent.

Und es kommt noch schlimmer. Die seit 2018 neu entstandenen Arbeitsplätze entfallen zur Gänze auf »Selbstständige«, ein Begriff, den hilflose Arbeitsuchende verwenden, um ihre Würde zu wahren, obwohl sie in Wahrheit einen Großteil der Zeit untätig sind. »Unbezahlte Hausangestellte« stellen mehr als die Hälfte dieser neuen Selbstständigen; sie sind überwiegend Frauen, die sich früher nicht den Erwerbstätigen zurechneten. Selbst außerhalb der Landwirtschaft bezeichnen sich die meisten neuen Arbeitskräfte als »selbstständig erwerbstätig«.

Neben dem Mangel an menschenwürdigen Arbeitsplätzen leidet Indien unter einer Bildungskrise. Aus den amtlichen Statistiken geht hervor, dass zu Beginn des Jahrtausends sämtliche Kinder die Grundschule besuchten. Aber diesen Meilenstein hatten zu jenem Zeitpunkt bereits fast alle Länder erreicht, darunter einige, die ärmer waren als Indien. Jetzt ging es darum, die Lernergebnisse zu verbessern. Es genügte nicht länger, die Grundschule besucht zu haben: Die Kinder mussten in sehr jungem Alter lesen und rechnen können. Indien ist an der Aufgabe gescheitert, die Bildungsergebnisse zu verbessern. Das größte Problem ist nach wie vor die mangelnde Kompetenz der Lehrer.

So wie die Bildung ist auch die Geschlechtergleichstellung nicht nur an sich wünschenswert, sondern auch für die wirtschaftliche Entwicklung unverzichtbar. Doch die Erwerbsbeteiligung von Frauen liegt nach Angabe der Weltbank lediglich bei 28 Prozent. (In China sind 60 Prozent der Frauen erwerbstätig.)

Adam Smith erklärte, der Markt könne nur mit einem öffentlichen Bildungswesen und einem fairen und effektiven Justizsystem gut funktionieren. Indiens Justizsystem liegt am Boden, 50 Millionen Verfahren haben sich aufgestaut. Es gibt zu wenige Richter, und viele der vorhandenen sind schlecht ausgebildet.

Die gravierendste Auswirkung des moralischen Zusammenbruchs ist die allgegenwärtige Umweltzerstörung. Großunternehmen roden unberührte

Wälder. Die Regierung hebt Gesetze zum Schutz von Waldgebieten auf. Die Bauern zehren die Grundwasservorkommen auf. Die ungehemmte Müllentsorgung führt zum ökologischen Zusammenbruch von Flüssen – und wenn Flüsse sterben, sterben Zivilisationen. Die durch Extremwetter infolge des Klimawandels verschärfte Umweltzerstörung fügt den Verwundbaren und den zukünftigen Generationen schweren Schaden zu.

In Indien ist die Klimakrise bereits angekommen

Infolge des weltweiten Temperaturanstiegs leidet das Land mittlerweile alljährlich unter extremen Hitzewellen. Und in Indien ist extreme Hitze aufgrund der hohen Luftfeuchtigkeit und der starken Luftverschmutzung besonders tödlich. Forscher erwarten, dass selbst ein geringer Anstieg der Durchschnittstemperatur in Indien die Zahl der Hitzetoten deutlich in die Höhe treiben wird. Hitzewellen, die Tausende töten, sind im kommenden Jahrzehnt eine realistische Gefahr. Damit würde Indien zum ersten großen Opfer der Klimakrise.[2]

Die indische Landwirtschaft sieht sich einem Angriff aus drei Richtungen ausgesetzt: Dürreperioden, Heuschreckenplagen und extreme Regenfälle. Trockenheit und Hitze verringern nicht nur die Ernteerträge, sondern führen auch zu Unterernährung und Krankheiten und zwingen mehr Menschen, aus trockenen und halbtrockenen ländlichen Gebieten in die Städte abzuwandern. Aber die begehrtesten Zielorte – die Küstenstädte – kämpfen angesichts des steigenden Meeresspiegels ebenfalls ums Überleben. Bis 2050 könnten in Mumbai 80 Prozent des Geschäftsbezirks Nariman Point unter Wasser stehen. Die Arbeitsproduktivität (und damit die Einkommen) in der städtischen Industrie werden infolge zunehmender Hitze und Luftfeuchtigkeit ebenfalls sinken.[3]

Die Ostküste Indiens wird seit jeher von Zyklonen heimgesucht. Aber Mitte der 2010er-Jahre stieg aufgrund der zunehmenden zyklonischen Aktivität im Arabischen Meer die Wahrscheinlichkeit, dass auch Mumbai von einem schweren Zyklon heimgesucht würde. Da die Abwasserkanäle in Mumbai mit Abfällen verstopft sind und Feuchtgebiete unkontrolliert verbaut wurden, würde ein Zyklon dort unbeschreibliche Verwüstungen anrichten. Anfang Juni 2020 wurde dieses Szenario beinahe Realität, als sich der Zyklon »Nisarga« nicht weit südlich der Metropole austobte.[4]

Die Gleichgültigkeit gegenüber Umweltschutz und Klimakrise beschwört im geologisch fragilen Himalaja eine große Gefahr herauf. Durch die Gletscherschmelze freigelegtes Geröll rutscht bei starken Regenfällen die Hänge hinab. Wasserkraftwerke an Flüssen und das von Premierminister Modi vorangetriebene »Vier-Schreine«-Autobahnprojekt im Himalaja häufen zusätzliches Gestein an, das sich bei Bergrutschen in eine tödliche Gewalt verwandelt, Dörfer unter sich begräbt und in den Ebenen Ufer beschädigt und Flussläufe ändert. Erdrutsche infolge schwerer Regenfälle sind auch in den Westghats entlang der Südwestküste mittlerweile ein gewohnter Anblick.

Diese bedrohlichen Ereignisse – tödliche Hitzewellen, Trockenheit, Episoden extremer Niederschläge, Anstieg des Meeresspiegels, Zyklone und Gletscherschmelze – werden häufiger und intensiver. Im August 2021 erklärte der Weltklimarat (IPCC), dass die Menschheit nicht nur große Mengen Kohlenstoff in die Atmosphäre freigesetzt, sondern auch die natürlichen Reinigungssysteme beschädigt hat, die CO_2 aufnehmen können: Ozeane, Wälder, Erdreich. Die Erde erwärmt sich schneller als erwartet. Im November 2021 verpflichteten sich Regierungschefs aus aller Welt bei der COP26 in Glasgow, rascher Maßnahmen gegen die Erderwärmung zu ergreifen. Aber ihre Zusagen genügten nicht, um den globalen Temperaturanstieg auf weniger als 1,5 Grad über dem vorindustriellen Niveau zu begrenzen. Bei einem Temperaturanstieg von mehr als 1,5 Grad droht der Welt eine Katastrophe. Da Indien in einer feuchtheißen Zone liegt, ist es besonders verwundbar. Die unkontrollierte Bautätigkeit, der Bergbau und die Entwaldung haben es anfälliger für extreme Klimaereignisse gemacht. Möglicherweise ist die Katastrophe näher, als die politische Führung eingesteht.[5]

Das ist Indiens Zukunft: Arbeitsplatzmangel, sterbende Flüsse und Klimakatastrophe. Das Land steuert auf den gesellschaftlichen und politischen Zusammenbruch zu.

Wird es so enden?

Mein Vorhaben, die Geschichte Indiens seit der Unabhängigkeit nachzuzeichnen, ist abgeschlossen. Als das Land vor 75 Jahren zu dieser Reise aufbrach, sah es sich mit drei Herausforderungen konfrontiert: Es musste seiner Landwirtschaft neues Leben einhauchen, gute Arbeitsplätze in den Städten schaffen und sich auf den Weltmärkten durchsetzen. Heute steht Indien vor drei Herausforderungen: Es muss einer notleidenden Landwirtschaft neues Leben einhauchen, es muss sehr viel mehr Arbeitsplätze in einer Volkswirtschaft schaffen, die anscheinend chronisch unfähig dazu ist, und es muss sich auf sehr viel härter umkämpften Weltmärkten behaupten. Zum Zeitpunkt der Unabhängigkeit litt Indien unter verbreitetem Analphabetismus. Dieser ist mittlerweile besiegt, aber die funktionale Schriftkunde für den Wettbewerb in der globalen Wirtschaft ist immer noch weit entfernt.

Indien ging mit gesellschaftlicher Ungleichheit in die Unabhängigkeit. Insbesondere ab Mitte der achtziger Jahre nahm die Ungleichheit zu, und infolge der Coronapandemie wuchs die Kluft zwischen Reich und Arm weiter. Wenn man sehr niedrige Maßstäbe anlegt, nahm die Armut in Indien in den zwei Jahrzehnten ab 1990 ab, aber selbst im Jahr 2012, als die Armutsquote auf den niedrigsten Wert gesunken war, lebten 60 Prozent der indischen Bevölkerung gemessen an den Kriterien für ein menschenwürdiges Leben weiterhin in Armut. Aus einem durchgesickerten amtlichen Bericht geht hervor, dass die Armut zwischen 2012 und 2018 zunahm, und die Pandemie stürzte viele weitere Menschen ins Elend. Trotzdem verkündete die Regierung gestützt auf bruchstückhafte Daten den Sieg über die Armut. Wenn sie wirklich besiegt ist, stellt sich die Frage, warum 60 Prozent der Bevölkerung kostenlose Getreiderationen vom Staat beziehen. In Wahrheit deuten die Daten auf hartnäckige Armut hin, die möglicherweise sogar zunimmt.

Indien wurde mit einer scheinbar unmöglichen Demokratie, die von der Weisheit eines armen und nicht schriftkundigen Volkes abhing, in die Unabhängigkeit entlassen. Diese Demokratie hat die wirtschaftlichen Bestrebungen von Millionen Menschen enttäuscht und schützt weder ihre Grundrechte noch ihre Freiheit. Das Land wird von Gewalt erstickt. Gleichheit, Toleranz und geteilter Fortschritt gelten nichts mehr.

Die Geschichte des unabhängigen Indien begann mit Hoffnung. Kann das Land diese Hoffnung noch immer erfüllen, oder ist es zu spät, seine zerschlagene Wirtschaft und Demokratie zu reparieren?

Es gibt keinen einfachen Ausweg aus Indiens Zwangslage

Die indische Politik zersetzt seit Jahrzehnten das moralische Gefüge des Landes. Politiker und Beamte, die nicht das Gemeinwohl, sondern nur ihr Eigeninteresse im Sinn haben, sind das Gegenteil der *grands commis de l'état*, der pflichtbewussten Staatsdiener in der französischen bürgerlichen Kultur. Eine alarmierend große Zahl indischer Parlamentarier ist mit dem organisierten Verbrechen verbunden. Die von Modis Partei BJP vorangetriebene politische Verwirklichung des Hindutva – des auf einem aggressiven Hindutum beruhenden Nationalismus – hat Intoleranz und Gewalt gefördert.

Die gesellschaftlichen Probleme des Landes sind auch derart hartnäckig, weil sie durch Datenlücken verdeckt werden. Seit 2011 wurde keine Volkszählung durchgeführt, und in den letzten Jahren wurden nur bruchstückhafte Erhebungen zu den Konsumausgaben der Haushalte veröffentlicht. Stattdessen verbreiten die Regierung und ihre Verbündeten frei erfundene Statistiken zur Armutsbekämpfung und anderen Fragen. Im Jahr 2023 wurde der Leiter einer Erhebung, die unverändert hohe Raten von Wachstumsstörungen und Anämie bei Kindern zutage gefördert hatte, zum Rücktritt gezwungen.

Der Mangel an politischer Rechenschaftspflicht ist kein Defekt, sondern ein fester Bestandteil der indischen Politik. Rasant steigende Wahlkampfausgaben haben der Korruption und kriminellen Politikern Tür und Tor geöffnet. Die Hindutva-Politik stützt sich auf die unablässige Gewalt des Mobs, und der Mob gibt sich nicht länger zufrieden mit den traditionellen Formen der Gewalt: Er sucht die Eskalation. Zuletzt wurde zum Genozid an den Muslimen aufgerufen. Die Hindutva-Bewegung hat alle ethischen Normen und jegliche Rechenschaftspflicht beseitigt. Die Regierung unterdrückt öffentliche Proteste, schüchtert Journalisten ein und höhlt das Justizsystem aus, damit sich Korruption, Kriminalität und das gewalttätige Hindutum ungehindert entfalten können.[6]

Indien steckt in einer Sackgasse, weil Politiker, die nicht zur Rechenschaft gezogen werden, nicht aus freien Stücken Rechenschaft ablegen. Ernährung, Gesundheit und Bildung spielen im indischen politischen Diskurs nach wie vor keine Rolle. Im Mittelpunkt der »Entwicklung« stehen weiterhin der Bau von Dämmen, Uferpromenaden und Überführungen sowie die Ausweitung des Bergbaus in Waldgebieten: Diese Vorhaben sind für die Politiker und mit ihnen verbundene Unternehmen einträglicher als eine Verbesserung von Gesundheits- und Bildungswesen.

Sofern es Mechanismen gegen Betrug und Umweltzerstörung gibt, werden sie nicht genutzt. Das Prinzip der Rechtsstaatlichkeit wird willkürlich angewandt. Das positive Potenzial des Systems wird nie genutzt, um geteilten Wohlstand zu schaffen. Es fehlt weiterhin an Arbeitsplätzen, die Flüsse sterben weiterhin, die Politiker verschließen weiterhin die Augen vor der Klimakrise.[7]

Es gibt keinen einfachen Ausweg aus der moralischen Krise, die den Mangel an Arbeit, Humankapital, Gerechtigkeit und Umweltschutz verschärft hat. Die Inder müssen Bürgersinn entwickeln und brauchen engagierte Lokalregierungen, die das staatsbürgerliche Bewusstsein in die politische Praxis umsetzen. Wie Alexis de Tocqueville schrieb, erzieht eine funktionierende Lokalregierung die Menschen zu bürgerlichem Engagement. Nur ein solcher grundlegender Wandel kann eine Politik hervorbringen, die Menschen, die sich nach einem besseren Leben in einem anderen Land sehnen, Hoffnung geben würde. Millionen Inder würden in Jubel ausbrechen. Nicht der leere Applaus der Elite in Davos, sondern dieser Jubel des indischen Volkes würde beweisen, dass das Land tatsächlich vorankommt.

NACHWORT

Ein realistischer Idealismus

Viele Angehörige der indischen Elite sind dafür, die Demokratie zu beseitigen und stattdessen eine Autokratie zu errichten. Die beiden autokratischen Herrscher Indiens – zuerst eine starke Frau, dann ein starker Mann – legten die Grausamkeit und Gewalttätigkeit an den Tag, die normalerweise mit unangefochtener Stärke einhergeht. Ihre Bewunderer verweisen auf vermeintliche wirtschaftliche und gesellschaftliche Fortschritte unter diesen Autokraten, aber in Wahrheit litt die indische Wirtschaft unter ihrer Herrschaft. Das galt insbesondere für jene Teile der Wirtschaft, die den Schwachen und Verwundbaren dienen. Das moralische und soziale Gefüge des Landes drohte sich aufzulösen.

Die indische Demokratie hat ihr Volk verraten. Aber die einzige Hoffnung für Indien ist eine funktionierende Demokratie. Wenn die Demokratie funktionieren soll, müssen wir eine moralische Frage beantworten: Was für ein Land wollen wir?

Wir brauchen einen neuen Bürgersinn

Wenn die moralischen Normen ihre Gültigkeit verlieren, gelangen die Mitglieder des Gemeinwesens zu der Überzeugung, dass alle anderen betrügen – und sehen den einzigen Weg darin, ebenfalls zu betrügen. In diesem Gleichgewicht des »Ich, ich, ich« handeln die Bürger vollkommen vernünftig, indem sie andere betrügen und ausplündern. Der Finanzbetrug blüht, Pharmaunternehmen produzieren minderwertige Medikamente, die Grundwasserspiegel sinken, Mülldeponien wachsen zu Bergen an. Politiker nutzen ihre Autorität, um sich zu bereichern und ihre Freunde reich zu machen. Das ist der indische Teufelskreis. Um aus diesem Teufelskreis auszubrechen, müssen wir ein Gleichgewicht finden, in dem alle Mitglieder des Gemeinwesens erwarten, dass alle anderen redlich sind. Dann werden sich die meisten Menschen anständig verhalten. Dieses »Gleichgewicht der Redlichkeit« wird das Vertrauen fördern und die Bürger dazu bewegen, langfristig zusammenzuarbeiten, um öffentliche Güter zu schaffen und eine nachhaltige Entwicklung voranzutreiben.[1]

Der Politikwissenschaftler Robert Putnam hat beschrieben, wie eine Gesellschaft aus dem Gleichgewicht des »Ich, ich, ich« ausbrechen kann. Putnam und Kollegen empfehlen den Aufbau »engagierter Gemeinschaften«: In solchen Gemeinschaften drücken die Bürger ihr Bekenntnis zum Gemeinwesen aus, indem sie sich Sportvereinen, Kooperativen, Organisationen für Nachbarschaftshilfe und Kulturvereinen anschließen. Diese Beziehungen stärken die Ideale von Gleichheit, Toleranz und gemeinsamem Fortschritt. So entwickeln die Bürger ein Bekenntnis zur aufgeklärten und respektvollen Teilhabe am öffentlichen Leben. Die Politiker in engagierten Gemeinschaften sind zumeist gebildet. Sie setzen sich für wirtschaftliche und politische Gleichheit ein und bemühen sich um Kompromisse zur Beilegung von Konflikten. Die Angehörigen solcher Gemeinschaften glauben normalerweise, dass ihre Politiker redlich sind, dass der Rechtsstaat funktioniert und dass ihre Mitmenschen in gutem Glauben handeln. Daher streben sie nicht nur nach persönlicher Bereicherung, sondern setzen sich auch für das Gemeinwohl ein.[2]

Da der Übergang von einer »Ich-Ich-Ich-Gesellschaft« zu einer »Wir-Wir-Wir-Gesellschaft« ungemein schwierig ist, schlagen Putnam und Kollegen vor, klein anzufangen. Kleine Institutionen, erklären sie, versetzen die Menschen in die Lage, die Arbeit für das Gemeinwohl zu üben, und Gegenseitigkeit schafft das Vertrauen, das für das Funktionieren komplexer Institutionen erforderlich ist. Kleine Anfänge helfen auch, eine Kultur von zuverlässiger Information und Kommunikation zu schaffen, was dem zerstörerischen Einfluss unvollständiger und falscher Information entgegenwirkt, die Misstrauen und Konflikte schürt.[3]

In Indien wäre eine Dezentralisierung der Regierung – die Verlagerung von Befugnissen und finanziellen Mitteln vom Zentralstaat und von den Bundesstaaten auf die Kommunen – am besten geeignet, um engagierte Gemeinschaften aufzubauen. Seit der Unabhängigkeit hat die Dezentralisierung in der Politik zahlreiche Befürworter, aber bis Anfang der neunziger Jahre gelangen nur in Westbengalen und Karnataka bescheidene Fortschritte in diese Richtung. Im Jahr 1993 brachte die Regierung unter P. V. Narasimha Rao zwei Verfassungszusätze durchs Parlament, welche die Dezentralisierung erleichterten.

Doch die Zentralregierung und die Bundesstaaten gaben die Kontrolle über Macht und Geld nicht auf.

Im Jahr 1996 erwachte neue Hoffnung. Auf Initiative der Communist Party of India (Marxist) begann in Kerala, dem Bundesstaat mit den besten Bildungs- und Gesundheitssystemen Indiens, eine weitreichende Dezentralisierung. Die Resultate entsprachen den Vorhersagen Putnams. Im Jahr 2002 zeigte eine Studie, dass sich seit Beginn der Dezentralisierungsinitiative mehr Bürger in zivilgesellschaftlichen Organisationen engagiert hatten. Die Befragten, insbesondere Frauen, erklärten, dass sie gegenüber den örtlichen Verwaltungen aktiver auf bessere öffentliche Güter drängten. Und sie gaben an, dass Bildung, medizinische Versorgung, Kinderbetreuung und Unterkünfte für die Armen tatsächlich verbessert worden seien. Die Befragten berichteten sogar über höhere Einkommen und bessere Beschäftigungschancen. Der Politikwissenschaftler James Manor hat beobachtet, dass solche positiven Entwicklungen bei Dezentralisierungsexperimenten in aller Welt zu beobachten sind.[4]

Manche Kommentatoren befürchten, skrupellose Politiker in den Gemeinderäten könnten Gelder für ihre eigenen Vorhaben abzweigen, was die wirtschaftliche Entwicklung beeinträchtigen und die Ungleichheit verstärken würde. Diese Sorge ist übertrieben. In diesem Buch haben wir ein ums andere Mal gesehen, dass die Selbstbereicherung in den Regierungen der Bundesstaaten und auf nationaler Ebene allgegenwärtig ist. Lokalregierungen hingegen sind direkter mit den Bürgern konfrontiert, die Rechenschaft von ihnen verlangen, wie die Entwicklung in Kerala und andere Dezentralisierungsinitiativen bewiesen haben.[5]

Das Dezentralisierungsexperiment in Kerala zeigt, »was möglich ist«, schreibt Thomas Isaac, der bis vor kurzem Finanzminister des Bundesstaates war und wesentlich zu dem Experiment beitrug. Er räumt ein, dass die Fortschritte »fragil« sind. Besonders deutlich zeigt sich das an der Auseinandersetzung zwischen erfolgreichen Lokalregierungen und Staatsregierung. Trotz des erbitterten Widerstands von Lokalpolitikern gab die Staatsregierung im Juni 2020 grünes Licht für das Wasserkraftwerk Athirappilly, das Entwaldung und Bodenerosion in den Westghats zu beschleunigen und dadurch die verheerenden Auswirkungen der zunehmend schweren Regenfälle in Kerala zu verschlimmern drohte. Doch eine unnachgiebige Bürgerbewegung, die sich in der Kultur der lokalen Selbstregierung entwickelt hatte, zwang die Staatsregierung, das Projekt aufzugeben. Es drohen jedoch weitere Gefahren: Einflussreiche öffentliche und private Akteure treiben weiterhin zerstörerische Bauvorhaben voran, welche die Götter des Klimawandels verhöhnen.[6]

Allen Widerständen zum Trotz ist die lokale Selbstregierung am besten geeignet, um soziale Normen durchzusetzen, die kooperatives Verhalten und politische Rechenschaftspflicht fördern. Dies ist Indiens vielleicht einzige Hoffnung in dem Bemühen, die Verkommenheit seiner Politik zu überwinden und Werte durchzusetzen, auf deren Grundlage die menschliche Entwicklung, die Verantwortung gegenüber der Umwelt und die Widerstandskraft gegenüber dem Klimawandel gestärkt werden kann. Das Land steht vor einer ungeheuer schwierigen Aufgabe. Bei aller Zuversicht glaube ich nicht, dass es den Lokalregierungen gelingen wird, das Beschäftigungsproblem Indiens zu lösen. Aber das darf uns nicht daran hindern, weiterzukämpfen. Erfolge auf lokaler Ebene könnten ein landesweites Erwachen des Bürgersinns bewirken. Andernfalls droht der soziale und politische Zusammenbruch, ein Ergebnis, das nicht nur Indien, sondern der gesamten Menschheit Angst machen muss.

Danksagung

Ich schulde vier Personen großen Dank für ihre Beiträge zu diesem Buch. Mein Vater, der 96 Jahre alt war, als ich diese Worte im Juli 2022 geschrieben habe, besaß ein fotografisches Gedächtnis und hatte das Herz eines Historikers. Er verstand nicht nur den Charakter der Jahrzehnte nach der indischen Unabhängigkeit, sondern wusste auch Einzelheiten über bestimmte Ereignisse und Persönlichkeiten. So war er für mich ein unverzichtbarer Führer, der zahlreiche verbreitete Missverständnisse korrigierte und diesem Buch damit die Möglichkeit eröffnete, eine verlässliche Quelle für die Interpretation jener Jahrzehnte zu sein. Alaknanda Patel half mir mit ihren Erinnerungen und mit ihrer Leidenschaft für das Projekt, auf das ich mich eingelassen hatte. Sie war Augenzeugin einiger der in diesem Buch beschriebenen Schlüsselmomente, vor allem in den Jahren unter Indira Gandhi. T. N. Ninan, vielleicht *der* herausragende indische Wirtschaftsjournalist des letzten halben Jahrhunderts, stand mir bei der schwierigen Aufgabe zur Seite, zu beurteilen, welchen Einfluss einzelne Figuren auf die Entfaltung der historischen Kräfte nahmen. Mein Freund und ehemaliger College-Kommilitone Sukumar Muralidharan ist eine wandelnde Enzyklopädie. Seine lehrreichen Kommentare an den Rändern meiner Entwürfe halfen mir, den Kontext meiner Untersuchung besser zu verstehen, und er ergänzte Details, die verschiedene Teile der Darstellung mit Leben erfüllten.

Ich profitierte auch vom freundlichen Feuer verschiedener Personen, die mein Manuskript lasen. Dies waren Anand Anandalingam, Samantha Chai, Dan Chamby, Ajit Ghose, Anne Krueger, Abhijit Nimgaonkar, Narendar Pani und Robert Tombs. Paulette Altmaier, Kevin Cardiff, Scott Parris und David Wheeler verdienen einen besonderen Ehrenplatz: Sie lasen verschiedene Entwürfe für dieses Buch und für meine frühere Arbeit *EuroTragedy*. Weitere Personen, die Teile des Manuskripts lasen und hilfreiche Kommentare dazu abgaben, waren Sunit Arora, Michael Bordo, Murad Banaji, Ajai Chopra, Ravi

Chopra, Venkatesh Dutta, Barry Eichengreen, Gautham, Krupa Ge, Sudipto Mundle, M. Rajshekhar, Peter Smith, Brody Viney und Tirthankar Roy.

Ich hätte das Projekt unmöglich ohne die Unterstützung zahlreicher Spezialistinnen und Spezialisten bewältigen können, die mich in besonders schwierigen Fragen berieten, wenn die Daten oder die Abfolge der Geschehnisse unklar waren (und das war oft der Fall). Zu nennen sind hier Rosa Abraham, Amit Basole, Ram Babu Bhagat, Mohsin Alam Bhat, Laxmi Chatterji, Diptakirti Chaudhuri, Sucheta Dalal, Biswajit Dhar, Chirag Dhara, Jean Drèze, Katherine Eban, Francisco Ferreira, Rajmohan Gandhi, Sandeep Hasurkar, Himanshu, Doug Johnson, Radhicka Kapoor, Gurinder Kaur, Anjana Kizhpadathil, Rakesh Kochhar, Ishan Kukreti, Snigdha Poonam, Vaibhav Purandare, K.S. Chalapati Rao, Martin Ravallion, Siddhartha Sahi, Rajeshwari Sengupta, Nirbhay Sharma, Sreenivasan Subramanian, Nandini Sundar, Faizal Syed, Dinesh Thakur, Milan Vaishnav und insbesondere R. Nagaraj, der sich mit den indischen makroökonomischen Statistiken besser auskennt als jeder andere.

Meine gesamte erweiterte indische Familie beteiligte sich an der Arbeit. Besonderen Dank schulde ich meinem Cousin Rajiv Agrawal, der sich trotz aller Widrigkeiten, die ihm im Leben widerfahren sind, eine inspirierende Heiterkeit und einen scharfen Intellekt bewahrt hat. Er hat das Manuskript mit den Augen eines Geschäftsmanns gelesen und um diese Perspektive bereichert. Ravindra Chaudhary, langjähriger Chauffeur meines Vaters und sein Mädchen für alles, begleitete meine Arbeit mit seinen ebenso unterhaltsamen wie lehrreichen Kommentaren zu Korruption und Politik in Indien und zum schwierigen Leben von Arbeitsmigranten.

Uuriintuya Batsaikhan arbeitete wie bei meinem früheren Buch *EuroTragedy* unermüdlich, um verschiedene Versionen der Diagramme in diesem Buch zu erstellen. Meine Familie in den Vereinigten Staaten verwöhnte mich. Mein älterer Bruder Krishnan, seine Frau Andra und mein jüngerer Bruder Lakshman lasen und kommentierten Teile des Manuskripts mit der Präzision von Technikern und mit der Großzügigkeit, die ihnen eine geisteswissenschaftliche Ausbildung vermittelt hat. Meine Frau Jyothsna, die das Englische so gut beherrscht, wie ich es nie beherrschen werde, ließ sich oft mehrere Male am Tag Passagen von mir vorlesen und beurteilte ihre Klarheit und Kadenz.

Bobray Bordelon und Ellen Ambrosone von der Bibliothek der Universität Princeton waren eine unerschöpfliche Quelle von Referenzmaterial und Daten.

Simin Gul im Rechenzentrum rettete mich vor einem Herzstillstand, als mein Laptop zusammenbrach. Und meine Assistentin Lindsay Woodrick nahm mir wie immer die mit der Lehrtätigkeit verbundene Verwaltungsarbeit ab.

Ich danke meinem Agenten Peter Bernstein dafür, dass er mir nicht nur dabei half, den Publikationsprozess zu durchlaufen, sondern auch hilfreiche Vorschläge dazu machte, wie ich den Rhythmus der Schilderung beschleunigen konnte. Meine Lektorinnen und Lektoren Marcela Maxfield bei der Stanford University Press und Parth Mehrotra und Nandini Mehta bei Juggernaut Books gaben mir sowohl allgemeine als auch detaillierte Anleitung dazu, wie ich das Manuskript lesbarer machen konnte. Ein großer Dank geht auch an Charlie Clark, der die Produktion sachkundig abwickelte. Und wie bei meinem vorhergehenden Buch erwiesen sich meine Studentinnen und Studenten als Geheimwaffe. Daniel Ju kommentierte einen frühen Entwurf im Detail; Jack Aiello und Ishita Batra machten ausgezeichnete editorische Vorschläge. Die Hörerinnen und Hörer meiner Vorlesung über die neuzeitliche Geschichte Indiens lehrten mich, neue Perspektiven zu wählen. Elizabeth Wahlstedt, Anna Goodman und Caitlin Quinn gaben mir beharrlich redaktionelle Unterstützung. Anna und Caitlin hatten den doppelten Vorteil, weder Inderinnen zu sein noch Wirtschaftswissenschaften zu studieren. Als talentierte Autorinnen beharrten beide auf Folgerichtigkeit und klare Darstellung. Schließlich danke ich Hannah Ceja, die in letzter Sekunde Korrekturen vornahm. Lisa Becker (Campus Verlag) war eine freundliche und unschätzbare Hilfe bei der Vorbereitung der deutschen Ausgabe dieses Buches.

Den wunderbaren Menschen, die mir zur Seite standen, gilt meine unerschöpfliche Dankbarkeit.

Glossar

Bajrang Dal »Brigade von Hanuman«. 1984 gegründete militante Jugendorganisation des hindu-nationalistischen VHP.

Bharatiya Janata Party (BJP) »Indische Volkspartei«. 1980 gegründete hindu-nationalistische Partei, deren Mitglieder überwiegend aus der Jana Sangh kamen. Die Partei war eng mit der RSS verbunden.

Jana Sangh »Indische Volksvereinigung«. 1951 gegründete hindu-nationalistische Partei, die bis 1974 existierte und Vorläuferin der BJP war. Viele ihrer Mitglieder kamen aus der RSS.

Janata Dal 1988 aus Bestandteilen des zerbrochenen Parteienbündnisses Janata Party hervorgegangene Partei.

Janata Party »Volkspartei«. Parteienbündnis aus Jana Sangh, Socialist Party, Lok Dal (»Volkspartei«) und Abtrünnigen der Kongresspartei, das von 1977 bis 1980 die Regierung stellte.

Lok Sabha »Haus des Volkes«. Das Unterhaus des indischen Parlaments.

Punjabi Suba Das Projekt eines Sikh-Staates in Punjab.

Rashtriya Swayamsevak Sangh (RSS) »Nationale Freiwilligenorganisation«. 1925 gegründete militante hindu-nationalistische Organisation, die ihre Aufgabe darin sah, die Jugend mit der Hindutva-Ideologie zu indoktrinieren.

Rajya Sabha Oberhaus des indischen Parlaments.

Salwa Judum »Friedensmarsch« oder »Reinigungsreise«. 2005 im südindischen Chhattisgarh entstandene Privatmiliz, welche die Interessen von Unternehmen gewaltsam durchsetzte. 2011 offiziell aufgelöst.

Shiv Sena »Armee Shivajis«. 1966 von Bal Thackeray gegründete hindu-nationalistische Partei. Ihre militanten Angehörigen waren die *shiv sainiks* (»Soldaten Shivajis«)

Shiromani Akali Dal »Zentrale Armee der Unsterblichen«, separatistische Sikh-Partei.

Shiromani Gurudwara Prabandhak Committee (SGPC) Das religiöse Parlament der Sikhs.

Swatantra Party 1959 von C. Rajagopalachari (»Rajaji«) gegründete wirtschaftsfreundliche Partei mit sozialdemokratischer Ausrichtung.

United Progressive Alliance (UPA) »Vereinte Fortschrittsallianz«. Von der Kongresspartei geführte linke Parteienkoalition, die von 2004–2014 regierte.

Vishva Hindu Parishad (VHP) »Weltrat der Hindus«. Hindu-nationalistische Organisation, treibende Kraft hinter der Zerstörung der Babri-Moschee in Ayodhya.

Zamindar Die *zamindari* waren Grundbesitzer, die insbesondere in Ostindien als Mittelsmänner Steuern für die britische Kolonialverwaltung erhoben, notleidenden Bauern Wucherkredite gaben und sich oft das Land aneigneten, wenn die Bauern die Darlehen nicht zurückzahlen konnten.

Anmerkungen

Vorwort

1 Lipset, Seymour Martin, 1960, *Political Man: The Social Bases of Politics*, Garden City, New York, S. 46.

1 Damals und heute, eine Einführung

1 Satyajit Ray, 1948, »Indian Films«, *Statesman*, 2. Oktober.
2 Nisid Hajari, 2015, *Midnight's Furies: The Deadly Legacy of India's Partition*, Kindle-Ausgabe, Houghton Mifflin Harcourt, S. 147.
3 »Jawaharlal Nehru: ›Tryst with Destiny‹ Address to the Constituent Assembly of India in Neu-Delhi«, *American Rhetoric*, zugänglich unter: www.americanrhetoric.com/speeches/jawaharlalnehrutrystwithdestiny.htm.
4 Francisco Ferreira und Carolina Sánchez-Páramo, 2017, »A Richer Array of International Poverty Lines«, Weltbank, Washington, DC, 13. Oktober; vgl. auch Kapitel 20.
5 Vidya Krishnan, 2020, »The Callousness of India's COVID-19 Response«, *The Atlantic*, 27. März; Niharika Sharma, 2020, »India Extends Its Nationwide Coronavirus Lockdown Till May 3«, *Quartz India*, 14. April.
6 Supriya Sharma und Vijayta Lalwani, 2020, »Hell on the Yamuna as Hundreds Starved for Days after Delhi Shelters Went Up in the Flames«, *Scroll.in*, 15. April.
7 Al Jazeera, 2020a, »Concerns after Mumbai's Dharavi Slum Reports COVID-19 Cases«, 3. April; Smruti Koppikar, 2020, »Dharavi's Economy Goes Down the Tubes«, *Mint*, 18. April.
8 *Caravan*, 2020, »Speaking Positivity to Power«, 31. März; Meera Emmanuel, 2020, »Coronavirus Lockdown: Fake News and Panic Driven Migration Caused Untold Misery to Migrant Labourers, Supreme Court [Read Order]«, *Bar and Bench*, 31. März.
9 *Business Standard*, 2020, »About 3,500 Jurists, Artists Slam FIR against Varadarajan, Call It Attack on Media Freedom«, 14. April; *The Wire*, 2020, »As CoV Cases Spike in Nizamuddin, Nehru Stadium Becomes Quarantine Centre«, 31. März; Sharat Pradhan, 2020, »Adityanath's Role in Shift of Ram Idol at Temple Site Upsets Some Ayodhya Sadhus«, *The Wire*, 20. März.
10 Sruthisagar Yamunan, 2020, »Tablighi Jamaat: How Did the Government Fail to Detect a Coronavirus Infection Hotspot?« *Scroll.in*, 1. April; Joanna Slater und Niha Masih, 2020, »These Americans Came to India to Deepen Their Faith. They've Been Detained, Quarantined and Prosecuted«, *Washington Post*, 27. August; Samar Halarnkar, 2020, »Why the Slow Drip of Anti-Muslim Poison in India Is Now a Flood«, *Scroll.in*, 10. April; Aditya Menon, 2020, »Attacks on Muslims in the Name of COVID-19 Surge across India«, *The Quint*, 8. April; Abhishek Angad, 2020, »In Jharkhand, Pregnant Woman Says Told to Clean Up Blood, Loses Child«, *Indian Express*, 19. April; Al Jazeera, 2020b, »India Hospital Segregates Muslim and Hindu Coronavirus Patients«, 16. April.
11 Nitya Chablani, 2020, »29 Stunning Pictures and Videos That Take You Inside Antilia, Mukesh Ambani & Nita Ambani's Residence«, *Vogue.in*, 22. April.
12 Vgl. Kapitel 20.
13 Lewis Carroll, 1923, *Alice im Spiegelland*, Wien, S. 26.
14 Ajit Kumar Ghose, 2019, *Employment*, Neu-Delhi, S. 127–129, 158, Tabelle 3.1, S. 43.
15 K. P. Kannan und G. Raveendran, 2012, »Counting and Profiling the Missing Labour Force«, *Economic and Political Weekly* 47 (6): S. 77–80, 79–80; Ashwini Deshpande und Jitendra Singh, 2021, »Dropping Out, Being Pushed Out or Can't Get In? Decoding Declining Labour Force Participation of Indian Women«, *Ashoka University Economics Discussion Paper* 6, Juli; Ajit Kumar Ghose, 2016, *India Employment Report 2016: Challenges and the Imperatives of Manufacturing-Led Growth*, Neu-Delhi, Tabelle 2.14, S. 42; Ghose 2019, S. 130; Tanika Chakraborty und Nafisa Lohawala, 2022, »Women, Violence, and Work: Threat of Sexual Violence and Women's Decision to Work«, *GLO Discussion Paper Series* 1023, Global Labor Organization (GLO), Essen.
16 Ghose 2019, S. 127–129, 158.
17 John Kenneth Galbraith, 1958, »Rival Economic Theories in India«, *Foreign Affairs* 36 (4): S. 587–596, 590, 595.
18 Robin Jeffrey, 1987, »Governments and Culture: How Women Made Kerala Literate«, *Pacific Affairs* 60 (3): S. 447–472, 462.
19 Wataru Kureishi und Midori Wakabayashi, 2011, »Son Preference in Japan«, *Journal of Population Economics* 24: 873–893; Eleanor Jawon Choi und Jisoo Hwang, 2020, »Transition of Son Preference: Evidence from South Korea«, *Demography* 27: S. 627–652; T. C. Lin, 2009, »The Decline of Son Preference and Rise of Gender Indifference in Taiwan Since 1990«, *Demographic Research* 20: S. 377–402.
20 Jean Dreze und Amartya Sen, 2013, *An Uncertain Glory*, Princeton, S. x, 8.
21 H. B. Boyne, 1966, »Labour's Mr. Fix-It Under Fire«, *Daily Telegraph*, 30. September.
22 Bill of Rights Institute, *Federalist Papers Nr.* 10 (1787), zugänglich unter: https://billofrightsinstitute.org/primary-sources/federalist-no-10.
23 Robert Dahl, 1961, Who Governs? Democracy and Power in an American City, New Haven, S. 5–6.
24 Steven Levitsky und Daniel Ziblatt, 2019, *How Democracies Die*, New York, S. 110–117, 148.
25 Thomas Schelling, 1984, *Choice and Consequence*. Cambridge, 55; Partha Dasgupta, 2009, »Trust, Law, and Social Norms: Fundamentals of Economic Progress«, https://voxeu.org/vox-talks/trust-law-andsocial-norms-fundamentals-economic-progress; Francis Fukuyama, 2001, »Social Capital, Civil Society, and Development«, *Third World Quarterly* 22 (1): S. 7–20, 8.
26 Dahl 1961, S. 7.
27 Association for Democratic Reforms, 2021, »Analysis of Criminal, Financial, and Other Background Details of

Union Council of Ministers Post Cabinet Expansion on 7th July, 2021«, Neu-Delhi, 9. Juli.
28 Association for Democratic Reforms, 2021, »Analysis of Criminal, Financial, and Other Background Details of Union Council of Ministers Post Cabinet Expansion on 7th July, 2021«, Neu-Delhi, 9. Juli.
29 Anandi Mani und Sharun Mukand, 2007, »Democracy, Visibility, and Public Good Provision«, *Journal of Development Economics* 83 (2): S. 506–529; Jean Dreze und Amartya Sen, 1999 (1989), *Hunger and Public Action*, in: Jean Dreze und Amartya Sen, *Omnibus*, Neu-Delhi, S. 261; Akhil Gupta, 2012, *Red Tape: Bureaucracy, Structural Violence, and Poverty in India*, Durham, S. 5, 296.
30 Dreze und Sen 1999 (1989), S. 267.
31 Agence France-Presse, 2011, »Indian State in Great Laptop Giveaway«, 15. September; M.C. Rajan, 2013, »Jayalalitha's Free Laptops Find Their Way to the Grey Market«, *India Today*, 10. April; *Indian Express*, 2018, »Students Sell Free Government Laptops to Pay College Fees in Tamil Nadu's Tiruchy«, 16. Mai.
32 Mani und Mukand 2007, S. 516.
33 Richard Neustadt und May Ernest, 1986, *Thinking in Time: The Uses of History for Decision-Makers*. New York.

2 Ein ungewisser Anfang

1 Rajmohan Gandhi, 1999 (1991), *Patel: A Life*, Ahmedabad, S. 3–6, 13.
2 Gandhi 1999 (1991), Kapitel 1, insbesondere S. 6, 16, 30, 36, und Kapitel 3, S. 149–170.
3 Michael Brecher, 1959, *Nehru: A Political Biography*, London, S. 392.
4 Rajmohan Gandhi, 2007, *Gandhi: The Man, His People, and The Empire*, Berkeley, S. 512; *Time*, 1947, »The Boss«, 27. Januar, S. 27.
5 Gandhi 2007, S. 521; Gandhi 1999 (1991), S. 370–371.
6 Gandhi 2007, S. 521.
7 Gandhi 2007, S. 521; Durga Das, 1972, *Sardar Patel's Correspondence: 1945–1950, Volume III*, Ahmedabad, S. xxviii.
8 Gandhi 1999 (1991), S. 426.
9 Gandhi 1999 (1991), S. 427–428, 431, 458.
10 Gandhi 1999 (1991), S. 440–443.
11 Gandhi 1999 (1991), S. 446–448.
12 Gandhi 1999 (1991), S. 448, 458.
13 Brecher 1959, S. 399–400; Gandhi 1999 (1991), S. 470.
14 Brecher 1959, S. 402–404.
15 Gandhi 1999 (1991), S. 450–452.
16 Gandhi 1999 (1991), S. 458, 483.
17 Durga Das, 1973, Sardar Patel's Correspondence: 1945–1950, Volume VI, Ahmedabad, S. 445.
18 Brecher 1959, S. 427–428; Hiren Mukerjee, 1992 (1964), *The Gentle Colossus: A Study of Jawaharlal Nehru*, Oxford, insb. S. 121–122.
19 Stanley Kochanek, 1968, The Congress Party: The Dynamics of a One-Party Democracy, Princeton, S. 141; sowie Sarvepalli Gopal, 1976, Jawaharlal Nehru: A Biography, Volume One 1889–1947, Bombay, S. 209.
20 Brecher 1959, S. 426, 430; Kochanek 1968, S. 29.
21 Brecher 1959, S. 430; Kochanek 1968, S. 15.
22 Brecher 1959, S. 430; Kochanek 1968, S. 47, 300–301.
23 Gandhi 1999 (1991), S. 531–533.
24 Durga Das, 1972, *Sardar Patel's Correspondence: 1945–1950, Volume II*, Ahmedabad, Kapitel 4; Das 1972, *Volume III*, xxxv–xxxviii; *Time*, 1951, »Revolt against Nehru«, 25. Juni, S. 33; Ramachandra Guha, 2008 (2007), *India after Gandhi: The History of the World's Largest Democracy*, New York, S. 137.
25 Sarvepalli Gopal, 1979, *Jawaharlal Nehru: A Biography, Volume Two 1947–1956*, Bombay, S. 162, S. 309.
26 *Times of India*, 1952, »Elections Were Fair: Mr. J. Narayan's View«, 25. Februar; Gopal 1979, S. 162.
27 Gopal 1979, S. 162.

3 Der Weg, der nicht beschritten wurde

1 *Selected Works of Jawaharlal Nehru*, Hg. Sarvepalli Gopal, Series 2, 15.1: S. 17–18; *Selected Works*, Series 2, 16.2: S. 80; im Folgenden: Nehru, *Selected Works*.
2 Maharajkrishna Rasgotra, 2019, *A Life in Diplomacy*, Gurugram, S. 73.
3 Internationaler Währungsfonds, 1949a, »Report of the Mission to India«, Executive Board Special Nr. 69, 7. Juni, Washington, DC, S. 1–3.
4 Internationaler Währungsfonds, 1949b, »Memorandum from B.K. Madan to the Executive Board«, Executive Board Special 85, 17. September, Washington, DC; *Financial Times*, 1949, »India & U.K. Decision on Devaluation«, 6. Oktober; Internationaler Währungsfonds, 1950, »Review of the Indian Economy in 1949–50«, Staff Memorandum Nr. 505, 4. August, Washington, DC, S. 4, 42.
5 *Financial Times* 1949.
6 Internationaler Währungsfonds 1949a, 17 (Tabelle 10), S. 19.
7 Nehru, *Selected Works*, Series 2, 12: S. 317–318, 323.
8 Government of India (Planning Commission), 1953, »First Five Year Plan«, Januar, Neu-Delhi, S. 13; Bruce F. Johnston, 1951, »Agricultural Productivity and Economic Development in Japan«, *Journal of Political Economy* 59 (6): S. 498–513, Tabelle 1, S. 499–500.
9 William Lockwood, 1968 (1954), *Economic Development of Japan: Growth and Structural Change*, Princeton, S. 44, 461–465, 484.
10 Weltbank (Bernard Bell Mission), 1965, »India's Economic Development Effort: Volume II, Agricultural Policy«, 1. Oktober, Washington, DC, S. 13, 38; Government of India 1953, S. 13; Government of India (Planning Commission), 1956, »Second Five Year Plan«, Neu-Delhi, S. 12–13.
11 Government of India 1953, S. 88, 102–105.
12 Gunnar Myrdal, 1968, *Asian Drama: An Inquiry into the Poverty of Nations*, New York, S. 747. Internationale Studien bestätigten später, dass eine gerechtere Verteilung die Produktivität erhöht. Vgl. Klaus Deininger und Lyn Squire, 1998, »New Ways of Looking at Old Issues: Inequality and Growth«, *Journal of Development Economics* 57 (2): S. 259–287; Klaus Deininger, Songqing Jin und Hari K. Nagarajan, 2008, »Efficiency and Equity Impacts of Rural Land Rental Restrictions: Evidence from India«, *European Economic Review* 52 (5): S. 892–918.
13 Granville Austin, 2003 (1999), Working a Democratic Constitution: A History of the Indian Experience, New York, S. 76, 82, 119.
14 Myrdal 1968, 1305–1331; Austin 2003 (1999), S. 119, 121; Francine R. Frankel, 1978, *India's Political Economy, 1947–1977: The Gradual Revolution*, Princeton, S. 191–193; vgl. auch M.L. Dantwala, 1957, »Prospects and Problems of Land Reforms in India«, *Economic Development and Cultural Change* 6 (1): S. 3–15, 6–9.
15 Frankel 1978, S. 191–193; vgl. auch Dantwala 1957, S. 6–9; Austin 2003 (1999), S. 120; Myrdal 1968, S. 1316–1320, 1323–1325, 1327–1330.
16 Austin 2003 (1999), S. 118, 120, 122; Sunil Khilnani, 1999 (1997), *The Idea of India*, New York, S. 36; vgl. auch Myrdal 1968, S. 1330–1334.
17 Ronald Philip Dore, 1959, *Land Reform in Japan*, London, Preface, S. x.
18 Frankel 1978, S. 188–189; Dantwala 1957, S. 13; Weltbank 1965, S. 12; John Lewis, 1964 (1962), *Quiet Crisis in India: Economic Development and American Policy*, Washington, DC, Brookings Institution, S. 133–134, 156–157.
19 Theodore Schultz, 1964, *Transforming Traditional Agriculture*, New Haven, S. 21, 190, 196.
20 Government of India, 1954, *Final Report of the National Income Committee*, Neu-Delhi, Kapitel 2, S. 23 (Tabelle

5), S. 106 (Tabelle 28); Hollis Chenery, 1960, »Patterns of Industrial Growth«, *American Economic Review* 50 (4): S. 648.

21 S. D. Mehta, 1954, *The Cotton Mills of India, 1854–1954*, Bombay, The Cotton Textile Association (India), S. 1, 13–45, 102–103; Phiroze B. Medhora, 1965, »Entrepreneurship in India«, *Political Science Quarterly* 80 (4): S. 568–571; Ashok V. Desai, 1968, »The Origins of Parsi Enterprise«, *Indian Economic and Social History Review* 5 (4): S. 307–317, 312–313, 316; Gregory Clark, 1987, »Why Isn't the Whole World Developed? Lessons from the Cotton Mills«, *Journal of Economic History* 47 (1): S. 159.

22 Mehta 1954, S. 42, 43–48, 120.

23 Mehta 1954, S. 77–78, 90–92, 94–95; Clark 1987, S. 159; Arno Pearse, 1930, *The Cotton Industry of India: Being the Report of the Journey to India*, Manchester, 3; Lockwood 1968 (1954), S. 29.

24 Clark 1987, S. 170; vgl. auch Rajnarayan Chandavarkar, 1998, *Imperial Power and Popular Politics: Class, Resistance, and the State in India, c. 1850–1950*, Cambridge, S. 59–60.

25 Lockwood 1968 (1954), S. 27–30; Rajnarayan Chandavarkar, 1994, *The Origins of Industrial Capitalism in India*, Cambridge, Tabelle 22, S. 255; Chandavarkar 1998, S. 61–62; Tirthankar Roy, 2008, »Labour Institutions, Japanese Competition, and the Crisis of Cotton Mills in Interwar Mumbai«, *Economic and Political Weekly* 43 (1): 37; Dipak Mazumdar, 1984, »The Issue of Small Versus Large in the Indian Textile Industry: An Analytical and Historical Survey«, *World Bank Staff Working Papers* 645, Washington, DC, 10; Chandavarkar 1994, S. 155–158; Chandavarkar 1998, S. 337–339; Mehta 1954, S. 119.

26 Michael Kremer, 1993, »The O-Ring Theory of Economic Development«, *Quarterly Journal of Economics* 108 (3): S. 557.

27 Kenichi Ohno, 2013, *Learning to Industrialize: From Given Growth to Policy-Aided Value Creation*, London, Routledge, S. 127, 153–156, 162–165; Arno Pearse, 1929, *The Cotton Industry of Japan and China: Being the Report of the Journey to Japan and China*, Manchester, S. 84; Pearse 1930, S. 11.

28 Clark 1987, Tabelle 1, S. 146; Susan Wolcott und Gregory Clark, 1999, »Why Nations Fail: Managerial Decisions and Performance in Indian Cotton Textiles, 1890–1938«, *Journal of Economic History* 59 (2): Tabelle 1, S. 398.

29 John Brush, 1952, »The Iron and Steel Industry in India«, *Geographical Review* 42 (1): S. 47–48; Tirthankar Roy, 2018, *A Business History of India: Enterprise and the Emergence of Capitalism from 1600*, Cambridge, Cambridge University Press, S. 128–129; Medhora 1965, S. 559, 571.

30 Bert F. Hoselitz, 1959, »Small Industry in Underdeveloped Countries«, *Journal of Economic History* 19 (4), S. 614; Government of India (Planning Commission), 1951, »First Five Year Plan: A Draft Outline«, Juli, Neu-Delhi, S. 162–163; James Berna, 1959, »Patterns of Entrepreneurship in South India«, *Economic Development and Cultural Change* 7 (April): S. 361.

31 Sunil Kant Munjal, 2020, The Making of Hero: Four Brothers, Two Wheels, and a Revolution That Shaped India, Kindle-Ausgabe, HarperCollins Publishers, S. 460, 471.

32 Alfred Marshall, 1930 (1890), *Principles of Economics*, 8. Aufl., London, S. 271.

33 Hoselitz 1959, S. 606–607.

34 Warren S. Hunsberger, 1957, »Japanese Exports and the American Market«, *Far Eastern Survey* 26 (9): S. 134.

35 Hunsberger 1957, S. 138–139.

36 Hunsberger 1957, S. 138–139.

37 Surendra J. Patel, 1959, »Export Prospects and Economic Growth: India«, *Economic Journal* 69 (Issue 275): S. 490–506; Jagdish Bhagwati, 1988, »Export-Promoting Trade Strategy: Issues and Evidence«, *World Bank Research Observer* 3(1): S. 27.

38 Patel 1959, 493–499; Government of India 1953, S. 200–201.

39 »Beawar«, Britannica, zugänglich unter: www.britannica.com/place/Beawar; Nehru, *Selected Works*, Series 2, 26: S. 80.

40 »Indian Statistical System«, Ministry of Statistics and Programme Implementation, zugänglich unter: https://mospi.gov.in/documents/213904/0/Ch+14+30.8.2001.pdf/d944ae06-bc59-ff09-9502-39d897b2ed0b?t=1599817175203.

41 Ghose 2019, Tabelle 3.1, S. 43; Tabelle 3.6, S. 79.

42 Prasanta Chandra Mahalanobis, 1958, »Science and National Planning«, *Sankhya* 20 (1/2): S. 78.

43 Ella Datta, 1977, »Remembering Ritwik«, *Times of India*, 4. Dezember.

44 Bakshi 1998, S. 107.

45 Bakshi 1998, S. 107–108.

46 Nehru, *Selected Works*, Series 2, 27: S. 57, 262, 539, 561.

47 Nehru, *Selected Works*, Series 2, 27: S. 258, 290, 309, 359.

48 Sarvepalli Gopal, 1979, *Jawaharlal Nehru: A Biography, Volume Two 1947–1956*, Bombay, S. 309–310; *Economic Weekly*, 1964, »Editorial: Nehru Era«, 18. Juli, S. 1166.

4 Nehrus gewagtes Spiel

1 *Times of India*, 1954, »Sutlej River Waters Flow into the Bhakra Canals«, 9. Juli.

2 Nehru, *Selected Works*, Series 2, 26: S. 130.

3 Nehru, *Selected Works*, Series 2, 26: S. 131–132, 139–140, 143.

4 Nehru, *Selected Works*, Series 2, 26: S. 23.

5 Baldev Singh (Hg.), 1988, Jawaharlal Nehru on Science and Technology: A Collection of His Writings and Speeches, Neu-Delhi, Nehru Memorial Museum and Library, S. 86.

6 Harsh Sethi, 1993, »Survival and Democracy: Ecological Struggles in India«, in: Poona Wignaraja (Hg.), *New Social Movements in the South: Empowering the People*, Neu-Delhi, 124; Mahesh Rangarajan, 2015, *Nature and Nation: Essays on Environmental History*, Ranikhet, S. 205–206; Smitu Kothari, 1996, »Whose Nation? The Displaced as Victims of Development«, *Economic and Political Weekly* 31 (24): S. 1476–1485, 1479, 1481; Guha 2008 (2007), S. 230–231.

7 Center for Science and Environment, 1985, *State of India's Environment: The Second Citizens' Report*, S. 99–120; Arun Kumar Nayak, 2010, »Big Dams and Protests in India: A Study of Hirakud Dam«, *Economic and Political Weekly* 45 (2): S. 69–73; Rangarajan 2015, S. 207.

8 *Times of India*, 1947, »Importance of Atomic Energy Research in India. Pandit Nehru Lays Foundation Stone of National Laboratory«, 6. Januar; *Times of India*, 1947, »Foundation Stone Laid of Chemical Laboratory«, 7. April.

9 Frank Moraes, 1956, *Jawaharlal Nehru: A Biography*, New York, S. 36; Gopal 1979, S. 306; Sarvepalli Gopal, 1985, »Nehru and Science: Aspirations and Achievements«, *Interdisciplinary Science Reviews* 10 (2): S. 109.

10 Singh 1988, S. 44, 229.

11 *Times of India*, 1951a, »Classified Ad—No Title«, 29. Mai; *Times of India*, 1951b, »New Technology Institute Opened at Kharagpur«, 19. August.

12 Srirupa Roy, 2007, Beyond Belief: India and the Politics of Postcolonial Nationalism, Durham, Duke University Press, S. 119.

13 Seema Chishti, 2022, »Prayagraj: Once Called the Oxford of the East, Now What Is the Condition of Education and Employment: Special Report«, *BBC News Hindi*, 1. März.

14 Herbert Passin, 1982 (1965), *Society and Education in Japan*, Tokio, S. 5.

15 Bert F. Hoselitz, 1960, »Urbanization in India«, *Kyklos* 13 (3): 363, 367; Nirmal Kumar Bose, 1965, »Calcutta: A Premature Metropolis«, *Scientific American* 213 (3): S. 90–105, S. 99–100; Jacobs 1992 (1961), Kapitel 6.

16 Ravi Kalia, 1999 (1987), *Chandigarh: The Making of an Indian City*, Neu-Delhi, S. 12–13.

17 Kalia 1999 (1987), S. 87–88.

18 Kalia 1999 (1987), S. 108, 116–117.
19 *Time*, 1970, »The Jinxed Jewel«, 9. Februar; Kalia 1999 (1987), S. 125.
20 Weltbank, 1960, »India's Third Five Year Plan: Report of Bank Mission to India, the Main Report«, Report Nr. AS-80a, 10. August, S. 47–48.
21 Bose 1965.
22 Bose 1965, S. 91–92, 102; Sumanta Banerjee, 2008 (1980), *In the Wake of Naxalbari*, Kolkata, S. 35–37.
23 S. Hussain Zaidi, 2012, *Dongri to Dubai*, Kindle-Ausgabe, S. 16, 21.
24 Ben King, 1971, *Report on Bombay*, Urban and Regional Report Nr. 73-6, Main Report, S. 37–38.
25 Milton Friedman, 2012 (1955), *Friedman on India*, Centre for Civil Society, Neu-Delhi, S. 8–9.
26 *Economic Weekly* 1964, S. 1166.
27 Dreze und Sen 2013, Tabelle 1.1, S. 4.
28 Nehru, *Selected Works*, Series 2, 27: S. 267; *Selected Works* Volume 27, S. 258, 308; Nehru, *Selected Works*, Series 2, 26: S. 234.
29 Nehru, *Selected Works*, Series 2, 27: S. 267, 375.
30 Jim Tomlinson, 1997, Democratic Socialism and Economic Policy: The Attlee Years, 1945–1951, Cambridge, 96, S. 237.
31 Nehru, *Selected Works*, Series 2, 27: S. 503; K. Sujatha Rao, 2017, *Do We Care? India's Health System*, Neu-Delhi, xviii.
32 Nehru, *Selected Works*, Series 2, 27: S. 437, 507.
33 Paul Rosenstein-Rodan, 1943, »Problems of Industrialisation of Eastern and South-Eastern Europe«, *Economic Journal* 53 (210/211): S. 202–211; Paul Rosenstein-Rodan, 1961, »The Economic and Social Objectives of India's Five-Year Plans«, Dezember, Massachusetts Institute of Technology, Cambridge, S. 2–3.
34 Brecher 1959, S. 518; Myrdal 1968, S. 816; N. A. Sarma, 1957, »Economic Development in India: First and Second Five-Year Plans«, Internationaler Währungsfonds, DM/57/34, 30. Juli, Washington, DC.
35 Nehru, *Selected Works*, Series 2, 27: S. 529.
36 Mazumdar 1984, S. 10–11, 16–17, 70–71; Nehru, *Selected Works*, Series 2, 27: S. 275; *The Times*, 1955, »India Facing Economy Wave«, 3. September.
37 Milton Friedman, 2012 (1955), S. 23.
38 Nehru, *Selected Works*, Series 2, 27: S. 379.
39 Nehru, *Selected Works*, Series 2, 27: S. 380–381.
40 Weltbank, 1954, »Current Economic Conditions and Prospects of Brazil«, W. H. 23-b, S. 8. Juli, Washington, DC, S. ii–iv.
41 *The Times* 1955; Gopalan Balachandran, 1998, *The Reserve Bank of India, 1951–1967*, Neu-Delhi, S. 14.
42 B. R. Shenoy, 1955, »A Note of Dissent on the Memorandum of the Panel of Economists«, https://indiapolicy.org/debate/Notes/shenoy.PDF; Balachandran 1998, S. 627; David Engerman, 2018, *The Price of Aid: The Economic Cold War in India*, Cambridge, S. 106; Weltbank, 1956, »Current Economic Position and Prospects of India: Report of Bank Mission to India«, Report Nr. AS-54a, August, Washington, DC, S. 6, 34, 47, 60.
43 Internationaler Währungsfonds, 1958, »1957 Consultations – India«, SM/58/9, 3. Februar, Washington, DC, S. 20; Internationaler Währungsfonds, 1959, »1958 Consultations – India«, SM/59/9, 9. Februar, Washington, DC, Part II, S. 38; I. G. Patel, 2001, »I. G. Patel«, Kapitel 3 in V. N. Balasubramanyam, *Conversations with Indian Economists*, Neu-Delhi, S. 45.
44 Balachandran 1998, S. 630–631.
45 Internationaler Währungsfonds 1958, Part II, S. 7.
46 Myrdal 1968, 800–801; *Times of India*, 1955, »All Too Flexible«, 19. Januar.
47 Jagdish Bhagwati und Padma Desai, 1970, *India: Planning for Industrialization: Industrialization and Trade Policies since 1951*, New York, S. 281–282; Internationaler Währungsfonds 1958, Part II, S. 39; Internationaler Währungsfonds 1959, Part II, 1 S. 2.
48 Patel 2001, S. 45.
49 Myrdal 1968, S. 922–928; S. Dutt, H. K. Paranjape und S. Mohan Kumaramangalam, 1969, *Report of the Industrial Licensing Policy Inquiry Committee*, Ministry of Industrial Development, Neu-Delhi, S. 33, 38, 103–104; Government of India (Planning Commission) 1956, S. 406.
50 Prabhat Patnaik, 1979, »Industrial Development in India since Independence«, *Social Scientist* 7 (11): S. 5.
51 Dutt, Paranjpe und Kumaramangalam 1969, S. 63, 95, 137–138, 179–180.
52 Myrdal 1968, S. 933.
53 *Times of India*, 1957a, »Prune Second Plan to Match Savings«, 18. Juni; *Times of India*, 1957b, »Devaluation of Rupee: Economist's Suggestion«, 16. Juli; *Times of India*, 1957c, »Devaluation of Rupee and Pruning of Plan«, 25. Dezember, 1957; *Times of India*, 1958, »Devaluation Is Essential Now«, 25. März; B. R. Shenoy 1958a, »The Indian Economic Scene – Some Aspects«, *Indian Economic Journal* 5 (4): S. 327–352, 349–350. Shenoy, 1958b, »Foreign Exchange Crisis: Devaluation Is Essential Now«, *Times of India*, 5. Mai, 1958.

5 Nehru verdoppelt den Einsatz

1 John F. Kennedy, 1957a, »A Democrat Looks at Foreign Policy«, *Foreign Affairs* 36 (1): S. 45, 59.
2 John Morton Blum, 1991, *Years of Discord*, New York, S. 4, 6–7.
3 John F. Kennedy, 1957b, »Kennedy Wants U. S. to Sacrifice«, *New York Times*, 8. Dezember.
4 Kimber Charles Pearce, 2001, *Rostow, Kennedy, and the Rhetoric of Foreign Aid*, East Lansing, S. 129.
5 Engerman 2018, 179; Max Millikan und Walt Whitman Rostow, 1958, »Foreign Aid: Next Phase«, *Foreign Affairs* 36 (3): S. 429–431.
6 Engerman 2018, S. 184; Henry Brandon, 1958, »Senate Passes Aid Bill«, *Sunday Times*, 8. Juni; *Financial Times*, 1958, »Bigger Fund and Bank Resources«, 27. August.
7 Braj Kumar (B. K.) Nehru, 1997, *Nice Guys Finish Second*, Neu-Delhi, S. 315, 317; Engerman 2018, S. 180.
8 *Times of India*, 1959, »Finding Jobs for 23,000,000: Gigantic Problem during 3rd Plan«, 25. Februar; Internationaler Währungsfonds, 1960, »1959 Consultations – India«, SM/60/15, 4. Mai, Washington, DC, 5; Balachandran 1998, S. 625–626.
9 Nehru 1997, S. 294, 335.
10 Nehru 1997, S. 288.
11 Nehru 1997, S. 294.
12 Weltbank, 1956, »Current Economic Position and Prospects of India: Report of Bank Mission to India«, Report Nr. AS-54a, August, Washington, DC, S. 6.
13 Binyamin Applebaum, 2019. The Economists' Hour: False Prophets, Free Markets, and the Fracture of Society, New York, 218, S. 414.
14 R. K. Karanjia, 1960, *The Mind of Mr. Nehru*, London, S. 41, 49–50 (Hervorhebung im Original); vgl. auch Kapitel 4.
15 Karanjia 1960, 45; Nehru, *Selected Works*, Series 2, 27: S. 267.
16 Weltbank, 1960, »India's Third Five-Year Plan: Report of Bank Mission to India, the Main Report«, Report Nr. AS-80a, 10. August, S. 47–48, iii.
17 David Milne, 2008, America's Rasputin: Walt Rostow and the Vietnam War, New York, S. 59.
18 Blum 1991, S. 4, 392; *New York Times*, 1961, »Transcript of the President's First Report to Congress on the State of the Union«, 31. Januar.
19 John Kenneth Galbraith, 1969, Ambassador's Journal: A Personal Account of the Kennedy Years, Boston, S. 76.
20 *New York Times*, 1961a, »Bonn to Increase India Aid Offer«, 30. Mai; *New York Times*, 1961b, »$2,225,000,000 Aid Pledged for India«, 3. Juni.
21 U. S. Department of State, 1961, »Prime Minister Nehru's Visit, 6. November–9: Briefing Book«, Washington, DC.
22 Balachandran 1998, S. 651–652.
23 Nehru 1997, S. 324.
24 Balachandran 1998, S. 651–652.
25 Balachandran 1998, S. 655.
26 Balachandran 1998, S. 651, 655.

6 Tagores Lied verhallt ungehört

1 Rabindranath Tagore, 2016, *Gitanjali: Sangesopfer. Hohe Lieder*, Berlin, S. 6.
2 Kathleen O'Connell, 2002, »Rabindranath Tagore: Envisioning Humanistic Education at Santiniketan (1902–1922)«, *International Journal on Humanistic Ideology* 2: S. 15–42.
3 Tagore, 2016, S. 37.
4 Krishna Dutta und Andrew Robinson (Hg.), 1997, *Rabindranath Tagore: An Anthology*, New York, S. 95, 121.
5 Dutta und Robinson 1997, S. 95, 121–123.
6 Dutta und Robinson 1997, S. 122.
7 Dutta und Robinson 1997, S. 123–124.
8 Rabindranath Tagore, 1960, *Letters from Russia*, Kalkutta, S. 61–62.
9 Claudia Goldin und Lawrence Katz, 2008, *The Race between Education and Technology*, Cambridge, S. 135–136, 404.
10 Goldin und Katz 2008, S. 136, 138, 141, 146–147.
11 Nathaniel Wolloch, 2020, »Robert Coram and the European Sources of Radical Enlightenment in America«, *Journal for Eighteenth-Century Studies* 43 (3): S. 376; Frederick Rudolph, 1965, *Essays on Education in the Early Republic*, Cambridge, S. xii–xiv, 65–66.
12 Goldin und Katz 2008, S. 130–134.
13 Passin 1982 (1965), S. 3, 217.
14 Passin 1982 (1965), S. 67–68.
15 Passin 1982 (1965), S. 68.
16 Kumiko Fujimura-Faneslow and Anne Imamura, 1991, »The Education of Women in Japan«, in Edward Beauchamp (Hg.), *Windows on Japanese Education*, Westport, S. 230–232.
17 Lockwood 1968 (1954), S. 512.
18 Satoshi Mizutani, 2015, »Anti-Colonialism and the Contested Politics of Comparison: Rabindranath Tagore, Rash Behari Bose, and Japanese Colonialism in Korea in the Inter-War Period«, *Journal of Colonialism and Colonial History* 16 (1); Lockwood 1968 (1954), S. 510.
19 Kingsley Davis, 1951, *The Population of India and Pakistan*, Princeton, S. 150–153.
20 Jawaharlal Nehru, 1994 (1946), *Discovery of India*, 6. Aufl., Neu-Delhi, S. 221.
21 Nehru 1994 (1946), S. 340, 372.
22 Milton Friedman und Rose Friedman, 1998, *Two Lucky People: Memoirs*, Chicago, S. 257; Friedman 2012 (1955), S. 21; Adam Smith, 2013 (1776), *Der Wohlstand der Nationen*, 13. Aufl., S. 664–665.
23 Nehru, *Selected Works*, Series 2, 27: S. 64, 503.
24 Government of India (Planning Commission), »5th Five Year Plan«, zugänglich unter:https://niti.gov.in/planningcommission.gov.in/docs/plans/planrel/fiveyr/index5.html.
25 Government of India (Planning Commission), 1956, »Second Five Year Plan«, Neu-Delhi, S. 503.
26 Jandhyala B. G. Tilak, 2007, »The Kothari Commission and Financing of Education«, *Economic and Political Weekly* 42 (10): S. 874–882, Abb. 1 und 2, S. 876; Government of India (Planning Commission), 1956, S. 503–504; Amlan Dutta, 1961, »India«, in: Adamantios Pepelasis, Leon Mears und Irma Adelman (Hg.), *Economic Development: Analysis and Case Studies*, New York, S. 411–412.
27 Myron Weiner, 1991, The Child and the State in India: Child Labor and Education Policy in Comparative Perspective, Princeton, 5, S. 175–176.
28 J. P. Naik, 1975, »Policy and Performance In Indian Education, 1947–74«, Dr. K. G. Saiyidain Memorial Trust, Neu-Delhi; Jean Dreze und Amartya Sen, 1999 (1995), *India: Economic Development and Social Opportunity*, in Jean Dreze und Amartya Sen, *Omnibus*, Neu-Delhi, S. 90–91.
29 Zur Entwicklung der Bildungsausgaben gemessen am BIP vgl. Tilak 2007, Abb. 1.
30 Kevin Murphy, Andrei Shleifer und Robert Vishny, 1993, »Why Is Rent-Seeking So Costly to Growth?« *American Economic Review* 83 (2): S. 409–414.
31 Susanne Rudolph und Lloyd Rudolph, 1972, *Education and Politics in India: Studies in Organization, Society, and Politics*, Cambridge, insb. die Essays von Harold Gould und Iqbal Narain.
32 Mark Blaug, Richard Layard und Maureen Woodhall, 1969, *The Causes of Graduate Unemployment in India*, London, S. 2–3, 57, 78, 82; Fredrick Harbison und Charles Myers, 1964, *Education, Manpower, and Economic Growth: Strategies of Human Resource Development*, New York, S. 113, 118.
33 United Nations, 1975, *Poverty, Unemployment, and Development Policy: A Case Study of Selected Issues with Reference to Kerala*, New York, Department of Economic and Social Affairs, S. 124, Tabelle 50; Weiner 1991, S. 175–177.
34 Robin Jeffrey, 1987, »Governments and Culture: How Women Made Kerala Literate«, *Pacific Affairs* 60 (3): S. 449, 463–464.
35 Jeffrey 1987, S. 462; T. N. Krishnan, 1998, »The Route to Social Development in Kerala«, in: Santosh Mehrotra und Jolly Richards (Hg.), *Development with a Human Face*, Oxford, S. 200–213, 219; John Ratcliffe, 1978, »Social Justice and the Demographic Transition: Lessons from India's Kerala State«, *International Journal of Health Services* 8 (1): S. 123–144.
36 Theodore Schultz, 1961, »Investment in Human Capital«, *American Economic Review* 51 (1): 16; Richard Easterlin, 1981, »Why Isn't the Whole World Developed?« *Journal of Economic History* 41 (1): S. 6–9; Goldin and Katz 2008, 2; Passin 1982 (1965), S. 78 und im Allgemeinen Kapitel 4 und 6.
37 Jeffrey 1987, 470; Ashwini Deshpande, 2000, »Does Caste Still Define Disparity? A Look at Inequality in Kerala, India«, *American Economic Review* 90 (2): S. 322–325.
38 Tagore 2016, S. 13.

7 Nehrus Tragödie, der erste Betrug der Demokratie

1 Jawaharlal Nehru (Hg.), 1958, *A Bunch of Old Letters*, Bombay, S. 179.
2 R. K. Karanjia, 1960, *The Mind of Mr. Nehru*, London, S. 61.
3 Friedman und Friedman 1998, S. 258.
4 Friedman und Friedman 1998, S. 319.
5 Pro-Kopf-Einkommen wie in Abbildung 13.2.
6 Myrdal 1968, S. 570; Gaurav Datt, Martin Ravallion, Rinku Murgai, 2020, »Poverty and Growth in India over Six Decades«, *American Journal of Agricultural Economics* 102 (1): S. 4–27, Abb. 1, 7; Weltbank, 1956, »Current Economic Position and Prospects of India: Report of Bank Mission to India«, Report Nr. AS-54a, August, 3; Weltbank, 1960, »India's Third Five-Year Plan: Report of Bank Mission to India, the Main Report«, Report Nr. AS-80a, 10. August, S. vi, 2, 15.
7 Nehru, *Selected Works*, Series 2, 84: S. 151; Myrdal 1968, S. 565, S. 568–569, S. 820; Albert Fishlow, 1972, »Brazilian Size Distribution of Income«, *American Economic Review* 62 (1/2): S. 392, 394, 400.
8 Douglas Irwin, 2021, »From Hermit Kingdom to Miracle on the Han: Policy Decisions That Transformed South Korea into an Export Powerhouse«, Peterson Institute for International Economics Working Paper 21–14, September, Washington, DC, S. 8, S. 16; Weltbank, 1966, »The Economy of Korea: Manufacturing«, 26. Oktober, Washington, DC, S. 15–16, 29, 47.
9 Internationaler Währungsfonds, 1966, »India—Article XIV Consultation«, SM/66/8, 14. Januar, Washington, DC, 5, Anhang, Tabelle XIII, S. 67.
10 Weltbank, 1960, S. vi, 2, 15; Government of India (Planning Commission), 1961, »Third Five Year Plan: Summary«, Neu-Delhi, S. 49–50; Government of India (Planning Commission), 1966, »Fourth Five Year Plan: A Draft Outline«, Neu-Delhi, S. 106, 109–110.
11 Ghose 2019, S. 54–55, Abb. 3.4.

12 Myron Weiner, 1962, The Politics of Scarcity: Public Pressure and Political Response in India, Chicago, Tabelle 3, S. 28.
13 Anwesha Sengupta, 2019, »Calcutta in the 1950s and 1970s: What Made It the Hotbed of Rebellion?« www.sahapedia.org/calcutta-1950s-and-1970s-whatmade-it-hotbed-rebellions; Sibaji Pratim Basu, 2012, »The Chronicle of a Forgotten Movement: 1959 Food Movement Revisited«, www.mcrg.ac.in/PP56.pdf, S. 11–13; *Times of India*, 1959, »Mob Violence Condemned«, 26. September.
14 Banerjee 2008 (1980), S. 37; Myron Weiner, 1961, »Violence and Politics in Calcutta«, *Journal of Asian Studies* 20 (3): S. 275, 281; Siddhartha Guha Roy, 1990, »Fare Hike and Urban Protest: Calcutta Crowd in 1953«, *Economic and Political Weekly* 25 (52): S. 2863–2867; *Time*, 1956, »Violence and Soul Force«, 11. Juni.
15 Jayant Lele, 1995, »Saffronisation of Shiv Sena: Political Economy of City, State, and Nation«, *Economic and Political Weekly* 30 (25): S. 1520.
16 Internationaler Währungsfonds, 1963, »India—Request for Stand-By Arrangement«, EBS/63/91, 26. Juni, Washington, DC.
17 Myrdal 1968, S. 766–767.
18 Government of India (Santhanam Committee Report), 1964, *Report of the Committee on Prevention of Corruption*, Ministry of Home Affairs, Neu-Delhi, https://cvc.gov.in/sites/default/files/scr_rpt_cvc.pdf, S. 10, 17–18, 101, 104, 108.
19 *Times of India*, 1962, »Committee to Check Corruption«, 21. August; *Times of India*, 1963, »Corruption«, 6. April; *Economic Weekly*, 1964, »Guarding the Guards«, 11. April.
20 Myrdal 1968, S. 953.
21 C. Rajagopalachari, 1961, Satyam Eva Jayate: A Collection of Articles Contributed to Swarajya and Other Journals from 1956 to 1961, Madras, S. 498.
22 *Hindustan Times Weekly*, 1961, »Swatantra to Raise 1 Crore Election Fund«, 5. März.
23 Rajagopalachari 1961, S. 468–472.
24 Karanjia 1960, S. 41, 49–50.
25 Inder Malhotra, »J. N. TO JFK, ›EYES ONLY.‹« *Indian Express*, 15. November, 2010; Engerman 2018, S. 206, 209–210; R. Sukumaran, 2003, »The 1962 India-China War and Kargil 1999: Restrictions on the Use of Air Power«, *Strategic Analysis* 27 (3): S. 332, 339–340; Bruce Riedel, 2015, *JFK's Forgotten Crisis*, Kindle-Ausgabe, Brookings Institution Press, S. 136–140.
26 Government of India (Santhanam Committee Report), 1964, S. 109.
27 Randhir Singh, 1989, »›Visions for the Future‹: One View«, *Economic and Political Weekly* 24 (14): S. 724; Bhikhu Parekh, 1991, »Nehru and the National Philosophy of India«, *Economic and Political Weekly* 26 (1/2): S. 37–38; Sarvepalli Gopal, 1985, »Nehru and Science: Aspirations and Achievements«, *Interdisciplinary Science Reviews* 10 (2): S. 107; Baldev Singh (Hg.), 1988, *Jawaharlal Nehru on Science and Technology: A Collection of His Writings and Speeches*, Nehru Memorial Museum and Library, Neu-Delhi, S. 157–158; *Times of India*, 1955, »All Too Flexible«, 19. Januar.
28 Rajni Bakshi, 1998, »Raj Kapoor«, in: Ashis Nandy (Hg.), The Secret Politics of Our Desires: Innocence, Culpability, and Indian Popular Cinema, Neu-Delhi, S. 112.
29 Dahl 1961, S. 6.
30 Samuel Huntington, 2006 (1968), *Political Order in Changing Societies*, New Haven, S. 84.
31 Kothari 1961, S. 81.
32 Nehru, *Selected Works*, Series 2, 26: S. 234.
33 Pradeep Chhibber und John R. Petrocik, »The Puzzle of Indian Politics: Social Cleavages and the Indian Party System«, *British Journal of Political Science* 19 (2): S. 196, 208; Paul Kenny, 2017, *Populism and Patronage: Why Populists Win Elections in India, Asia, and Beyond*, Oxford, S. 73.
34 *Time* 1951.
35 Michael Brecher, 1976 (1966), *Nehru's Mantle: The Politics of Succession in India*«, Westport, 8; *Times of India*, 1963, »A Laughing Stock«, 5. August.
36 Singh 1971, Tabelle 1, S. 68.
37 Weltbank 1956, S. 7.
38 *Times of India*, 1964, »150 Killed in W. Bengal Riots«, 22. März; *Boston Globe*, 1964. »New India Riots Leave 81 Dead«, 22. März; Pralay Kanungo, 2003, »Hindutva's Entry into a ›Hindu Province‹: Early Years of RSS in Orissa«, *Economic and Political Weekly* 38 (31): S. 3300; Srirupa Roy, 2007, *Beyond Belief: India and the Politics of Postcolonial Nationalism*, Durham, S. 151–153; Jonathan Parry und Christian Struempell, 2008, »On the Desecration of Nehru's ›Temples‹: Bhilai and Rourkela Compared«, *Economic and Political Weekly* 43 (19): S. 47–57.
39 Katherine Frank, 2001, *Indira: The Life of Indira Nehru Gandhi*, London, S. 267, 271, 274; Mukerjee 1992 (1964), S. 213.
40 *Financial Times*, 1964, »Death of Pandit Nehru: Now a Struggle for Succession«, 28. Mai; *The Economist*, 1964, »World without Nehru«, 30. Mai, 923; *New York Times*, 1964, »India after Nehru«, 31. Mai; vgl. auch Kapitel 5 zur Vorwegnahme einer Hindu-Theokratie durch das State Department.

8 Shastri und eine mutige Transition

1 Brecher 1976 (1966), S. 33–34.
2 Katherine Frank, 2001, *Indira: The Life of Indira Nehru Gandhi*, London, S. 269–290; Brecher 1976 (1966), S. 132.
3 *Times of India*, 1964, »Friend Even to His Opponents«, 3. Juni; Uma Vasudev, 1974, *Indira Gandhi: Revolution in Restraint*, Neu-Delhi, 321; Brecher 1976 (1966), S. 132–133.
4 *Times of India*, 1964, »Warning of Food Riots in Poona«, 15. Juni; *Times of India*, 1964, »Encouraging«, 19. Juni; *Times of India*, 1964, »Food Riot in Harihar«, 16. September; *Times of India*, 1964, »No Police Excesses in Kerala during Food Stir«, 1. Dezember; Francine Frankel, 1978, *India's Political Economy 1947–1977*, Princeton, S. 249; Kathleen Gough, 1967, »Kerala Politics and the 1965 Election«, *International Journal of Comparative Sociology* 8 (1): S. 60–61.
5 M. S. Swaminathan, 1964, »The Impact of Dwarfing Genes on Wheat Production«, im All India Wheat Research Workers' Seminar vorgelegtes Papier, August, www.worldscientific.com/doi/abs/10.1142/9789813200074_0001, 1.
6 Brecher 1976 (1966), 145; Frankel 1978, S. 257–258; Engerman 2018, S. 237–238; William S. Gaud, 1968, »The Green Revolution: Accomplishments and Apprehensions«, www.agbioworld.org/biotech-info/topics/borlaug/borlaug-green.html.
7 Guha 2008 (2007), S. 398–399; Engerman 2018, S. 221.
8 Vijay Joshi und I. M. D. Little, 1994, *India: Macroeconomics and Political Economy 1964–1991*, Weltbank, Washington, DC, Tabelle 4.8, S. 82; Tabelle 4.10, S. 97–98; *Times of India*, 1965, »Situation on Food Front Grim, Says Minister«, 2. Dezember.
9 Engerman 2018, S. 221, 238–240, 246–247; *Times of India*, 1965, »U. S. Food Aid«, 11. Dezember; Kristin L. Ahlberg, 2007, »Machiavelli with a Heart«: The Johnson Administration's Food for Peace Program in India, 1965–1966«, *Diplomatic History* 31 (4): S. 681.
10 *Times of India*, 1965, »Situation on Food Front Grim, Says Minister«, 2. Dezember; Braj Kumar (B. K.) Nehru, 1997, *Nice Guys Finish Second*, Neu-Delhi, S. 431–433.
11 *Times of India*, 1964, »Package Plan Is Being Extended«, 28. Juni; Saidur Rahman, 2015, »Green Revolution in India: Environmental Degradation and Impact on Livestock«, *Asian Journal of Water, Environment, and Pollution* 12 (1): S. 75–80; Rachel Carson, 1997 (1962), *Silent Spring*, Boston, S. 22–23.
12 *Times of India*, 1964, »Shastri Urges Deferment of Some Heavy Industry Units«, 11. August; Frankel 1978, S. 248–251, 267.

13 Engerman 2018, S. 247–248.
14 B.K. Nehru, 1997, S. 446–447; Engerman 2018, S. 248–253; Balachandran 1998, S. 676.
15 I.G. Patel, 2002, Glimpses of Indian Economic Policy: An Insider's View, Neu-Delhi, S. 104.
16 Frankel 1978, S. 287; Internationaler Währungsfonds, 1966, 1–2; Balachandran 1998, S. 676, 679; *Times of India,* 1965, »Several Charges Made against TTK«, 23. November; *Times of India,* 1966, »TTK, Quits as Finance Minister«, 1. Januar; B.K. Nehru 1997, S. 446, 448–449, 452.
17 Frankel 1978, S. 265; Brecher 1976 (1966), S. 177–178, 184; B.G. Verghese, 1965, »National Scene: Poverty of Politics«, *Times of India,* 22. April.
18 Brecher 1976 (1966), S. 153–154.
19 Robert Hardgrave, 1965, »The Riots in Tamilnad: Problems and Prospects of India's Language Crisis«, *Asian Survey* 5 (8): 399; Brecher 1976 (1966), S. 151–157, 160–167; *Times of India,* 1965a, »Centre Stands by Nehru's Assurances: P.M.«, 12. Februar; *Times of India,* 1965b, »Madras Students' Stir Ends«, 13. Februar; *Times of India,* 1965c, »Patriotism«, 14. Februar; Frank 2001, S. 281.
20 Inder Malhotra, 1991 (1989), *Indira Gandhi: A Personal and Political Biography,* Boston, 84; Frank 2001, S. 281–282.
21 Malhotra 1991 (1989), S. 84, 318.
22 Brecher 1976 (1966), S. 184, 188.
23 Brecher 1976 (1966), S. 185.
24 Brecher 1976 (1966), S. 191–192.
25 B.K. Nehru 1997, S. 448.
26 Internationaler Währungsfonds, 1966, »India—1965 Article XIV Consultations«, SM/66/8, 14. Januar, Washington, DC, S. 21, 23.
27 Internationaler Währungsfonds, 1965, »India—1964 Article XIV Consultations«, SM/65/54, 21. Juni, Washington, DC, S. 9.

9 Eine Retterin für die kochende Volksseele

1 Katherine Frank, 2001, Indira: The Life of Indira Nehru Gandhi, London, S. 524.
2 Frank 2001, S. 250; Tariq Ali, 1985, *An Indian Dynasty: The Story of the Nehru-Gandhi Family,* New York, S. 139–140; Uma Vasudev, 1974, *Indira Gandhi: Revolution in Restraint,* Neu-Delhi, S. 271, 273–279.
3 Ali 1985, S. 140; Vasudev 1974, S. 274; vgl. auch Kapitel 8.
4 Frank 2001, S. 291–293.
5 Anwesha Sengupta, 2019, »Calcutta in the 1950s and 1970s: What Made It the Hotbed of Rebellion?« www.sahapedia.org/calcutta-1950s-and-1970s-what-made-it-hotbed -rebellions.
6 *New York Times,* 1966b, »Food Protest in Kerala«, 3. Februar.
7 Paul Grimes, 1960, »Embattled Sikhs«, *New York Times,* 6. November.
8 *New York Times,* 1966, »India Yielding to Sikh Demand for a Punjabi-Speaking State«, 10. März; *Times of India,* 1966, »Curfew in Parts of Delhi: Orgy of Violence on Suba Issue«, 15. März; J. Anthony Lukas, 1966, »Calm Returning to Punjab Area after Protests over New State«, *New York Times,* 21. März.
9 J. Anthony Lukas, 1966, »Violence Mounts in the Land of Gandhi: Extremists Find Gains in Ignoring Nonviolence«, *New York Times,* 22. März.
10 R.K. Karanjia und K.A. Abbas, 1974, *Face to Face with Indira Gandhi,* Neu-Delhi, S. 13–14, Hervorhebung im Original.
11 Gopalan Balachandran, 1998, *The Reserve Bank of India, 1951–1967,* Neu-Delhi, S. 680–681.
12 Braj Kumar (B.K.) Nehru, 1997, *Nice Guys Finish Second,* Neu-Delhi, S. 462–463; Malhotra 1991 (1989), S. 97.
13 B.K. Nehru 1997, S. 447, 452; Balachandran 1998, S. 683–685.
14 B.K. Nehru 1997, S. 452; Douglas Irwin, 2021, »From Hermit Kingdom to Miracle on the Han: Policy Decisions That Transformed South Korea into an Export Powerhouse«, Peterson Institute for International Economics Working Paper, S. 21–14, September, Washington, DC, S. 8, 16.
15 Nehru 1997, 447, 452; Balachandran 1998, S. 683–685; B.R. Shenoy, 1966, »India's Half-Way Devaluation«, *Daily Telegraph,* 12. Juli.
16 Vasudev 1974, S. 370; Balachandran 1998, S. 684–685.
17 Balachandran 1998, S. 688; Malhotra 1991 (1989), S. 99; Engerman 2018, S. 263–265, 217.
18 B.K. Nehru 1997, S. 446.
19 Milton Friedman, 1963, *Inflation: Causes and Consequences,* New York, Lecture 2, S. 36.
20 B.K. Nehru 1997, S. 465–467.
21 B.K. Nehru 1997, S. 467; I.G. Patel, 2002, *Glimpses of Indian Economic Policy,* Neu-Delhi, S. 115.
22 Jayant Lele, 1995, »Saffronisation of Shiv Sena: Political Economy of City, State and Nation«, *Economic and Political Weekly* 30 (25): S. 1520, 1522; Carl Schmitt, 1932, *Der Begriff des Politischen,* Berlin, S. 19–22.
23 V.S. Naipaul, 2011 (1990), *India: A Million Mutinies,* Kindle-Ausgabe, First Vintage International Edition, S. 933.
24 Gyan Prakash, 2012, »Bal Thackeray: The Original Angry Young Man«, *Mint,* 12. November; Vaibhav Purandare, 2012, *Bal Thackeray and the Rise of the Shiv Sena,* Kindle-Ausgabe, Roli Books, S. 737–742.
25 Prakash 2012.
26 Michael Walzer, 2018, *Das Paradox der Befreiung,* Freiburg im Breisgau; vgl. auch Kapitel 8.
27 *Times of India,* 1966, »11 Killed in Akola Disturbances«, 1. Oktober; J. Anthony Lukas, 1966, »11 in India Killed over in Riot over Cows«, *New York Times,* 1. Oktober.
28 K.N. Raj, 1969, »Investment in Livestock in Agrarian Economies: An Analysis of Some Issues concerning ›Sacred Cows‹ and ›Surplus Cattle,‹« *Indian Economic Review* New Series 4 (1): S. 80–83.
29 K. Narayanan Nair, 1981. »Studies on India's Cattle Economy«, *Economic and Political Weekly* 16 (9): S. 321–323.
30 Joseph Lelyveld, 1966, »Riots Force Out Minister in India: Cabinet Minister Steps Down after Riots in India«, *New York Times,* 9. November.
31 J. Anthony Lukas, 1966, »India Acts to Head of New Riots with Arrest of Holy Man«, *New York Times,* 23. November; *Times of India,* zahlreiche Berichte aus dieser Zeit.
32 J. Anthony Lukas, 1966, »The Week of the Cow«, *New York Times,* 16. November; *Times of India,* 1951, »Threat to Crush Jana Sangh«, 30. November; Malhotra 1991 (1989), S. 105.
33 Zareer Masani, 1975, *Indira Gandhi: A Biography,* London, S. 170–171, auf der Grundlage eines Berichts in *The Hindu* vom 21. Dezember 1966.
34 *Times of India,* 1966, »Some Better Candidates Could Have Been Chosen. Influence Exerted by Party Bosses, Admits Prime Minister«, 26. Dezember.
35 Frank 2001, S. 302; Masani 1975, S. 170.
36 Vasudev 1974, S. 400; *The Times,* 1967, »Concern in Delhi over Violence during Election Campaign«, 6. Februar; *Times of India,* 1967, »P.M. Hit by Stone at Poll Rally in Bhubaneshwar: Keeps Her Poise Even Though Injured«, 8. Februar; *Financial Times,* 1967, »Mrs. Gandhi Hit by Stone«, 9. Februar.
37 Guha 2008 (2007), S. 419–420; Election Commission of India, 1967, *Report on the Fourth General Elections (1967), Volume 1,* Neu-Delhi, Tabelle 17, S. 93–94.
38 Guha 2008 (2007), S. 419; Election Commission of India 1967, Tabelle 18, S. 95.
39 Guha 2008 (2007), S. 420; Frank 2001, S. 305.
40 Vasudev 1974, S. 495.
41 Vasudev 1974, S. 495–496.
42 Huntington 2006 (1968), S. 63–70, 83, 237–239.
43 Nazes Afroz, 2017, »The Dream That Failed: Voices of Naxalbari across the 50 Years since the Uprising«, *Caravan,* 31. Mai.
44 Banerjee 2008 (1980), S. 100; Afroz 2017.
45 Banerjee 2008 (1980), S. 101–102.

46 Banerjee 2008 (1980), S. 102; Guha 2008 (2007), S. 423.
47 Deepali Bhandari und Deeksha Pokhriyal, 2020, »The Continuing Threat of India's Unlawful Activities Prevention Act to Free Speech«, *Jurist*, 2. Juni; A.G. Noorani, 2009, »India: A Security State«, *Economic and Political Weekly* 44 (14): S. 13–15.
48 Dom Moraes, 1970, »The Naxalites, Whose Extremism Knows No Extremes«, *New York Times*, 8. November.

10 Indien hat eine Kaiserin

1 Vijay Joshi und I.M.D. Little, 1994, *India: Macroeconomics and Political Economy, 1964–1991*, Washington, DC, Weltbank, Tabelle 4.10, S. 97.
2 Joshi und Little 1994, S. 45, 50–51, 87–89, Tabelle 4.10, S. 97.
3 Karanjia und Abbas 1974, S. 42; Patel 2002, S. 125–126.
4 Vinod Mehta, 2015 (1978), *The Sanjay Story*, Neu-Delhi, S. 34–37, 44, 46–47.
5 Mehta 2015 (1978), S. 51–55; Gyan Prakash, 2018, *Emergency Chronicles: Indira Gandhi and Democracy's Turning Point*, Gurgaon, 207, S. 410.
6 Mehta 2015 (1978), S. 63; *The Times*, 1970, »Plea for Man India Wants Extradited«, 29. August; *Financial Times*, 1970, »This Week in the Courts«, 14. Dezember; Vasudev 1974, S. 337.
7 Mehta 2015 (1978), S. 65–66; Prakash 2018, S. 207, 410; *New York Times*, 1966, »A Gandhi Fined in Britain«, 13. Dezember.
8 Charles Greville, 1967, »Mrs. Gandhi's Son Took Her Advice«, *Daily Mail*, 15. Februar.
9 Mehta 2015 (1978), S. 66–68.
10 Prakash 2018, S. 225–226; Mehta 2015 (1978), S. 71.
11 Mehta 2015 (1978), S. 71; Frank 2001, S. 321, 400.
12 *Time*, 1969, »India: Another Setback for Indira«, 21. Februar.
13 Patel 2002, S. 131–132.
14 *Newsweek*, 1969, »India: Gunning for Mrs. Gandhi«, 28. Juli.
15 D.N. Ghosh, 2019 (2015), *No Regrets*, Neu-Delhi, 7; Rahul Bajoria, 2018, *The Story of the Reserve Bank of India*, Neu-Delhi, 74; Patel 2002, S. 133, 135–136; Austin 2003 (1999), S. 179.
16 Austin 2003 (1999), S. 179, 215–220.
17 Patel 2002, S. 136; *Time*, 1969, »India: The Lady v. the Syndicate«, 29. August; Vasudev 1974, S. 509.
18 Guha 2008 (2007), S. 439; *Time*, 1969, »Two Parties Face to Face«, 21. November; Austin 2003 (1999), S. 180.
19 Vasudev 1974, S. 505, 508.
20 Mehta 2015 (1978), S. 72; Frank 2001, S. 321.
21 Mehta 2015 (1978), S. 73–78; Prakash 2018, S. 234–236.
22 *Times of India*, 1978, »Land Hypothecated Illegally by Sanjay to Bank«, 14. November; Government of India, 1979, *Report of the Commission of Inquiry into Maruti Affairs*, Neu-Delhi, S. 114, 116–117, 120, 124, 127.
23 C. Rangarajan, 1974, »Banking Development since Nationalization and Reduction of Disparities«, in T.N. Srinivasan und P.K. Bardhan (Hg.), *Poverty and Income Distribution in India*, Statistical Publication Society, Kalkutta, S. 438; Patel 2002, S. 139–140.
24 Patel 2002, S. 140.
25 Patel 2002, S. 140; Internationaler Währungsfonds, 1971, »India – Staff Report and Proposed Decision for the 1970 Article XIV Consultation«, SM/71/39, 17. Februar, Washington, DC, S. 1–4.
26 Internationaler Währungsfonds, 1970, »Korea – Staff Report and Proposed Decision for the 1970 Article XIV Consultation«, SM/70/279, 30. Dezember, Washington, DC, S. 1–2, 4, 9; vgl. auch Kapitel 7.
27 Weltbank, 1993, *The East Asian Miracle*, New York, Abb.1.2, S. 29–30, 37.
28 Weltbank 1993, S. 24, 29–31, 37–38, 59, 106–108, 195.
29 Weltbank 1993, S. 39–40.
30 Weltbank 1993, vgl. auch Kapitel 3.
31 Francine Frankel, 1978, *India's Political Economy, 1947–1977*, Princeton, S. 450; *Newsweek*, 1971, »Mrs. Gandhi Makes Her Bid«, 1. März.
32 Vgl. Kapitel 9; *Newsweek*, 1971, »Indira's Big Gamble«, 11. Januar; Frankel 1978, S. 454.
33 Frankel 1978, S. 452; Raj Thapar, 1991, *All These Years: A Memoir*, Neu-Delhi, S. 322; Sydney Schanberg, 1971, »India Starts Voting in 10-Day Poll«, *New York Times*, 1. März; Guha 2008 (2007), S. 446.
34 Vgl. Kapitel 2; Austin 2003 (1999), S. 226–228, 236–240, 244, 252–253.
35 *The Economist*, 1971, »Empress of India«, 18. Dezember.
36 Frankel 1978, S. 457, 482–484; Guha 2008 (2007), S. 468; Malhotra 1991 (1989), S. 147–148.
37 Austin 2003 (1999), S. 173–174; Malhotra 1991 (1989), S. 152–153.
38 *Times of India*, 1969, »Wide Support for Ban on Donations to Parties«, 18. Mai; Malhotra 1991 (1989), S. 144; Frankel 1978, S. 476; Stanley Kochanek, 1987, »Briefcase Politics in India: The Congress Party and the Business Elite«, *Asian Survey* 27 (12): S. 1286.
39 Suman Sahai, 1996. »›Hawala‹ Politics: A Congress Legacy«, *Economic and Political Weekly* 31 (5): S. 253; Milan Vaishnav, 2017, *When Crime Pays: Money and Muscle in Indian Politics*, New Haven, S. 97.
40 Joshi und Little 1994, S. 37; P.C. Mahanti, 1971, »Pressure on a Sick Economy«, *Financial Times*, 23. Juni; vgl. auch Kapitel 7.
41 Kochanek 1987, S. 1290; Malhotra 1991 (1989), S. 144–145.
42 Kuldip Nayar, 1971, *India: The Critical Years*, Neu-Delhi, 3; Malhotra 1991 (1989), S. 145.
43 Patel 2002, S. 147.
44 *Times of India*, 1971, »Prone to Drought«, 21. August; Frankel 1978, S. 476; Guha 2008 (2007), S. 462.

11 Wut trifft auf Repression

1 *Times of India*, 1971, »Ordeal by Water«, 11. August; *Times of India*, 1971, »Food Output Touches Record Level«, 19. August.
2 *Financial Times*, 1972a, »India Crops Hit by Floods and Drought«, 2. August; *Financial Times*, 1972b, »India Launches Program to Avert Famine«, 3. August; *The Economist*, 1972, »India: In Trouble Again«, 18. November.
3 Navroz Mody, 1972, »Famine and Famine Makers«, *Times of India*, 2. Dezember.
4 *Financial Times*, 1973, »India to Import 2 Million Tons Grain«, 18. Januar; M.V. Kamath, 1972, »A Food Ship Every Three Days«, *Times of India*, 2. Dezember.
5 Bertrand Weinraub, 1973, »Mrs. Gandhi's Popularity Plummets as India's Problems Continue to Worsen«, *International Herald Tribune*, 11. Juni; *The Economist*, 1973, »The Dimming Halo«, 19. Mai.
6 Joshi und Little 1994, Tabelle 5.12, S. 130; Michael Corbett, 2013, »Oil Shock of 1973–74: October 1973 – January 1974«, *Federal Reserve History*, www.federalreservehistory.org/essays/oil-shock-of-1973-74, 22. November; Internationaler Währungsfonds, 1974, »India – Use of Fund Resources«, EBS/74/107, 30. April, Washington, DC, S. 6.
7 Bernard Weinraub, 1974, »India Ending Take-Over of Distribution of Wheat«, *New York Times*, 29. März.
8 *Times of India*, 1974a, »Vast Areas Face Drought Threat«, 25. Juli; *Times of India*, 1975, »A Parched Land, a Desolate People«, 8. Juni; *Times of India*, 1974b, »Flood Havoc«, 5. August; *Times of India*, 1974c, »Drought in Flood-Hit Bihar«, 7. September.
9 *Times of India*, 1974d, »Indira Denies Mass Frustration«, 29. Oktober.
10 Ashok Thapar, 1972, »Undoing the Green Revolution: Tinkering with Groundwater«, *Times of India*, 10. April; Wolf Ladejinsky, 1972, »The ›Green Revolution,‹« *Financial Times*; Prem Shankar Jha, 1974, »What Next in Agriculture? I-End of Green Revolution«, *Times of India*, 7. Oktober.
11 Vgl. Kapitel 3.

12 Internationaler Währungsfonds 1974, S. 1, 15, 16; Internationaler Währungsfonds, 1976, »India – Staff Report and Proposed Decision for the 1976 Article XIV Consultation«, SM/76/125, 10. Juni, Washington, DC, S. 17.
13 Akhil Gupta, 2012, Red Tape: Bureaucracy, Structural Violence, and Poverty in India, Durham, S. 19–20.
14 Frankel 1978, S. 457–458; zur früheren Phase der Repression der Naxaliten vgl. Kapitel 9.
15 Javed Akhtar, zitiert in: Koushik Banerjea, 2005, »›Fight Club‹: Aesthetics, Hybridisation, and the Construction of Rogue Masculinities in *Sholay* und *Deewar«*, in: Raminder Kaur und Ajay Sinha (Hg.), *Bollywood: Popular Indian Cinema through a Transnational Lens*, Neu-Delhi, S. 172; Fareeduddin Kazmi, 1998, »How Angry Is the Angry Young Man? ›Rebellion‹ in Conventional Hindi Films«, in: Ashis Nandy (Hg.), *The Secret Politics of Our Desires: Innocence, Culpability, and the Indian Popular Cinema*, Neu-Delhi, S. 140, 142, 148–155.
16 Dawn Jones und Rodney Jones, 1974, »Urban Upheaval in India: The 1974 Nav Nirman Riots in Gujarat«, *Asian Survey* 16 (11): S. 1012–1013, S. 1017, S. 1074.
17 Jones und Jones 1974, S. 1017, 1023.
18 Jones und Jones 1974, S. 1023–1024.
19 Jones und Jones 1974, S. 1017–1018, 1026–1027.
20 Jones und Jones 1974, S. 1028–1029, 1031.
21 Prakash 2018, S. 102–103; Frankel 1978, S. 528.
22 Guha 2008 (2007), S. 477; Vasudev 1977, S. 69; *Time*, 1975, »J. P.: India's Aging Revolutionary«, 14. Juli.
23 Frankel 1978, S. 528, 531.
24 Malhotra 1991 (1989), S. 158; Vasudev 1977, S. 71; Peter Gill, 1974, »India ›Arrests‹ 3000 to Keep Trains Running«, *Daily Telegraph*, 6. Mai.
25 Weinraub, Bernard. 1974. »India Strike Snarls Trains but Fails to Halt Service«, *New York Times*, 9. Mai; Ali 1985, S. 181–182; Vasudev 1977, S. 71; Bernard Weinraub, 1974, »New Delhi Widens Rail Union Curbs«, *New York Times*, 15. Mai; Bernard Weinraub, 1974, »India's Rail Strike Ends in Collapse«, *New York Times*, 28. Mai; *The Economist*, 1974, »The Empress's Bomb«, 25. Mai; *The Economist*, 1974, »Tougher Yet and Tougher«, 8. Juni; *The Economist*, 1974, »The Woman Who Showed the Men the Way«, 22. Juni.
26 *The Economist*, 1974, »Tougher Yet and Tougher«, 8. Juni.
27 Prakash 2018, S. 105; Guha 2008 (2007), 478; Ghanshyam Shah, 1977, »Revolution, Reform, or Protest? A Study of the Bihar Movement: III«, *Economic and Political Weekly* 12 (17): S. 701–702.
28 *Times of India*, 1974, »Bihar's Plight«, 4. Oktober.
29 Frankel 1978, S. 534–535.
30 Simons Lewis, 1975, »Bomb Wounds Fatal to Indian Rail Minister«, *International Herald Tribune*, 4. Januar; *International Herald Tribune*, 1975, »Mrs. Gandhi Says She Is Assassins' Ultimate Target«, 8. Januar; *Time*, 1975, »India: Murder in Bihar«, 13. Januar.
31 Shashi Tharoor, 1982, *Reasons of State: Political Development and India's Foreign Policy Under Indira Gandhi, 1966–1977*, Delhi, S. 59 (Tabelle 1); Prakash 2018, S. 108; Peter Gill, 1975, »Thousands in Delhi Protest«, *Daily Telegraph*, 7. März.
32 Prakash 2018, S. 164; Nayar 1977, S. 26–27; Austin 2003 (1999), S. 304.
33 Nayyar 1977, S. 3–4; Prakash 2018, S. 159–160; Frankel 1978, S. 539–540; *International Herald Tribune*, 1975, »Ruling Party Asks Mrs. Gandhi to Stay on«, 19. Juni.
34 Prakash 2018, S. 160, S. 162–163.
35 Jonathan Dimbleby und Anthony Mascarenhas, 1975, »Why Indira Gandhi Sent Democracy to Prison«, *Sunday Times*, 29. Juni; Christophe Jaffrelot und Pratinav Anil, 2020, *India's First Dictatorship: The Emergency, 1975–1977*, London, S. 1–2; Prakash 2018, S. 165.
36 Den Text von Gandhis Rede am 26. Juni 1975 veröffentlichte die *New York Times*, 1975, »Speech and Proclamation«, 27. Juni.
37 Dimbleby und Mascarenhas 1975.
38 Guha 2008 (2007), S. 497–498.

12 Ein autokratisches Experiment scheitert

1 *Times of India*, 1967, »Asoka Mehta for Presidential Form of Government in States for Some Time«, 11. Dezember; *Times of India*, 1969, »Setalvad Assails Centre's Delays«, 13. April.
2 William Borders, 1975, »Mrs. Gandhi Calls India Democratic Even Under Curbs«, *New York Times*, 3. Juli; Ali 1985, S. 187; J. Anthony Lukas, 1976, »India Is as Indira Does«, *New York Times*, 4. April.
3 Raaj Sah, 1991, »Fallibility in Human Organizations and Political Systems«, *Journal of Economic Perspectives* 5 (2): S. 71; Carl Henrik Knutsen, 2018, »Autocracy and Variation in Economic Development Outcomes«, Working Paper Series 2018:80, The Varieties of Democracy Institute, Gothenburg, Sweden, S. 17; Fabio Monteforte und Jonathan R. W. Temple, 2020, »The Autocratic Gamble: Evidence from Robust Variance Tests«, *Economics of Governance* 21: S. 363–384; Daron Acemoglu u. a., 2019, »Democracy Does Cause Growth«, *Journal of Political Economy* 127 (1): S. 47–100; Ruth Ben-Ghiat, 2021, *Strongmen: Mussolini to the Present*, Kindle-Ausgabe, W. W. Norton & Company, S. 11, 14, 143, 167.
4 *Times of India*, 1980, »Sanjay Gandhi«, 24. Juni; M. R. Nair, 1976, »Loose Ends in the Budget«, *Economic and Political Weekly* 11 (16): S. 599.
5 Internationaler Währungsfonds, 1976, »India – Staff Report and Proposed Decision for the 1976 Article XIV Consultation«, SM/76/125, 10. Juni, Washington, DC, S. 3.
6 Weltbank, 1977, »Economic Situation and Prospects of India«, Report Nr. 1529-IN, 25. April, Washington, DC, Tabellen 7.1 und 7.4; Internationaler Währungsfonds 1976, 5; Joshi und Little 1994, Tabelle 5.12, S. 130.
7 Internationaler Währungsfonds 1976, S. 2, 7, 9, 14.
8 Lukas 1976.
9 Weltbank, 1976, »Economic Situation and Prospects of India«, Report Nr. 1073-IN, 29. März, Washington, DC, S. i, iii.
10 Weltbank 1976, S. 24.
11 Government of India, 1977, *Economic Survey 1976–1977*, Kapitel 3, S. 13.
12 Government of India, 1977, *Economic Survey 1976–1977*, Kapitel 8, Tabellen 3.1–3.2, S. 80–81.
13 Vincent Canby, 1976, »Ray's Film, ›The Middleman‹ Seen as His Most Sorrowful Work«, *New York Times*, 12. Oktober; Udayan Gupta, 1982, »The Politics of Humanism: An Interview with Satyajit Ray«, *Cinéaste* 12 (1): S. 26.
14 Frankel 1978, S. 507, S. 552; Jaffrelot und Anil 2020, S. 73–74; Granville 2003 (1999), S. 658.
15 Lukas 1976.
16 Lukas 1976; David Selbourne, 1977, *An Eye to India: The Unmasking of a Tyranny*, New York, S. 263.
17 Vgl. Kapitel 10; Government of India, 1979, Report of the Commission of Inquiry into Maruti Affairs, Neu-Delhi, S. 114, S. 124, 127–128.
18 Uma Vasudev, 1977, *Two Faces of Indira Gandhi*, Neu-Delhi, S. 106–107; Anthony Mascarenhas und Graham Searjeant, 1977, »How Sanjay's Car Crashed«, *Sunday Times*, 24. April; Prakash 2018, S. 240.
19 Prakash 2018, S. 243; Government of India 1979, S. 14–15, 63–64, 139–140.
20 *Pioneer*, 2017, »Talwar Was a Sabre Who Could Slay Any Enemy«, 23. November.
21 Vasudev 1977, S. 182–186; Mehta 2015, S. 82; Guha 2008 (2007), S. 469; Prakash 2018, S. 144–145, 151.
22 Weltbank, 1980, »Economic Situation and Prospects of India«, Report Number 2933-IN, 1. Mai, Washington, DC, S. 119.
23 Weltbank 1980, 120; Guha 2008 (2007), S. 512–513; Vasudev 1977, S. 162.
24 Prakash 2018, S. 303; Guha 2008 (2007), S. 512; Weltbank 1980, S. 119–120; Weltbank. 1981. »Economic

Situation and Prospects of India«, Report Nr. 3401-IN, 15. April, Tabelle 1.5.
25 Vasudev 1977, S. 145; Patrick Clibbens, 2014, »›The Destiny of This City Is to Be the Spiritual Workshop of the Nation‹: Clearing Cities and Making Citizens during the Indian Emergency, 1975–1977«, *Contemporary South Asia* 22 (1): S. 51–66; Prakash 2018, S. 282; Christophe Jaffrelot und Pratinav Anil, 2021, *India's First Dictatorship: The Emergency, 1975–77*, London, S. 165; Frankel 1978, S. 564; Government of India, 1978, *Shah Commission of Inquiry*, Interim Report II, 28. April, Neu-Delhi, S. 78.
26 Jaffrelot und Anil 2021, S. 175; Vasudev 1977, S. 134–137.
27 Government of India (*Shah Commission*, Volume 2), 1978, S. 80–81; Prakash 2018, S. 290–291; Vasudev 1977, S. 134–137.
28 Government of India (*Shah Commission*, Volume 2), 1978, 82; Vasudev 1977, S. 123–125.
29 Ajoy Bose und John Dayal, 2018, *For Reasons of State*, Kindle-Ausgabe, Penguin Random House India, S. 282, 291, 1445; Jaffrelot und Anil 2021, S. 167–169.
30 Bose und Dayal 2018, S. 781; Vasudev 1977, S. 161, 165; Prakash 2018, S. 255–257, 296–298; Jaffrelot und Anil 2021, S. 172–173.
31 Jacobs 1992 (1961), Kapitel 15; zu Chandigarh vgl. Kapitel 4.
32 *New York Times*, 1977, »Mrs. Gandhi, Easing Crisis Rule, Decides on March Election«, 19. Januar; Devadas S. Pillai (Hg.), 1977, *The Incredible Election, 1977: A Blow-by-Blow Account as Reported in the Indian Express*, Bombay, S. 19–21.
33 Vasudev 1977, S. 188–189; Kuldip Nayyar, 1977, *The Judgement: Inside Story of the Emergency in India*, Neu-Delhi, S. 157–158, 162–163.
34 Vasudev 1977, S. 188–191; William Borders, 1975, »India's Crown Prince: Sanjay«, *New York Times*, 13. Februar.
35 Vasudev 1977, S. 190–191; Frankel 1978, S. 563, 571; Guha 2008 (2007), S. 519–520.
36 *Times of India*, 1977, »Generals Refused to Aid Congress, Says Star«, 18. April; *Times of India*, 1977, »Indira Strongly Defends Son«, 23. Juli.

13 Die Demokratie betrügt das Volk erneut, die Deindustrialisierung beginnt

1 *Times of India*, 1977, »Unanimous Choice by Janata«, 25. März.
2 Guha 2008 (2007), S. 538.
3 *New York Times*, 1977, »India Stands Firm against Coca-Cola«, 5. September; *Times of India*, 1977, »Soft Drink Formula Available«, 9. August; *Financial Times*, 1977, »Curbs on Multinational Groups ›This Winter,‹« 11. Oktober.
4 Frankel 1978, S. 573–574; Guha 2008 (2007), S. 521–523, 534.
5 Guha 2008 (2007), S. 528–529, 535–536; Girilal Jain, 1979, »Janata Party's New Face: Populism Replaces Liberalism«, *Times of India*, 7. März; *Times of India*, 1979, »Budget to Fleece Urban Taxpayer«, 1. März.
6 Guha 2008 (2007), S. 528–529; *Time of India*, 1978, »Backward Classes Panel Named«, 16. November; *Times of India*, 1979, »PM Inaugurates Backward Classes Commission«, 22. März.
7 Guha 2008 (2007), S. 535–536.
8 Guha 2008 (2007), S. 535–536.
9 Weltbank, 1980, »Economic Situation and Prospects of India«, Report Number 2933-IN, 1. Mai, Washington, DC, S. 43, 48, 56, 60, 64, 80; Internationaler Währungsfonds, 1980a, »India – Staff Report for the 1980 Article IV Consultation«, SM/80/151, Washington, DC, 23. Juni, S. 2–7.
10 *India Today*, 1980, »Indira Gandhi's Win Aided by Well-Conceived, Neatly Executed Plan«, 31. Januar.
11 Gita Piramal, 1996, *Business Maharajas*, Kindle-Ausgabe, Penguin Random House India, S. 751; Hamish McDonald, 2010, *Ambani and Sons: The Making of the World's Richest Brothers and Their Feud*, Neu-Delhi, S. 25, 33–36, 54–58, 63–64.
12 McDonald 2010, S. 63–64, 75, 106; Piramal 1996, S. 751; Kuldip Singh, 2002, »Dhirubhai Ambani«, *Independent*, 18. Juli.
13 Malhotra 1991 (1989), S. 214–215; *India Today*, 1980, »Sanjay Gandhi and His Young Loyalists Sweep Lok Sabha Elections«, 31. Januar; *India Today*, 1980, »Emergency Was a Non-Issue in the 1980 Election«, 31. Januar.
14 Malhotra 1991 (1989), S. 215; *India Today*, 1980, »Assembly Elections: Sanjay Re-Emerges as the Most Vital Factor in Indian Politics«, 31. Mai; *India Today*, 1980, »Assembly Elections: Sanjay Gandhi Emerges as the Unquestioned Leader of New Legislators«, 30. Juni; Stuart Auerbach, 1980, »Sanjay Gandhi Was India's ›Crown Prince‹; His Death Leaves a Vacuum«, *Washington Post*, 24. Juni; Sidney Weintraub, 1980, »Parliament Expels Gandhi, Orders Her to Delhi Jail Cell«, *Washington Post*, 20. Dezember.
15 *India Today*. 1980. »Assembly Elections: Sanjay Re-Emerges as the Most Vital Factor in Indian Politics«, 31. Mai.
16 *Times of India*. 1980. »Sanjay Plane Crash: No Judicial Probe«, 28. Juni; Malhotra 1991 (1989), S. 222.
17 *India Today*, 1980, »Pitts S-2A Is Considered to Be the Most Sturdy, Reliable Aerobatic Biplane«, 15. Juli; Frank 2001, 445; *India Today*, 1980, »Sanjay Gandhi Dies in a Dramatic Plane Crash, His Passing Leaves a Political Vacuum«, 15. Juli.
18 Nehru 1997, S. 582; Malhotra 1991 (1989), S. 224; Frank 2001, S. 450.
19 *India Today*, 1980, »Sonia Is Dead Against the Idea of My Getting into Politics: Rajiv Gandhi«, 31. August; *India Today*, 1980, »After Sanjay Gandhi's Death, Congressmen Look to the Gandhi Family to Fill the Void«, 31. August.
20 Ali 1985, S. 213; Frank 2001, S. 447–448; Patel 2002, S. 164.
21 Internationaler Währungsfonds, 1980b, »India: Use of Fund Resources – Compensatory Financing Facility«, EBS/80/171, Washington, DC, 30. Juli; Internationaler Währungsfonds, 1986, »India: Staff Report for the 1986 Article IV Consultation«, SM/86/54, Washington, DC, 6. März, Tabelle 4, 29 für den Wechselkurs USD/SDR.
22 Internationaler Währungsfonds, 1981, »India: Use of Fund Resources – Extended Fund Facility«, EBS81/198, Washington, DC, 7. Oktober, 1, S. 53; Patel 2002, S. 168.
23 Internationaler Währungsfonds 1981, S. 19–21, 46. *Financial Times*, 1981, »India to Taste the Market Medicine«, 27. Oktober.
24 Arvind Panagariya, 2004, »Growth and Reforms during the 1980s and 1990s«, *Economic and Political Weekly* 39 (25): S. 2581–2594; Ashok Kotwal, Bharat Ramaswami und Wilima Wadhwa, 2011, »Economic Liberalization and Indian Economic Growth: What's the Evidence?« *Journal of Economic Literature* 49 (4): S. 1172; Dani Rodrik und Arvind Subramanian, 2004, »Why India Can Grow at 7 Percent a Year or More: Projections and Reflections«, *Economic and Political Weekly* 39 (16): S. 1519–26.
25 McDonald 2010, S. 106; Piramal 1996, S. 1579–1585.
26 *India Today*, 1981, »I Honestly Believe the Nehru Family Is Giving Continuity: Abdul Rahman Antulay«, 31. August; Arun Shourie, 1983, *Mrs. Gandhi's Second Reign*, Neu-Delhi, S. 107–117.
27 Robert Wade, 1982, »The System of Administrative and Political Corruption: Canal Irrigation in South India«, *Journal of Development Studies* 18 (3): S. 309, 318–319.
28 Akhil Gupta, 1995, »Blurred Boundaries: The Discourse of Corruption, the Culture of Politics, and the Imagined State«, *American Ethnologist* 22 (2): S. 375.
29 Bakshi 1998, S. 113, 115–116, 131–133.
30 *Times of India*, 1981, »It's the Corrupt Who Protest Too Much«, 19. September; Thomas Paine, 1918 [1776], *Common Sense*, New York, S. ix.
31 Internationaler Währungsfonds, 1986, »India – Staff Report for the 1986 Article IV Consultation«, SM/86/54,

6. März, Washington, DC, S. 2, 5, 24, 42; Joshi und Little 1994, S. 163–164, 174 (Tabelle 6.13).
32 Internationaler Währungsfonds 1986, Tabelle 4, S. 14; Weltbank, 1986, »India Economic Situation and Development Prospects«, Report Nr. 6090-IN, 9. Mai, Washington, DC, S. 143, 146 (Tabelle 5.4); C. P. Chandrashekhar, 1984, »Growth and Technical Change in Indian Cotton-Mill Industry«, *Economic and Political Weekly* 19 (4): PE-35; Joshi und Little 1994, S. 15.
33 Internationaler Währungsfonds,1980a, 6; Weltbank 1980, 88; Oli Havrylyshyn und Iradj Alikhani, 1982, »Is There Cause for Export Optimism? An Inquiry into the Existence of a Second Generation of Successful Exporters«, *Weltwirtschaftliches Archiv* 118 (4): S. 653 (Tabelle 1); Frankel 1978, S. 580.
34 Government of India, 1987, *Economic Survey 1987–1988*, Ministry of Finance, Neu-Delhi, S-37–38. Schätzung des Überhangs in den 1980er-Jahren nach Ajit Kumar Ghose, 2019, *Employment in India*, Neu-Delhi, S. 43, 79; Schätzung des Überhangs am Ende der Nehru-Jahre nach Kapitel 7; Weltbank, 1978, »Economic Situation and Prospects of India«, Report Nr. 2008-IN, 17. April, Washington, DC, S. 76.
35 David Housego, 1979, »China's Great Leap in the Dark«, *Financial Times,* 19. Januar; Pranab Bardhan, 2010, *Awakening Giants, Feet of Clay: Assessing the Economic Rise of China and India*, Princeton, S. 19; Weltbank 1986, Tabelle 1.1, S. 3.
36 Bardhan 2010, S. 20.
37 Weltbank 1983, »China: Socialist Economic Development, Volume 1«, Washington, DC, August, S. 11, 69, 96 (Tabelle 3.22), 98 (Tabelle 3.23), 99; Adam Tooze, 2021, »Adam Tooze's Chartbook #28: China in 1983, a Miracle Waiting to Happen?« https://adamtooze.substack.com/p/adam-toozes-chartbook-28-china-in; Nicholas Kristof und Sheryl Wu Dunn, 2009, *Half the Sky*, Kindle-Ausgabe, Knopf Doubleday Publishing Group, S. 229.
38 Weltbank 1983, S. 29.
39 Amartya Sen, 1982, »How Is India Doing?« *New York Review of Books,* 16. Dezember.
40 Frank 2001, S. 294, 432–433 sowie Kapitel 9.
41 Centre for Science and Environment, 1982, *State of India's Environment: The First Citizen's Report*, Neu-Delhi, S. 3, 126; Centre for Science and Environment, 1985, *State of India's Environment: The Second Citizen's Report,* Neu-Delhi, S. 27, 121.
42 Centre for Science and Environment 1985, S. 362–364, 367; Jairam Ramesh, *Indira Gandhi: A Life in Nature*, Kindle-Ausgabe, S&S India, S. 151, 156.
43 *Times of India,* 1985, »Excellent Documentary on Sunday«, 20. April.
44 Vgl. Kapitel 12; Madhura Swaminathan, 1995, »Aspects of Urban Poverty in Bombay«, *Environment and Urbanization* 7: S. 133, 136; *Times of India,* 1981, »Hut Demolition«, 1. August; *Times of India,* 1982, »›Slum Demolition Not the Answer to the City's Problems,‹« 27. März.
45 Hubert W. M. van Wersch, 1992, *The Bombay Textile Strike, 1982–83,* New York, Oxford University Press, S. 129–130.
46 Vgl. Kapitel 3.
47 Vgl. Kapitel 3; Weltbank, 1975, »India: Survey of the Textile Machinery Industry (With a Note on the Indian Cotton Textile Industry)«, Report Nr. 9 76-IN, Dezember, Washington, DC, Annex 1, S. 16.
48 Praful Bidwai, 1983, »Hard Times: The Imperatives of Modernisation«, in: Factsheet Collective. *The 10th Month: Bombay's Historic Textile Strike,* Mumbai: Centre for Education and Documentation, S. 81; Praful Bidwai, 1984, »From Rags to Riches«, *Times of India,* 19. März.
49 Praful Bidwai, 1983, »Metropolises in Decay: I – Perverse Urban Policies«, *Times of India,* 27. April; *Times of India,* 1984, »Bombay's Land Mafia«, 16. Juli.
50 Vgl. Kapitel 1; van Wersch 1992, Kapitel 4 und 5, Abschnitt 5.1; K. C. Zachariah, 1968, *Migrants in Greater Bombay*, Bombay, 337; Kalpana Sharma, 2000, *Rediscovering Dharavi: Stories from Asia's Largest Slum,* Kindle-Ausgabe, Penguin, 873; Rajni Bakshi, 1986, *The Long Haul: The Bombay Textile Workers Strike of 1982–83*, Bombay, S. 104; R. N. Sharma, 2000, »Politics of Urban Space«, *Seminar.* www.india-seminar.com/2000/491/491%20r.n.%20sharma.htm; *Times of India,* 1983, »Law Limits Power of the Police«, 24. Juli; Liza Weinstein, 2008, »Mumbai's Development Mafias: Globalization, Organized Crime and Land Development«, *International Journal of Urban and Regional Research* 32 (1): S. 28; Gyan Prakash, 2010, *Mumbai Fables: A History of an Enchanted City,* Princeton, S. 205–206.

14 Die Gewalt kehrt heim

1 Nayantara Sahgal, 1982, *Indira Gandhi: Her Road to Power,* New York, S. 53.
2 A. S. Abraham, 1988, »Police Revolt in Gujarat: Makings of an Ominous Trend«, *Times of India,* 1. August.
3 Hannah Arendt, 1955, *Elemente und Ursprünge totalitärer Herrschaft*, Frankfurt a. M., S. 181, 377.
4 Khushwant Singh, 2012 (2004), »Prosperity and Religious Fundamentalism«, in *A History of the Sikhs: Volume 2: 1839–2004,* Oxford Scholarship Online, S. 1, 8, 15; Ayesha Kagal, 1982, »Armed Coup in Golden Temple«, *Times of India,* 19. Dezember.
5 Singh 2012 (2004), S. 6; Vandana Shiva, 2016, *The Violence of the Green Revolution*, Kindle-Ausgabe, University Press of Kentucky, S. 178–179; Surindar Suri, 1982, »Identity Crisis amidst Change: Background of Akali Agitation«, *Times of India*, 23. Dezember.
6 Singh 2012 (2004), S. 4, 6; George J. Bryjak, 1985, »The Economics of Assassination: The Punjab Crisis and the Death of Indira Gandhi«, *Asian Affairs: An American Review* 12 (1): S. 29, 38.
7 Zu Schmitt und Thackeray vgl. Kapitel 9; Singh 2012 (2004), S. 1, 8.
8 Singh 2012 (2004), S. 12–13.
9 Frank 2001, S. 478.
10 Richard Weintraub, 1984, »Gandhi and the Sikhs: A Policy Gone Awry«, *Washington Post,* 2. November; *Times of India,* 1984, »Army Not to Pull Out of Punjab Now: Rajiv«, 16. September; *Time*, 1984, »Indira Gandhi: Death in a Garden«, 12. November; P. C. Alexander, 2018 [1991], *My Years with Indira Gandhi,* Neu-Delhi, S. 147.
11 Amitav Ghosh, 1995, »The Ghosts of Mrs. Gandhi«, *The New Yorker,* 17. Juli, S. 35–41.
12 Frank 2001, S. 491–493; *Time,* 1984, »Death in a Garden«, 12. November.
13 Ghosh 1995.
14 Hartosh Singh Bal, 2014, »Sins of Commission«, *Caravan*, 30. September; *Times of India,* 1984, »Rajiv Call for Unity«, 20. November; William Claiborne, 1984, »Gandhi Sees Conspiracy in Death of His Mother«, *International Herald Tribune*, 20. November; Manoj Mitta und H. S. Phoolka, 2007, *When a Tree Shook Delhi*, Kindle-Ausgabe, Roli Books, S. 196, 1123.
15 Bal 2014.
16 Salman Rushdie, 1985, Vorwort zu Tariq Ali, 1985, *Die Nehrus und die Gandhis: Eine indische Dynastie*, Frankfurt/M. u. a., S. 11.

15 Ein Pilot fliegt im politischen Gegenwind

1 Aarthi Ramachandran, 2012, *Decoding Rahul Gandhi*, Kindle-Ausgabe, Westland Publishing, S. 26, 28; *Washington Post,* 1980, »Gandhi's Other Son Shies Away from Role in Public Life«, 15. August.
2 Sanjoy Hazarika, 1989, »Bhopal Payments by Union

Carbide Set at $470 Million«, *New York Times,* 15. Februar.

3 International Idea, »India«, zugänglich unter: www.idea.int/data-tools/countryview/146/40; John Elliot, »Mr. Gandhi Sets the Pace: Indian Election Called«, *Financial Times,* 14. November.

4 Mehta 1994, 61; William Stevens, 1984, »Gandhi, Slain, Is Succeeded by Son«, *New York Times,* 1. November.

5 Tavleen Singh, 2013, *Durbar,* Neu-Delhi, S. 197, 200; Steven Weisman, 1988, »Gandhi Is Finding Out How Much He Has to Lose«, *New York Times,* 3. Juli.

6 Montek Singh Ahluwalia, 2020, Backstage: The Story behind India's High Growth Years, Neu-Delhi, S. 73–74; Ved Mehta, 1994, Rajiv Gandhi and Rama's Kingdom, New Haven, S. 81.

7 Internationaler Währungsfonds, 1986, »India: Staff Report for the 1986 Article IV Consultation«, SM/86/54, 6. März, Washington, DC, S. 11; Ahluwalia 2020, S. 79.

8 Robert J. Shiller, 2017, »Narrative Economics«, *American Economic Review* 107 (4): S. 981; Martin Feldstein, 1994, »American Economic Policy in the 1980s: A Personal View«, in Martin Feldstein (Hg.), *American Economic Policy in the 1980s,* Chicago1994, Abschnitt 1.2, »Tax Policy in the 1980s«, S. 13–14.

9 *Times of India,* 1985, »Firms' Donations to Parties to Be Allowed«, 17. März; Internationaler Währungsfonds 1986; Ahluwalia 2020, S. 79; Joshi und Little 1994, S. 180.

10 *Wall Street Journal,* 1985, »Review and Outlook (Editorial): Rajiv Reagan«, 21. März; *Times of India,* 1985, »Reagan Hails PM's Policies«, 9. Mai; *Times of India,* 1985, »U. S. All for United India: Reagan«, 13. Juni.

11 Jagdish Bhagwati, 1985, »Is India's Economic Miracle at Hand?« *New York Times,* 9. Juni.

12 Nicholas Kristof, 1985, »Curbs Give Way to Welcome for Multinational Companies«, *New York Times,* 11. Mai.

13 *Times of India,* 1985a, »Concession Aimed at Software Export«, 18. März; *Times of India,* 1985b, »Indo-U. S. Satellite Link to Be Set Up«, 24. Juni; Harihar Krishnan, 1985, »Business Today: TI Gains Strategic Presence«, United Press International, 19. August; John Elliot, 1985, »Showing the Way for Developing Countries«, *Financial Times,* 4. Oktober; Marc Beauchamp, 1986, »Planet Computer«, *Forbes,* 24. Februar.

14 Sheila Tefft, 1987, »Welcome to Silicon Valley, India-Style«, *Journal of Commerce,* 18. Mai.

15 Gangadhar Gadgil, 1985, »The Bulls Have Run Amok«, *Times of India,* 18. August.

16 Olivier Blanchard, 1987, »Reaganomics«, *Economic Policy* 2 (5): S. 15–56; Austan Goolsbee, Robert E. Hall und Lawrence F. Katz, 1999, »Evidence on the High-Income Laffer Curve from Six Decades of Tax Reform«, *Brookings Papers on Economic Activity* 2: S. 1–64, 44, 52–53; Annette Alstadsæter, Niels Johannesen und Gabriel Zucman, 2019, »Tax Evasion and Inequality«, *American Economic Review* 109 (6): S. 2073–2103; Thomas R. Torslov, Ludvig S. Wier und Gabriel Zucman, 2020, »The Missing Profits of Nations«, NBER Working Paper Nr. 24701, Juni 2018, überarbeitet im April 2020.

17 Eswaran Sridharan und Milan Vaishnav, 2018, »Political Finance in a Developing Democracy: The Case of India«, in: Devesh Kapur und Milan Vaishnav (Hg.), *Costs of Democracy: Political Finance in India,* New York, 21; Vaishnav 2017, S. 97; Navin Chawla, 2019, *Every Vote Counts: The Story of India's Elections,* Neu-Delhi, S. 123; Joshi und Little 1994, S. 180, 226 (Tabelle 9.1).

18 Pranab Bardhan, 1998, *The Political Economy of Development in India,* Oxford, S. 62; Government of India, 1986, *Fourth Central Pay Commission: Report,* Neu-Delhi, Juli; *Times of India,* 1986, »A Necessary Correction«, 3. Juli.

19 Joshi und Little 1994, S. 168 (Tabelle 6.8), 180–182, 193 (Tabelle 7.5).

20 Joshi und Little 1994, S. 186; Ahluwalia 2020, S. 92–94.

21 Anthony Spaeth, 1988, »India's ›Rajiv Revolution‹ Bogged Down by the Bureaucracy It Tried to Overcome«, *Wall Street Journal,* 12. April.

22 *Times of India,* 1986, »Barnala Espouses Pepsi's Cause«, 29. Juli; John Elliot, 1988, »PepsiCo Clears Indian Hurdles«, 4. Februar; Anthony Spaeth und Amal Kumar, 1988, »PepsiCo Accepts Tough Conditions for the Right to Sell in India«, *Wall Street Journal,* 20. September.

23 Die Angaben zu den ausländischen Direktinvestitionen beruhe auf Daten zum Nettozufluss (der Schulden und Kredite der Investoren beinhaltet) aus den World Development Indicators der Weltbank , BX.KLT.DINV.CD.WD; Ahluwalia 2020, S. 91.

24 Arvind Panagariya, 2004, »Growth and Reforms during 1980s and 1990s«, *Economic and Political Weekly* 39 (2): S. 2581–94; Spaeth 1988; Prem Shankar Jha, 1989, »The Age of Technology: India Dangerously Out of Step«, *Times of India,* 20. März; Internationaler Währungsfonds, 1990, »India – Staff Report for the 1990 Article IV Consultation«, SM/90/92, 16. Mai, Washington, DC, S. 18.

25 Nicholas Rada, 2016, »India's Post-Green-Revolution Agricultural Performance: What Is Driving Growth?« *Agricultural Economics* 47 (3): S. 341–350, 343 (Tabelle 1); Ahluwalia 2020, S. 82.

26 Jha 1989; Ahluwalia 2020, S. 94–97; Daniel Southerland, 1988, »China Plans Export-Led Economy; New Course Could Expand Foreign Investment Opportunities«, *Washington Post,* 24. Januar.

27 Peter Passel, 1987, »India as Tortoise, China as Hare: Which Stirring Giant Will Set the Pace for the Third World?« *New York Times,* 28. April.

28 Prem Shankar Jha, 1993, *In the Eye of the Cyclone: The Crisis in Indian Democracy,* Neu-Delhi, S. 69–70; Steven Weisman, 1987, »Gandhi in Dispute over Hiring of U. S. Detectives«, *New York Times,* 5. April; McDonald 2010, S. 111–112, 115.

29 Rajiv Gandhi, »Full Text of Rajiv Gandhi's Famous Speech«, zugänglich unter: www.indiatoday.in/india/story/full-text-of-rajiv-gandhis-famous-1985-speech-152145 -2013-01-21.

30 McDonald 2010, S. 136–137, 140–142.

31 *India Today,* 1986, »Reliance Industries under Siege, Future Seems Peppered with Question Marks«, 15. August; T. N. Ninan und Prabhu Chawla, 1986, »There Was No Breach of Faith with Reliance: Singh«, *India Today,* 15. August.

32 Jha 1993, S. 71–72; Steven R. Weisman, 1985, »India Cracks Down on Its Huge ›Black Economy.‹« *International Herald Tribune,* 26. Dezember.

33 Jha 1993, S. 71–72; *The Economist,* 1987, »India's Economy«, 31. Januar.

34 McDonald 2010, S. 179–182, 188–191; Matt Miller, 1987, »One of India's Leading Firms Is Beset by Investigations – Reliance Industries Rose Rapidly with the Help of Government Favors«, *Wall Street Journal,* 3. Juli; Moses Manoharan, 1989, »Indian Tycoon with Common Touch Turns to World Market«, *Reuters News,* 6. Juli; David Housego, 1989, »Survey of Bombay (I): A Wayward Trendsetter«, *Financial Times,* 11. September.

35 Veena Das, 2015, »Corruption and the Possibility of Life«, *Contributions to Indian Sociology* 49 (3): S. 324–328.

36 Steven Weisman, 1987, »Aide's Resignation Creates Political Crisis for Gandhi,« *New York Times,* 14. April; Inder Malhotra, 1987, »Political Commentary: After the Bofors Gun-Fire«, *Times of India,* 23. April; David Housego, 1989, »The Uncertain Road Ahead: Controversies surrounding the Forthcoming Indian Elections,« *Financial Times,* 27. Oktober.

37 Mehta 1994, S. 66–67; Tavleen Singh 2013, S. 215.

38 Barbara Crossette, 1988, »A Flower of North India, the Punjab, Slowly Dies,« *New York Times,* 25. Oktober.

39 Khushwant Singh, 2004, *History of the Sikhs: Volume 2,* Kapitel 23; Steven Weisman, 1987, »Gandhi Bolsters Forces in Punjab«, *New York Times,* 13. Mai.

40 Steven Weisman, 1985, »Gandhi Signs Pact to End Conflict on Assam Settlers,« *International Herald Tribune,* 16. August; Steven Weisman, 1985, »Assam Moslems Haunted by Fear of New Violence«,

International Herald Tribune, 7.–8. Dezember; Sanjoy Hazarika, 1987, »India's Assam State Demanding Ban on Migration«, *New York Times,* 13. September; Guha 2008 (2007), S. 572.

16 Rajiv Gandhi gießt Öl ins Feuer des Hindutva

1 Vgl. Kapitel 9 und 10; Huntington 2006 (1968), S. 3–5, 359.

2 Sanjoy Hazarika, 1988a, »Sikhs Surrender to Troops at Temple: The Blockade Is Seen as a Victory for Gandhi«, *New York Times,* 19. Mai; Sanjoy Hazarika, 1988b, »45 Killed and 100 Wounded in Attacks in Punjab«, *New York Times,* 21. Mai; Sanjoy Hazarika, 1988c, »India Sending More Troops to Punjab as Toll Rises«, *New York Times,* 22. Mai; Sanjoy Hazarika, 1988d, »Thousands of Hindu Workers Flee Punjab as Sikhs Step Up Violence«, *New York Times,* 24. Mai; *New York Times,* 1988, »Sikh Terrorists Kill 10 Men after Pulling Them off a Bus«, 4. November.

3 Moses Manoharan, 1987, »Demonstrators, Police, Converge on Raided Newspaper Office«, *Reuters News,* 1. September; Richard Weintraub, 1987, »Authorities Raid Offices of Major Paper in India«, *Washington Post,* 2. September; Derek Brown, 1988, »Gandhi Drops Defamation Bill«, *Sydney Morning Herald,* 24. September.

4 Gaurav Datt, Martin Ravallion, Rinku Murgai, 2020, »Poverty and Growth in India over Six Decades«, *American Journal of Agricultural Economics* 102 (1): S. 4–27, Abb.1, 7; Arendt 1955, S. 377.

5 Stanford Encyclopedia of Philosophy, »Carl Schmitt«, zugänglich unter:https://plato.stanford.edu/entries/schmitt/; Schmitt 2007 (1927), S. 67.

6 Arendt 1955, S. 723.

7 Die Details in diesem Abschnitt stammen aus Vaibhav Purandare, 2019, *Savarkar: The True Story of the Father of Hindutva,* Neu-Delhi, S. 22, 28, 31, 44–47, 57–60, 76, 163–165.

8 Vinayak Damodar Savarkar, 2009 (1923), *Hindutva: Who Is a Hindu?* Neu-Delhi, S. 11–12, 45–6, 84, 96.

9 Purandare 2019, S. 26.

10 Savarkar 2009 (1923), S. 43, 141.

11 Walter Andersen und Sridhar Damle, 2019 (1987), The Brotherhood in Saffron: The Rashtriya Swayamsevak Sangh and Hindu Revivalism, Neu-Delhi, S. xiii, xvii–xviii, 24–26, 29–31; Christophe Jaffrelot, 1996, The Hindu Nationalist Movement and Indian Politics, 1925 to the 1990s, London, S. 34–36.

12 Andersen und Damle 2019, S. 34–46; Jaffrelot 1996, S. 32–35.

13 *New York Times,* 1966, »V. D. Savarkar Is Dead at 83; A Nationalist Leader«, 27. Februar.

14 *The Times,* 1966, »Mr. V. D. Savarkar«, 28. Februar.

15 *Times of India,* 1980a, »Vajpayee Chief of Bharatiya Janata Party«, 7. April; *Times of India,* 1980b, »B. J. P. Will Never Sever RSS Link«, 21. April.

16 *Times of India,* 1983a, »VHP Yagna Launched«, 15. November; Jaffrelot 1996, S. 360–362.

17 *Times of India,* 1983b, »VHP Chariots Start Journey«, 16. November; *Times of India,* 1983c, »Huge Delhi Crowds Hail Yatra«, 19. November; *Times of India,* 1983d, »Yatra Draws Big Crowds in City«, 8. Dezember; *India Today,* 1983, »VHP-Organised Ekatmata Yagna to Roll across India«, 30. November.

18 Jaffrelot 1996, S. 363; Thomas Blom Hansen, 1999, *The Saffron Wave,* Princeton 155; Prem Shankar Jha, 1993, *In the Eye of the Cyclone,* Neu-Delhi, S. 187.

19 Jaffrelot 1996, S. 363; S. P. Udayakumar, 1997, »Historicizing Myth and Mythologizing History«, *Social Scientist* 25 (7/8): S. 13; *India Today,* 1984, »Ram Janmbhumi: Ayodhya Becomes Rallying Point for Start of Yet Another Communal Skirmish,« 31. Oktober.

20 Jaffrelot 1996, S. 334–335; Inder Malhotra, 2014, »Rear View: The Era of the Politics of Appeasement«, *Indian Express,* 8. Dezember.

21 *Times of India,* 1986, »Arif Quits over »Talaaq« Bill«, 27. Februar; Francine Frankel, 2005, *India's Political Economy, 1947–2004,* 2. Aufl., Neu-Delhi, S. 684; Wajahat Habibullah, 2020, *My Years with Rajiv: Triumph and Tragedy,* Kindle-Ausgabe, Westland Publications, S. 104; Krishna Pokharel und Paul Beckett, 2012, »WSJ BLOG/India Real Time: Ayodhya, the Battle for India's Soul: Chapter Three«, *Dow Jones Global Equities News,* 5. Dezember.

22 Malhotra 2014; Udayakumar 1997, S. 14.

23 Bhaskar Ghosh, 2005, *Doordarshan Days,* Neu-Delhi, S. 38.

24 Soutik Biswas, 2011, »Ramayana: An ›Epic‹ Controversy«, BBC News, 19. Oktober; William Darlymple, 2008, »An Indian Life Is Here«, *Guardian,* 22. August; Associated Press, »Televised Hindu Epic Mesmerizes India«, 27. Januar; Rahul Verma, 2019, »The TV Show That Transformed Hinduism«, BBC Culture, 22. Oktober.

25 Arvind Rajagopal, 2001, Politics after Television: Religious Nationalism and the Reshaping of the Indian Public, Cambridge, S. 77, 84.

26 Pankaj Mishra, 2013 (1995), *Butter Chicken in Ludhiana: Travels in Small Town India,* Gurgaon, 80; Anuradha Kapur, 1991, »Militant Images of a Tranquil God«, *Times of India,* 10. Januar.

27 M. J. Akbar, 1988, *Riot after Riot: Report on Caste and Communal Violence in India,* Neu-Delhi, S. 126, 151, 168; Ajay Kumar, 1987, »Factors behind Dezember riots«, *Times of India,* 9. Dezember; Seema Sirohi, 1987, »Anatomy of a Riot: Hindu-Moslem Incident Explodes into Bloodbath«, Associated Press, 5. Juni; Rajendra Bajpai, 1987, »Amnesty Accuses Indian Police of Killing Moslems«, *Reuters News,* 19. November; Manira Chaudhury, 1987, »30 Years after UP's Hashimpura Massacre, Survivors Recount Night of ›Bloodbath,‹ Rue Lack of Justice«, *Hindustan Times,* 22. Mai.

28 Thomas Blom Hansen, 2001, *Wages of Violence,* Princeton, S. 74, 76–77, 83; Jayant Lele, 1995, »Saffronisation of Shiv Sena: Political Economy of City, State, and Nation«, *Economic and Political Weekly* 30 (25): S. 1526.

29 *Times of India,* 1989, »Return to the Slot«, 13. Juni.

30 David Housego, 1989a, »Mosque May Become Storm Centre of Election: A Communal Flare-Up Is Likely to Favour the Congress Party«, *Financial Times,* 19. Oktober; David Housego, 1989b, »Gandhi Yields to Hindu Militants in Dispute over Temple«, *Financial Times,* 10. November; Habibullah 2020, S. 125; Frankel 2005, S. 685.

31 Chandan Mitra, 1989, »Anti-Rajiv Backlash: The Price of Modernism«, *Times of India,* 17. November; *Times of India,* 1989, »Arson Spree in Bhagalpur«, 15. November.

17 Ein allzu kurzer Augenblick der Vernunft

1 Mishra 2013 (1995), S. xii–xvii.

2 Mishra 2013 (1995), S. 88–91.

3 Mishra 2013 (1995), S. 243–250.

4 Francine Frankel, 2005, *India's Political Economy, 1947–2004«,* 2. Aufl., Neu-Delhi, S. 686–687; Albert Hirschman und Michael Rothschild, 1973, »The Changing Tolerance for Income Inequality in the Course of Economic Development: With a Mathematical Appendix«, *Quarterly Journal of Economics* 87 (4): S. 545.

5 Barbara Crossette, 1989, »Ayodhya Journal; Among Marigolds, a Holy Place and Unholy Fury«, *New York Times,* 27. Oktober; Francine Frankel, 2005, *India's Political Economy, 1947–2004,* 2. Aufl., Neu-Delhi, S. 686–687; Sanjoy Hazarika, 1989, »Shots Miss India's Opposition Leader«, *New York Times,* 25. November.

6 John Pomfret, 1989, »New Balloting Order in Gandhi's District; Vote Fraud Cited«, Associated Press; *Times of India,* 1989, »Poll Perversion«, 25. November.

7 Robert Putnam, 2020, The Upswing: How America

Came Together a Century Ago and How We Can Do It Again, Kindle-Ausgabe, Simon & Schuster, S. 4, 6, 41–48.
8 *Times of India,* 1990, »Open Industry to Competition«, 19. Juni; Weltbank, 1990, »India: Trends, Issues, and Options«, Report Nr. 8360-IN, 1. Mai, Washington, DC, S. ii, 33–34; Weltbank, 1991, »Gender and Poverty in India: Issues and Opportunities concerning Women in the Indian Economy«, Report Nr. 8072-IN, 14. Juni, Washington, DC.
9 Barbara Crossette, 1990, »A Gandhi Crusades against a Befouled India«, *New York Times,* 7. Juni; *The Times,* 1990, »Mrs. Maneka Gandhi Starts Green Campaign to Clean Up Delhi«, 11. Mai; World Resources Institute, 1990, *World Resources 1990–91: A Guide to the Global Environment,* Oxford, S. 3 (Abb.1.4).
10 Vgl. Kapitel 15; die Makrodaten für das Jahr 1990 stammen aus der Datenbank *World Economic Outlook* des IWF; Internationaler Währungsfonds, 1990, »India: Staff Report for the 1990 Article IV Consultation«, SM/90/92, Washington, DC, 16. Mai, S. 4.
11 Bill Tarrant, 1989, »New Indian Prime Minister Pledges More Help for Poor«, 3. Dezember; David Housego, 1989, »Man in the News: Time of Trial for a Shy Man's Political Skills«, *Financial Times,* 2. Dezember; Internationaler Währungsfonds, 1991, »India: Article IV Consultation and Request for Stand-By Arrangement«, EBS/91/176, Washington, DC, 9. Oktober, 5; Weltbank, 1991, »India: 1991 Country Economic Memorandum«, Report Nr. 9412-IN, 23. August, Washington, DC, S. ii, 13, 17, 43.
12 Internationaler Währungsfonds, 1992, »India – Staff Report for the 1992 Article IV Consultation and Second Review under Stand-By Arrangement«, EBS/92/175, 6. November, Washington, DC, 4a (Diagramm 1).
13 Christophe Jaffrelot, 2003, *India's Silent Revolution: The Rise of the Lower Castes in North India,* New York, S. 337; vgl. auch Kapitel 12; *Times of India,* 1981, »Backward Class Report on, 31. Dezember«, 23. Dezember; Ashwini Deshpande, 2013, *Affirmative Action in India,* Neu-Delhi, S. 67, 73; Deshpande 2013, S. 75.
14 Sanjay Ruparelia, 2015, Divided We Govern: Coalition Politics in Modern India, Neu-Delhi, Kapitel 5 und 6.
15 Jaffrelot 2003, S. 347; *Times of India,* Berichte aus dem August 1990; Paul Flather, 1990, »When Caste Becomes a Burning Issue«, *The Times Higher Education Supplement,* 9. November.
16 *Times of India,* 1990a, »… and Accent on Harmony«, 25. September; *Times of India,* 1990b, »Keep Out, BJP, Tells Police«, 25. September; Prasun Sonwalkar, 1990, »Can Advani Ape Sardar?« *Times of India,* 27. September.
17 Violette Galonnier, 2013, »Hindu-Muslim Riots in India II (1986–2011), www.sciencespo.fr/mass-violence-war-massacre-resistance/en/document/hindumuslim-communal-riots-india-ii-1986-2011.html.
18 Reuters, 1990, »India Ratings Lowered: Cut Will Mean Costlier Credit«, *International Herald Tribune,* 5. Oktober; Weltbank 1991, S. 13, 43; Tim McGirk, 1990a, »India Urged to Seek Funds from IMF«, *The Independent,* 14. Oktober.
19 Tim McGirk, 1990b, »Prime Minister Resigns amid Shouts and Fisticuffs«, *The Independent,* 8. November; Barbara Crossette, 1990a, »India's Cabinet Falls as Premier Loses Confidence Vote by 142–346«, *New York Times,* 8. November; Barbara Crossette, 1990b, »A Question Unanswered: Where Is India Headed?« *New York Times,* 11. November.
20 Internationaler Währungsfonds, 1991, »India – Use of Fund Resources; Request for Stand-By Arrangement and for a Purchase under the Compensatory and Contingency Financing Facility«, EBS/91/4, 7. Januar, Washington, DC, S. 3–4, 25.
21 David Housego, 1991, »A Passage to Paralysis«, *Financial Times,* 22. Februar; Associated Press, 1991, »Gandhi Asks for Elections«, 9. März.
22 Barbara Crossette, 1991, »Sonia Declines Presidency of Party«, *New York Times,* 23. Mai.
23 Internationaler Währungsfonds, 1991, »India: Staff Report for the 1991 Article IV Consultation and Request for Stand-By Arrangement«, EBS/91/176, Washington, DC, 9. Oktober, S. 18; sowie Kapitel 4 und 5.
24 Montek Singh Ahluwalia, 2020, *Backstage: The Story behind India's High Growth Years,* Neu-Delhi, 130; Agence France-Presse, 1991, »India's Finance Minister Denies IMF Pressure to Devalue Rupee«, 1. Juli; I. G. Patel, 2002, *Glimpses of Indian Economic Policy: An Insider's View,* Neu-Delhi, S. 170–171.
25 Ahluwalia 2020, S. 131.
26 Agence France-Presse, 1991b, »Rupee Cut Further; Devaluation Not at IMF Behest, Indian Premier Says«, 3. Juli; Ahluwalia 2020, S. 132.
27 Vgl. Kapitel 5; I. G. Patel, 1990, »Economic Policy: II Indian Scene«, *Economic Times,* 26. April; Bimal Jalan, 1991, »India's Economic Crisis: The Way Ahead,« Neu-Delhi, S. 222–223; Ahluwalia 2020, S. 136.
28 *Times of India,* 1991, »Gold Deposited Not Sold, Says RBI«, 9. Juli; K. K. Sharma und R. C. Murthy, 1991, »India Sends 25 Tonnes of Gold to London as Loan Security«, *Financial Times,* 9. Juli.
29 Vinay Sitapati, 2018, *The Man Who Remade India: A Biography of P. V. Narasimha Rao,* Kindle-Ausgabe, Oxford University Press, S. 129–130.
30 Manmohan Singh, 1991, »Budget 1991–92 Speech of Shri Manmohan Singh«, 24. Juli, www.indiabudget.gov.in/doc/bspeech/bs199192.pdf.
31 Internationaler Währungsfonds 1991, S. 32–35; Mishra 2013 (1995), S. 126.
32 Agence France-Presse, 1992, »Eco News Indian Stock Prices Sky-Rocket in Unprecedented Bull Rampage«, 24. März; David Housego und R. C. Murthy, 1992, »India Gets a Big Bout of Asian Stock Market Fever«, *Financial Times,* 6. März.
33 A. Banerjee, 1992, »The Many Joys of Insider Trading«, *Times of India,* 12. April.
34 Sucheta Dalal und R. Srinivasan, 1992, »SBI Asks Broker to Square Up«, *Times of India,* 23. April.
35 K. B. L. Mathur, 2002, »Public Sector Banks: Should They Be Privatized?«, *Economic and Political Weekly* 37 (23): S. 2245–2256, Tabelle 1.
36 Joshi und Little 1996, S. 119–121; D. N. Ghosh, 2015, *No Regret,* Neu-Delhi, S. 183–184; Rajendra Bajpai, 1992, »Details of US$1 billion Bombay Scam Unveiled«, *Business Times Singapore,* 4. Juni; Suman Dubey, 1992, »Bank Shortfalls Mount in Probe of India Scandal – Criminal Complaint Expected to Be Filed in Securities Affair«, *Asian Wall Street Journal,* 26. Mai; Debashis Basu und Sucheta Dalal, 2014 (1993), *Scam: From Harshad Mehta to Ketan Parekh,* Kindle-Ausgabe, Kensource Information Services, S. 17.
37 Mishra 2013 (1995), S. 126.
38 Singh 2020, S. 157; Richard Waters und R. C. Murthy, 1992, »Top Banker Casualty of Share Scandal«, *Financial Times,* 4. Juni; Agence France-Presse, 1993, »Managing Director of Top Indian Bank Sacked«, 25. Juni; Suman Dubey, 1993, »India's Political, Economic Stability Faces Threat from Payoff Allegations«, *Wall Street Journal,* 17. Juni.
39 R. C. Mody, 1992, »Stocks Scandal: Where the RBI Went Wrong«, *Economic Times,* 17. Juni; Bimal Jalan (Hg.), 2013, *The Reserve Bank of India, Volume 4, 1981–1997,* Bombay, Reserve Bank of India, S. 846.
40 Vijay Joshi und Ian Little, 1996, *India's Economic Reforms 1991–2001,* Oxford, S. 149; Ahluwalia 2020, S. 161.
41 Madhav Reddy, 1993, »Coke Returns to India in Launch near Taj Mahal«, *Reuters News,* 25. Oktober.
42 *Reuters News,* 1994, »India Allows Morgan Stanley to Start Investment Bank«, 30. Mai; N. Vidyasagar, 2001, »3 Indians in Fortune-50 List of Powerful Women«, *Times of India,* 7. Oktober; Pro-Kopf-Einkommen in USD nach https://data.worldbank.org/indicator/NY.GDP.PCAP.CD?locations=IN.
43 Dani Rodrik, 1992, »The Limits of Trade Policy Reform in Developing Countries«, *Journal of Economic Perspectives* (Winter): S. 90, 102; Paul Krugman, 1995, »Dutch Tulips and Emerging Markets«, *Foreign Affairs* 74:(4): S. 28–44.
44 Weltbank 1992, S. 25, 84. Weltbank 1991, S. viii;

Weltbank 1996a, »China: Social Sector Expenditure Review«, Report Nr. 17348 CHA, February, Washington, DC, i; Weltbank, 1996b, »India Country Economic Memorandum – Five Years of Stabilization and Reform: The Challenges Ahead«, Report Nr. 15882-IN, 8. August, Washington, DC, iv; Weltbank 1996c, »India: Primary Education Achievement and Challenges«, Report Nr. 15756-IN, 1. September, Washington DC, xi.

45 Weltbank 1996b, xvii; Mishra 2013 (1995), S. 143, 189–190.

46 Madhav Gadgil und Ramachandra Guha, 1995, Ecology and Equity: The Use and Abuse of Nature in Contemporary India, New York, S. 68–96.

47 Shiraz Sidhva, 1996, »Court Crackdown on Dubious Campaign Funds«, *Financial Times*, 6. April; Vinay Sitapati, 2020, *Jugalbandi: The BJP before Modi*, Gurgaon, S. 193.

18 Die dunkle Seite des Versprechens

1 Thomas Blom Hansen, 2001, Wages of Violence: Naming and Identity in Postcolonial Bombay, Princeton, S. 227–235.

2 *Organiser*, 1988, »Angry Hindu! Yes, Why Not?«, 14. Februar.

3 Ich verwende die Zahlen aus der IWF-Datenbank *World Economic Outlook*. Der IWF aktualisiert diese Daten regelmäßig, weshalb sie hier geringfügig von denen abweichen, die der Währungsfonds und die indische Regierung seinerzeit veröffentlichten.

4 Edward Gargan, 1992, »A Religious Zeal Turns into Abuse«, New York Times, 7. Dezember; Christophe Jaffrelot, 1996, The Hindu Nationalist Movement and Indian Politics, 1925 to the 1990s: Strategies of Identity-Building, Implantation, and Mobilisation, London, S. 455.

5 *Reuters News*, 1992, »Death Toll Crosses 200 in Indian Riots«, 7. Dezember.

6 Clarence Fernandez und Naresh Fernandes, 1993, »The Winter of Discontent«, in: Dileep Padgaonkar (Hg.), *When Bombay Burned; Reportage and Comments on the Riots and Blasts from the Times of India*, Neu-Delhi, S. 13–14.

7 Edward Miguel und Shanker Satyanath, 2011, »Re-examining Economic Shocks and Civil Conflict«, *American Economic Journal: Applied Economics* 3 (October): S. 228–232; Ramesh Menon und Raj Chengappa, 1993, »Explosive Factors Like Unemployment and Ghettos Turn Cities into Communal Tinder-Boxes«, *India Today*, 31. Januar; Darryl D'Monte, 1993, »What Bombay Teaches Us«, in: Dileep Padgaonkar (Hg.), S. 296.

8 Vaibhav Purandare, 2012, *Bal Thackeray and the Rise of Shiv Sena*, Kindle-Ausgabe, Roli Books, S. 3154.

9 Clarence Fernandez und Naresh Fernandes, 1993, »A City at War with Itself«, in: Dileep Padgaonkar (Hg.), S. 13–14; Rajdeep Sardesai, 1993, »The Great Betrayal,« in: Dileep Padgaonkar (Hg.), 199; Jaffrelot 1996, S. 458–460; Kalpana Sharma, 1995, »Chronicle of a Riot Foretold«, in: Sujata Patel und Alice Thorner (Hg.), *Bombay: Metaphor for Modern India*, Bombay, S. 276–282; Hansen 2001, S. 125–126; Prakash 2010, S. 229–300.

10 William Darlymple, 1993, »Major Will Feel the Heat in Bombay«, *Sunday Telegraph*, 24. Januar.

11 Vgl. Kapitel 7; Sharma 1995, S. 274.

12 Jan Nijman, 2000, »Mumbai's Real Estate Market in the 1990s: Deregulation, Global Money, and Casino Capitalism«, *Economic and Political Weekly*, 12.–16. Februar, 35 (7): S. 575–582; R. Sridhar, 1994, »Why the Price Rise?« *Times of India*, 29. Oktober; Molly Moore, 1995, »As Bombay Real Estate Soars, Yuppies Go Slumming,« *International Herald Tribune*, 6. Februar; Prakash 2010, S. 295–298.

13 Gyan Prakash, 2010, *Mumbai Fables: A History of an Enchanted City*, Princeton, S. 300–301; Sharma 1995, S. 285.

14 Curtis Milhaupt und Mark West, 2000, »The Dark Side of Private Ordering: An Institutional and Empirical Analysis of Organized Crime«, *University of Chicago Law Review* 67 (1): S. 41–98; Sharma 1995, S. 274; Hansen 2001, S. 125; Zaidi, S. Hussain, 2014, *Byculla to Bangkok*, Noida, S. 90.

15 Sharma 1995, S. 274; Vaishnav 2017, S. xi, 77; Navin Chawla, 2019, *Every Vote Counts: The Story of India's Elections*, Neu-Delhi, S. 136–137; Sardesai 1993, S. 185.

16 Ministry of Home Affairs, »Vohra Committee Report«, https://adrindia.org/sites/default/files/VOHRA%20COMMITTEE%20REPORT_0.pdf.

17 M. L. Sharma, 1999, »Organized Crime in India: Problems and Perspectives«, *Resource Material Series* Nr. 54, The United Nations Asia and Far East Institute for the Prevention of Crime and the Treatment of Offenders (UNAFEI), Tokio; Nicholas Martin und Lucia Michelutti, 2017, »Protection Rackets and Party Machines«, *Asian Journal of Social Science* 45 (6): S. 704; Sam Asher und Paul Novosad, 2020, »Digging for Dirt: Rent-Seeking among Elected Politicians in India's Mineral Belt«, voxdev.org, 16. November; *Business Standard*, 1997, »Cong Flays Installation of Kalyan as CM«, S. 22. September; *India Today*, 1997a, »Uttar Pradesh: Stooping to Conquer«, 10. November.

18 *India Today*, 1997b, »Rule of Flaw«, 24. November.

19 M. L. Sharma 1999; Sunil Sethi, 1998, »Criminal Virus in Body Politic«, *Times of India*, 13. Februar; Agence France-Presse, 1997, »Indian Minister Wants Parties to Keep Criminals out of Elections«, 31. August; Agence France-Presse, 1998, »Hindu Nationalist Leader among Indian ›Blacklisted‹ Candidates«, 12. Februar; Nicholas Martin und Lucia Michelutti, 2017, »Protection Rackets and Party Machines«, *Asian Journal of Social Science* 45 (6): S. 704; Sam Asher und Paul Novosad, 2020, »Digging for Dirt: Rent-Seeking among Elected Politicians in India's Mineral Belt«, voxdev.org, 16. November.

20 Nishith Prakash, Marc Rockmore und Yogesh Uppal, 2019, »Do Criminally Accused Politicians Affect Economic Outcomes? Evidence from India«, *Journal of Development Economics* 141: S. 102370; Nishith Prakash, Soham Sahoo, Deepak Saraswat und Reetika Sindhi, 2022, »When Criminality Begets Crime: The Role of Elected Politicians in India«, *IZA DP 15259*, April.

21 Melissa Dell, Benjamin Feigenberg und Kensuke Teshima, 2019, »The Violent Consequences of Trade-Induced Worker Displacement in Mexico«, *American Economic Review: Insights* 1 (1): S. 43–58; Maria Micaela Sviatschi, 2019, »Making a *Narco*: Childhood Exposure to Illegal Labor Markets and Criminal Life Paths«, Princeton University, 18. Februar, www.micaelasviatschi.com/wp-content/uploads/2019/02/jmp37.pdf.

22 Coll 1993; Khushwant Singh, 1993, »India, the Hindu State«, *New York Times*, 3. August, 7.

23 *Hindustan Times*, 1999, »Quartet Was at Party for Long«, 6. Mai.

24 Surinder Awasthi, 1999, »Venod Sharma Was in Line for Cong Ticket«, *Times of India*, 5. Mai; *Times of India*, 2006, »No One Killed Jessica«, 22. Februar, https://timesofindia.indiatimes.com/city/delhi/no-one-killed-jessica/articleshow/1423393.cms.

25 Seema Jayachandran, 2017, »Fertility Decline and Missing Women«, *American Economic Journal: Applied Economics* 9 (1): S. 120; Milan Vaishnav, 2017, *When Crime Pays*, New Haven, S. 65, 90, 109.

26 Sen 1982; Nishith Prakash und Krishna Chaitanya Vadlamannati, 2019, »Girls for Sale? Child Sex Ratio and Girl Trafficking in India«, *Feminist Economics* 25 (4): S. 267–308; Scott South, Katherine Trent und Sunita Bose, 2014, »Skewed Sex Ratios and Criminal Victimization in India«, *Demography* 51: S. 1019–1040; Lena Edlund, Hongbin Li, Junjian Yi und Junsen Zhang, 2013, »Sex Ratios and Crime: Evidence from China«, *Review of Economics and Statistics* 95 (5): S. 1520–1534; Joseph Sabia, Angela Dills und Jeffrey DeSimone, 2013,

»Sexual Violence against Women and Labor Market Outcomes«, *American Economic Review* 103 (3): S. 274–278; Zahra Siddique, 2018, »Violence and Female Labor Supply«, IZA Discussion Paper Nr. 11874.
27 Rebecca Menes, 2006, »Limiting the Reach of the Grabbing Hand: Graft and Growth in American Cities, 1880 to 1930«, in Edward L. Glaeser und Claudia Goldin (Hg.), *Corruption and Reform: Lessons from America's Economic History*, Chicago, S. 63–64, 81–82, 87, 90; Edward L. Glaeser und Claudia Goldin, 2006, »Introduction«, in: Glaeser und Goldin (Hg.), 7.
28 Menes 2006, S. 63.
29 Robert Gordon, 2016, *The Rise and Fall of American Growth: The U.S. Standard of Living since the Civil War*, Princeton, S. 1–18, 535–538, 562–565; Menes 2006, S. 67; Glaeser und Goldin 2006, S. 19–20.
30 Hamish McDonald, *Ambani and Sons*, Neu-Delhi, S. 234, 243; *Strait Times*, 1993, »Colonel Sanders to Head for India, More Foreign Brands to Follow«, 20. November.
31 Purandare 2014, S. 3286, 3862, 3836, 3898, 3900, 3913, 3926; *Times of India*, 1995, »City Renamed as Mumbai«, 29. Juni.
32 Government of India, 2000, *Economic Survey*, Neu-Delhi, S. 192 sowie Tabellen 3.1–3.2.
33 John Zubrzycki, 1996, »India's Corruption Scandal Casts a Shadow Over Elections«, *Christian Science Monitor*, 26. März; *Reuters News*, 1994, »Details of Charges against Fired Ministers«, 23. Dezember; Miriam Jordan, 1996, »India's Reforms Excite Growth, Not Voters«, *Wall Street Journal*, 26. April.
34 Agence France-Presse, 1997, »Indian Poll Panel Wants Criminals out of Politics«, 25. August; Agence France-Presse, 1998, »Hindu Nationalist Leader among Indian ›Blacklisted‹ Candidates«, 12. Februar.
35 Internationaler Währungsfonds, 1997, »India – Staff Report for the 1997 Article IV Consultation«, 11. Juni, Washington, DC, S. 11–14; Tony Lawrence, 1996, »Untitled«, Agence France-Presse, 13. Oktober.
36 *Hindustan Times*, 1998, »Discordant Voices«, 2. Februar; Neena Vyas, 1999, »BJP Seeks to Reap Twin Advantage«, *The Hindu*, 25. August.
37 Agence France-Presse, 1999, »No Place for Criminals in Indian Parliament: Election Commissioner«, 28. September; Vidya Subrahmaniam, 1995, »Why the BJP Cannot Have a Secular Face«, *Times of India*, 18. April.

19 Nein, Indien glänzt nicht

1 Sandhya Soman, 2016. »How a Thirst for a Good Coffee Has Transformed Bengaluru's Cafes«, *Times of India*, 12. Juli; Apoorva Puranik, 2019, »A Lot Still Happening over Coffee: How VG Siddhartha's Café Coffee Day Transformed the Simple Brew into a Lifestyle«, *Economic Times*, 3. August; *Financial Times*, 1997, »Bargain Brains Are a High-Power Force«, 24. Juni.
2 *Times of India*, 1998, »Cybernetic Indulgences«, 20. September.
3 Miriam Jordan, 1996, »Irony in India: Will Voters Bite the Hand That Fed Them?« *Wall Street Journal*, 6. Mai.
4 Ahluwalia 2020, S. 198–200; Agence France-Presse, 1998, »Indian PM Defends Bold Nuclear Tests«, 31. Dezember.
5 *Financial Times*, 1999, »Asia-Pacific: Full-Scale War Stalks Kashmir's Line of Control«, 17. Juni; Amir Zia, 1999, »Clinton Urges Pakistan to Withdraw Guerrilla Forces from Kashmir«, Associated Press, 16. Juni; Narayanan Madhavan, 1999, »WRAP-UP: India Takes Kashmir Height, Gets G8 Support«, *Reuters News*, 20. Juni.
6 Amit Baishya, 2016, »What Do We Know … . What Have We Learnt?« *South Asian Review* 37 (3): S. 113.
7 Mary Daly und Robert Valletta, 2004, »Performance of Urban Information Technology Centers: The Boom, the Bust, and the Future«, *Federal Reserve Board of San Francisco Economic Review*, April, S. 1.
8 Associated Press Newswires, »First Indian-Registered Direct Listing on a U.S. Market«, 11. März; Saritha Rai, 2004, »Infosys Sales Show the Power of Outsourcing«, *International Herald Tribune*, 14. April; *Business Standard*, 1999, »Options Flourish at Infosys«, 11. März.
9 Agence France-Presse, 1999, »Indian Software Firms Digging Y2K Goldmine«, 14. Februar; Abhijit Banerjee and Esther Duflo, 2000, »Reputation Effects and the Limits of Contracting: A Study of the Indian Software Industry«, *Quarterly Journal of Economics*, August, S. 989–1017.
10 *The Economist*, 1996, »Software in India: Bangalore Bytes«, 23. März; *Financial Times* 1997.
11 *The Economist*, 1999, »Booting up Andhra Pradesh«, 11. September; *Business Line*, 1999, »Inviting Investments«, 24. Januar; *The Hindu*, 1999, »A Tale of Three Cities«, 10. Januar.
12 *Business Times Singapore*, 2000, »East Asia Should Tap India's Software Boom«, 31. Januar; Jane Perez, 2000, »Clinton Lauds Technology as Key to India's Economy«, *New York Times*, 25. März; Charles Babington, 2000, »Clinton Urges Indian High-Tech Leaders to Help Poor«, *Washington Post*, 25. März.
13 Sadananda Dhume und Pramit Mitra, 1999, »Indian Service Sector as Engine for Econ Growth«, *Dow Jones International News*, 25. August; Mark Landler, 2001, »Hi, I'm in Bangalore (But I Can't Say So)«, *New York Times*, 21. März.
14 Reserve Bank of India, »Handbook of Statistics on Indian Economy« (im Folgenden: Reserve Bank Handbook), www.rbi.org.in/scripts/PublicationsView.aspx?id=7704.
15 Ahluwalia 2020, S. 214–216.
16 Die Daten zur Beschäftigung im IT-Sektor stammen vom Ministerium für Elektronik und Informationstechnologie: Ministry of Electronics and Information Technology, »Software and Services Sector«, zugänglich unter:: www.meity.gov.in/content/software-and-services-sector; nationale Daten zur Erwerbsbevölkerung aus Ghose 2019, S. 6, Tabelle 3.1, 44; vgl. auch T.S. Papola und Partha Pratim Sahu, 2012, »Growth and Structure of Employment in India: Long-Term and Post-Reform Performance and Emerging Challenge«, Institute for Studies in Industrial Development, Neu-Delhi, März.
17 Hamish McDonald, 1993, »India—Punjab Pacified: Terrorism Wanes but Police Methods Come under Fire«, *Far Eastern Economic Review*, 1. April.
18 Internationaler Währungsfonds, 1998, »India – Staff Report for the 1998 Article IV Consultation«, SM/98/197, 29. Juli, Washington, DC, S. 6, 10; Karen Elliott House, 1995, »Two Asian Giants Growing Apart«, *Wall Street Journal*, 24. Februar; B. Raman, 1997, »Race to the New Millennium«, *Business Line* (*The Hindu*), 8. April.
19 Internationaler Währungsfonds 1998, S. 8, 10.
20 Ahluwalia 2020, Kapitel 9 und 10; David Gardner, 2000a, »Indian Infrastructure: Populist Polices Undermine New Investment«, *Financial Times*, 29. März.
21 *Business Line*, 1999, »Integrated Highway Project Gets off the Mark«, 2. Januar; Shefali Rekhi, 1999, »Roads: Work in Progress«, *India Today*, 11. Januar.
22 David Gardner, 2000b, »Sell-offs to Favour Indian Investors«, *Financial Times*, 22. August.
23 Hugo Restall, 2001, »Examining Asia: Press Ahead with Privatization«, *Asian Wall Street Journal*, 11. Juli; Agence France-Presse, 2000a, »India to Sell Stakes in Oil Firm, Trading Companies«, 6. Oktober; Agence France-Presse, 2000b, »Indian Cabinet Sets in Motion Privatization Plan for Leading Carmaker«, 18. November; *Business Today*, 2001, »Divestment's Daring Duo«, 9. Dezember; P. Manoj, 2018, »Golden Period of Privatisation«, *Business Line* (*The Hindu*), 17. August.
24 Internationaler Währungsfonds, 2004, »India – Staff Report for the 2004 Article IV Consultation«, SM/04/431, 23. Dezember, Washington, DC, S. 3.
25 Barry Bosworth und Susan Collins, 2008, »Accounting for Growth: Comparing China and India«, *Journal of*

Economic Perspectives 22 (2): S. 45–66, Tabelle 3, S. 54; vgl. auch Kapitel 3.
26 Shalini Singh, 2001, »Mill to Mall—Phoenix Comes of Age«, *Economic Times,* 14. November; Neha Deewan, 2007, »Check Out the Most Expensive Malls in the Country«, *Economic Times,* 3. Dezember.
27 Jonathan Lehne, Jacob Shapiro und Oliver Vanden Eynde, 2018, »Building Connections: Political Corruption and Road Construction«, *Journal of Development Economics* 131: S. 62–78.
28 Casey Ichniowski und Anne Preston, 1989, »The Persistence of Organized Crime in New York City Construction: An Economic Perspective«, *ILR Review* 42 (4): S. 549–565; Giuseppe De Feo und Giacomo Davide De Luca, 2017, »Mafia in the Ballot Box«, *American Economic Journal: Economic Policy* 9 (3): S. 134–167; David Roos, »Sand Is in Such High Demand, People Are Stealing Tons of It«, zugänglich unter: https://science.howstuffworks.com/environmental/conservation/issues/sandis-such-high-demand-people-are-stealing-tons-it.htm; M. Naveen Saviour, 2012, »Environmental Impact of Soil and Sand Mining: A Review«, *International Journal of Science, Environment, and Technology* 1 (3): S. 127, 130, 132.
29 Ajit K. Ghose, 1999, »Current Issues of Employment Policy in India«, *Economic and Political Weekly* 34 (36): S. 2592, 2594, 2599; Ghose 2019, Abb. 3.6, S. 60–62.
30 Rana Dasgupta, 2015 (2014), *Capital: The Eruption of Delhi,* London, Canongate, S. 276.
31 Smriti Rao und Vamsi Vakulabharanam, 2018, »Migration Crises and Social Transformations in India since the 1990s«, *Political Economy Research Institute: Working Paper Series* 450, S. 7; Jan Breman, 1996, *Footloose Labour: Working in India's Informal Economy,* Cambridge, S. 45–46, 51, 55–56, 73–79; Ghose 1999, S. 2592; Ghose 2019, S. 60 (Figure 3.6), 134.
32 Ahluwalia 2020, S. 399–403.
33 Government of India, 1951, »The First Five Year Plan: A Draft Outline«, Juli, Planning Commission, Neu-Delhi, S. 14; Lockwood 1968 (1954), S. 462 sowie Tabelle 40, S. 465.
34 Weltbank, 1992, Trends in Developing Countries 1992, Washington, DC, S. 119, 301; Datenbank World Development Indicators.
35 Kenneth Kang und Vijaya Ramachandran, 1999, »Economic Transformation in Korea: Rapid Growth without an Agricultural Revolution?« *Economic Development and Cultural Change* 47 (4): S. 790; Kang Hua Cao und Javier Birchenall, 2013, »Agricultural Productivity, Structural Change, and Economic Growth in Post-Reform China«, *Journal of Development Economics* 104: S. 177; Bosworth und Collins 2008, S. 54.
36 Census of India 1991 und 2001, Tabellen zur Verteilung von Vollzeit- und Teilzeitbeschäftigten; Ghose 1999, Tabelle 8, S. 2599.
37 Government of Andhra Pradesh, 2012, »Statistical Abstract of Andhra Pradesh 2011«, Tabelle 1.1, S. 12; Tabelle 4.27, S. 190; Guillaume Gruere und Debdatta Sengupta, 2011, »Bt Cotton and Farmer Suicides in India: An Evidence-Based Assessment«, *Journal of Development Studies* 47 (2): S. 326–328.
38 Randeep Ramesh, 2004, »Prophets of Cyberabad Face Rural Backlash: Farmers in India's Most IT-Friendly State Set to Vote Chief Minister out of Office«, *Guardian,* 10. Mai.
39 Weltbank, 1997, »India Andhra Pradesh: Agenda for Economic Reforms«, Report Nr. 15901-IN, Washington, DC, 16. Januar, S. 1–4; Gruere und Sengupta 2011, S. 318.
40 B. B. Mohanty, 2005, »We Are Like the Living Dead: Farmer Suicides in Maharashtra, Western India«, *Journal of Peasant Studies* 32 (2): S. 243–276; Gruere und Sengupta 2011, S. 318; Ramesh 2004.
41 Government of Andhra Pradesh, 2012, »Statistical Abstract of Andhra Pradesh 2011«, Tabelle 1.1, S. 12; Tabelle 4.27, S. 190.
42 Kavitha Iyer, 2021, *Landscapes of Loss,* Kindle-Ausgabe, HarperCollins India, insbesondere Kapitel 3.
43 Ramesh Chand, S. S. Raju und L. M. Pandey, 2007, »Growth Crisis in Agriculture: Severity and Options at National and State Levels«, *Economic and Political Weekly* 42 (26): Tabellen 1 und 2, S. 2529–2531; Akhil Gupta, 2016, »Farming as a Speculative Activity: The Ecological Basis of Farmers' Suicides in India«, University of California, Los Angeles, Februar, S. 12–15; Scott Jasechko und Debra Peronne, 2021, »Global Groundwater Wells at Risk of Running Dry«, *Science* 372, S. 418–421, 419.
44 Felix Kogan und Wei Guo, 2016, »Early Twenty-First-Century Droughts during the Warmest Climate«, *Geomatics, Natural Hazards, and Risk* 7 (1): S. 133; *Times of India,* 2000, »Famines as Photo Ops«, 20. April; *Times of India,* 2002, »Grain Output May Decline to 90.8 mt«, 24. September.
45 Ashok Das, 2003, »Naidu Back, Writes to PM on Drought«, *Hindustan Times,* 6. Oktober; K. Balagopal, 2006, »Maoist Movement in Andhra Pradesh«, *Economic and Political Weekly* 41 (29): S. 3183–3187; P. V. Ramana, 2006, »The Maoist Movement in India«, *Defense and Security Analysis* 22 (4): S. 435–449; Maitreesh Ghatak und Oliver Vanden Eynde, 2017, »Economic Determinants of Maoist Conflict in India«, *Economic and Political Weekly* 52 (39): S. 69–76, Abb. 1 und Tabelle 1, S. 70; Oliver Vanden Eynde, 2018, »Targets of Violence: Evidence from India's Naxalite Violence«, *Economic Journal* 128 (März): S. 887–916.
46 Ingrid Dallmann und Katrin Millock, 2017, »Climate Variability and Inter-State Migration in India«, *CESifo Economic Studies,* S. 583–584; Ram B. Bhagat und Kunal Keshri, 2020, »Internal Migration in India«, in: Martin Bell, Aude Bernard, Elin Charles-Edwards und Yu Zhu (Hg.), *Internal Migration in the Countries of Asia,* Cham, S. 211–212.
47 Amy Waldman, 2004, »Low-Tech or High, Jobs Are Scarce in India's Boom«, *New York Times,* 6. Mai; Kunal Keshri und Ram B. Bhagat, 2013, »Socioeconomic Determinants of Temporary Labour Migration in India«, *Asian Population Studies* 9 (2): 175, S. 180–182.
48 Uttaran Das Gupta, 2020, »Frames per Second: The Long Walk Home«, *Business Standard,* 10. April.
49 Martha C. Nussbaum, 2007, *The Clash Within: Democracy, Religious Violence, and India's Future,* Kindle-Ausgabe, Harvard University Press, S. 339; Parvis Ghassem-Fachandi, 2012, *Pogrom in Gujarat,* Kindle-Ausgabe, Princeton University Press, 31–32; Ashish Khetan, 2020, *Undercover: My Journey into the Darkness of Hindutva,* Kindle-Ausgabe, Context, S. 197, 211.
50 Nussbaum 2007, S. 340–349, 369; Ghassem-Fachandi 2012, S. 32; Khetan 2020, S. 214.
51 Nussbaum 2007, S. 356–363, 379–380; Rajesh Joshi, 2011, »11 Death Sentences in India's Gujarat Riots Case«, *Agence France-Presse,* 1. März; Ghassem-Fachandi 2012, S. 1, 21, 37–43, 64, 74, 92, 190, 283, 283; Achyut Yagnik, 2005, *Shaping of Modern Gujarat,* Kindle-Ausgabe, Penguin Books, S. 256, 286.
52 *Times of India,* 2002, »›Newton‹ Modi Has a Lot to Answer«, 3. März; Siddharth Varadarajan, 2002, »Carnage in Gujarat: Telling Silence, Mr. Vajpayee«, *Times of India,* 6. März. Modi erklärte später, er könne sich nicht erinnern, welches Wort er gewählt habe, aber er sei ein Mann des Friedens. Vgl. *Tehelka,* 2011, »The Truth about the Godhra SIT Report«, 12. Februar; *Times of India,* 2002, »Unmasked Truth«, 15. April.
53 *Press Trust of India,* 2002, »Election Commission Says No to Early Polls in Gujarat«, 16. August; Vinay Sitapati, 2020, *Jugalbandi: The BJP before Modi,* Neu-Delhi, S. 275–281; Myra MacDonald und Thomas Kutty Abraham, 2002, »Update 4 – India's BJP in Landside Win in Gujarat«, *Reuters News,* 15. Dezember; *Hindustan Times,* 2002, »We'll Repeat Gujarat – Togadia«, 16. Dezember; Nussbaum 2007, S. 771–777.
54 Agence France-Presse, 2004, »India's Ruling Party Brings out Right-Wing Firebrand for Close Election«, 2. Mai.
55 Sunil Khilnani, 2004, »Reality Strips Off India's Veneer«, *Financial Times,* 14. Mai.
56 Kumkum Chadha, 1998, »History with Blinkers on …«, *Hindustan Times,* 28. Juni; Nandini Sundar, 2004,

»Teaching to Hate: RSS' Pedagogical Programme«, *Economic and Political Weekly* 39 (16): S. 1605–1612; Alex Traub, 2018, »India's Dangerous New Curriculum«, *New York Review of Books*, 6. Dezember; Agence France-Presse, 2003, »India's President Boycotted over Portrait of Hindu Rights Leader«, 26. Februar; *The Hindu*, 2003, »Savarkar Portrait Unveiled«, 27. Februar; *Times of India*, 2004, »Modi Out of the Manali Woods, for Now«, 21. Juni.

20 Die beiden Indien driften auseinander, die Demokratie zerbricht

1 Craig Jeffrey, 2010, Timepass: Youth, Class, and the Politics of Waiting in India, Stanford, S. 82–83, 96.
2 Devesh Kapur und Pratap Bhanu Mehta, 2008, »Mortgaging the Future? Indian Higher Education«, *India Policy Forum 2007–2008* 4: S. 126, 131–135; Rama Lakshmi, 2012, »India's University System in ›Deep Crisis‹«, *Washington Post*, 28. März.
3 Ghose 1999, Tabellen 3.1 und 3.6.
4 Weltbank, 2014, »Republic of India: Accelerating Agricultural Productivity Growth«, Washington, DC, 21. Mai, S. 43, 46 (Abb. 30); Centre for Science and Environment, 1999, »The Citizen's Fifth Report: Part I«, Neu-Delhi, S. 58, 168; Dasgupta 2015 (2014).
5 *BBC Monitoring South Asia*, 2014, »Indian Prime Minister-Designate Says ›Sonia Gandhi Is My Leader‹«, 19. Mai; Agence France-Presse, 2004, »Manmohan Singh Named as Indian PM«, 19. Mai; Prabhu Chawla, Bhavdeep Kang und Lakshmi Iyer, 2005, »Couple at Odds«, *India Today*, 16. Mai.
6 Weltbank, 2005, »Economic Growth in the 1990s: Learning from a Decade of Reform«, Washington, DC.
7 Dreze und Sen 2013, S. 132.
8 Sowmya Sivakumar, 2022, »Undermining the Legal Guarantee of MGNREGA: Right, Left, And Centre«, *The India Forum*, 11. März.
9 Sevanti Ninan, 2019, »Defanging RTI, Step by Step«, *The India Forum*, 23. August; *The Hindu*, 2012, »Exercise of Right to Information Runs into Hurdles«, 9. März; *The Statesman*, 2011, »Supreme Court Cannot Deny Info under RTI Act, Says CIC«, 16. Mai; Lydia Polgreen, 2011, »Indians Use Information Law, at a Deadly Risk«, *New York Times*, 23. Januar.
10 K. Sujatha Rao, 2017, *Do We Care: India's Health System*, Neu-Delhi S. 303–316, 328, 340–348; Kundan Kumar, Neera Singh und Y. Giri Rao, 2017, »Promise and Performance of the Forest Rights Act: A Ten-Year Review«, *Economic and Political Weekly* 52 (25–26): S. 40–43; Geetanjoy Sahu, Tushar Dash und Sanghamitra Dubey, 2017, »Political Economy of Community Forest Rights«, *Economic and Political Weekly* 52 (25–26): S. 44–47.
11 Internationaler Währungsfonds, 2004, *World Economic Outlook – Prospects and Policy Issues*, Washington, DC, April, 1, 3 (Tabelle 1.1); Internationaler Währungsfonds, 2005, *World Economic Outlook – Prospects and Policy Issues*, Washington, DC, April, S. 2 (Tabelle 1.1).
12 Federal Reserve Bank of St. Louis (im Folgenden: FRED), https://fred.stlouisfed.org/series/PCOALAUUSDM; T. N. Ninan, 2017 (2015), *Turn of the Tortoise*, Kindle-Ausgabe, Oxford University Press, S. 54–55; FRED, https://fred.stlouisfed.org/series/PIORECRUSDM.
13 Government of Maharashtra, »Statewise Total and Tribal Population«, zugänglich unter: https://trti.maharashtra.gov.in/index.php/en/statewise-total-tribal-population; Ram Ranjan, 2019, »Assessing the Impact of Mining on Deforestation in India«, *Resources Policy* 60 (März): S. 23–35.
14 *Guardian*, 2009, »They Call This Progress?«, 23. November; Amit Sengupta, 2004, »Guns vs Flowers«, *Tehelka*, 14. Februar.
15 Suresh Nair, 2005, »Iron and Steel Cos Make a Beeline for Chhattisgarh«, *Economic Times*, 10. Januar; *Business Line*, 2005, »Tata Steel Signs MoU to Set Up Plant in Chhattisgarh«, 6. Juni; Nandini Sundar, 2020, *The Burning Forest*, Kindle-Ausgabe, Juggernaut Books, 1262; *Hindustan Times*, 2005, »After Tata, Essar Plans Plant in Bastar«, 4. Juli, Ramachandra Guha u. a., 2006, »Salwa Judum: War in the Heart of India: Excerpts from the Report by Independent Citizens Initiative«, *Social Scientist* 34 (7/8): S. 48; Randeep Ramesh, 2006, »Inside India's Hidden War«, *Guardian*, 8. Mai.
16 Simon Denyer, 2006, »Indian PM Says Maoist Rebellion Gravest Threat«, *Reuters News*, 13. April.
17 Internationaler Währungsfonds, 2006, *World Economic Outlook – Prospects and Policy Issues*, Washington, DC, April, S. 8, 35 (Tabelle 1.6); die Daten zu ausländischen Investitionen und Kapitalbeteiligungen entstammen der Datenbank *World Development Indicators* der Weltbank; Devisenreserven nach indischer Zentralbank (Reserve Bank of India), https://rbi.org.in/Scripts/PublicationsView.aspx?id=19882; *Hindustan Times*, 2006, »Text of Prime Minister's Independence Day Address«, 15. August.
18 K. P. Kannan und G. Raveendran, 2009, »Growth sans Employment: A Quarter Century of Jobless Growth in India's Organized Manufacturing«, *Economic and Political Weekly* 44 (10): S. 80; Jayan Jose Thomas, 2013, »Explaining the ›Jobless‹ Growth in Indian Manufacturing«, *Journal of the Asia Pacific Economy* 18 (4): S. 677–679 sowie Tabelle 5; Kalpana Kochhar u. a., 2006, »India's Pattern of Development: What Happened, What Follows?« *Journal of Monetary Economics* 53: S. 981–983, 1006–1007.
19 *Hindustan Times*, 2006, »Text of Prime Minister's Independence Day Address«, 15. August.
20 George Orwell, 1946, »In Front of Your Nose«, in: Sonia Orwell und Ian Angus (Hg.), 1968, *The Collected Essays, Journalism, and Letters of George Orwell: In Front of Your Nose, 1945–1950*, New York, S. 122–125.
21 Our World in Data, »Human Development Index«, zugänglich unter:https://ourworldindata.org/human-development-index; United Nations Development Programme, 2006, *Human Development Report 2006*, New York, Tabelle 2, S. 288–291; Alison Warner, 1998, »Economy Still in Danger«, *Banker*, 1. Juni; *Economist Intelligence Unit*, 2004, »Vietnam: Country Outlook«, 3. Dezember; Trung Kien Nguyen, 2015, »Manufacturing Exports and Employment Generation in Vietnam«, *Southeast Asian Journal of Economics* 3 (2): S. 1–21.
22 A. Chowdhury, R. Mushtaque und Abbas Bhuiya, 2004, »The Wider Impacts of BRAC Poverty Alleviation Programme in Bangladesh«, *Journal of International Development* 16, S. 371; Yung Whee Rhee, 1990, »The Catalyst Model of Development: Lessons from Bangladesh's Success with Garment Exports«, *World Development* 18 (2): S. 336; Amartya Sen, 2013, »What's Happening in Bangladesh?«, *Lancet* 382, 14. Dezember, S. 1966–1967.
23 Dasgupta 2015 (2014), S. 219.
24 Ghose 2019, S. 71.
25 Chaitanya Kalbag, 2017, »Near Total Enrollment, Improved Infra; So, What's the Problem with our Education System?« *Economic Times*, 27. Oktober; Soumen Datta, 2013, »Private B. Ed. Colleges Fleecing Students, Govt Mute Spectator,« *Hindustan Times*, 26. Dezember; Azim Premji University, 2021, *Issues in Education; Volume 1: Teachers and Teacher Education*, Bangalore, Kapitel 2; Manisha Shah und Bryce Steinberg, 2019, »The Right to Education Act: Trends in Enrollment, Test Scores, and School Quality«, *AEA Papers and Proceedings* 109: S. 232–38; Anil Swarup, 2020, *Ethical Dilemmas of a Civil Servant*, Kindle-Ausgabe, Unique Publishers India Private Limited, S. 267; Noam Angrist, Simeon Djankov, Pinelopi K. Goldberg und Harry A. Patrinos, 2021, »Measuring Human Capital Using Global Learning Data«, *Nature* 592: S. 404.
26 *India Today*, 2004, »A Bloom, Not Yet a Boom«, 1. November; *Press Trust of India*, 2005, »Limitations of Coalition Hampering Labour Reforms: Indian PM,« 25. August; Kochhar u. a. 2006, S. 1016.
27 Chang-tai Hsieh und Benjamin Olken, 2014, »The

Missing Middle«, *Journal of Economic Perspectives* 28 (3): S. 90; Thomas 2013, S. 684, 690–691; Ghose 2019, S. 63.

28 Federico Lucidi und Alfred Kleinknecht, 2010, »Little Innovation, Many Jobs: An Econometric Analysis of Italian Labor Productivity Crisis«, *Cambridge Journal of Economics* 34: S. 526, 539; Robert Gordon, 2016, *The Rise and Fall of American Growth: The U. S. Standard of Living Since the Civil War*, Princeton, S. 18, 563.

29 Raghuram Rajan, 2008, »Is There a Threat of Oligarchy in India?«, Rede vor der Bombay Chamber of Commerce anlässlich der Feier des Gründungstags, 10. September, 2008, https://faculty.chicagobooth.edu/-/media/faculty/raghuram-rajan/research/papers/is-there-a-threat-of-oligarchy-in-india.pdf.

30 Ashutosh Varshney, 2007, »India's Democratic Challenge«, *Foreign Affairs* 86 (2): S. 105.

31 Internationaler Währungsfonds, 2009, »India – Staff Report for the 2008 Article IV Consultation«, SM/09/22, Washington, DC, 23. Januar, S. 3–6.

32 Reserve Bank Handbook, https://rbi.org.in/Scripts/PublicationsView.aspx?id=19758; *Press Trust of India*, 2009, »Farmers Real Heroes of India, Says Pranab«, 16. Februar; *Wall Street Journal*, 2009, »Delhi's Deficit Disorder; India Digs Itself into a Budget Hole – for Nothing«, 19. Februar.

33 Internationaler Währungsfonds, 2011, »India – Staff Report for the 2010 Article IV Consultation«, IMF Country Report 11/50, Washington, DC, Februar,Tabelle 2, S. 38.

34 Pratap Chakravarty, 2009, »No Recession for Indian Election Spending«, Agence France-Presse, 24. März.

35 *Economic Times*, 2009, »BJP Red-Faced as Kulkarni Holds Mirror«, 9. Juni; Alistair Scrutton, 2009, »Analysis—Hindu Nationalist Becomes India Inc Poster Boy«, *Reuters News*, 15. Januar.

36 Reserve Bank Handbook, https://rbi.org.in/Scripts/PublicationsView.aspx?id=19750; Sunita Narain, 2009, »Rain and Still No Rain«, *Business Standard*, 11. September.

37 Angus Deaton, 2017, *Der große Ausbruch: Von Armut und Wohlstand der Nationen*, Stuttgart, 284–287; Shaohua Chen und Martin Ravallion, 2010, »The Developing World Is Poorer Than We Thought But No Less Successful in the Fight against Poverty«, *Quarterly Journal of Economics* 125 (4): S. 1580; Daten zu Wechselkursen (Kaufkraftparität) aus der IWF-Datenbank *World Economic Outlook*.

38 Chen und Ravallion 2010, S. 1585; Jean Dreze, 2019 (2017), *Sense and Solidarity: Jholawala Economics for Everyone*, Neu-Delhi, S. 50.

39 Allen Matusow, 1984, The Unraveling of America: A History of Liberalism in the 1960s, New York, S. 219.

40 Renu Shahrawat und Krishna Rao, 2012, »Insured Yet Vulnerable: Out-of-Pocket Payments and India's Poor«, *Health Policy and Planning* 27: S. 213–221.

41 Angus Deaton und Jean Dreze, 2009, »Food and Nutrition in India: Facts and Interpretations«, *Economic and Political Weekly* 44 (7): S. 42–65; Daten zur Mangelernährung in Vietnam in Abbildung 20.3; Daten zu indischen Bundesstaaten aus Dreze und Sen 2013, Tabelle A.2.

42 James Crabtree, 2018, *The Billionaire Raj: A Journey through India's New Gilded Age*, Noida, S. 112–114; Phil Han, 2010, »Hard Evidence of Child Labor at 2010 Commonwealth Games«, CNN, 26. September, www.cnn.com/2010/WORLD/asiapcf/09/23/commonwealth.games.child.labor/index.html.

43 Crabtree 2018, S. 112–114, 125.

44 Ninan 2017 (2015), S. 128–129.

45 Kushan Mitra, 2005, »Indian Aviation's Take Off«, *Business Today*, 13. Februar; Vivek Kaul, 2020, *Bad Money: Inside the NPA Mess and How It Threatens the Indian Banking System*, Kindle-Ausgabe, HarperCollins Publishers India, 166, 169.

46 A. Jayaram, 2002, »Mallya, Cong. Nominees Win RS Polls«, *The Hindu*, März 2002; Kaul 2020, S. 164, 169; Josy Joseph, 2016, *A Feast of Vultures: The Hidden Business of Democracy in India*, Neu-Delhi, S. 173.

47 *India Today*, 2013, »King of Bad Times«, 7. Januar; Joseph 2016, S. 171; Forbes, »India's Richest (2013)«, www.forbes.com/profile/vijay-mallya/?sh=-47d8fed278e4.

48 Credit Suisse, 2012, »India Financial Sector«, Bombay, 2. August, Tabelle 2; Government of India, 2017, »Report of the Comptroller and Auditor General of India on Recapitalisation of Public Sector Banks«, Neu-Delhi, Tabelle 1.6.

49 Joseph 2016, S. 173; Aseema Sinha, 2019, »How Business and Politics Intersect in India's Porous State«, *Wire*, 17. Januar.

50 Ninan 2017 (2015), S. 44–45.

51 Dasgupta 2015 (2014), S. 13.

52 Ghose 2019, S. 17; Dasgupta 2015 (2014), S. 276.

53 Reserve Bank of India, »RBI Bulletin«, www.rbi.org.in/scripts/BS_View-Bulletin.aspx?Id=11029; Mint, »More Indians Going Abroad for Studies, But Foreign Students aren't coming in«, www.livemint.com/Education/qVtlWO1E9D923fiDD2o69I/More-Indians-going-abroad-for-studies-but-foreign-students.html; Kapur and Mehta 2008, S. 127–128.

54 Stephen Graham, Renu Desai und Colin McFarlane, 2013, »Water Wars in Mumbai«, *Public Culture* 25 (1): S. 118, 121–122, 131, 136.

55 Dasgupta 2015 (2014), S. 430–433.

56 Supreme Court of India, »Jagpal Singh and Ors vs State of Punjab and Ors«, https://indiankanoon.org/doc/1692607/.

57 T. V. Mahalingam, 2012, »ET Review: India's 1st Starbucks Outlet«, *Economic Times*, 22. Oktober; Sudipto Dey, 2013, »We Are Just Focusing on Providing a Great Customer Experience«, *Business Standard*, 6. Juni.

58 Supreme Court of India, »Nandini Sundar and Ors vs State of Chhattisgarh«, https://indiankanoon.org/doc/920448/; Nandini Sundar, 2020, S. 301–310, 4534.

59 Jeffrey Rosen, 2006, *The Supreme Court*, Kindle-Ausgabe Henry Holt and Co., S. 66–67.

60 *TerraGreen*, 2012, »The Mined Aravalli Hills«, 30. November; Laiqh Khan, 2014, »Building Bengaluru, Plundering Cauvery«, *The Hindu*, 12. November.

61 Dasgupta 2015 (2014), S. 374.

21 Modi stößt die Wirtschaft von der Klippe

1 Crabtree 2018, S. 86–87; BJP, »Election Manifesto 2014«, www.thehinducentre.com/multimedia/archive/03226/full_manifesto_eng_3226788a.pdf, S. 3, 29.

2 Nirmal Ghosh, 2002, »Gujarat's Dream of Prosperity Shatters«, *Straits Times*, 23. April; Agence France-Presse, 2002, »Sectarian Riots Will Impede India's Economic Progress: Industrialist«, 28. April; Vinod Jose, 2012, »The Emperor Uncrowned: The Rise of Narendra Modi«, *Caravan*, 29. Februar.

3 Ghosh 2002; Dinesh Narayanan, 2014, »Billion-Dollar Loan to Adani Cements Modi's Friendship with Corporate India«, *Scroll*, 18. November; *Business Standard*, 2003, »Adanis, Malaysian Firm Sign Port Upgrade Alliance«, 29. September.

4 *The Hindu*, 2004, »EC Urged to Ensure Free, Fair Polls«, 26. April.

5 Partha Ghosh, 2006, »Mukesh Push for Vibrant Gujarat«, *Economic Times*, 14. August; Narayanan 2014; Ellen Barry, 2014, »Local Policies Help an Indian Candidate Trying to Go National«, *New York Times*, 7. Mai; Fareed Zakaria, Candy Crowley und Diana Magnay, 2013, »India at the Cross-Roads«, *Fareed Zakaria GPS*, CNN, 29. Dezember; *Indian Express*, 2013, »Anil Ambani Lifts Modi to the League of ›King of Kings‹«, 12. Januar; Mahesh Langa, 2013, »All Hail Modi, ›A Leader of Grand Vision‹«, *Hindustan Times*, 11. Januar.

6 Christophe Jaffrelot, 2019, »Business-Friendly Gujarat under Narendra Modi the Implications of a New

Political Economy«, in: Christophe Jaffrelot, Atul Kohli und Kanta Murali, *Business and Politics in India*, Kindle-Ausgabe, Oxford University Press. S. 215, 217–218; *Press Trust of India*, 2013, »CAG Slams Modi Govt for ›Undue‹ Favours to Corporates«, 3. April.

7 Sumesh Dudani u. a., 2017, »Heavy Metal Accumulation in the Mangrove Ecosystem of South Gujarat Coast, India«, *Turkish Journal of Fisheries and Aquatic Sciences* 17: S. 755–766; Centre of Science and Environment, 2012, *State of India's Environment: A Citizen's Report 7 – Excreta Matters*, Bd 2, Neu-Delhi, S. 282, 290, 426.

8 Jim Yardley und Vikas Bajaj, 2011, »Skirting the State on the Road to Riches«, *International Herald Tribune*, 27. Juli; M. Rajshekhar, 2013, »Gautam Adani: Meet the Man Who Built Rs 47,000 Crore Infrastructure Empire«, *Economic Times*, 5. September; *Tehelka*, 2011, »Vibrant Gujarat? Your Coast Is Not Clear, Mr. Adani«, 26. Februar.

9 Martha Nussbaum, 2014, »Development Is More Than Growth«, www.thehinducentre.com/verdict/commentary/article5985379.ece.

10 N. P. Ullekh, 2013, »Gujarat Promises Continued, Accelerated an All-Round Progress: Jagdish Bhagwati and Arvind Panagariya«, *Economic Times*, 3. Januar.

11 Internationaler Währungsfonds, 2014, »India – Staff Report for the 2014 Article IV consultation«, SM/14/10, 10. Januar, Washington, DC, S. 19, 38 (Tabelle 2), 51.

12 Crabtree 2018, 86–87; *Statesman*, 2015, »So Much for Promise«, 4. August; BJP, »Election Manifesto 2014«, www.thehinducentre.com/multimedia/archive/03226/full_manifesto_eng_3226788a.pdf, S. 3, 29.

13 Prabhu Chawla, 2013, »Muscled with Dosh from India Inc, Poll Industry Yields Richest Dividends in the Game«, *Sunday Standard*, 23. November; *The Economist*, 2014, »Campaign Finance in India; Black Money Oower«, 4. Mai.

14 Zeeshan Shaikh, 2013, »Dhule, a Town Divided«, *Indian Express*, 13. Januar; Seema Kamdar, 2013, »Economics at Heart of Dhule Riots«, *DNA*, 22. Januar; Manmohan Rai, 2013, »Narendra Modi to Debut in Uttar Pradesh in September, Campaign to be Rolled from Vrindavan«, *Economic Times*, 4. September; Sreenivasan Jain, 2013, »Muzaffarnagar Riots: Warrants against Politicians, Still No Arrests«, NDTV, 18. September; Prabhu Chawla, 2014, »Bread and Butter Have Expiry Dates, But Divide and Rule is Forever«, *Sunday Standard*, 13. April.

15 Chawla 2014; Christophe Jaffrelot, 2015, »The Modi-centric BJP 2014 Election Campaign: New Techniques and Old Tactics«, *Contemporary South Asia* 23 (2): S. 160.

16 Pratap Bhanu Mehta, 2012, »A Modi-fied Politics«, *Indian Express*, 21. Dezember; Pratap Bhanu Mehta, 2014, »Regarding Fascism«, *Indian Express*, 11. April; Ashutosh Varshney, 2014, »Modi, on Balance«, *Indian Express*, 29. April.

17 Gurcharan Das, 2014, »Secularism or Growth? The Choice Is Yours«, *Times of India*, 6. April; The Ronald Reagan Presidential Foundation and Institute, »Inaugural Address, 1981«, www.reaganfoundation.org/media/128614/inaguration.pdf; Jim O'Neill, 2013, »A 10-Step Programme to Tap into India's Potential«, *Independent*, 25. Juni.

18 David Pilling, 2014, »A Vote for Modi Could Make India More Chinese«, *Financial Times*, 19. März.

19 Shaun Tandon, 2014, »US Lawmakers Press India on Minorities Before Vote«, Agence France Presse, 4. April; *New York Times*, 2014, »Live-Blogging the Vote Count in India«, 15. Mai.

20 Jaffrelot 2019, 224; Raymond Fisman, 2001, »Estimating the Value of Political Connections«, *American Economic Review* 9 (4): S. 1095–1102.

21 *Indo-Asian News Service*, 2014, »Text of Narendra Modi's I-Day Address«, 15. August; Victor Mallet, 2014, »Modi Prioritises Factories and Toilets in Independence Day Speech«, *Financial Times*, 15. August.

22 Institute of Rural Management Anand (IRMA), »Third Dr. Verghese Kurien Memorial Lecture«, Anand, 24. November 2014, www.bis.org/review/r141126b.htm; Sanjib Baruah, 2015, »RBI Chief Wants PMO to Act against Bank Fraud Sciences Worth Rs 17,500 Crore«, *Hindustan Times*, 24. April.

23 Joshi 2017, Tabelle 8.1, 140; Anant Vijay Kala, 2015, »Indian Economists' Embarrassing Confession: They Don't Know What GDP Is«, *Dow Jones Institutional News*, 6. Februar; Arvind Subramanian, 2019, »Validating India's GDP Growth Estimates«, CID Faculty Working Paper 357, Harvard University, Juli, S. 2; Raymond Zhong und Anant Vijay Kala, 2015, »World News: India's Growth Trumps China's«, *Wall Street Journal Asia*, 1. Juni.

24 Weltbank, 2014, »Accelerating Agricultural Productivity Growth: Overview«, Washington, DC, 21. Mai; Akshat Kaushal und Mayank Mishra, 2015, »What Is Causing Distress among Erstwhile Dominant Castes?« *Business Standard*, 1. November; Government of India, 2019, Ministry of Agriculture and Farmers Welfare, Directorate of Economics and Statistics, *Agricultural Statistics at a Glance 2018*, Neu-Delhi, Tabelle 15.1, S. 364.

25 Snigdha Poonam, 2018, *Dreamers: How Young Indians Are Changing Their World*, Neu-Delhi, S. 225–227, 232–233.

26 Victoria Barret, 2010, »Silicon Valley's Prison Call Center«, *Forbes*, 10. Juni; Yudhijit Bhattacharjee, 2021, »Who's Making All Those Scam Calls?« *New York Times Magazine*, 27. Januar.

27 Ellen Barry, 2017, »India's Call-Center Talents Put to a Criminal Use: Swindling Americans«, *New York Times*, 3. Januar; Yudhijit Bhattacharjee, 2021, »Who's Making All Those Scam Calls?« *New York Times*, 21. April; Poonam 2018, S. 225–228, 239, 241, 243–245, 249.

28 Dev Goswami, 2017, »*Mitron* [Friends] … . It Has Been a Year Since That Speech«, *India Today*, 8. November.

29 Ravi Velloor, 2015, »›Lion among Leaders‹ and ›Inspiration‹ to Asians«, *Straits Times*, 24. März; Pranab Bardhan, 2019, »Merchants of Hype and Hate: A Political-Economic Evaluation of the Modi Regime«, in Chatterji, Hansen und Jaffrelot, S. 179–180.

30 T. N. Ninan, 2017, »At the Two-Thirds Mark«, *Business Standard*, 1. September.

31 Parthasarathy Shome, 2017, »Goods and Services Tax (GST)«, *Madras Institute of Development Studies Working Paper* 227, Chennai, Oktober; Prasanna Mohanty, 2020, »Rebooting Economy XXIV: 7 Critical GST Flaws Govt Needs to Address at the Earliest«, *Business Today*, 3. September.

32 Swati Chaturvedi, 2018, »Raghuram Rajan Gave PMO a List of ›High Profile NPA Fraud Cases‹ But No Action Was Taken«, *Wire*, 12. September; Internationaler Währungsfonds, 2017, »India: 2017 Article IV Consultation – Press Release; Staff Report«; sowie »Statement by the Executive Director for India«, IWF Country Report Nr. 17/54, Washington, DC, February, S. 4, 7; Internationaler Währungsfonds, 2018, »India: 2018 Article IV Consultation – Press Release; Staff Report; and Statement by the Executive Director for India«, IMF Country Report Nr. 18/254, Washington, DC, August, S. 7, 26; Internationaler Währungsfonds, 2019, »India: 2019 Article IV Consultation – Press Release; Staff Report; and Statement by the Executive Director for India«, IMF Country Report Nr. 19/385, Washington, DC, Dezember, S. 49 sowie Tabelle 1; Raghuram Rajan, 2018, »Note to the Parliamentary Estimates Committee on NPAs«, 6. September.

33 David Housego, 1992, »Survey of India (15): Pioneer for the Private Sector – Profile: IL&FS«, *Financial Times*, 26. Juni; Andy Mukherjee, 2018a, »India Rues Its Own Belt-and-Road Debt Fiasco«, *Bloomberg Opinion*, 18. September; Weltbank, 1996, »Guarantee Agreement (Private Infrastructure Finance (IL&FS Project) between India and the International Bank for Reconstruction and Development«, Loan Number 3992 IN, Washington, DC, 10. Juli; Sandeep Hasurkar, 2020, *Never Too Big to Fail: The Collapse of IL&FS and its Ten Trillion-Rupee Maze*, Kindle-Ausgabe, Rupa Publications, S. 49.

34 Sugata Ghosh, 2019, »Lessons for India from the IL&FS Fiasco«, *Economic Times*, 2. September; Mukherjee 2018a; Hasurkar 2020, S. 50, 70, 179.

35 Mukherjee 2018a; Hasurkar 2020, S. 36–39; Abhijit Madhav Lele und Jyoti Mukul, 2018, »Three Decades of

Parthasarathy Led to IL&FS's Lateral Growth«, *Business Standard*, 25. Juli.

36 Lele und Mukul 2018; CARE Rating, 2018, »IL&FS Financial Services Ltd«, Press Releases.

37 Sucheta Dalal, 2018, »IL&FS Scandal: When a Director Was Threatened with Jail and Slapped with Criminal Defamation for Raising Questions«, *Moneylife*, 31. Oktober; Sucheta Dalal, 2018, »IL&FS's Tirupur Project: Destructive Impact of RBI's Failure to Act«, *Moneylife*, 20. Dezember18; Dalal 2019; Hasurkar 2020, S. 38; M. Rajshekhar, 2016, »Can the Courts Save India's Rivers from Pollution? Tirupur Shows the Answer Is No«, *Scroll*, 30. August; Shalini Lobo, 2018, »Coimbatore's Noyyal River Transforms into Frothing Disaster«, *India Today*, 12. Juli.

38 Sucheta Dalal, 2022, »IL&FS Resolution: Little Hope for Creditors and Pensioners, While Lawyers and Consultants Collect Fat Fees«, *Moneylife*, 24. März.

39 Andy Mukherjee, 2018b, »India Needs to Stop the IL&FS Rot from Spreading«, *Bloomberg Opinion*, 24. September; *Moneylife*, 2019, »Reliance Capital Companies of Anil Ambani Group Headed for Default?« 27. April; Andy Mukherjee, 2018c, »India Misses Wake-Up Call from Shadow-Bank Bust«, *Bloomberg Opinion*, 11. November.; FRED, https://fred.stlouisfed.org/series/INDGDPRQPSMEI/.

40 Katherine Eban, 2019, »Ranbaxy and the Culture of Jugaad: What Brought a Leading Company Down«, *Outlook India*, 10. Oktober; Katherine Eban, 2019, *Bottle of Lies: Ranbaxy and the Dark Side of Indian Pharma*, Neu-Delhi, S. 366.

41 Katie Thomas, 2013, »Generic Drug Maker Pleads Guilty in Federal Case«, *New York Times*, 14. Mai; *Adverse Event Reporting*, 2014, »FDA Takes Aim at Yet Another Indian API Maker«, 1. April; Eban 2019, S. 364–366, 372; Gardner Harris, 2014, »Medicines Made in India Set Off Safety Worries«, *New York Times*, 15. Februar; Katherine Eban und Sony Salzman, 2019, »In Generic Drug Plants in China and India, Data Falsification Is Still a Problem«, *Stat*, 29. Oktober; Government Accountability Office, 2022, »Drug Safety: FDA Should Take Additional Steps to Improve Its Foreign Inspection Program«, Washington, DC, 27. Januar.

42 Samiran Nundy, Keshav Desiraju und Sanjay Nagral, 2018, *Healers or Predators? Healthcare Corruption in India*, Kindle-Ausgabe, Oxford University Press, S. 318, 320.

43 World Trade Organisation, 2020, »Trade Policy Review«, WT/TPR/S/403, 25. November, S. 9; *Times of India*, 2017, »India Must Lower, Not Raise, Tariff Walls«, 12. August; Arvind Panagariya, 2019, »The Caravan of Reforms Keeps Moving in Full Pace«, *Economic Times*, 6. Juli.

44 Mike Bird, 2015, »Asia's Huge Trade Pact Is a Paper Tiger in the Making«, *Wall Street Journal Online*, 5. November.

45 *Times of India*, 2019, »City Inc Jubilant after RCEP Deal Falls Through«, 7. November; *Press Trust of India*, 2019, »Ludhiana's Bicycle Industry against Inclusion in RCEP Trade Pact«, 9. Oktober.

46 Deepika Bhatia u. a., 2018, »Physicochemical Assessment of Industrial Textile Effluents of Punjab (India)«, *Applied Water Science* 8, Article 83; I. P. Singh, 2019, »Ludhiana: Drug Menace Fueled by Politician-Police-Drug-Mafia Nexus«, *Times of India*, 30. August; *Indian Express*, 2020, »Ludhiana: STF Arrests Four with 5.39 Kg Heroin, Rs 21 Lakh Drug Money«, 7. November; *Indian Express*, 2021, »Drug Smuggler in STF Net Makes Startling Allegations against Senior Punjab Cops«, 15. März.

47 Ghose 2019, Epilogue; Mahesh Vyas, 2018, »Using Fast Frequency Household Survey Data to Estimate the Impact of Demonetisation on Employment«, *Review of Market Integration* 10 (3): S. 159–183.

48 S. Subramanian, 2019, »What Is Happening to Rural Welfare, Poverty, and Inequality in India?« *The India Forum*, 12. Dezember, Tabelle 4; Deaton und Kozel 2005, S. 179–182.

49 Himanshu, 2019, »What Happened to Poverty during the First Term of Modi?« *Mint*, 15. August; Weltbank, 2020, *Poverty and Shared Prosperity 2020: Reversals of Fortune*, Washington, DC, Oktober, Box 1.2, S. 31.

50 Dipa Sinha, 2022, »Persistence of Food Insecurity and Malnutrition«, *The India Forum*, 11. März, Abb. 2; Jean Dreze, Aashish Gupta, Sai Ankit Parashar und Kanika Sharma, 2020, »Pauses and Reversals of Infant Mortality Decline in India in 2017 and 2018«, 8. November, zugänglich unter: SSRN: https://ssrn.com/abstract=3727001.

22 Modi zerschlägt die geschwächte Demokratie

1 Karthik Muralidharan, Abhijeet Singh und Alejandro J. Ganimian, 2019, »Disrupting Education? Experimental Evidence on Technology-Aided Instruction in India«, *American Economic Review* 109 (4): S. 1437 und Abb. 1; David Autor, Claudia Goldin und Lawrence F. Katz, 2020, »Extending the Race between Education and Technology«, *National Bureau of Economic Research Working Paper* 26705, Cambridge; Dipa Sinha, 2022, »Persistence of Food Insecurity and Malnutrition«, *The India Forum*, 11. März, Abb. 2; Jean Dreze, 2020, »New Evidence on Child Nutrition Calls for Radical Expansion of Child Development Services«, *Indian Express*, 17. Dezember.

2 Centre for Science and Environment, 2020, *State of India's Environment 2020*, Neu-Delhi, S. 197, 243, 281; Centre for Science and Environment, 2019, *State of India's Environment 2019*, Neu-Delhi, S. 18–23; Amitav Ghosh, 2016, *The Great Derangement: Climate Change and the Unthinkable*, Chicago, University of Chicago Press; Mohana Basu, 2020, »Climate Change to Blame for ›Plague-Like‹ Locust Attacks in Rajasthan, Gujarat, Say Experts«, *Print.in*, 10. Februar; Chirag Dhara und Roxy Mathew Koll, 2021, »How and Why India's Climate Will Change in the Coming Decades«, *The India Forum*, 20. August.

3 Amy Kazmin, 2018, »India's Dried-Out Rivers Feed Spate of Water Wars«, *Financial Times*, 7. Mai; Nilanjana Roy, 2019, »A Ferocious Heat in Delhi«, *New York Review of Books*, 8. Juli; Center for Science and Environment 2019, S. 238–239.

4 »State of Rajasthan, Jaipur vs Balchand @ Baliay«, https://indiankanoon.org/doc/8258/; Supreme Court of India, »Arnab Manoranjan Goswami vs The State of Maharashtra«, https://indiankanoon.org/doc/84792457/.

5 Julie McCarthy, 2012, »Rape Case in India Provokes Widespread Outrage«, *All Things Considered*, NPR, 18. Dezember; Sonia Faleiro, 2021, *The Good Girls: An Ordinary Killing*, New York, Grove Press; Ellen Barry, 2017, »How to Get Away with Murder in Small-Town India«, *New York Times*, 19. August; zu Modis Rede am Unabhängigkeitstag vgl. Kapitel 21.

6 Nandita Saikia u. a., 2021, »Trends in Missing Females at Birth in India from 1981 to 2016: Analyses of 2.1 Million Birth Histories in Nationally Representative Surveys«, *Lancet Global Health* 9: S. e813–e821; Seema Jayachandran und Rohini Pande, 2017, »Why Are Indian Children So Short? The Role of Birth Order and Son Preference«, *American Economic Review* 107 (9): S. 2600–2629; Sujata Mody und Meghna Sukumar, 2013, »Women Workers in Tamil Nadu: Working in Poverty«, Chennai, Penn Thozhilalargal Sangam; Amartya Sen, 2013, »What's Happening in Bangladesh?«, *Lancet* 382, 14. Dezember, S. 1966–1967.

7 Poonam 2018, S. 113–115, 127; Dahl 1961, S. 7–8; Hansen 2001, 230; Tommaso Colussi, Ingo E. Isphording und Nico Pestel, 2021, »Minority Salience and Political Extremism«, *American Economic Journal: Applied Economics* 13 (3): S. 237–271; Alberto Alesina, Reza Baqir und William Easterly, 1999, »Public Goods and Ethnic Divisions«, *Quarterly Journal of Economics* 114 (4): S. 1243–1284.

8 Raghuram Rajan, 2008, »Speech to the Bombay Chamber of Commerce on its Founders Day

celebration«, 10. September, 2008«, https://faculty.chicagobooth.edu/-/media/faculty/raghuram-rajan/research/papers/is-there-a-threat-of-oligarchy-in-india.pdf.

9 Somini Sengupta, 2005, »In a Corner of India, They Have the Vote, But Little Else«, *New York Times*, 23. Februar.

10 Karthik Muralidharan und Nishith Prakash, 2017, »Cycling to School: Increasing Secondary School Enrollment for Girls in India«, *American Economic Journal: Applied Economics* 9 (3): S. 327, 348–349; Christel Vermeersch und Michael Kremer, 2005, »School Meals, Educational Achievement and School Competition: Evidence from a Randomized Evaluation«, *Policy Research Working Paper* 3523, Washington, DC, Weltbank, S. 43.

11 Lisa Björkman und Jeffrey Witsoe, 2018, »Money and Votes: Following Flows through Mumbai and Bihar«, in: Devesh Kapur und Milan Vaishnav (Hg.), 2018, *Costs of Democracy: Political Finance in India*, Neu-Delhi, S. 170–171.

12 Björkman und Witsoe 2018, 199; Milan Vaishnav, 2017, *When Crime Pays: Money and Muscle in Indian Politics*, New Haven, S. 181.

13 National Crime Records Bureau, »Violent Crimes in Metropolitan Cities – 2016«, https://ncrb.gov.in/sites/default/files/crime_in_india_table_additional_table_chapter_reports/Table%202.3B.pdf. Reserve Bank Handbook, www.rbi.org.in/scripts/PublicationsView.aspx?id=15797.

14 Vivek Srinivasan, 2015, *Delivering Public Services Effectively: Tamil Nadu and Beyond*, Neu-Delhi, S. 40; International Institute for Population Sciences, 2017, »National Family Health Survey (NFHS-4), 2015–16«, Mumbai, https://dhsprogram.com/pubs/pdf/FR339/FR339.pdf, S. 294.

15 M. Rajshekhar, 2016, »Tamil Nadu's Healthcare Numbers Look Good – But Its People Aren't Getting Healthier«, *Scroll.in*, 12. Dezember.

16 Maurice Walker, 2011, »PISA 2009 Plus Results: Performance of 15-Year-Olds in Reading, Mathematics, and Science for 10 Additional Participants«, Melbourne, ACER Press, Tabellen 2.1 und 3.1.

17 Karthik Muralidharan u. a., 2017, »The Fiscal Cost of Weak Governance: Evidence from Teacher Absence in India«, *Journal of Public Economics* 145 (January): Table A4, S. 131; Karthik Muralidharan, 2019, »The State and the Market in Education Provision: Evidence and the Way Ahead«, *Columbia University SIPA Working Paper* 2019-06, 29. Oktober. Die offizielle Beurteilung findet sich in der National Achievement Survey für 2017, durchgeführt vom National Council for Educational Research and Training, Neu-Delhi, und wird auch behandelt in: M. Rajshekhar, 2016, »Tamil Nadu's Schools Are in Crisis (But Nobody Is Talking about It)«, *Scroll.in*, 24. November; Anjali Mody, 2018, »Viral Photo of Students Weeping at TN Teacher's Transfer Shows What's Wrong With Education in India«, *Scroll.in*, 23. Juni; Anjali Mody, 2019, »The False Allure of English-Medium Schooling«, *Hindu*, 18. November.

18 Vaishnav 2017, S. 91, 140–141, 278, 365; *The Hindu*, 2011, »Tamil Nadu Ranks High in Poll Irregularities«, 27. Februar; Sarah Hiddleston, 2011, »Cash for Votes a Way of Political Life in South India«, *The Hindu*, 16. März; *Hindustan Times*, 2011, »Populism Powers TN Battle«, 24. März.

19 Jessica Leight u. a., 2020, »Value for Money? Vote-Buying and Politician Accountability«, *Journal of Public Economics* 190 (Oktober).

20 Vibhuti Agarwal, 2014, »India's Powerful Regional Party Leader Jayalalithaa Jailed for Corruption«, *Wall Street Journal Online*, 28. September; Victor Mallet, 2014, »Indian Politician Jailed for Lavish Corruption«, *Financial Times*, 28. September; Nida Najar, 2015, »Court Clears an Ex-Chief Minister in India of Graft on Appeal«, *New York Times*, 12. Mai.

21 Die Zitate aus diesem und den beiden folgenden Absätzen stammen aus Krupa Ge, *Rivers Remember: #CHENNAIRAINS and the Shocking Truth of a Manmade Flood*, Chennai, S. 30–36, 73–81; 105–106.

22 M. Rajshekhar, 2016a, »Politicians Aren't Only Messing with Tamil Nadu's Water –They're Making Rs 20,000 Crore from Sand«, *Scroll.in*, 19. September; M. Rajshekhar, 2016b, »Think Sand Mining Damages the Ecology? It Ruins Politics as Well«, *Scroll.in*, 20. September.

23 *New Indian Express*, 2021, »Venkatachalam Just a Tip of an Iceberg at TNPCB?« 25. September.

24 M. Rajshekhar, 2020, *Despite the State: Why India Lets Its People Down and How They Cope*, Kindle-Ausgabe, Westland Publications, S. 170; Sowmya Rajendran, 2020, »The Rise of the Violent Hero in South Cinema: What Explains It?« *News Minute*, 8. Dezember; Abhimanyu Mathur, 2022, »Decoding the Success of KGF Chapter 2 and Pushpa The Rise: How They Brought Back Bollywood's Own Angry Young Man Formula«, *Hindustan Times*, 17. April.

25 Prateek Goyal, 2014, »Over FB Post, Hindutva Rioters Lynch Innocent Techie to Death«, *Bangalore Mirror*, 4. Juni; *Telegraph*, 2014, »Modi Cyber Army Eyes Early Ambush – Social Media Warriors Meet to Plan for 2016«, 2. Juli; Sreenivasan Jain, 2015, »›Modi Supporters on Social Media Abused My Disabled Son‹: Arun Shourie«, NDTV.com, 9. November; Amy Kazim, 2017, »Journalist's Killing Sends Shockwaves across India«, *Financial Times*, 6. September; Purusharth Aradhak, 2015, »Beef Murder Bid to Stir Hatred Ahead of Polls?« *Times of India*, 1. Oktober.

26 Rahul Bedi, 2017, »Controversial Priest to Lead India's Biggest State; Adityanath Accused of Attempted Murder and Inciting Violence against Muslims«, *Irish Times*, 20. März; Snigdha Poonam, 2017a, »Yogi Adityanath Takes Charge as CM: UP's Hindutva Fringe Feels Empowered«, *Hindustan Times*, 24. März; Snigdha Poonam, 2017b, »The Rise and Rise of Yogi Adityanath«, *Hindustan Times*, 25. März; Dhirendra K. Jha, 2017, *Shadow Armies*, Kindle-Ausgabe, Juggernaut Books, S. 409; Amy Kazmin, 2017, »Elevation of Hindu Firebrand Casts Doubt on Modi's Avowed Agenda«, *Financial Times*, 20. März.

27 Association for Democratic Reform, https://adrindia.org/content/analysis-criminal-background-financial-education-gender-and-other-details-ministersuttar.

28 Agence France-Presse, 2017, »Outspoken Journalist's Murder Sparks Outcry in India«, 6. September; Rollo Romig, 2019, »Railing against India's Right-Wing Nationalism Was a Calling. It Was Also a Death Sentence«, *New York Times*, 14. Mai; Snigdha Poonam, 2017c, »Nikhil Dadhich, Ashish Mishra Accused of Hate Tweets against Gauri Lankesh, Unrepentant«, *Hindustan Times*, 9. September; Siddhartha Deb, 2018, »The Killing of Gauri Lankesh«, *Columbia Business Review*, Winter.

29 Maseeh Rahman, 2014, »Indian Prime Minister Claims Genetic Science Existed in Ancient Times«, *Guardian*, 28. Oktober; *Times of India*, 2013, »Sonia Hits Out at Modi over Nehru Barb«; Christophe Jaffrelot und Pradyumna Jairam, 2019, »BJP Has Been Effective in Transmitting Its Version of Indian History to Next Generation of Learners«, *Indian Express*, 16. November; vgl. auch Kapitel 2.

30 *Reuters News*, 2014, »India's Modi Budgets $33 Million to Help Build World's Tallest Statue«, 10. Juli; Snigdha Poonam, 2018, »One Statue, Two Visitors, Different Views«, *Hindustan Times*, 2. November.

31 *Times of India*, 2020, »PM Makes Splash with First Seaplane Flight from Kevadia«, 1. November; Manoj Mishra, 2013, »Mirage of a River«, *Down to Earth*, 31. Mai; Rajiv Khanna, 2019, »The Dark Side of Sabarmati River Development«, *Down to Earth*, 27. März.

32 Prabodhan Pol, 2018, »Understanding Bhima Koregaon«, *The Hindu*, 4. Januar; Ajeet Mahale, 2018, »Police Ploy to Gain More Time: Gonsalves' Wife«, *The Hindu*, 29. August; *Scroll.in*, 2018, »Bhima Koregaon Case: Maharashtra Moves SC against Delhi HC Order Releasing Activist Gautam Navlakha«, 3. Oktober.

33 FRED, https://fred.stlouisfed.org/series/INDGDPRQPSMEI; Kat Devlin, 2019, »A Sampling of Public Opinion in India«, Pew Research Center, Washington, DC, 25. März.

34 Sachin Ravikumar und Munsif Vengattil, 2019, »Modi Proclaims a Cleaner India, But the Reality May Be More Murky«, *Reuters News*, 16. Mai; Aarefa Johari, 2019, »The Modi Years: How Successful Is the Swachh Bharat Mission or Clean India Campaign?« *Scroll.in*, 4. Februar; Diane Coffey und Dean Spears, 2017, »Why Doesn't Anybody Know If Swachh Bharat Mission Is Succeeding?« *Ideas for India*, 10. Juli; Centre of Science and Environment, 2019, *State of India's Environment 2019*, Neu-Delhi, 40–41; Diane Coffey, Nathan Franz und Dean Spears, 2021, »What Can We Learn about Swachh Bharat Mission from NFHS-5 Factsheets?«, 2. Februar.

35 Bhitush Luthra und Harsh Yadava, 2019, »Is the Ganga Basin Drowning in Shit?« *Down to Earth*, 4. Oktober.

36 Tushaar Shah und Abhishek Rajan, 2019. »Cleaning the Ganga: Rethinking Irrigation Is Key«, *Economic and Political Weekly* 54 (39): S. 57–66; Centre of Science and Environment, 2019, *State of India's Environment 2021*, Neu-Delhi, S. 302–304; Venkatesh Dutta u. a., 2018, »Impact of River Channelization and Riverfront Development on Fluvial Habitat: Evidence from Gomti River, a Tributary of Ganges, India«, *Environmental Sustainability* 1 (2): S. 167–184; M. Rajshekhar, 2019, »Three Ways in Which the Modi Government Is Ruining the Ganga«, *Scroll.in*, 19. Januar.

37 Ranjana Mall und Sangeeta Rani, 2020, »Women's Satisfaction with Pradhan Mantri Ujjwala Yojana (PMUY)«, *International Journal of Home Science* 6 (1): S. 363–368; Sunil Mani, Abhishek Jain, Saurabh Tripathi und Carlos F. Gould, 2020, »The Drivers of Sustained Use of Liquified Petroleum Gas in India«, *Nature Energy* 5 (Juni): S. 450–457.

38 Simon Sturdee, 2019, »India's Modi on Course for Big Election Win«, Agence France-Presse, 23. Mai; Dexter Filkins, 2019, »Blood and Soil in India«, *The New Yorker*, 9. Dezember; Rishabh R. Jain, 2019, »In India's Election, Voters Feed on ›Fake News‹ from Social Media, But Take It Seriously«, *USA Today Online*, 9. April; Swati Chaturvedi, 2019 (2016), *I Am a Troll*, Kindle-Ausgabe, Juggernaut Books, 1031; Snigdha Poonam und Samarth Bansal, 2019, »Misinformation Is Endangering India's Election«, *The Atlantic*, 1. April; Vindu Goel, Sheera Frenkel und Suhasini Raj, 2019, »Flood of Fake Posts Tests Facebook as India Votes«, *New York Times*, 2. April.

39 Kiran Tare, 2019, »Maharashtra: Maoists Strike Back«, *India Today*, 9. Februar; *India Today*, 2018, »Modi Renames 3 Islands of Andaman and Nicobar: Other Projects Announced by the PM«, 31. Dezember.

40 Chaturvedi 2019 (2016), S. 903.

41 Poonam und Bansal 2019; Sheera Frenkel und Davey Alba, 2021, »In India, the Ugliness on Facebook Is Amplified«, *New York Times*, 25. Oktober.

42 Navin Chawla, 2019, *Every Vote Counts: The Story of India's Elections*, Neu-Delhi, S. 138–139; Supreme Court of India, 2018, »Public Interest Foundation vs Union Of India«, https://indiankanoon.org/doc/146283621/.

43 Gautam Bhatia, 2021, »A Docket Full of Unresolved Constitutional Cases«, *The Hindu*, 7. Dezember.

44 R. Nagaraj, 2015, »Size and Structure of India's Private Corporate Sector Implications for the New GDP Series«, *Economic and Political Weekly* 50 (45): S. 45; Ministry of Corporate Affairs, *Annual Reports*, mehrere Jahre, Statements IX und X zugänglich unter: https://mca.gov.in/content/mca/global/en/data-and-reports/reports/annual-reports/companies-2013.html; Alwyn Furtado, 2018, »Direct Tax Audit of Shell Companies«, *Journal of Government Audit and Accounts*, 2. Januar.

45 Deutsche Welle, 2019, »India Elections: Narendra Modi's BJP Set to Sweep Back to Power«, 23. Mai; Gurcharan Das, 2019, »Strong State, Strong Society: The Reforms India Needs Prime Minister Narendra Modi to Courageously Undertake«, *Economic Times*, 31. Mai.

46 Agence France-Presse, 2019, »Amnesty Chief Vows to Defy India Bid to ›Crush‹ Criticism«, 16. September.

47 Bhatia 2021.

48 *Statesman*, 2020, »India's Secular Construct-II«, 14. Februar; Entscheidung des Obersten Gerichtshofs zugänglich unter: www.sci.gov.in/pdf/JUD_2.pdf; Bharat Bhushan, 2019, »How Will Modi's New India Look?«, *Business Standard*, 26. August.

49 Anup Sharma, 2019, »India Deploys Troops as Protestors Defy Curfew over Citizen Bill«, Agence France-Presse, 12. Dezember; Benjamin Parkin, 2019, »Modi Defiant as Citizenship Bill Riots Escalate«, 19. Dezember; Stephanie Findlay und Benjamin Parkin, 2019, »India Shuts Down Mobile Networks as Protests Spread«, *Financial Times*, 19. Dezember; Namita Bhandare, 2019, »Anti-CAA Protests Have Shown Women Can Lead«, *Hindustan Times*, 27. Dezember; Newley Purnell und Jeff Horwitz, 2021, »Facebook Services Are Used to Spread Religious Hatred in India, Internal Documents Show«, *Wall Street Journal Online*, 23. Oktober; BBC.com, 2020, »Shaheen Bagh: Anurag Thakur, Parvesh Varma Penalised for Comments«, 29. Januar; Bhatia 2021.

50 Shivam Vij, 2019, »Why Haven't Others in India Inc Questioned the Modi Government, Like Rahul Bajaj Did?«, *Quartz India*, 2. Dezember; Dev Chatterjee, 2019, »Rahul Bajaj Criticism Can Hurt National Interest: FM«, *Business Standard*, 2. Dezember.

23 Corona offenbart den moralischen Niedergang

1 Laxminarayan, Ramanan, 2020, »Covid-19: A response now will help mitigate impact«, *Hindustan Times*, 9. März; Gettleman, Jeffrey und Kai Schultz, 2020, »Modi orders 3-week total lockdown for all 1.3 billion Indians«, *New York Times*, 24. März; Daten zur Ausbreitung des Virus aus: *Our World in Data*, https://github.com/owid/covid-19-data/tree/master/public/data.

2 Peer, Basharat, 2020, «A friendship, a pandemic and a death beside the highway«, *New York Times*, 31. Juli.

3 Government of India, 2017, *Economic Survey 2016-17*, Ministry of Finance, Neu-Delhi, Januar, 267.

4 Peer, Basharat, 2020, »A friendship, a pandemic and a death beside the highway«, *New York Times*, 31. Juli; Poonam, Snigdha, 2020, »Virus and the village: A Covid chronicle«, *Hindustan Times*, 20. April; Perrigo, Billy, 2020, »It Was Already Dangerous to Be Muslim in India. Then Came the Coronavirus«, *Time*, 3. April; Agnihotri, Amit, 2021, »SC flags fake news, slander on social media«, *Tehelka*, 28. September; *India Today*, 2020, »Tablighi Jamaat case: Delhi court acquits 36 foreigners accused of violating Covid guidelines, visa norms«, 16. Dezember.

5 Für die Studien zur Seroprevalenz vgl. https://twitter.com/PIB_India/status/1417443252404297728.

6 Banaji, Murad und Aashish Gupta, 2021, »Lessons from India's all-cause mortality data«, *Hindu*, 20. August; Banaji, Murad, 2021, »The COVID-19 Pandemic in India: Data, Stories, and Myths«, Kerala Council of Historical Research, 23. Juli, https://youtu.be/YVAssVJbHpk.

7 Azim Premji University, 2021, »State of working India 2021«, Bengaluru, 20.

8 https://fred.stlouisfed.org/series/INDGDPRQPSMEI; Mohan Rakesh, 2021, »The response of the Reserve Bank of India to Covid-19: do whatever it takes«, *Centre for Social and Economic Progress Working Paper 8*, 17. Juni, S. 6, 8-9, 11; Drèze, Jean, und Anmol Somanchi, 2021, »The Covid-19 crisis and people's right to food«, *SocArXiv*, 1. Juni, doi:10.31235/osf.io/ybrmg, S. 1-2, 8.

9 *Agence France-Presse*, 2020, »India re-opens despite record virus infections«, 8. Juni; Banaji 2021.

10 https://unctad.org/system/files/official-document/diaeiainf2021d1_en.pdf; https://rbi.org.in/scripts/BS_ViewBulletin.aspx?Id=20357; Dhar Biswajit und K. S. Chalapati, 2021, »Record' FDI inflows, yes, cause for celebration, no«, *Hindu*, 17. Juni; Korgaonkar, Deepak, 2020, »Markets in 2020«, *Business Standard*, 31. Dezember.

11 https://fred.stlouisfed.org/series/NAEXKP01INQ652S; Government of India, 2021, »Press note: second advance estimates of national income, 2020-21«, Ministry of

Statistics and Programme Implementation, Neu-Delhi, 26. Februar, Statement 5, S. 8; Azim Premji University 2021, S. 26, 33, 45, 56, 59, 85, 102; Jha, Mrinalini, und Rosa Abraham, 2021, »Reading between pandemic's economic shockwaves: among worst hit are our teachers and small business owners«, *Times of India*; Bhandari, Hemani, 2021, »A daily struggle for daily wagers«, *Hindu*, 6. Juni.

12 Kochhar, Rakesh, 2021, »In the pandemic, India's middle class shrinks and poverty spreads while China sees smaller changes«, Pew Research Center, Washington D.C., 18. März; Subramanian, S. 2021, »Pandemic-induced poverty in India after the first wave of COVID-19: an elaboration of two earlier estimates«, *The Hindu Centre for Politics and Public Policy*, 19. Juni; Azad, Rohit, und Shouvik Chakraborty, 2022, »A tale of two Indias«, *India Forum*, 28. Januar.

13 Drèze, Jean, und Anmol Somanchi, 2021, S. 1, 2, 8; Drèze, Jean, und Vipul Kumar Paikra, 2020, »The Uneven Decline of Health Services Across States During Lockdown«, *Wire*, 5. Oktober.

14 Azim Premji University 2021, S. 21-22, 68; Goldberg, Pinelopi Koujianou, 2020. »What COVID Is Costing Women«, *Project Syndicate*, 19. November.

15 Ghose 2019, Tabelle 5.2.

16 *Press Trust of India*, 2020, »Ordinance on allowing farmers to sell outside mandis as violative of federal structure«, 5. Juni; Singh, Karan Deep, 2020, »›The lockdown killed my father‹: farmer suicides add to India's virus misery«, *New York Times*, 8. September; *Reuters News*, 2020, »India's Modi defends new law as critics warn of risks to farmers«, 17. September; Pilling, David, 2014, »A vote for Modi could make India more Chinese«, *Financial Times*, 19. März.

17 Pradhan, Sharat, 2020, »At Ayodhya Bhoomi Pujan, Modi became all-in-one; proper rituals not followed, allege pundits«, *Wire*, 17. August; *Indian Express*, 2020, »Congress breaks silence on Ayodhya event, Priyanka Gandhi says Lord Ram belongs to everybody«, 4. August; Phukan, Sandeep, 2020, »Ram temple bhoomi pujan; Congress walks a tightrope«, *Hindu*, 5. August; Varadarajan, Siddharth, 2020, »India's Priest King and His Shivering Gods«, *The India Cable*, 15. Dezember.

18 *United News of India*, 2021, »India beat all odds to fight Corona virus: PM Modi«, 28. Januar; *Press Trust of India*, 2021, »We are in the endgame of COVID-19 pandemic in India: Vardhan«, 7. März.

19 Ghoshal, Devjyot, und Krishna Das, 2021, »EXCLUSIVE Scientists say India government ignored warnings amid coronavirus surge«, *Reuters News*, 30. April; Krishna, Vidya, 2022, »Modi's doctors: how four men botched India's COVID response«, *Caravan*, 1. März; zur Delta-Variante vgl. https://www.cdc.gov/coronavirus/2019-ncov/variants/delta-variant.html; *Pioneer*, 2021, »Don't evoke false sense of security over Covid: IMA«, 9. März.

20 *Wire*, 2021, »BJP Makes a Delayed U-Turn, Modi Says Kumbh Attendance Should Now Be ›Symbolic‹«, 17 März; Anand, Jatin, und Omar Rashid, 2021, »Delhi imposes six-day lockdown, U.P. declines Allahabad HC directive on shutdown«, *Hindu Online*, 19. April; Findlay Stephanie, Michael Peel und Donato Paolo Mancini. 2021, »India blocks vaccine exports in blow to dozens of nations«, *Financial Times*, 25. März.

21 Datta, Romita, 2021, »Bengal assembly polls: The last leg«, *India Today*, 5. April; Mashal, Mujib, 2021, »A fierce election tests Modi's campaign to remake India«, *New York Times*, 7. April; *Times Now*, 2021, »Huge turnout at PM Modi's Bengal rally amid COVID spike draws flak from Rahul Gandhi«, 18. April.

22 Yasir, Sameer, 2021, »Their father was dying, so two brothers in India went on a desperate hunt for oxygen«, *New York Times*, 4. Mai.

23 Ghosal, Aniruddha Aijaz Hussain, und Tim Sullivan, 2021, »The poor, the rich: In a sick India, all are on their own«, *Associated Press*, 23. Mai.

24 Robinson, Martin, 2021, »First passengers to arrive in the UK after India was put on the ›red list‹«, *Mail Online*, 23. April; *Agence France-Presse*, 2021, »Airfares soar, private jets in demand as rich Indians flee Covid«, 23. April; Inamdar, Nikhil, 2021, »Covid accelerates India's millionaire exodus«, *BBC News*, 13. April.

25 *Hindustan Times*, 2021, »›Moral fabric dismembered‹: HC on hoarding, black marketing amid Covid-19 surge«, 6. Mai.

26 Ellis-Petersen, Hannah, und Aakash Hassan, 2021, »Kumbh Mela: how a superspreader festival seeded Covid across India«, *Guardian*, 29. Mai; *Hindustan Times*, 2021, »Covid quietly ravages rural UP«, 7. Mai; Gettleman, Jeffrey, und Suhasini Raj, 2021, »Covid Desperation Is Spreading Across India«, *New York Times*, 11. Mai; *Free Press Journal*, 2021, »Horrifying! Over 2,000 bodies found within 1,140 kms on banks of River Ganga in Uttar Pradesh«, 15. Mai.

27 *Hindustan Times*, 2021, »BMC announces fresh Covid-19 restrictions for Mumbai, in addition to Maharashtra govt curbs«, 6. April; *Hindustan Times*, 2021, »Night curfew in Delhi but UP rules it out for now«, 7. April; *Times Now*, 2021, »Curfews, curbs spark fear of another mass exodus as migrants flee cities to return home«, 9. April; Vyas, Mahesh, 2021, »Employment rate continues to fall«, *Business Standard*, 7. Juni; Paliath, Shreehari, 2021, »Second wave of Covid-19 has left migrant workers in India with no savings and few job opportunities« , *Scroll.in*, 2. Juni; Kaushal, Shubham, 2021, »India failed its migrant workers yet again during the second wave of Covid-19«, *Scroll.in*, 26. Juni.

28 *Times of India*, 2021, »Telangana: Bullocks dead, siblings put yoke on shoulders, plough field to survive«, 7. Juli.

29 Singh, Dipti, 2021, »Budget fails to provide hope to Dharavi's leather market«, *Free Press Journal*, 2. Februar; Schmall, Emily, und Karan Deep Singh, 2021, »›Don't Sacrifice Your Life to Visit the Taj Mahal‹: India Reopens but Fear Pervades«, *New York Times*, 6. Juli; Kaul, Vivek, 2021, »In post-Covid-India, big business is getting bigger and smaller businesses are being destroyed«, *Mint*, 17. Juni.

30 Mukherjee, Mitali, 2021, »Education in India has plunged into a crisis, just reopening schools isn't enough«, *The Wire*, 1. Oktober; Bhandare, Namita, 2021, »Why the pandemic is a child rights emergency in India«, *Article14.com*, 18. Juni; Divyanshu, Kumar, 2021, »The new child brides of India's Covid-19 pandemic« , *Article14.com*, 16. Juni.

31 Chandrasekhar, C. P., 2021, »Few reasons to hope Union Budget 2021 will be one ›like never before‹ as claimed by Finance Minister«, *Frontline*, 24. Januar; Government of India, 2021, *Economic Survey 2020–21*, Ministry of Finance, Neu-Delhi, Januar, Bd. 2, S. 56, 70; Kishore, Roshan, 2021, »Recovering economy faces inflation threat«, *Hindustan Times*, 15. Juni; Kishore, Roshan, und Vineet Sachdev, 2021, »India's tax burden shifted from boardrooms to petrol pumps during Covid-19«, *Hindustan Times*, 1. Juni; *Reuters News*, 2021, »Economists doubt India's new loan guarantees will boost growth«, 28. Juni; Reserve Bank of India Bulletin, Juli 2021, S. 20.

32 Zu den Kapitalzuflüssen vgl. https://www.fpi.nsdl.co.in/web/Reports/Yearwise.aspx?RptType=6; Parkin, Benjamin, 2021, »Surging fortunes of India Inc contrast with Covid trauma«, *Financial Times*, 22. Juni; *India Cable*, 2021, »India takes political prisoners'; Pegasus is state attack on democracy«, 19. Juli; Singh, Karan Deep, 2021, »Weak recovery leaves India's middle class anxious and frugal«, *New York Times*, 30. November.

33 Banaji, Murad, und Aashish Gupta, 2021, »Estimates of pandemic excess mortality in India based on civil registration data«, https://www.medrxiv.org/content/10.1101/2021.09.30.21264376v1, 30. September.

34 Choudhury, Chitrangada, 2021, »Modi is worsening the suffering from India's pandemic: an authoritarian apparatus is being turned on wider society with lethal consequences«, *Scientific American*, 24. Mai.

35 Ellis-Petersen, Hannah, 2021, »Fury in India over death of 84-year-old political prisoner Stan Swamy«, *Guardian*, 5. Juli; Modak, Sadaf, 2021, »Stan Swamy dead«, *Indian Express*, 6. Juli.

36 Mander, Harsh, 2021, »The song of a caged bird: A tribute to Fr Stan Swamy«, *Scroll.in*, 7. Juli; Tiwari,

Deepak, 2018, »Sudha Bharadwaj: Arrested activist who led legal fight against Adani's mines«, *The Week*, 7. September; Subramaniam, Malini, 2019. »Dantewada goes to polls in the shadow of alleged fake encounters in villages protesting Adani mine«, *Scroll.in*, 23. September; Choudhry, Chitrangada, 2021, »Why Hidme Markam, a voice for Adivasis, is in prison«, *article-14.com*, 19. März.

37 Purohit, Kunal, 2021, »Our new database reveals rise in sedition cases in the Modi era«, *Article-14.com*, 2. Februar; Schmall, Emily, und Sameer Yasir, 2021, »Modi's use of antiterror law draws scrutiny from courts«, *New York Times*, 12. Oktober; Banaji, Murad, 2021, »Why the IIT Kanpur Report on UP's COVID-19 crisis was dishonest«, *Wire*, 20. Oktober; Gollerkeri, Gurucharan u.a., 2020, »Public Affairs Index (2020): Governance in the States of India«, Bangalore: Public Affairs Centre.

38 Siddiqui, Zeba, 2021, »Indian journalists accused of sedition over protest reporting«, *Reuters News*, 1. Februar; Parkin, Benjamin, und Amy Kazmin, 2021, »Twitter blocks accounts after Indian government demands«, *Financial Times*, 10. Februar; *Hindustan Times*, 2021, »India stays at 142nd position in World Press Freedom index«, 21. April; https://rsf.org/en/ranking; *The Wire*, 2021, »IT Department Raids Multiple Premises of Dainik Bhaskar Group, Bharat Samachar Channel«, 21. Juli.

39 *The Wire*, 2021.

40 Jafri, Alishan, 2021, »The ›Hindutva Ecosystem‹ has a new anti-Muslim narrative: This time street vendors are the target«, *The Wire*, 28. Juni; Singh, Rashmi, 2021, »The Supreme Court needs to step in to stop mob lynchings«, *India Forum*, 19. Juni.

41 Vgl. Kapitel 20 und 22.

42 V-Dem Institute, 2021, *Autocratization Turns Viral: DEMOCRACY REPORT 2021*, März, https://www.v-dem.net/files/25/DR%202021.pdf; Lührmann, Anna, Marcus Tannenberg und Staffan I. Lindberg, 2018, »Regimes of the World (RoW): Opening New Avenues for the Comparative Study of Political Regimes«, *Politics and Governance* 6(1): S. 60–77, 61.

43 Jaswal Srishti, 2021, »The human cost of India's yearlong farmers' protest«, *Al Jazeera*, 30. November.

44 Pilling 2014; *Financial Times*. 2021. »Narendra Modi is humbled by India's farmers«, 23. November.

24 Nach dem Hype der Realitätsschock

1 Bhardwaj, Ankur, 2021, »In charts: What the data shows about India's alarming unemployment situation«, *Scroll.in*, 1. Februar.

2 Mazdiyasni, Omid, u.a., 2017, »Increasing probability of mortality during Indian heat waves«, *Science Advances* 3(6): DOI: 10.1126/sciadv.1700066; McKibben, Bill, 2021, *Falter: Has the Human Game Begun to Play Itself Out?«*, New York, 60; Robinson, Kim Stanley, 2021 [2020] , *The Ministry for the Future*, Orbit, Kindle Edition, S. 16, 19, 23; *Economist*, 2021, »A tale of two cities: What if a deadly heatwave hit India?«, 3. Juli.

3 McKibben 2021, S. 38-39, 41; Bhagat, Ram, 2018, »Climate change, vulnerability and migration in India: overlapping hotspots«, in: S. Irudaya Rajan und Ram Bhagat (Hg.), *Climate Change, Vulnerability and Migration*, London, S. 20, 31-35; Kapitel 20 und 22 in diesem Buch; Ghosh, Poulomi, 2021, »Mumbai's Nariman Point will be under water by 2050, says civic body chief; explains why«, *Hindustan Times*, 28. August; Somanathan, E., Rohini Somanathan, Anant Sudarshan und Meenu Tewari, 2021, »The impact of temperature on productivity and labor supply: evidence from Indian manufacturing«, *Journal of Political Economy* 129(6): S. 1797–1827.

4 Ghosh 2016, S. 16–17 und 40–50.

5 Narain, Sunita, 2021, »No time to lose, says Sunita Narain on the new IPCC report«, https://www.cseindia.org/no-time-to-lose-says-sunita-narain-on-the-new-ipcc-report-10934; Dhara, Chirag, und Mathew Roxy Koll, 2021, »How and Why India's Climate will Change in the Coming Decades«, *India Forum*, 6. August; United States National Intelligence Council, 2021, »Climate change and international responses increasing challenges to US national security through 2040«, Washington D.C., Oktober.

6 *The Wire*, 2021, »Hindutva Leaders at Haridwar Event Call for Muslim Genocide«, 21. Dezember.

7 Kapitel 20 und 22.

Nachwort: Ein realistischer Idealismus

1 Dasgupta, Partha, 2000, »Trust as a Commodity«, in: Gambetta, Diego (Hg.), *Trust: Making and Breaking Cooperative Relations*, Oxford.

2 Putnam, Robert, Robert Leonardi und Raffaella Nanetti, 1993, *Making Democracy Work*, Princeton University Press, Kindle Edition, S. 91, 105, 109, 110, 116, 181.

3 Putnam u.a. 1993, S. 173, 178.

4 Heller, Patrick, K.N. Harilal und Shubham Chaudhuri, 2007, »Building local democracy: evaluating the impact of decentralization in Kerala, India«, *World Development* 35(4): S. 626–648, 626-627, Tabelle 1 (362), Tabelle 6 (640), Tabellen 7 und 8a (641–642); Manor, James, 2010, »Local government«, in: Jayal, Niraja Gopal, und Pratap Bhanu Mehta (Hg.), *The Oxford Companion to Politics in India*, Neu-Delhi, S. 64–67.

5 Duflo, Esther, Greg Fischer und Raghabendra Chattopadhyay, 2005, »Efficiency and Rent Seeking in Local Government: Evidence from Randomized Policy Experiments in India«, Working Paper, MIT, S. 28. Februar; Bardhan, Pranab, und Dilip Mookherjee, »Pro-poor targeting and accountability of local governments in West Bengal«, *Journal of Development Economics* 79: S. 303–327.

6 Gadgil, Madhav, 2020, »Ecology is for the People«, *The India Forum*, 10. Januar; Shaji, K.A., 2020, »Kerala government gives go-ahead to Athirappally hydel power project: Decision elicits angry response from a cross-section of society, *Down To Earth*, 10. Juni; Shaji, K.A., 2021, »Kerala government abandons controversial Athirappilly hydroelectric project amid widespread protests«, *Down To Earth*, 7. Oktober; Isaac, T.M. Thomas und Richard Franke, 2001, *Local Democracy and Development*, Neu-Delhi, S. 255–256; *Hindustan Times*, 2021, »›Destructive activities are carried out in the name of development‹: Madhav Gadgil«, 10. Oktober.